Winfried Schwabe

Lernen mit Fällen
Staatsrecht II
Grundrechte

Winfried Schwabe

Lernen mit Fällen

Staatsrecht II
Grundrechte

Materielles Recht
& Klausurenlehre

4., überarbeitete Auflage, 2017

Bibliografische Information der Deutschen Nationalbibliothek | Die Deutsche Nationalbibliothek verzeichnet diese Publikation in der Deutschen Nationalbibliografie; detaillierte bibliografische Daten sind im Internet über www.dnb.de abrufbar.

4. Auflage, 2017
ISBN 978-3-415-06116-3

Druck und Bindung: Beltz Bad Langensalza GmbH, Am Fliegerhorst 8, 99947 Bad Langensalza

Richard Boorberg Verlag GmbH & Co KG | Scharrstraße 2 | 70563 Stuttgart
Stuttgart | München | Hannover | Berlin | Weimar | Dresden
www.boorberg.de

Vorwort

Die 4. Auflage bringt das Buch auf den Stand von Juli 2017. Rechtsprechung und Literatur sind bis zu diesem Zeitpunkt berücksichtigt und eingearbeitet.

Dem Leser lege ich wie immer ans Herz, zunächst die Hinweise zur sinnvollen Arbeit mit diesem Buch – gleich folgend auf der nächsten Seite – sorgfältig durchzusehen.

Köln, im August 2017   Winfried Schwabe

Zur Arbeit mit diesem Buch

Das Buch bietet dem Leser zweierlei Möglichkeiten:

Zum einen kann er anhand der Fälle das **materielle Recht** erlernen. Zu jedem Fall gibt es deshalb zunächst einen sogenannten »**Lösungsweg**«. Hier wird Schritt für Schritt die Lösung erarbeitet, das notwendige materielle Recht aufgezeigt und in den konkreten Fallbezug gebracht. Der Leser kann so in aller Ruhe die einzelnen Schritte nachvollziehen, in unzähligen Querverweisungen und Erläuterungen die Strukturen, Definitionen und sonst notwendigen Kenntnisse erwerben, die zur Erarbeitung der Materie, hier also konkret der Grundrechte und ihrer verfassungsprozessualen Durchsetzung in Form der Verfassungsbeschwerde, unerlässlich sind.

Zum anderen gibt es zu jedem Fall nach dem gerade beschriebenen ausführlichen Lösungsweg noch das klassische **Gutachten** im Anschluss. Dort findet der Leser dann die »reine« Klausurfassung, also den im Gutachtenstil vollständig ausformulierten Text, den man in der Klausur zum vorliegenden Fall hätte anfertigen müssen, um die Bestnote zu erzielen. Anhand des Gutachtens kann der Leser nun sehen, wie das erarbeitete Wissen tatsächlich nutzbar gemacht, sprich in **Klausurform** gebracht wird. Der Leser lernt die klassische verfassungsrechtliche Gutachtentechnik: Gezeigt wird, wie man in einer Grundrechtsklausur das Gutachten aufbaut, wie man dabei richtig subsumiert, mit welchen Formulierungen man arbeiten sollte, mit welchen Formulierungen man *nicht* arbeiten sollte, wie man einen Meinungsstreit souverän darstellt, wie man einen Obersatz und einen Ergebnissatz vernünftig aufs Papier bringt, wie man Wichtiges von Unwichtigem trennt usw. usw.

Und noch ein Tipp zum Schluss: Die im Buch zitierten Artikel des Grundgesetzes sowie die sonstigen Vorschriften sollten auch dann nachgeschlagen und vor allem gelesen werden, wenn der Leser meint, er kenne sie schon. Das ist nämlich leider zumeist ein Irrtum. Auch das öffentliche Recht und namentlich die Grundrechte erschließen sich nur mit der sorgfältigen Lektüre des (Grund-)Gesetzes. Wer anders arbeitet, verschwendet seine Zeit. Versprochen.

Inhaltsverzeichnis

1. Abschnitt

Die Freiheitsgrundrechte

Die klassische Grundrechtsprüfung eines Freiheitsgrundrechts: Betroffenheit des Schutzbereiches → Eingriff → Rechtfertigung des Eingriffs; die Verfassungsbeschwerde gegen ein Gesetz; der Schutzbereich des Art. 11 Abs. 1 GG; Schutzbereich des Art. 2 Abs. 1 GG; der Art. 2 Abs. 1 GG als Auffanggrundrecht; die sogenannte »Schrankentrias« des Art. 2 Abs. 1 GG als Rechtfertigungsmaßstab; Abwägung der widerstreitenden Interessen; Verhältnismäßigkeit des Eingriffs; Übermaßverbot.

Das »allgemeine Persönlichkeitsrecht« aus Art. 2 Abs. 1 GG in Verbindung mit Art. 1 Abs. 1 GG; Schutzbereich → Eingriff → Rechtfertigung des Eingriffs; die Verfassungsbeschwerde gegen ein Urteil; der Schutzbereich des allgemeinen Persönlichkeitsrechts; die »Schrankentrias« des Art. 2 Abs. 1 GG als Rechtfertigungsmaßstab des allgemeinen Persönlichkeitsrechts; die Abwägung der widerstreitenden Interessen; die »Wesensgehaltgarantie« des Art. 19 Abs. 2 GG.

Die Religionsfreiheit aus Art. 4 Abs. 1 und Abs. 2 GG; Schutzbereich → Eingriff → Rechtfertigung; schrankenlose Grundrechte; verfassungsimmanente Schranken; Bestimmtheitsgebot bei Gesetzen; praktische Konkordanz; Grundrechte anderer und Verfassungsauftrag zur Neutralität als Beschränkung der Grundrechte; die Abwägung der widerstreitenden Interessen.

2. Abschnitt

Die Gleichheitssätze und die Justizgrundrechte

3. Abschnitt

Die Verfassungsbeschwerde und ihre Zulässigkeitsvoraussetzungen

1. Abschnitt

Die Freiheitsgrundrechte

Fall 1

800 Meter sind doch albern!

Einer neuen wissenschaftlichen Studie zufolge setzt die enorm gestiegene Zahl der Mountainbiker dem deutschen Wald massiv zu und gefährdet zunehmend die Tier- und Pflanzenwelt. Insbesondere in höheren Lagen bilden sich nach Regenfällen wegen der durch Mountainbiker verursachten Furchen zahllose Wasserstraßen, die rasant zu Tal gehen und eine natürliche Bewässerung des Waldes verhindern.

Der bayrische Landtag möchte dieser Entwicklung nicht mehr tatenlos zusehen und beschließt daher – formal ordnungsgemäß – das »Mountainbikebeschränkungsgesetz« (MountBBG), wonach im Bundesland Bayern die Berge nur noch bis zu einer Höhe von 800 Metern mit dem Mountainbike befahren werden dürfen. Bei Verstößen droht ein Bußgeld. Rechtsstudent R aus München ist leidenschaftlicher Mountainbiker und sieht sich durch das MountBBG praktisch um sein Hobby gebracht. Er meint, Mountainbiking mache erst Spaß, wenn man die Berge richtig hochfahren könne und nicht bei albernen 800 Metern aufhören müsse. Die Stadt München liege ja schon auf 500 Metern Höhe. R fühlt sich durch das MountBBG in seinen Grundrechten als Mountainbiker verletzt und erhebt gegen das Gesetz Verfassungsbeschwerde beim Bundesverfassungsgericht.

Ist die Verfassungsbeschwerde des R begründet?

> **Schwerpunkte:** Die klassische Grundrechtsprüfung eines Freiheitsgrundrechts: Schutzbereich → Eingriff → Rechtfertigung des Eingriffs; Verfassungsbeschwerde gegen ein Gesetz; der Schutzbereich des Art. 11 Abs. 1 GG; der Schutzbereich des Art. 2 Abs. 1 GG; der Art. 2 Abs. 1 GG als Auffanggrundrecht; die sogenannte »Schrankentrias« des Art. 2 Abs. 1 GG als Rechtfertigungsmaßstab; Abwägung der widerstreitenden Interessen; Verhältnismäßigkeit des Eingriffs; Übermaßverbot.

Lösungsweg

Einstieg: So, wir beginnen mit den Grundrechten und haben uns für den Anfang einen (scheinbar) sonderbaren Fall ausgesucht, denn dass das Grundgesetz (GG) auch die Mountainbiker explizit schützen soll, klingt auf den ersten Blick abenteuerlich. Und – soviel schon mal vorneweg – das Grundgesetz erwähnt die Mountainbiker natürlich auch an keiner einzigen Stelle.

Aber: Wie so oft im juristischen (Ausbildungs-)Leben, werden wir uns nachher angesichts des Ergebnisses die Augen reiben, wollen allerdings, bevor wir richtig in den Lösungsweg einsteigen, zunächst mal Folgendes beachten: Klausuren und Hausarbeiten, die sich mit den Grundrechten beschäftigen, werden in aller Regel im Rahmen einer *Verfassungsbeschwerde* der betroffenen Person untersucht. Bei einer solchen Verfassungsbeschwerde prüft man dann innerhalb der sogenannten »Begründetheit«, inwieweit tatsächlich die Verletzung eines Grundrechts vorliegt; dort findet also die eigentliche, materiell-rechtliche Prüfung der Grundrechte statt. Ist ein Grundrecht – oder vielleicht sogar mehrere Grundrechte – durch eine staatliche Maßnahme verletzt, ist die Verfassungsbeschwerde logischerweise auch *begründet,* und der Kläger (der »Beschwerdeführer«) gewinnt den Prozess (vgl. *Kingreen/Poscher* StaatsR II Rz. 1271)

> **Beachte**: Die vollständige Prüfung einer Verfassungsbeschwerde setzt streng genommen neben dieser Begründetheit aber auch noch eine sogenannte »Zulässigkeitsprüfung« voraus. In diese Zulässigkeitsprüfung gehören die klassischen *prozessrechtlichen* Fragen, also ob das Bundesverfassungsgericht überhaupt im konkreten Fall zuständig ist (bitte lies: **Art. 93 Abs. 1 Nr. 4a GG**), ob der Kläger dort selbst auch auftreten darf, was er dort genau vorbringen muss bzw. darf, ob er vorher vielleicht ein anderes (»niedrigeres«) Gericht hätte anrufen müssen und ob er bei seiner Klage bestimmte Formen und Fristen für deren Einreichung eingehalten hat. Das ist – vor allem in der Praxis – deshalb wichtig, weil das Bundesverfassungsgericht natürlich nicht für jeden Unsinn angerufen werden darf, sondern insoweit durchaus strenge Regeln gelten, die zudem in einem extra dafür geschaffenen Gesetz, dem *Bundesverfassungsgerichtsgesetz* (BVerfGG), stehen. Erst wenn diese sogenannten »Prozessvoraussetzungen« vorliegen, beschäftigt sich das Bundesverfassungsgericht auch *inhaltlich* (= materiell-rechtlich) mit der Klage und prüft dann innerhalb der »Begründetheit« der Verfassungsbeschwerde, ob tatsächlich ein Grundrecht verletzt ist (siehe oben). Insbesondere im fortgeschrittenen Stadium/ Studium und auch im Staatsexamen fordern die Prüfer diese vollständige Untersuchung der Verfassungsbeschwerde, also mit *Zulässigkeit* und *Begründetheit.*

Wir werden uns hier am Anfang des Buches allerdings erst mal auf das Wesentliche konzentrieren, vor allen Dingen müssen wir die Grundrechte, ihre Inhalte und Strukturen sowie die Anwendung dessen in der Fall-Lösung kennenlernen. Deshalb wollen wir bei unseren Übungsfällen auch zunächst mal davon ausgehen, dass die von den Betroffenen eingelegten Verfassungsbeschwerden auf jeden Fall *zulässig* sind und dementsprechend nur nach der *Begründetheit* schauen – daher auch die entsprechende Fragestellung oben unter dem Sachverhalt. Den Problemen und Einzelheiten zur *Zulässigkeit* einer Verfassungsbeschwerde, die in den universitären Übungen und im Examen abgefragt werden, widmen wir uns dann sehr ausführlich im 3. Abschnitt des Buches weiter unten. Dort untersuchen wir die Fälle bzw. die Verfassungsbeschwerden dann auch auf ihre *Zulässigkeit* hin und werden sie so vervollständigen. Zunächst aber geht es jetzt – wie gesagt – um den materiell-rechtlichen Teil und damit um den klassischen *Inhalt* der Grundrechte. Das macht Sinn, versprochen.

Also: Wäre die Verfassungsbeschwerde des R gegen das MountBBG *begründet*?

Die Begründetheit der Verfassungsbeschwerde des R

> **Obersatz:** Die Verfassungsbeschwerde des R ist begründet, wenn R in einem seiner Grundrechte oder in einem der in Art. 93 Abs. 1 Nr. 4a GG genannten grundrechtsgleichen Rechte verletzt ist. Eine solche Verletzung liegt dann vor, wenn durch einen *Akt der öffentlichen Gewalt* in den *Schutzbereich* eines Grundrechts *eingegriffen* wurde und dieser Eingriff verfassungsrechtlich *nicht gerechtfertigt* ist.

Durchblick: Was da gerade als Obersatz so ein bisschen umständlich daherkommt, muss man bitte sehr genau lesen, er beinhaltet nämlich bereits den *vollständigen* Aufbau der Begründetheitsprüfung einer Verfassungsbeschwerde und taugt dementsprechend als idealer Obersatz für den Klausur- oder Hausarbeitseinstieg. Grundrechtsprüfungen finden, sofern es um *Freiheitsgrundrechte* geht (und darum geht es hier), immer in drei Schritten statt, und zwar so:

I. Zunächst muss man klären, ob der sogenannte »**Schutzbereich**« eines Grundrechts überhaupt betroffen (oder auch: »eröffnet«) ist. Logischerweise schützen nur bestimmte Grundrechte vor bestimmten Eingriffen des Staates. So kann man etwa in unserem Fall schon mal entspannt (im Kopf!) feststellen, dass der Schutzbereich, ohne dass wir diesen Begriff näher kennen müssen, des **Art. 8 Abs. 1 GG** (aufschlagen!) eindeutig *nicht* betroffen ist. Denn hier geht es offensichtlich nicht um Versammlungsfreiheit, unser R will ja nur mit seinem Mountainbike den Berg hochfahren. Ob dieses Mountainbiking nun überhaupt in irgendeinen Schutzbereich eines anderen Grundrechts fällt, müssen wir somit gleich als Erstes klären. **II.** Hat man ein entsprechendes Grundrecht gefunden, stellt sich im zweiten Schritt dann die Frage, ob in den Schutzbereich dieses Grundrechts auch »**eingegriffen**« wurde. Unter »Eingriff« versteht man dabei jedes staatliche Handeln, das dem Einzelnen ein Verhalten, das in den Schutzbereich eines Grundrechts fällt, ganz oder teilweise unmöglich macht oder ihn jedenfalls in der Ausübung seiner Grundrechte beschränkt. Ein finaler und unmittelbarer Akt der öffentlichen Gewalt ist dabei nicht zwingend erforderlich, kann aber indizierende Wirkung haben (BVerfGE **105**, 279; BVerfGE **81**, 310; *Jarass/Pieroth* vor Art. 1 GG Rz. 26; *Kingreen/Poscher* StaatsR II Rz. 253). **Einfacher**: Ein *Eingriff* liegt dann vor, wenn ein Akt der öffentlichen Gewalt (also zum Beispiel ein Gesetz) einer Person ein Handeln erschwert oder unmöglich macht, das vom Schutzbereich des Grundrechts umfasst ist (*Kingreen/Poscher* StaatsR II Rz. 251; *Ipsen* StaatsR II Rz. 143). In unserem Fall wäre ein solcher Eingriff im Zweifel zu bejahen, denn R darf wegen des Gesetzes (= Akt der öffentlichen Gewalt) ab sofort ab einer Höhe von 800 Metern nicht mehr Mountainbike fahren (= Unmöglichmachen eines bestimmten Handelns). **III.** Schließlich stellt sich im dritten und letzten Schritt der Grundrechtsprüfung die Frage, ob dieser Eingriff in den Schutzbereich des Grundrechts unter Umständen verfassungsrechtlich *gerechtfertigt* ist. **Logisch**: Die Grundrechte gelten selbstverständlich nicht unbeschränkt, bitte lies etwa den oben schon mal erwähnten Art. 8 GG, jetzt aber bitte den **Absatz 2**. Da steht, dass für Versammlungen unter freiem Himmel das (Grund-)Recht »... *durch Gesetz oder aufgrund eines Gesetzes beschränkt werden kann*«. Diese Formulierung, die sich in abgewandelter Fassung noch bei diversen anderen Grundrechten findet (bitte lies etwa Art. 11 Abs. 2 GG, Art. 12 Abs. 1 Satz 2 GG oder auch Art. 14 Abs. 1 Satz 2 GG), zeigt, dass die Beeinträchtigung (= **Eingriff**) von Grundrechten durch den Staat durchaus möglich und damit »gerechtfertigt« sein kann. **Folge**: Das Grundrecht wäre in diesem Falle *nicht* verletzt.

Zusammenfassung: Die Prüfung der Verletzung eines (Freiheits-)Grundrechts vollzieht sich in drei Schritten: **I.** Zunächst muss der *Schutzbereich* des infrage kommenden Grundrechts bestimmt werden. **II.** Danach stellt sich die Frage, ob der Staat in diesen Schutzbereich überhaupt *eingegriffen*, also ein bestimmtes Handeln des Klägers erschwert oder sogar untersagt hat. **III.** Und schließlich klärt man, ob dieser Eingriff nicht (ausnahmsweise) verfassungsrechtlich *gerechtfertigt* war.

Machen wir mal: Im vorliegenden Fall müssen wir zunächst also die Grundrechte suchen, die unter Umständen durch das MountBBG betroffen sein könnten – und beachten hierbei bitte Folgendes: Das Grundgesetz unterteilt in *Freiheits-*, in *Gleichheits-* und in die sogenannten *Rechtsschutz-* oder *Justizgrundrechte*. Die weitaus überwiegende Zahl der Grundrechte sind Freiheitsgrundrechte (→ Art. 2, Art. 4–6, Art. 8–14 und Art. 16–17 GG); die wenigen Gleichheitsrechte finden sich in den Art. 3 Abs. 1–3, Art. 6 Abs. 1, Art. 33 Abs. 1–3 und Art. 38 Abs. 1 GG. Und die Justizgrundrechte stehen schließlich in Art. 19 Abs. 4, Art. 101 Abs. 1 Satz 2 und Art. 103 Abs. 1–3 GG. Eine Konkurrenz unter diesen Grundrechten in dem Sinne, dass etwa Freiheitsgrundrechte den Gleichheitsgrundrechten vorgehen, gibt es übrigens nicht, sie stehen gleichwertig nebeneinander (BVerfGE **89**, 69; *Stern* StaatsR III/2 Seite 1365). Innerhalb der Freiheitsgrundrechte, um die es bei unserem Fall hier geht, muss man trotzdem auf Folgendes achten: Man beginnt die Prüfung immer mit dem Speziellen und kommt anschließend zum Allgemeinen, und zwar so:

I. Ist durch das MountBBG ein Grundrecht in seinem Schutzbereich betroffen?

1.) In Betracht kommt zunächst das spezielle (Freiheits-)Grundrecht der Freizügigkeit aus **Art. 11 Abs. 1 GG** (aufschlagen!). Dann müsste durch das MountBBG der *Schutzbereich* dieses Grundrechts aus Art. 11 Abs. 1 GG betroffen sein. Gemäß **Art. 11 Abs. 1 GG** genießen alle Deutschen im ganzen Bundesgebiet Freizügigkeit. Das neue Gesetz verbietet unter anderem dem R, sich innerhalb Bayerns, also innerhalb eines Teiles von Deutschland, ab einer Höhe von 800 Metern mit seinem Mountainbike zu bewegen. Das Grundrecht aus Art. 11 Abs. 1 GG könnte demnach durch das MountBBG in seinem Schutzbereich betroffen sein.

Definition: *Freizügigkeit* im Sinne des Art. 11 Abs. 1 GG bedeutet die Freiheit, an jedem Ort innerhalb des Bundesgebiets Aufenthalt und Wohnsitz zu nehmen, also jeden Ort im Bundesgebiet aufzusuchen und sich dort auch unter Umständen länger aufzuhalten (BVerfGE **110**, 177; BVerfGE **80**, 137; BVerfGE **43**, 203; *von Münch/Kunig* Art. 11 GG Rz. 11; *Ipsen* StaatsR II Rz. 612).

Zum Fall: Unserem R wird durch das MountBBG untersagt, in Bayern mit einem Mountainbike höher als 800 Meter zu fahren. Ihm wird damit zwar der vorübergehende Aufenthalt an einem bestimmten Ort mit seinem Mountainbike untersagt, **aber**: Die Freizügigkeit des Art. 11 Abs. 1 GG umfasst *nicht* die Nutzung eines selbst gewählten Beförderungsmittels, sondern nur das Erreichen des Ortes selbst. Wörtlich heißt es beim Bundesverfassungsgericht (BVerfGE **80**, 137, 150):

> »… *Die Freizügigkeit, die Art. 11 Abs. 1 GG gewährleistet, hat nur das Recht zum Inhalt, an jedem Ort innerhalb des Bundesgebietes seinen vorübergehenden Aufenthalt oder seinen Wohnsitz zu nehmen. Die Benutzung eines bestimmten Beförderungsmittels und die Bereitstellung dafür geeigneter Wege werden vom Schutzbereich des Grundrechts* **nicht** *umfasst …*«

Also: Man darf zwar zu jedem Ort in Deutschland reisen und sich dort auch aufhalten oder sogar wohnen; eine Garantie, dass man zur Erreichung des jeweiligen Ortes auch das selbst gewählte Beförderungsmittel nutzen kann, spricht der Art. 11 Abs. 1 GG nicht aus. So weit reicht der »Schutzbereich« des Grundrechts also nicht (BVerfGE **80**, 137, 150).

ZE.: Eine Verletzung des speziellen (Freiheits-)Grundrechts aus Art. 11 Abs. 1 GG scheitert bereits an der ersten Hürde der Grundrechtsprüfung, nämlich der Betroffenheit des Schutzbereichs des Grundrechts.

2.) Da andere, spezielle Freiheitsgrundrechte nicht mehr infrage kommen, kommt nun die mögliche Verletzung der allgemeinen Handlungsfreiheit aus **Art. 2 Abs. 1 GG** (bitte aufschlagen) in Betracht.

> **Aufbautipp**: Gemäß Art. 2 Abs. 1 GG hat in unserem Land jeder das Recht auf »… die freie Entfaltung seiner Persönlichkeit …«. Hinter dieser imposanten und vielversprechenden Formulierung verbirgt sich unter anderem die gerade benannte »allgemeine Handlungsfreiheit« (*Jarass/Pieroth* Art. 2 GG Rz. 1). Der Art. 2 Abs. 1 GG fungiert mit dieser allgemeinen Handlungsfreiheit als sogenanntes »**Auffanggrundrecht**« sämtlicher Freiheitsrechte. Und das heißt Folgendes: Immer dann, wenn ein bestimmtes Handeln nicht vom Schutzbereich eines anderen (Freiheits-)Grundrechts umfasst ist, kommt die allgemeine Handlungsfreiheit des Art. 2 Abs. 1 GG in Betracht. Der Art. 2 Abs. 1 GG ist gegenüber den anderen Freiheitsgrundrechten *subsidiär* (BVerfG NJW **2012**, 1062; BVerfGE **109**, 96; BVerfGE **80**, 137; BVerfGE **6**, 32; *von Münch/Kunig* Art. 2 GG Rz. 12; *Kingreen/Poscher* StaatsR II Rz. 387). **Merke also**: Der Art. 2 Abs. 1 GG kommt tatsächlich immer (und nur dann!) in Betracht, wenn kein *Schutzbereich* eines anderen Grundrechts betroffen ist. Man darf insbesondere nicht den bei Studenten sehr beliebten Fehler machen, den Art. 2 Abs. 1 GG auch dann noch zu prüfen, wenn zwar der Schutzbereich eines speziellen Grundrechts betroffen ist, die Verletzung dieses anderen Grundrechts aber aus einem anderen Grund scheitert, etwa weil der Eingriff im konkreten Fall gerechtfertigt ist. Der Art. 2 Abs. 1 GG wird nur geprüft, wenn kein anderer Schutzbereich eines Freiheitsgrundrechts betroffen ist (*Sachs/Murswiek* Art. 2 GG Rz. 10; zum Konkurrenzverhältnis der Grundrechte vgl. ausführlich auch weiter unten Fall Nr. 13).

Prüfen wir mal: In unserem Fall kam der Art. 11 Abs. 1 GG deshalb nicht in Betracht, weil Mountainbiking, also die konkrete Art der Fortbewegung, nicht in den *Schutzbereich* des Art. 11 Abs. 1 GG fiel. Der Art. 11 Abs. 1 GG schützt nur die Möglichkeit, innerhalb Deutschlands überall hin zu gelangen, nicht aber die Wahl des Beförderungsmittels (siehe oben). Wir dürfen, weil der Schutzbereich des Art. 11 Abs. 1 GG also nicht betroffen ist, jetzt (und erst jetzt!) auf die allgemeine Handlungsfreiheit des Art. 2 Abs. 1 GG zurückgreifen.

Nächster Schritt: Zu prüfen ist nunmehr, ob die Bewegungsfreiheit mit dem Mountainbike wenigstens vom Schutzbereich des Art. 2 Abs. 1 GG umfasst ist.

Definition: Die *allgemeine Handlungsfreiheit* des Art. 2 Abs. 1 GG schützt jegliches menschliche Verhalten im allumfassenden Sinne, insbesondere unabhängig von wertender Betrachtung (BVerfGE **6**, 32; BVerfGE **80**, 137; BVerfGE **103**, 29; *von Mangold/Klein/Starck* Art. 2 GG Rz. 8; *Dreier/Dreier* Art. 2 GG Rz. 8).

Durchblick: Auch wenn das im ersten Moment ein bisschen sonderbar klingt, der Art. 2 Abs. 1 GG schützt tatsächlich *jedes* Handeln der Bürger und fragt insbesondere nicht danach, ob das konkrete Verhalten tatsächlich der Entfaltung der Persönlichkeit des Grundrechtsträgers dient. Die verfassungsrechtliche Idee dahinter sollte nämlich die sein, dass der Staat seinen Bürgern *nichts* verbieten, sondern ihnen vielmehr grundsätzlich *alles* gestatten wollte (BK/*Lorenz* Art. 2 GG Rz. 19). Jeder Mensch sollte sich frei bewegen und auch seinen Neigungen entsprechend entfalten dürfen, und zwar unabhängig von einer Wertung dieses Handelns. Der Parlamentarische Rat, der sich das Grundgesetz vor über 60 Jahren ausgedacht hat, hatte aus diesem Grund im Jahre 1949 auch zuerst eine andere Formulierung für den Art. 2 Abs. 1 GG vorgesehen, nämlich:

»Jeder kann tun und lassen, was er will.«

Diese wenig juristisch klingende Formulierung hat man später nur aus sprachlichen Gründen doch noch geändert und in die jetzt gültige Fassung umgestellt (vgl. *von Mangold*, Parlamentarischer Rat, 42. Sitzung des Hauptausschusses, Seite 533). Die inhaltliche Aussage sollte aber durchaus die gleiche bleiben mit der Konsequenz, dass tatsächlich *jedes menschliche Verhalten* grundsätzlich unter den Art. 2 Abs. 1 GG fällt. Der Schutzbereich des Art. 2 Abs. 1 GG ist demnach allumfassend. Wie konsequent das Bundesverfassungsgericht dies anwendet, lässt sich übrigens gut anhand diverser Entscheidungen erkennen: So unterliegt nach Meinung des BVerfG das **Taubenfüttern** (BVerfGE 6, 32) ebenso der allgemeinen Handlungsfreiheit wie etwa das **Reiten im Wald** (BVerfGE 80, 137) oder auch der Besuch eines **Sonnenstudios** (BVerfG NJW **2012**, 1062). Das Grundgesetz wertet hierbei nicht, ob etwa das Taubenfüttern oder der Besuch eines Sonnenstudios tatsächlich irgendetwas mit »Persönlichkeitsentfaltung« zu tun haben, denn: »Die Verfassung ist kein Instrument, das seine Bürger zur Verfolgung bestimmter, höherer Ziele anhält. Es lässt jeden Menschen so sein, wie er es möchte.« (→ BVerfGE **22**, 180; prima erläutert auch von *Ipsen* in seinem StaatsR II bei Rz. 771). **Konsequenz:** Das Grundgesetz sieht *jedes* Verhalten als »freie Entfaltung der Persönlichkeit« im Sinne des Art. 2 Abs. 1 GG an, es wertet nicht.

Zum Fall: Da, wie gesehen, grundsätzlich jedes menschliche Verhalten in den Schutzbereich des Art. 2 Abs. 1 GG fällt, gilt dies – selbstverständlich! – auch für Mountainbiking.

<u>ZE.</u>: Der Schutzbereich des Art. 2 Abs. 1 GG ist durch das MountBBG, das das Mountainbiking ab einer Höhe von 800 Metern verbietet, betroffen.

II. Es muss des Weiteren ein »Eingriff« in diesen Schutzbereich vorliegen.

Wir haben das oben schon mal kurz angesprochen, hier kommt nun die Definition:

> **Definition:** Unter *Eingriff* versteht man jedes staatliche Handeln, das dem Einzelnen ein Verhalten, das in den Schutzbereich eines Grundrechts fällt, ganz oder teilweise unmöglich macht; hierbei ist gleichgültig, ob diese Wirkung final oder unbeabsichtigt eintritt (BVerfGE **105**, 279; BVerfGE **81**, 310; BVerfG NVwZ **2007**, 1049; *von Münch/Kunig* vor Art. 1 GG Rz. 34; *Jarass/Pieroth* vor Art. 1 GG Rz. 27/28; *Kingreen/Poscher* StaatsR II Rz. 253).

Zum Fall: Das MountBBG, als Akt der öffentlichen Gewalt, hindert den R daran, in Bayern mit seinem Mountainbike auf eine Höhe von über 800 Metern zu fahren. Es macht ihm damit die Ausübung seines Grundrechts der allgemeinen Handlungsfreiheit aus Art. 2 Abs. 1 GG teilweise unmöglich.

<u>ZE.</u>: Ein Eingriff liegt vor.

III. Der Eingriff dürfte verfassungsrechtlich nicht gerechtfertigt sein.

Beachte: Wir haben eben gesehen, dass der Staat durch die Grundrechte, insbesondere durch Art. 2 Abs. 1 GG, den Bürgern eine *maximale Freiheit* garantieren will. Jeder soll tun und lassen können, was er will. Diese Freiheit kann aber natürlich niemals unbegrenzt bzw. schrankenlos gelten. Neben der Entfaltung der eigenen Persönlichkeit gibt es in Deutschland nämlich noch ca. 80 Millionen andere Persönlichkeiten, die sich selbstverständlich auch frei entfalten dürfen und das vermutlich auch wollen. Es ist schon aus diesem Grunde klar, dass Grundrechte immer auch *Beschränkungen* unterliegen müssen. Diese Beschränkungen (die sogenannten »Grundrechtsschranken«) sind damit quasi die Kehrseite der Freiheitsgarantien des Grundgesetzes – und sind vom Grundgesetz auch ausdrücklich gewollt bzw. ermöglicht. Dabei gibt es verschiedene Spielarten, die von Grundrecht zu Grundrecht unterschiedlich sein können, in aller Regel aber das gleiche Prinzip verfolgen, und **zwar**: Jeder, der seine Grundrechte wahrnimmt bzw. sich bei seinem Tun auf ein Grundrecht berufen möchte, muss sich selbst dabei stets innerhalb der gesetzlichen Normen unseres Landes bewegen und vor allem die (Grund-)Rechte der anderen Menschen achten. Die Grundrechte sollen das Individuum schützen – der Grundrechtsschranken sollen die Gemeinschaftsinteressen sicherstellen (BVerfGE 7, 377). **Merke**: Grundrechte finden ihre Grenzen immer in den Rechten anderer und in der gültigen verfassungsmäßigen Ordnung in Form der bestehenden Gesetze (*von Münch/Kunig* vor Art. 1 GG Rz. 35; *Kingreen/Poscher* StaatsR II Rz. 222). Und aus diesem Prinzip folgt dann auch der Prüfungsaufbau der dritten und letzten Stufe einer Grundrechtsverletzung:

Obersatz: Der staatliche Eingriff in den Schutzbereich eines Grundrechts ist dann verfassungsrechtlich gerechtfertigt, wenn das betroffene Grundrecht **einschränkbar** ist, eine entsprechende **Schranke** (z.B. ein Gesetz) besteht und diese Schranke selbst wiederum **verfassungsgemäß** ist (sogenannte »Schranken-Schranke«).

Prüfen wir mal:

1.) Das Grundgesetz muss für das betroffene Grundrecht die Möglichkeit einer Einschränkbarkeit vorsehen. Dazu lesen wir bitte **Art. 2 Abs. 1 GG**, dort steht:

»*Jeder hat das Recht auf die freie Entfaltung seiner Persönlichkeit, **soweit er nicht die Rechte anderer verletzt und nicht gegen die verfassungsmäßige Ordnung oder das Sittengesetz verstößt**.*«

Aus dieser Formulierung folgert man, dass das Grundrecht aus Art. 2 Abs. 1 GG einschränkbar ist, nämlich durch die »die Rechte anderer, die verfassungsmäßige Ordnung oder das Sittengesetz« – und das Ganze nennt man »Schrankentrias« (*von Münch/Kunig* Art. 2 GG Rz. 19). »Trias« natürlich deshalb, weil es offenbar drei verschiedene Möglichkeiten der Beschränkung des Grundrechts aus Art. 2 Abs. 1 GG geben soll, wobei das tatsächlich ein bisschen geflunkert ist, **denn**: In der Praxis geht es ausnahmslos um die »verfassungsmäßige Ordnung«; sowohl die »Rechte anderer« als auch das »Sittengesetz« sind in dieser verfassungsmäßigen Ordnung nämlich enthalten (BK/*Lorenz* Art. 2 GG Rz. 134; *Jarass/Pieroth* Art. 2 GG Rz. 18).

Definition: Unter »verfassungsmäßiger Ordnung« im Sinne des Art. 2 Abs. 1 GG versteht man die Gesamtheit der Normen, die formell und materiell mit der Verfassung in Einklang stehen; dazu gehören neben bundesrechtlichen- auch die landesrechtlichen Vorschriften (BVerfGE 6, 32, 41; BVerfGE 7, 111; BVerfGE 80, 137; *Dreier/Dreier* Art. 2 GG Rz. 54; *von Mangold/Klein/Starck* Art. 2 GG Rz. 25).

Konsequenz: Das Grundrecht aus Art. 2 Abs. 1 GG darf durch jede Rechtsnorm, die formell und materiell mit der Verfassung in Einklang steht (= verfassungsmäßige Ordnung), beschränkt werden. Das Grundrecht des Art. 2 Abs. 1 GG steht damit unter einem sogenannten »einfachen Gesetzesvorbehalt«, die Beschränkung des Grundrechts ist nach dem Willen des Grundgesetzes nämlich einem Gesetz bzw. dem Gesetzgeber »vorbehalten« (BVerfGE **6**, 40; *Jarass/Pieroth* Art. 2 GG Rz. 17).

Zum Fall: Wir haben gerade festgestellt, dass das Grundrecht aus Art. 2 Abs. 1 GG auf jeden Fall schon mal *einschränkbar* ist (= 1. Schritt), und zwar durch die »verfassungsmäßige Ordnung«, also jede Norm, die mit der Verfassung in Einklang steht.

2. Schritt: Es muss im konkreten Fall eine entsprechende gesetzliche Schranke existieren.

Hier: Kein Problem, das *Mountainbikebeschränkungsgesetz* ist ohne Frage ein (Landes-)Gesetz und damit eine Schranke im eben benannten Sinne.

3. Schritt: Das *Mountainbikebeschränkungsgesetz* gehört allerdings nur dann zur »verfassungsmäßigen Ordnung« und wäre damit eine zulässige Schranke des Grundrechts aus Art. 2 Abs. 1 GG, wenn es selbst mit den (übrigen) Normen und Werten der Verfassung übereinstimmt (siehe oben!). Die Schranke des Grundrechts (→ *Mountainbikebeschränkungsgesetz*) unterliegt also selbst wiederum einer Schranke. Man nennt die Prüfung an dieser Stelle daher auch »**Schranken-Schranke**« (vgl. nur *Stern* StaatsR III/2 Seite 771).

Achtung: Dieser Gedankengang ist enorm wichtig. Wir haben ja eben gesehen, dass Grundrechte seitens des Staates durchaus beschränkt werden dürfen, zum Beispiel hier durch das vom bayrischen Landtag beschlossene *Mountainbikebeschränkungsgesetz* als Bestandteil der »**verfassungsmäßigen Ordnung**« im Sinne des Art. 2 Abs. 1 GG. Das das Grundrecht beschränkende Gesetz gehört aber natürlich nur dann zur »verfassungsmäßigen Ordnung«, wenn es selbst formell und materiell mit der Verfassung in Einklang steht. Man muss also das beschränkende Gesetz immer auch auf seine eigene Wirksamkeit/Verfassungsmäßigkeit hin überprüfen, was in den Übungsaufgaben dann übrigens in aller Regel den zentralen Teil der Prüfung ausmacht. Namentlich geht es bei dieser Prüfung dann vor allem um den ungeschriebenen, aber aus dem Rechtsstaatprinzip des Grundgesetzes folgenden »**Verhältnismäßigkeitsgrundsatz**«, auch »**Übermaßverbot**« genannt (BVerfGE **67**, 157; BVerfGE **30**, 292; BVerfGE **6**, 32, 41). Nur wenn bei dem das Grundrecht beschränkenden Gesetz dieser Verhältnismäßigkeitsgrundsatz eingehalten ist, gehört das Gesetz zur »verfassungsmäßigen Ordnung« im Sinne des Art. 2 Abs. 1 GG und kann das Grundrecht wirksam einschränken. Kapiert?!

Gut. Dann merken wir uns bitte **Folgendes**: Es genügt in der Fallprüfung nicht, einfach nur festzustellen, dass das betroffene Grundrecht durch ein Gesetz eingeschränkt wurde. Der entscheidende Punkt kommt vielmehr erst danach, nämlich bei der Untersuchung, ob dieses Gesetz (hier: das *Mountainbikebeschränkungsgesetz*) selbst verfassungsgemäß ist und insbesondere dem Verhältnismäßigkeitsgrundsatz entspricht (= **Schranken-Schranke**).

Und das prüft man bitte so:

Das das Grundrecht einschränkende Gesetz muss selbst verfassungsgemäß, also formell und materiell rechtmäßig zustande gekommen sein.

I. Die formelle Rechtmäßigkeit

Die formelle Rechtmäßigkeit des Gesetzes betrifft das ordnungsgemäße Gesetzgebungsverfahren, wozu unter anderem die Zuständigkeit des Gesetzgebers (also Bund oder Land) und der ordnungsgemäße Ablauf im jeweiligen Gesetzgebungsverfahren gehören.

Hier: Zu dieser formellen Rechtmäßigkeit des *Mountainbikebeschränkungsgesetzes* müssen wir uns keine Gedanken machen, das Gesetz ist nämlich nach der Schilderung des Sachverhaltes »formal ordnungsgemäß« beschlossen worden.

II. Die materielle Rechtmäßigkeit

Die materielle Rechtmäßigkeit betrifft nun die Frage, ob das Gesetz auch die *inhaltlichen* Vorgaben des Grundgesetzes einhält. Man unterteilt diese Prüfung in zwei Abschnitte:

1.) Schränkt ein *Gesetz* ein Grundrecht ein, kommt im Rahmen der materiellen Rechtmäßigkeit zunächst der **Art. 19 Abs. 1 und 2 GG** (aufschlagen!) ins Spiel. Es müssen die sogenannten »allgemeinen Anforderungen« an das Gesetz eingehalten worden sein (*Kingreen/Poscher* StaatsR II Rz. 359). Gemäß Art. 19 Abs. 1 GG muss das Gesetz demnach allgemein und nicht für den Einzelfall gelten, es muss das betroffene bzw. eingeschränkte Grundrecht nennen (→ »Zitiergebot«) und es darf keinesfalls den Wesensgehalt dieses Grundrechts antasten (Art. 19 Abs. 2 GG).

> **Klausur-Tipp**: Diese drei Prüfungspunkte sollte man kennen und in der Klausur bitte auch (kurz) erwähnen, handfeste Probleme finden sich dort, wenn es um die Verfassungsmäßigkeit eines *Gesetzes* geht, in universitären Übungsarbeiten allerdings nur selten. Und zwar aus den folgenden Gründen: Zum einen sind die Gesetze in Deutschland normalerweise nicht für den Einzelfall gedacht, sondern bestimmen immer abstrakte Regeln, die damit logischerweise für die Allgemeinheit gelten – und so ist das auch mit den Gesetzen, die in Klausuren und Hausarbeiten zur Prüfung anstehen. Des Weiteren wird das Zitiergebot des Art. 19 Abs. 1 Satz 2 GG nach ständiger Rechtsprechung des Bundesverfassungsgerichts sehr restriktiv ausgelegt, damit es »*den Gesetzgeber nicht in seiner Arbeit behindert*« (BVerfGE **35**, 185). Das Zitier-

gebot gilt aus diesem Grund zum Beispiel nicht für den Art. 2 Abs. 1 GG, da ansonsten die gesamte »verfassungsmäßige Ordnung«, also quasi *alle* Gesetze, davon betroffen wären (BVerfGE **10**, 89). Ebenso gilt es nicht für Art. 12 und Art. 14 GG (BVerfGE **64**, 72) sowie für Art. 5 Abs. 2 GG (BVerfGE **28**, 228). Zudem gilt es auch nicht für das sogenannte »vorkonstitutionelle Recht«, also für alle Rechtsnormen, die vor Inkrafttreten des GG im Mai 1949 entstanden sind (*Ipsen* StaatsR II Rz. 202). Schließlich braucht man auch über die sogenannte »Wesensgehaltgarantie« des Art. 19 Abs. 2 GG in aller Regel keine großen Worte zu verlieren, da für eine Verletzung dieser Garantie erforderlich wäre, dass bei dem Betroffenen das jeweilige Grundrecht überhaupt keine Wirksamkeit mehr entfalten kann (BVerfGE **22**, 180; BVerfGE **109**, 133; *von Münch/Krebs* Art. 19 GG Rz. 23). Nur dann wäre das Grundrecht für den Grundrechtsträger in seinem Wesensgehalt »angetastet« im Sinne des Art. 19 Abs. 2 GG (**Beachte**: Bei Urteilen oder behördlichem Handeln, das Grundrechte beeinträchtigt, kann der Wesensgehalt schneller angetastet sein, vgl. diesbezüglich Fall Nr. 2).

Zum Fall: Das MountBBG gilt für alle Mountainbiker und demzufolge eindeutig *nicht* für den Einzelfall. Das Zitiergebot des Art. 19 Abs. 1 Satz 2 GG entfaltet hier keine Wirksamkeit, da es nach ständiger Rechtsprechung des Bundesverfassungsgerichts restriktiv ausgelegt bzw. angewandt werden muss und unter anderem für die Einschränkungen aus Art. 2 Abs. 1 GG nicht gilt. Schließlich ist der Wesensgehalt des Art. 2 Abs. 1 GG, die allgemeine Handlungsfreiheit des R, nicht angetastet, da R lediglich untersagt wird, ab 800 Metern mit dem Mountainbike zu fahren. Ein Verstoß gegen Art. 19 Abs. 1 und 2 GG ist demnach nicht erkennbar.

ZE.: Die allgemeinen Anforderungen an das das Grundrecht beschränkende Gesetz sind eingehalten.

2.) Schließlich muss das Gesetz auch dem **Verhältnismäßigkeitsgrundsatz** entsprechen.

> **Obersatz**: Voraussetzung für die materielle Rechtmäßigkeit eines Gesetzes ist – neben der Konformität mit sonstigem Verfassungsrecht – vor allem die Einhaltung des Verhältnismäßigkeitsgrundsatzes. Dazu muss das Gesetz **1.)** einen **legitimen Zweck** verfolgen, **2.)** zur Erreichung dieses Zwecks **geeignet**, **3.)** **erforderlich** und schließlich **4.)** auch **angemessen** sein (BVerfGE **76**, 256; BVerfGE **67**, 157; *Ipsen* StaatsR II Rz. 184; *Kingreen/Poscher* StaatsR II Rz. 289).

Beachte: Der hier jetzt zu prüfende Verhältnismäßigkeitgrundsatz bzw. das »Übermaßverbot« (→ unterschiedliche Worte mit identischer Bedeutung) sind nirgendwo im Grundgesetz erwähnt, folgen aber aus dem Rechtsstaatsprinzip des Art. 20 GG und gehören daher zum elementaren Inhalt des Grundgesetzes. Jedes Gesetz, das ein Grundrecht einschränkt, muss daher zwingend dem Verhältnismäßigkeitsgrundsatz entsprechen (BVerfGE **76**, 256; BVerfGE **80**, 109; BVerfGE **111**, 54; BGH NJW **2015**, 1098; *von Mangold/ Klein/Starck* Art. 1 GG Rz. 285; *Jarass/Pieroth* Art. 20 GG Rz. 80). An dieser Stelle nun beginnt die eigentliche und vor allem typische verfassungsrechtliche

Arbeit. Es geht nämlich darum – selbstverständlich stets innerhalb des gerade skizzierten Prüfungsaufbaus – die verschiedenen, im Streit stehenden verfassungsrechtlichen Güter und Werte gegeneinander abzuwägen. Das Beruhigende oder je nach Betrachtungsweise auch Beängstigende dabei ist, dass man im Zweifel hier jetzt alles schreiben und dabei dennoch keine wirklich »falschen« Lösungen produzieren kann, da das Hauptaugenmerk immer auf der *Qualität* der Argumentation liegt.

Am besten macht man das dann schön schulmäßig, also:

1.) Das MountBBG muss, um verhältnismäßig zu sein, zunächst einen legitimen Zweck verfolgen.

Definition: Ein Zweck ist dann *legitim* und darf vom Staat verfolgt werden, wenn er auf ein der Allgemeinheit dienendes Wohl gerichtet ist oder sonstigen Gütern von Verfassungsrang zugutekommt. Dem Gesetzgeber ist insoweit ein breiter Beurteilungsspielraum zuzubilligen (BVerfGE **39**, 1; BVerfGE **46**, 160; BVerfGE **115**, 118; *Ipsen* StaatsR II Rz. 185).

Hier: Das MountBBG soll den Wald und die Tiere vor Schäden durch Mountainbiker schützen. Insbesondere vor dem Hintergrund des **Art. 20a GG** (aufschlagen!), wonach der Staat die natürlichen Lebensgrundlagen und die Tiere schützen soll, verfolgt das MountBBG damit einen legitimen, von der Verfassung explizit als schützenswert benannten Zweck im oben benannten Sinne.

2.) Das MountBBG müsste des Weiteren geeignet sein, diesen Zweck zu erreichen.

Definition: Die *Geeignetheit* einer Maßnahme liegt dann vor, wenn mit ihrer Hilfe das angestrebte Ziel voraussichtlich erreicht oder zumindest gefördert werden kann (BVerfGE **63**, 115).

Hier: Da aufgrund der wissenschaftlichen Studie die Mountainbiker als Verursacher der Furchen im Boden, die die Wasserstraßen nach Regenfällen verursachen, ausgemacht sind, kann durch das Verbot des Fahrens ab 800 Metern Höhe die ordnungsgemäße Bewässerung des Waldbodens voraussichtlich erreicht, jedenfalls aber gefördert werden.

3.) Das MountBBG müsste zudem erforderlich sein.

Definition: Die Maßnahme ist *erforderlich*, wenn es kein gleich wirksames, aber den Grundrechtsträger weniger belastendes Mittel zur Erreichung des Zwecks gibt; es muss der geringst mögliche Grundrechtseingriff bei gleicher Wirksamkeit gewählt werden (BVerfGE **77**, 84; BVerfG NJW **1999**, 3402).

Hier: Es ist nicht erkennbar, welches andere Mittel der Gesetzgeber hätte wählen können, ohne die Wirksamkeit der Maßnahme zu beeinträchtigen. Sofern, wie die Studie dokumentiert, die Mountainbiker für die Furchen verantwortlich sind, kann nur ein Verbot der Nutzung ab einer bestimmten Höhe dem Zustand abhelfen. Steht aber nur eine bestimmte Maßnahme zur Verfügung, ist diese auch erforderlich (*Ipsen* StaatsR II Rz. 191).

4.) Die Maßnahme muss schließlich auch angemessen bzw. verhältnismäßig im engeren Sinne sein.

> **Definition**: Eine Maßnahme ist dann *angemessen*, wenn sie beim Grundrechtsträger keinen Nachteil herbeiführt, der erkennbar außer Verhältnis zum verfolgten Zweck steht (BVerfGE **7**, 377; BVerfGE **17**, 306; *Kingreen/Poscher* StaatsR II Rz. 299). Der Grundrechtsträger darf insbesondere durch die staatliche Maßnahme nicht übermäßig belastet werden (→ Übermaßverbot).

So. Nach ganz langem Anlauf geht es jetzt (endlich) ans Eingemachte: Das, was nun folgt, macht in neun von zehn Grundrechtsprüfungen den Schwerpunkt aus und entscheidet demzufolge über eine gelungene oder eben nicht gelungene Arbeit: Es geht um die klassische Abwägung der in Streit stehenden, verfassungsrechtlich relevanten Güter.

> **Aber, Vorsicht!** Viele Studenten versemmeln an genau dieser Stelle ihre Arbeiten, weil sie meinen, sie müssten jetzt auf das juristische Hochreck steigen und ein paar grundsätzliche Dinge oder sogar einen Besinnungsaufsatz zum Wesen der betroffenen Grundrechte schreiben. Das Gegenteil ist die Wahrheit: Das für die Studenten zumeist Verblüffende und vor allem Interessante am gesamten Staatsrecht liegt nämlich darin, dass die Verfassungsjuristen hauptsächlich mit der Lebenswirklichkeit arbeiten und bei ihren Urteilen auch entsprechend argumentieren. Entscheidungen des Bundesverfassungsgerichts beinhalten deshalb in aller Regel bei der Prüfung der *Verhältnismäßigkeit* der jeweiligen Maßnahme oder des jeweiligen Gesetzes einen ziemlich lebensnahen und praktischen Teil, der am Ende dann auch die Urteilsbegründung trägt.

Für die Studenten bzw. Klausurbearbeiter heißt das **Folgendes**: Hat man es bis hierhin geschafft (siehe unseren Aufbau oben), kommt nun die eigentliche Arbeit am Fall, nämlich die Abwägung der widerstreitenden Interessen. Und hierbei argumentiert man bitte – und so macht das auch das Bundesverfassungsgericht – so lebensnah wie eben möglich. Als Anschauungsunterricht gönnen wir uns zwei Kostproben:

1. »Taubenfüttern« (→ BVerfGE **54**, 143; vgl. auch BayVGH in KommPraxis Bay **2014**, 387 und VGH BW NVwZ-RR **2006**, 398): Die Stadt *Mönchengladbach* hatte im Jahre 1979 eine Verordnung erlassen, wonach das Füttern von Tauben in öffentlichen Anlagen und auf öffentlichen Plätzen verboten sein sollte, da die Tauben zuviel Dreck in der Stadt anrichteten. Eine ältere Dame aus Mönchengladbach, die Tauben ziemlich prima fand, wollte sich das nicht bieten lassen, klagte bis zum Bundesverfassungsgericht und behauptete unter Berufung auf ihre allgemeine Handlungsfreiheit aus Art. 2 Abs. 1 GG, zur Entfaltung ihrer Persönlichkeit gehöre es auch, Tauben zu füttern. Die Verordnung sei daher verfassungswidrig. Das Bundesverfassungsgericht wies die Verfassungsbeschwerde letztlich als unbegründet ab und argumentierte wie folgt:

»… Die in Art. 2 Abs. 1 GG gewährleistete allgemeine Handlungsfreiheit schützt auch das Füttern der Tauben als *Äußerungsform* von *Tierliebe*. Das Verbot der Fütterung ist allerdings verhältnismäßig, da es das Grundrecht der Klägerin nicht übermäßig belastet. Bei der Abwägung zwischen den verfassungsrechtlich garantierten Rechten der Klägerin und dem von der Verordnung verfolgten Zweck sprechen die besseren Argumente für eine Verfassungsmäßigkeit der Regelung. Verwilderte Tauben können nicht nur Schäden an Gebäuden verursachen, sondern auch durch Verunreinigungen zu persönlichen Beeinträchtigungen von Menschen führen. Die Tiere verursachen erfahrungsgemäß erhebliche Verschmutzungen der Gehwege und Straßen, sowie Schäden an Hausfassaden, Dachabdeckungen und Dachrinnen, an parkenden Fahrzeugen, Grabmalen und anderen Gegenständen. In Anbetracht solcher Beeinträchtigungen ist von einem erheblichen Interesse der Allgemeinheit an der Verhinderung dieser Beeinträchtigungen auszugehen. Das zur Erreichung dieses Zwecks gewählte Mittel des **Fütterungsverbots** stellt demgegenüber einen nur sehr begrenzten Eingriff in die durch Art. 2 Abs. 1 GG geschützte Freiheit der Persönlichkeitsentfaltung der Klägerin dar. Das insoweit überwiegende **Interesse** der **Allgemeinheit** rechtfertigt diesen Eingriff, zumal es unzählige andere Möglichkeiten gibt, seiner Tierliebe Ausdruck zu verleihen. Gegen die Verordnung bestehen daher keine verfassungsrechtlichen Bedenken, insbesondere ist die Maßnahme angemessen und beeinträchtigt nicht übermäßig die Grundrechte der Klägerin …«

2. »**Reiten im Walde**« (BVerfGE 80, 137): Das Bundesland Nordrhein-Westfalen erließ im Jahre 1980 eine Änderung des *Landesforstgesetzes*, wonach das »Reiten im Wald« zur Schonung des Waldes und Rücksichtnahme auf Spaziergänger und Wanderer nur noch auf besonders gekennzeichneten Reitwegen gestattet sein sollte. Mehrere Pferdefreunde sahen dies als Einschränkung ihrer allgemeinen Handlungsfreiheit aus Art. 2 Abs. 1 GG an und klagten gegen das Gesetz beim Bundesverfassungsgericht. Ihr Argument: Reiten müsse *überall* erlaubt sein, Spaziergehen und Wandern sei ja schließlich auch überall gestattet. Das Bundesverfassungsgericht wies auch diese Verfassungsbeschwerde im Ergebnis als unbegründet ab und argumentierte bei der Verhältnismäßigkeit des Gesetzes so:

»… Nach der Rechtsprechung des Bundesverfassungsgerichts gewährleistet Art. 2 Abs. 1 GG die allgemeine Handlungsfreiheit im umfassenden Sinne und beinhaltet somit (natürlich) auch das **Reiten im Walde**. Bei der Abwägung zwischen den verfassungsrechtlich garantierten Rechten der Reiter und dem vom Landesforstgesetz verfolgten Zweck sprechen die besseren Argumente für eine Verfassungsmäßigkeit der Regelung. Die Einschränkung des Grundrechts der Reiter aus Art. 2 Abs. 1 GG ist im vorliegenden Fall gerechtfertigt, insbesondere ist die hier infrage stehende Regelung im **engeren Sinne verhältnismäßig**. Von besonderer Bedeutung erscheint insoweit zunächst, dass sich Spaziergänger, Wanderer und Reiter gleichermaßen auf Art. 2 Abs. 1 GG berufen können. Der Gesetzgeber musste daher die Nutzungsansprüche aller Betroffenen im Wald gerecht ordnen. Dass er dabei durch Ausgrenzung der **Reitwege** aus der Gesamtzahl der zur Verfügung stehenden Waldwege – und nicht etwa umgekehrt durch eine Ausgrenzung besonderer Wanderwege – vorgenommen hat, ist nicht

*zu beanstanden, sondern vielmehr **geboten**. Angesichts der gegenüber den Wanderern gerin-*
geren Zahl der Reiter und der von diesen beanspruchten, deutlich intensiveren Bodennut-
zung kann hierin eine Verfehlung des dem Gesetzgeber aufgetragenen gerechten Interessen-
ausgleichs nicht gesehen werden. Reiter beanspruchen den Wald in weitaus höherem Maße
*als Spaziergänger und stellen zudem eine **potenzielle Gefahr** für die übrigen Nutzer des*
Waldes dar. Nicht für jeden Erholung suchenden Wanderer ist die Begegnung mit einem
Pferd angenehm und erwünscht, sondern wird durchaus als körperliche Bedrohung wahrge-
nommen. Es ist aus diesem Grund verfassungsrechtlich gerechtfertigt und den Reitern insbe-
sondere zumutbar, ihnen Beschränkungen ihres Grundrechts dergestalt aufzuerlegen, dass sie
nur auf gesondert gekennzeichneten Wegen reiten dürfen …«

So, und genau *DAS* wird auch von den Studenten in den Klausuren und Hausarbeiten bei der Bewertung von Grundrechtsbeeinträchtigungen erwartet. Grundrechts-
arbeiten brauchen, um angemessen bzw. gut benotet zu werden, neben dem sorgsam
zu lernenden und einzuhaltenden Prüfungsaufbau (siehe oben), immer auch diesen
wertenden Teil, in dem der Korrektor sehen möchte, ob die Kandidaten mit der
Lebenswirklichkeit arbeiten und entsprechende Abwägungen vornehmen können.

Zum Fall: Auch bei uns muss also der vom Gesetzgeber verfolgte Zweck (→ Schutz
des Waldes und der Tiere) zu der Beeinträchtigung des Grundrechtsträgers (→ in
Bayern kein Mountainbiking mehr über 800 Metern) in einem angemessenen Verhältnis stehen. Das Gesetz darf unseren Mountainbiker insbesondere nicht übermäßig
belasten.

Überraschende Lösung: Ohne Probleme lässt sich hier *beides* vertreten. Und zwar so:

1. Die Verfassungsbeschwerde des R ist begründet.

Bei der Abwägung zwischen den grundgesetzlich garantierten Rechten der Mountainbiker und dem vom MountBBG verfolgten Zweck sprechen die besseren Argumente für eine Verfassungswidrigkeit der Regelung. Zwar weist die wissenschaftliche Studie aus, dass die Mountainbiker ursächlich für die Furchen im Boden und
damit den rapiden Wasserfluss nach Regenfällen sind. Indessen ist nicht erkennbar
und bislang erwiesen, dass das vollständige Verbot des Fahrens ab einer Höhe von
800 Metern der Problematik gerecht wird. Denkbar wäre beispielsweise auch eine
eingeschränkte Nutzung, etwa in monatlichen Abständen oder nur auf separat ausgewiesenen Strecken, um so dem Waldboden die Möglichkeit zur Regeneration zu
geben. Gerade in den Wintermonaten erscheint das vollständige Verbot wegen fehlenden Regens nicht nachvollziehbar. Des Weiteren ist nicht erkennbar oder begründet, warum der Gesetzgeber die Höhengrenze nicht etwa auf 1.500 Metern angelegt
hat. Angesichts dessen wäre die vorliegende Maßnahme bereits nicht erforderlich, da
mildere Mittel zur Verfügung stünden. Zudem muss gesehen werden, dass insbesondere das Bundesland Bayern mit seiner Landeshauptstadt bereits auf einer Höhe von
500 Metern liegt und dem Mountainbiking damit, ausgehend von München, lediglich
ein Spielraum von 300 Metern Höhenunterschied zur Verfügung stünde, was die
Sportart, jedenfalls in Bayern, enorm begrenzen, wenn nicht sogar uninteressant ma-

chen würde. Auch vor dem Hintergrund, dass Mountainbiking seit einigen Jahren als olympische Sportart anerkannt ist und offenbar von steigender Beliebtheit der Bevölkerung getragen wird, würde die vorliegende Beschränkung dieser Beliebtheit einen schweren Schaden zufügen und vor allem die Freizeitgestaltung vieler Menschen beeinträchtigen. Mountainbiking als sportlich anspruchsvolle Betätigung dient zudem der Volksgesundheit und beugt Krankheiten und Alterung vor. Die gesetzliche Regelung, die zur Schonung des Waldes Mountainbiking ab einer Höhe von 800 Metern in Bayern verbietet, steht damit in keinem angemessenen Verhältnis zur Grundrechtsbeeinträchtigung bei den Betroffenen.

Noch Fragen?

Denkbar wäre interessanterweise aber auch dies:

2. Die Verfassungsbeschwerde des R ist unbegründet.

Bei der Abwägung zwischen den grundgesetzlich garantierten Rechten der Mountainbiker und dem vom MountBBG verfolgten Zweck sprechen die besseren Argumente für die Verfassungsmäßigkeit der Regelung. Das Grundgesetz normiert in seinem Art. 20a GG ausdrücklich die besondere Verpflichtung des Staates zum Schutz der natürlichen Lebensgrundlagen sowie der Tiere und dokumentiert damit die überragende Bedeutung dieses Staatsauftrages, der bei sämtlichen Handlungen der Staatsgewalten beachtet werden muss. Unter Berücksichtigung dessen und beim Ansehen der wissenschaftlichen Studie musste der Gesetzgeber vorliegend einschreiten, um der Beschädigung des Waldes durch Mountainbiker Einhalt zu gebieten. Der Eingriff ist den Betroffenen in der konkreten Gestalt auch zumutbar: Zum einen stellt das Fahren bis zu einer Höhe von 800 Metern durchaus eine sportlich angemessene Herausforderung dar und kann im Zweifel von den Sportlern mehrfach wiederholt werden, sofern eine höhere körperliche Belastung gewünscht ist. Dass die Stadt München bereits auf 500 Metern Höhe liegt, schließt keinesfalls aus, aus niedrigen Höhen zu starten und folglich einen größeren Höhenunterschied als 300 Meter zu bewältigen. Des Weiteren gilt die vorliegende Regelung nur für das Bundesland Bayern, sodass größere Höhen von dem interessierten Personenkreis auch in anderen Bundesländern, etwa im angrenzenden Bundesland Baden-Württemberg, gefahren werden können. Die Ausübung des Sports und die Wahrnehmung der Grundrechte durch die Mountainbiker sind somit keinesfalls verboten, sondern lediglich zur Schonung der vom Grundgesetz ausdrücklich in Art. 20a GG genannten natürlichen Lebensgrundlagen beschränkt. Das der gesamten Bevölkerung zugutekommende Schutzgut der natürlichen Lebensgrundlagen steht über den Interessen der demgegenüber vergleichsweise geringen Zahl der Mountainbiker. Das MountBBG ist daher auch verhältnismäßig im engeren Sinne und somit verfassungskonform.

Erstaunlich, oder!?

Beide Argumentationen (die Argumente sind übrigens keinesfalls abschließend!) klingen – jede für sich betrachtet – ziemlich überzeugend und sind daher auch beide »richtig« im Sinne einer brauchbaren und guten Klausurbewertung. Ich sagte es bereits, man kann an dieser Stelle nicht wirklich etwas falsch, dafür aber eine Menge richtigmachen. Und zwar insbesondere dann, wenn man lebensnah und nachvollziehbar argumentiert. Denn genau *das* will der Prüfer sehen. Welches Ergebnis nachher dabei rauskommt, ist im besten Sinne des Wortes »gleichgültig«. Beachte insoweit bitte abschließend noch, dass die Begrifflichkeiten *geeignet, erforderlich* und *angemessen*, die wir eben so schön schulmäßig durchgeprüft haben, selbst bei BVerfG-Entscheidungen bisweilen durcheinandergeraten. Zutreffenderweise merken daher die Herren *Kingreen/Poscher* in ihrem (prima) Lehrbuch an, dass man die eigentliche Abwägung auch schon beim Merkmal der *Erforderlichkeit* vornehmen und das Merkmal der Angemessenheit eigentlich streichen müsste (vgl. StaatsR II Rz. 299). Die vier Herrschaften befinden sich damit aber durchaus in der Minderzahl unter den Wissenschaftlern – die ziemlich herrschende Meinung und auch das BVerfG nehmen die Interessenabwägung so vor, wie wir es oben skizziert haben (BVerfGE **115**, 276; BVerfGE **89**, 48; BVerfGE **75**, 108; BVerfGE **63**, 88; BGH NJW **2015**, 1098; *Dreier/Dreier* Art. 2 GG Rz. 62; *von Münch/Kunig* Art. 2 GG Rz. 24; *von Mangold/Klein/Starck* Art. 2 GG Rz. 30; *Ipsen* StaatsR II Rz. 785; *Jarass/Pieroth* Art. 2 GG Rz. 21). Wir wollen in unserem Buch daher auch dieser herrschenden Meinung und dem BVerfG folgen und die ganze Sache bei der **Angemessenheit** prüfen.

Ergebnis: Je nach Argumentation ist die Verfassungsbeschwerde des R begründet – oder eben unbegründet (siehe oben). Beide Lösungen können »gleichgültig« vertreten werden. Und wer hätte das gedacht?!

Prüfungsschema 1

Die Begründetheit einer Verfassungsbeschwerde gegen ein Gesetz

Obersatz: Die Verfassungsbeschwerde ist begründet, wenn der Beschwerdeführer durch das **Gesetz** in einem seiner Grundrechte oder in einem der in Art. 93 Abs. 1 Nr. 4a GG genannten grundrechtsgleichen Rechte verletzt ist. Eine solche Verletzung liegt dann vor, wenn durch das Gesetz in den *Schutzbereich* eines Grundrechts *eingegriffen* wurde und dieser Eingriff verfassungsrechtlich *nicht gerechtfertigt* ist.

I. Ist durch das Gesetz ein Grundrecht in seinem Schutzbereich betroffen?

→ Definition des Schutzbereichs

→ Subsumtion des Gesetzes unter diesen Schutzbereich

→ Falls der Schutzbereich nicht betroffen (»eröffnet«) ist: Ende der Prüfung

→ Falls der Schutzbereich betroffen ist:

II. Liegt ein Eingriff in den Schutzbereich des betroffenen Grundrechts vor?

Definition: Unter *Eingriff* versteht man jedes staatliche Handeln, das dem Einzelnen ein Verhalten, das in den Schutzbereich eines Grundrechts fällt, ganz oder teilweise unmöglich macht oder ihn jedenfalls in der Ausübung seiner Grundrechte beschränkt. Ein finaler und unmittelbarer Akt der öffentlichen Gewalt ist nicht zwingend erforderlich, hat aber indizierende Wirkung.

→ Falls kein Eingriff vorliegt (sehr selten!): Ende der Prüfung.

→ Falls ein Eingriff vorliegt:

III. Ist der Grundrechtseingriff verfassungsrechtlich gerechtfertigt?

→ Das Grundrecht muss *einschränkbar* sein (= z.B. durch Gesetzesvorbehalt)

→ Es muss eine entsprechende *Schranke* (= Gesetz) existieren.

→ Diese Schranke/Gesetz muss selbst verfassungsgemäß sein (Schranken-Schranke):

Dafür ist notwendig:

1.) Formelle Rechtmäßigkeit = ordnungsgemäßes Gesetzgebungsverfahren

2.) Materielle Rechtmäßigkeit – dazu gehört insbesondere:

a) Sind die »allgemeinen Anforderungen« aus Art. 19 Abs. 1 und 2 GG eingehalten?

b) Ist der Verhältnismäßigkeitsgrundsatz beachtet? Das Gesetz muss einen *legitimen Zweck* verfolgen, *geeignet*, *erforderlich* und *angemessen* (»verhältnismäßig im engeren Sinne«) sein: Hier erfolgt die Abwägung der widerstreitenden Interessen.

Gutachten

Und jetzt kommt, wie weiter vorne im Vorspann (vgl. dort: »Zur Arbeit mit diesem Buch«) schon angekündigt, die ausformulierte Lösung, also das, was der Kandidat dem Prüfer als Klausurlösung des gestellten Falles vorsetzen sollte, das *Gutachten.*

Hierzu vorab noch zwei Anmerkungen:

1.) Zunächst ist wichtig zu verstehen, dass diese ausformulierte Lösung – also das Gutachten— sich sowohl vom Inhalt als auch vom Stil her maßgeblich von dem eben dargestellten Lösungsweg, der ausschließlich der *inhaltlichen* Erarbeitung der Materie diente, unterscheidet:

In der ausformulierten (Klausur-) Lösung haben sämtliche Verständniserläuterungen nichts zu suchen. Da darf nur das rein, was den konkreten Fall betrifft und ihn zur Lösung bringt. Inhaltlich darf sich die Klausurlösung, die man dann zur Benotung abgibt, ausschließlich auf die gestellte Fall-Frage beziehen. Abschweifungen, Erläuterungen oder Vergleiche, wie wir sie oben in den Lösungsweg haufenweise zur Erleichterung des Verständnisses eingebaut haben, dürfen *nicht* in das Niedergeschriebene aufgenommen werden. Die ausformulierte Lösung ist mithin in aller Regel deutlich kürzer und inhaltlich im Vergleich zum gedanklichen Lösungsweg erheblich abgespeckt. Wie gesagt, es darf nur das rein, was den konkreten Fall löst. Alles andere ist überflüssig und damit – so ist das bei Juristen – *falsch.*

2.) Man sollte sich als Jura-StudentIn rechtzeitig darüber im Klaren sein, dass die Juristerei eine Wissenschaft ist, bei der – mit ganz wenigen Ausnahmen – nur das *geschriebene* Wort zählt. Sämtliche Gedanken und gelesenen Bücher sind leider so gut wie wertlos, wenn die gewonnenen Erkenntnisse vom Kandidaten nicht vernünftig, das heißt in der juristischen Gutachten- bzw. Subsumtionstechnik, zu Papier gebracht werden können. Die Prüfungsaufgaben bei den Juristen, also die Klausuren und Hausarbeiten, werden nämlich bekanntermaßen *geschrieben*, und nur dafür gibt es dann auch die Punkte bzw. Noten. Übrigens auch und gerade im Examen.

Deshalb ist es außerordentlich ratsam, frühzeitig die für die juristische Arbeit ausgewählte (Gutachten-)Technik zu erlernen. Die Gutachten zu den Fällen stehen aus genau diesem Grund hier stets im Anschluss an den jeweiligen Lösungsweg und sollten im höchsteigenen Interesse dann auch nachgelesen werden. Es ist nur ein geringer Aufwand, hat aber einen beachtlichen Lerneffekt, denn der Leser sieht jetzt, wie das erworbene Wissen tatsächlich nutzbar gemacht wird. Wie gesagt: In der juristischen Prüfungssituation zählt nur das *geschriebene* Wort. Alles klar!?

Und hier kommt der (Gutachten-) Text für unseren ersten Fall:

Die Verfassungsbeschwerde des R ist begründet, wenn R in einem seiner Grundrechte oder in einem der in Art. 93 Abs. 1 Nr. 4a GG genannten grundrechtsgleichen Rechte verletzt ist. Eine solche Verletzung liegt dann vor, wenn durch einen Akt der öffentlichen Gewalt in den Schutzbereich eines Grundrechts eingegriffen wurde und dieser Eingriff verfassungsrechtlich nicht gerechtfertigt ist.

I. Durch das MountBBG muss ein Grundrecht des R in seinem Schutzbereich betroffen sein.

1.) In Betracht kommt zunächst das Grundrecht der Freizügigkeit aus Art. 11 Abs. 1 GG. Gemäß Art. 11 Abs. 1 GG genießen alle Deutschen im ganzen Bundesgebiet Freizügigkeit. Freizügigkeit im Sinne des Art. 11 Abs. 1 GG bedeutet die Freiheit, an jedem Ort innerhalb des Bundesgebiets Aufenthalt und Wohnsitz zu nehmen, also jeden Ort im Bundesgebiet aufzusuchen und sich dort auch unter Umständen länger aufzuhalten. Das MountBBG verbietet dem R, sich innerhalb Bayerns, also innerhalb eines Teiles von Deutschland, ab einer Höhe von 800 Metern mit seinem Mountainbike zu bewegen. Ihm wird damit zwar der vorübergehende Aufenthalt an einem bestimmten Ort mit seinem Mountainbike untersagt. Die Freizügigkeit des Art. 11 Abs. 1 GG umfasst aber nicht die Nutzung eines selbst gewählten Beförderungsmittels, sondern nur das Erreichen des Ortes selbst. Der Bürger darf zwar zu jedem Ort in Deutschland reisen und sich dort auch aufhalten oder sogar wohnen; eine Garantie, dass man zur Erreichung des jeweiligen Ortes auch das selbst gewählte Beförderungsmittel nutzen kann, beinhaltet der Art. 11 Abs. 1 GG aber nicht.

Ergebnis: Eine Verletzung des Grundrechts aus Art. 11 Abs. 1 GG scheitert bereits an der Betroffenheit des Schutzbereichs des Grundrechts.

2.) In Betracht kommt nunmehr die mögliche Verletzung der allgemeinen Handlungsfreiheit aus Art. 2 Abs. 1 GG. Die allgemeine Handlungsfreiheit des Art. 2 Abs. 1 GG schützt jegliches menschliches Verhalten im allumfassenden Sinne. Jeder Mensch soll sich frei bewegen und auch seinen Neigungen entsprechend entfalten dürfen, und zwar unabhängig von einer Wertung dieses Handelns. Da grundsätzlich jedes menschliche Verhalten in den Schutzbereich des Art. 2 Abs. 1 GG fällt, gilt dies auch für das streitgegenständliche Mountainbiking.

Zwischenergebnis: Der Schutzbereich des Grundrechts aus Art. 2 Abs. 1 GG ist durch das MountBBG, das das Mountainbiking ab einer Höhe von 800 Metern in Bayern verbietet, betroffen.

II. Es muss des Weiteren ein Eingriff in diesen Schutzbereich vorliegen.

Unter Eingriff versteht man jedes staatliche Handeln, das dem Einzelnen ein Verhalten, das in den Schutzbereich eines Grundrechts fällt, ganz oder teilweise unmöglich macht; hierbei ist gleichgültig, ob diese Wirkung final oder unbeabsichtigt eintritt. Das MountBBG, als Akt der öffentlichen Gewalt, hindert den R daran, in Bayern mit seinem Mountainbike auf eine Höhe von über 800 Metern zu fahren. Es macht ihm damit die Ausübung seines Grundrechts aus Art. 2 Abs. 1 GG teilweise unmöglich.

Zwischenergebnis: Ein Eingriff liegt vor.

III. Der Eingriff dürfte verfassungsrechtlich nicht gerechtfertigt sein.

Der staatliche Eingriff in den Schutzbereich eines Grundrechts ist dann verfassungsrechtlich gerechtfertigt, wenn das betroffene Grundrecht einschränkbar ist, eine entsprechende Schranke besteht und diese Schranke selbst wiederum verfassungsgemäß ist (sogenannte Schranken-Schranke).

1.) Das Grundgesetz muss für das betroffene Grundrecht die Möglichkeit einer Einschränkbarkeit vorsehen. Gemäß Art. 2 Abs. 1 GG hat jeder das Recht auf die freie Entfaltung seiner Persönlichkeit, soweit er nicht die Rechte anderer verletzt und nicht gegen die verfassungsmäßige Ordnung oder das Sittengesetz verstößt. Aus diesem Gesetzesvorbehalt ist zu folgern, dass das Grundrecht aus Art. 2 Abs. 1 GG durch die die Rechte anderer, die verfassungsmäßige Ordnung oder das Sittengesetz einschränkbar ist. Unter verfassungsmäßiger Ordnung im Sinne des Art. 2 Abs. 1 GG versteht man die Gesamtheit der Normen, die formell und materiell mit der Verfassung in Einklang stehen. Dazu gehören neben bundesrechtlichen- auch die landesrechtlichen Vorschriften. Das Grundrecht aus Art. 2 Abs. 1 GG darf somit durch jede Rechtsnorm, die formell und materiell mit der Verfassung in Einklang steht, beschränkt werden.

Zwischenergebnis: Das Grundrecht aus Art. 2 Abs. 1 GG ist einschränkbar durch die verfassungsmäßige Ordnung, also jede Norm, die mit der Verfassung in Einklang steht.

2.) Es muss im konkreten Fall eine entsprechende gesetzliche Schranke existieren.

Das MountBBG ist ein Landesgesetz und damit eine Schranke im eben benannten Sinne.

3.) Das MountBBG gehört allerdings nur dann zur verfassungsmäßigen Ordnung und wäre damit eine zulässige Schranke des Grundrechts aus Art. 2 Abs. 1 GG, wenn es selbst mit den (übrigen) Normen und Werten der Verfassung übereinstimmt. Das das Grundrecht einschränkende Gesetz muss selbst verfassungsgemäß, also formell und materiell rechtmäßig zustande gekommen sein.

I. Die formelle Rechtmäßigkeit

Nach dem Sachverhaltshinweis ist das MountBBG formal rechtmäßig beschlossen.

II. Die materielle Rechtmäßigkeit

1.) Es müssen zunächst die allgemeinen Anforderungen an das Gesetz eingehalten worden sein. Gemäß Art. 19 Abs. 1 GG muss das Gesetz demnach allgemein und nicht für den Einzelfall gelten, es muss das betroffene bzw. eingeschränkte Grundrecht nennen und es darf gemäß Art. 19 Abs. 2 GG keinesfalls den Wesensgehalt dieses Grundrechts antasten. Das MountBBG gilt für alle Mountainbiker und demzufolge nicht für den Einzelfall. Das Zitiergebot des Art. 19 Abs. 1 Satz 2 GG entfaltet hier keine Wirksamkeit, nach ständiger Rechtsprechung des Bundesverfassungsgerichts muss es restriktiv ausgelegt bzw. angewandt werden und gilt unter anderem für die Einschränkungen aus Art. 2 Abs. 1 GG nicht. Schließlich ist der Wesensgehalt des Art. 2 Abs. 1 GG, die allgemeine Handlungsfreiheit des R, nicht angetastet, R wird lediglich untersagt, ab 800 Metern mit dem Mountainbike zu fahren. Ein Verstoß gegen Art. 19 Abs. 1 und 2 GG ist demnach nicht erkennbar.

Zwischenergebnis: Die allgemeinen Anforderungen an das das Grundrecht beschränkende Gesetz sind eingehalten.

2.) Schließlich muss das Gesetz auch dem Verhältnismäßigkeitsgrundsatz entsprechen. Voraussetzung für die materielle Rechtmäßigkeit eines Gesetzes ist – neben der Konformität mit sonstigem Verfassungsrecht – die strikte Einhaltung des Verhältnismäßigkeitsgrundsatzes. Dazu muss das Gesetz einen legitimen Zweck verfolgen, zur Erreichung dieses Zwecks geeignet, erforderlich und schließlich auch angemessen, also verhältnismäßig im engeren Sinne sein.

a. Das MountBBG muss zunächst einen legitimen Zweck verfolgen. Ein Zweck ist dann legitim und darf vom Staat verfolgt werden, wenn er auf ein der Allgemeinheit dienendes Wohl gerichtet ist oder sonstigen Gütern von Verfassungsrang zugutekommt. Dem Gesetzgeber ist insoweit ein breiter und umfassender Beurteilungsspielraum zuzubilligen. Das MountBBG soll den Wald und die Tiere vor Schäden durch Mountainbiker schützen. Insbesondere vor dem Hintergrund des Art. 20a GG, wonach der Staat die natürlichen Lebensgrundlagen und die Tiere schützen soll, verfolgt das MountBBG damit einen legitimen, von der Verfassung explizit als schützenswert benannten Zweck im oben benannten Sinne.

b. Das MountBBG müsste des Weiteren geeignet sein, diesen Zweck zu erreichen. Die Geeignetheit einer Maßnahme liegt dann vor, wenn mit ihrer Hilfe das angestrebte Ziel voraussichtlich erreicht oder zumindest gefördert werden kann. Da aufgrund der wissenschaftlichen Studie die Mountainbiker als Verursacher der Furchen im Boden, die die Wasserstraßen nach Regenfällen verursachen, ausgemacht sind, kann durch das Verbot des Fahrens ab 800 Metern Höhe die ordnungsgemäße Bewässerung des Waldbodens und damit einhergehend die Schonung der Natur voraussichtlich erreicht, jedenfalls aber gefördert werden.

c. Das MountBBG müsste zudem erforderlich sein. Die Maßnahme ist erforderlich, wenn es kein gleich wirksames, aber den Grundrechtsträger weniger belastendes Mittel zur Erreichung des Zwecks gibt; es muss der geringst mögliche Grundrechtseingriff bei gleicher Wirksamkeit gewählt werden. Es ist nicht erkennbar, welches andere Mittel der Gesetzgeber hätte wählen können, ohne die Wirksamkeit der Maßnahme zu beeinträchtigen. Sofern, wie die Studie dokumentiert, die Mountainbiker für die Furchen verantwortlich sind, kann nur ein Verbot der Nutzung ab einer bestimmten Höhe dem Zustand abhelfen. Steht aber nur eine bestimmte Maßnahme zur Verfügung, ist diese auch erforderlich.

d. Die Maßnahme muss schließlich auch angemessen bzw. verhältnismäßig im engeren Sinne sein. Eine Maßnahme ist dann angemessen, wenn sie beim Grundrechtsträger keinen Nachteil herbeiführt, der erkennbar außer Verhältnis zum verfolgten Zweck steht. Der Grundrechtsträger darf insbesondere durch die staatliche Maßnahme nicht übermäßig belastet werden. Im vorliegenden Fall muss somit der vom Gesetzgeber verfolgte Zweck (Schutz des Waldes und der Tiere) zu der Beeinträchtigung des Grundrechtsträgers (in Bayern kein Mountainbiking mehr über 800 Metern) in einem angemessenen Verhältnis stehen. Das Gesetz darf die Mountainbiker insbesondere nicht übermäßig belasten.

aa. Insoweit sprechen folgende Argumente für eine übermäßige Belastung der Grundrechtsträger und damit die Begründetheit der Verfassungsbeschwerde: Zwar weist die wissenschaftliche Studie aus, dass die Mountainbiker ursächlich für die Furchen im Boden und damit den rapiden Wasserfluss nach Regenfällen sind. Indessen ist nicht erkennbar und bislang erwiesen, dass das vollständige Verbot des Fahrens ab einer Höhe von 800 Metern der Problematik gerecht wird. Denkbar wäre beispielsweise auch eine eingeschränkte Nutzung, etwa in monatlichen Abständen oder nur auf separat ausgewiesenen Strecken, um so dem Waldboden die Möglichkeit zur Regeneration zu geben. Gerade in den Wintermonaten erscheint das vollständige Verbot wegen fehlenden Regens nicht nachvollziehbar. Des Weiteren ist nicht erkennbar oder begründet, warum der Gesetzgeber die Höhengrenze nicht beispielsweise auf 1.500 Metern anlegt. Angesichts dessen wäre die vorliegende Maßnahme bereits nicht erforderlich, da mildere Mittel zur Verfügung stünden. Zudem muss gesehen werden, dass insbesondere das Bundesland Bayern mit seiner Landeshauptstadt bereits auf einer Höhe von 500 Metern liegt und dem Mountainbiking damit, ausgehend von München, lediglich ein Spielraum von 300 Metern Höhenunterschied zur Verfügung stünde, was die Sportart, jedenfalls in Bayern, enorm begrenzen, wenn nicht sogar uninteressant machen würde. Auch vor dem Hintergrund, dass Mountainbiking seit einigen Jahren als olympische Sportart anerkannt ist und von steigender Beliebtheit der Bevölkerung getragen wird, würde die vorliegende Beschränkung dieser Beliebtheit einen schweren Schaden zufügen und vor allem die Freizeitgestaltung vieler Menschen beeinträchtigen. Mountainbiking als sportlich anspruchsvolle Betätigung dient zudem der Volksgesundheit und beugt Krankheiten und Alterung vor. Die Regelung, die zur Schonung des Waldes und der Umwelt das Mountainbiking ab einer Höhe von 800 Metern verbietet, steht angesichts dessen in keinem angemessenen Verhältnis zur Grundrechtsbeeinträchtigung bei den Betroffenen.

bb. Bei der Abwägung zwischen den grundgesetzlich garantierten Rechten der Mountainbiker und dem vom MountBBG verfolgten Zweck sprechen indes die besseren Argumente für die Verfassungsmäßigkeit der Regelung. Das Grundgesetz normiert in seinem Art. 20a GG ausdrücklich die besondere Verpflichtung des Staates zum Schutz der natürlichen Lebensgrundlagen sowie der Tiere und dokumentiert damit die überragende Bedeutung dieses Staatsauftrages, der bei sämtlichen Handlungen der Staatsgewalten beachtet werden muss. Unter Berücksichtigung dessen und beim Ansehen der wissenschaftlichen Studie musste der Gesetzgeber vorliegend einschreiten, um der Beschädigung des Waldes durch Mountainbiker Einhalt zu gebieten. Der Eingriff ist den Betroffenen in der konkreten Gestalt auch zumutbar: Zum einen stellt das Fahren bis zu einer Höhe von 800 Metern durchaus eine sportlich angemessene Herausforderung dar und kann im Zweifel von den Sportlern mehrfach wiederholt werden, sofern eine höhere körperliche Belastung gewünscht ist. Dass die Stadt München bereits auf 500 Metern Höhe liegt, schließt keinesfalls aus, aus niedrigen Höhen zu starten und folglich einen größeren Höhenunterschied als 300 Meter zu bewältigen. Des Weiteren gilt die vorliegende Regelung nur für das Bundesland Bayern, sodass größere Höhen von dem interessierten Personenkreis auch in anderen Bundesländern, etwa im angrenzenden Bundesland Baden-Württemberg, gefahren werden können. Die Ausübung des Sports und die Wahrnehmung der Grundrechte durch die Mountainbiker sind somit nicht verboten, sondern zur Schonung der vom Grundgesetz ausdrücklich in Art. 20a GG genannten natürlichen Lebensgrundlagen nur beschränkt. Das der gesamten Bevölkerung zugutekommende Schutzgut der natürlichen Lebensgrundlagen steht über den Interessen der demgegenüber nur vergleichsweise geringen Zahl der Mountainbiker. Das MountBBG ist daher verhältnismäßig im engeren Sinne und somit verfassungskonform.

Ergebnis: Die Verfassungsbeschwerde des R ist nicht begründet.

Fall 2

Liebes Tagebuch!

Der Verdächtige V ist vom Landgericht in einem Indizienprozess wegen Mordes an einer Frau zu lebenslanger Haft verurteilt worden. Vor Gericht wurden dabei – gegen den ausdrücklichen Willen des V – Passagen des von der Polizei rechtmäßig sichergestellten Tagebuchs des V verlesen. Darin hatte V allgemein über seine labile Gefühlswelt und seinen gelegentlichen Hang zu Aggressionen gegenüber Frauen geschrieben. Das Landgericht wertete diese Aufzeichnungen, die V mehr als ein halbes Jahr vor seiner angeblichen Tat gemacht hatte, als Indiz für die instabile und gewaltbereite Gesinnung des V gegenüber Frauen und stützte unter anderem hierauf die Verurteilung. Die von V eingelegte Revision weist der Bundesgerichtshof (BGH) anschließend mit der Begründung ab, wegen der Schwere des Tatvorwurfs (Mord) dürfe das Tagebuch verwertet werden. Rechtsfehler seien dem Urteil des Landgerichts daher nicht zu entnehmen. V hatte die Tat bis zum Schluss bestritten.

V erhebt gegen die Verurteilung schließlich Verfassungsbeschwerde beim Bundesverfassungsgericht. Er meint, die Verwertung des Tagebuchs und die darauf gestützten Urteile verletzten ihn in seinem absolut geschützten Persönlichkeitsrecht.

Ist die Verfassungsbeschwerde des V begründet?

Hinweis: Die Vorschriften der Strafprozessordnung, wonach »Papiere des Verdächtigen« beschlagnahmt, eingesehen und als Beweismittel im Gerichtsverfahren verwertet werden dürfen, sind verfassungsgemäß.

> **Schwerpunkte:** Das »allgemeine Persönlichkeitsrecht« aus Art. 2 Abs. 1 GG in Verbindung mit Art. 1 Abs. 1 GG; Schutzbereich → Eingriff → Rechtfertigung des Eingriffs; die Verfassungsbeschwerde gegen ein Urteil; der Schutzbereich des allgemeinen Persönlichkeitsrechts; die »Schrankentrias« des Art. 2 Abs. 1 GG als Rechtfertigungsmaßstab des allgemeinen Persönlichkeitsrechts; die Abwägung der widerstreitenden Interessen; die »Wesensgehaltgarantie« des Art. 19 Abs. 2 GG.

Lösungsweg

Einstieg: Dieses, jedenfalls aus der Sicht des verdächtigen V ziemlich dramatische Fällchen lag dem Bundesverfassungsgericht in Karlsruhe am **14. September 1989** tatsächlich zur Entscheidung vor und ist anschließend als »**Tagebuch-Fall**« in die deutsche Verfassungsgeschichte eingegangen (→ BVerfGE **80**, 367 = NJW **1990**, 563). Die Fragestellung dieses Prüfungsklassikers ist dabei auf den ersten Blick vergleichsweise einfach, **nämlich**: Wie weit darf der Staat eigentlich in die Privatsphäre bzw. in die Grundrechte des Einzelnen (hier: das allgemeine Persönlichkeitsrecht) eindringen, wenn es um den Nachweis einer möglichen Straftat geht? Der Leser mag sich, ohne gleich an das Ende der Lösung zu springen, bitte selbst mal gerade fragen, wie er das Ganze vom Bauchgefühl her entscheiden würde: Lebenslang in den Knast – oder doch die Aufhebung der Urteile wegen Grundrechtsverletzung?

Das durchaus überraschende Ergebnis gibt es gleich, wir wollen aber, bevor wir richtig in den Lösungsweg einsteigen, zunächst einen wichtigen Unterschied zum vorherigen Fall beachten: Während es dort um die Verfassungsbeschwerde gegen ein *Gesetz* (wir erinnern uns: das »Mountainbikebeschränkungsgesetz«) ging, will sich hier jetzt jemand gegen ein *Gerichtsurteil* wehren mit der Behauptung, das bzw. die Urteile verletzten ihn in einem seiner Grundrechte, namentlich dem allgemeinen Persönlichkeitsrecht. Rein inhaltlich bleibt es damit bei der Frage nach der »Verletzung von Grundrechten«, allerdings kleiden wir diese Problematik nun in ein anderes Gewand, und zwar in die Verfassungsbeschwerde gegen ein **Urteil**. Diesen Unterschied behalten wir mal im Kopf, aber bitte ohne jede Panik, denn der im ersten Fall gelernte Prüfungsaufbau der Begründetheit einer Verfassungsbeschwerde bleibt, bis auf eine kleine, aber wichtige Feinheit, interessanterweise derselbe.

> **Beachte:** Das für den Betroffenen besonders Bemerkenswerte an einer Verfassungsbeschwerde gegen ein (strafrechtliches) Urteil erkennt man, wenn man sich mal den **§ 95 Abs. 2** des Bundesverfassungsgerichtsgesetzes (BVerfGG) anschaut. Nach dieser Norm hebt das Bundesverfassungsgericht, wenn es der Verfassungsbeschwerde gegen eine Entscheidung (= Gerichtsurteil) stattgibt, diese Entscheidung auf und verweist die ganze Sache zur neuen Verhandlung an ein anderes Gericht zurück. **Konsequenz**: Die Verurteilung des Täters hat im konkreten Fall *keinen* Bestand mehr – und das Gericht, an das zurückverwiesen wird, muss die Geschichte nun quasi »neu aufrollen« bzw. neu verhandeln, freilich unter Berücksichtigung der Entscheidung des Bundesverfassungsgerichts (BVerfGE **93**, 267). Das BVerfG prüft dabei aber – wie immer – nur die klassischen »Verfassungsverletzungen«, lässt den Fall indes im Übrigen unberührt. Sollten wir bei unserer Geschichte etwa feststellen, dass durch die Verwertung der Tagebuchaufzeichnungen und die daraufhin ergangenen Urteile ein Grundrecht des V verletzt ist (→ »Verfassungsverletzung«), hebt das BVerfG das Urteil erst einmal auf. Anschließend muss dann ein anderes (Land-)Gericht neu verhandeln, darf aber das Tagebuch natürlich nicht mehr verwerten, sondern muss sich mit dem sonstigen Sachverhalt als Beweisgrundlage begnügen. Da in unserem Fall das Tagebuch auch ein Grund für die Verurteilung war, könnte V dann unter Umständen sogar mit einem Freispruch rechnen. Das Grundgesetz bzw. die Grundrechte würden in diesem Falle einem möglichen Täter tatsächlich zum Freispruch verhelfen, denn eine Beweisführung, die unter Verletzung eines Grundrechts erfolgt, wird von der Verfassung grundsätzlich nicht zugelassen und führt immer zur Aufhebung der Entscheidung (BVerfGE **109**, 279; BVerfGE **34**, 238; BGH NStZ **2012**, 277).

Prüfen wir mal:

Die Begründetheit der Verfassungsbeschwerde des V

> **Obersatz:** Die Verfassungsbeschwerde des V ist begründet, wenn V durch die Urteile in einem seiner Grundrechte oder in einem der in Art. 93 Abs. 1 Nr. 4a GG genannten grundrechtsgleichen Rechte verletzt ist. Eine solche Verletzung liegt dann vor, wenn durch einen Akt der öffentlichen Gewalt in den Schutzbereich eines Grundrechts eingegriffen wurde und dieser Eingriff verfassungsrechtlich nicht gerechtfertigt ist.

Kein Problem, das kennen wir ja schon: Die Verletzung eines (Freiheits-)Grundrechts prüft man in einem dreigliedrigen Aufbau, wobei zunächst **I.** der **Schutzbereich** bestimmt wird, anschließend **II.** der **Eingriffsbegriff** zu klären ist und schließlich **III.** die in aller Regel entscheidende Frage ansteht, nämlich die nach einer möglichen verfassungsrechtlichen **Rechtfertigung** dieses Eingriffs in den Schutzbereich. Also:

I. Ist durch die Entscheidungen ein Grundrecht des V in seinem Schutzbereich betroffen?

Aufgrund der Tatsache, dass die Gerichtsentscheidungen sich (auch) auf die Verlesung und Verwertung des Tagebuchs stützen, kommt die Verletzung des »allgemeinen Persönlichkeitsrechts« des V aus Art. 2 Abs. 1 GG in Verbindung mit Art. 1 Abs. 1 GG in Betracht.

> **Definition:** Das *allgemeine Persönlichkeitsrecht* ist das Recht des Einzelnen auf Achtung seiner Menschenwürde und auf Entfaltung seiner individuellen Persönlichkeit; es umfasst insbesondere den Kernbereich privater Lebensgestaltung, der nicht von den übrigen Freiheitsrechten geschützt ist (BVerfGE **117**, 202; BVerfGE **106**, 28; BVerfGE **101**, 361; BVerfGE **34**, 238; BGH NJW **2012**, 767; *Dreier/Dreier* Art. 2 GG Rz. 68; *Sachs/Murswiek* Art. 2 GG Rz. 60; *Ipsen* StaatsR II Rz. 315).

Durchblick: Dieses allgemeine Persönlichkeitsrecht leitet sich aus der uns inzwischen bekannten allgemeinen Handlungsfreiheit des Art. 2 Abs. 1 GG ab und bezieht dabei die durch Art. 1 Abs. 1 GG geschützte *Menschenwürde* mit ein, weswegen man auch bitte beide gerade genannten Artikel stets zusammen zitieren sollte. Die Entwicklung des allgemeinen Persönlichkeitsrechts als eigenes Grundrecht war notwendig, da sich schon bald nach Inkrafttreten des GG zeigte, dass die im GG namentlich aufgeführten, klassischen Freiheitsrechte den zu schützenden Lebensbereich eines Menschen nicht umfassend abdecken (BVerfGE **120**, 274; BVerfGE **101**, 361; BVerfGE **80**, 367; *Maunz/Dürig/di Fabio* Art. 2 GG Rz. 128; *Kingreen/Poscher* StaatsR II Rz. 391). Insbesondere die »engere Privatsphäre« eines Menschen, der sogenannte »Kernbereich privater Lebensgestaltung«, also die private Umgebung, einschließlich persönlicher Daten und Vorgänge, unterlag zunächst keinem ausdrücklich in der Verfassung genannten Grundrecht. Das Bundesverfassungsgericht und ihm folgend die Staatsrechtswissenschaft haben in diesem Zusammenhang dann eine Vielzahl von Anwendungsbereichen entwickelt, die allesamt gemeinsam haben, dem Einzelnen unter Berücksichtigung der Menschenwürde ein Mindestmaß an persönlicher Integrität und auch privater Lebensgestaltung verbindlich zu garantieren (*Pieroth/ Schlink/Kingreen/Poscher* StaatsR II Rz. 391 ff.): Jeder soll namentlich ein »**Recht auf Selbstbestimmung**« haben, wozu etwa gehört, die sexuelle Orientierung selbst zu bestimmen (BVerfGE **47**, 46), die Kenntnis über die eigenen Abstammung zu erlangen (BVerfGE **96**, 56) oder auch das Recht eines Mannes, die mögliche Vaterschaft an einem Kind prüfen zu lassen (BVerfGE **117**, 202). Des Weiteren gehört dazu das »**Recht auf Selbstbewahrung**«: Hiermit gemeint ist unter anderem das Recht, sich jederzeit in seinen privaten Bereich zurückzuziehen und sich sowie seine Gefühlswelt vor dem öffentlichen Zugriff abzuschirmen, was etwa durch die Vertraulichkeit des Gesprächs zwischen Arzt und Patient garantiert wird (BGH VersR **2017**, 365; BVerfG NJW **2006**, 1116) oder auch durch das Recht am eigenen Wort (BVerfGE **106**, 28) sowie etwa durch den Schutz vor Preisgabe von persönlichen Vermögensverhältnissen (BVerfG NJW **2008**, 1435). Schließlich ist das »**Recht auf Selbstdarstellung**« erfasst: Dazu gehören beispielsweise das Recht am eigenen Namen (BVerfGE **123**, 90), am eigenen Bild (BVerfGE **101**, 361), der Schutz der persönlichen Ehre (BVerfGE **54**, 208) oder auch das Recht, Kleidung und Schmuck individuell zu gestalten und zu tragen (BVerfG NJW **2000**, 1399).

> **Vorsicht**: Der Schein trügt nicht. An keiner anderen Stelle im gesamten Verfassungsrecht ist soviel unsortiert, vage und unbestimmt formuliert und daher systematisch auch kaum greifbar wie beim allgemeinen Persönlichkeitsrecht. Das allgemeine Persönlichkeitsrecht dient bei genauer Betrachtung tatsächlich als eine Art Generalklausel für Verletzungen der höchstpersönlichen Sphäre des Einzelnen, die nicht von anderen Freiheitsrechten abgedeckt werden (*Ipsen* StaatsR II Rz. 315) und umfasst inzwischen mehrere 100 Entscheidungen (!) des Bundesverfassungsgerichts und des Bundesgerichtshofs aus den verschiedensten Bereichen des menschlichen Daseins (vgl. etwa die Aufzählung bei *von Münch/Kunig* Art. 2 GG ab Rz. 29). Für die Fallbearbeitung heißt das nun **Folgendes**: Sofern das allgemeine Persönlichkeitsrecht infrage kommt, bestimmt sich der Schutzbereich des Grundrechts durch die jeweils *konkrete Ausformung* im Fall. Allgemeine Erläuterungen, etwa zur Herleitung dieses Grundrechts oder der verschiedenen Fallgruppen, so wie wir sie gerade zum Verständnis der Materie gemacht haben, sollten daher auch nur sehr wohldosiert und knappgehalten werden. Der Prüfer möchte nämlich keine Belehrungen, sondern die Anwendung am Fall sehen. Insoweit hat man als Bearbeiter, immer ausgehend von der **Definition**, dann aber großen Spielraum, um die Betroffenheit des Grundrechts zu bewerten.

Etwa so: Durch die Verwertung des Tagebuchs im Gerichtsverfahren gegen V sowie die darauffolgenden Verurteilungen könnte der Schutzbereich des allgemeinen Per sönlichkeitsrechts des V betroffen sein. Das allgemeine Persönlichkeitsrecht hat verschiedene Ausformungen und schützt das Recht des Einzelnen auf Achtung seiner Menschenwürde sowie auf Entfaltung seiner individuellen Persönlichkeit; es umfasst insbesondere die Sphäre privater Lebensgestaltung, die nicht von den übrigen Freiheitsrechten geschützt ist. Geschützt ist dabei unter anderem das Recht am eigenen Wort, wozu auch gehört, sich und seine Gedanken jederzeit und alleinbestimmt der Öffentlichkeit zugänglich zu machen oder von der Öffentlichkeit abzuschirmen. Aufzeichnungen in einem Tagebuch werden üblicherweise getätigt, um sie im höchst intimen und allein privaten Bereich zu belassen. Eine Veröffentlichung der Aufzeichnungen ist vom Verfasser in aller Regel nicht gewollt, was allein durch die Niederschrift in ein privat aufbewahrtes Buch dokumentiert wird. Private Gedanken, wozu auch niedergeschriebene Gedanken gezählt werden müssen, gehören zum engsten Bereich privater Lebensgestaltung. Unter Berücksichtigung dessen gehört auch und vor allem ein Tagebuch, in dem üblicherweise nur vom Verfasser selbst aufgeschriebene, höchstpersönliche Gedanken Eingang finden, zum geschützten Bereich des allgemeinen Persönlichkeitsrechts im Sinne des Art. 2 Abs. 1 GG in Verbindung mit Art. 1 Abs. 1 GG (BVerfGE **80**, 367; siehe auch BVerfGE **106**, 28).

ZE.: Der Schutzbereich des allgemeinen Persönlichkeitsrechts aus Art. 2 Abs. 1 GG in Verbindung mit Art. 1 Abs. 1 GG ist im vorliegenden Fall durch die Verlesung und Verwertung des Tagebuchs im Gerichtsverfahren sowie die daraufhin ergangenen Urteile betroffen.

II. Es muss des Weiteren ein »Eingriff« in diesen Schutzbereich vorliegen.

Das ist hier kein Problem, denn:

Definition: Unter *Eingriff* versteht man jedes staatliche Handeln, das dem Einzelnen ein Verhalten, das in den Schutzbereich eines Grundrechts fällt, ganz oder teilweise unmöglich macht; hierbei ist gleichgültig, ob diese Wirkung final oder unbeabsichtigt eintritt (BVerfGE **105**, 279; BVerfGE **81**, 310; BVerfG NVwZ **2007**, 1049; *von Münch/Kunig* vor Art. 1 GG Rz. 34; *Jarass/Pieroth* vor Art. 1 GG Rz. 27/28; *Kingreen/Poscher* StaatsR II Rz. 253).

Zum Fall: Die Verlesung und Verwertung der Aufzeichnungen aus dem Tagebuch im Gerichtsverfahren beschränken den V in seinem allgemeinen Persönlichkeitsrecht aus Art. 2 Abs. 1 GG in Verbindung mit Art. 1 Abs. 1 GG. Die daraufhin ergangenen Urteile stellen Akte der öffentlichen Gewalt dar.

ZE.: Ein Eingriff liegt vor.

III. Der Eingriff darf verfassungsrechtlich nicht gerechtfertigt sein.

> **Einstieg**: Der staatliche Eingriff in den Schutzbereich eines Grundrechts ist dann verfassungsrechtlich gerechtfertigt, wenn das betroffene Grundrecht *einschränkbar* ist, eine entsprechende *Schranke* (z.B. ein Gesetz) besteht und diese Schranke selbst wiederum *verfassungsgemäß* ist (sogenannte »Schranken-Schranke«).

Durchblick: An dieser Stelle wird es nun, ebenso wie im letzten Fall, ernst. Die verfassungsrechtliche Rechtfertigung des Grundrechtseingriffs macht auch hier den entscheidenden Punkt in der Prüfung aus. Wir erinnern uns bitte: Die Grundrechte gelten in aller Regel nicht absolut, sondern können durchaus Beschränkungen (Schranken) unterliegen. Bei Verfassungsbeschwerden gegen *Gesetze* (siehe Fall Nr. 1 vorne) ging es hier dann darum festzustellen, ob das betroffene Grundrecht überhaupt einschränkbar ist, ob eine entsprechende Schranke (ein Gesetz) existiert und ob dieses Gesetz/diese Schranke selbst formell und materiell mit dem Grundgesetz in Einklang steht (→ Schranken-Schranke). Und hierbei lag der Schwerpunkt dann zumeist auf der Frage der *Verhältnismäßigkeit* (→ Übermaßverbot), wobei im Rahmen dessen zu prüfen war, ob das das Grundrecht beschränkende Gesetz geeignet, erforderlich und angemessen ist (vgl. insoweit umfassend Fall Nr. 1 vorne).

Problem: Unser V wehrt sich nicht gegen ein Gesetz, sondern gegen ein **Urteil**.

Lösung: Wir müssen den bisherigen Aufbau um *einen* Prüfungspunkt erweitern, und zwar so: Der Grundrechtseingriff in Gestalt des Urteils ist dann verfassungsrechtlich gerechtfertigt, wenn **1.)** das Grundrecht *einschränkbar* ist, **2.)** eine entsprechende *Schranke* besteht, **3.)** diese Schranke selbst wiederum *verfassungsgemäß* ist (Schranken-Schranke) und **4.)** die Anwendung und Auslegung der Schranke/des Gesetzes im konkreten Urteil der Verfassung bzw. den Grundrechten entspricht.

Also: Bei Verfassungsbeschwerden gegen Urteile kommt ein weiterer, freilich in den Fall-Lösungen zumeist entscheidender Punkt dazu: Man muss das Urteil in seiner konkreten Gestalt noch auf eine »spezifische Verfassungsverletzung« hin untersuchen, also prüfen, ob das Gericht die im Urteil angewandten Gesetze verfassungskonform und vor allem unter Berücksichtigung der betroffenen Grundrechte ausgelegt hat. **Daher**:

> **Korrigierter Obersatz**: Der Eingriff in den Schutzbereich eines Grundrechts durch ein Urteil ist dann verfassungsrechtlich gerechtfertigt, wenn das betroffene Grundrecht *einschränkbar* ist, eine entsprechende *Schranke/ein Gesetz* besteht, diese Schranke selbst wiederum *verfassungsgemäß* ist (Schranken-Schranke) und auch die konkrete Anwendung und Auslegung der Schranke/des Gesetzes im Urteil der Verfassung bzw. den Grundrechten entspricht.

Machen wir mal:

1.) Das infrage stehende allgemeine Persönlichkeitsrecht aus Art. 2 Abs. 1 GG in Verbindung mit Art. 1 Abs. 1 GG muss zunächst überhaupt *einschränkbar* sein.

Hier: Die sogenannte »Schrankentrias« des Art. 2 Abs. 1 GG (= Gesetzesvorbehalt) gilt sowohl für die allgemeine Handlungsfreiheit als auch für das allgemeine Persönlichkeitsrecht mit der Folge, dass insbesondere die »verfassungsmäßige Ordnung«, also alle Rechtsnormen, die formell und materiell mit der Verfassung in Einklang stehen, als Grundrechtsschranken des allgemeinen Persönlichkeitsrechts in Betracht kommen (BVerfGE **65**, 43; *Kingreen/Poscher* StaatsR II Rz. 407; *Jarass/Pieroth* Art. 2 GG Rz. 58). Das allgemeine Persönlichkeitsrecht ist demnach aufgrund des Art. 2 Abs. 1 GG benannten Gesetzesvorbehalts einschränkbar.

2.) Es muss des Weiteren eine entsprechende *Schranke* existieren.

Hier: Die Vorschriften der Strafprozessordnung, wonach Papiere des Verdächtigen beschlagnahmt und für die Ermittlungen eingesehen sowie als Beweismittel verwertet werden dürfen (wer möchte: **§§ 102, 110, 244 und 245 StPO**), sind entsprechende Schranken, die die Grundrechte der Betroffenen einschränken können. Es existiert somit eine Schranke für das allgemeine Persönlichkeitsrecht.

3.) Die Vorschriften der Strafprozessordnung (die Schranken) müssten selbst wiederum verfassungsgemäß sein, also formell und materiell dem Grundgesetz entsprechen (Schranken-Schranke).

Hier: Nach Auskunft des Sachverhalts ist davon auszugehen, dass die Vorschriften der Strafprozessordnung, wonach Papiere des Verdächtigen beschlagnahmt und für die Ermittlungen eingesehen sowie als Beweismittel verwertet werden dürfen, verfassungsgemäß sind. Damit gehören diese Normen zur »**verfassungsmäßigen Ordnung**« im Sinne des Art. 2 Abs. 1 GG und sind zulässige Schranken des allgemeinen Persönlichkeitsrechts.

4.) Das Urteil selbst muss in der konkreten Gestalt ebenfalls der Verfassung entsprechen, es darf namentlich bei der Anwendung und Auslegung des das Grundrecht einschränkenden Gesetzes seitens des Gerichts keine »**spezifische Verfassungsverletzung**« vorliegen (BVerfG NVwZ **2016**, 1804).

> **Beachte**: Wir haben bislang festgestellt, dass ein Grundrechtseingriff zu bejahen ist und dieser Eingriff mit den Normen der Strafprozessordnung auf jeden Fall schon mal eine an sich verfassungsmäßige Grundlage hat. **Aber**: Trotz einer verfassungsmäßigen Grundlage (hier: der Strafprozessordnung) kann gleichwohl ein verfassungswidriger Eingriff vorliegen, nämlich insbesondere dann, wenn die Behörde und/oder das Gericht das an sich verfassungsmäßige Gesetz *grundrechtswidrig* angewendet hat. In unserem Fall wird sich daher gleich die Frage stellen, ob die in der Strafprozessordnung stehende Befugnis, Papiere des Verdächtigen zu beschlagnah-

men und einzusehen sowie im Ermittlungsverfahren zu verwerten, wirklich auch für Tagebücher gilt und diese Tagebücher dann später als Urteilsgrundlage dienen können – oder ob diese Auslegung der Strafprozessordnung die Grundrechte des V verletzt hat. **Noch mal**: Bei der Verfassungsbeschwerde gegen ein Urteil muss man die *konkrete Anwendung* des betreffenden, in aller Regel verfassungsmäßigen Gesetzes auf seine Verfassungsmäßigkeit hin untersuchen. Trotz eines an sich verfassungsgemäßen Gesetzes kann nämlich, wenn dieses Gesetz von der handelnden Behörde oder dem später darüber entscheidenden Gericht falsch bzw. grundrechtswidrig ausgelegt und angewandt wird, durchaus ein *verfassungswidriger Eingriff* vorliegen. Deshalb muss man bei Verfassungsbeschwerden gegen Urteile nicht nur das der Entscheidung zugrundeliegende Gesetz, sondern vor allem anschließend auch die konkrete Anwendung dieses Gesetzes auf mögliche Grundrechtsverletzungen (= »spezifische Verfassungsverletzungen«) hin überprüfen. Verstanden?!

Prima. Nächster Schritt: Bei dieser Überprüfung der »spezifischen Verfassungsverletzung« muss man nun insbesondere den Art. 93 Abs. 1 Nr. 4a GG sehr sorgfältig lesen (!) und vor allem auch beachten: Das Bundesverfassungsgericht prüft nämlich nicht jedes Urteil vollumfänglich auf korrekte Rechtsanwendung durch und agiert demzufolge auch *nicht* als sogenannte »Superrevisionsinstanz« (BVerfGE **35**, 311; *Ipsen* StaatsR II Rz. 787; *Kingreen/Poscher* StaatsR II Rz. 1279). Die Prüfung des Bundesverfassungsgerichts ist bei Verfassungsbeschwerden gegen Urteile – wir haben das gerade schon gesagt – vielmehr beschränkt auf die Verletzung von Grundrechten oder grundrechtsgleichen Rechten, bitte lies: Art. 93 Abs. 1 Nr. 4a GG. Nur eine *solche* Verletzung ist dann auch eine »**spezifische Verfassungsverletzung**«. Das sogenannte »einfache Recht« und die Anwendung dieses einfachen Rechts durch die Fachgerichte überprüft das Bundesverfassungsgericht *nicht* (BVerfGE **18**, 85; BVerfGE **85**, 248; BVerfGE **95**, 96).

Beispiel: Wenn jemand gegen ein Möbelhaus auf 50%-ige Minderung des Kaufpreises wegen eines mangelhaft erworbenen Sofas klagt und diesen Prozess verliert, weil das Gericht meint, das BGB gewähre im konkreten Fall nur einen Anspruch auf Nachbesserung, ist eine Verfassungsbeschwerde gegen dieses Urteil nicht möglich. Denn es ist nicht erkennbar, wo bei dieser Entscheidung *Grundrechte* des Käufers verletzt sein könnten (Grundrecht auf Minderung des Kaufpreises?!). Selbst wenn das Gericht die Paragrafen des BGB falsch ausgelegt und angewandt haben sollte, wäre die Entscheidung daher »nur« falsch, aber noch lange nicht grundrechtswidrig. Das Gericht hat dann vielleicht gegen das BGB (= »einfaches Recht«) verstoßen bzw. das BGB nicht richtig angewandt oder ausgelegt, Grundrechte aus der Verfassung sind damit aber nicht verletzt und deshalb gibts auch keine – Achtung! – »*Verfassungs*«beschwerde.

Konsequenz: In der Fall-Lösung ist (nur) zu klären, ob das entscheidende Gericht bei der Auslegung und Anwendung der infrage stehenden Rechtsnormen den Einfluss der Grundrechte verkannt hat (BVerfGE **101**, 361; BVerfGE **89**, 276; BVerfGE **71**, 162). Eine *spezifische Verfassungsverletzung* ist insbesondere dann anzunehmen, wenn das

Urteil auf der Nichtbeachtung von Grundrechten beruht und daher unter Berücksichtigung der Maßstäbe der Verfassung fehlerhaft ist (BVerfGE **18**, 85, 93; *Pieroth/ Schlink/Kingreen/Poscher* StaatsR II Rz. 1287).

Zum Fall: Bei uns geht es um die Anwendung der Strafprozessordnung. Da steht laut Sachverhaltsangabe drin, dass Papiere des Verdächtigen bei den Ermittlungen beschlagnahmt, eingesehen und auch verwertet werden dürfen. Sowohl das Landgericht als auch der BGH haben darunter offensichtlich auch das Tagebuch subsumiert und folglich die Einsicht und Verwertung im Gerichtsverfahren zugelassen, weil es um die Aufklärung des *Mordes* geht. V hingegen meint, die auf die Strafprozessordnung gestützte Verwertung des Tagebuchs sei grundsätzlich unzulässig, da dies sein absolut geschütztes Persönlichkeitsrecht (= Grundrecht) verletze.

<u>ZE.</u>: Bei genauer Betrachtung haben wir es hier also – anders in dem Sofa-Fall von eben – tatsächlich mit einer möglichen Grundrechtsverletzung durch eine (verfassungsrechtlich betrachtet) fehlerhafte Anwendung und Auslegung der Strafprozessordnung zu tun: Das Gericht hat möglicherweise das allgemeine Persönlichkeitsrecht des V (= Grundrecht) nicht hinreichend berücksichtigt.

Letzter Schritt: Ob durch diese Anwendung der Strafprozessordnung im Ergebnis tatsächlich eine »*Verfassungs*«verletzung vorliegt und V durch die Entscheidung in seinem Grundrecht auch wirklich verletzt ist, muss nun anhand einer wertenden Betrachtung ermittelt werden (BVerfGE **80**, 367). Gegenüber stehen sich hierbei das Interesse des V an der Wahrung seines **allgemeinen Persönlichkeitsrechts** und das Interesse des Staates an der Aufklärung des vorliegend begangenen Mordes, sprich an einer ordnungsgemäß funktionierenden und wirksamen **Rechtspflege**, wozu auch die Verfolgung von Straftätern zählt.

Frage: Welches der beiden gerade genannten Rechtsgüter ist – verfassungsrechtlich betrachtet – gewichtiger: Das allgemeine Persönlichkeitsrecht des V oder das Interesse des Staates an einer ordnungsgemäßen und wirksamen Rechtspflege bzw. Strafverfolgung?

Und jetzt aufgepasst:

1.) Die Abwägung dieser beiden Rechtsgüter wäre von vorneherein unzulässig bzw. entbehrlich, wenn das Verwerten des Tagebuchs im konkreten Fall das Grundrecht des V in seinem *Wesensgehalt* antastet. Sofern nämlich ein Grundrecht durch einen Akt der öffentlichen Gewalt in seinem Wesensgehalt angetastet wird, ist der Eingriff gemäß Art. 19 Abs. 2 GG grundsätzlich unzulässig und durch nichts zu rechtfertigen (BVerfGE **34**, 238), was insbesondere für das allgemeine Persönlichkeitsrecht gilt: Nach ständiger Rechtsprechung des Bundesverfassungsgerichts und auch des Bundesgerichtshofs besitzt jeder Mensch im Rahmen des allgemeinen Persönlichkeitsrechts einen *absolut unantastbaren Kernbereich* seiner Lebensgestaltung, der jedem

Zugriff durch den Staat verschlossen sein muss (BVerfGE **6**, 32; BVerfGE **34**, 238; BVerfGE **54**, 143; BVerfGE **109**, 279; BGH NStZ **2012**, 277). Selbst schwerwiegende Interessen der Allgemeinheit können einen solchen Eingriff nicht begründen. Wenn dieser Bereich betroffen ist, findet insbesondere auch keine Verhältnismäßigkeitsprüfung (mehr) statt (BVerfGE **109**, 279; BVerfGE **34,** 238; BGH NStZ **2012**, 277).

Angesichts dessen stellt sich hier also zunächst die Frage, ob das Tagebuch zu diesem **absolut geschützten Kernbereich** persönlicher Lebensgestaltung gehört. Würde man dies bejahen, wären der Eingriff und damit auch die Urteile in jedem Falle verfassungswidrig, weil sie den V in seinem absolut geschützten Grundrechtsbereich tangieren. Eine Verhältnismäßigkeitsprüfung unter Abwägung der widerstreitenden Interessen fände nicht mehr statt.

Antwort: Das Bundesverfassungsgericht entschied sich im vorliegenden Fall *gegen* einen absoluten Schutz des Tagebuchs. Die Begründung schauen wir uns mal an, sie liest sich durchaus fragwürdig:

>*»… Die Aufzeichnungen gehören nicht zum absolut geschützten Bereich persönlicher Lebensgestaltung. Eine solche Zuordnung ist schon deshalb infrage gestellt, weil der Beschwerdeführer seine Gedanken **schriftlich** niedergelegt hat. Er hat sie damit aus dem von ihm beherrschbaren **Innenbereich** entlassen und der Gefahr eines Zugriffs preisgegeben. Jedenfalls aber haben sie einen Inhalt, der über die Rechtssphäre ihres Verfassers hinausweist und Belange der Allgemeinheit nachhaltig berührt. Zwar befassen sie sich **nicht** mit der konkreten Planung oder mit der Schilderung der hier in Rede stehenden Straftat. … Die Verknüpfung zwischen dem Inhalt der Aufzeichnungen und dem Verdacht der außerordentlich schwerwiegenden strafbaren Handlung **verbietet** aber ihre Zuordnung zu dem absolut geschützten Bereich persönlicher Lebensgestaltung, der jedem staatlichen Zugriff entzogen ist … Die Ermittlungen können sich nämlich in aller Regel nicht allein auf die Aufklärung des der Anklage zugrundeliegenden unmittelbaren Tatgeschehens beschränken; sie müssen im Interesse gerechter Urteilsfindung auch die Persönlichkeit des Tatverdächtigen, sein Vorleben und sein Verhalten nach der Tat zum Gegenstand strafrechtlicher Untersuchung und Erörterung machen. Der unantastbare Bereich privater Lebensgestaltung erfasst solche Tatsachen **nicht** und entzieht sie mithin nicht der strafrechtlichen Ermittlung und Verwertung … Eine Verletzung der Menschenwürde kommt danach nicht in Betracht, wenn die Auswertung privater Schriftstücke des hier infrage stehenden Inhalts Aufschluss über Ursachen und Hintergründe der Straftat gibt, also die für ein rechtsstaatliches Strafverfahren unerlässlichen Untersuchungen in dem Umfang ermöglicht, dass die Grundlagen für eine gerechte Bewertung des Tatgeschehens geschaffen werden, wie sie durch das im GG wurzelnde Schuldprinzip gefordert wird …«*

Beachte: Diese Meinung vertraten interessanterweise nur **vier** der acht Richter des 2. Senats des Bundesverfassungsgerichts (→ Grundrechtssenat, vgl. **§ 14 Abs. 2 BVerfGG**). Die anderen vier Richter sahen durch die Verwertung des Tagebuchs den absolut geschützten Bereich des Persönlichkeitsrechts betroffen und hätten der Verfassungsbeschwerde daher auch stattgegeben und die Urteile aufgehoben. Blöderweise braucht man als Beschwerdeführer bei einer Verfassungsbeschwerde aber die Mehrheit der Richter auf seiner Seite, bitte lies **§ 15 Abs. 3 Satz 3 BVerf-**

GG: Bei Stimmengleichheit im Senat »kann ein Verfassungsverstoß nicht festgestellt werden« mit der Folge, dass man als Antragsteller quasi in die Röhre guckt, obwohl man keine Mehrheit des Gerichts gegen sich hat – man braucht eben leider die Mehrheit des Gerichts *für sich*. Die ziemlich überzeugenden Argumente der vier anderen Richter, die übrigens wegen der Regelung des § 30 Abs. 2 BVerfGG (bitte lesen) auch im Urteil stehen, lasen sich so (BVerfGE **80**, 367, 380):

*»… Die Aufzeichnungen im Tagebuch gehören zu dem absolut geschützten Bereich privater Lebensgestaltung und durften daher **in keinem Falle** verwertet werden. Sie mussten dem staatlichen Zugriff entzogen bleiben, soweit dieser über die erste Sichtung hinausging. Die hier in Rede stehenden Aufzeichnungen haben ausschließlich höchstpersönlichen Charakter. Sie enthalten eine offene, von keiner Rücksichtnahme sich selbst gegenüber beeinflusste Wiedergabe bestimmter Gemütszustände. Diese Auseinandersetzung mit dem eigenen Ich, die nur so geführt werden konnte, weil sie in der Einsamkeit des Selbstgesprächs, also geschützt vor fremden Augen und Ohren stattfand, und auch in diesem Bereich verbleiben sollte, verlor ihren höchstpersönlichen Charakter nicht deshalb, weil sie dem **Papier** anvertraut wurde … So gewiss es ist, dass die Gedanken frei sind – und deshalb frei bleiben müssen von staatlichem Zwang und Zugriff, so gewiss muss gleicher Schutz für das **schriftlich mit sich selbst geführte Gespräch** gelten … Die mehr als sechs Monate vor der Straftat niedergeschriebenen Aufzeichnungen berühren nicht die Sphäre anderer oder der Gemeinschaft. Sie geben ausschließlich **innere Eindrücke** und **Gefühle** wieder und enthalten keinerlei Hinweise auf die konkrete Straftat, die dem Beschwerdeführer später vorgeworfen wurde … Ein gewichtiger Bezug zur Sphäre der Allgemeinheit kann ihnen auch nicht deshalb beigemessen werden, weil die Tat nur vor dem Hintergrund der Persönlichkeitsstruktur des Beschwerdeführers verständlich werde, die sich aus den Aufzeichnungen erschließe … Ließe man die bloße Möglichkeit, Erkenntnisse über die Persönlichkeitsstruktur des Tatverdächtigen zu gewinnen, ausreichen, um privaten Aufzeichnungen im Strafverfahren den absoluten Schutz zu versagen, so wäre die Unterscheidung zwischen **Kernbereich** und **Abwägungsbereich** für das Strafverfahren praktisch aufgehoben. Da grundsätzlich jede Erkenntnis über den psychischen Zustand eines Verdächtigen geeignet ist, Hinweise darauf zu geben, ob er die Tat begangen haben könnte oder nicht, wäre allein der Verdacht geeignet, den absoluten Schutz des Kernbereichs der Privatsphäre zu beseitigen … Ebenso uneingeschränkt wie ein Angeklagter zu einem strafrechtlichen Vorwurf schweigen kann, ist er auch davor geschützt, in einem Strafverfahren gegen seinen Willen mit einem seinen **innersten Persönlichkeitsbereich** betreffenden Lebenssachverhalt konfrontiert zu werden. Dies gebietet die einem Menschen zukommende und seine Würde mit ausmachende Bestimmung über sein eigenes Ich …«*

Oha! Wie man sieht, ein Fall von allerhöchster Komplexität und mit sehr philosophischem Einschlag, was beim Bundesverfassungsgericht allerdings nicht unüblich und übrigens auch ein Grund dafür ist, warum dieser Fall so oft in Klausuren und Hausarbeiten auftaucht. Man kann eben gut dafür und dagegen argumentieren. Die Entscheidung *gegen* den absoluten Schutz des Tagebuchs hat übrigens anschließend für gewaltigen Widerspruch in der Staatsrechtswissenschaft und auch beim **Bundesgerichtshof** gesorgt (vgl. etwa BGH NJW **2012**, 945 oder BGH NJW **2005**, 3295 sowie die Anmerkungen zum Tagebuchfall von *Störmer* in NStZ 1990, 397; *Braun* in CR 1990, 344; *Geis* in JZ 1991, 17; *Amelung* in NJW 1990, 1753 oder *Wolter* in StV 1990, 175; aktueller siehe *Allgayer* in NStZ 2012, 399 und *Habetha* in ZWH 2012, 165), da insbesondere das Argument der »Schriftlichkeit«, nach der der absolute Schutz des Wortes ja angeblich entfallen soll, ziemlich fragwürdig daherkommt. Denkt man diesen Ansatz weiter, wären tatsächlich nur noch die *Gedanken* im Kopf absolut geschützt, was die Menschenwürde in der Tat zu einem »wertlosen Programmsatz« degradieren würde (vgl. *Strömer* in NStZ 1990, 399). Des Weiteren erschien und erscheint bis heute nur schwer nachvollziehbar, warum die allgemeinen Aufzeichnungen des vermeintlichen Täters, die unstreitig keinerlei Bezug zur konkreten Tat hatten und zudem mehr als ein halbes Jahr zurücklagen, gleichwohl für Strafverfolgungszwecke dienen und damit nicht absolut geschützt sein sollten.

<u>ZE.:</u> Wie auch immer, jedenfalls nach Meinung (der vier maßgeblichen Richter) des Bundesverfassungsgerichts ist durch die Verwertung des Tagebuchs der absolut geschützte Bereich des allgemeinen Persönlichkeitsrechts *nicht* tangiert und somit auch der Art. 19 Abs. 2 GG nicht verletzt.

2.) Da der absolut geschützte Bereich des Persönlichkeitsrechts nicht tangiert ist, war jetzt (und erst jetzt!) der Weg frei für die Abwägung der widerstreitenden Interessen innerhalb der *Verhältnismäßigkeitsprüfung*. Wir erinnern uns: Gegenüber stehen sich das Grundrecht des V auf Achtung seiner Persönlichkeit in Form der Geheimhaltung des Tagebuchs und das Interesse der Allgemeinheit an der Aufrechterhaltung und Wirksamkeit der Rechtspflege, konkret in Form der Beweisführung in einem Strafverfahren. **Problem**: Welches Gut wiegt schwerer?

Lösung: Das Bundesverfassungsgericht, die vier Richter, entschieden sich wie folgt:

> *»… Die Urteile verletzen **nicht** das allgemeine Persönlichkeitsrecht des Beschwerdeführers, sie wahren insbesondere die gebotene Verhältnismäßigkeit. Auf private Aufzeichnungen des Verdächtigen zurückzugreifen, ist jedenfalls in Fällen schwerer Kriminalität im Blick auf die gebotene Abwägung zwischen den Erfordernissen einer wirksamen Rechtspflege und dem Grundrecht aus Art. 2 Abs. 1 GG und Art. 1 Abs. 1 GG verfassungsrechtlich **unbedenklich**. Der Schutz des Gemeinwesens, der Schutz der durch die Straftat Verletzten sowie möglicher künftiger Opfer, aber auch der Anspruch des Täters auf ein gerechtes Urteil setzen dem **Persönlichkeitsrecht Schranken**. Das Bundesverfassungsgericht kann die Gerichtsentscheidungen nicht in allen Einzelheiten, sondern nur darauf überprüfen, ob eine Abwägung zwischen der besonderen Schutzbedürftigkeit intimer Aufzeichnungen und den Erfordernissen bei der Verfolgung des hier in Rede stehenden schweren Tatvorwurfs des **Mordes** stattgefunden hat und ob die hierbei zugrunde gelegten Bewertungsmaßstäbe der Verfassung entsprechen. Das Landgericht und auch der BGH haben dem Grundrechtseingriff durch das Verlesen der Tagebücher mit Blick auf den intimen Charakter der Niederschriften durchaus besonderes Gewicht beigemessen und die daraus folgenden belastenden Auswirkungen auf die Persönlichkeitssphäre gegen das konkrete Strafverfolgungsinteresse des Staates abgewogen. Die Auffassung der Gerichte, der Grundsatz der Verhältnismäßigkeit sei gleichwohl nicht verletzt, weil die Notizen einen wesentlichen Beitrag zur Aufklärung einer der **schwersten Straftaten** leisten konnten, die das Strafgesetzbuch kennt, lässt einen Verstoß gegen Verfassungsrecht nicht erkennen. Das grundsätzlich als schutzwürdig anerkannte Geheimhaltungsinteresse des Einzelnen muss jedenfalls in Fällen schwerer Kriminalität hinter überwiegenden Belangen des Gemeinwohls an einer funktionsfähigen und wirksamen Rechtspflege zurücktreten …«*

Also: Das Bundesverfassungsgericht meint, jedenfalls bei der Verfolgung schwerer Straftaten müsse dem Geheimhaltungsinteresse des Betroffenen hinter dem Allgemeininteresse an der Aufklärung der Straftat zurücktreten (BVerfGE **80**, 367). Das Gericht wies mit diesen Argumenten die Verfassungsbeschwerde des V dann ab.

Ergebnis: Die Verfassungsbeschwerde des V gegen die Verurteilung ist unbegründet.

Anmerkung zum Schluss

Wie gesehen, kann man da durchaus auch anderer Meinung sein, die Argumente der Gegenseite kamen mindestens so überzeugend daher wie die der vier maßgeblichen Richter am Bundesverfassungsgericht. Der Verfassungsbeschwerde des V wegen Verletzung des absolut geschützten Bereichs des allgemeinen Persönlichkeitsrechts stattzugeben, wäre damit in der Klausur oder Hausarbeit ebenso gut vertretbar gewesen, sofern der Weg dorthin dem oben gezeigten Aufbau entspricht (vgl. insoweit auch gleich das **Gutachten** zum Fall).

Zur finalen Abrundung der Materie gönnen wir uns jetzt hier im Nachgang noch den interessanten Vorläufer des Tagebuch-Falls, den das Bundesverfassungsgericht am **31.01.1973** (→ BVerfGE **34**, 238) entschieden hatte und der die durchaus zweifelhafte Entscheidung über das Tagebuch – jedenfalls aus Sicht des Gerichts – zumindest etwas verständlicher macht. Es ging im Januar 1973 um Folgendes:

> Gegen einen Geschäftsmann wurde wegen Betruges und Urkundenfälschung ermittelt (entstandener Schaden: ca. 4.500 DM). Der Geschädigte legte der Polizei im Rahmen der Ermittlungen einen *Tonbandmitschnitt* eines Telefonats mit dem verdächtigten Geschäftsmann vor, den er ohne Wissen des Geschäftsmanns gemacht hatte und der dessen Täterschaft eindeutig dokumentierte. Nachdem das Landgericht der Verwertung des Tonbands zugestimmt hatte, hob das Bundesverfassungsgericht diese Entscheidung wegen Verletzung des allgemeinen Persönlichkeitsrechts des verdächtigen Geschäftsmanns wieder auf. **Begründung**: Zwar berühre der Tonbandmitschnitt *nicht* den absolut geschützten Bereich der privaten Lebensgestaltung, da es vorliegend um den Mitschnitt eines Telefonats, also eines Gesprächs mit einer anderen Person und damit um eine Äußerung an die Außenwelt ging. **Aber**: Die dann notwendige Abwägung der widerstreitenden Interessen spreche hier zugunsten des Persönlichkeitsrechts des Verdächtigen: Jedenfalls bei einer vergleichsweise »leichten« Kriminalität mit einem überschaubaren Vermögensschaden von 4.500 DM müsse das Interesse des Staates an einer effizienten Strafverfolgung hinter dem allgemeinen Persönlichkeitsrecht des Betroffenen zurücktreten. Das Telefonat bzw. der Mitschnitt sei deshalb *unverwertbar* im Strafgerichtsverfahren. Der Geschäftsmann wurde konsequenterweise, obwohl er die Tat ja tatsächlich begangen hatte, anschließend freigesprochen, da ihm die Täterschaft ohne den Tonbandmitschnitt mit anderen Beweismitteln nicht nachgewiesen werden konnte.

Die Tagebuchentscheidung war insoweit dann die logische Fortführung dieser Rechtsprechung des Bundesverfassungsgerichts. Im Tagebuch-Fall ging es ja jetzt um *Mord* (= schwere Kriminalität), daher konnte die Abwägung in diesem Fall nach Meinung des BVerfG nur *zulasten* des Angeklagten und zugunsten des Schutzes der staatlichen Rechtspflege ausgehen (vgl. auch BVerfGE **106**, 28 zum »Mithören« eines Tele-fonats). Dass auch das Tagebuch – ebenso wie der heimliche Tonbandmitschnitt des Telefonats – nach Ansicht des BVerfG nicht zum absolut geschützten Persönlichkeits-recht gehören soll, kann man indes mit guten Argumenten anzweifeln. Die ganze Geschichte wäre dann anders, und zwar zugunsten des Angeklagten ausgegangen (siehe oben). Die Problematik um diesen absolut geschützten, also grundsätzlich *unantastbaren* Bereich des allgemeinen Persönlichkeitsrechts, beschäftigt übrigens bis heute in schöner Regelmäßigkeit die Gerichte (und folglich auch die Studenten), wo-bei insbesondere der **Bundesgerichtshof** den absolut unantastbaren Bereich der pri-vaten Lebensgestaltung und damit den Schutz der Persönlichkeit des Einzelnen bisweilen weiter fasst und einordnet als es das BVerfG tut. Insbesondere das Abhören von *Selbstgesprächen* des Beschuldigten durch die Polizei oder die Staatsanwaltschaft bewertet der BGH regelmäßig als Verletzung des absolut geschützten Bereichs und damit als grundsätzlich unzulässig. Zwei Beispiele aus jüngerer Zeit:

→ BGH vom 22.12.2011 (NJW **2012**, 945): Die Polizei installierte im Auto eines Mord-verdächtigen ein Mikrofon, um dessen Gespräche abzuhören. In einem Selbstge-spräch – es befand sich niemand anderes im Auto – sprach der Verdächtige dann un-ter anderem den Satz »*… habe sie tot gemacht …*«, worin das Landgericht ein geständnisgleiches Indiz sah und den Angeklagten wegen Mordes verurteilte. Der BGH hob das Urteil auf und erklärte, das Verwerten eines Selbstgesprächs in einem privaten Bereich (Auto) verletze den *absolut geschützten Bereich* der privaten Le-bensgestaltung und damit das allgemeine Persönlichkeitsrecht. Die Verwertung sei daher grundsätzlich unzulässig und auch nicht zur Verfolgung einer schweren Straf-tat (Mord!) gerechtfertigt. Jeder Mensch müsse einen Bereich haben, der dem Zugriff des Staates verschlossen bleibt; dies sei bei einem Selbstgespräch im Auto der Fall. Eine Abwägung der widerstreitenden Interessen findet dann *nicht* mehr statt.

→ BGH vom 10.08.2005 (NJW **2005**, 3295): Ein Mordverdächtiger, der sein Opfer mit einem Eisenstock erschlagen haben soll, befand sich nach einem Arbeitsunfall in ei-ner Reha-Klinik. Die Staatsanwaltschaft ließ das Krankenzimmer, in dem der Ver-dächtige wohnte, abhören. Nach einem Telefonat mit einer Arbeitskollegin führte der aus Bayern stammende Angeklagte ein Selbstgespräch – es war sonst niemand im Raum – und sagte laut zu sich: »*… in Kopf hätt i eam schießen solln! … in Kopf hätt i eam schießen solln! …*«. Das Landgericht wertete diese Aussage als Indiz für seine Täter-schaft und verurteilte wegen Mordes. Der BGH hob auch diese Entscheidung auf und stellte fest: Durch das Abhören eines Selbstgesprächs in einem privaten Raum (hier: Krankenzimmer) wird das allgemeine Persönlichkeitsrecht in seinem *absolut geschützten* Bereich angetastet. Eine solche Maßnahme ist daher grundsätzlich unzu-lässig. Eine Abwägung zwischen dem Strafverfolgungsinteresse des Staates und dem Persönlichkeitsrecht des Betroffenen findet daher – obwohl es auch hier um eine *schwere* Straftat geht – nicht statt.

Wie gesagt, der BGH tendiert in seinen Entscheidungen eher zur *weiten* Auslegung des absolut geschützten Bereichs des Persönlichkeitsrechts und ist sogar um aus-drückliche Abgrenzung zur Tagebuch-Entscheidung des Bundesverfassungsgerichts bzw. den darin geäußerten Argumenten bemüht (vgl. etwa die Urteilsgründe in BGH NJW **2012**, 945).

Das Allerletzte: Ein kurzer Abstecher ins Zivilrecht

Das »Allgemeine Persönlichkeitsrecht«, das wir oben im Fall ausführlich kennengelernt haben, spielt nicht nur im Staatsrecht eine beachtliche Rolle. Obwohl es, streng dogmatisch betrachtet, hier eigentlich nicht hingehört, lohnt sich zum allgemeinen Verständnis daher ein kurzer Blick ins Zivilrecht: Verletzungen des Allgemeinen Persönlichkeitsrechts haben nämlich in aller Regel auch *zivilrechtliche* Konsequenzen, die durchaus gerne in Prüfungsarbeiten abgefragt werden – allerdings dann logischerweise nicht in öffentlich-rechtlichen Klausuren oder Hausarbeiten, sondern im **Bürgerlichen Recht** und dort namentlich im Deliktsrecht. Die Fallkonstellationen liegen dann zumeist so, dass Personen – etwa durch Beleidigungen, Schmähungen oder auch einfach nur durch Berichterstattung aus dem privaten Bereich – in der Öffentlichkeit (→ Zeitung, Internet oder Fernsehen) diffamiert oder entblößt werden und im Anschluss daran Schadensersatz und/oder Schmerzensgeld sowie Unterlassung fordern (vgl. etwa BGH NJW **2017**, 1550 zur Berichterstattung über *Michael Schumacher*). Als Anspruchsgrundlage kommt in solchen Situationen im Zweifel nur die deliktsrechtliche Zentralvorschrift des **§ 823 Abs. 1 BGB** in Betracht (aufschlagen!), die als geschützte Rechtsgüter allerdings weder die *Ehre* noch das *Allgemeine Persönlichkeitsrecht* in seinem Wortlaut erwähnt. Als Klausurbearbeiter muss man dann wissen, dass das *Allgemeine Persönlichkeitsrecht* des Grundgesetzes seit Jahrzehnten als sogenanntes »**sonstiges Recht**« im Rahmen des § 823 Abs. 1 BGB anerkannt ist und bei Verletzungen daher Schadensersatz- und im weitesten Sinne auch Schmerzensgeldansprüche gewährt (BGH NJW **2017**, 1550; BGHZ **201**, 45; BGH NJW **2013**, 1681; BGH NJW **2012**, 767; BGH NJW **2011**, 3153; *Brox/Walker* BS § 45 Rz. 21; *Jauernig/Teichmann* § 823 BGB Rz. 65; PWW/*Prütting* § 12 BGB Rz. 35). Innerhalb der Prüfung des § 823 Abs. 1 BGB müssen dann die für den zivilrechtlichen Anspruch wichtigen *Sphären* des Persönlichkeitsrechts herausgearbeitet werden, die man mit den Begriffen »**Intimsphäre**«, »**Privatsphäre**« und »**Individualsphäre**« umschreibt (BVerfG WM **2017**, 900; BGH NJW **2014**, 2029; BGH NJW **1999**, 2893; BGH NJW **1988**, 1984). Wie das *Allgemeine Persönlichkeitsrecht* und die sogenannten »Sphären« im Rahmen des § 823 Abs. 1 BGB dann konkret zu prüfen sind, folgt logischerweise und ausnahmslos zivilrechtlichen Aufbaumustern, die aber – wir haben es oben kurz angesprochen – nicht in ein Staatsrechtsbuch gehören. Wir wollen uns daher an dieser Stelle bitte auch nur merken, dass Verletzungen des *Allgemeinen Persönlichkeitsrechts* nicht nur staatsrechtliche Ausformungen (siehe dazu oben unseren Fall), sondern auch zivilrechtliche Bezüge haben können und namentlich einen Anspruch aus **§ 823 Abs. 1 BGB** begründen – im Falle der Unterlassung zudem aus den **§§ 1004 Abs. 1 Satz 2, 823 Abs. 1 BGB**. Mehr brauchen wir an dieser Stelle nicht, der Rest gehört ins Schuldrecht (vgl. dazu dann etwa umfassend: *Schwabe*, »Lernen mit Fällen«, Schuldrecht II, Fall Nr. 18).

Prüfungsschema 2

Die Begründetheit einer Verfassungsbeschwerde gegen ein Urteil

Obersatz: Die Verfassungsbeschwerde ist begründet, wenn der Beschwerdeführer durch das *Urteil* in einem seiner Grundrechte oder in einem der in Art. 93 Abs. 1 Nr. 4a GG genannten grundrechtsgleichen Rechte verletzt ist. Eine solche Verletzung liegt dann vor, wenn durch das Urteil in den *Schutzbereich* eines Grundrechts *eingegriffen* wurde und dieser Eingriff verfassungsrechtlich *nicht gerechtfertigt* ist.

I. Ist durch das Urteil ein Grundrecht in seinem Schutzbereich *betroffen*?

→ Definition des Schutzbereichs

→ Subsumtion des Urteils unter diesen Schutzbereich

→ Falls der Schutzbereich nicht betroffen (»eröffnet«) ist: Ende der Prüfung

→ Falls der Schutzbereich betroffen ist:

II. Liegt ein *Eingriff* in den Schutzbereich des betroffenen Grundrechts vor?

Definition: Unter *Eingriff* versteht man jedes staatliche Handeln, das dem Einzelnen ein Verhalten, das in den Schutzbereich eines Grundrechts fällt, ganz oder teilweise unmöglich macht oder ihn jedenfalls in der Ausübung seiner Grundrechte beschränkt. Ein finaler und unmittelbarer Akt der öffentlichen Gewalt ist nicht zwingend erforderlich, hat aber indizierende Wirkung.

→ Falls kein Eingriff vorliegt (sehr selten!): Ende der Prüfung.

→ Falls ein Eingriff vorliegt:

III. Ist der Grundrechtseingriff durch das Urteil *verfassungsrechtlich gerechtfertigt*?

1.) Das Grundrecht muss *einschränkbar* sein (= z.B. durch Gesetzesvorbehalt).

2.) Es muss eine entsprechende *Schranke* (z.B. Gesetz) existieren.

3.) Diese Schranke/Gesetz muss selbst *verfassungsgemäß* sein (*Schranken-Schranke*): Prüfung der formellen und materiellen Rechtmäßigkeit der Schranke/des Gesetzes.

4.) Die konkrete Anwendung der Schranke/des Gesetzes im Urteil darf zudem nicht gegen die Grundrechte des Beschwerdeführers verstoßen (»verfassungsspezifische Verletzung«). Eine *spezifische Verfassungsverletzung* ist insbesondere dann anzunehmen, wenn das Urteil auf der Nichtbeachtung oder Missachtung von Grundrechten des Beschwerdeführers beruht und daher unter Berücksichtigung der Maßstäbe der Verfassung fehlerhaft ist.

Gutachten

Die Verfassungsbeschwerde des V ist begründet, wenn V durch die Urteile in einem seiner Grundrechte oder in einem der in Art. 93 Abs. 1 Nr. 4a GG genannten grundrechtsgleichen Rechte verletzt ist. Eine solche Verletzung liegt dann vor, wenn durch einen Akt der öffentlichen Gewalt in den Schutzbereich eines Grundrechts eingegriffen wurde und dieser Eingriff verfassungsrechtlich nicht gerechtfertigt ist.

I. Durch die Entscheidungen müsste zunächst ein Grundrecht des V in seinem Schutzbereich betroffen sein.

In Betracht kommt die Verletzung des allgemeinen Persönlichkeitsrechts des V aus Art. 2 Abs. 1 GG in Verbindung mit Art. 1 Abs. 1 GG. Das allgemeine Persönlichkeitsrecht ist das Recht des Einzelnen auf Achtung seiner Menschenwürde und auf Entfaltung seiner individuellen Persönlichkeit. Es umfasst insbesondere den Kernbereich privater Lebensgestaltung, der nicht von den übrigen Freiheitsrechten geschützt ist. Das allgemeine Persönlichkeitsrecht hat verschiedene Ausformungen und schützt das Recht des Einzelnen auf Achtung seiner Menschenwürde. Geschützt ist dabei unter anderem das Recht am eigenen Wort, wozu auch gehört, sich und seine Gedanken jederzeit und alleinbestimmt der Öffentlichkeit zugänglich zu machen oder von der Öffentlichkeit abzuschirmen. Aufzeichnungen in einem Tagebuch werden üblicherweise getätigt, um sie im höchst intimen und allein privaten Bereich zu belassen. Eine Veröffentlichung der Aufzeichnungen ist vom Verfasser in aller Regel nicht gewollt, was allein durch die Niederschrift in ein privat aufbewahrtes Buch dokumentiert wird. Private Gedanken, wozu auch niedergeschriebene Gedanken gezählt werden müssen, gehören zum engsten Bereich privater Lebensgestaltung. Unter Berücksichtigung dessen gehört auch und vor allem ein Tagebuch, in dem üblicherweise nur vom Verfasser selbst aufgeschriebene, höchstpersönliche Gedanken Eingang finden, zum geschützten Bereich des allgemeinen Persönlichkeitsrechts im Sinne des Art. 2 Abs. 1 GG in Verbindung mit Art. 1 Abs. 1 GG.

Zwischenergebnis: Der Schutzbereich des allgemeinen Persönlichkeitsrechts aus Art. 2 Abs. 1 GG in Verbindung mit Art. 1 Abs. 1 GG ist im vorliegenden Fall durch die Verlesung und Verwertung des Tagebuchs im Gerichtsverfahren sowie die daraufhin ergangenen Urteile betroffen.

II. Es muss des Weiteren ein Eingriff in diesen Schutzbereich vorliegen. Unter Eingriff versteht man jedes staatliche Handeln, das dem Einzelnen ein Verhalten, das in den Schutzbereich eines Grundrechts fällt, ganz oder teilweise unmöglich macht; hierbei ist gleichgültig, ob diese Wirkung final oder unbeabsichtigt eintritt. Die Verlesung und Verwertung der Aufzeichnungen aus dem Tagebuch im Gerichtsverfahren beschränken den V in seinem allgemeinen Persönlichkeitsrecht aus Art. 2 Abs. 1 GG in Verbindung mit Art. 1 Abs. 1 GG. Die daraufhin ergangenen Urteile stellen Akte der öffentlichen Gewalt dar.

Zwischenergebnis: Ein Eingriff liegt vor.

III. Der Eingriff darf verfassungsrechtlich nicht gerechtfertigt sein.

Der Eingriff in den Schutzbereich eines Grundrechts durch ein Urteil ist dann verfassungsrechtlich gerechtfertigt, wenn das betroffene Grundrecht einschränkbar ist, eine entsprechende Schranke besteht, diese Schranke selbst wiederum verfassungsgemäß ist (Schranken-Schranke) und auch die konkrete Anwendung und Auslegung der Schranke im Urteil der Verfassung bzw. den Grundrechten entspricht.

1.) Das infrage stehende allgemeine Persönlichkeitsrecht aus Art. 2 Abs. 1 GG in Verbindung mit Art. 1 Abs. 1 GG muss zunächst einschränkbar sein.

Der Gesetzesvorbehalt des Art. 2 Abs. 1 GG gilt für die allgemeine Handlungsfreiheit und auch für das allgemeine Persönlichkeitsrecht mit der Folge, dass insbesondere die verfassungsmäßige Ordnung, also alle Rechtsnormen, die formell und materiell mit der Verfassung in Einklang stehen, als Grundrechtsschranken des allgemeinen Persönlichkeitsrechts in Betracht kommen. Das allgemeine Persönlichkeitsrecht ist demnach aufgrund des Art. 2 Abs. 1 GG benannten Gesetzesvorbehalts einschränkbar.

2.) Es muss des Weiteren eine entsprechende Schranke existieren.

Die Vorschriften der Strafprozessordnung, wonach Papiere des Verdächtigen beschlagnahmt und für die Ermittlungen eingesehen sowie als Beweismittel verwertet werden dürfen, sind entsprechende Schranken, die die Grundrechte der Betroffenen einschränken können. Es existiert somit eine Schranke für das allgemeine Persönlichkeitsrecht.

3.) Die Vorschriften der Strafprozessordnung müssen selbst wiederum verfassungsgemäß sein, also formell und materiell dem Grundgesetz entsprechen (Schranken-Schranke). Nach Auskunft des Sachverhalts ist davon auszugehen, dass die Vorschriften der Strafprozessordnung, wonach Papiere des Verdächtigen beschlagnahmt und für die Ermittlungen eingesehen sowie als Beweismittel verwertet werden dürfen, verfassungsgemäß sind. Damit gehören diese Normen zur verfassungsmäßigen Ordnung im Sinne des Art. 2 Abs. 1 GG und sind zulässige Schranken des allgemeinen Persönlichkeitsrechts.

4.) Das Urteil selbst muss in der konkreten Gestalt ebenfalls der Verfassung entsprechen, es darf namentlich bei der Anwendung und Auslegung des das Grundrecht einschränkenden Gesetzes keine spezifische Verfassungsverletzung vorliegen. Eine spezifische Verfassungsverletzung ist insbesondere dann anzunehmen, wenn das Urteil auf der Nichtbeachtung von Grundrechten beruht und daher unter Berücksichtigung der Maßstäbe der Verfassung fehlerhaft ist. Im vorliegenden Fall geht es um die Anwendung der Strafprozessordnung, nach der Papiere des Verdächtigen bei den Ermittlungen beschlagnahmt, eingesehen und auch verwertet werden dürfen. Sowohl das Landgericht als auch der BGH haben darunter auch das Tagebuch subsumiert und folglich die Einsicht und Verwertung im Gerichtsverfahren zugelassen, weil es um die Aufklärung eines Mordes geht. V hingegen meint, die auf die Strafprozessordnung gestützte Verwertung des Tagebuchs sei grundsätzlich unzulässig, da dies sein absolut geschütztes Persönlichkeitsrecht verletze. Es fragt sich demnach, ob die Gerichte bei ihren Urteilen das allgemeine Persönlichkeitsrecht des V nicht hinreichend berücksichtigt haben.

Dies ist anhand wertender Betrachtung zu ermitteln. Gegenüber stehen sich insoweit das Interesse des V an der Wahrung seines allgemeinen Persönlichkeitsrechts und das Interesse des Staates an der Aufklärung des vorliegend begangenen Mordes, sprich an einer ordnungsgemäß funktionierenden und wirksamen Rechtspflege, wozu auch die Verfolgung von Straftätern zählt.

a. Die Abwägung dieser beiden Rechtsgüter wäre indes von vornherein unzulässig bzw. entbehrlich, wenn das Verwerten des Tagebuchs durch die Gerichte das Grundrecht des V in seinem Wesensgehalt antastet. Sofern ein Grundrecht durch einen Akt der öffentlichen Gewalt in seinem Wesensgehalt angetastet wird, ist der Eingriff gemäß Art. 19 Abs. 2 GG grundsätzlich unzulässig und durch nichts zu rechtfertigen, was insbesondere für das allgemeine Persönlichkeitsrecht gilt. Jeder Mensch besitzt im Rahmen des allgemeinen Persönlichkeitsrechts einen absolut unantastbaren Kernbereich seiner Lebensgestaltung, der jedem Zugriff durch den Staat verschlossen sein muss. Selbst schwerwiegende Interessen der Allgemeinheit können einen solchen Eingriff nicht begründen. Wenn dieser Bereich betroffen ist, findet insbesondere auch keine Verhältnismäßigkeitsprüfung (mehr) statt. Angesichts dessen stellt sich die Frage, ob die Tagebuchaufzeichnungen zu diesem absolut geschützten Kernbereich persönlicher Lebensgestaltung gehören. Würde man dies bejahen, wären der Eingriff und damit auch die Urteile in jedem Falle verfassungswidrig, weil sie den V in seinem absolut geschützten Grundrechtsbereich tangieren. Eine Verhältnismäßigkeitsprüfung unter Abwägung der widerstreitenden Interessen fände nicht mehr statt.

aa. Eine Zuordnung der streitgegenständlichen Tagebuchaufzeichnungen zum absolut geschützten Bereich des Persönlichkeitsrechts könnte deshalb abzulehnen sein, weil V seine Gedanken schriftlich niedergelegt hat. Er hat sie damit aus dem von ihm beherrschbaren Innenbereich entlassen und der Gefahr eines Zugriffs preisgegeben. Jedenfalls haben die Aufzeichnungen einen Inhalt, der über die Rechtssphäre ihres Verfassers hinausweist und Belange der Allgemeinheit nachhaltig berührt. Zwar befassen sie sich nicht mit der konkreten Planung oder mit der Schilderung der zu beurteilenden Straftat. Die Verknüpfung zwischen dem Inhalt der Aufzeichnungen und dem Verdacht der außerordentlich schwerwiegenden strafbaren Handlung verbietet aber ihre Zuordnung zu dem absolut geschützten Bereich persönlicher Lebensgestaltung, der jedem staatlichen Zugriff entzogen ist. Die Ermittlungen können sich nämlich in aller Regel nicht allein auf die Aufklärung des der Anklage zugrundeliegenden unmittelbaren Tatgeschehens beschränken; sie müssen im Interesse gerechter Urteilsfindung auch die Persönlichkeit des Tatverdächtigen, sein Vorleben und sein Verhalten nach der Tat zum Gegenstand strafrechtlicher Untersuchung und Erörterung machen. Der unantastbare Bereich privater Lebensgestaltung erfasst solche Tatsachen nicht und entzieht sie mithin nicht der strafrechtlichen Ermittlung und Verwertung. Eine Verletzung der Menschenwürde kommt demnach nicht in Betracht, wenn die Auswertung privater Schriftstücke Aufschluss über Ursachen und Hintergründe der Straftat geben und somit die für ein rechtsstaatliches Strafverfahren unerlässlichen Untersuchungen in dem Umfang ermöglichen, dass die Grundlagen für eine gerechte Bewertung des Tatgeschehens geschaffen werden.

bb. Diesen Erwägungen kann jedoch nicht gefolgt werden. Die Aufzeichnungen im Tagebuch gehören zu dem absolut geschützten Bereich privater Lebensgestaltung und durften daher in keinem Falle durch die Gerichte verwertet werden. Die Aufzeichnungen mussten dem staatlichen Zugriff entzogen bleiben, soweit dieser über die erste Sichtung hinausging. Die hier in Rede stehenden Aufzeichnungen haben ausschließlich höchstpersönlichen Charakter. Sie enthalten eine offene, von keiner Rücksichtnahme sich selbst gegenüber beeinflusste Wiedergabe bestimmter Gemütszustände. Diese Auseinandersetzung mit dem eigenen Ich, die nur so geführt werden konnte, weil sie in der Einsamkeit des Selbstgesprächs, also geschützt vor fremden Augen und Ohren stattfand, und auch in diesem Bereich verbleiben sollte, verlor ihren höchstpersönlichen Charakter nicht deshalb, weil sie zu Papier gebracht wurde. So sicher es ist, dass die Gedanken frei sind – und deshalb frei bleiben müssen von staatlichem Zwang und Zugriff, so gewiss muss gleicher Schutz für das schriftlich mit sich selbst geführte Gespräch gelten. Die mehr als sechs Monate vor der Straftat niedergeschriebenen Aufzeichnungen berühren nicht die Sphäre anderer oder der Gemeinschaft. Sie geben ausschließlich innere Eindrücke und Gefühle wieder und enthalten keinerlei Hinweise auf die konkrete Straftat, die dem V später vorgeworfen wurde. Ein gewichtiger Bezug zur Sphäre der Allgemeinheit kann ihnen auch nicht deshalb beigemessen werden, weil die Tat nur vor dem Hintergrund der Persönlichkeitsstruktur des Betroffenen verständlich werde, die sich aus den Aufzeichnungen erschließe. Ließe man die bloße Möglichkeit, Erkenntnisse über die Persönlichkeitsstruktur des Tatverdächtigen zu gewinnen, ausreichen, um privaten Aufzeichnungen im Strafverfahren den absoluten Schutz zu versagen, so wäre die Unterscheidung zwischen Kernbereich und Abwägungsbereich für das Strafverfahren praktisch aufgehoben. Da grundsätzlich jede Erkenntnis über den psychischen Zustand eines Verdächtigen geeignet ist, Hinweise darauf zu geben, ob er die Tat begangen haben könnte oder nicht, wäre allein der Verdacht geeignet, den absoluten Schutz des Kernbereichs der Privatsphäre zu beseitigen. Ebenso uneingeschränkt wie ein Angeklagter zu einem strafrechtlichen Vorwurf schweigen kann, ist er auch davor geschützt, in einem Strafverfahren gegen seinen Willen mit einem seinen innersten Persönlichkeitsbereich betreffenden Lebenssachverhalt konfrontiert zu werden. Dies gebietet die einem Menschen zukommende und seine Würde mit ausmachende Bestimmung über sein eigenes Ich. Schließlich erscheint das Argument der Schriftlichkeit seiner Aufzeichnungen, nach der der absolute Schutz des Wortes entfallen soll, äußerst fragwürdig. Denkt man diesen Ansatz weiter, wären tatsächlich nur noch die Gedanken im Kopf absolut geschützt, was die Menschenwürde indes zu einem wertlosen Programmsatz degradieren würde. Durch die Verwertung des Tagebuchs durch die Gerichte ist daher unzulässigerweise der Wesensgehalt des Grundrechts aus Art. 2 Abs. 1 in Verbindung mit Art. 1 Abs. 1 GG angetastet worden. Hierin liegt ein Verstoß gegen Art. 19 Abs. 2 GG.

Ergebnis: Die Tagebuchaufzeichnungen gehörten zum absolut geschützten Bereich des allgemeinen Persönlichkeitsrechts und durften daher unter keinen Umständen von den Gerichten verwertet werden. Sofern dies gleichwohl geschehen ist, liegt in den Urteilen aufgrund der Nichtbeachtung von Grundrechten eine spezifische Verfassungsverletzung. Die Verfassungsbeschwerde des V ist mithin begründet.

Fall 3

Das Kopftuchverbot

Um die Neutralität der Lehrkräfte an den staatlichen Schulen verbindlich zu regeln, hat das Bundesland Nordrhein-Westfalen in seinem formal ordnungsgemäßen Schulgesetz (SchulGNW) in § 57 Folgendes festgelegt:

»*Die Lehrkräfte dürfen in der Schule keine politischen, religiösen, weltanschaulichen oder ähnlichen, äußeren Bekundungen abgeben oder entsprechende Kleidungsstücke oder Symbole tragen, die geeignet sind, die staatliche Neutralität oder den politischen, religiösen oder weltanschaulichen Schulfrieden zu gefährden oder zu stören. Bei Zuwiderhandlungen sind dienstrechtliche Maßnahmen zu ergreifen.*«

L arbeitet als Grundschullehrerin in Düsseldorf und ist vor Kurzem zum Islam konvertiert. Sie fühlt sich aus religiösen Gründen nunmehr gezwungen, im Unterricht ein Kopftuch zu tragen, sieht sich durch § 57 SchulGNW daran aber gehindert. L erhebt deshalb gegen das SchulGNW Verfassungsbeschwerde beim Bundesverfassungsgericht und rügt die Verletzung ihres Grundrechts auf Religionsfreiheit aus Art. 4 GG.

Ist die Verfassungsbeschwerde der L begründet?

> **Schwerpunkte:** Die Religionsfreiheit aus Art. 4 GG; Schutzbereich → Eingriff → Rechtfertigung; schrankenlose Grundrechte; verfassungsimmanente Schranken; praktische Konkordanz; Grundrechte anderer und Verfassungsauftrag zur Neutralität als Grundrechtsbeschränkung; Abwägung der widerstreitenden Interessen; der »Kopftuch-Beschluss« des Bundesverfassungsgerichts vom 27.01.2015.

Lösungsweg

Einstieg: Also, anhand des kleines Fällchens da oben wollen wir uns jetzt mal mit der Religionsfreiheit aus Art. 4 GG vertraut machen und haben dafür *DEN* Klassiker schlechthin ausgesucht, nämlich die Problematik um die Zulässigkeit eines Kopftuchverbots für Lehrerinnen an staatlichen Schulen. Die Geschichte ist dabei selbstverständlich nicht erfunden, sondern angelehnt an das im Juni des Jahres 2006 in Kraft getretene nordrhein-westfälische Schulgesetz sowie die dazu ergangene, spektakuläre Entscheidung des Bundesverfassungsgerichts vom **27. Januar 2015** (BVerfGE **138**, 296 = NJW **2015**, 1359).

Um wirklich zu verstehen, worum es bei der ganzen Sache geht, brauchen wir vorab aber erst mal ein paar verfassungsrechtliche Informationen: Zunächst ist wichtig zu wissen, dass das Kopftuchverbot hauptsächlich Lehrer bzw. *Lehrerinnen* betrifft und diese Lehrerinnen in Deutschland in aller Regel **Beamte** sind. Das Statusrecht der Beamten wird nun blöderweise nicht bundeseinheitlich geregelt, sondern gehört wegen der Vorschrift des Art. 74 Abs. 1 Nr. 27 GG (aufschlagen!) zur sogenannten »konkurrierenden Gesetzgebung«, was gemäß Art. 72 Abs. 1 GG heißt, dass, soweit der Bund nicht tätig wird, die einzelnen Bundesländer zuständig sind und in ihren Beamtengesetzen entsprechende Normen erlassen können. Das gleichermaßen betroffene **Schulrecht** fällt zudem wegen der Kompetenzregelung des **Art. 70 Abs. 1 GG** auch in die Länderzuständigkeit (BVerwGE **121**, 140; BVerfGE **6**, 309). Die Frage, ob Lehrerinnen an staatlichen Schulen islamische Kopftücher tragen dürfen, obliegt daher dem jeweiligen **Landesgesetzgeber** mit der Folge, dass tatsächlich jedes einzelne deutsche Bundesland in kompletter Eigenregie darüber entscheidet und entsprechende Gesetze erlässt – weswegen es zu dieser Problematik dann logischerweise auch keine bundesweit gültige Rechtslage gibt bzw. geben kann (BVerwGE **121**, 140; BVerfGE **108**, 282). Kapiert?!

Gut. Dann weiter: Nachdem das Bundesverfassungsgericht im September 2003 den Bundesländern in einer Grundsatzentscheidung konkrete verfassungsrechtliche Vorgaben für die gesetzliche Anordnung eines Kopftuchverbotes gegenüber Lehrerinnen aufgegeben hatte (namentlich die Einhaltung des »**Bestimmtheitsgebotes**«: BVerfGE **108**, 282), erließen ab dem **Frühjahr 2004** die Bundesländer *Baden-Württemberg, Bayern, Berlin, Bremen, Hessen, Niedersachsen, Nordrhein-Westfalen* und das *Saarland* neue Schul- bzw. Beamtengesetze, die alle in etwa den gleichen Wortlaut haben, nämlich den oben aufgeführten Text des SchulGNW. Nach diesen Gesetzen war es den Schulbehörden nun möglich, Kopftuchverbote für Lehrerinnen an staatlichen Schulen auf einer gesetzlichen Grundlage anzuordnen. Hierbei müssen wir uns den **Wortlaut** des SchulGNW allerdings jetzt noch mal etwas genauer anschauen, denn dahinter verbirgt sich das eigentliche Problem der ganzen Geschichte, **nämlich**: In § 57 SchulGNW steht, dass es den Lehrkräften verboten ist, in der Schule religiöse Kleidungsstücke oder Symbole zu tragen, die »... *geeignet sind, die Neutralität des Staates oder den Schulfrieden* ***zu gefährden*** ...«. Das heißt: Der Gesetzgeber ordnet, um mögliche Konflikte bereits von vornherein auszuschließen, ein pauschales und damit **präventives/vorbeugendes** Verbot für sämtliche religiösen Kleidungsstücke (= u.a. Kopftücher) bei Lehrern an. Die Kleidungsstücke müssen ja nur »geeignet sein«, den Schulfrieden und die staatliche Neutralität »zu gefährden«. Ob es tatsächlich zu einer konkreten Gefährdung des Schulfriedens oder der staatlichen Neutralität durch das Tragen von islamischen Kopftüchern durch die Lehrkräfte gekommen wäre, war dem Gesetzgeber egal und spielt demnach auch keine Rolle. Bei genauer Betrachtung verbietet der Gesetzgeber den Lehrkräften damit präventiv und pauschal sämtliche religiösen Kleidungsstücke aufgrund einer von ihm angenommenen **abstrakten Gefährdung** durch das Tragen dieser Kleidungsstücke (kniffliger, aber wichtiger Satz, bitte noch einmal lesen).

So, und jetzt wird es interessant: Ob ein solches, pauschales und demnach vorbeugendes/präventives Verbot von religiösen Kleidungsstücken an staatlichen Schulen die **Religionsfreiheit** der betroffenen Lehrerinnen verletzt, war seit Erlass der neuen

Schul- und Beamtengesetze, also seit dem Jahre 2004, weitestgehend unstreitig: Die deutschen Gerichte, die seitdem über die Rechtmäßigkeit der Kopftuchverbote bzw. der entsprechenden Schulgesetze entscheiden mussten, haben sie einmütig gebilligt und insbesondere als verfassungsgemäß angesehen. Die Grundrechte der betroffenen Lehrerinnen seien bei einer Abwägung als weniger gewichtig zu betrachten als die ebenfalls betroffenen Grundrechte der Schüler und Eltern sowie die Verpflichtung des Staates zur Neutralität (vgl. etwa BAG NZA-RR **2010**, 383; BayVGH NVwZ **2008**, 420 = DÖV **2007**, 980; HessStaatsgerichtshof NVwZ **2008**, 199 = JA **2008**, 665; OVG Bremen NVwZ-RR **2006**, 402; VG Düsseldorf KirchE **50**, 75).

Am **27. Januar 2015** lag diese bisherige deutsche Rechtsprechung zum Kopftuchverbot dann dem Bundesverfassungsgericht zur Entscheidung vor: Eine muslimisch-gläubige Sozialpädagogin aus *Düsseldorf* und eine ebenso gläubige Lehrerin aus *Herne* (→ Städte in Nordrhein-Westfalen) waren gegen dienstrechtliche Maßnahmen wegen des Tragens von Kopftüchern vor sämtlichen Arbeitsgerichten gescheitert und erhoben schließlich Verfassungsbeschwerde in Karlsruhe. Ihr Argument: Das Tragen des Kopftuchs gehöre zu ihrer Religion und dürfe daher in der Schule nicht pauschal verboten werden. Das SchulGNW verletze sie in ihrem Grundrecht aus Art. 4 GG und sei aus diesem Grund verfassungswidrig.

Den daraufhin ergangenen, sogenannten »**Kopftuch-Beschluss**« des Bundesverfassungsgerichts vom 27. Januar 2015 (→ BVerfGE **138**, 296= NJW **2015**, 1359) sowie dessen geradezu historischen Folgen wollen wir uns jetzt mal ansehen und dabei insbesondere die Frage klären, ob das SchulGNW die Religionsfreiheit der L verletzt.

Das Ganze aber natürlich bitte – wie immer – schön schulmäßig, also:

Die Begründetheit der Verfassungsbeschwerde der L

Obersatz: Die Verfassungsbeschwerde der L ist begründet, wenn L durch das SchulGNW in einem ihrer Grundrechte oder in einem der in Art. 93 Abs. 1 Nr. 4a GG genannten grundrechtsgleichen Rechte verletzt ist. Eine solche Verletzung liegt dann vor, wenn durch einen Akt der öffentlichen Gewalt in den Schutzbereich eines Grundrechts eingegriffen wurde und dieser Eingriff verfassungsrechtlich nicht gerechtfertigt ist.

I. Ist durch das SchulGNW ein Grundrecht der L in seinem Schutzbereich betroffen?

In Betracht kommt das Grundrecht der Religions- und Glaubensfreiheit aus Art. 4 Abs. 1 und Abs. 2 GG. Dann müsste durch das SchulGNW der *Schutzbereich* dieses Grundrechts betroffen sein. Gemäß Art. 4 Abs. 1 und Abs. 2 GG ist die Freiheit des religiösen Bekenntnisses unverletzlich, die ungestörte Religionsausübung wird gewährleistet. **Beachte**: Obwohl der Art. 4 GG sich in den ersten beiden Absätzen zur Freiheit der Religion äußert, handelt es sich nach allgemeiner Meinung nur um ein *einheitliches Grundrecht*, das »vom Denken über das Äußern bis hin zum Handeln reicht« (BVerfGE **138**, 296 = BVerfG NJW **2015**, 1359; *Kingreen/Poscher* StaatsR II Rz. 545). Die in Art. 4 Abs. 2 GG benannte Freiheit der ungestörten Religionsaus-übung ist inhaltlich bereits in der Bekenntnisfreiheit des Art. 4 Abs. 1 GG enthalten und lediglich aus historischen Gründen vom Grundgesetzgeber noch ausdrücklich aufgenommen worden (BVerfG NZA **2014**, 1387; BVerfGE **125**, 39; BVerfGE **102**, 282; *Dreier/Morlok* Art. 4 GG Rz. 54; *von Mangold/Klein/Starck* Art. 4 GG Rz. 12).

> **Definition**: Das einheitliche Grundrecht auf Religionsfreiheit des Art. 4 Abs. 1 und Abs. 2 GG erfasst sowohl die *innere* Freiheit zu glauben oder nicht zu glauben, als auch die *äußere* Freiheit, seinen Glauben zu bekennen und zu verbreiten. Hierzu gehören auch das Recht des Einzelnen, sein gesamtes Verhalten an den Lehren sei-nes Glaubens auszurichten sowie das Recht, seiner inneren Glaubensüberzeugung gemäß zu handeln (BVerfG KuR **2016**, 260; BVerfG NVwZ **2016**, 1804; BVerfGE **108**, 282; BVerfGE **93**, 1; BVerfGE **24**, 236). Das von der Religionsfreiheit umfasste Recht ist dabei *extensiv* auszulegen und umfasst neben kultischen Handlungen etwa auch das Tragen bestimmter Symbole und Kleidungsstücke (BVerfG NVwZ **2016**, 1804; BVerwG NVwZ **2014**, 81; BVerwG NVwZ **2012**, 162; BVerfGE **93**, 1).

Hier: Durch das SchulGNW wird den Lehrern verboten, bestimmte Symbole und Kleidungsstücke zu tragen, die eine religiöse Überzeugung ausdrücken. § 57 Schul-GNW stellt damit für Lehrkräfte an öffentlichen Schulen hinsichtlich des Tragens dieser Symbole und Kleidungsstücke klare Verhaltensvorschriften auf, die zudem mit einer Sanktion in Form von dienstrechtlichen Maßnahmen im Falle der Zuwider-handlung bedroht sind. Betroffen ist damit insbesondere das Recht des Einzelnen, sein gesamtes Verhalten an den Lehren seines Glaubens auszurichten und das Recht, seiner inneren Glaubensüberzeugung gemäß, etwa durch das Tragen von Symbolen oder Kleidungsstücken, zu handeln. Zu diesen Kleidungsstücken und Symbolen zählt fraglos das *islamische Kopftuch* bei Frauen, mit dem die Trägerinnen nach außen zu erkennen geben, dass sie sich zum Islam und auch dessen (Bekleidungs-)Vorschriften bekennen (BVerfGE **138**, 296 = BVerfG NJW **2015**, 1359; BVerwG NJW **2004**, 3581). Der Schutzbereich des Grundrechts aus Art. 4 GG ist also betroffen.

<u>ZE.:</u> Der Schutzbereich der Religionsfreiheit des Art. 4 Abs. 1 und Abs. 2 GG ist durch das SchulGNW betroffen.

II. Es muss des Weiteren ein »Eingriff« in diesen Schutzbereich vorliegen.

> **Definition**: Unter **Eingriff** versteht man jedes staatliche Handeln, das dem Einzel-nen ein Verhalten, das in den Schutzbereich eines Grundrechts fällt, ganz oder

> teilweise unmöglich macht; hierbei ist gleichgültig, ob diese Wirkung final oder unbeabsichtigt eintritt (BVerfGE **105**, 279; BVerfGE **81**, 310; BVerfG NVwZ **2007**, 1049; *von Münch/Kunig* vor Art. 1 GG Rz. 34; *Jarass/Pieroth* vor Art. 1 GG Rz. 27/28; *Kingreen/Poscher* StaatsR II Rz. 253).

Zum Fall: Das SchulGNW als Akt der öffentlichen Gewalt hindert die L daran, in Nordrhein-Westfalen an einer staatlichen Schule mit Kopftuch zu unterrichten. Es macht ihr damit die Ausübung ihres Grundrechts aus Art. 4 Abs. 1 und Abs. 2 GG teilweise unmöglich.

<u>ZE.</u>: Ein Eingriff liegt vor.

III. Der Eingriff dürfte verfassungsrechtlich nicht gerechtfertigt sein.

> **Obersatz**: Der staatliche Eingriff in den Schutzbereich eines Grundrechts ist dann verfassungsrechtlich gerechtfertigt, wenn das betroffene Grundrecht *einschränkbar* ist, eine entsprechende *Schranke* (z.B. ein Gesetz) besteht und diese Schranke selbst wiederum *verfassungsgemäß* ist (sogenannte »Schranken-Schranke«).

1.) Das Grundgesetz muss für das betroffene Grundrecht zunächst die Möglichkeit einer *Einschränkbarkeit* vorsehen.

> **Problem**: Während wir bei Art. 2 Abs. 1 GG die sogenannte »Schrankentrias« als Möglichkeit der Einschränkung des Grundrechts in Form eines Gesetzesvorbehaltes hatten (siehe die Fälle Nr. 1 und Nr. 2), fehlt hier bei der Religionsfreiheit des Art. 4 GG eine entsprechende Regelung. Genau genommen fehlt *jegliche* Regelung bezüglich eines möglichen Gesetzesvorbehalts, woraus man folgern könnte, dass es sich um ein *schrankenlos* (vorbehaltlos) gewährleistetes Grundrecht handelt. Beachte insoweit bitte, dass der Art. 136 Abs. 1 *Weimarer Reichsverfassung* (WRV), der wegen Art. 140 GG auch zum Grundgesetz gehört, nach überwiegender Ansicht, vor allem der des BVerfG, *keinen* ausdrücklichen Gesetzesvorbehalt statuiert, da die Regelung des Art. 136 WRV von Art. 4 GG »überlagert« wird (BVerfGE **33**, 23; BVerfGE **44**, 37; *Maunz/Dürig/Korioth* Art. 140 GG Rz. 54; BK/*Mückl* Art. 4 GG Rz. 162; *Pieroth/Schlink/Kingreen/Poscher* StaatsR II Rz. 577).

Aber: Obwohl Art. 4 Abs. 1 und Abs. 2 GG demzufolge unter keinem ausdrücklichen Gesetzesvorbehalt steht, demnach also eigentlich auch nicht einschränkbar ist, gelten für die Religionsfreiheit aus Art. 4 GG gleichwohl Beschränkungen, und zwar die sogenannten »verfassungsimmanenten Schranken«. Und das sind namentlich die mit der Religionsfreiheit kollidierenden **Grundrechte anderer** sowie die sonstigen **Gemeinschaftsgüter** von Verfassungsrang (BVerfGE **138**, 296 = BVerfG NJW **2015**, 1359; BVerfG NZA **2014**, 1387; BVerfGE **108**, 282; BVerfGE **93**, 1; *Sachs/Kokott* Art. 4 GG Rz. 119). Diese verfassungsimmanenten Schranken sind im Verhältnis zur Religionsfreiheit im Sinne »praktischer Konkordanz« abzuwägen (BVerfG NVwZ **2016**, 1804; BVerfGE **138**, 296 = BVerfG NJW **2015**, 1359; *Jarass/Pieroth* Art. 4 GG Rz. 27a).

<u>ZE.</u>: Das Grundrecht der Religionsfreiheit aus Art. 4 GG ist zum Schutz von Grundrechten anderer sowie zum Schutz sonstiger Gemeinschaftsgüter von Verfassungsrang durch ein hinreichend bestimmtes Gesetz (Parlamentsgesetz) einschränkbar.

2.) Der § 57 SchulGNW ist ein das Grundrecht der Religionsfreiheit einschränkendes Parlamentsgesetz, es besteht also im vorliegenden Fall eine gesetzliche Schranke.

3.) Das SchulGNW ist indessen nur dann auch eine verfassungsrechtlich zulässige Schranke des Art. 4 GG, wenn es sich als *rechtmäßige Verwirklichung* einer verfassungsimmanenten Schranke zeigt. Dazu muss das SchulGNW hinreichend bestimmt sowie formell und materiell verfassungsmäßig sein (Schranken-Schranke).

a) Der § 57 SchulGNW müsste zunächst hinreichend bestimmt genug sein, um aus ihm die hier infrage stehende Rechtsfolge des Kopftuchverbots zu erkennen.

Hier: Die in Rede stehende Formulierung im SchulGNW, wonach Lehrer »*... in der Schule keine politischen, religiösen, weltanschaulichen oder ähnliche äußere Bekundungen abgeben oder entsprechende Kleidungsstücke oder Symbole tragen dürfen, die geeignet sind, die staatliche Neutralität oder den politischen, religiösen oder weltanschaulichen Schulfrieden zu gefährden oder zu stören ...*«, entspricht den Anforderungen an die Bestimmtheit eines Gesetzes. Auslegungsbedarf besteht zwar insoweit, als bei der Anwendung der Vorschrift zu prüfen ist, inwieweit äußere Symbole oder Kleidungsstücke tatsächlich im konkreten Fall eine religiöse oder weltanschauliche Überzeugung ausdrücken. Diese Frage kann indes nur anhand des Inhalts des jeweiligen Symbols oder Kleidungsstückes unter Berücksichtigung der in Betracht kommenden Deutungsmöglichkeiten im *Einzelfall* vom Rechtsanwender beurteilt werden. Der Gesetzgeber war unter dem Gesichtspunkt des Bestimmtheitsgebots *nicht* verpflichtet, konkrete äußere Symbole und Kleidungsstücke zu benennen und in den Gesetzeswortlaut aufzunehmen.

<u>ZE.</u>: Das aus dem Rechtsstaatsprinzip folgende Bestimmtheitsgebot des Grundgesetzes ist beim SchulGNW, aufgrund dessen unter anderem Kopftuchverbote ausgesprochen werden können, gewahrt.

b) Das SchulGNW muss des Weiteren formell verfassungsgemäß sein.

Hier: In der Schilderung des Sachverhaltes steht, dass das Gesetz formell ordnungsgemäß ist. Wir dürfen also davon ausgehen, dass neben der Zuständigkeit des *Landesgesetzgebers* (Art. 74 Abs. 1 Nr. 27 GG und Art. 70 GG) auch die ordnungsgemäße Beschlussfassung im Landtag NRW beachtet wurde.

c) Das SchulGNW muss schließlich auch materiell verfassungsgemäß sein.

Beachte insoweit zunächst bitte, dass das Zitiergebot des **Art. 19 Abs. 1 Satz 2 GG** für Art. 4 Abs. 1 und Abs. 2 GG nicht gilt, da das Grundrecht der Religionsfreiheit keinen ausdrücklichen Gesetzesvorbehalt hat. Grundrechte ohne ausdrücklichen Gesetzesvorbehalt fallen nach allgemeiner Ansicht nicht unter Art. 19 Abs. 1 Satz 2 GG (BVerfGE **113**, 348; BVerfGE **83**, 130; *von Mangold/Klein/Starck/Huber* Art. 19 GG Rz. 72; *Dreier/Dreier* Art. 19 GG Rz. 21; *Kingreen/Poscher* StaatsR II Rz. 324).

So, und im Übrigen wird es jetzt aber spannend: Wir haben ja weiter oben schon herausgearbeitet, dass auch bei einem nach dem Wortlaut des Grundgesetzes scheinbar *schrankenlos* gewährten Grundrecht gleichwohl immer noch eine (letzte) Einschränkungsmöglichkeit besteht, nämlich durch die sogenannten »**verfassungsimmanenten Schranken**«. Und die haben wir dann benannt als die kollidierenden Grundrechte anderer sowie die sonstigen Gemeinschaftsgüter von Verfassungsrang. Und im günstigsten Fall stellt man zwischen diesen Rechtsgütern ein Verhältnis dann die sogenannte »praktischer Konkordanz« her.

> **Durchblick**: Den Begriff der »**praktischen Konkordanz**« in eine Klausurlösung zutreffend einzubauen, ruft grundsätzlich, immer und uneingeschränkt ein Lächeln im Gesicht des Prüfers hervor (= gute Note). Allerdings nur, wenn man den Begriff auch wirklich an der richtigen Stelle platziert und anwendet. Praktische Konkordanz ist ein von dem Verfassungsrechtler *Konrad Hesse* erfundener Rechtsbegriff (*Hesse* Grundzüge des VerfassungsR Rz. 72), der nicht nur vom Bundesverfassungsgericht gerne und regelmäßig verwendet wird (BVerfG NVwZ **2016**, 1804; BVerfGE **83**, 140; BVerfGE **81**, 298; BVerfGE **77**, 240; BVerfGE **41**, 29), sondern auch in sämtlichen Lehrbüchern und Kommentaren auftaucht (vgl. etwa *von Münch/Kunig* Vor Art. 1 GG Rz. 50; *Kingreen/Poscher* StaatsR II Rz. 334; *Michael/Morlok* Grundrechte Rz. 723; *Heintschel von Heinegg/Pallas* Grundrechte Rz. 116; *Rolf Schmidt* StaatsR II Rz. 193). Die Urfassung der Definition war dabei zunächst ziemlich kompliziert, *Konrad Hesse* beschrieb die praktische Konkordanz so: »Verfassungsrechtlich geschützte Rechtsgüter müssen in der Problemlösung einander so zugeordnet werden, dass jedes von ihnen Wirklichkeit gewinnt – beiden Gütern müssen Grenzen gesetzt werden, damit beide zu optimaler Wirksamkeit gelangen können« (*Hesse* a.a.O. Rz. 72). Für die Klausurbearbeitung genügt allerdings die inzwischen geläufige und deutlich vereinfachte Fassung, und die geht so: *»Die gegeneinander abzuwägenden Rechtsgüter bzw. Grundrechte müssen so in Verhältnis gesetzt werden, dass sie jeweils noch in **größtmöglichem Ausmaß** zur Geltung kommen können.«* (vgl. etwa *Michael/Morlok* Grundrechte Rz. 723 oder *Heintschel von Heinegg/Pallas* Grundrechte Rz. 116).

> **Tipp**: Hinter dem Begriff der *praktischen Konkordanz* steckt bei genauer Betrachtung das gleiche Prinzip, das wir auch schon von der Angemessenheitsprüfung (= »Verhältnismäßigkeit im engeren Sinne«) eines Grundrechtseingriffs kennen. Es geht dabei – wie eigentlich immer im Verfassungsrecht – um die Abwägung der widerstreitenden, verfassungsrechtlich relevanten Interessen. Stehen sich nun die Grundrechte verschiedener Grundrechtsträger (sogenannte »Grundrechtskollision«) und/oder Gemeinschaftsgüter von Verfassungsrang gegenüber, gibt man der Abwägung in diesen Fällen einen besonderen Namen bzw. eine besondere Begrifflichkeit, und zwar den der »**praktischen Konkordanz**«. Dieser Begriff umschreibt, dass die Grundrechte der verschiedenen Grundrechtsträger stets in einem

> ausgewogenen Verhältnis stehen sollen (wie auch sonst?). Und wenn man den Obersatz der entsprechenden Prüfung dann auch noch mit der eben benannten Definition garniert, freut sich jeder Prüfer.

Also, Obersatz: Zur Feststellung der materiellen Verfassungsmäßigkeit des Schul-GNW ist erforderlich, die kollidierenden Grundrechte anderer sowie die sonstigen Gemeinschaftsgüter von Verfassungsrang in ein *angemessenes Verhältnis* zu bringen. Hierbei ist im Sinne praktischer Konkordanz insbesondere darauf zu achten, dass die betroffenen Verfassungsgüter weiterhin in größtmöglichem Ausmaß zur Geltung kommen.

Und das Ganze funktioniert so:

Die in Art. 4 GG geschützte und durch das Kopftuchverbot betroffene Religionsfreiheit der L steht im Spannungsverhältnis mit folgenden Grundrechten anderer Personen:

1.) Zunächst ist die ebenfalls aus Art. 4 Abs. 1 GG resultierende *negative* Religionsfreiheit derjenigen Schüler betroffen, die die von der Lehrkraft zum Ausdruck gebrachte religiöse Überzeugung nicht teilen. Der Art. 4 Abs. 1 GG schützt nämlich nicht nur die positive, sondern auch die negative Glaubensfreiheit (BVerfGE **41**, 29), wozu namentlich auch die Freiheit gehört, eine Religion oder eine Weltanschauung abzulehnen. Umfasst ist insbesondere auch die Ablehnung religiöser Symbole (BVerfGE **93**, 1). Die negative Glaubensfreiheit würde im vorliegenden Fall dadurch beeinträchtigt, dass im Unterricht eine vom Staat (in Gestalt des Lehrers) geschaffene Situation eintritt, in der der einzelne Schüler ohne Ausweichmöglichkeiten dem Einfluss eines bestimmten Glaubens, hier konkret dem Islam, ausgesetzt wird (BVerwG NVwZ **2014**, 81; BVerfGE **108**, 282).

2.) Im Übrigen betroffen ist das aus **Art. 6 Abs. 2 GG** folgende *Erziehungsrecht* der Eltern, insbesondere das Recht der Eltern, ihre Kinder religiös oder eben *nicht* religiös zu erziehen (BVerfGE **41**, 29; BVerfGE **108**, 282). Hiervon umfasst ist namentlich das Recht der Eltern, ihre Kinder von Glaubensüberzeugungen fern zu halten, die den Eltern als falsch oder schädlich erscheinen (BVerfGE **93**, 1; BVerfGE **108**, 282). Sofern im konkreten Fall die Eltern die Glaubensüberzeugungen des Islam für falsch oder schädlich halten würden, wäre das Erziehungsrecht der Eltern betroffen. Berücksichtigt werden muss diesbezüglich aber auch, dass den Eltern das Erziehungsrecht nicht ausschließlich alleine zustehen kann, da gemäß **Art. 7 Abs. 1 GG** (aufschlagen!) dem Staat die Aufsicht über die Schule und damit auch ein eigener Erziehungsauftrag zukommt. Wie dieser Erziehungsauftrag des Staates im Einzelnen zu erfüllen ist und insbesondere in welchem Umfang religiöse Bezüge in der Schule ihren Platz haben sollen, unterliegt innerhalb der vom Grundgesetz, vor allem in Art. 4 Abs. 1 und 2 GG, abgesteckten Grenzen der Gestaltungsfreiheit der einzelnen Bundesländer, hierbei hat sich der Staat im Übrigen auch für die Bewahrung des Schulfriedens einzusetzen (BVerfGE **108**, 282; BVerfGE **41**, 29).

Schließlich ist das folgende Gemeinschaftsgut von Verfassungsrang von der vorliegenden Regelung betroffen:

3.) Dem Staat obliegt es, den Grundsatz der politischen, religiösen und weltanschaulichen *Neutralität* zu wahren, der daher von den Beamten und sonstigen öffentlichen Bediensteten des Staates jederzeit zu beachten ist (BVerwG NVwZ **2014**, 81; BVerwGE **121**, 140; BVerfGE **19**, 206; OVG Bremen NVwZ-RR **2006**, 402). Der Staat darf sich insbesondere nicht allein mit einer Religionsgemeinschaft identifizieren (BVerfGE **93**, 1). Duldet der Staat in den Schulen das Tragen oder Verwenden von Kleidungsstücken oder Symbolen, die geeignet sind, das Vertrauen in die Neutralität der Amtsführung der Lehrkräfte zu gefährden, wäre eine Verletzung der staatlichen Neutralitätspflicht und des Beeinflussungsverbots gegeben. Eine solche Duldung wäre insbesondere *nicht* neutral. Da die Lehrkräfte naturgemäß eine starke erzieherische Wirkung auf die Schüler ausüben, wären die Schüler im konkreten Fall einer besonders nachdrücklichen Beeinflussung ausgesetzt (BVerfGE **108**, 282).

ZE.: Vom Kopftuchverbot gegen Lehrerinnen wären demnach die *negative Religionsfreiheit* der Schüler, das *Erziehungsrecht* der Eltern sowie die Verpflichtung des Staates zur religiösen *Neutralität* betroffen.

Frage: Und wie bringt man all dies nun in ein ausgewogenes Verhältnis der »praktischen Konkordanz«?

Antwort, Teil 1: Sämtliche deutschen Gerichte, die bis zum Januar 2015 über die neu geschaffenen (Schul-)Gesetze der einzelnen Bundesländer zur Neutralität der Lehrkräfte, also unter anderem über das hier infrage stehende nordrhein-westfälische SchulG, zu urteilen hatten, haben die Regelungen für *verfassungsgemäß* gehalten und demnach bei der Abwägung die Religionsfreiheit der Lehrerinnen hinter den eben genannten Gütern zurücktreten lassen (vgl. BVerwG NJW **2004**, 3581; BAG NZA-RR **2010**, 383; BayVGH NVwZ **2008**, 420 = DÖV **2007**, 980; HessStaatsgerichtshof NVwZ **2008**, 199 = JA **2008**, 665; VG Düsseldorf KirchE **50**, 75; OVG Bremen NVwZ-RR **2006**, 402). Insbesondere sei es verfassungsrechtlich unbedenklich, mit einem pauschalen Kopftuchverbot der **abtrakten Gefährdung** der benannten Rechtsgüter vorbeugend zu begegnen. Bezugnehmend auf ein Grundsatzurteil des Bundesverwaltungsgerichts aus dem Juni 2004 zum damaligen SchulG in Baden-Württemberg (→ BVerwGE **121**, 140 = NJW **2004**, 3581 = DÖV **2004**, 1039), urteilten die deutschen Gerichte anschließend immer ziemlich gleichlautend wie folgt:

»... *Die Lösung des Spannungsverhältnisses der benannten Verfassungsgüter verstößt im vorliegenden Fall* **nicht** *gegen das Prinzip praktischer Konkordanz, also dem Gebot des verhältnismäßigen Ausgleichs der einander widerstreitenden Grundrechtspositionen. Es liegt im Rahmen der Gestaltungsfreiheit des Gesetzgebers, die Grundrechtsposition der Lehrer zugunsten der Freiheitsrechte der Eltern und Schüler sowie zur Sicherung der Neutralität und* *des Schulfriedens zurücktreten zu lassen. Der Gesetzgeber darf dabei die Pflichten für Lehrer dahin konkretisieren, dass sie in der Schule keine Kleidung oder sonstige Zeichen tragen dürfen, die ihre Zugehörigkeit zu einer bestimmten Religionsgemeinschaft erkennen lassen. Insoweit sind unter Beachtung der verfassungsrechtlichen Vorgaben auch **gesetzliche Einschränkungen** der **Glaubensfreiheit** denkbar …*

Und weiter:

*… Bereits die **abstrakte Gefahr**, die der staatlichen Neutralität oder dem Schulfrieden aus einer religiösen äußeren Bekundung erwachsen kann, genügt als Anlass, entgegenwirkende Verhaltensvorschriften aufzustellen. Das Einbringen religiöser Bezüge in die Schule durch Lehrkräfte kann den in Neutralität zu erfüllenden staatlichen Erziehungsauftrag, das elterliche Erziehungsrecht und die negative Glaubensfreiheit der Schüler beeinträchtigen. Es eröffnet **zumindest die Möglichkeit** einer Beeinflussung der Schulkinder sowie von Konflikten mit Eltern, die zu einer Störung des Schulfriedens führen und die Erfüllung des Erziehungsauftrags der Schule gefährden können … Der religiöse Schulfrieden ist ein Schutzzweck von herausragender Bedeutung, der das hier strittige Verbot schon bei **abstrakten Gefahren** zu rechtfertigen vermag. Die islamische Glaubensgemeinschaft wird davon auch nicht übermäßig betroffen, da sich das Verbot auf Lehrer im Staatsdienst beschränkt, Schülerinnen auch an öffentlichen Schulen und Lehrerinnen an Privatschulen also das Tragen eines Kopftuchs unbenommen bleibt. Im Übrigen regelt es nur das Verhalten in der Schule, sieht also davon ab, das Verhalten des Lehrers auch außerhalb des Dienstes vorzuschreiben … Das hier zu prüfende Schulgesetz ist daher verhältnismäßig und somit **verfassungsgemäß** …«*

Mit dieser Begründung erklärte das Bundesverwaltungsgericht im Jahre 2004 das neue SchulG des Landes Baden-Württemberg für verfassungsgemäß (BVerwGE **121**, 140) – und diesem Urteil und seiner Begründung folgten anschließend alle Gerichte, die danach auch über neue Landesschulgesetze zur religiösen Neutralität von Lehrkräften entscheiden mussten (→ BAG NZA-RR **2010**, 383; BayVGH NVwZ **2008**, 420 = DÖV **2007**, 980; HessStaatsgerichtshof NVwZ **2008**, 199 = JA **2008**, 665; OVG Bremen NVwZ-RR **2006**, 402; VG Düsseldorf KirchE **50**, 75). Das pauschale Kopftuchverbot in den staatlichen Schulen war somit länderübergreifend abgesegnet und wurde rechtlich auch von niemandem mehr ernstlich in Frage gestellt. Die Grundrechte der Schüler und Eltern sowie die Neutralitätspflicht des Staates standen demnach verfassungsrechtlich *über* der Religionsfreiheit der Lehrerinnen – daher war das Kopftuchverbot verfassungsgemäß und konnte grundsätzlich – *präventiv* und *pauschal* – ausgesprochen werden.

Antwort, Teil 2: Am 27. Januar 2015 ereignete sich dann ziemlich Erstaunliches: Das Bundesverfassungsgericht, das über unseren § 57 SchulGNW zu urteilen hatte, erklärte das SchulGNW und das daraus folgende pauschale/präventive Kopftuchverbot an deutschen Schulen wegen Verstoßes gegen die Religionsfreiheit der Lehrerinnen für verfassungswidrig. Die Abwägung der widerstreitenden Interessen, also die »**praktische Konkordanz**«, erfordere es nämlich, den Lehrerinnen das Tragen des Kopftuches in der Schule grundsätzlich zu erlauben – andernfalls liege eine schwere und verfassungsrechtlich unzulässige Grundrechtsverletzung der Betroffenen vor (→ BVerfGE **138**, 296 = BVerfG NJW **2015**, 1359).

Wir schauen uns die Begründung dieser Entscheidung, die die gesamte Rechtsprechung in Deutschland quasi auf den Kopf stellt, jetzt mal im Einzelnen an. Sie ist keinesfalls zwingend und daher in höchstem Maße klausur- und hausarbeitstauglich. Bitte noch mal klarmachen: Die deutschen Gerichte hatten im Spannungsfeld zwischen der Religionsfreiheit der Lehrerinnen und den betroffenen Grundrechten der Schüler und Eltern sowie dem staatlichen Auftrag zur Neutralität bisher die Religionsfreiheit der Lehrkräfte zurücktreten lassen und daher das pauschale Kopftuchverbot für verfassungsgemäß gehalten. Insbesondere sollte es zulässig sein, mit dem Kopftuchverbot bereits *präventiv* (= vorbeugend/vorsorglich) potentielle Gefahren für den Schulfrieden und die Grundrechte von Schülern und Eltern zu begegnen. Es genügte schon die rein **abstrakte Gefährdung** der benannten Rechtsgüter zur staatlichen Anordnung eines Kopftuchverbotes.

Nunmehr aber heißt es beim Bundesverfassungsgericht (→ BVerfGE **138**, 296):

> »... *Ein* **pauschales Kopftuchverbot** *für Lehrerinnen, wie in § 57 SchulGNW vorgesehen, ist verfassungsrechtlich* **nicht** *zu rechtfertigen. Der Schutz des Grundrechts auf Religionsfreiheit aus Art. 4 GG gewährleistet auch den Lehrern in der öffentlichen und bekenntnisoffenen Gemeinschaftsschule die Freiheit, den Regeln ihres Glaubens gemäß einem religiösen Bedeckungsgebot zu genügen, wie dies etwa durch das Tragen eines islamischen Kopftuchs der Fall sein kann. Das bislang nach deutschem (Landes-)Schulrecht geltende pauschale Verbot religiöser Bekundungen durch das äußere Erscheinungsbild, das bereits an die* **abstrakte Gefahr, also die bloße Möglichkeit** *einer Beeinträchtigung des Schulfriedens oder der staatlichen Neutralität anknüpft, ist verfassungsrechtlich nicht haltbar. Im Blick auf die Religionsfreiheit der Lehrer ist ein solches, pauschales Kopftuchverbot jedenfalls dann* **unverhältnismäßig,** *wenn die Bekundung seitens der Lehrer auf ein von ihnen als verpflichtend empfundenes religiöses Gebot zurückführbar ist, was bei streng gläubigen Muslimen in aller Regel der Fall sein dürfte ...*

Zur Frage der Gültigkeit des SchulGNW heißt es weiter:

> *... Die entsprechende Vorschrift des SchulGNW ist somit zwar nicht nichtig, muss aber* **einschränkend** *dahingehend ausgelegt werden, dass ein Kopftuchverbot nicht bereits präventiv, also zur vorsorglichen Vermeidung von Konflikten angeordnet werden kann, sondern stets eine* **hinreichend konkrete Gefahr** *für die übrigen verfasungsrechtlichen Güter vorliegen muss ... Das Vorliegen dieser konkreten Gefahr ist zudem vom Staat bzw. den Schulbehörden jeweils zu belegen und auch zu begründen ...* **Das Tragen eines islamischen Kopftuchs begründet eine solche hinreichend konkrete Gefahr im Regelfall aber nicht.** *Vom Tragen dieser Kopfbedeckung geht für sich genommen nämlich noch kein werbender oder gar missionierender Effekt aus. Ein islamisches Kopftuch ist in Deutschland nicht unüblich, auch wenn es von der Mehrheit muslimischer Frauen nicht getragen wird. Es spiegelt sich im gesellschaftlichen Alltag vielfach wieder. Die bloß visuelle Wahrnehmbarkeit ist in der Schule als Folge individueller Grundrechtsausübung ebenso hinzunehmen, wie auch sonst grundsätzlich kein verfassungsrechtlicher Anspruch darauf besteht, von der Wahrnehmung anderer religiöser oder weltanschaulicher Bekenntnisse verschont zu bleiben ...*

> *... Eine andere Beurteilung kann allerdings etwa dann angezeigt sein, wenn die Lehrkräfte im Unterricht* **verbal** *oder anderweitig* **ausdrücklich** *für ihre Position oder für ihren Glauben werben und die Schüler über ihr Auftreten hinausgehend zu beeinflussen versuchen. In die-*

*sem Falle läge eine hinreichend konkrete Gefahr für die Schüler und die staatliche Neutralitätspflicht vor – und ein von der Schulbehörde ausgesprochenes Kopftuchverbot wäre verfassungsrechtlich unbedenklich. Andernfalls jedoch, also ohne konkrete Gefährdung der benannten Rechtsgüter, werden die Schüler lediglich mit der positiven Glaubensfreiheit der Lehrkräfte in Form einer glaubensgemäßen Bekleidung konfrontiert, was im Übrigen durch das Auftreten anderer Lehrkräfte mit anderem Glauben oder anderer Weltanschauung im Zweifell relativiert und ausgeglichen wird. Insofern spiegelt sich in der bekenntnisoffenen Gemeinschaftsschule die **religiös-pluralistische Gesellschaft** wider ...«*

1. Zwischenergebnis: Das Bundesverfassungsgericht hält ein pauschales (= präventives/vorsorgliches) Kopftuchverbot für unzulässig. Dies verletze namentlich die positive Religionsfreiheit der muslimisch-gläubigen Lehrerinnen. Zwingende Voraussetzung für ein Kopftuchverbot ist vielmehr eine *hinreichend konkrete Gefahr* für den Schulfrieden oder die Rechtsgüter anderer Personen – und diese hinreichend konkrete Gefahr *muss* vom Staat, also der jeweiligen Schulbehörde, auch *nachgewiesen* werden. Sollte eine Lehrerin nebem dem Tragen des Kopftuchs etwa durch persönliche Erklärungen oder Handlungen auf die Schüler – religiös motiviert und gezielt – einwirken, steht die Religionsfreiheit dann (aber nur dann!) nicht mehr über den Grundrechten der betroffenen Schüler und Eltern sowie der Erhaltung der staatlichen Neutralität. Unter diesen Umständen kann ein Kopftuchverbot ausgesprochen werden.

Zu den betroffenen Grundrechten der Schüler und Eltern sowie der Neutralitätspflicht des Staates heißt es schließlich:

*»... Die grundrechtlich geschützte **negative Glaubensfreiheit der Schüler** spricht nicht gegen die vorbenannte Regelung. Die Einzelnen haben in einer religiös-pluralistischen Gesellschaft **kein** Recht darauf, von der Konfrontation mit fremden Glaubensbekundungen, kultischen Handlungen und religiösen Symbolen verschont zu bleiben. Mit Blick auf die Wirkung religiöser Ausdrucksmittel gegenüber Schülern ist zudem danach zu unterscheiden, ob das in Frage stehende Symbol auf Veranlassung der Schulbehörde oder aufgrund einer eigenen Entscheidung von Lehrern getragen wird, die hierfür das individuelle Freiheitsrecht des Art. 4 Abs. 1 und 2 GG in Anspruch nehmen können. Der Staat, der eine mit dem Tragen eines Kopftuchs verbundene religiöse Aussage einer einzelnen Lehrerin hinnimmt, macht diese Aussage nicht schon dadurch zu seiner eigenen und muss sie sich daher auch nicht als von ihm beabsichtigt zurechnen lassen ...*

*... Darüber hinaus wird auch der **staatliche Erziehungsauftrag**, der unter Wahrung der Pflicht zu **weltanschaulich-religiöser Neutralität** zu erfüllen ist, durch das Tragen des Kopftuchs nicht verletzt. Der Staat darf lediglich **keine gezielte** Beeinflussung im Dienste einer bestimmten politischen, ideologischen oder weltanschaulichen Richtung betreiben oder sich durch von ihm ausgehende oder ihm zuzurechnende Maßnahmen mit einem bestimmten Glauben oder einer bestimmten Weltanschauung identifizieren und dadurch den religiösen Frieden in einer Gesellschaft von sich aus gefährden. Vorliegend aber findet eine gezielte Beeinflussung seitens des Staates gar nicht statt, da die Lehrerinnen das Kopftuch aus **eigener Entscheidung** und in Ausübung ihres Grundrechts aus Art. 4 GG tragen ...«*

2. Zwischenergebnis: Das Bundesverfassungsgericht hält die Grundrechte der Schüler (→ negative Religionsfreiheit) und der Eltern (→ negative Religionsfreiheit und

Erziehungsauftrag) sowie die staatliche Neutralitätspflicht für nicht gewichtig oder betroffen genug, um ihnen im Verhältnis zur Religionsfreiheit der Lehrkräfte der Vorrang zu gewähren. Die »praktische Konkordanz« ergibt nach Meinung des Bundesverfassungsgerichts ein Übergewicht zugunsten der Lehrerinnen.

Fazit: Während nach alter Rechtslage für ein Kopftuchverbot an Schulen bereits ausreichte, dass der Gesetzgeber damit einer möglichen abstrakten Gefahr für den Schulfrieden und die Grundrechte von Schülern und Eltern im Vorfeld begegnen wollte, also *präventiv/vorsorglich* handeln konnte, ist dies nach der Entscheidung des BVerfG vom 27. Januar 2015 nicht mehr zulässig (→ BVerfGE **138**, 296 = NJW **2015**, 1359). Erforderlich für ein Kopftuchverbot an staatlichen Schulen ist nunmehr stets eine *hinreichend konkrete Gefahr*. Diese kann etwa dann entstehen, wenn die Kopftuch tragenden Lehrkräfte anderweitig und vor allem religiös motiviert und gezielt auf die Schüler einzuwirken versuchen. Diesbezüglich ist die Schulbehörde allerdings darlegungspflichtig, muss also entsprechende Handlungen der Lehrkräfte auch beweisen. Im Hinblick auf die Grundrechte von Schülern und Eltern sowie die staatliche Neutralitätspflicht gewichtet das BVerfG die positive Religionsfreiheit der Lehrerinnen des Weiteren grundsätzlich höher als die Rechte der Schüler und Lehrer; die staatliche Neutralitätspflicht sei schließlich deshalb nicht verletzt, weil diese nur *gezielte* Beeinflussung seitens des Staates verbiete, eine solche in den Fällen des »einfachen« Tragens eines Kopftuches aber nicht vorliege, zumal dem Staat dies auch nicht zurechenbar sei, sondern auf eine *eigene* Entscheidung der Lehrkraft zurückgehe (BVerfGE **138**, 296 = BVerfG NJW **2015**, 1359; zustimmend *Klein* in DÖV 2015, 464).

Ergebnis: Nach Ansicht des Bundesverfassungsgerichts ist der vorliegende § 57 SchulGNW zwar nicht nichtig, muss aber *einschränkend* dahingehend ausgelegt werden, dass ein Kopftuchverbot nur dann ausgesprochen werden kann, wenn die Schulbehörde eine hinreichend konkrete Gefahr für die Grundrechte der Schüler und Eltern sowie die staatliche Neutralitätspflicht nachweisen kann. Die im SchulGNW lediglich vorausgesetzte, rein abstrakte Gefahr (im SchulGNW heißt es ja »… *geeignet … den religiösen Schulfrieden zu gefährden* …«) genügt nicht für ein Kopftuchverbot. **Konsequenz**: Die L, die sich nach Auskunft des Sachverhaltes aus religiösen Gründen gezwungen fühlt, ein Kopftuch zu tragen, kann dies in Zukunft tun und ist insbesondere nicht durch das SchulGNW daran gehindert.

Achtung: Da kann man selbstverständlich auch anderer Meinung sein (vgl. etwa *Traub* in NJW 2015, 1338; *Stüer* in DVBl 2015, 569; *Groeger* in ArbRB 2015, 100; *Schwabe* in DVBl 2015, 570; *Karb* in öAT 2015, 99; *Vahle* in DVP 2015, 212). Die Entscheidung des Bundesverfassungsgerichts war deshalb übrigens sogar gerichtsintern umstritten: Zwei der acht Richter des 2. Senats vertraten die gegenteilige Auffassung, und zwar die Richterin **Monika Herrmanns** und der Richter **Wilhelm Schluckebier**, die das

SchulGNW und damit ein pauschales Kopftuchverbot für verfassungsgemäß hielten, aber von den übrigen sechs Richtern überstimmt wurden (→ § 15 Abs. 4 Satz 2 BVerf-GG). In ihrem, der Entscheidung angehängten sogenannten »**Sondervotum**« (bitte lies: **§ 30 Abs. 2 BVerfGG**) fanden sie dafür durchaus überzeugende und für eine Klausurlösung daher auch prima verwertbare Argumente, wörtlich heißt es (BVerfG NJW **2015**, 1359 = EuGRZ **2015**, 181):

> *… Wir halten die Entscheidung für **nicht realitätsgerecht**. Sie vernachlässigt zum einen, dass das Schüler-Lehrer-Verhältnis ein besonderes Abhängigkeitsverhältnis ist, dem Schüler und Eltern unausweichlich und nicht nur flüchtig ausgesetzt sind. Schüler können den Lehrpersonen und ihren Überzeugungen nicht aus dem Weg gehen. Es ist daher **unzutreffend** anzunehmen, die Grundrechtsausübung der Lehrer sei mit derjenigen gleichzusetzen, die Schüler auch im normalen Gesellschaftsleben zu dulden hätten. Lehrer und Schüler stehen in einem besonderen, auch die Grundrechtsausübung beeinflussenden Verhältnis …*

> *… Den Lehrern kommt zudem eine **Vorbildfunktion** zu. Von religiösen Bekundungen durch das Tragen bestimmter Bekleidung geht unter Umständen eine gewisse **auffordernde Wirkung** aus, sei es in dem Sinne, dass dieses Verhalten als vorbildhaft verstanden und aufgenommen, sei es, dass es entschieden abgelehnt wird. Das Verhalten der Lehrer, auch in Form bestimmter religiöser Bekleidungsregeln, trifft in der Schule auf Personen, die aufgrund ihrer Jugend in ihren Anschauungen noch nicht gefestigt sind, Kritikvermögen und Ausbildung eigener Standpunkte erst erlernen sollen und daher auch einer mentalen Beeinflussung **besonders leicht** zugänglich sind. Eine wirklich offene Diskussion über die Befolgung religiöser Bekleidungsregeln und -praktiken wird, wenn Lehrpersonen persönlich betroffen sind, in dem spezifischen Abhängigkeitsverhältnis der Schule allenfalls sehr begrenzt möglich sein. Lehrer tragen daher stets eine besondere Verantwortung und sind zur Zurückhaltung und Vorsicht aufgefordert und verpflichtet …*

> *… Wichtig erscheint auch Folgendes: Die Lehrer genießen zwar ihre individuelle Glaubensfreiheit. Zugleich sind sie aber **Amtsträger** und damit der **Neutralität des Staates** auch in religiöser Hinsicht verpflichtet. Denn der Staat kann nicht als anonymes Wesen, sondern nur durch seine Amtsträger und seine Lehrer handeln. Diese sind seine **Repräsentanten**. Die Verpflichtung des Staates auf die Neutralität kann deshalb keine andere sein als die einer Verpflichtung seiner Amtsträger auf Neutralität …*

Und dann:

> *… Schließlich liegt auf der Hand, dass aus einer Einschränkung des Kopftuchverbots auf Fälle einer **hinreichend konkreten Gefahr** in Form einer gezielten Beeinflussung seitens der Lehrer ganz erhebliche **Beweisführungsprobleme** erwachsen. Die praktische Umsetzung dessen wird nämlich nur unter persönlicher Beteiligung der Betroffenen möglich sein, was dem Schüler-Lehrer-Verhältnis eher abträglich sein und namentlich die Schüler in eine persönliche Konfliktsituation bringen kann. Es ist nicht erkennbar, wie ein solcher Konflikt zwischen Schülern und Lehrern ausgetragen werden kann, ohne dass die Beteiligten ihren unbefangenen Umgang miteinander, der für das schulische Fortkommen unabdingbar ist, verlieren. Schüler werden daher im Zweifel davor zurückschrecken, eine mögliche religiöse Beeinflussung durch den Lehrer, so sie sie denn überhaupt bemerken, der Schulbehörde zu melden …*

> *… Insbesondere vor diesem Hintergrund erscheint es angezeigt, eine **einheitliche** und **allgemeine** Regelung zu schaffen, um weltanschaulich-religiöse Konflikte schon **im Vorfeld** möglichst weitgehend aus den Schulen herauszuhalten und das zulässige Maß an religiösen Bekundungen berechenbar und vor allem unabhängig von einzelfallbezogenem Konfliktpoten-*

*zial zu regeln ... Aus diesen Erwägungen folgt die Notwendigkeit, ein Kopftuchverbot bereits als **präventive Maßnahme** auszugestalten. Dass der hier entscheidende Senat demgegenüber erst bei einer hinreichend konkreten Gefahr bzw. einer gezielten Beeinflussung seitens der Lehrer ein Kopftuchverbot für zulässig erachtet, erscheint nach dem Dargelegten verfassungsrechtlich unzutreffend. Es misst den Grundrechten der Lehrer im Vergleich zu den konkurrierenden Grundrechten der Schüler und Eltern sowie dem Neutralitätsauftrag des Staates einen zu hohen Wert bei. Zusammengefasst ist somit nach unserem Dafürhalten bereits die Untersagung religiöser Bekundungen durch das äußere Erscheinungsbild von Lehrern bei einer **abstrakten Gefahr** für den Schulfrieden und die staatliche Neutralität verfassungsrechtlich unbedenklich und das SchulGNW mithin verfassungsgemäß ...«*

Also: Das klingt durchaus einleuchtend und kann somit in der Klausur/Hausarbeit auch gut vertreten werden. Wer im Rahmen der »praktischen Konkordanz« den Grundrechten der Schüler, der Eltern sowie dem Neutralitätsgebot der Schule den Vorzug gewähren möchte, kann und sollte dies demnach mit den genannten Argumenten tun (vgl. dazu auch *Traub* in NJW 2015, 1338; *Stüer* in DVBl 2015, 569; *Groeger* in ArbRB 2015, 100; *Schwabe* in DVBl 2015, 570; *Karb* in öAT 2015, 99; *Vahle* in DVP 2015, 212). Wie man das Ganze in einer Klausur oder Hausarbeit vernünftig zu Papier bringt, steht wie immer weiter unten im Gutachen, wo wir dann übrigens tatsächlich der gerade geschilderten Mindermeinung folgen werden. Nachlesen schadet sicher nicht.

Noch eine Anmerkung

Die Geschichte mit dem Kopftuch ist quasi die »Mutter« aller Probleme, die innerhalb der Schule bzw. des Unterrichts auftauchen können und mit den unterschiedlichen Wertvorstellungen und Verhaltensregeln der verschiedenen Religionen, insbesondere der Integration des *Islam* in die deutsche Gesellschaft zusammenhängen. In jüngerer Zeit haben sich insoweit noch weitere Problemfelder aufgetan, deren Lösung freilich alle nach dem gleichen, uns inzwischen ja bekannten Muster funktioniert: So hatte das Bundesverwaltungsgericht am **30. November 2011** darüber zu entscheiden, ob muslimisch-gläubige Schüler in der Schule – konkret auf dem Pausenflur – außerhalb der Unterrichtszeit **beten** dürfen (BVerwG NVwZ **2012**, 162 = JA **2012**, 235). Abzuwägen waren insoweit dann die *positive* Religionsfreiheit der muslimisch-gläubigen Schüler und die *negative* Religionsfreiheit der anderen Schüler sowie der möglicherweise dadurch gestörte, vom Staat aber zu bewahrende Schulfrieden. Das Gericht entschied sich gegen die betenden, muslimisch-gläubigen Schüler und verwies auf die höhere Bedeutung der negativen Religionsfreiheit der übrigen Schüler sowie die Erhaltung des Schulfriedens. Hierzu muss man allerdings wissen, dass es um ein Gymnasium in Berlin-Wedding (→ Stadtteil mit extrem hoher kultureller Vielfalt) ging, in dem es offenbar eine Vielzahl von religiösen Glaubensrichtungen gab/gibt und die Schulleitung begründete Angst vor religiös motivierten Konflikten und möglicherweise sogar entsprechender Straftaten hatte. Das überzeugte im konkreten Fall das Bundesverwaltungsgericht, das sich deshalb auf die Seite der Schule stellte und das Beten der muslimisch-gläubigen Schülern im Pausenflur untersagte (NVwZ **2012**, 162 = JA **2012**, 235). Weitere Probleme können sich ergeben etwa im Hinblick auf die

Teilnahme von muslimisch-gläubigen Mädchen und Jungen am *Schwimmunterricht* und die dort zu tragenden bzw. nicht zu tragenden Kleider. Bislang haben die deutschen Gerichte eine Befreiung vom Schwimmunterricht aus religiösen Gründen allerdings einmütig abgelehnt und bei der Abwägung dem staatlichen Erziehungs- und Bildungsauftrag den Vorzug gewährt (→ BVerwG NVwZ **2014**, 81; HessVGH NVwZ **2013**, 159; OVG Bremen NVwZ-RR **2012**, 842; OVG Münster DVBl **2010**, 1392; VG Köln NWVBl **2013**, 119; VG Aachen vom 12.01.**2011** – 9 L 518/10; VG Hamburg NVwZ-RR **2006**, 121-123). Erwähnenswert ist insbesondere die Entscheidung des Bundesverwaltungsgerichts vom **11. September 2013** (→ BVerwG NVwZ **2014**, 81): Hier verweigerten die Eltern nicht nur die Teilnahme ihrer Tochter am Schwimmunterricht, sondern lehnten auch das Angebot der Schule ab, das 11-jährige Mädchen könne im Schwimmunterricht einen »Burkini« (= Ganzkörperschwimmanzug, bei dem nur Hände, Füße und Gesicht freiliegen) tragen. Das Bundesverwaltungsgericht sah in der Ablehnung dieses Angebots eine »nicht nachvollziehbare Weigerung« der Eltern zur Herstellung praktischer Konkordanz, da nach Meinung der Richter die Schülerin mit dem Burkini auch beim Schwimmunterricht ihrem Glauben hätte folgen können, zumal der Burkini im nassen Zustand nicht eng am Körper anliege und damit keine höhere Gefahr der Sichtbarkeit von Körperkonturen bestehe als etwa beim normalen Sportunterricht (BVerwG NVwZ **2014**, 81). Der bayrische Verfassungsgerichtshof hat am **22. April 2014** zudem das Verbot einer sogenannten »Vollverschleierung« einer muslimischen Berufsschülerin aus Regensburg bestätigt (NVwZ **2014**, 1109). Zur Begründung führten die Richter an, das Grundrecht aus Art. 4 GG habe hier hinter dem »staatlichen Bestimmungsrecht im Schulwesen« aus Art. 7 GG zurückzutreten. Insbesondere verhindere eine Vollverschleierung eine offene Kommunikation in der Schule, da man nicht erkennen könne, welche Person unter der Verschleierung verborgen sei.

Schließlich tauchen die genannten Probleme inzwischen nicht nur in Schulen, sondern auch in anderen staatlichen Einrichtungen auf – etwa in *Kindertagesstätten*. Auch insoweit hat sich die deutsche Rechtsprechung durch die aktuellen Urteile des BVerfG dramatisch gewandelt: So bestätigte das BAG im August 2010 zunächst die Abmahnung an eine muslimisch-gläubige Erzieherin aus *Stuttgart*, die trotz Aufforderung ihr Kopftuch während des Dienstes in der Kindertagesstätte nicht auszuziehen wollte (NZA-RR **2011**, 162). Diese Entscheidung – genau genommen die dieser Entscheidung zugrundeliegende Verbotsvorschrift der KitaOrdnung – hat das Bundesverfassungsgericht am **18. Oktober 2016** aufgehoben und im Gefolge der Entscheidung des BVerfG vom Januar 2015 (BVerfGE **138**, 296) nun auch der Religionsfreiheit der Kita-Erzieherinnen den Vorzug gewährt (→ BVerfG NJW **2107**, 381). Im Dezember 2009 bestätigte das BAG die Kündigung des Arbeitsverhältnisses einer angestellten Lehrerin aus *Herne* (Nordrhein-Westfalen), da die Frau sich geweigert hatte, ihr Kopftuch im Unterricht auszuziehen (NZA-RR **2010**, 383). Auch dieses Urteil ist durch Entscheidung des Bundesverfassungsgerichts vom 27. Januar 2015 aufgehoben worden (BVerfGE **138**, 296). Am **30. Juni 2016** erklärte übrigens das Verwaltungsgericht in Augsburg das in Bayern geltende Kopftuchverbot für *Rechtsreferendarinnen* im Gerichtssaal für rechtswidrig wegen Verstoßes gegen Art. 4 GG (→ VG Augsburg JA **2017**, 78 = AuR **2016**, 388). Mit Beschluss vom **4. Juli 2017** lehnte das *Bundesverfassungsgericht* demgegenüber den (Eil-)Antrag einer Rechtsreferendarin aus *Hessen* ab, die in öffentlichen Sitzungen im Gerichtssaal ein Kopftuch tragen wollte (→ BVerfG vom 4. Juli **2017** – 2 BvR 1333/17). Nach Meinung der Richter überwiege insoweit das Interesse des Staates an weltanschaulich-religiöser Neutralität, das insbesondere im Gerichtssaal gewahrt sein müsse. Zwar greife das im hessischen Landesrecht verankerte Verbot des Tragens von Kopftüchern bei im Gerichtssaal tätigen Personen – also auch bei Referendaren – unter anderem in das Grundrecht der Referendare auf Religionsfreiheit aus Art. 4 GG ein; allerdings führe eine vorläufige Interessenabwägung zum Ergebnis, dass dieser Eingriff zum Wohle eines überragend wichtigen Allgemeinguts, nämlich dem Recht der jeweiligen Prozessbeteiligten auf einen neutralen Richter, gerechtfertigt sei. Die grundgesetzlich garantierte, allumfassende Neutralität des Richters überwiege das Recht der Referendarin auf Ausübung ihrer Religion (BVerfG – 2 BvR 1333/17). Dieser vorläufige Beschluss widerspricht damit dem VG Augsburg (siehe oben) und lässt die Religionsfreiheit der Kopftuchträgerinnen hinter dem Neutralitätsgebot des Staates zurücktreten – jedenfalls im Gerichtssaal. Es bleibt spannend.

Das Allerletzte

Im Hinblick auf Kopfbedeckungen und Religionsfreiheit hatte das Verwaltungsgericht in *Freiburg* kürzlich noch über folgenden kuriosen und ziemlich prüfungsverdächtigen Fall zu entscheiden (VG Freiburg LKV **2016**, 94): Ein Anhänger der »Sikh«-Religion beantragte bei der zuständigen Behörde die Befreiung von der Helmpflicht für Motorradfahrer (§§ 21a Abs. 2, 46 Abs. 1 Nr. 5b StVO), weil er – Achtung! – als Sikh-Mitglied verpflichtet sei, seine Haare lebenslang zu bewahren, niemals zu schneiden und jederzeit mit einem Turban zu schützen. Den Turban dürfe er in der Öffentlichkeit zudem nicht abnehmen. Eine Helmpflicht verletze ihn in seinem Grundrecht aus Art. 4 GG, weil er ja den Turban abnehmen müsse, um den Helm aufzusetzen. **Frage**: Verletzt ihn die Helmpflicht in seinem Grundrecht aus Art. 4 GG?

Lösung: Das VG Freiburg stellte zunächst fest, dass der Schutzbereich des Art. 4 GG durch die Helmpflicht durchaus betroffen sei, da auch das äußere Erscheinungsbild eines Menschen und mögliche Kleidervorschriften zum geschützten Bereich des Grundrechts aus Art. 4 GG gehören. Wörtlich heißt es:

»*... Was im Einzelfall als Ausübung von Religion und Weltanschauung zu betrachten ist, schließt das Selbstverständnis der Religionsgemeinschaft mit ein. Dies bedeutet zwar nicht, dass jegliches Verhalten einer Person allein nach deren subjektiven Bestimmung als Ausdruck der Glaubensfreiheit angesehen werden muss. Es muss hinreichend und substantiiert dargelegt sein, dass sich das Verhalten tatsächlich nach seinem geistigen Inhalt in plausibler Weise in den Schutzbereich des Art. 4 GG einfügt. Dies ist hier indes der Fall: Die Mitglieder der Sikh-Religion schwören einen Eid darauf, dass sie ›bis zum Lebensende ihr Haar bewahren und sorgsam mit einem Turban schmücken‹. Der Turban und die lebenslang ungeschnittenen*

Haare dokumentieren den Respekt vor dem Schöpfer und der von ihm erschaffenen Welt. Daher ist durch eine Helmpflicht der Schutzbereich des Art. 4 GG insoweit betroffen …«

Fraglich war allerdings dann die Rechtfertigung des Grundrechtseingriffs, und zwar aus zweierlei Erwägungen: Zum einen erfolgt die Einschränkung vorliegend nicht – wie eigentlich erforderlich – durch ein Parlamentsgesetz, sondern (nur) durch eine **Rechtsverordnung** (→ § 21a Abs. 2 Straßenverkehrsordnung), was indes nicht hinderlich sei, weil es »… *angesichts eines allenfalls geringfügigen Eingriffs sowie des nur betroffenen Teilbereichs der Straßenverkehrssicherheit hier keiner Entscheidung des Parlaments bedurfte. Dies wäre nur dann der Fall gewesen bei einem Sachverhalt, bei dem sich evident zwei konkurrierende Grundrechte gegenüberstehen und demnach Entscheidungen von erheblicher Tragweite zu erwarten sind. Hier aber schränkt die Straßenverkehrsordnung eher zufällig die Religionsfreiheit in einem sehr überschaubaren Teilbereich ein; daher kann ein solcher Eingriff auch aufgrund einer Rechtsverordnung erfolgen und muss nicht vor dem Parlament geklärt werden …«*

Zum anderen stellte sich noch die Frage der praktischen Konkordanz, die dann aber zulasten des Motorradfahrers ausfiel (VG Freiburg LKV **2016**, 94):

»… Insoweit muss nach ständiger Rechtsprechung des Bundesverfassungsgerichts ein schonender Ausgleich der in Frage stehenden Grundrechtspositionen gesucht werden. Berücksichtigt man, dass die Helmpflicht nur einen sehr überschaubaren Teil des täglichen Lebens betrifft, entsprechende Entfernungen auch mit anderen Verkehrsmitteln zurückgelegt werden können und eine Helmpflicht neben dem Betroffenen durchaus auch die Allgemeinheit schützen soll, streitet die praktische Konkordanz hier zulasten des Grundrechtsträgers. Die Helmpflicht verletzt den Kläger nicht in seinen Grundrechten …«.

Prüfungsschema 3

Die Begründetheit einer Verfassungsbeschwerde gegen ein Gesetz

Sonderfall: Vorbehaltloses (schrankenloses) Grundrecht (hier: Art. 4 GG)

Obersatz: Die Verfassungsbeschwerde ist begründet, wenn der Beschwerdeführer durch das *Gesetz* in einem seiner Grundrechte oder in einem der in Art. 93 Abs. 1 Nr. 4a GG genannten grundrechtsgleichen Rechte verletzt ist. Eine solche Verletzung liegt dann vor, wenn durch das Gesetz in den **Schutzbereich** eines Grundrechts **eingegriffen** wurde und dieser Eingriff verfassungsrechtlich **nicht gerechtfertigt** ist.

Zum **I. Schutzbereich** und dem **II. Eingriffsbegriff,** vgl. Prüfungsschema 1 vorne.

III. Ist der Grundrechtseingriff verfassungsrechtlich gerechtfertigt?

→ Das Grundrecht muss zunächst *einschränkbar* sein.

Problem: Bei vorbehaltlosen Grundrechten sind Einschränkungen nur möglich zur Verwirklichung der sogenannten *verfassungsimmanenten Schranken,* also der *Grundrechte anderer* oder sonstiger *Gemeinschaftsgüter von Verfassungsrang.*

→ Es muss eine entsprechende Schranke/ein Gesetz existieren.

→ Das Gesetz/die Schranke muss selbst verfassungsgemäß sein.

Frage: Stellt das Gesetz die rechtmäßige Konkretisierung/Verwirklichung einer verfassungsimmanenten Schranke dar?

Antwort: Das ist dann der Fall, wenn das Gesetz hinreichend bestimmt genug und formell wie materiell verfassungsgemäß ist.

→ Wahrung des Bestimmtheitsgebots

→ Formelle Verfassungsmäßigkeit

→ Materielle Verfassungsmäßigkeit (**beachte:** Art. 19 Abs. 1 Satz 2 GG gilt nicht)

Zentrales Problem: Herstellung »praktischer Konkordanz« → Das betroffene Grundrecht des Beschwerdeführers muss zu den verfassungsimmanenten Schranken, also den kollidierenden Grundrechten anderer und möglichen sonstigen Gütern von Verfassungsrang, in ein ausgewogenes Verhältnis gebracht werden = Abwägung der widerstreitenden Interessen/Rechtsgüter.

Gutachten

Die Verfassungsbeschwerde der L ist begründet, wenn L durch das SchulGNW in einem ihrer Grundrechte oder in einem der in Art. 93 Abs. 1 Nr. 4a GG genannten grundrechtsgleichen Rechte verletzt ist. Eine solche Verletzung liegt vor, wenn durch einen Akt der öffentlichen Gewalt in den Schutzbereich eines Grundrechts eingegriffen wurde und dieser Eingriff verfassungsrechtlich nicht gerechtfertigt ist.

I. Durch das SchulGNW müsste zunächst ein Grundrecht der L in seinem Schutzbereich betroffen sein.

In Betracht kommt das Grundrecht der Religions- und Glaubensfreiheit aus Art. 4 Abs. 1 und Abs. 2 GG. Demnach ist die Freiheit des religiösen Bekenntnisses unverletzlich, die ungestörte Religionsausübung wird gewährleistet. Das einheitliche Grundrecht auf Religionsfreiheit des Art. 4 Abs. 1 und Abs. 2 GG erfasst sowohl die innere Freiheit zu glauben oder nicht zu glauben, als auch die äußere Freiheit, seinen Glauben zu bekennen und zu verbreiten. Hierzu gehören insbesondere das Recht des Einzelnen, sein gesamtes Verhalten an den Lehren seines Glaubens auszurichten sowie das Recht, seiner inneren Glaubensüberzeugung gemäß zu handeln. Das von der Religionsfreiheit umfasste Recht ist dabei stets extensiv auszulegen und umfasst neben kultischen Handlungen etwa auch das Tragen bestimmter Symbole und Kleidungsstücke.

Durch das SchulGNW wird den Lehrern verboten, bestimmte Symbole und Kleidungsstücke zu tragen, die eine religiöse Überzeugung ausdrücken. Der § 57 SchulGNW stellt damit für Lehrkräfte an öffentlichen Schulen hinsichtlich des Tragens dieser Symbole und Kleidungsstücke klare Verhaltensvorschriften auf, die zudem mit einer Sanktion in Form von dienstrechtlichen Maßnahmen im Falle der Zuwiderhandlung bedroht sind. Betroffen ist damit insbesondere das Recht des Einzelnen, sein gesamtes Verhalten an den Lehren seines Glaubens auszurichten und das Recht, seiner inneren Glaubensüberzeugung gemäß, etwa durch das Tragen von Symbolen oder Kleidungsstücken, zu handeln. Zu diesen Kleidungsstücken und Symbolen zählt fraglos auch das islamische Kopftuch bei Frauen, mit dem die Trägerinnen nach außen zu erkennen geben, dass sie sich zum Islam und auch dessen (Bekleidungs-)Vorschriften bekennen.

Zwischenergebnis: Der Schutzbereich der Religionsfreiheit des Art. 4 Abs. 1 und Abs. 2 GG ist durch das SchulGNW betroffen.

II. Es muss des Weiteren ein Eingriff in diesen Schutzbereich vorliegen.

Unter Eingriff versteht man jedes staatliche Handeln, das dem Einzelnen ein Verhalten, das in den Schutzbereich eines Grundrechts fällt, ganz oder teilweise unmöglich macht; hierbei ist gleichgültig, ob diese Wirkung final oder unbeabsichtigt eintritt. Das SchulGNW als Akt der öffentlichen Gewalt hindert die L daran, in NRW an einer staatlichen Schule mit Kopftuch zu unterrichten. Es macht ihr damit die Ausübung ihres Grundrechts aus Art. 4 Abs. 1 und Abs. 2 GG teilweise unmöglich.

Zwischenergebnis: Ein Eingriff liegt vor.

III. Der Eingriff dürfte verfassungsrechtlich nicht gerechtfertigt sein.

Der staatliche Eingriff in den Schutzbereich eines Grundrechts ist dann verfassungsrechtlich gerechtfertigt, wenn das betroffene Grundrecht einschränkbar ist, eine entsprechende Schranke besteht und diese Schranke selbst wiederum verfassungsgemäß ist (sogenannte Schranken-Schranke).

1.) Das Grundgesetz muss für das betroffene Grundrecht zunächst die Möglichkeit einer Einschränkbarkeit vorsehen. Obwohl Art. 4 Abs. 1 und Abs. 2 GG unter keinem ausdrücklichen Gesetzesvorbehalt steht, demzufolge an sich auch nicht einschränkbar ist, gelten für die Religionsfreiheit aus Art. 4 GG Beschränkungen in Form der verfassungsimmanenten Schranken. Namentlich kollidierende Grundrechte anderer sowie sonstige Gemeinschaftsgüter von Verfassungsrang können das Grundrecht aus Art. 4 GG beschränken und sind im Verhältnis praktischer Konkordanz mit der Religionsfreiheit abzuwägen. Zudem muss die Beschränkung eine hinreichend bestimmte, gesetzliche Grundlage haben.

Zwischenergebnis: Das Grundrecht der Religionsfreiheit aus Art. 4 GG ist zum Schutz von Grundrechten anderer sowie zum Schutz sonstiger Gemeinschaftsgüter von Verfassungsrang durch ein hinreichend bestimmtes Gesetz einschränkbar.

2.) Der § 57 SchulGNW ist ein das Grundrecht der Religionsfreiheit einschränkendes Parlamentsgesetz, es besteht also im vorliegenden Fall eine gesetzliche Schranke.

3.) Das SchulGNW ist indessen nur dann auch eine verfassungsrechtlich zulässige Schranke des Art. 4 GG, wenn es sich als rechtmäßige Verwirklichung einer verfassungsimmanenten Schranke zeigt. Dazu muss das SchulGNW hinreichend bestimmt sowie formell und materiell verfassungsmäßig sein.

a) Der § 57 SchulGNW müsste zunächst hinreichend bestimmt genug sein, um aus ihm die hier infrage stehende Rechtsfolge des Kopftuchverbots zu erkennen.

Die hier in Rede stehende Formulierung im SchulGNW, wonach Lehrer »... in der Schule keine politischen, religiösen, weltanschaulichen oder ähnliche äußere Bekundungen abgeben oder entsprechende Kleidungsstücke oder Symbole tragen dürfen, die geeignet sind, die staatliche Neutralität oder den politischen, religiösen oder weltanschaulichen Schulfrieden zu gefährden oder zu stören ...«, entspricht den Anforderungen an die Bestimmtheit eines Gesetzes. Auslegungsbedarf besteht zwar insoweit, als bei der Anwendung der Vorschrift zu prüfen ist, inwieweit äußere Symbole oder Kleidungsstücke tatsächlich im konkreten Fall eine religiöse oder weltanschauliche Überzeugung ausdrücken. Diese Frage kann indes anhand des Inhalts des jeweiligen Symbols oder Kleidungsstückes unter Berücksichtigung der in Betracht kommenden Deutungsmöglichkeiten im Einzelfall beurteilt werden. Der Gesetzgeber war unter dem Gesichtspunkt des Bestimmtheitsgebots nicht verpflichtet, konkrete äußere Symbole und Kleidungsstücke zu benennen und in den Gesetzeswortlaut aufzunehmen.

Zwischenergebnis: Das aus dem Rechtsstaatsprinzip folgende Bestimmtheitsgebot des Grundgesetzes ist beim SchulGNW, aufgrund dessen unter anderem Kopftuchverbote ausgesprochen werden können, gewahrt.

b) Das SchulGNW muss des Weiteren formell verfassungsgemäß sein. Hiervon kann nach Auskunft des Sachverhaltes ausgegangen werden.

c) Das SchulGNW muss schließlich auch materiell verfassungsgemäß sein.

aa) Diesbezüglich ist zunächst zu beachten, dass das Zitiergebot des Art. 19 Abs. 1 Satz 2 GG für Art. 4 Abs. 1 und Abs. 2 GG nicht gilt, das Grundrecht der Religionsfreiheit hat keinen ausdrücklichen Gesetzesvorbehalt. Grundrechte ohne ausdrücklichen Gesetzesvorbehalt fallen nach allgemeiner Ansicht nicht unter Art. 19 Abs. 1 Satz 2 GG.

bb) Zur Feststellung der materiellen Verfassungsmäßigkeit des SchulGNW ist zudem erforderlich, die kollidierenden Grundrechte sowie die sonstigen Gemeinschaftsgüter von Verfassungsrang in ein angemessenes Verhältnis zu bringen. Hierbei ist im Sinne praktischer Konkordanz insbesondere darauf zu achten, dass die betroffenen Verfassungsgüter weiterhin in größtmöglichem Ausmaß zur Geltung kommen.

Die in Art. 4 GG geschützte und hier durch das Kopftuchverbot betroffene Religionsfreiheit der Lehrerin L steht im Spannungsverhältnis mit folgenden Grundrechten anderer Personen:

1.) Zunächst ist die ebenfalls aus Art. 4 Abs. 1 GG resultierende negative Religionsfreiheit derjenigen Schüler betroffen, die die von der Lehrkraft zum Ausdruck gebrachte religiöse Überzeugung nicht teilen. Art. 4 Abs. 1 GG schützt nicht nur die positive, sondern auch die negative Glaubensfreiheit, wozu namentlich auch die Freiheit gehört, eine Religion oder eine Weltanschauung abzulehnen. Hiervon umfasst ist insbesondere auch die Ablehnung religiöser Symbole. Die negative Glaubensfreiheit würde im vorliegenden Fall dadurch beeinträchtigt, dass im Unterricht eine vom Staat in Gestalt des Lehrers geschaffene Situation eintritt, in der der einzelne Schüler ohne Ausweichmöglichkeiten dem Einfluss eines bestimmten Glaubens, hier konkret dem Islam, ausgesetzt wird.

2.) Im Übrigen betroffen ist das aus Art. 6 Abs. 2 GG folgende Erziehungsrecht der Eltern, insbesondere das Recht der Eltern, ihre Kinder religiös oder eben nicht religiös zu erziehen. Hiervon umfasst ist namentlich das Recht der Eltern, ihre Kinder von Glaubensüberzeugungen fern zu halten, die den Eltern als falsch oder schädlich erscheinen. Sofern im konkreten Fall die Eltern die Glaubensüberzeugungen des Islam für falsch oder schädlich halten würden, wäre das Erziehungsrecht der Eltern insoweit betroffen. Berücksichtigt werden muss diesbezüglich aber auch, dass den Eltern das Erziehungsrecht nicht ausschließlich alleine zustehen kann, da gemäß Art. 7 Abs. 1 GG dem Staat die Aufsicht über die Schule und damit auch ein eigener Erziehungsauftrag zukommt. Wie dieser Erziehungsauftrag des Staates im Einzelnen zu erfüllen ist und insbesondere in welchem Umfang religiöse Bezüge in der Schule ihren Platz haben sollen, unterliegt innerhalb der vom Grundgesetz, vor allem in Art. 4 Abs. 1 und 2 GG, abgesteckten Grenzen der Gestaltungsfreiheit der einzelnen Bundesländer, hierbei hat sich der Staat im Übrigen auch für die Bewahrung des Schulfriedens einzusetzen.

3.) Dem Staat obliegt es schließlich, den Grundsatz der politischen, religiösen und weltanschaulichen Neutralität zu wahren, der daher von den Beamten und sonstigen öffentlichen Bediensteten des Staates zu beachten ist. Der Staat darf sich insbesondere nicht allein mit einer Religionsgemeinschaft identifizieren. Duldet der Staat in den Schulen das Tragen oder Verwenden von Kleidungsstücken oder Symbolen, die geeignet sind, das Vertrauen in die Neutralität der Amtsführung der Lehrkräfte zu gefährden, wäre eine Verletzung der staatlichen Neutralitätspflicht und des Beeinflussungsverbots gegeben. Eine solche Duldung wäre insbesondere nicht neutral. Da die Lehrkräfte naturgemäß eine starke erzieherische Wirkung auf die Schüler ausüben, wären die Schüler im konkreten Fall einer besonders nachdrücklichen Beeinflussung ausgesetzt.

Zwischenergebnis: Vom Kopftuchverbot gegen Lehrerinnen wären demnach die negative Religionsfreiheit der Schüler, das Erziehungsrecht der Eltern sowie die Verpflichtung des Staates zur religiösen Neutralität betroffen.

cc) Die benannten Rechtsgüter müssen zur Religionsfreiheit der Lehrerinnen nunmehr in das Verhältnis praktischer Konkordanz gebracht werden.

Nach einer Auffassung verletzt ein pauschales Kopftuchverbot, das bereits an eine abstrakte Gefahr für die Grundrechte der Schüler und Eltern sowie den Schulfrieden und die staatliche Neutralitätspflicht anknüpft, die Grundrechte der betroffenen Lehrkräfte übermäßig und ist somit verfassungswidrig.

Der Schutz des Grundrechts auf Religionsfreiheit aus Art. 4 GG gewährleistet auch den Pädagogen in der öffentlichen und bekenntnisoffenen Gemeinschaftsschule die Freiheit, den Regeln ihres Glaubens gemäß einem religiösen Bedeckungsgebot zu genügen, wie dies etwa durch das Tragen eines islamischen Kopftuchs der Fall sein kann. Im Blick auf die Religionsfreiheit der Pädagogen ist ein pauschales Kopftuchverbot jedenfalls dann unverhältnismäßig, wenn die Bekundung seitens der Pädagogen auf ein von ihnen als verpflichtend empfundenes religiöses Gebot zurückführbar ist. Die entsprechende Vorschrift des SchulGNW ist demnach zwar nicht nichtig, muss aber einschränkend dahingehend ausgelegt werden, dass ein Kopftuchverbot nicht bereits präventiv, also zur vorsorglichen Vermeidung von Konflikten angeordnet werden kann, sondern stets eine hinreichend konkrete Gefahr für die übrigen verfasungsrechtlichen Güter vorliegen muss. Das Vorliegen dieser konkreten Gefahr ist zudem vom Staat bzw. den Schulbehörden jeweils zu belegen und auch zu begründen. Das Tragen eines islamischen Kopftuchs begründet eine solche hinreichend konkrete Gefahr im Regelfall aber nicht. Vom Tragen dieser Kopfbedeckung geht für sich genommen noch kein werbender oder gar missionierender Effekt aus. Ein islamisches Kopftuch ist in Deutschland nicht unüblich, auch wenn es von der Mehrheit muslimischer Frauen nicht getragen wird. Es spiegelt sich im gesellschaftlichen Alltag und der Schülerschaft vielfach wieder. Die bloß visuelle Wahrnehmbarkeit ist in der Schule als Folge individueller Grundrechtsausübung ebenso hinzunehmen, wie auch sonst grundsätzlich kein verfassungsrechtlicher Anspruch darauf besteht, von der Wahrnehmung anderer religiöser oder weltanschaulicher Bekenntnisse verschont zu bleiben.

Eine andere Beurteilung kann angezeigt sein, wenn die Lehrkräfte im Unterricht verbal oder anderweitig ausdrücklich für ihre Position oder für ihren Glauben werben und die Schüler über ihr Auftreten hinausgehend zu beeinflussen versuchen. In diesem Falle läge eine hinreichend konkrete Gefahr für die Schüler und die staatliche Neutralitätspflicht vor – und ein von der Schulbehörde ausgesprochenes Kopftuchverbot wäre verfassungsrechtlich unbedenklich. Andernfalls jedoch, also ohne konkrete Gefährdung der benannten Rechtsgüter, werden die Schüler lediglich mit der positiven Glaubensfreiheit der Lehrkräfte in Form einer glaubensgemäßen Bekleidung konfrontiert, was durch das Auftreten anderer Lehrkräfte mit anderem Glauben oder anderer Weltanschauung im Zweifell relativiert und ausgeglichen wird. Insofern spiegelt sich in der bekenntnisoffenen Gemeinschaftsschule die religiös-pluralistische Gesellschaft wider.

Die negative Glaubensfreiheit der Schüler spricht nicht gegen die vorbenannte Regelung. Die Einzelnen haben in einer Gesellschaft, die unterschiedlichen Glaubensüberzeugungen Raum gibt, kein Recht darauf, von der Konfrontation mit ihnen fremden Glaubensbekundungen, kultischen Handlungen und religiösen Symbolen verschont zu bleiben. Der Staat, der eine mit dem Tragen eines Kopftuchs verbundene religiöse Aussage einer einzelnen Lehrerin hinnimmt, macht diese Aussage nicht schon dadurch zu seiner eigenen und muss sie sich daher auch nicht als von ihm beabsichtigt zurechnen lassen. Die negative Glaubensfreiheit der Eltern, die hier im Verbund mit dem elterlichen Erziehungsrecht ihre Wirkung entfalten kann, garantiert zudem keine Verschonung von der Konfrontation mit religiöser Bekleidung von Lehrkräften, die nur den Schluss auf die Zugehörigkeit zu einer anderen Religion oder Weltanschauung zulässt, von der aber sonst kein gezielter beeinflussender Effekt ausgeht.

Darüber hinaus wird auch der staatliche Erziehungsauftrag, der unter Wahrung der Pflicht zu weltanschaulich-religiöser Neutralität zu erfüllen ist, durch das Tragen des Kopftuchs nicht verletzt. Der Staat darf lediglich keine gezielte Beeinflussung im Dienste einer bestimmten politischen, ideologischen oder weltanschaulichen Richtung betreiben oder sich durch von ihm ausgehende oder ihm zuzurechnende Maßnahmen ausdrücklich oder konkludent mit einem bestimmten Glauben oder einer bestimmten Weltanschauung identifizieren und dadurch den religiösen Frieden in einer Gesellschaft von sich aus gefährden. Vorliegend aber findet eine gezielte Beeinflussung seitens des Staates gar nicht statt, da die Lehrerinnen das Kopftuch aus eigener Entscheidung und in Ausübung ihres Grundrechts aus Art. 4 GG tragen.

Zwischenergebnis: Nach dieser Ansicht ist das vorliegende SchulGNW verfassungskonform so auszulegen, dass ein Kopftuchverbot nur dann ausgesprochen werden kann, wenn die Schulbehörde eine hinreichend konkrete Gefahr für die Grundrechte der Schüler und Eltern sowie die staatliche Neutralitätspflicht nachweisen kann. Die im SchulGNW lediglich vorausgesetzte, rein abstrakte Gefahr genügt nicht für ein Kopftuchverbot.

Dieser Sichtweise kann indessen nicht gefolgt werden. Sie berücksichtigt die Grundrechte der betroffenen Schüler und Eltern sowie die Neutralitätspflicht des Staates nur unzureichend und gewichtet die Religionsfreiheit der Lehrer demgegenüber übermäßig. Die Anknüpfung an eine hinreichend konkrete Gefahr für die betroffenen Rechtsgüter ist verfassungsrechtlich nicht geboten, sodass das vorliegende SchulGNW grundrechtlich unbedenklich bleibt.

Zunächst erscheint die Abwägung der Grundrechtspositionen realitätsfremd. Sie vernachlässigt, dass das Schüler-Lehrer-Verhältnis ein besonderes Abhängigkeitsverhältnis ist, dem Schüler und Eltern unausweichlich und nicht nur flüchtig ausgesetzt sind. Schüler können den Lehrpersonen und ihren Überzeugungen nicht aus dem Weg gehen. Es ist unzutreffend anzunehmen, wie von der Gegenmeinung vorgetragen, die Grundrechtsausübung der Lehrer sei mit derjenigen gleichzusetzen, die Schüler auch im normalen Gesellschaftsleben zu dulden hätten. Lehrer und Schüler stehen in einem besonderen, auch die Grundrechtsausübung beeinflussenden Verhältnis.

Den Lehrern kommt zudem eine Vorbildfunktion zu. Von religiösen Bekundungen durch das Tragen bestimmter Bekleidung geht unter Umständen eine gewisse auffordernde Wirkung aus, sei es in dem Sinne, dass dieses Verhalten als vorbildhaft verstanden und aufgenommen, sei es, dass es entschieden abgelehnt wird. Das Verhalten der Lehrer, auch in Form bestimmter religiöser Bekleidungsregeln, trifft in der Schule auf Personen, die aufgrund ihrer Jugend in ihren Anschauungen noch nicht gefestigt sind, Kritikvermögen und Ausbildung eigener Standpunkte erst erlernen sollen und daher auch einer mentalen Beeinflussung besonders leicht zugänglich sind. Eine wirklich offene Diskussion über die Befolgung religiöser Bekleidungsregeln und -praktiken wird, wenn Lehrpersonen persönlich betroffen sind, in dem spezifischen Abhängigkeitsverhältnis der Schule allenfalls sehr begrenzt möglich sein. Erheblich erscheint auch Folgendes: Die Lehrer genießen zwar ihre individuelle Glaubensfreiheit. Zugleich sind sie aber Amtsträger und damit der Neutralität des Staates auch in religiöser Hinsicht verpflichtet. Denn der Staat kann nicht als anonymes Wesen, sondern nur durch seine Amtsträger und seine Lehrer handeln. Diese sind seine Repräsentanten. Die Verpflichtung des Staates auf die Neutralität kann deshalb keine andere sein als die einer Verpflichtung seiner Amtsträger auf Neutralität.

Schließlich liegt auf der Hand, dass aus einer Einschränkung des Kopftuchverbots auf Fälle einer hinreichend konkreten Gefahr in Form einer gezielten Beeinflussung seitens der Lehrer in der Schulpraxis ganz erhebliche Beweisführungsprobleme erwachsen. Die praktische Umsetzung dessen wird nämlich nur unter persönlicher Beteiligung der Betroffenen möglich sein, was dem Schüler-Lehrer-Verhältnis eher abträglich sein und namentlich die Schüler in eine persönliche Konfliktsituation bringen kann. Es nicht erkennbar, wie ein solcher Konflikt zwischen Schülern und Lehrern ausgetragen werden kann, ohne dass die Beteiligten ihren unbefangenen Umgang miteinander, der für das schulische Fortkommen unabdingbar ist, verlieren. Schüler werden daher im Zweifel davor zurückschrecken, eine mögliche religiöse Beeinflussung durch den Lehrer, so sie sie denn bemerken, der Schulbehörde zu melden.

Insbesondere vor diesem Hintergrund erscheint es angezeigt, eine einheitliche allgemeine Regelung zu schaffen, um weltanschaulich-religiöse Konflikte schon im Vorfeld möglichst weitgehend aus den Schulen herauszuhalten und das zulässige Maß an religiösen Bekundungen berechenbar und vor allem unabhängig von einzelfallbezogenem Konfliktpotenzial zu regeln. Aus diesen Erwägungen folgt die Notwendigkeit, ein Kopftuchverbot, wie im SchulGNW erfolgt, bereits als präventive Maßnahme auszugestalten. Dass der hier entscheidende Senat demgegenüber erst bei einer hinreichend konkreten Gefahr bzw. einer gezielten Beeinflussung seitens der Lehrer ein Kopftuchverbot für zulässig erachtet, erscheint nach dem Dargelegten verfassungsrechtlich unzutreffend. Es misst den Grundrechten der Lehrer im Vergleich zu den konkurrierenden Grundrechten der Schüler und Eltern sowie dem Neutralitätsauftrag des Staates einen zu hohen Wert bei. Zusammengefasst ist somit bereits die Untersagung religiöser Bekundungen durch das äußere Erscheinungsbild von Lehrern bei einer abstrakten Gefahr für den Schulfrieden und die staatliche Neutralität verfassungsrechtlich unbedenklich und demnach vorzugswürdig.

Ergebnis: Das SchulGNW ist somit materiell verfassungsgemäß. Die Verfassungsbeschwerde der L ist mithin unbegründet.

Fall 4

Alle Soldaten sind Mörder!

Philosophiestudent P aus Berlin ist überzeugter Pazifist, findet Krieg, die Bundeswehr und überhaupt alle Soldaten irgendwie überflüssig – und will deshalb ein Zeichen für den Frieden setzen. Er schreibt auf ein Plakat in großen Buchstaben die Worte »*Alle Soldaten sind Mörder – weltweit und auch bei der Bundeswehr!*« und stellt sich damit an einem sonnigen Sonntagvormittag vor das Brandenburger Tor. Dabei verteilt P selbsthergestellte Flugblätter, in denen er »*alle kriegerischen Akte der Welt*« anprangert sowie »*Frieden der Völker*« fordert. Zudem diskutiert P mit Passanten, um sie von seinem Anliegen, dem weltweiten Frieden, zu überzeugen.

Der zufällig vorbeikommende Bundeswehrsoldat S sieht das Plakat, fühlt sich sofort beleidigt und stellt am nächsten Tag Strafantrag gegen P. Drei Monate später verurteilt das Amtsgericht Berlin-Mitte den P wegen Beleidigung des S zu einer Geldstrafe. Berufung und Revision des P bleiben erfolglos: Alle Gerichte halten die Aktion des P für einen unzulässigen Angriff auf die deutsche Bundeswehr und die Ehre ihrer Soldaten. P erhebt schließlich Verfassungsbeschwerde gegen die Verurteilung beim Bundesverfassungsgericht und beruft sich auf die Meinungsfreiheit. Er habe niemanden beleidigen, sondern nur einen Beitrag zur öffentlichen Diskussion des Themas »Soldaten und Krieg« liefern wollen.

Ist die Verfassungsbeschwerde des P begründet?

Schwerpunkte: Die Meinungsfreiheit aus Art. 5 Abs. 1 Satz 1 GG; Schutzbereich → Eingriff → Rechtfertigung; »allgemeine Gesetze« im Sinne des Art. 5 Abs. 2 GG; das »Recht der persönlichen Ehre«; der Beleidigungstatbestand des § 185 StGB als gesetzliche Schranke der Meinungsfreiheit; das Bestimmtheitsgebot; Meinungsfreiheit und Schutz der Ehre: die Auslegung und Deutung von Erklärungen.

Lösungsweg

Einstieg: Dieser Fall dreht sich um die mit großem Abstand berühmteste und vor allem auch am heftigsten kritisierte Entscheidung, die das Bundesverfassungsgericht in seiner inzwischen über 60-jährigen Geschichte (gegründet am 28.09.1951) bislang gefällt hat. Das Urteil vom 10. Oktober 1995 zu der Frage, ob man in Deutschland

Soldaten als »**Mörder**« oder als »**potenzielle Mörder**« bezeichnen darf, hat wie keine Entscheidung zuvor oder danach die Nation bewegt – und zwar vor allem natürlich wegen des komplett unerwarteten und insbesondere in Militärkreisen bis dahin unvorstellbaren Urteilsspruches (BVerfGE **93**, 266 = NJW **1995**, 3303). Wir werden uns die oben dargestellte, etwas vereinfachte Fassung der Geschichte gleich in aller Ruhe ansehen und natürlich gutachtentechnisch aufbereiten, wollen aber direkt zu Beginn bitte erst mal wieder die Struktur der Prüfung im Auge behalten: Es geht um eine Verfassungsbeschwerde gegen ein Urteil bzw. eine Verurteilung mit der Folge, dass die Verfassungsbeschwerde dann begründet ist, wenn das Urteil in seiner konkreten Gestalt gegen Grundrechte des Beschwerdeführers verstößt (vgl. insoweit schon Fall Nr. 2 vorne). Der gedankliche Einstieg ist dabei vergleichsweise einfach, denn der Sachverhalt gibt die Eckpunkte der Prüfung erfreulicherweise schon vor: Die Verurteilung des P wird gestützt auf den Straftatbestand der Beleidigung aus § 185 StGB und unser P beruft sich seinerseits auf die *Meinungsfreiheit* aus Art. 5 Abs. 1 Satz 1 GG. Wir werden also gleich im klassischen Prüfungsmuster (Schutzbereich → Eingriff → Rechtfertigung) zu klären haben, ob ein möglicher Eingriff in den Schutzbereich des Art. 5 Abs. 1 Satz 1 GG durch eine verfassungskonforme Anwendung des § 185 StGB (→ Schranke der Meinungsfreiheit) tatsächlich gerechtfertigt ist. **Einfacher gesagt**: Nur wenn die Gerichte den § 185 StGB im Lichte des Grundrechts aus Art. 5 Abs. 1 Satz 1 GG gewürdigt bzw. ausgelegt haben, ist der Eingriff im vorliegenden Fall verfassungsrechtlich gerechtfertigt.

Prüfen wir mal:

Die Begründetheit der Verfassungsbeschwerde des P

Obersatz: Die Verfassungsbeschwerde ist begründet, wenn P durch die Urteile in einem seiner Grundrechte oder in einem der in Art. 93 Abs. 1 Nr. 4a GG genannten grundrechtsgleichen Rechte verletzt ist. Eine solche Verletzung liegt vor, wenn durch einen Akt der öffentlichen Gewalt in den Schutzbereich eines Grundrechts eingegriffen wurde und dieser Eingriff verfassungsrechtlich nicht gerechtfertigt ist.

I. Ist durch die Entscheidungen der Gerichte ein Grundrecht des P in seinem Schutzbereich betroffen?

P ist aufgrund der schriftlich auf dem Plakat getätigten Äußerungen über die Soldaten und die Bundeswehr wegen Beleidigung des S gemäß § 185 StGB verurteilt worden. In Betracht kommt damit – wie gerade angekündigt – eine Verletzung bzw. Betroffenheit des Grundrechts der *Meinungsfreiheit* aus Art. 5 Abs. 1 Satz 1 GG. Wir müssen uns demnach zunächst mal den Schutzbereich des Grundrechts auf Meinungsfreiheit ansehen, dem das Bundesverfassungsgericht übrigens für das Leben in einer freiheitlich-demokratischen Gesellschaft »schlechthin konstituierenden Charakter« zuspricht (BVerfGE **7**, 198, 208; BVerfGE **93**, 266).

Definition: Die Meinungsfreiheit gibt jedem das Recht, seine Meinung in Wort, Schrift und Bild frei zu äußern und zu verbreiten. Meinungen können hierbei Tatsachenbehauptungen und Werturteile sein, letztere kennzeichnen sich durch die *subjektive Einstellung* des sich Äußernden zu einem bestimmten Thema (BVerfG NJW **2015**, 1438; BVerfGE **93**, 266; BVerfGE **90**, 241; *von Münch/Kunig/Wendt* Art. 5 GG Rz. 8). Sie enthalten sein subjektives Urteil über Sachverhalte, Ideen oder Personen und sind in diesem Umfang vom Grundgesetz geschützt (BVerfGE **93**, 266; *von Mangold/Klein/Starck* Art. 5 GG Rz. 22). **Und beachte**: Dieser Grundrechtsschutz besteht vollkommen unabhängig davon, ob die Äußerung rational oder emotional, begründet oder grundlos ist und ob sie von anderen für nützlich oder für schädlich, für »richtig« oder »falsch«, wertvoll oder wertlos gehalten wird (BVerfG NJW **2015**, 1438; BVerfG DVBl **2013**, 1382; BVerfGE **61**, 1; *Kingreen/Poscher* StaatsR II Rz. 595). Das Grundgesetz bewertet nicht, die Meinung über einen bestimmten Gegenstand oder ein bestimmtes Thema liegt allein im Befinden des sich Äußernden und soll grundsätzlich wertfrei von der Verfassung geschützt werden.

Zum Fall: Unser P hat die Behauptung aufgestellt, dass alle Soldaten Mörder seien, weltweit und auch bei der Bundeswehr. Was im ersten Moment durchaus nach einer *Tatsachenbehauptung* klingt, muss im vorliegenden Fall freilich im Kontext und bei lebensnaher Auslegung differenziert betrachtet werden: Die Behauptung des P beinhaltet unter Berücksichtigung der gesamten Art der Kundgabe – parallel dazu verteilte Flugblätter mit einem sehr allgemeinen Inhalt und einer Diskussion über den weltweiten Frieden – sowie der Absicht des P, ein Zeichen für den Frieden setzen zu wollen, *nicht* die (Tatsachen-)Erklärung, dass sämtliche Soldaten auf der ganzen Welt oder auch nur die Soldaten der Bundeswehr in der Vergangenheit einen Mord oder ein Tötungsdelikt begangen haben (vgl. dazu BVerfG NJW **1994**, 2943). Die Aufschrift auf dem Plakat bringt vielmehr im konkreten Fall ein *Werturteil* des P über den Soldatenberuf bzw. die Soldaten an sich zum Ausdruck, die im Krieg unter Umständen zum Töten von anderen Menschen gezwungen sein können. Die Aussage »*Alle Soldaten sind Mörder*« ist daher als rein *subjektives Urteil* zu einem bestimmten Thema und folglich als Meinung im Sinne des Art. 5 Abs. 1 Satz 1 GG zu werten (so ausdrücklich: BVerfGE **93**, 266; BVerfG NJW **1994**, 2943; *Kingreen/Poscher* StaatsR II Rz. 647).

<u>ZE.:</u> Da die Verurteilung des P aufgrund dieser Behauptung erfolgte, ist der Schutzbereich des Art. 5 Abs. 1 Satz 1 GG betroffen.

II. Es muss des Weiteren ein »Eingriff« in diesen Schutzbereich vorliegen.

Definition: Unter *Eingriff* versteht man jedes staatliche Handeln, das dem Einzelnen ein Verhalten, das in den Schutzbereich eines Grundrechts fällt, ganz oder teilweise unmöglich macht; hierbei ist gleichgültig, ob diese Wirkung final oder unbeabsichtigt eintritt (BVerfGE **105**, 279; BVerfGE **81**, 310; BVerfG NVwZ **2007**, 1049; *von Münch/Kunig* vor Art. 1 GG Rz. 34; *Jarass/Pieroth* vor Art. 1 GG Rz. 27/28;

> *Kingreen/Poscher* StaatsR II Rz. 253). Auch nachträgliche Sanktionen eines bestimmten, bereits abgeschlossenen Verhaltens können dazu gehören (BVerfGE **105**, 279; *Jarass/Pieroth* vor Art. 1 GG Rz. 26).

Zum Fall: Dadurch, dass P wegen seiner Aussage zu einer Geldstrafe verurteilt wurde, hat der Staat durch einen Akt der öffentlichen Gewalt (ein Urteil) die ungehinderte Grundrechtsausübung des P sanktioniert und folglich in den oben benannten Schutzbereich eingegriffen (BVerfGE **93**, 266).

<u>ZE.</u>: Ein Eingriff in den Schutzbereich des Art. 5 Abs. 1 Satz 1 GG liegt vor.

III. Der Eingriff darf verfassungsrechtlich nicht gerechtfertigt sein.

> **Obersatz**: Der Eingriff in den Schutzbereich eines Grundrechts durch Urteil ist verfassungsrechtlich gerechtfertigt, wenn das betroffene Grundrecht **1.) einschränkbar** ist, **2.)** eine entsprechende **Schranke/ein Gesetz** existiert, diese Schranke **3.)** selbst wiederum **verfassungsgemäß** ist (Schranken-Schranke) und **4.)** auch die **konkrete Anwendung** und Auslegung der Schranke/des Gesetzes im Urteil der Verfassung bzw. den Grundrechten entspricht.

1.) Das Grundrecht aus Art. 5 Abs. 1 Satz 1 GG muss zunächst *einschränkbar* sein. Gemäß **Art. 5 Abs. 2 GG** (aufschlagen!) findet die Meinungsfreiheit ihre Schranken in den Vorschriften der *allgemeinen Gesetze*, den gesetzlichen Bestimmungen zum *Schutze der Jugend* und dem *Recht der persönlichen Ehre* (BVerfG DVBl **2013**, 1382)

> **Durchblick**: Durch die explizite Formulierung dieser *drei* in Art. 5 Abs. 2 GG genannten Schranken wollte der Verfassungsgeber zum einen klarstellen, dass auch »allgemeine Gesetze« grundsätzlich geeignet sind, die genannten Grundrechte zu beschränken. Mit »allgemeine Gesetze« meint der Grundgesetzgeber dabei alle Vorschriften, die sich in ihrem Gesetzeszweck und Wortlaut nicht konkret auf das Verbieten von Meinungen bzw. bestimmten Meinungsäußerungen beziehen, sondern andere Rechtsvorgänge regeln und eher zufällig auch die Meinungsäußerung betreffen können (*von Münch/Kunig/Wendt* Art. 5 GG Rz. 71). Ein **Beispiel**: Gemäß § 74 Abs. 2 des *Betriebsverfassungsgesetzes* ist es dem Arbeitgeber und dem Betriebsrat verboten, innerhalb des Betriebes im Vorfeld eines Tarifvertrages für Arbeitskämpfe zu werben oder sich dazu auch nur zu äußern. Das Betriebsverfassungsgesetz, das eigentlich das Verhältnis von Arbeitgeber und Betriebsrat regelt, schränkt damit – eher zufällig – auch die Meinungsfreiheit ein, denn es begrenzt die Kommunikation und die Äußerungsmöglichkeiten innerhalb eines Betriebes. Es handelt sich folglich um ein »allgemeines Gesetz« im Sinne des Art. 5 Abs. 2 GG (BVerfGE **42**, 133). Der *Schutz der Jugend* und auch die *persönliche Ehre* als weitere Schranken des Art. 5 Abs. 1 GG lagen dem Gesetzgeber dann besonders am Herzen und sind deshalb auch ausdrücklich benannt. Zugunsten dieser beiden Rechtsgüter darf die Meinungsfreiheit also auch beschränkt werden. Hierzu muss man übrigens noch wissen, dass auch die persönliche Ehre nur durch ein förmliches Gesetz eingeschränkt werden darf, obwohl das so im Grundgesetz eigentlich gar nicht steht (BVerfGE **33**, 1; BVerf-

GE **93**, 266). Zu den förmlichen Gesetzen, die mit der persönlichen Ehre aus Art. 5 Abs. 2 GG gemeint sind, gehören namentlich die Beleidigungstatbestände aus **§§ 185 ff. StGB**, die Verfahrensvorschriften über die Beteiligung des Verletzen im Strafverfahren nach den **§§ 374 ff. StPO** sowie die Vorschriften über die unerlaubte Handlung gemäß den **§§ 823 ff. BGB** (*von Münch/Kunig/Wendt* Art. 5 GG Rz. 82; *von Mangold/Klein/Starck* Art. 5 GG Rz. 209; *Sachs/Bethge* Art. 5 GG Rz. 163).

<u>ZE.</u>: Das Grundrecht aus Art. 5 Abs. 1 Satz 1 GG ist durch die genannten Normen einschränkbar.

2.) Unser P ist aufgrund des **§ 185 StGB** zu einer Geldstrafe verurteilt worden. Wie soeben festgestellt, gehört der Beleidigungstatbestand des § 185 StGB zu den Vorschriften, die die Meinungsfreiheit aus Art. 5 Abs. 1 Satz 1 GG beschränken können.

<u>ZE.:</u> In § 185 StGB existiert damit eine entsprechende gesetzliche Schranke des Art. 5 Abs. 1 Satz 1 GG, die vorliegend im Urteil bzw. der Verurteilung gegen P auch zur Anwendung gekommen ist.

Pause – bitte noch mal klarmachen: Wir haben jetzt festgestellt, dass ein Grundrechtseingriff in Gestalt des *Urteils* gegen P vorliegt und dass es für diesen Grundrechtseingriff auch eine an sich zulässige Schranke, nämlich den § 185 StGB, gibt: Der § 185 StGB gehörte ja zu den Normen, die mit dem »Recht der persönlichen Ehre« in Art. 5 Abs. 2 GG gemeint sind (siehe oben). Da wir es hier mit einer Verfassungsbeschwerde gegen ein *Urteil* zu tun haben, das sich ausdrücklich auf diese Schranke stützt, kommt die eigentliche Arbeit freilich erst jetzt, und zwar: Der bisher festgestellte Eingriff in das Grundrecht des P ist nur dann verfassungsrechtlich gerechtfertigt, wenn zum einen die Schranke selbst (also der § 185 StGB) verfassungsgemäß ist und zum anderen die konkrete Anwendung dieser (verfassungsmäßigen?) Schranke im Urteil auch dem Grundgesetz entspricht. Die konkrete Anwendung des § 185 StGB im Urteil darf dabei insbesondere nicht die Grundrechte des P, namentlich das Recht auf freie Meinungsäußerung, verletzen (Stichwort: »spezifische Verfassungsverletzung«). Bei genauer Betrachtung haben wir also noch *zwei* Prüfungspunkte vor uns: Die Frage nach der Verfassungsmäßigkeit der Schranke selbst und die Frage nach der konkreten, verfassungsmäßigen Anwendung der Schranke im Urteil.

Und jetzt aufgepasst: Da im Sachverhalt unseres Falles – anders als noch im Fall Nr. 2 weiter vorne – *nicht* steht, dass man einfach davon ausgehen kann, dass die der Gerichtsentscheidung zugrundeliegende Norm verfassungsgemäß ist, müssen wir das nun als Erstes natürlich mal untersuchen. Wie gesagt: Der Grundrechtseingriff mittels eines Urteils ist nur dann gerechtfertigt, wenn die dem Urteil zugrundeliegenden Normen verfassungsgemäß sind *und*, falls man das bejaht, die konkrete Anwendung der Normen im Urteil ebenfalls verfassungsgemäß ist.

Gucken wir mal:

3.) Die dem Urteil zugrundeliegende Grundrechtsschranke, hier also der **§ 185 StGB**, muss zunächst einmal selbst verfassungsgemäß sein.

> **Beachte**: Die verfassungsrechtliche Überprüfung eines (häufig schon viele Jahrzehnte alten) Gesetzes gehört nicht unbedingt zum Standardprogramm einer Grundrechtsklausur für Anfänger. Viele Prüfer tun den Studenten an dieser Stelle einen Gefallen und geben einen entsprechenden Sachverhaltshinweis, wonach man dies nicht zu klären hat oder davon ausgehen kann, dass die Norm verfassungsgemäß ist (so haben wir das vorne bei Fall Nr. 2 gemacht). Man kann sich als Bearbeiter dann auf die konkrete Anwendung der verfassungsmäßigen Norm im Urteil, die sogenannte »spezifische Verfassungsverletzung«, beschränken. Spätestens im fortgeschrittenen Stadium/Studium ist dieser Spaß allerdings vorbei und man muss dann zunächst auch ein paar Sätze zur Verfassungsmäßigkeit der zu prüfenden Norm verlieren. Angst zu haben braucht man davor freilich nicht, denn die Prüfung ist (bei Strafgesetzen) zumeist auf *einen* ganz bestimmten Punkt beschränkt. Wir schauen uns den jetzt mal an, gehen dabei aber – wie immer – schön schulmäßig vor:

Erforderlich für die Feststellung der Verfassungsmäßigkeit des § 185 StGB ist die Überprüfung der formellen und der materiellen Rechtmäßigkeit:

a) Im Rahmen der formellen Rechtmäßigkeit eines Gesetzes ist zu klären, inwieweit die betreffende Norm formal ordnungsgemäß zustande gekommen ist, konkret ob die Vorgaben des *Gesetzgebungsverfahrens* eingehalten wurden.

Hier: Der Beleidigungstatbestand des § 185 StGB ist Bestandteil des am **15. Mai 1871** in Kraft getretenen Strafgesetzbuches (StGB) und gehört dem StGB auch tatsächlich seit diesem Tag an (= sogenanntes »vorkonstitutionelles Recht«). Es ist mangels entgegenstehender Angaben im Sachverhalt daher davon auszugehen, dass die Vorschrift im Jahre 1871 ordnungsgemäß zustande gekommen ist und namentlich das Gesetzgebungsverfahren verfassungskonform durchgeführt wurde.

> **Tipp**: Ernstliche Zweifel an einem ordnungsgemäßen Gesetzgebungsverfahren darf man in einer Klausur oder Hausarbeit nur anmelden (diskutieren), wenn der Sachverhalt einen entsprechenden Hinweis gibt. Da stehen dann so Sätze wie »*Obwohl nicht die Mehrheit der Abgeordneten anwesend ist, beschließt der Bundestag das Gesetz*« oder »*Trotz erheblicher Zweifel an der Gesetzgebungszuständigkeit, beschließt das Bundesland L ein eigenes neues Ladenschlussgesetz.*« oder ähnliches.

In diesen Fällen möchte der Prüfer sehen, ob der Kandidat die Normen über das Gesetzgebungsverfahren (→ Art. 70 ff. GG) beherrscht und entsprechende Ausführungen zur *formellen Rechtmäßigkeit* eines Gesetzes unfallfrei zu Papier bringen kann (vgl. dazu dann *Schwabe/Walter* StaatsR I, Fälle 13–15). Fehlt hingegen ein solcher oder ein ähnlicher Passus im Fall, darf (und muss!) man davon ausgehen, dass das Gesetzgebungsverfahren für die konkret zu prüfende Norm ordnungsgemäß durchlaufen wurde. Und in diesen (weitaus überwiegenden) Fällen wählt man dann am besten die oben genannte oder eine ähnliche Formulierung, wonach »... *mangels entgegenstehender Angaben im Sachverhalt davon auszugehen ist, ...*«. Damit weiß der Prüfer, dass man den Begriff der »formellen Rechtmäßigkeit« kennt, man aber eben auch weiß, dass er gerade hier *nicht* umfangreich zu diskutieren ist.

ZE.: Mangels entgegenstehender Angaben im Sachverhalt ist davon auszugehen, dass der § 185 StGB formell rechtmäßig zustande gekommen ist.

b) Des Weiteren müsste der § 185 StGB auch *materiell verfassungsgemäß* sein, also den inhaltlichen Vorgaben des Grundgesetzes entsprechen.

> **Durchblick:** Die Prüfung der materiellen Rechtmäßigkeit eines Gesetzes ist demgegenüber schon etwas komplizierter, muss aber gleichwohl – wie oben schon mal erwähnt – keine Angstzustände hervorrufen. Insbesondere bei Normen, die bereits über Jahrzehnte (oder sogar Jahrhunderte!) existieren, erwartet der Aufgabensteller von den Studenten keine epochalen Ausführungen, die unter Umständen eine gesamte Rechtsordnung außer Kraft setzen. Namentlich bei Strafgesetzen stellt sich im Übrigen – wie bereits erwähnt – ausnahmslos *ein* klassisches Problem, nämlich der **Art. 103 Abs. 2 GG** (aufschlagen!). Hinter dieser unscheinbaren Formulierung (gelesen?) verbirgt sich das im Strafrecht extrem wichtige und von uns im letzten Fall auch schon in anderem Zusammenhang kurz angetippte »Bestimmtheitsgebot«, das **Folgendes** besagt: Rechtsnormen müssen vom Gesetzgeber so präzise und klar formuliert sein, dass der normale Bürger, der ja der Adressat eines jeden Gesetzes ist, auch erkennen kann, was damit gemeint ist. **Logisch:** Wie sollen sich die Bürger sonst auch daran halten? **Konsequenz:** Wenn ein (Straf-)Gesetz nur allgemein und unverständlich formuliert ist, sodass der Normalbürger (= Nichtjurist) nicht erkennen kann, was mit dem Gesetz gemeint und beabsichtigt ist, ist das Gesetz nicht bestimmt genug und folglich wegen Art. 103 Abs. 2 GG verfassungswidrig. Ein **Beispiel:** Würde der Gesetzgeber einen Paragrafen erlassen mit dem Wortlaut »*Wer sich anderen Menschen gegenüber in der Öffentlichkeit schlecht benimmt, wird mit Freiheitsstrafe bis zu fünf Jahren bestraft.*« würde sich jeder normale Mensch fragen: Was heißt denn jetzt eigentlich »*schlecht benimmt*«? Reicht da schon böses Gucken oder muss es erst eine Ohrfeige sein oder vielleicht reicht auch einfaches Anbrüllen – und wenn Anbrüllen reicht, muss es dann ein Schimpfwort sein? Und was ist eigentlich »öffentlich«? Gehören da auch Kneipen dazu? Oder Fußballstadien? Oder gilt das nur auf der Straße oder in öffentlichen Verkehrsmitteln? Und was darf man denn jetzt »öffentlich« eigentlich noch tun, ohne sich gleich strafbar zu machen?

Problem verstanden?

Gut. Bei Strafgesetzen ist der Gesetzgeber daher immer verpflichtet und gehalten, das strafbare Verhalten so *genau* und so klar wie eben möglich zu beschreiben, um keine Verwirrung in der Bevölkerung zu stiften und vielmehr so deutlich wie im konkreten Fall möglich anzuzeigen, welches Verhalten ab sofort unter Strafe steht (BVerfGE **71**, 108; BVerfGE **25**, 269; BVerfGE **7**, 89; *Sachs/Degenhart* Art. 103 GG Rz. 67; *von Mangold/Klein/Starck/Nolte* Art. 103 GG Rz. 138; *von Münch/Kunig* Art. 103 GG Rz. 17).

Gelingt dies nicht, ist das Gesetz wegen Verstoßes gegen das Bestimmtheitsgebot aus Art. 103 Abs. 2 GG verfassungswidrig und damit nichtig.

So, und mit diesem Wissen lesen wir jetzt bitte mal den **§ 185 StGB**, dort steht:

> *»Die Beleidigung wird mit Freiheitsstrafe bis zu einem Jahr oder mit Geldstrafe und, wenn die Beleidigung mittels einer Tätlichkeit begangen wird, mit Freiheitsstrafe bis zu zwei Jahren oder mit Geldstrafe bestraft.«*

Frage: Was ist denn jetzt eigentlich eine »Beleidigung«? **Und**: Ist dieser § 185 StGB mit dem nicht näher erklärten Wort »Beleidigung« wirklich bestimmt genug im Sinne des Art. 103 Abs. 2 GG, sodass alle Menschen sofort und genau wissen, wie sie sich zu verhalten haben, ohne sich strafbar zu machen?

Lösung: Das Bundesverfassungsgericht hat in der berühmten »Soldaten-sind-Mörder!«-Entscheidung aus dem Oktober 1995 hierzu Stellung genommen und einen bis dahin in der Wissenschaft schwelenden Streit um die Verfassungsmäßigkeit des § 185 StGB beendet (→ BVerfGE **93**, 266, 291). Wir wollen uns die Ausführungen im Wortlaut kurz ansehen – und werden die jetzt sogar locker verstehen, denn die notwendige Vorarbeit haben wir soeben geleistet, also:

> *»… Der § 185 StGB ist **nicht** zu unbestimmt und verstößt damit auch nicht gegen Art. 103 Abs. 2 GG. Zwar unterscheidet er sich von den übrigen Vorschriften des Strafgesetzbuchs dadurch, dass er den Straftatbestand lediglich mit dem Begriff der ›Beleidigung‹ benennt, aber nicht näher definiert, was damit gemeint ist. Auch wenn das für eine unter der Geltung des Grundgesetzes erlassene Strafvorschrift als unzureichend anzusehen sein sollte, hat der Begriff der Beleidigung jedenfalls durch die über hundertjährige und im wesentlichen **einhellige Rechtsprechung** einen hinreichend klaren Inhalt erlangt, der den Gerichten ausreichende Vorgaben für die Anwendung an die Hand gibt und den Normadressaten, nämlich den Bürgern, deutlich macht, wann sie mit einer Bestrafung wegen Beleidigung zu rechnen haben (vgl. BVerfGE 71, 108). Die Beleidigung wird seit jeher von den Gerichten als ›**Kundgabe der Missachtung oder Nichtachtung eines anderen Menschen**‹ definiert. Soweit es zur sogenannten Kollektivbeleidigung noch ungeklärte Streitfragen gibt, wird dadurch die Bestimmtheit der Norm nicht berührt …«*

Merke: Sofern ein an sich unbestimmtes Gesetz durch eine langjährige Handhabung seitens der Rechtsprechung genaue Konturen bekommen hat, fehlt es an einem Verstoß gegen das Bestimmtheitsgebot des Art. 103 Abs. 2 GG (BVerfGE **93**, 266, 291). Die *Gerichte* können also durchaus für den Gesetzgeber einspringen und Definitionen für unbestimmte Rechtsbegriffe entwerfen bzw. prägen – was im Übrigen in Deutschland sehr häufig vorkommt.

ZE.: An der materiellen Verfassungsmäßigkeit des Art. 185 StGB, namentlich an der Einhaltung des Art. 103 Abs. 2 GG, bestehen aus den genannten Gründen vorliegend keine Zweifel.

<u>ZE.</u>: Damit ist der § 185 StGB – als Schranke des Art. 5 Abs. 1 Satz 1 GG – sowohl formell als auch materiell verfassungsgemäß.

4.) Schließlich müsste das Gericht den § 185 StGB, also die verfassungsgemäße Schranke des Art. 5 Abs. 1 Satz 1 GG, im konkreten Urteil auch verfassungsgemäß angewendet haben. Es darf insbesondere keine »spezifische Verfassungsverletzung« vorliegen.

Wiederholung: Bei der Überprüfung der »spezifischen Verfassungsverletzung« muss vor allem der **Art. 93 Abs. 1 Nr. 4a GG** beachtet werden: Das Bundesverfassungsgericht prüft nämlich nicht jedes Urteil vollumfänglich auf korrekte Rechtsanwendung durch und agiert demzufolge auch *nicht* als sogenannte »Superrevisionsinstanz« (BVerfGE **35**, 311; *Kingreen/Poscher* StaatsR II Rz. 1279). Bei Verfassungsbeschwerden gegen Urteile ist die Prüfung beschränkt auf die Verletzung von Grundrechten oder grundrechtsgleichen Rechten (vgl. den Wortlaut des Art. 93 Abs. 1 Nr. 4a GG). Nur eine *solche* Verletzung ist dann auch eine spezifische Verfassungsverletzung. Das sogenannte »einfache Recht« und die Anwendung dieses einfachen Rechts durch die Instanzgerichte überprüft das Bundesverfassungsgericht *nicht* (BVerfGE **85**, 248; BVerfGE **95**, 96). **Konsequenz**: In der Fall-Lösung ist (nur) zu klären, ob das Gericht bei der Anwendung der infrage stehenden Rechtsnorm den Einfluss der *Grundrechte* verkannt hat (BVerfGE **101**, 361). Eine spezifische Verfassungsverletzung ist insbesondere dann anzunehmen, wenn das Urteil auf der Nichtbeachtung von Grundrechten beruht und daher unter Berücksichtigung der Maßstäbe der *Verfassung* fehlerhaft ist. Nur dann ist eine – Achtung! – »*Verfassungs*«beschwerde logischerweise auch begründet.

Zum Fall: Der letzte Prüfungspunkt bringt uns also nun zu der Frage, ob die Gerichte, die den P wegen Beleidigung des Soldaten gemäß § 185 StGB verurteilt haben, hierbei die Grundrechte des P auch wirklich hinreichend haben einfließen lassen.

Ergebnis: Das Bundesverfassungsgericht hat dies zur allgemeinen Überraschung/ Verblüffung verneint und die Urteile wegen angeblicher Beleidigung der Soldaten *aufgehoben*. Um die durchaus knifflige Begründung des BVerfG zu kapieren und das dahintersteckende, allgemeingültige Prinzip später in der Klausur oder Hausarbeit auch anwenden zu können, brauchen wir als Erstes aber ein paar (strafrechtliche) Informationen, und zwar:

> Es ist grundsätzlich möglich, mit einer nur an das Kollektiv gerichteten Erklärung auch *einzelne Personen* dieses Kollektivs zu beleidigen (BVerfG NJW **2015**, 2022; BGHSt **36**, 83; *S/S-Lenckner/Eisele* Vor § 185 StGB Rz. 7). Dahinter verbirgt sich die Idee, dass sich die persönliche Ehre eines Menschen, die durch die Strafdrohung des § 185 StGB vor Angriffen ja geschützt werden soll, nicht rein individuell und losgelöst von den kollektiven Bezügen, in denen der Mensch steht, betrachten lässt. Jeder einzelne Mensch bewegt sich in zahlreichen kollektiven Zusammenhängen, die er

entweder frei wählt oder aber ohne eigenes Zutun akzeptieren muss, und die Rollen-
und Verhaltenserwartungen begründen, denen er unterworfen ist. Auch von seiner
Umwelt wird jeder Mensch mit den Kollektiven, denen er angehört, und den sozialen Rollen, die er ausfüllt, identifiziert. Sein Ansehen in der Gesellschaft hängt unter
diesen Umständen nicht allein von seinen individuellen Eigenschaften und Verhal-
tensweisen, sondern auch von den Merkmalen und Tätigkeiten der Gruppen, denen
er angehört, oder der Institutionen, in denen er tätig ist, ab. Insofern können herabsetzende Äußerungen über Kollektive auch ehrverletzend für ihre einzelnen Mitglieder wirken (BVerfGE **93**, 266, 299; BGHSt **36**, 83). **Aber**: Diese Kollektive müssen immer durch bestimmte (äußere) Merkmale oder jedenfalls zahlenmäßig »eingrenzbar«
sein und so aus der Allgemeinheit hervortreten. Ansonsten nämlich verläuft sich die
beleidigende Erklärung gegen den Einzelnen in der unüberschaubaren Masse der Betroffenen (BVerfG NJW **2015**, 2022; BGHSt **36**, 87; BGHSt **11**, 206; S/S-*Lenckner/Eisele*
Vor § 185 StGB Rz. 7b). Bei einer zahlenmäßig oder rein denklogisch kaum oder gar-
nicht überschaubaren Personengruppen – zum Beispiel »alle Katholiken«, »alle Pro-
testanten« oder auch »alle Frauen der Welt« – können beleidigende Äußerungen
über das Kollektiv daher auch *nicht* das einzelne Mitglied treffen (BVerfGE **93**, 266).
Etwas *anderes* gilt aber, wenn der Personenkreis zahlenmäßig und auch praktisch
überschaubar ist, also zum Beispiel **alle deutschen Ärzte**« (RG JW **32**, 3113), »**alle
Patentanwälte**« (BayObLG NJW **1953**, 554) oder auch »**die Spitze der deutschen
Großbanken**« (OLG Hamm DB **1980**, 1250). **Und**: Hierzu gehören grundsätzlich
auch die »**Soldaten der Bundeswehr**«, da auch diese Gruppe (anders als »**Alle Soldaten der Welt**«!) zahlenmäßig und auch nach äußeren Merkmalen eingrenzbar ist
(BVerfGE **93**, 266; BGHSt **36**, 83). Alle gerade genannten Personengruppen sind praktisch überschau- bzw. bestimmbar und treten auch erkennbar aus der Allgemeinheit
hervor – und deshalb kann man auch mit einer an das jeweilige Kollektiv gerichteten
Erklärung ein einzelnes Mitglied der Gruppe beleidigen im Sinne des § 185 StGB.

Merke: Unter den genannten Voraussetzungen ist es durchaus möglich und auch
in der Wissenschaft und der Rechtsprechung anerkannt, durch Kollektivbeleidi-
gungen einzelne Mitglieder einer bestimmten Gruppe *individuell* zu beleidigen,
sofern die Beleidigung eben eine Personengruppe betrifft, die zahlenmäßig überschaubar ist oder sich durch äußere Merkmale bestimmen lässt und so aus der Allgemeinheit hervortritt (BVerfG NJW **2015**, 2022; BVerfGE **93**, 266, BGHSt **36**, 83;
S/S-*Lenckner/Eisele* Vor § 185 StGB Rz. 7b; *Fischer* Vor § 185 StGB Rz. 10 m.w.N.).
Insbesondere ist es grundsätzlich möglich, die einzelnen Soldaten der Bundeswehr
durch eine an die Bundeswehr (→ überschaubare Personengruppe) gerichtete Kol-
lektiverklärung zu beleidigen (BGHSt **36**, 83).

Konsequenz: Für unsere Geschichte hier hätte dies zur Folge, dass der P mit seiner
schriftlichen Erklärung auf dem Plakat »*Alle Soldaten sind Mörder – weltweit und auch bei
der Bundeswehr!*« auf den ersten Blick auch den Bundeswehrsoldaten S beleidigt haben könnte, denn die Bundeswehr ist ja ausdrücklich genannt. Und damit hätten wir
eine überschaubare Gruppe (Bundeswehr) und auch einen Beleidigungstatbestand
(»Mörder« als besonders niedrigstehender und verabscheuenswerter Mensch). Bis
dahin wäre eine Verurteilung des P wegen Beleidigung somit kein Problem gewesen.

Aber: Wo bleibt eigentlich der **Art. 5 Abs. 1 Satz 1 GG** und insbesondere die Absicht des P, ein Zeichen für den Frieden zu setzen? Unser P beruft sich ja auch ausdrücklich auf die Meinungsfreiheit.

Ansatz (knifflig!): Um den Art. 5 Abs. 1 Satz 1 GG bei der Beurteilung von Beleidigungsdelikten der vorliegenden Art in die verfassungsrechtliche Bewertung einzubinden, kam das Bundesverfassungsgericht nun auf die folgende, ziemlich schlaue **Idee:** Bei der Anwendung des § 185 StGB im Lichte des Grundrechts aus Art. 5 Abs. 1 Satz 1 GG müssen die Gerichte, bevor überhaupt eine Abwägung der widerstreitenden Interessen (freie Meinungsäußerung ←→ Ehre des Einzelnen) stattfinden kann, erst einmal *alle* möglichen Deutungsvarianten der jeweiligen Erklärung berücksichtigen. Sie dürfen sich vor allem nicht nur auf diejenige Deutung beschränken, die strafrechtlich relevant ist. Steht bei der Auslegung der geäußerten Erklärung eine Deutungsmöglichkeit im Raum, die nicht unter den Straftatbestand des § 185 StGB fallen würde, verletzt eine gleichwohl erfolgte Verurteilung des Täters die Meinungsfreiheit aus Art. 5 Abs. 1 Satz 1 GG, noch bevor man überhaupt eine Abwägung zwischen der Ehrverletzung der einen Person und der Meinungsfreiheit der anderen Person vornimmt. Wörtlich heißt es beim BVerfG:

> »... *Voraussetzung jeder verfassungsrechtlichen Würdigung von Äußerungen im Rahmen des § 185 StGB ist aber, dass ihr Sinn zutreffend erfasst wird. Fehlt es bei der Verurteilung wegen eines Beleidigungsdelikts daran, so kann das im Ergebnis schon zur Unterdrückung einer* **zulässigen Äußerung** *führen. Darüber hinaus besteht die Gefahr, dass sich eine solche Verurteilung nachteilig auf die Ausübung des Grundrechts der Meinungsfreiheit im Allgemeinen auswirkt, weil äußerungswillige Personen selbst wegen fernliegender oder unhaltbarer Deutungen ihrer Äußerung eine Bestrafung riskieren (BVerfGE 43, 130). Da unter diesen Umständen schon auf der Deutungsebene Vorentscheidungen über die Zulässigkeit oder Unzulässigkeit von Äußerungen fallen, ergeben sich aus* **Art. 5 Abs. 1 Satz 1 GG** *bereits Anforderungen an die* **Deutung umstrittener Äußerungen** *... Ziel der Deutung ist die Ermittlung des objektiven Sinns einer Äußerung. Maßgeblich ist daher weder die subjektive Absicht des sich Äußernden noch das subjektive Verständnis der von der Äußerung Betroffenen, sondern der Sinn, den sie nach dem Verständnis eines unvoreingenommenen und verständigen Publikums hat. Dabei ist stets vom* **Wortlaut** *der Äußerung auszugehen. Dieser legt ihren Sinn aber nicht abschließend fest. Er wird vielmehr auch von dem sprachlichen Kontext, in dem die umstrittene Äußerung steht, und den* **Begleitumständen,** *unter denen sie fällt, bestimmt, soweit diese erkennbar waren. Die isolierte Betrachtung einer umstrittenen Äußerung wird daher den Anforderungen an eine zuverlässige Sinnermittlung regelmäßig nicht gerecht und verletzt schon damit den Art. 5 Abs. 1 Satz 1 GG (BVerfGE 82, 43). Lassen Formulierung oder Umstände eine nicht ehrenrührige Deutung zu, so verstößt ein Strafurteil, das diese übergangen hat, gegen Art. 5 Abs. 1 Satz 1 GG ...«*

Durchblick: Wenn ein Gericht eine Person wegen Beleidigung verurteilen möchte, müssen zunächst alle möglichen Deutungsebenen der angeklagten Erklärung erwogen und in Betracht gezogen werden. **Denn:** Die Meinungsfreiheit des Grundgesetzes darf wegen Art. 5 Abs. 2 GG nur eingeschränkt werden in Bezug auf eine *ehrverletzende*, beleidigende Erklärung. Beinhaltet eine möglicherweise ehrverletzende Erklärung indessen auch einen (anderen) Teil bzw. eine andere Deutungsebene, die nicht beleidigend oder ehrverletzend ist, würde eine Verurteilung (auch) *diesen* zulässigen Teil der Erklärung unterdrücken. Eine solche Unterdrückung einer zulässigen Erklärung bedeutet dann aber die Verletzung der Meinungsfreiheit (BVerfGE **93**, 266).

Ich weiß! Das klingt nicht nur kompliziert – das ist es auch, allerdings nur auf den ersten Blick. Wir erhellen das Ganze, indem wir die gerade genannten Prinzipien einfach mal auf unseren Fall anwenden, und zwar so:

> Wer sich einfach nur auf die Straße stellt und ein Plakat hochhält, auf dem steht: »Alle Soldaten der Bundeswehr sind Mörder! «, kann sich *nicht* auf die Meinungsfreiheit berufen. Das wäre nämlich eine eindeutige, zusammenhanglose und diffamierende Beschimpfung (sogenannte »Schmähkritik«), die jeder, der an dem Plakat vorbeigeht, auch genau so verstehen wird. Hier steht nicht mehr die Auseinandersetzung in der Sache, sondern die persönliche Diffamierung im Vordergrund. Eine weitere Deutungsebene dieser Erklärung ist nicht möglich. Das Gleiche würde zum Beispiel gelten, wenn auf dem Plakat stünde *»Alle Mitglieder der Bundesregierung sind korrupte Dreckschweine«* oder *»Alle deutschen Rechtsanwälte sind miese Betrüger!«* oder *»Alle deutschen Bänker sind manipulierte Kapitalistensäue!«*. Kein Mensch würde jemals auf die Idee kommen, diese Erklärungen als von der Meinungsfreiheit abgedeckt anzusehen, denn hier geht es erkennbar nur und ausschließlich um die Diffamierung und Beleidigung der benannten Menschen bzw. Berufsgruppen. Die Meinungsfreiheit, deren Inhalt und Absicht ja gerade darin liegt, in einer freiheitlich-demokratischen Gesellschaft die Diskussion über strittige und gesellschaftlich relevante Themen zu ermöglichen und zu fördern (BVerfG DVBl **2013**, 1382; BVerfGE **7**, 198, 208), spielt erkennbar keine Rolle und kann auch nicht als weitere Deutungsebene und Rechtfertigung für ein solches Verhalten herangezogen werden. Hier geht es *alleine* um persönliche Kränkungen, die aber keinesfalls von dem Sinn der Meinungsfreiheit umfasst sind (BVerfGE **93**, 266).

So, und jetzt gucken wir mal auf unseren P: Der P ist überzeugter Pazifist und möchte ein Zeichen für den Frieden setzen. Dazu stellt er sich vor das Brandenburger Tor und hebt ein Plakat hoch, auf dem steht *»Alle Soldaten sind Mörder- weltweit und auch bei der Bundeswehr!«*. Zudem verteilt P Flugblätter, in denen er sehr allgemein *»alle kriegerischen Akte der Welt«* anprangert und *»Frieden der Völker«* fordert – und der P diskutiert zudem auch noch mit den Passanten, um sie von seinem Anliegen, dem weltweiten Frieden, zu überzeugen. Berücksichtigt man diese Umstände, wird mit einem Mal *sehr* fraglich, ob eine objektive Deutung dieses gesamten Verhaltens wirklich, wie von den Gerichten ja angenommen, ausnahmslos nahelegt, die Soldaten, speziell die der Bundeswehr, zu beleidigen oder zu diffamieren. Im **Gegenteil**: Es ist vielmehr durchaus wahrscheinlich und vor allem nach außen auch erkennbar, dass in der gesamten Aktion des P mindestens auch der Versuch eines Beitrages zur öffentlichen Diskussion eines bestimmten Themas liegen kann, nämlich, wie P auch selbst erklärt, des Themas »Soldaten und Krieg«. **Und**: Des Weiteren lässt die Aufschrift auf dem Plakat keinesfalls zwingend den Schluss zu, dass P seine Erklärung wirklich nur auf die Bundeswehr und ihre Soldaten beschränkt hat und damit die oben genannten Voraussetzungen einer Kollektivbeleidigung erfüllt. Vielmehr kommt durch die Formulierung **»Alle Soldaten«** seien Mörder, und zwar **»weltweit und auch bei der**

Bundeswehr«, zum Ausdruck, dass P eher die Gesamtheit der Soldaten auf der Welt meint, gegenüber denen aber wegen der Unüberschaubarkeit dieser Personengruppe eine Beleidigung gar nicht möglich wäre (siehe oben).

Folge: Betrachtet man all diese Umstände, ist in jedem Falle auch eine Deutung möglich und wahrscheinlich, die Erklärungen des P schon tatbestandlich nicht als Beleidigungen auszulegen, weil man nämlich mit der an *alle Soldaten der Welt* gerichteten Erklärung gar kein einzelnes Mitglied dieses Kollektivs beleidigen kann (→ unüberschaubare Personengruppe!). Selbst wenn man aber annähme, dass wirklich nur die Bundeswehr und ihre Soldaten gemeint sind, steht bei objektiver Deutung und Betrachtung des Gesamtzusammenhanges eher der Beitrag zum Meinungsbildungsprozess im Vordergrund und *nicht* die Beleidigung von einzelnen Bundeswehrsoldaten. Dieser Beitrag zur Meinungsbildung wäre aber von Art. 5 Abs. 1 Satz 1 GG gedeckt, denn die Meinungsfreiheit kann nur beschränkt werden – wie weiter oben schon mal erwähnt – zum Schutz der »persönlichen Ehre«, nicht aber, wenn die infrage stehende Erklärung auch die Deutung zulässt und nahelegt, einen meinungsbildenden Prozess zu fördern. Schließlich ist beachtlich, dass das Grundgesetz, wie bereits erwähnt, nicht »wertet«, also die konkrete Meinungsäußerung unabhängig davon schützt, ob sie rational oder emotional, begründet oder grundlos ist und ob sie von anderen für »richtig« oder »falsch«, nützlich oder für schädlich, wertvoll oder wertlos gehalten wird (BVerfG DVBl **2013**, 1382; BVerfGE **30**, 336; BVerfGE **61**, 1). Innerhalb eines meinungsbildenden Prozesses ist es im Übrigen schließlich auch zulässig, eine »härtere Gangart« anzuschlagen und negativ behaftete sowie polemische und überspitzte Begriffe zu verwenden (BVerfG DVBl **2013**, 1382; BVerfGE **93**, 266; BVerfGE **82**, 272).

In den weisen Worten des Bundesverfassungsgerichts klang das dann so:

»... Bei der Anwendung von § 185 StGB auf herabsetzende Äußerungen unter einer Sammelbezeichnung‹ muss stets geprüft werden, ob durch sie wirklich die ›persönliche Ehre‹ der einzelnen Gruppenangehörigen beeinträchtigt wird. Vor allem muss beachtet werden, dass es nicht zur Unterdrückung kritischer Äußerungen über politische und soziale Erscheinungen oder Einrichtungen kommen darf, für die der Schutz der Meinungsfreiheit in besonderer Weise gilt ... Die Äußerungen des Beschwerdeführers beziehen sich ihrem Wortlaut nach auf Soldaten überhaupt, nicht aber auf einzelne Soldaten oder speziell auf diejenigen der Bundeswehr. Wenn auch die Bundeswehr wörtlich erwähnt wird, so geschieht das nur, um zu bekräftigen, dass die Aussage über alle Soldaten (›weltweit‹) zudem auch für die Soldaten der Bundeswehr gelte. Dieser Umstand aber deutet vielmehr darauf hin, dass es dem Beschwerdeführer um Protest gegen Soldatentum und Kriegshandwerk ging, das von ihm verurteilt wird, weil es mit dem Töten anderer Menschen verbunden ist. Dem Beschwerdeführer ging es erkennbar um eine Auseinandersetzung in der Sache, und zwar um die Frage, ob Krieg und Kriegsdienst und die damit verbundene Tötung von Menschen sittlich gerechtfertigt sind oder nicht. Das ergibt sich insbesondere aus dem Kontext der inkriminierten Äußerung. In den Flugblättern fanden sich zudem allgemeine Aussagen über Krieg, Soldaten sowie über das Soldatenhandwerk. Die universale Gültigkeit dieser Aussagen hat der Beschwerdeführer durch das auch verwandte Wort ›weltweit‹ zum Ausdruck gebracht. Es bedurfte also einer besonderen und stichhaltigen Begründung, warum sich die Äußerung gleichwohl nicht auf* *alle Soldaten der Welt, sondern gerade und nur auf diejenigen der Bundeswehr bezog. Eine solche Begründung fehlt aber.*

… Auch in der Verwendung des Wortes ›Mörder‹ muss nicht notwendig der Vorwurf einer **schwerkriminellen Haltung** *oder Gesinnung gegenüber dem* **einzelnen** *Soldaten enthalten sein. Vielmehr kann der sich Äußernde auch in besonders herausfordernder Form darauf aufmerksam machen, dass Töten im Krieg von Menschenhand erfolgt. Es ist daher keinesfalls auszuschließen, dass die Formulierung bei den Soldaten das Bewusstsein der persönlichen Verantwortlichkeit für das insgesamt verurteilte Geschehen wecken und so die Bereitschaft zur kritischen Betrachtung des Dienstes bei der Bundeswehr oder als Soldat schlechthin fördern sollte … Daher haben die Gerichte, die sich* **ausnahmslos** *auf den möglicherweise beleidigenden Teil der Äußerung bezogen, die Deutung außer acht gelassen, die den Meinungsbildungsprozess fördert und demzufolge von Art. 5 Abs. 1 GG gedeckt war. Mit der Verurteilung wegen Beleidigung wurde insoweit auch eine* **zulässige Meinungsäußerung** *unterdrückt, was verfassungsrechtlich nicht zu rechtfertigen ist …*

Fazit: Wenn es um die Frage geht, ob jemand wegen Beleidigung gemäß § 185 StGB verurteilt werden soll, gehört der **Art. 5 Abs. 1 Satz 1 GG** insoweit in die Überlegungen und Auslegung hinein, als dass *jede* mögliche Deutungsvariante des angeklagten Verhaltens zu erwägen ist. Geht es dem Täter allein um die Diffamierung bestimmter Personen oder Personengruppen, kann er sich bei diesem Angriff auf die »persönliche Ehre« des anderen *nicht* auf die Meinungsfreiheit des Grundgesetzes berufen, denn die Meinungsfreiheit schützt ein solches Verhalten nicht. Kann hingegen in der Äußerung auf einer anderen Deutungsebene auch zum Beispiel ein möglicher Beitrag zum *öffentlichen Meinungsbildungsprozess* gesehen oder jedenfalls nicht ausgeschlossen werden, verstößt eine gleichwohl erfolgte Verurteilung gegen Art. 5 Abs. 1 Satz 1 GG (BVerfGE **93**, 266), denn mit einer Verurteilung würde auch dieser (zulässige) Teil der Erklärung unterdrückt.

<u>ZE.:</u> Die Verurteilung des P wegen Beleidigung des S verletzt das Grundrecht des P aus Art. 5 Abs. 1 Satz 1 GG und ist daher verfassungswidrig. Die Gerichte haben bei der Verurteilung verkannt, dass die infrage stehende Erklärung auch eine Deutung zulässt, die von der Meinungsfreiheit gedeckt wäre. In diesem Versäumnis liegt eine verfassungsspezifische Verletzung zulasten des P.

Erg.: Die Verfassungsbeschwerde des P ist mithin begründet.

Tröstliches zum Schluss

Das war zugegebenermaßen ein *sehr* anspruchsvoller und inhaltlich ziemlich vollgepackter Fall. Wir wollen uns neben den vielen Informationen deshalb bitte vor allem merken, dass die Meinungsfreiheit aus Art. 5 Abs. 1 Satz 1 GG die Gerichte dazu verpflichtet, die infrage stehenden Äußerungen nicht isoliert zu betrachten und abzuurteilen, sondern insbesondere auch nach Deutungen zu suchen, die strafrechtlich *nicht* relevant und von der Meinungsfreiheit gedeckt sind. Das kann namentlich der Fall sein, wenn der Betreffende (auch) einen Beitrag zum öffentlichen Meinungsbildungsprozess liefern möchte und diese Absicht auch *nach außen* erkennbar ist. Unter diesen Umständen greift das Grundrecht auf freie Meinungsäußerung ein, da es auf jeden Fall garantiert, dass *zulässige* Äußerungen nicht unterdrückt werden – und aus genau diesem Grund übrigens von den Müttern und Vätern des Grundgesetzes in unsere Verfassung aufgenommen wurde. Nur im Falle von zusammenhangloser *Schmähkritik* kann sich der die jeweilige Äußerung Abgebende nicht auf die Meinungsfreiheit berufen, denn dann geht es nicht mehr um die Sache selbst, sondern es steht *allein* die Diffamierung der betroffenen Person oder Personengruppe im Vordergrund.

Und auch *das* bitte noch einmal zur **Wiederholung**: Wenn jemand in unserem Land seine Meinung zu irgendeinem beliebigen Thema sagt, spielt es keine Rolle, ob die Äußerung rational oder emotional, begründet oder grundlos ist und ob sie von anderen für nützlich oder für schädlich, für »richtig« oder »falsch«, wertvoll oder wertlos gehalten wird. Das Grundgesetz »wertet« nicht, die Meinung über einen bestimmten Gegenstand oder ein bestimmtes Thema soll allein im Befinden des sich Äußernden liegen und grundsätzlich und vor allem wertfrei von der Verfassung geschützt werden. Jedenfalls so lange, wie die Meinungsäußerung nicht die *persönliche Ehre* eines anderen Menschen angreift. Nur eine solche, im Übrigen uneingeschränkte Meinungsfreiheit garantiert auch eine freiheitlich-demokratische Gesellschaft. Die Meinungsfreiheit nennt man aus diesem Grund (und auch vollkommen zu Recht) »schlechthin konstituierend« (= grundlegend) für unsere demokratische Gesellschaftsordnung (BVerfGE **7**, 198, 208). Merken.

Und das Allerletzte

Die oben besprochene Bundesverfassungsgerichtsentscheidung vom 10. Oktober 1995 war tatsächlich sogar noch erheblich vielschichtiger und komplizierter als das, was wir uns oben in der Lösung angeschaut und (hoffentlich) verstanden haben. In dem 53 Seiten (!) langen Urteil ging es um gleich mehrere Verurteilungen gegen verschiedene Personen aus ganz Deutschland, die die Bundeswehr und/oder die Soldaten auf unterschiedliche Art und Weise angeblich beleidigt und später Verfassungsbeschwerde gegen ihre Verurteilung eingelegt hatten: Ein junger Mann aus Nürnberg war vom Bayerischen Obersten Landesgericht verurteilt worden, weil er auf ein Bettlaken den Satz *»A soldier is a murder«* geschrieben und in der Nähe eines Truppenübungsplatzes an eine Straßenkreuzung gehängt hatte. Ein Oberstudienrat aus Koblenz war verurteilt worden, weil er am Rande einer Bundeswehrausstellung Flugblätter verteilt hatte, in dem sich unter anderem der Satz *»Soldaten werden zu Mördern ausgebildet, weltweit, auch bei der Bundeswehr!«* fand. Ein Mann aus Mainz hatte einen Leserbrief an eine Zeitung geschrieben und dort in größerem Zusammenhang den Satz verbreitet *»Alle Soldaten sind potenzielle Mörder«*. Und wegen des gleichen Satzes war auch eine Studentin aus München verurteilt worden, weil sie vor einem Informationsstand der Bundeswehr, der bei einer Motorradausstellung in der Münchener Olympiahalle aufgebaut war, ein entsprechendes Transparent hochhielt.

All diese Verurteilungen hat das Bundesverfassungsgericht dann an dem besagten 10. Oktober 1995 zur Verblüffung der hiesigen Bevölkerung und zum großen Leidwesen des deutschen Militärs sowie seiner Soldaten wegen Verletzung der Grundrechte der Betroffenen aufgehoben und klargestellt, dass die Gerichte die Meinungsfreiheit nicht hinreichend gewürdigt hatten. Die Gerichte hatten entweder die allgemeinen Erklärungen (»*Alle Soldaten sind* …«) irrtümlich und unzulässig auf die deutsche Bundeswehr und ihre Soldaten bezogen oder aber die Absicht der Betroffenen, einen meinungsbildenden Prozess anzuregen, schlicht übergangen. Und das geht – wie wir jetzt wissen – nicht (siehe BVerfGE **93**, 266).

Prüfungsschema 4

Die Begründetheit einer Verfassungsbeschwerde gegen ein Urteil

Problem: Meinungsfreiheit (Art. 5 GG) ←→ Ehrverletzung (§ 185 StGB)

Obersatz: Die Verfassungsbeschwerde ist begründet, wenn der Beschwerdeführer durch das *Urteil* in einem seiner Grundrechte oder in einem der in Art. 93 Abs. 1 Nr. 4a GG genannten grundrechtsgleichen Rechte verletzt ist. Eine solche Verletzung liegt dann vor, wenn durch das Urteil in den **Schutzbereich** eines Grundrechts **eingegriffen** wurde und dieser Eingriff verfassungsrechtlich **nicht gerechtfertigt** ist.

Zum **I. Schutzbereich** und dem **II. Eingriffsbegriff,** vgl. Prüfungsschema 1 vorne.

III. Ist der Grundrechtseingriff durch das Urteil *verfassungsrechtlich gerechtfertigt?*

1.) Grundrecht aus Art. 5 Abs. 1 Satz 1 GG ist einschränkbar

→ durch allgemeine Gesetze

→ durch Gesetz zum Schutz der Jugend

→ zum Schutz der persönlichen Ehre (nur förmliche Gesetze, u.a. §§ 185 ff. StGB)

2.) Es muss eine entsprechende **Schranke** existieren.

3.) Diese Schranke/Gesetz muss selbst *verfassungsgemäß* sein (Schranken-Schranke): Prüfung der formellen und materiellen Rechtmäßigkeit des Gesetzes.

→ formelle Rechtmäßigkeit (liegt regelmäßig vor)

→ materielle Rechtmäßigkeit (mögliches **Problem**: das Bestimmtheitsgebot gemäß Art. 103 Abs. 2 GG)

4.) Die konkrete Anwendung der Schranke/des Gesetzes im Urteil darf zudem nicht gegen die Grundrechte des Beschwerdeführers verstoßen (»verfassungsspezifische Verletzung«). Eine *spezifische Verfassungsverletzung* ist insbesondere dann anzunehmen, wenn das Urteil auf der Nichtbeachtung oder Missachtung von Grundrechten des Beschwerdeführers beruht und daher unter Berücksichtigung der Maßstäbe der Verfassung fehlerhaft ist.

Problem: Bei Beleidigungsdelikten müssen die Gerichte *alle möglichen Deutungen* der jeweiligen Erklärung würdigen. Sind neben unzulässigen, beleidigenden Deutungen auch zulässige Deutungen der Erklärung möglich und nach außen erkennbar, verstößt die Verurteilung gegen Art. 5 Abs. 1 Satz 1 GG, da (auch) eine zulässige Meinungsäußerung damit unterdrückt würde (Gedanke aus BVerfGE **93**, 266).

Gutachten

Die Verfassungsbeschwerde des P ist begründet, wenn P durch die Urteile in einem seiner Grundrechte oder in einem der in Art. 93 Abs. 1 Nr. 4a GG genannten grundrechtsgleichen Rechte verletzt ist. Eine solche Verletzung liegt dann vor, wenn durch einen Akt der öffentlichen Gewalt in den Schutzbereich eines Grundrechts eingegriffen wurde und dieser Eingriff verfassungsrechtlich nicht gerechtfertigt ist.

I. Durch die Entscheidungen der Gerichte müsste ein Grundrecht des P in seinem Schutzbereich betroffen sein.

P ist aufgrund der schriftlich auf dem Plakat getätigten Äußerungen über die Soldaten und die Bundeswehr wegen Beleidigung des S gemäß § 185 StGB verurteilt worden. In Betracht kommt eine Verletzung bzw. Betroffenheit des Grundrechts der Meinungsfreiheit aus Art. 5 Abs. 1 Satz 1 GG.

Die Meinungsfreiheit gibt jedem das Recht, seine Meinung in Wort, Schrift und Bild frei zu äußern und zu verbreiten. Meinungen sind im Unterschied zu Tatsachenbehauptungen durch die subjektive Einstellung des sich Äußernden zu einem bestimmten Thema gekennzeichnet. Sie enthalten sein subjektives Urteil über Sachverhalte, Ideen oder Personen und sind in diesem Umfang vom Grundgesetz geschützt. Der Grundrechtsschutz aus Art. 5 Abs. 1 GG besteht unabhängig davon, ob die Äußerung rational oder emotional, begründet oder grundlos ist und ob sie von anderen für nützlich oder für schädlich, für »richtig« oder »falsch«, wertvoll oder wertlos gehalten wird. Das Grundgesetz wertet nicht, die Meinung über einen bestimmten Gegenstand oder ein bestimmtes Thema liegt allein im Befinden des sich Äußernden und soll grundsätzlich und wertfrei von der Verfassung geschützt werden.

P hat die Behauptung aufgestellt, dass alle Soldaten Mörder seien, weltweit und auch bei der Bundeswehr. Die Behauptung des P beinhaltet unter Berücksichtigung der gesamten Art der Kundgabe – parallel dazu verteilte Flugblätter mit einem sehr allgemeinen Inhalt und einer Diskussion über den weltweiten Frieden – sowie der Absicht des P, ein Zeichen für den Frieden setzen zu wollen, nicht die Tatsachenerklärung, dass sämtliche Soldaten auf der ganzen Welt oder auch nur die Soldaten der Bundeswehr in der Vergangenheit einen Mord oder ein Tötungsdelikt begangen haben. Die Aufschrift auf dem Plakat bringt vielmehr im konkreten Fall ein Werturteil des P über den Soldatenberuf bzw. die Soldaten an sich zum Ausdruck, die im Krieg unter Umständen zum Töten von anderen Menschen gezwungen sein können. Die Aussage »Alle Soldaten sind Mörder« ist daher als rein subjektives Urteil zu einem bestimmten Thema und folglich als Meinung im Sinne des Art. 5 Abs. 1 Satz 1 GG zu werten.

Zwischenergebnis: Da die Verurteilung des P aufgrund dieser Behauptung erfolgte, ist der Schutzbereich des Art. 5 Abs. 1 Satz 1 GG betroffen.

II. Es muss des Weiteren ein Eingriff in diesen Schutzbereich vorliegen. Unter Eingriff versteht man jedes staatliche Handeln, das dem Einzelnen ein Verhalten, das in den Schutzbereich eines Grundrechts fällt, ganz oder teilweise unmöglich macht; hierbei ist gleichgültig, ob diese Wirkung final oder unbeabsichtigt eintritt. Auch nachträgliche Sanktionen eines bestimmten, bereits abgeschlossenen Verhaltens können dazu gehören. Dadurch, dass P wegen seiner Aussage zu einer Geldstrafe verurteilt wurde, hat der Staat durch einen Akt der öffentlichen Gewalt (ein Urteil) die ungehinderte Grundrechtsausübung des P sanktioniert und folglich in den oben benannten Schutzbereich eingegriffen.

Zwischenergebnis: Ein Eingriff in den Schutzbereich des Art. 5 Abs. 1 Satz 1 GG liegt vor.

III. Der Eingriff darf verfassungsrechtlich nicht gerechtfertigt sein.

Der Eingriff in den Schutzbereich eines Grundrechts durch Urteil ist verfassungsrechtlich gerechtfertigt, wenn das betroffene Grundrecht einschränkbar ist, eine entsprechende Schranke existiert, diese Schranke selbst wiederum verfassungsgemäß ist (Schranken-Schranke) und auch die konkrete Anwendung und Auslegung der Schranke/des Gesetzes im Urteil der Verfassung bzw. den Grundrechten entspricht.

1.) Das Grundrecht aus Art. 5 Abs. 1 Satz 1 GG muss zunächst einschränkbar sein. Gemäß Art. 5 Abs. 2 GG findet die Meinungsfreiheit ihre Schranken in den Vorschriften der allgemeinen Gesetze, den gesetzlichen Bestimmungen zum Schutze der Jugend und dem Recht der persönlichen Ehre. Mit »allgemeinen Gesetze« sind dabei alle Vorschriften gemeint, die sich in ihrem Gesetzeszweck und Wortlaut nicht konkret auf das Verbieten von Meinungen bzw. bestimmten Meinungsäußerzungen beziehen, sondern andere Rechtsvorgänge regeln und eher zufällig auch die Meinungsäußerung betreffen können. Der Schutz der Jugend und auch die persönliche Ehre sind weitere Schranken des Art. 5 Abs. 1 GG. Insoweit ist zu beachten, dass die persönliche Ehre nur durch ein förmliches Gesetz eingeschränkt werden darf. Zu den förmlichen Gesetzen, die mit der persönlichen Ehre aus Art. 5 Abs. 2 GG gemeint sind, gehören namentlich die Beleidigungstatbestände aus §§ 185 ff. StGB, die Verfahrensvorschriften über die Beteiligung des Verletzten im Strafverfahren nach den §§ 374 ff. StPO sowie die Vorschriften über die unerlaubte Handlung gemäß den §§ 823 ff. BGB.

Zwischenergebnis: Das Grundrecht aus Art. 5 Abs. 1 Satz 1 GG ist durch die genannten Normen einschränkbar.

2.) P ist aufgrund des § 185 StGB zu einer Geldstrafe verurteilt worden. Wie soeben festgestellt, gehört der Beleidigungstatbestand des § 185 StGB zu den Vorschriften, die die Meinungsfreiheit aus Art. 5 Abs. 1 Satz 1 GG beschränken können.

Zwischenergebnis: In § 185 StGB existiert damit eine entsprechende gesetzliche Schranke des Art. 5 Abs. 1 Satz 1 GG, die vorliegend im Urteil bzw. der Verurteilung gegen P auch zur Anwendung gekommen ist.

3.) Die dem Urteil zugrundeliegende Grundrechtsschranke muss selbst verfassungsgemäß sein. Erforderlich für die Feststellung der Verfassungsmäßigkeit des § 185 StGB ist die Überprüfung der formellen und der materiellen Rechtmäßigkeit.

a) Im Rahmen der formellen Rechtmäßigkeit eines Gesetzes ist zu klären, inwieweit die betreffende Norm formal ordnungsgemäß zustande gekommen ist, konkret ob die Vorgaben des Gesetzgebungsverfahrens eingehalten wurden.

Der Beleidigungstatbestand des § 185 StGB ist Bestandteil des im Jahre 1871 in Kraft getretenen Strafgesetzbuches (StGB) und gehört dem StGB seit diesem Jahr an. Es ist mangels entgegenstehender Angaben im Sachverhalt daher davon auszugehen, dass die Vorschrift im Jahre 1871 ordnungsgemäß zustande gekommen ist und namentlich das Gesetzgebungsverfahren verfassungskonform durchgeführt wurde.

Zwischenergebnis: Es ist davon auszugehen, dass der § 185 StGB formell rechtmäßig zustande gekommen ist.

b) Des Weiteren müsste der § 185 StGB auch materiell verfassungsgemäß sein, also den inhaltlichen Vorgaben des Grundgesetzes entsprechen.

Gemäß Art. 103 Abs. 2 GG und dem darin enthaltenen Bestimmtheitsgebot müssen Rechtsnormen vom Gesetzgeber so präzise und klar formuliert sein, dass der Bürger als Adressat des Gesetzes den Regelungsgehalt zweifelsfrei erkennen kann. Bei Strafgesetzen ist der Gesetzgeber daher verpflichtet und gehalten, das strafbare Verhalten so genau und klar wie möglich zu beschreiben, um keine Verwirrung in der Bevölkerung zu stiften und vielmehr so deutlich wie im konkreten Fall möglich anzuzeigen, welches Verhalten ab sofort unter Strafe steht. Gelingt dies nicht, ist das Gesetz wegen Verstoßes gegen das Bestimmtheitsgebot aus Art. 103 Abs. 2 GG verfassungswidrig und damit nichtig. Es fragt sich, ob der § 185 StGB diesen Vorgaben entspricht. Aufgrund folgender Erwägungen ist die Einhaltung des Bestimmtheitsgebotes zu bejahen: Zwar unterscheidet sich § 185 StGB von den übrigen Vorschriften des Strafgesetzbuchs dadurch, dass er den Straftatbestand lediglich mit dem Begriff der »Beleidigung« benennt, aber nicht näher definiert, was damit gemeint ist. Auch wenn das für eine unter der Geltung des Grundgesetzes erlassene Strafvorschrift als unzureichend anzusehen sein sollte, hat der Begriff der Beleidigung jedenfalls durch die über hundertjährige und im wesentlichen einhellige Rechtsprechung einen hinreichend klaren Inhalt erlangt, der den Gerichten ausreichende Vorgaben für die Anwendung an die Hand gibt und den Normadressaten, nämlich den Bürgern, deutlich macht, wann sie mit einer Bestrafung wegen Beleidigung zu rechnen haben. Die Beleidigung wird seit jeher von den Gerichten als »Kundgabe der Missachtung oder Nichtachtung eines anderen Menschen« definiert. Soweit es zur sogenannten Kollektivbeleidigung noch ungeklärte Streitfragen gibt, wird dadurch die Bestimmtheit der Norm nicht berührt.

Zwischenergebnis: An der materiellen Verfassungsmäßigkeit des Art. 185 StGB, namentlich an der Einhaltung des Art. 103 Abs. 2 GG, bestehen aus den genannten Gründen keine Zweifel.

Zwischenergebnis: Damit ist § 185 StGB als Schranke des Art. 5 Abs. 1 Satz 1 GG sowohl formell als auch materiell verfassungsgemäß.

4.) Schließlich müsste das Gericht den § 185 StGB, also die verfassungsgemäße Schranke des Art. 5 Abs. 1 Satz 1 GG, im konkreten Urteil auch verfassungsgemäß angewendet haben. Es darf insbesondere keine spezifische Verfassungsverletzung vorliegen.

Gegen eine verfassungsgemäße Anwendung des § 185 StGB sprechen indes folgende Argumente: Voraussetzung jeder verfassungsrechtlichen Würdigung von Äußerungen im Rahmen des § 185 StGB ist, dass ihr Sinn zutreffend erfasst wird. Fehlt es bei der Verurteilung wegen eines Beleidigungsdelikts daran, so kann das im Ergebnis schon zur Unterdrückung einer zulässigen Äußerung führen. Darüber hinaus besteht die Gefahr, dass sich eine solche Verurteilung nachteilig auf die Ausübung des Grundrechts der Meinungsfreiheit im Allgemeinen auswirkt, weil äußerungswillige Personen selbst wegen fernliegender oder unhaltbarer Deutungen ihrer Äußerung eine Bestrafung riskieren. Da unter diesen Umständen schon auf der Deutungsebene Vorentscheidungen über die Zulässigkeit oder Unzulässigkeit von Äußerungen fallen, ergeben sich aus Art. 5 Abs. 1 Satz 1 GG bereits Anforderungen an die Deutung umstrittener Äußerungen. Ziel der Deutung ist die Ermittlung des objektiven Sinns einer Äußerung. Maßgeblich ist daher weder die subjektive Absicht des sich Äußernden noch das subjektive Verständnis der von der Äußerung Betroffenen, sondern der Sinn, den sie nach dem Verständnis eines unvoreingenommenen und verständigen Publikums hat. Dabei ist stets vom Wortlaut der Äußerung auszugehen. Dieser legt ihren Sinn aber nicht abschließend fest. Er wird vielmehr auch von dem sprachlichen Kontext, in dem die umstrittene Äußerung steht, und den Begleitumständen, unter denen sie fällt, bestimmt, soweit diese erkennbar waren. Die isolierte Betrachtung einer umstrittenen Äußerung wird daher den Anforderungen an eine zuverlässige Sinnermittlung regelmäßig nicht gerecht und verletzt schon damit den Art. 5 Abs. 1 Satz 1 GG. Lassen Formulierung oder Umstände eine nicht ehrenrührige Deutung zu, so verstößt ein Strafurteil, das diese übergangen hat, gegen Art. 5 Abs. 1 Satz 1 GG.

Bei der Anwendung von § 185 StGB auf herabsetzende Äußerungen unter einer Sammelbezeichnung muss wegen des gerade Erläuterten stets geprüft werden, ob durch sie wirklich die persönliche Ehre der einzelnen Gruppenangehörigen beeinträchtigt wird. Vor allem muss beachtet werden, dass es nicht zur Unterdrückung kritischer Äußerungen über politische und soziale Erscheinungen oder Einrichtungen kommen darf, für die der Schutz der Meinungsfreiheit in besonderer Weise gilt. Die Äußerungen des P beziehen sich ihrem Wortlaut nach auf Soldaten überhaupt, nicht aber auf einzelne Soldaten oder speziell auf diejenigen der Bundeswehr. Wenn auch die Bundeswehr wörtlich erwähnt wird, so geschieht das nur, um zu bekräftigen, dass die Aussage über alle Soldaten (»weltweit«) zudem auch für die Soldaten der Bundeswehr gelte. Dieser Umstand aber deutet vielmehr darauf hin, dass es dem P um Protest gegen Soldatentum und Kriegshandwerk ging, das von ihm verurteilt wird, weil es mit dem Töten anderer Menschen verbunden ist. P ging es erkennbar um eine Auseinandersetzung in der Sache, und zwar um die Frage, ob Krieg und Kriegsdienst und die damit verbundene Tötung von Menschen sittlich gerechtfertigt sind oder nicht. Das ergibt sich insbesondere aus dem Kontext der inkriminierten Äußerung. In den Flugblättern fanden sich zudem allgemeine Aussagen über Krieg, Soldaten sowie über das Soldatenhandwerk. Die universale Gültigkeit dieser Aussagen hat der P durch das auch verwandte Wort »weltweit« zum Ausdruck gebracht. Es bedurfte also einer besonderen und stichhaltigen Begründung, warum sich die Äußerung gleichwohl nicht auf alle Soldaten der Welt, sondern gerade und nur auf diejenigen der Bundeswehr bezog. Eine solche Begründung fehlt aber.

Auch in der Verwendung des Wortes »Mörder« muss nicht notwendig der Vorwurf einer schwerkriminellen Haltung oder Gesinnung gegenüber dem einzelnen Soldaten enthalten sein. Vielmehr kann der sich Äußernde auch in besonders herausfordernder Form darauf aufmerksam machen, dass Töten im Krieg von Menschenhand erfolgt. Es ist daher keinesfalls auszuschließen, dass die Formulierung bei den Soldaten das Bewusstsein der persönlichen Verantwortlichkeit für das insgesamt verurteilte Geschehen wecken und so die Bereitschaft zur kritischen Betrachtung des Dienstes bei der Bundeswehr oder als Soldat schlechthin fördern sollte. Daher haben die Gerichte, die sich ausnahmslos auf den möglicherweise beleidigenden Teil der Äußerung bezogen, die Deutung außer Acht gelassen, die den Meinungsbildungsprozess fördert und demzufolge von Art. 5 Abs. 1 GG gedeckt war. Mit der Verurteilung wegen Beleidigung wurde insoweit auch eine zulässige Meinungsäußerung unterdrückt, was verfassungsrechtlich nicht zu rechtfertigen ist.

Zwischenergebnis: Die Verurteilung des P wegen Beleidigung des S verletzt das Grundrecht des P aus Art. 5 Abs. 1 Satz 1 GG und ist daher verfassungswidrig. Die Gerichte haben bei der Verurteilung verkannt, dass die infrage stehende Erklärung auch eine Deutung zulässt, die von der Meinungsfreiheit gedeckt wäre. In diesem Versäumnis liegt eine verfassungsspezifische Verletzung zulasten des P.

Ergebnis: Die Verfassungsbeschwerde des P ist mithin begründet.

Fall 5

Schweinkram geht immer

Der Verlag V-GmbH (V) hat den im Jahre 1906 erstmals erschienenen Roman »*Josefine Mutzenbacher – Die Geschichte einer wienerischen Hure, von ihr selbst erzählt!*« als Taschenbuch neu herausgebracht. Der Roman, dessen Autor bis heute unbekannt ist, wurde in Deutschland im Jahre 1968 von der Bundesprüfstelle für jugendgefährdende Medien (BPjM) wegen seines kinderpornografischen Inhalts in die Liste der »jugendgefährdenden Medien« im Sinne des § 18 Abs. 2 Jugendschutzgesetz (JuSchG) aufgenommen. In dem Roman werden die ersten 14 Lebensjahre der späteren Prostituierten *Josefine Mutzenbacher* aus Wien erzählt. Hierbei geht es ausnahmslos um Sexualkontakte der Protagonistin als Kind und Jugendliche, unter anderem mit Geschwistern und erwachsenen Familienangehörigen. Die Sexualkontakte werden aus Sicht der *Josefine Mutzenbacher* in wienerischer Vulgärsprache erzählt, teilweise verherrlicht und für das Leben junger Menschen als erstrebenswert angepriesen.

V beantragt bei der BPjM jetzt die Streichung des Romans aus der Liste und meint, die gesellschaftlichen Moralvorstellungen hätten sich inzwischen geändert und zudem diene der Roman eindeutig der Kunst. Als die BPjM die Streichung verweigert, erhebt V hiergegen verwaltungsgerichtliche Klage, unterliegt aber in allen Instanzen. Die Gerichte halten den Inhalt nach wie vor für jugendgefährdend im Sinne des JuSchG. Der V legt schließlich Verfassungsbeschwerde beim Bundesverfassungsgericht ein und behauptet, schon wegen der im Grundgesetz vorbehaltlos gewährleisteten Kunstfreiheit seien die Urteile verfassungswidrig und aufzuheben.

Ist die Verfassungsbeschwerde des V begründet? Hinweis: Das Jugendschutzgesetz ist formell und materiell verfassungsgemäß.

Schwerpunkte: Die Kunstfreiheit aus Art. 5 Abs. 3 Satz 1 GG als vorbehaltlos gewährleistetes Grundrecht; Inhalt und Grenzen; Werk- und der Wirkbereich der Kunst; Grundrechtsträger; Abwägung mit anderen Gütern von Verfassungsrang.

Lösungsweg

Einstieg: So, die gute alte *Josefine Mutzenbacher* bringt uns zur Kunstfreiheit, die vom Grundgesetz in Art. 5 Abs. 3 Satz 1 GG (bitte aufschlagen) scheinbar vorbehaltlos gewährleistet wird und daher – trotz des schmuddeligen Inhalts – möglicherweise auch für den Roman »*Die Geschichte einer wienerischen Hure*« gilt. Frau *Mutzenbacher* ist dabei übrigens keinesfalls eine literarische Erfindung; die Dame hat tatsächlich von 1852 bis 1904 in Wien gelebt und dort auch als Prostituierte gearbeitet. Zwei Jahre nach ihrem Tod erschien dann der oben benannte Roman, der ausnahmslos mit ziemlich derbem Schweinkram gefüllt ist und anschließend, weil Schweinkram bekanntlich *immer* geht, einen grandiosen Siegeszug über die ganze Welt und vor allem auch im früher reichlich verklemmten Deutschland antrat. Der Roman um Frau *Mutzenbachers* Kindheit gilt in Fachkreisen bis heute weltweit als »Meisterwerk erotischer Literatur« und wurde inzwischen auch mehrfach verfilmt.

> Für unsere Zwecke interessant ist dabei (selbstverständlich!) nur die verfassungsrechtliche Problematik, die sich an dem oben geschilderten Problem der Streichung aus der Liste jugendgefährdender Medien aufhängt. Die ganze Geschichte hat es danach tatsächlich bis zum Bundesverfassungsgericht geschafft und mit der Entscheidung vom **27. November 1990** ein Stück deutsche Verfassungsgeschichte, unter anderem zur Definition des Kunstbegriffes und zum Verhältnis von Pornografie und Kunst geschrieben (→ BVerfGE **83**, 130 = NJW **1991**, 1471). Insoweit wollen wir zunächst aber bitte noch eine kleine Ergänzung zum Sachverhalt beachten: Die oben erwähnte Bundesprüfstelle für jugendgefährdende Medien (BPjM) hieß bis zum Jahre 1998 noch *Bundesprüfstelle für jugendgefährdende Schriften*, wurde dann aber, um der geänderten Medienwelt (Internet!) gerecht zu werden, in die heute gültige Fassung (»Medien«) umbenannt. Wir haben zur Vereinfachung gleichwohl nur den *neuen* Begriff verwendet. Des Weiteren gibt es das *Jugendschutzgesetz*, in dem die Regeln über die Bundesprüfstelle eingearbeitet sind, erst seit dem April 2003. Vorher standen die entsprechenden Normen im »Gesetz über die Verbreitung jugendgefährdender Schriften und Medieninhalte« (GjS), das 2003 dann außer Kraft trat. Hintergrund dieser Gesetzesänderung war übrigens der verheerende Amoklauf von Erfurt aus dem April 2002, bei dem ein ehemaliger Schüler am Erfurter Gutenberg-Gymnasium insgesamt 17 Menschen und anschließend sich selbst erschoss. Da der Amoklauf von Erfurt die erste Tat dieser Art in Deutschland war und man später auf dem PC des Täters eine Vielzahl von brutalen Kriegscomputerspielen fand, wurden als Reaktion auf die grausige Tat die Vorschriften des Jugendschutzes erheblich überarbeitet und unter anderem auch das seitdem gültige Jugendschutzgesetz (JuSchG) erschaffen.

So, diese Informationen vorab und als ergänzende Erläuterung zum Sachverhalt – wie gesagt, wir wollen in unserem Fall nur mit der aktuellen Gesetzeslage und auch den entsprechenden Begrifflichkeiten arbeiten, was der ganzen Sache im Übrigen keinerlei Abbruch tut, denn der Name der Behörde und auch deren gesetzliche Grundlagen haben sich zwar geändert, die für uns hier interessanten Inhalte sind indessen komplett identisch geblieben: Der oben benannte und hier relevante **§ 18 JuSchG**, der die Vorschriften für die Erhebung der »Liste jugendgefährdender Medien« enthält, stand vorher wortgleich in **§ 6 GjS**.

Das Problem unseres Verlages V mit dem Roman um Frau *Mutzenbacher* liegt nun in Folgendem: Die Bundesprüfstelle für jugendgefährdende Medien (BPjM) mit Sitz in Bonn erstellt die von Autoren und Verlagen gleichermaßen gefürchtete »Liste der jugendgefährdende Medien« (im Volksmund »Index« genannt), mittels derer die Jugend in unserem Land vor Schweinkram und vor schädlichen Gewaltdarstellungen in den Medien geschützt werden soll. Wer mit einem (Kunst-)Werk, einer Schrift/einem Roman oder einem sonstigen Medium – zum Beispiel auch einem gewaltverherrlichenden und/oder schmuddeligen Computerspiel – auf dieser Liste steht, hat ein ziemlich großes Problem, denn die Auswirkungen bzw. Rechtsfolgen dessen sind geradezu dramatisch: Gemäß § 15 JuSchG dürfen die auf dem *Index* stehenden Medien/Schriften nur noch an Kunden mit einem Alter von mindestens 18 Jahren und auch nur noch auf ausdrückliche Nachfrage abgegeben werden; sie dürfen zudem im Handel nicht mehr öffentlich ausgelegt und auch nicht mehr importiert oder exportiert werden – und, vor allem: sie dürfen in den Medien, die auch den Jugendlichen regelmäßig zugänglich sind (→ Fernsehen, Rundfunk, Presse, Internet), *nicht* mehr beworben werden.

Konsequenz: Rechnet man all dies zusammen, ist das entsprechende Medium bzw. die entsprechende Schrift/Roman quasi vom Markt genommen. Die Wahrscheinlichkeit einer großflächigen Verbreitung und eines damit verbundenen wirtschaftlich attraktiven Verkaufs liegt in der Nähe von Null. Medien oder Schriften, die auf dem *Index* stehen, sind in Deutschland faktisch nicht (mehr) existent mit der Folge, dass Verlage und Autoren von der jeweiligen Entscheidung der Bundesprüfstelle logischerweise massiv wirtschaftlich und auch ideell betroffen sein können. Damit nun diese Prüfstelle – übrigens eine *staatliche Bundesoberbehörde*, die dem Familienministerium unterstellt ist – nicht in ungebremster Eigenregie hantiert und ohne übergeordnete Kontrolle die Verlage und Autoren beschränkt oder ruiniert, kann man sich als betroffener Verlag oder Autor gegen die Entscheidungen der Prüfstelle natürlich auch vor Gericht wehren, und zwar gemäß § 25 **Abs. 1 JuSchG** beim zuständigen Verwaltungsgericht. Das Verwaltungsgericht klärt dann in Zweifelsfragen, ob die Aufnahme in die Liste oder auch der abgelehnte Antrag auf Streichung aus der Liste (→ unser Roman) seitens der Prüfstelle *rechtmäßig* gewesen ist. Und bei der Überprüfung dieser Rechtmäßigkeit spielen dann selbstverständlich neben dem Jugendschutz, den die Prüfstelle beharrlich und massiv verteidigt, die demgegenüber von den Verlagen und Autoren geltend gemachte *Kunstfreiheit*, unter Umständen auch die *Presse- oder Meinungsfreiheit* und sogar die *Berufsfreiheit* die entscheidenden Rollen. Genau genommen geht es vor der Prüfstelle oder später vor dem Verwaltungsgericht immer um die Abwägung zwischen den gerade genannten, verfassungsrechtlich explizit geschützten Gütern. Und genau *deshalb* eignet sich diese Problematik auch besonders gut dazu, universitäre Übungsarbeiten etwa über die Kunstfreiheit zu stellen, weil man hier nämlich prima überprüfen kann, ob die Kandidaten das betroffene Grundrecht mit den kollidierenden verfassungsrechtlichen Gütern vernünftig in Einklang bringen kann. Alles klar!?

Fein. Dann steigen wir an dieser Stelle in den Fall ein und wissen aus dem Sachverhalt ja schon, dass unser Verlag V einen Antrag auf Streichung aus der Liste gestellt hat, was übrigens gemäß **§ 18 Abs. 7 JuSchG** von der Prüfstelle bewilligt werden *müsste*, wenn »die Voraussetzungen für die Aufnahme in die Liste nicht mehr vorliegen« (→ § 18 Abs. 7 JuSchG). Diesen Antrag des V hat die Prüfstelle allerdings abgelehnt, wogegen V anschließend geklagt, aber in allen verwaltungsgerichtlichen Instanzen verloren hat. So, und gegen *diese* ablehnenden Gerichtsurteile wendet sich V nun mit der Verfassungsbeschwerde beim Bundesverfassungsgericht und reklamiert für sich die *Kunstfreiheit*. Damit ergeben sich für uns jetzt folgende **Fragen**: Gilt die Kunstfreiheit eigentlich auch für den hier in Rede stehenden pornografischen Schmuddelkram, insbesondere vor dem Hintergrund, dass sich, wie der Verlag ja meint, die Moralvorstellungen in den vergangenen Jahrzehnten gewandelt haben. Kann ein Verlag (hier: eine GmbH) überhaupt *Grundrechtsträger* sein, insbesondere dann, wenn er den Autor des von ihm verlegten Romans überhaupt nicht kennt? **Und**: Falls all dies zu bejahen wäre, welche Bedeutung kommt dann noch dem Jugendschutz zu?

Wir werden die Fragen selbstverständlich gleich beantworten, wollen aber ab jetzt dann bitte wieder, wie immer, schön schulmäßig und sorgfältig die uns inzwischen bekannten Aufbauregeln beachten, und das geht so:

Die Begründetheit der Verfassungsbeschwerde des V

> **Obersatz:** Die Verfassungsbeschwerde des V ist begründet, wenn V durch die verwaltungsgerichtlichen Urteile in einem seiner Grundrechte oder in einem der in **Art. 93 Abs. 1 Nr. 4a GG** genannten grundrechtsgleichen Rechte verletzt ist. Eine solche Verletzung liegt dann vor, wenn durch einen Akt der öffentlichen Gewalt in den Schutzbereich eines Grundrechts eingegriffen wurde und dieser Eingriff verfassungsrechtlich nicht gerechtfertigt ist.

I. Ist durch die Entscheidungen der Verwaltungsgerichte ein Grundrecht des V in seinem Schutzbereich betroffen?

Dem V wird es durch die verweigerte Streichung aus der Liste nahezu unmöglich gemacht, den streitgegenständlichen Roman zu veräußern bzw. an die Öffentlichkeit zu bringen (siehe oben). Es fragt sich, ob diese Beschränkung des Verlages tatsächlich den Schutzbereich der Kunstfreiheit betrifft, namentlich ob der Schweinkram-Roman um Frau *Mutzenbacher* zum einen überhaupt als »**Kunst**« im Sinne des Art. 5 Abs. 3 Satz 1 GG anzusehen ist und zum anderen, ob der *Verlag*, dessen Mitarbeiter den Text selbst ja gar nicht verfasst haben und den Autor auch nicht kennen, sich hierauf tatsächlich berufen kann. Der Reihe nach:

1. Problem: Es fragt sich zunächst, ob der kinderpornografische Schmuddelroman um Frau *Mutzenbacher* überhaupt unter den Kunstbegriff des Art. 5 Abs. 3 Satz 1 GG subsumiert werden kann.

Durchblick: Der Begriff der »Kunst« im Sinne des Art. 5 Abs. 3 Satz 1 GG ist nach allgemeiner Meinung nicht in einer einzelnen Definition erfassbar, was im Übrigen auch einleuchtet, denn »Kunst« an sich zeichnet sich ja gerade dadurch aus, dass sie *nicht* starr und definierbar sein kann und möchte. Eine einzelne Definition der Kunst wäre somit bei genauer Betrachtung auch »*ein Widerspruch in sich*« (so wörtlich: *Jarass/Pieroth* Art. 5 GG Rz. 106). Die Rechtswissenschaft ist sich insoweit einig und spricht von einer grundsätzlichen »Unmöglichkeit«, dem Kunstbegriff klare Konturen im klassischen juristischen Sinne zu geben (*Kingreen/Poscher* StaatsR II Rz. 659; *Maunz/Dürig/Scholz* Art. 5 GG Rz. 22; *von Münch/Kunig/Wendt* Art. 5 GG Rz. 89). Das Bundesverfassungsgericht erkennt inzwischen ebenfalls die Unmöglichkeit einer allgemeingültigen Definition sowie die besondere »Offenheit und Weite« des Kunstbegriffs an (BVerfGE **67**, 213; BVerfGE **119**, 1; umfassend dazu auch *von Mangold/Klein/Starck* Art. 5 GG Rz. 298 und *von Münch/Kunig/Wendt* Art. 5 GG Rz. 89) und arbeitet deshalb wahlweise mit unterschiedlichen Definitionen, die sich in gebotener Kürze *so* zusammenfassen lassen:

→ Nach dem sogenannten »**formellen**« Kunstbegriff liegt das »Wesentliche der Kunst« darin, dass das zu beurteilende Werk einem bestimmten **Werktyp**, wie etwa dem »Malen«, dem »Bildhauen«, dem »Dichten«, dem »Theaterspielen«, dem »Schreiben«, dem »Komponieren«, dem »Musizieren« usw. zugeordnet werden kann (BVerfGE **67**, 213; BVerfG DVBl **2007**, 1294; *Jarass/Pieroth* Art. 5 GG Rz. 106).

→ Nach dem sogenannten »**materiellen**« Kunstbegriff liegt Kunst dann vor, wenn »*durch freie schöpferische Gestaltung, bestimmte Eindrücke, Erfahrungen, Erlebnisse des Künstlers durch das Medium einer bestimmten Formsprache zur unmittelbaren Anschauung gebracht werden. Künstlerische Tätigkeit ist ein Ineinander von bewussten und unbewussten Vorgängen, die rational nicht aufzulösen sind*« (so wörtlich im berühmten »**Mephisto**«-Beschluss vom 24. Februar 1971 → BVerfGE **30**, 173, 188/189; dies bestätigend etwa BVerfG NJW **2008**, 39).

→ Nach dem sogenannten »**offenen**« Kunstbegriff liegt Kunst schließlich dann vor, wenn »*das kennzeichnende Merkmal einer künstlerischen Äußerung darin liegt, dass es wegen der Mannigfaltigkeit ihres Aussagegehaltes möglich ist, der Darstellung im Wege einer fortgesetzten Interpretation immer weiterreichende Bedeutungen zu entnehmen, sodass sich eine praktisch unerschöpfliche, vielstufige Informationsvermittlung ergibt*« (BVerfGE **67**, 213, 226).

Beachte: Das liest sich alles nicht nur geschwollen und wenig greifbar, das ist es ohne jeden Zweifel auch. Gerade im Bereich der Kunst stößt die Juristerei leider an ihre natürlichen Grenzen, denn die klassisch juristische Arbeitsweise (= Sachverhalt → Definition → Subsumtion → Lösung) steht an dieser Stelle vor einer unüberwindlichen Hürde, und zwar dem einer Definition tendenziell unzugänglichen Kunstbegriff, womit die 2. Stufe der juristischen Arbeitstechnik (siehe die Klammer soeben) quasi entfällt. Blöderweise *müssen* die Gerichte aber mit irgendeinem Kunstbegriff arbeiten, denn das Wort steht nun mal in der Verfassung drin und: die Kunst unterliegt gemäß Art. 5 Abs. 3 Satz 1 GG sogar dem maximalen, nämlich dem *vorbehaltlosen* Schutz des Grundgesetzes. Um diesem Dilemma zu entkommen, hat das Bundesverfassungsgericht nun in den letzten Jahrzehnten die drei oben genannten »Kunstbegriffe« entwickelt, die übrigens nicht in Konkurrenz zueinanderstehen, sondern sich ergänzen und *insgesamt* den Begriff der Kunst in juristisch fassbarer Weise eingrenzen sollen (BVerfGE 30, 173). Es genügt für die Bejahung des Kunstbegriffs im Sinne des Art. 5 Abs. 3 Satz 1 GG deshalb auch schon, wenn das betreffende Werk nur unter *einen* Kunst-Begriff subsumiert werden kann.

> Für die **Klausur**: Aus den genannten Gründen kann man an dieser Stelle als Klausurbearbeiter auch nur relativ wenig falsch, dafür aber eine Menge richtigmachen. Dass ein Werk *nicht* unter einen oder gleich mehrere der genannten Kunstbegriffe fällt, ist in Klausuren oder Hausarbeiten deshalb auch eher die Ausnahme, der Fall wäre ja dann auch recht schnell vorbei. Der Korrektor ist in aller Regel schon sehr zufrieden, wenn man von der Komplexität des Kunstbegriffs weiß und zumindest eine der drei Definitionen aufsagen und subsumieren kann. Nicht selten übrigens kommt es vor, dass (Kunst-)Werke vom Bundesverfassungsgericht unter *alle drei* Begriffe subsumiert werden (vgl. etwa BVerfGE **61**, 213; BVerfGE **81**, 278; BVerfGE **83**, 130). Wie gesagt, wegen der Schwierigkeit um das Finden einer Definition, ist enorm viel Spielraum zur Bejahung des Kunstbegriffs, was man sich als Bearbeiter dann auch zunutze machen kann.

Zum Fall: Der kinderpornografische Roman um unsere Frau *Mutzenbacher* müsste nach dem soeben Erläuterten nun »Kunst« im benannten Sinne sein. Im Ergebnis ist das freilich kein Problem, wir schauen uns mal an, was das Bundesverfassungsgericht dazu im Herbst 1990 meinte (BVerfGE 83, 130):

> »*… Die indizierte Schrift fällt in den Schutzbereich des Art. 5 Abs. 3 Satz 1 GG. Dabei mag es noch zweifelhaft sein, ob dies schon allein deshalb zu bejahen ist, weil sich das Werk als* **Roman** *bezeichnet und damit fraglos das Ergebnis einer anerkannten künstlerischen Tätigkeit – der eines Schriftstellers – darstellt (formaler Kunstbegriff). Das Werk weist aber in jedem Falle auch die der Kunst eigenen Strukturmerkmale auf (materieller Kunstbegriff): Es ist Ergebnis* **freier schöpferischer Gestaltung**, *in der Eindrücke, Erfahrungen und Phantasien des Autors in der literarischen Form des Romans zum Ausdruck kommen (BVerfGE 30, 173, 188; BVerfGE 67, 213). Elemente schöpferischer Gestaltung können zum Beispiel in der milieubezogenen Schilderung sowie in der Verwendung der wienerischen Vulgärsprache als Stilmittel gesehen werden. Der Roman lässt außerdem eine Reihe von Interpretationen zu, die auf eine künstlerische Absicht schließen lassen. So könnte er etwa als eine* **Persiflage** *auf den Entwicklungsroman aufgefasst werden. Ferner ließe sich die Titelheldin als* **Verkörperung***

männlicher Sexualphantasien deuten, die als Reaktion auf eine Erziehung gesehen werden, deren Ziel die Unterdrückung des Geschlechtlichen war ...«

Und zum Schweinkram erklärten die Richter:

*»... Dass der Roman möglicherweise zugleich als Pornografie anzusehen ist, nimmt ihm **nicht** die Kunsteigenschaft. Denn: **Kunst und Pornografie schließen sich nicht gegenseitig aus.** Die Kunsteigenschaft beurteilt sich vielmehr nach den bekannten und insoweit neutralen Kriterien. Ihre Anerkennung darf nicht von einer staatlichen Stil-, Niveau- und Inhaltskontrolle oder von einer Beurteilung der **Wirkungen** des Kunstwerks auf die Umwelt abhängig gemacht werden (BVerfGE **75**, 369; BVerfGE **81**, 278). Solche Gesichtspunkte können allenfalls bei der Prüfung der Frage eine Rolle spielen, ob die Kunstfreiheit konkurrierenden Rechtsgütern von Verfassungsrang zu weichen hat. Den Kunstbegriff an sich berührt dies indessen keinesfalls ...«*

Also: Wie nicht anders zu vermuten, fällt auch ein derber Schweinkram-Roman unter den Begriff der Kunst im Sinne des Art. 5 Abs. 3 Satz 1 GG (vgl. dazu aktueller auch BVerfGE **119**, 1; BGHSt **37**, 55; BVerwG NJW **1993**, 1490). Der Staat möchte sich – zumindest an dieser Stelle bei der Definition des Kunstbegriffes – nicht anmaßen, auf die **Wirkungen** eines Kunstwerkes in der Öffentlichkeit Bezug zu nehmen oder der Bevölkerung Sexual- und Moralvorstellungen vorzuschreiben. Keinesfalls soll der Staat, anders als nämlich im dritten Reich unter Adolf Hitler, als »**Richter der Kunst**« auftreten (*von Mangold/Klein/Starck* Art. 5 GG Rz. 298; *Jarass/Pieroth* Art. 5 GG Rz. 106). Mögliche Beschränkungen der Kunstfreiheit aus moralischen Gründen können zwar unter Umständen später noch relevant werden (lies noch einmal oben: »*... Solche Gesichtspunkte können allenfalls bei der Prüfung der Frage eine Rolle spielen, ob die Kunstfreiheit konkurrierenden Rechtsgütern von Verfassungsrang zu weichen hat ...«*), haben aber hier bei der eigentlichen Bestimmung des Kunstbegriffs noch nichts verloren. **Und**: Damit entfällt an dieser Stelle der Prüfung logischerweise auch die Untersuchung, ob sich die Moralvorstellungen in Deutschland in den letzten Jahrzehnten geändert haben und dies möglicherweise Auswirkungen auf die Definition von Kunst haben könnte. Denn, wie gesagt, bei der Frage der »**Kunst**« geht es nicht um Moralvorstellungen oder irgendwelche Zensur: Dies kann erst und nur dann eine Rolle spielen, wenn es später um die Abwägung mit anderen verfassungsrechtlich relevanten Gütern geht (BVerfGE **83**, 130). **Deshalb gilt**: Pornografie und »**Kunst**« im Sinne des Art. 5 Abs. 3 Satz 1 GG schließen sich *nicht* gegenseitig aus. Sofern klassische künstlerische Elemente erkennbar sind, stellt auch ein kinderpornografischer Roman »**Kunst**« im Sinne des Art. 5 Abs. 3 Satz 1 GG dar (BVerfGE **119**, 1; BVerfGE **83**, 130; BGHSt **37**, 55; *Jarass/Pieroth* Art. 5 GG Rz. 106a; *Kingreen/Poscher* StaatsR II Rz. 662).

<u>ZE.:</u> Der Schmuddel-Roman um Frau *Mutzenbacher* unterliegt dem Kunstbegriff des Art. 5 Abs. 3 Satz 1 GG.

2. Problem: Der Verlag (V-GmbH) als Grundrechtsträger?

Klären müssen wir als Nächstes natürlich auch noch, ob sich denn der Verlag V, der den Roman als Taschenbuch neu herausgebracht hat und den Autor des Romans selbst gar nicht kennt, auch wirklich auf die Kunstfreiheit des Art. 5 Abs. 3 Satz 1 GG berufen kann.

Frage: *Wen* genau schützt eigentlich die Kunstfreiheit aus Art. 5 Abs. 3 GG? Nur den Künstler? Oder etwa auch einen Verlag? Oder zum Beispiel auch einen Aussteller oder ein Museum? Oder vielleicht sogar den Manager des Künstlers?

Durchblick: Neben der latenten Undefinierbarkeit des Kunstbegriffs (siehe oben) liegt eine weitere Eigenart der Kunst darin, dass an ihr bzw. ihrer Entstehung und Verbreitung immer mehrere Menschen oder Institutionen »beteiligt« sind. Das ist zum einen natürlich der *Künstler* selbst, also der die Kunst erschaffende Mensch: Der Maler, der Schriftsteller, der Bildhauer, der Schauspieler, der Tänzer, der Sänger usw. Dass diese Personen die Kunstfreiheit des Art. 5 Abs. 3 Satz 1 GG für sich in Anspruch nehmen können und sollen (!), bestreitet niemand (vgl. nur *Jarass/Pieroth* Art. 5 GG Rz. 107). Um die erschaffene Kunst, sofern der Künstler dies auch möchte, dann auch der Öffentlichkeit zugänglich zu machen (was die allermeisten Künstler beabsichtigen), bedarf es aber in aller Regel noch anderer Personen oder Institutionen: So kommt beispielsweise ein Buch im Zweifel nur dann an die Öffentlichkeit und auf den Markt, wenn der Schriftsteller einen entsprechenden *Verlag* findet. Ein Schauspieler kann seine Schauspielkunst nur der breiten Öffentlichkeit präsentieren, wenn er ein Theater findet oder sich etwa eine Fernsehanstalt für ihn interessiert, einen Film dreht und diesen sendet. Ein Maler oder Bildhauer wird nur dann der Öffentlichkeit bekannt, wenn er seine Bilder oder Skulpturen in einer Galerie oder einem Museum ausstellen kann. Ein Sänger wird nur dann seine Lieder für eine breite Masse veröffentlichen können, wenn er einen Vertrag mit einem Tonträgerunternehmen (Plattenfirma) schließen kann, das dann seine Lieder veröffentlicht. Damit die Kunst, was im Zweifel ihre Bestimmung sein wird, auch von der Umwelt wahrgenommen werden kann, bedarf es also in aller Regel noch anderer Personen oder Institutionen als dem Künstler selbst. Man nennt diesen Personen oder Institutionen »**der Kunst dienend**«, sie haben eine gleichsam »**dienende Funktion**«, namentlich im Hinblick auf die Verbreitung der Kunst (BVerfG NJW **2006**, 596; BVerfG NVwZ **2004**, 472; BVerfGE **119**, 1; BVerfGE **77**, 240; *von Münch/Kunig/Wendt* Art. 5 GG Rz. 93; *von Mangold/Klein/Starck* Art. 5 GG Rz. 310).

Konsequenz: Nach herrschender Meinung kann sich nicht nur der Künstler selbst auf die Kunstfreiheit des Art 5 Abs. 3 Satz 1 GG berufen, das Grundgesetz schützt zudem auch *»diejenigen Personen oder Institutionen, die eine unentbehrliche Mittlerfunktion zwischen Künstler und Publikum ausüben, jedenfalls soweit es um eine der Kunst dienende Funktion und nicht ausschließlich um die Durchsetzung rein wirtschaftlicher Interessen geht«* (BVerfGE **30**, 173; BVerfGE **67**, 213; BVerfGE **119**, 1; BVerfG NJW **2006**, 596; *von Mangold/Klein/Starck* Art. 5 GG Rz. 310; *Jarass/Pieroth* Art. 5 GG Rz. 107; *Maunz/*

Dürig/Scholz Art. 5 GG Rz. 17). Hinzu kommen noch klassische künstlerische Einrichtungen wie etwa Museen bzw. deren Träger sowie Kunst- oder Musikhochschulen (BVerwGE **62**, 59). So, und die Unterteilung der verschiedenen, an der Kunst beteiligten Personen bzw. Institutionen hat natürlich auch eine Bezeichnung, die in einer Klausur oder Hausarbeit zum Thema zwingend erwähnt werden muss, und zwar:

> Während man die Herstellung des Kunstwerkes durch den Künstler als sogenannten »**Werkbereich**« bezeichnet, stellt die Vermittlung des Kunstwerkes an Dritte/die Öffentlichkeit den sogenannten »**Wirkbereich**« dar (BVerfGE **30**, 173, 189; BVerfGE **81**, 278; BVerfG NJW **2006**, 596; *von Münch/Kunig/Wendt* Art. 5 GG Rz. 98; *von Mangold/Klein/Starck* Art. 5 GG Rz. 307/310). Beide Bereiche unterliegen dem Schutz der Kunstfreiheit des Art. 5 Abs. 3 Satz 1 GG und dürfen folglich vom Staat *nicht* behindert werden. Der Schutz umfasst dabei namentlich auch die Personen oder Institutionen, die das Kunstwerk der Öffentlichkeit zugänglich machen, ihm also eine öffentliche »Wirkung« geben (daher »Wirkbereich«), also zum Beispiel Verleger, Filmproduzenten, Schallplatten- oder CD-Hersteller, Museumsbetreiber, Aussteller usw. (*Jarass/Pieroth* Art. 5 GG Rz. 108). **Beachte aber**: Dieser Grundrechtsschutz entfällt, wenn er nur dazu dienen soll, gegen den Künstler rein kommerzielle Interessen durchsetzen; dann »dient« den Dritte nicht mehr der Kunst, sondern nur sich selbst (vgl. instruktiv die *Xavier Naidoo*-Entscheidung des BVerfG in NJW **2006**, 596).

Zum Fall: Wie soeben gelernt, kann sich also auch ein Verlag grundsätzlich auf die Kunstfreiheit berufen, da er eine »unentbehrliche Mittlerfunktion« zwischen Künstler und Publikum einnimmt, der Kunst somit im klassischen Wirkbereich »dient« (BVerfGE **30**, 173; BVerfGE **119**, 1, 22). **Und**: Das gilt selbst dann, wenn der eigentliche Künstler gar nicht bekannt ist! Dem Verlag kommt auch in solchen Fällen eine eigene Grundrechtsposition aus Art. 5 Abs. 3 Satz 1 GG zu, denn der Verlag hilft gleichwohl dabei, ein Kunstwerk der breiten Öffentlichkeit zugänglich zu machen (BVerfGE **83**, 130). Eine Behinderung der Verlagstätigkeit des V wäre demnach, sofern keine Rechtfertigung vorliegt, ein Grundrechtsverstoß gegen Art. 5 Abs. 3 Satz 1 GG (BVerfGE **119**, 1).

> **Beachte**: Dass unser Verlag V keine natürliche, sondern als GmbH eine sogenannte *juristische Person* ist, hindert seine Grundrechtsberechtigung schließlich auch nicht. Gemäß Art. 19 Abs. 3 GG (aufschlagen!) gelten die Grundrechte nämlich auch für inländische juristische Personen, »*soweit sie ihrem Wesen nach auf diese anwendbar sind*«. Wie soeben gesehen, kann und soll die Kunstfreiheit nach dem Willen des Grundgesetzes auch Institutionen, wie etwa einen im klassischen künstlerischen »Wirkbereich« tätigen Verlag schützen. Die Kunstfreiheit ist somit ihrem Wesen nach auch auf juristische Personen anwendbar im Sinne des Art. 19 Abs. 3 GG (BVerwG NVwZ **2016**, 53; BVerfGE **30**, 173: BVerfGE **36**, 321; *von Mangold/Klein/Starck* Art. 19 GG Rz. 319).

ZE.: Der Verlag V kann sich auch als juristische Person des Privatrechts in Bezug auf die Verbreitung des Romans der *Josefine Mutzenbacher* auf die Kunstfreiheit des Art. 5 Abs. 3 Satz 1 GG berufen, seine Tätigkeit ist vom Schutzbereich des Grundgesetzes umfasst.

ZE.: Damit ist durch die Entscheidungen der Verwaltungsgerichte, die eine Streichung des Romans vom »Index« ablehnen, das Grundrecht des V aus Art. 5 Abs. 3 Satz 1 GG betroffen.

II. Es muss des Weiteren ein »Eingriff« in diesen Schutzbereich vorliegen.

Definition: Unter *Eingriff* versteht man jedes staatliche Handeln, das dem Einzelnen ein Verhalten, das in den Schutzbereich eines Grundrechts fällt, ganz oder teilweise unmöglich macht; hierbei ist gleichgültig, ob diese Wirkung final oder unbeabsichtigt eintritt (BVerfGE **105**, 279; BVerfGE **81**, 310; BVerfG NVwZ **2007**, 1049; *von Münch/Kunig* vor Art. 1 GG Rz. 34; *Jarass/Pieroth* vor Art. 1 GG Rz. 27/28; *Kingreen/Poscher* StaatsR II Rz. 253).

Hier: Die Urteile der Verwaltungsgerichte als Akte der öffentlichen Gewalt bestätigen die Weigerung der Behörde, den Roman von der Liste der jugendgefährdenden Medien zu nehmen. Durch diese Urteile wird der V in seinem aus Art. 5 Abs. 3 Satz 1 GG folgenden Recht, den Roman in Deutschland ungehindert zu vertreiben, erheblich beeinträchtigt, die Ausübung seines Grundrechts wird teilweise unmöglich gemacht. Wie oben gesehen, können Kunstwerke, die auf dem »Index« stehen, in Deutschland nicht mehr beworben, nicht mehr im- oder exportiert werden und sind nur noch auf ausdrückliche Nachfrage an Personen über 18 Jahre verkäuflich. Die Verbreitung des Romans ist damit praktisch nicht mehr möglich.

ZE.: Ein Eingriff in den Schutzbereich des Grundrechts des V liegt vor.

III. Der Eingriff darf verfassungsrechtlich nicht gerechtfertigt sein.

Obersatz: Der Eingriff in den Schutzbereich eines Grundrechts durch ein Urteil ist dann verfassungsrechtlich gerechtfertigt, wenn das betroffene Grundrecht *einschränkbar* ist, eine entsprechende *Schranke/ein Gesetz* besteht, diese Schranke selbst wiederum *verfassungsgemäß* ist (Schranken-Schranke) und auch die *konkrete* Anwendung und Auslegung der Schranke/des Gesetzes im Urteil der Verfassung bzw. den Grundrechten entspricht.

Prüfen wir mal:

1.) Nach dem Willen unserer Verfassung (bitte lies: Art. 5 Abs. 3 Satz 1 GG) wird die Kunstfreiheit *vorbehaltlos* gewährleistet, es finden sich keinerlei Schranken im Gesetzestext. **Und**: Nach allgemeiner Auffassung sind auch weder die Schranken des Art. 5 Abs. 2 GG noch die Schranken des Art. 2 Abs. 1 GG auf die Kunstfreiheit analog anwendbar (BVerfGE **30**, 171, 191; BVerfGE **67**, 213; BVerfGE **83**, 130).

Aber: Gleichwohl kann das Grundrecht aus Art. 5 Abs. 3 Satz 1 GG nicht komplett vorbehaltlos gewährleistet werden. Es unterliegt vielmehr, wie alle Grundrechte, den sogenannten »verfassungsimmanenten Schranken«. Die Kunstfreiheit ist daher immer an anderem, kollidierendem Verfassungsrecht zu messen, wobei die verschiedenen Verfassungsgüter dann in das uns inzwischen bekannte »Verhältnis praktischer Konkordanz« zu bringen sind. Die Verfassungsgüter müssen namentlich so gegeneinander abgewogen werden, dass, soweit möglich, jedes Rechtsgut in seinem Wesenskern erhalten bleiben und weiterhin zur Geltung kommen kann (BVerfG NVwZ **2016**, 1804; BVerfGE **93**, 1; BVerfGE 67, 213; AK-*Denninger* Einf. Rz. 46). Zudem müssen die Eingriffe in die Kunstfreiheit immer von einer gesetzlichen Grundlage getragen sein, also einem klassischen *Parlamentsgesetz* (BVerfGE 30, 173; *Jarass/Pieroth* Art. 5 GG Rz. 113 *von Münch/Kunig/Wendt* Art. 5 GG Rz. 96).

Durchblick: Was jetzt kommt, kennen wir eigentlich schon aus den vorherigen Fällen. In Ermangelung einer grundgesetzlich benannten Einschränkungsmöglichkeit, müssen wir jetzt – wieder mal – eine Abwägung *innerhalb* der Verfassung und der dort geschützten Rechtsgüter vornehmen. Das haben wir weiter vorne im Buch unter anderem bei dem Fall um die Religionsfreiheit (**Art. 4 Abs. 2 GG**) schon mal gemacht, denn auch die Religionsfreiheit ist im Grundgesetz scheinbar vorbehaltlos gewährleistet. Dort ging es dann um die Klage gegen ein *Gesetz* (wir erinnern uns: das nordrhein-westfälische Schulgesetz, das das Tragen von Kopftüchern verbieten sollte, vgl. vorne Fall Nr. 3), wobei die Grundrechtsträgerin die (positive) *Religionsfreiheit* für sich reklamierte, während der Staat auf der anderen Seite die politische und religiöse Neutralität an den staatlichen Schulen sowie die *negative Religionsfreiheit* der betroffenen Schüler ins Spiel brachte. Am Ende gewann bekanntlich der Staat. Hier in unserem Fall will sich der Grundrechtsträger (der Verlag) nun gegen ein Urteil wehren und behauptet durch die Aufnahme des Romans um Frau *Mutzenbacher* in die Liste der »jugendgefährdenden Medien« die Verletzung seines Grundrechts aus Art. 5 Abs. 3 Satz 1 GG. Unsere Aufgabe besteht nun darin, die Verfassungsgüter zu suchen, die dem wiederum entgegen stehen könnten – und diese dann mit der Kunstfreiheit in ein Verhältnis »praktischer Konkordanz« (= die Grundrechte der verschiedenen Grundrechtsträger müssen in einem ausgewogenen Verhältnis stehen) zu bringen.

Und das geht so: Der Verlag V möchte unter Berufung auf sein Grundrecht aus Art. 5 Abs. 3 Satz 1 GG die Streichung des Romans um Frau *Mutzenbacher* aus der Liste der »jugendgefährdenden Medien« (dem »Index«) erreichen. Wir haben soeben festgestellt, dass das Grundrecht aus Art. 5 Abs. 3 Satz 1 GG zwar nach dem Wortlaut des Grundgesetzes vorbehaltlos gewährleistet wird, gleichwohl aber den verfassungsimmanenten Schranken unterliegt und dafür zudem ein Parlamentsgesetz notwendig ist. Damit können wir, bezogen auf unseren Obersatz, als Zwischenergebnis jetzt Folgendes festhalten:

ZE.: Das hier betroffene Grundrecht aus Art. 5 Abs. 3 Satz 1 GG ist grundsätzlich einschränkbar, und zwar durch die möglichen verfassungsimmanenten Schranken, die sich in einem Parlamentsgesetz manifestiert haben müssen.

2.) Es muss des Weiteren also eine Schranke zu Art. 5 Abs. 3 Satz 1 GG in Form eines Parlamentsgesetzes existieren.

Hier: Das JuSchG ist eine solche gesetzliche Schranke. Es schreibt in seinem § 18 JuSchG vor, unter welchen Voraussetzungen ein Medium in die Liste jugendgefährdender Medien aufgenommen werden soll: Unter anderem dann, wenn ein Medium einen kinderpornografischen Inhalt verbreitet, ist es gemäß § 18 Abs. 2 JuSchG als jugendgefährdend einzustufen und in die Liste der jugendgefährdenden Medien aufzunehmen.

ZE.: Es besteht im vorliegenden Fall in Gestalt des § 18 JuSchG eine ordnungsgemäße gesetzliche Schranke in Bezug auf Art. 5 Abs. 3 Satz 1 GG.

3.) Die Schranke selbst müsste *verfassungsgemäß* sein (»Schranken-Schranke«).

Hier: Kein Problem. Ausweislich der Sachverhaltsangabe ist das JuSchG formell und materiell verfassungsgemäß.

ZE.: Die gesetzliche Schranke in Bezug auf Art. 5 Abs. 3 Satz 1 GG in Gestalt des § 18 JuSchG ist verfassungsgemäß.

4.) Schließlich müssen die Verwaltungsgerichte den § 18 JuSchG, also die verfassungsgemäße Schranke des Art. 5 Abs. 3 Satz 1 GG, im konkreten Urteil auch *verfassungsgemäß* angewendet haben. Nur unter diesen Voraussetzungen ist der Eingriff in die Grundrechtsposition des Verlages V auch gerechtfertigt. Eine solche *verfassungsgemäße* Anwendung des JuSchG setzt selbstverständlich voraus, dass dabei die Grundrechte sämtlicher Betroffenen und/oder die Güter von Verfassungsrang hinreichend berücksichtigt werden: Während auf der einen Seite der Verlag V sein Grundrecht aus Art. 5 Abs. 3 Satz 1 GG reklamiert, stellt sich nun die Frage, welche anderen Güter von Verfassungsrang dem gegenüberstehen. Und das ist keine wirklich schwere Frage, denn das JuSchG, um dessen Anwendung es hier ausnahmslos geht, soll selbstverständlich die vernünftige Entwicklung der Jugend und zudem auch den elterlichen Erziehungsauftrag schützen. Beides sind Werte von absolutem Verfassungsrang und finden im Grundgesetz auch ihren ausdrücklichen Niederschlag in **Art. 6 Abs. 2 GG** (prüfen, bitte).

Frage: Wie bringt man angesichts des kinderpornografischen Romans um Frau *Mutzenbacher* nun die Kunstfreiheit sowie den Schutz der Jugend und den elterlichen Erziehungsauftrag in ein Verhältnis »praktischer Konkordanz«?

Überraschende Antwort: Das Bundesverfassungsgericht erklärte im November 1990 zur Verblüffung aller Beteiligten die Entscheidungen der Verwaltungsgerichte, wonach die Aufnahme in die Liste der jugendgefährdenden Medien Bestand haben sollte, für verfassungswidrig. Wörtlich heißt es im Urteil:

> *»… Die Entscheidungen der Verwaltungsgerichte verletzen die Verfassung, da sie die Kunstfreiheit des Art. 5 Abs. 3 Satz 1 GG nicht hinreichend berücksichtigen. Sie sind daher aufzuheben. Die Gerichte haben zwar die Tatbestandsvoraussetzungen des § 18 JuSchG geprüft und bejaht, allerdings ohne die von Art. 5 Abs. 3 Satz 1 GG gebotene **Gesamtabwägung** vorzunehmen. Alleine die tatbestandsmäßige Subsumtion unter § 18 JuSchG genügt nicht, um die einschneidende Maßnahme gegenüber dem Verlag zu rechtfertigen. Von Verfassungs wegen geschuldet ist vielmehr eine umfassende Abwägung der widerstreitenden Interessen. Da Kunstwerke durchaus sexuelle Bezüge aufweisen können, sind die angegriffenen Gerichtsentscheidungen geeignet, die **Bereitschaft** zu künstlerischer Äußerung zu **mindern** oder zumindest den **Wirkbereich** gleichwohl hergestellter Kunstwerke merklich einzuengen. Die vorbehaltlos gewährleistete Kunstfreiheit sowie die ihrer Ausübung entgegenstehenden Belange des Kinder- und Jugendschutzes müssen aus diesem Grund zur **praktischen Konkordanz** gebracht werden. Keinem der Rechtsgüter kommt aber von vornherein Vorrang gegenüber dem anderen zu …*

> *… Bei der Kollision der Kunstfreiheit mit den Interessen des Kinder- und Jugendschutzes kann die von der Verfassung geforderte Konkordanz indes nicht allein durch isolierte Betrachtung des Werkes an sich erfolgen. Kunstwerke können nicht nur auf der ästhetischen, sondern auch auf der **realen Ebene** Wirkungen entfalten. Gerade Kinder und Jugendliche werden häufig den vollen Gehalt eines Kunstwerks gar nicht ermessen können. Dies gilt nicht nur für labile, gefährdungsgeneigte Jugendliche, sondern auch für diejenigen Kinder und Jugendlichen, die kraft Veranlagung oder Erziehung gegen schädigende Einflüsse ohnehin weitgehend geschützt sind. **Aber**: In der Konsequenz dieser Erkenntnis liegt es jedoch nicht, dem Belang des Jugendschutzes stets Vorrang einzuräumen. Es bleibt trotzdem bei dem Gebot der Abwägung. Eine solche fehlt aber hier: Die Gerichte haben lediglich festgestellt, dass der Roman wegen seines kinderpornografischen Inhalts an sich als jugendgefährdend eingestuft werden kann. Es fehlt hingegen die Beantwortung der Frage, welchen schädigenden Einfluss die konkrete Schrift tatsächlich ausüben kann und warum der **Wirkbereich**, also die Verbreitung, einer solchen massiven Beschränkung unterworfen sein soll. Dies schließt nicht nur eine Betrachtung der Frage ein, in welchem Maße die Akzeptanz erotischer Darstellungen im Zuge sich ganz allgemein ausbreitender Offenheit im Umgang mit Sexualität gestiegen ist. Die reine Feststellung, eine Schrift sei jugendgefährdend, rechtfertigt nicht ohne weiteres Ihre Indizierung, insbesondere wenn künstlerische Aspekte eine Rolle spielen.*

> *Die Kunstfreiheit umfasst unstreitig auch die Wahl eines jugendgefährdenden, insbesondere Gewalt und Sexualität thematisierenden Subjets sowie dessen Be- und Verarbeitung nach der vom Künstler selbst gewählten Darstellungsart. Sie wird um so eher **Vorrang** beanspruchen können, je mehr die den Jugendlichen gefährdenden Darstellungen künstlerisch gestaltet und in die Gesamtkonzeption des Kunstwerkes eingebettet sind. Die Prüfung, ob jugendgefährdende Passagen eines Werkes nicht oder nur lose in ein künstlerisches Konzept eingebunden sind, erfordert eine umfassende Interpretation, die hier indessen nicht erkennbar ist.*

> *Weiterhin kann für die Bestimmung des Gewichtes, das der Kunstfreiheit bei der Abwägung mit den Belangen des Jugendschutzes beizumessen ist, auch dem **Ansehen**, das ein Werk beim Publikum genießt, indizielle Bedeutung zukommen. **Echo** und **Wertschätzung**, die es in Kritik und Wissenschaft gefunden hat, können Anhaltspunkte für die Beurteilung ergeben, ob der Kunstfreiheit Vorrang einzuräumen ist. Diese aus Art. 5 Abs. 3 Satz 1 GG abzuleitenden Prüfungsanforderungen binden die Gerichte. Da eine entsprechende Abwägung vorliegend nicht erkennbar ist, mussten die Entscheidungen aufgehoben werden. Welches Ergebnis eine Abwägung nach den dargelegten verfassungsrechtlichen Grundsätzen haben wird, ist offen und bleibt einer neuen Entscheidung der Bundesprüfstelle vorbehalten.«*

Also: Einfach so einen Schmuddelroman verbieten, geht nach Meinung des Bundesverfassungsgerichts nicht. Erforderlich ist, sofern es sich um ein Kunstwerk handelt, vielmehr eine Abwägung der widerstreitenden Interessen mit dem Ziel der Herstellung einer **praktischen Konkordanz**. Eine solche Abwägung aber hatten die Gerichte gar nicht vorgenommen, sondern vielmehr nur unter das JuSchG subsumiert und dem Kinder- und Jugendschutz grundsätzlich Vorrang eingeräumt. Insbesondere fehlte eine fundierte Auseinandersetzung mit den **Wirkungen** des Romans auf die zu schützende Jugend unseres Landes.

ZE.: Nach Ansicht des Bundesverfassungsgerichts verletzen die Entscheidungen der Verwaltungsgerichte das Grundrecht des V aus Art. 5 Abs. 3 Satz 1 GG, da es an einer Abwägung der widerstreitenden Interessen fehlt.

Aber: Das war leider noch nicht das letzte Wort. Die durch das Urteil des Bundesverfassungsgerichts vom 27. November 1990 geohrfeigte Bundesprüfstelle verbot den Roman am **5. November 1992** erneut. Den Hinweisen des Urteils entsprechend, hatte die Prüfstelle inzwischen mehrere Gutachten von verschiedenen Rechtsprofessoren und Psychologen – unter anderem zu den **Wirkungen** des Romans in Bezug auf Jugendliche – erstellen lassen. Aus den Gutachten ergab sich nun, dass eine verfassungsrechtliche Abwägung zwischen **Kunstfreiheit** und **Jugendschutz** eindeutig zugunsten des Jugendschutzes ausfallen und das Buch daher doch verboten werden müsse. Die Prüfstelle hatte also innerhalb von zwei Jahren das nachgeholt, was das Bundesverfassungsgericht im November 1990 noch bemängelte.

Gegen dieses neuerliche Verbot erhob der Verlag V – mit eigenen, gegenläufigen Gutachten – selbstverständlich wiederum Klage, die dann beim Oberverwaltungsgericht in Münster landete, das mit Urteil vom **11. September 1997** dann den rechtskräftigen Schlussstrich unter die ganze Geschichte um Frau *Josefine Mutzenbacher* setzte (Az.: 20 A 6471/95). Die durchaus klaren Worte der nordrhein-westfälischen Verwaltungsrichter schauen wir uns zum krönenden Abschluss auch noch an:

> *»... Gegen die eindeutig **jugendgefährdende Wirkung** des Romans ist seitens des Verlages nun nichts Substantielles mehr vorgebracht worden. Die Kunstfreiheit muss hinter dem Jugendschutz zurücktreten. Der Roman erschöpft sich vollständig in einer Aneinanderreihung pornografischer Episoden, an denen Kinder und Jugendliche maßgeblich beteiligt sind. Die Hauptfigur der Josefine Mutzenbacher agiert dabei im Alter zwischen 7 und 13 Jahren. Inzestuöse Szenen zwischen Geschwistern sowie zwischen Kindern und ihren Eltern werden de-*

tailreich geschildert ... Hinweise, die dem jugendlichen Leser signalisieren könnten, dass diese Erlebnisse der Titelgestalt problematisch und kritisch zu betrachten sein könnten, finden sich an keiner Stelle. Folgerichtig fehlt etwa jede Andeutung, dass eines der Kinder einen Schaden erlitten hätte. Die erwachsenen Sexualpartner – bei Licht betrachtet handelt es sich um **Kinderschänder** *– finden zudem ihre Rechtfertigung, nämlich als Opfer der eigenen unbeherrschbaren Sexualität, als Opfer triebhafter, genusssüchtiger Kinder oder schlicht als geschäftsmäßig auftretende Kunden ...*

Und zu den angeblich geänderten Moralvorstellungen heißt es:

... Auch wenn heute nicht mehr generell von einer gesellschaftlichen Verachtung oder einem Unwert von Prostitution und Promiskuität gesprochen werden kann, so ist doch nichts greifbar, was Jugendliche in den Stand versetzen würde, deren Aufwertung im Roman angemessen zu verarbeiten ... Die Belange des Jugendschutzes überwiegen daher in einem Maße, das eine weitergehende Ermittlung und Differenzierung **unverhältnismäßig** *erscheinen lässt. Es mag angehen, dass der Roman unterschiedlich interpretiert werden kann. Dies dürfte auf vergleichbare Darstellungen von Kindesmissbrauch und die Würde verletzender Pornografie ganz allgemein zutreffen, die mit wissenschaftlichen Mitteln der Psychoanalyse etwa auf ihre Ursachen untersucht werden können.* **Mitnichten** *sind derartige Darstellungen aber bereits deshalb Beispiele für eine wichtige psychoanalytische, die kindliche Sexualität behandelnde Theorie Sigmund Freuds, wie der Verlag behauptet. Hinweise auf eine über die vordergründige Geschehen hinausweisende Bedeutung der Schilderung, eine Einbettung in einen übergeordneten, auch künstlerischen Kontext bleiben im vorliegenden Roman überaus dürftig.*

... Schließlich ist auch nicht nachgewiesen, dass gerade die Darstellung und Verarbeitung des Inzest-Motivs dem Roman einen Rang innerhalb thematisch verwandter Weltliteratur verschafft und nicht nur die Funktion einer Verschärfung des Reizes hat. Für das Gewicht der durch den Roman beförderten Belange der Kunst ergeben sich daher **keinerlei** *Anhaltspunkte. Bei werkgerechter Interpretation präsentiert der Roman keinen auf das Sexuelle bezogenen Entwicklungsroman und noch weniger einen sozialkritischen, psychologisch untermauerten Entwurf der Wiener Gesellschaft der Zeit, sondern ein auf kommerzielle Verbreitung abzielendes Wunschbild der potenziellen voyeuristischen und (überwiegend wohl* **männlichen)** *Leserschaft. Ihm geht es jedenfalls ganz vorrangig um die Erreichung des* **banalen,** *von vornherein implizierten Zweckes, nämlich den* **Leser zu erregen.** *Deshalb ist die tragende Intention des Buches als das zu charakterisieren, was sie eigentlich sein will und wie sie auch öffentlich wahrgenommen wird: ›Beste Pornografie‹, nicht weniger, aber auch nicht mehr. Bei der Gesamtwürdigung der so zu gewichtenden widerstreitenden Belange ist mithin klar, dass sich die Abwägung innerhalb des durch das Bundesverfassungsgericht in seiner Entscheidung vom 27. November 1990 gekennzeichneten Bereichs hält und eindeutig zugunsten des* **Jugendschutzes** *ausfallen muss. Praktische Konkordanz kann im vorliegenden Falle nur erreicht werden, wenn die Belange der Kunstfreiheit zurücktreten ...«*

Also: Das liest sich nachvollziehbar – und deshalb war diese Entscheidung auch der Schluss-Strich unter die lange Geschichte um unserer Frau *Mutzenbacher* aus Wien. Das Buch ist übrigens wegen dieser Entscheidung des OVG Münster vom 11. September 1997 bis heute auf dem *Index* und wird da vermutlich auch bleiben.

Ergebnis: Nach heutigem Stand wäre die Verfassungsbeschwerde des Verlages V **unbegründet**, da eine Güterabwägung im vorliegenden Fall zugunsten des *Jugendschutzes* und zulasten der Kunstfreiheit ausfällt.

Prüfungsschema 5

Begründetheit der Verfassungsbeschwerde (Art. 5 Abs. 3 Satz 1 GG)

Problem: Kunstfreiheit gegen Jugendschutz/elterlichen Erziehungsauftrag

Obersatz: Die Verfassungsbeschwerde ist begründet, wenn der Beschwerdeführer durch das Urteil in einem seiner Grundrechte oder in einem der in Art. 93 Abs. 1 Nr. 4a GG genannten grundrechtsgleichen Rechte verletzt ist. Eine solche Verletzung liegt dann vor, wenn durch das Urteil in den *Schutzbereich* eines Grundrechts *eingegriffen* wurde und dieser Eingriff verfassungsrechtlich *nicht gerechtfertigt* ist.

I. Schutzbereich des Art. 5 Abs. 3 Satz 1 GG

1. Problem: Es gibt drei verschiedene Kunstbegriffe:

→ Formeller Kunstbegriff

→ materieller Kunstbegriff (»Mephisto«)

→ offener Kunstbegriff

2. Problem: Grundrechtsträger können neben den Künstlern auch dritte Personen und Institutionen sein, die der Kunst »**dienen**«, beachte dann auch Art. 19 Abs. 3 GG.

II. Zum Eingriffsbegriff, vgl. Prüfungsschema 1 vorne.

III. Ist der Grundrechtseingriff durch das Urteil *verfassungsrechtlich gerechtfertigt?*

1.) Grundrecht aus **Art. 5 Abs. 3 Satz 1 GG** ist nur einschränkbar

→ durch *kollidierendes Verfassungsrecht* in Form eines Parlamentsgesetzes.

2.) Es muss eine entsprechende *Schranke/ein Parlamentsgesetz* existieren.

3.) Diese Schranke/Gesetz muss selbst *verfassungsgemäß* sein (Schranken-Schranke):
→ Prüfung der formellen und materiellen Rechtmäßigkeit des Gesetzes.

4.) Die konkrete Anwendung der Schranke/des Gesetzes im Urteil muss die infrage stehenden Verfassungsgüter, also die Kunstfreiheit und die ihr entgegenstehenden (Grund-)Rechte in ein Verhältnis *praktischer Konkordanz* bringen.

Gutachten

Die Verfassungsbeschwerde des Verlages V ist begründet, wenn V durch die verwaltungsgerichtlichen Urteile in einem seiner Grundrechte oder in einem der in Art. 93 Abs. 1 Nr. 4a GG genannten grundrechtsgleichen Rechte verletzt ist. Eine solche Verletzung liegt dann vor, wenn durch einen Akt der öffentlichen Gewalt in den Schutzbereich eines Grundrechts eingegriffen wurde und dieser Eingriff verfassungsrechtlich nicht gerechtfertigt ist.

I. Durch die Entscheidungen der Verwaltungsgerichte müsste ein Grundrecht des V in seinem Schutzbereich betroffen sein.

V wird es durch die verweigerte Streichung aus der Liste nahezu unmöglich gemacht, den streitgegenständlichen Roman zu veräußern bzw. an die Öffentlichkeit zu bringen. Es fragt sich, ob diese Beschränkung des Verlages tatsächlich den Schutzbereich der Kunstfreiheit betrifft, namentlich ob der Roman zum einen überhaupt als Kunst im Sinne des Art. 5 Abs. 3 Satz 1 GG anzusehen ist und zum anderen, ob der Verlag, dessen Mitarbeiter den Text selbst gar nicht verfasst haben und den Autor auch nicht kennen, sich hierauf berufen kann.

1. Zu prüfen ist demnach zunächst, ob der kinderpornografische Roman überhaupt unter den Kunstbegriff des Art. 5 Abs. 3 Satz 1 GG subsumiert werden kann.

Der Begriff der Kunst im Sinne des Art. 5 Abs. 3 Satz 1 GG ist nach allgemeiner Meinung nicht in einer einzelnen Definition erfassbar. Kunst zeichnet sich dadurch aus, dass sie nicht starr und definierbar sein kann und möchte. Nach allgemeiner Meinung lässt sich die Kunst in drei Darstellungskategorien einteilen: Nach dem sogenannten »formellen« Kunstbegriff liegt das Wesentliche der Kunst darin, dass das zu beurteilende Werk einem bestimmten Werktyp, wie etwa dem Malen, dem Bildhauen, dem Dichten, dem Theaterspielen, dem Schreiben, dem Komponieren, dem Musizieren usw. zugeordnet werden kann. Nach dem sogenannten »materiellen« Kunstbegriff liegt Kunst vor, wenn durch freie schöpferische Gestaltung bestimmte Eindrücke, Erfahrungen, Erlebnisse des Künstlers durch das Medium einer bestimmten Formsprache zur unmittelbaren Anschauung gebracht werden. Künstlerische Tätigkeit ist ein Ineinander von bewussten und unbewussten Vorgängen, die rational nicht aufzulösen sind. Nach dem sogenannten »offenen« Kunstbegriff liegt Kunst schließlich dann vor, wenn das kennzeichnende Merkmal einer künstlerischen Äußerung darin liegt, dass es wegen der Mannigfaltigkeit ihres Aussagegehaltes möglich ist, der Darstellung im Wege einer fortgesetzten Interpretation immer weiter reichende Bedeutungen zu entnehmen, sodass sich eine praktisch unerschöpfliche, vielstufige Informationsvermittlung ergibt.

Der kinderpornografische Roman müsste Kunst in einem der gerade benannten Sinne sein. Zwar mag es noch zweifelhaft sein, ob die Annahme von Kunst schon allein deshalb zu bejahen ist, weil sich das Werk als Roman bezeichnet und damit fraglos das Ergebnis einer anerkannten künstlerischen Tätigkeit – der eines Schriftstellers – darstellt (formaler Kunstbegriff). Das Werk weist aber in jedem Falle auch die der Kunst eigenen Strukturmerkmale auf (materieller Kunstbegriff): Es ist Ergebnis freier schöpferischer Gestaltung, in der Eindrücke, Erfahrungen und Phantasien des Autors in der literarischen Form des Romans zum Ausdruck kommen. Elemente schöpferischer Gestaltung können zum Beispiel in der Verwendung der wienerischen Vulgärsprache als Stilmittel gesehen werden. Der Roman lässt außerdem eine Reihe von Interpretationen zu, die auf eine künstlerische Absicht schließen lassen. So könnte er etwa als eine Persiflage auf den Entwicklungsroman aufgefasst werden. Ferner ließe sich die Titelheldin als Verkörperung männlicher Sexualphantasien deuten, die als Reaktion auf eine Erziehung gesehen werden, deren Ziel die Unterdrückung des Geschlechtlichen war. Dass der Roman möglicherweise zugleich als Pornografie anzusehen ist, nimmt ihm nicht die Kunsteigenschaft. Kunst und Pornografie schließen sich nicht gegenseitig aus. Die Kunsteigenschaft beurteilt sich vielmehr nach den bekannten und insoweit neutralen Kriterien. Ihre Anerkennung darf nicht von einer staatlichen Stil-, Niveau- und Inhaltskontrolle oder von einer Beurteilung der Wirkungen des Kunstwerks auf die Umwelt abhängig gemacht werden. Solche Gesichtspunkte können allenfalls bei der Prüfung der Frage eine Rolle spielen, ob die Kunstfreiheit konkurrierenden Rechtsgütern von Verfassungsrang zu weichen hat. Den Kunstbegriff an sich berührt dies indessen nicht.

Zwischenergebnis: Der streitgegenständliche Roman unterliegt dem Kunstbegriff des Art. 5 Abs. 3 Satz 1 GG.

2. Zu klären ist des Weiteren, ob sich der Verlag V, der den Roman als Taschenbuch neu herausgebracht hat und den Autor des Romans selbst gar nicht kennt, auch auf die Kunstfreiheit des Art. 5 Abs. 3 Satz 1 GG berufen kann. Zu beachten ist insoweit Folgendes: Während man die Herstellung des Kunstwerkes durch den Künstler als sogenannten »Werkbereich« bezeichnet, stellt die Vermittlung des Kunstwerkes an Dritte/die Öffentlichkeit den sogenannten »Wirkbereich« dar. Beide Bereiche unterliegen nach allgemeiner Meinung dem Schutz der Kunstfreiheit des Art. 5 Abs. 3 Satz 1 GG und dürfen folglich vom Staat nicht behindert werden. Der Schutz umfasst dabei namentlich auch die Personen oder Institutionen, die das Kunstwerk der Öffentlichkeit zugänglich machen, ihm also eine öffentliche »Wirkung« geben, also zum Beispiel Verleger, Filmproduzenten, Schallplatten- oder CD-Hersteller, Museumsbetreiber, Aussteller usw. Dieser Grundrechtsschutz entfällt nur, wenn er dazu dienen soll, gegen den Künstler rein kommerzielle Interessen durchzusetzen; dann »dient« der Dritte nicht mehr der Kunst, sondern nur sich selbst.

Der V-Verlag kann sich demnach auf die Kunstfreiheit berufen, da er eine unentbehrliche Mittlerfunktion zwischen Künstler und Publikum einnimmt, der Kunst somit im klassischen Wirkbereich »dient«. Und das gilt selbst dann, wenn der eigentliche Künstler gar nicht bekannt ist. Dem Verlag kommt auch in solchen Fällen eine eigene Grundrechtsposition aus Art. 5 Abs. 3 Satz 1 GG zu, denn der Verlag hilft gleichwohl dabei, ein Kunstwerk der Öffentlichkeit zugänglich zu machen.

3.) Dass der Verlag V keine natürliche, sondern als GmbH eine sogenannte juristische Person ist, hindert seine Grundrechtsberechtigung schließlich auch nicht. Gemäß Art. 19 Abs. 3 GG gelten die Grundrechte auch für inländische juristische Personen, soweit sie ihrem Wesen nach auf diese anwendbar sind. Wie soeben gesehen, kann und soll die Kunstfreiheit nach dem Willen des Grundgesetzes auch Institutionen, wie etwa einen im klassischen künstlerischen »Wirkbereich« tätigen Verlag schützen. Die Kunstfreiheit ist somit ihrem Wesen nach auch auf juristische Personen anwendbar im Sinne des Art. 19 Abs. 3 GG. Der Verlag V kann sich auch als juristische Person des Privatrechts in Bezug auf die Verbreitung des Romans auf die Kunstfreiheit des Art. 5 Abs. 3 Satz 1 GG berufen, seine Tätigkeit ist vom Schutzbereich des Grundgesetzes umfasst.

Zwischenergebnis: Damit ist durch die Entscheidungen der Verwaltungsgerichte, die eine Streichung des Romans vom »Index« ablehnen, das Grundrecht des V aus Art. 5 Abs. 3 Satz 1 GG betroffen.

II. Es muss des Weiteren ein Eingriff in diesen Schutzbereich vorliegen. Unter Eingriff versteht man jedes staatliche Handeln, das dem Einzelnen ein Verhalten, das in den Schutzbereich eines Grundrechts fällt, ganz oder teilweise unmöglich macht; hierbei ist gleichgültig, ob diese Wirkung final oder unbeabsichtigt eintritt. Die Urteile der Verwaltungsgerichte als Akte der öffentlichen Gewalt bestätigen die Weigerung der Behörde, den Roman von der Liste der jugendgefährdenden Medien zu nehmen. Durch diese Urteile wird der V in seinem aus Art. 5 Abs. 3 Satz 1 GG folgenden Recht, den Roman in Deutschland ungehindert zu vertreiben, erheblich beeinträchtigt, die Ausübung seines Grundrechts wird teilweise unmöglich gemacht. Kunstwerke, die auf dem »Index« stehen, können in Deutschland nicht mehr beworben, nicht mehr im- oder exportiert werden, und sind nur noch auf ausdrückliche Nachfrage an Personen über 18 Jahre verkäuflich. Die Verbreitung des Romans ist damit praktisch nicht mehr möglich.

Zwischenergebnis: Ein Eingriff in den Schutzbereich des Grundrechts des V liegt vor.

III. Der Eingriff darf verfassungsrechtlich nicht gerechtfertigt sein.

Der Eingriff in den Schutzbereich eines Grundrechts durch ein Urteil ist dann verfassungsrechtlich gerechtfertigt, wenn das betroffene Grundrecht einschränkbar ist, eine entsprechende Schranke besteht, diese Schranke selbst wiederum verfassungsgemäß ist (Schranken-Schranke) und auch die konkrete Anwendung und Auslegung der Schranke/des Gesetzes im Urteil der Verfassung bzw. den Grundrechten entspricht.

1.) Nach dem Wortlaut des Verfassungstextes wird die Kunstfreiheit vorbehaltlos gewährleistet, es finden sich keinerlei Schranken im Grundgesetz. Nach allgemeiner Auffassung sind des Weiteren auch weder die Schranken des Art. 5 Abs. 2 GG noch die Schranken des Art. 2 Abs. 1 GG auf die Kunstfreiheit analog anwendbar. Gleichwohl kann das Grundrecht aus Art. 5 Abs. 3 Satz 1 GG nicht komplett vorbehaltlos gewährleistet werden. Es unterliegt vielmehr, wie alle Grundrechte, den sogenannten verfassungsimmanenten Schranken. Die Kunstfreiheit ist daher immer an anderem, kollidierendem Verfassungsrecht zu messen, wobei die verschiedenen Verfassungsgüter in das Verhältnis praktischer Konkordanz zu bringen sind. Die Verfassungsgüter müssen namentlich so gegeneinander abgewogen werden, dass jedes Rechtsgut in seinem Wesenskern erhalten bleiben und weiterhin zur Geltung kommen kann. Zudem müssen die Eingriffe in die Kunstfreiheit immer von einer gesetzlichen Grundlage getragen sein, also einem klassischen Parlamentsgesetz.

Zwischenergebnis: Das hier betroffene Grundrecht aus Art. 5 Abs. 3 Satz 1 GG ist grundsätzlich einschränkbar, und zwar durch die möglichen verfassungsimmanenten Schranken, die sich in einem Parlamentsgesetz manifestiert haben müssen.

2.) Es muss des Weiteren also eine Schranke zu Art. 5 Abs. 3 Satz 1 GG in Form eines Parlamentsgesetzes existieren. Das JuSchG ist eine solche gesetzliche Schranke. Es schreibt in seinem § 18 JuSchG vor, unter welchen Voraussetzungen ein Medium in die Liste jugendgefährdender Medien aufgenommen werden soll. Unter anderem dann, wenn ein Medium einen kinderpornografischen Inhalt verbreitet, ist es gemäß § 18 Abs. 2 JuSchG als jugendgefährdend einzustufen und in die Liste der jugendgefährdenden Medien aufzunehmen.

Zwischenergebnis: Es besteht im vorliegenden Fall in Gestalt des § 18 JuSchG eine ordnungsgemäße gesetzliche Schranke in Bezug auf Art. 5 Abs. 3 Satz 1 GG.

3.) Die Schranke selbst müsste verfassungsgemäß sein. Ausweislich der Sachverhaltsangabe ist das JuSchG formell und materiell verfassungsgemäß.

Zwischenergebnis: Die gesetzliche Schranke in Bezug auf Art. 5 Abs. 3 Satz 1 GG in Gestalt des § 18 JuSchG ist verfassungsgemäß.

4.) Schließlich müssen die Verwaltungsgerichte den § 18 JuSchG im konkreten Urteil auch verfassungsgemäß angewendet haben. Nur unter diesen Voraussetzungen ist der Eingriff in die Grundrechtsposition des Verlages V auch gerechtfertigt. Eine solche verfassungsgemäße Anwendung des JuSchG setzt voraus, dass dabei die Grundrechte sämtlicher Betroffenen und/oder die Güter von Verfassungsrang hinreichend berücksichtigt werden: Während auf der einen Seite der Verlag V sein Grundrecht aus Art. 5 Abs. 3 Satz 1 GG reklamiert, stellt sich nun die Frage, welche anderen Güter von Verfassungsrang dem gegenüberstehen. Insoweit kommen erkennbar die vernünftige Entwicklung der Jugend und zudem auch der elterlichen Erziehungsauftrag infrage. Hierbei handelt es um Werte von absolutem Verfassungsrang, die im Grundgesetz ihren ausdrücklichen Niederschlag in Art. 6 Abs. 2 GG finden. Die benannten Rechtsgüter müssen nunmehr mit der Kunstfreiheit in ein Verhältnis praktischer Konkordanz gebracht werden.

Hierbei sprechen die besseren Argumente für eine verfassungsgemäße Anwendung des JugendSchG durch die Verwaltungsgerichte, und zwar: Auch wenn in heutiger Zeit nicht mehr generell von einer gesellschaftlichen Verachtung oder einem Unwert von Prostitution und Promiskuität gesprochen werden kann, so ist doch nichts greifbar, was Jugendliche in den Stand versetzen würde, deren Aufwertung im Roman angemessen zu verarbeiten. Die Belange des Jugendschutzes überwiegen daher in einem Maße, das eine weitergehende Ermittlung und Differenzierung unverhältnismäßig erscheinen lässt. Es mag angehen, dass der Roman unterschiedlich interpretiert werden kann. Dies dürfte auf vergleichbare Darstellungen von Kindesmissbrauch und die Würde verletzender Pornografie ganz allgemein zutreffen, die mit wissenschaftlichen Mitteln der Psychoanalyse etwa auf ihre Ursachen untersucht werden können. Mitnichten sind derartige Darstellungen aber bereits deshalb Beispiele für eine wichtige psychoanalytische, die kindliche Sexualität behandelnde Theorie Sigmund Freuds. Hinweise auf eine über das vordergründige Geschehen hinausweisende Bedeutung der Schilderung, eine Einbettung in einen übergeordneten, auch künstlerischen Kontext bleiben im vorliegenden Roman überaus dürftig. Schließlich ist auch nicht nachgewiesen, dass gerade die Darstellung und Verarbeitung des Inzest-Motivs dem Roman einen Rang innerhalb thematisch verwandter Weltliteratur verschafft und nicht nur die Funktion einer Verschärfung des Reizes hat. Für das Gewicht der durch den Roman beförderten Belange der Kunst ergeben sich angesichts dessen keinerlei Anhaltspunkte. Bei werkgerechter Interpretation präsentiert der Roman keinen auf das Sexuelle bezogenen Entwicklungsroman und noch viel weniger einen sozialkritischen, psychologisch untermauerten Entwurf der Wiener Gesellschaft der Zeit, sondern ein auf kommerzielle Verbreitung abzielendes Wunschbild der potenziellen voyeuristischen und (überwiegend wohl männlichen) Leserschaft. Ihm geht es jedenfalls ganz vorrangig um die Erreichung des banalen, von vornherein implizierten Zweckes, nämlich den Leser zu erregen. Deshalb ist die tragende Intention des Buches als das zu charakterisieren, was sie eigentlich sein will und wie sie auch öffentlich wahrgenommen wird: Pornografie, nicht weniger, aber auch nicht mehr. Bei der Gesamtwürdigung der so zu gewichtenden widerstreitenden Belange ist mithin klar, dass sich die Abwägung eindeutig zugunsten des Jugendschutzes ausfallen muss. Praktische Konkordanz kann im vorliegenden Falle nur erreicht werden, wenn die Belange der Kunstfreiheit zurücktreten.

Ergebnis: Die Verfassungsbeschwerde des Verlages V ist unbegründet, eine Güterabwägung fällt im vorliegenden Fall zugunsten des Jugendschutzes und zulasten der Kunstfreiheit aus.

Fall 6

Erst anmelden – dann spontan versammeln!

Die Bundesregierung hat angekündigt, die Ausbildungsförderung in Deutschland (das sogenannte »Bafög«) massiv zu kürzen. Als Rechtsstudent R aus Köln während einer Vorlesung per Zufall erfährt, dass der Bundesbildungsminister in einer knappen Stunde einen Vortrag zu diesem Thema an der Kölner Universität halten will, ruft R seine Kommilitonen spontan zu einer Demonstration auf. Etwa 250 Studenten verlassen daraufhin den Hörsaal und versammeln sich vor dem Universitätsgebäude, um gegen die geplante Kürzung des Bafög zu demonstrieren. Die vom Rektor eilig herbeigerufene Polizei löst die Versammlung indes nur wenige Minuten später wieder auf und erklärt den Demonstranten, gemäß § 14 Abs. 1 des *Versammlungsgesetzes* (VersG) hätte die Versammlung mindestens 48 Stunden vorher angemeldet werden müssen. Da keine Anmeldung vorliege, sei die Versammlung gemäß § 15 Abs. 3 VersG aufzulösen, zumal sie dem Ansehen der Universität schade und unbeteiligte Studenten unter Umständen zur Teilnahme und Aufruhr animieren könnte. R hält das Vorgehen der Polizei sowie die Vorschriften des VersG für verfassungswidrig und sieht sich insbesondere in seinem Grundrecht aus Art. 8 GG verletzt.

Ist er das?

Hinweise: Es ist davon auszugehen, dass die Polizei die für die Auflösung zuständige Behörde war und dass das *Versammlungsgesetz* formell verfassungsgemäß ist.

Schwerpunkte: Die Versammlungsfreiheit gemäß Art. 8 GG; Inhalt und Grenzen des Grundrechts; Versammlungen »unter freiem Himmel«; das Versammlungsgesetz als Einschränkung/Schranke des Grundrechts aus Art. 8 GG.

Lösungsweg

Einstieg: Dieser Fall bringt uns zu dem von den Studenten mit Abstand am häufigsten übersehenen Grundrecht, nämlich der *Versammlungsfreiheit*, die unsere Verfassung in Art. 8 GG (aufschlagen!) gewährleistet. Der Grund für die stiefmütterliche Behandlung des Art. 8 GG seitens der Studenten liegt dabei allerdings weniger darin, dass ihnen das Grundrecht nicht bekannt ist; die Studenten scheitern vielmehr zumeist deshalb, weil sie den Sinn und damit den Anwendungsbereich der Norm nicht kennen. Neben der Meinungsfreiheit aus Art. 5 Abs. 1 GG und der Vereinigungsfrei-

heit aus Art. 9 Abs. 1 GG handelt es sich bei der Versammlungsfreiheit nämlich interessanterweise auch um ein sogenanntes »Kommunikationsgrundrecht«, das »*die
drohende Isolierung des Einzeln verhindern und die Meinungsbildung und Persönlichkeitsentfaltung in der Gruppe garantieren soll*« (vgl. *Kingreen/Poscher* StaatsR II Rz. 753; *von
Münch/Kunig* Art. 8 GG Rz. 2; *von Mangold/Klein/Starck/Gusy* Art. 8 GG Rz. 9; *Möllers*
in NJW 2005, 1973). Die Versammlungsfreiheit gewährleistet nach Meinung des Bundesverfassungsgerichts insbesondere »die Freiheit zur kollektiven Meinungskundga-
be« und ist für die Demokratie damit »schlechthin konstituierend«, weil sie den für
eine demokratische Gesellschaftsform zwingend notwendigen, öffentlichen Meinungsbildungsprozess ermöglicht und fördert (BVerfGE **128**, 226; BVerfGE **69**, 315;
BVerfGE **42**, 163; BVerfGE **20**, 56; ebenso *von Mangold/Klein/StarckGusy* Art. 8 GG
Rz. 11). Die Versammlungsfreiheit wird übrigens auch als »das Demonstrations-
grundrecht« bezeichnet und trifft mit diesem Begriff im Zweifel eher den Kern der
Sache, da es – wie gesagt – vorrangig um die kollektive und öffentliche Kundgabe
von Meinungen, auch und vor allem in Form von *Demonstrationen* geht, und weniger um die reine Ver- oder Ansammlung von Menschen, was man freilich beim Begriff »Versammlungsfreiheit« erst mal vermuten könnte (vgl. dazu etwa BVerfG NJW
2015, 2485; BVerfG NJW **2014**, 2706; *Maunz/Dürig/Depenheuer* Art. 8 GG Rz. 30; *Pieroth/
Schlink/Kingreen/Poscher* StaatsR II Rz. 748).

Bevor wir nun gleich richtig in die inhaltliche Prüfung einsteigen, wollen wir zunächst aber bitte noch mal für einen Moment auf die Fallfrage bzw. Aufgabenstellung
gucken: Gefragt ist nämlich (nur) danach, ob das Vorgehen der Polizei den R in seinem Grundrecht aus Art. 8 GG verletzt und folglich verfassungswidrig gewesen ist.
Es geht also dieses Mal – anders als in den bisherigen Fällen – *nicht* um eine Verfassungsbeschwerde gegen ein Urteil oder gegen ein Gesetz, sondern lediglich um die
materielle Prüfung, ob die Maßnahme einer staatlichen Behörde, konkret die Auflösung der Spontandemonstration durch die vom Uni-Rektor gerufene Polizei, die
Grundrechte eines Bürgers verletzt. Wir arbeiten damit quasi im »Vorfeld« einer
möglichen Verfassungsbeschwerde. Solche Fragestellungen kommen insbesondere in
den Anfängerübungen häufig vor, da sie den Bearbeiter zur ureigensten Grundrechtsprüfung zwingen, und zwar nach der reinen *Verletzung* eines Grundrechts
durch staatliches Handeln. Man braucht und darf als Student bei dieser Konstellation
demnach auch keinen Einstieg über die mögliche Zulässigkeit oder Begründetheit
einer Verfassungsbeschwerde wählen, sondern kann sich hier auf die klassische
Grundrechtsprüfung beschränken. Das machen wir jetzt auch, werden dabei allerdings schnell merken, dass wir die bislang erlernten Grundlagen bezüglich des inhaltlichen Aufbaus der Begründetheit einer Verfassungsbeschwerde (= **Schutzbereich
→ Eingriff → Rechtfertigung des Eingriffs**) gleichwohl auch hier benötigen.

Noch etwas: Klausuren und Hausarbeiten, die sich mit Art. 8 GG befassen, drehen
sich in aller Regel immer auch um das oben im Sachverhalt bereits erwähnte *Versammlungsgesetz* – und zwar aus folgendem Grund: An sich gewährt die Verfassung
den Bürgern die Versammlungsfreiheit uneingeschränkt, bitte lies **Art. 8 Abs. 1 GG**,
da steht unter anderem wörtlich »*... ohne Anmeldung oder Erlaubnis ...*«. Für »*Ver-

sammlungen unter freiem Himmel« (Erklärung kommt gleich) kann dieses Recht gemäß Art. 8 Abs. 2 GG indessen »durch Gesetz oder aufgrund eines Gesetzes« beschränkt werden. So, und neben einigen anderen Gesetzen, aufgrund derer die Versammlungen unter freiem Himmel beschränkt werden dürfen (zum Beispiel die Polizei- und Ordnungsgesetze der Länder), stehen in dem im Juli 1953 erschaffenen und seitdem vielfach modifizierten Versammlungsgesetz des Bundes die zentralen gesetzlichen Vorschriften zum Ablauf und den sonstigen Vorgaben von Versammlungen. In diesem Gesetz ist unter anderem geregelt, unter welchen Voraussetzungen öffentliche Versammlungen stattfinden dürfen, ob, wie und bei wem sie angemeldet werden müssen, was man bei einer Versammlung als Teilnehmer alles darf und was man nicht darf und natürlich auch, was bei Zuwiderhandlungen gegen das Gesetz passiert. Logischerweise stellen diese Voraussetzungen echte und teilweise sogar *massive* Beschränkungen des Versammlungsrechts dar, was dann zu verfassungsrechtlichen Problemen führt, denn – wir sagten es eben – eigentlich gewährt die Verfassung den Bürgern die Versammlungsfreiheit grundsätzlich »… *ohne Anmeldung oder Erlaubnis* …«, also uneingeschränkt. **Konsequenz**: Es stellt sich die Frage, inwieweit die Regeln des *Versammlungsgesetzes* sowie die nach dem Versammlungsgesetz vollzogenen Maßnahmen der Behörden der ursprünglichen Idee des Grundgesetzes widersprechen und namentlich die Bürger in ihrem Grundrecht aus Art. 8 Abs. 1 GG verfassungsrechtlich unzulässig beschneiden – oder einfacher ausgedrückt: Wie viel Beschränkung durch das Versammlungsgesetz erlaubt eigentlich das Grundgesetz?

Und mit genau *diesem* Prüfungsklassiker werden wir uns auch hier beschäftigen und anhand des vergleichsweise einfachen Falles von oben die wichtigsten Grundlagen des Versammlungsrechts sowie vor allem die Kollisionen mit dem Verfassungsrecht kennenlernen. Die notwendigen gesetzlichen Vorschriften aus dem VersG kommen übrigens gleich im Text vor bzw. werden zitiert, wer also zufällig keine aktuelle Fassung des VersG vor sich liegen hat (wäre natürlich gut → im *Sartorius* ist es die Nr. 435), kann ohne Angst vor einem Wissensrückstand trotzdem entspannt weiterlesen. Und schließlich der Vollständigkeit halber noch ein letzter Hinweis: Mit der sogenannten »Föderalismusreform« hat der Bundesgesetzgeber im **Jahre 2006** diverse Gesetzgebungszuständigkeiten geändert und den Art. 74 Abs. 1 Nr. 3 GG, in dem vorher auch das Versammlungsrecht drinstand, neu gefasst. Damit ist seit 2006 die Zuständigkeit für das Versammlungsrecht vom Bund auf die einzelnen *Bundesländer* übergegangen (→ Art. 70 Abs. 1 GG). Die Bundesländer *Bayern, Berlin, Niedersachsen, Sachsen, Sachsen-Anhalt* und *Schleswig-Holstein* haben in Ausführung dessen inzwischen das (Bundes-)Versammlungsgesetz in jeweils eigene Landesversammlungsgesetze überführt und dabei die Inhalte zu großen Teilen beibehalten, teilweise aber auch ergänzt, abgeändert oder gekürzt. In den zehn nicht genannten Bundesländern gilt demgegenüber wegen der Regelung des **Art. 125a GG** (aufschlagen!) das Versammlungsgesetz des Bundes trotz der Föderalismusreform vorläufig weiter. Da unser kleiner Fall im schönen *Köln* (→ Nordrhein-Westfalen) spielt, können wir die Regeln des VersG demnach hier problemlos anwenden. Die oben aufgeführten Bundesländer müssten die entsprechenden landesrechtlichen Vorschriften heranziehen, die sich freilich mit dem VersG des Bundes in den hier infrage stehenden Passagen inhaltlich komplett decken: Auch in den sechs Bundesländern ist eine Anmeldepflicht mit der 48-Stundenfrist vorgesehen und eine Versammlung kann bei Zuwiderhandlung aufgelöst werden (vgl. §§ 13 und 15 *BayVersG*; §§ 5 und 8 *NVersG*; §§ 14 und 15 *SächsVersG* und § 11 *VersFG SH* sowie §§ 12 und 13 *VersG LSA*). Das *BayVersG* wurde übrigens vom Bundesverfassungsgericht im einstweiligen Rechtsschutzverfahren wegen möglicher Verfassungswidrigkeit teilweise außer Kraft gesetzt, unter anderem deshalb, weil das Gesetz der bayrischen Polizei umfangreiche Befugnisse zugestehen wollte, etwa die »anlasslose Bildaufzeichnung« jeder Demonstration, was aber die Persönlichkeitsrechte der Teilnehmer verletzen könnte (→ BVerfGE **122**, 342); der bayrische Gesetzgeber hat das VersG dann entsprechend angepasst. Eine gegen das *NVersG* eingelegte Verfassungsbeschwerde hat das BVerfG als unzulässig verworfen (Az. 1 BvR 238/12). Im Hinblick auf die Regelung im Versammlungsgesetz von *Berlin*, wonach die Polizei in bestimmten Fällen bei Versammlungen unter freiem Himmel Bild- und Videoaufzeichnungen (sogenannte »Übersichtsaufnahmen«) der Demonstranten machen darf, hat der VerfGH Berlin die Verfassungsmäßigkeit überraschend bestätigt (→ NVwZ **2014**, 577 = DVBl **2014**, 922).

Jetzt aber zum Fall: Mit diesen Informationen im Hinterkopf steigen wir nun in die Fallprüfung ein und brauchen angesichts der für uns ja neuen Fallfrage (**Grundrechtsverletzung?**) zunächst mal einen vernünftigen Obersatz, und der geht so:

> **Obersatz:** R ist in seinem Grundrecht aus Art. 8 GG verletzt, wenn durch einen Akt der öffentlichen Gewalt in den Schutzbereich des Grundrechts eingegriffen wurde und dieser Eingriff verfassungsrechtlich nicht gerechtfertigt ist.

I. Ist durch die Auflösung der Versammlung durch die Polizei das Grundrecht des R aus Art. 8 GG in seinem Schutzbereich betroffen?

Dann müsste es sich bei der Zusammenkunft der 250 Studenten vor dem Universitätsgebäude um eine *Versammlung* im Sinne des Art. 8 Abs. 1 GG handeln.

> **Definition**: Eine *Versammlung* im Sinne des Art. 8 GG ist die örtliche Zusammenkunft mehrerer Personen zur gemeinschaftlichen, auf die Teilhabe an der öffentlichen Meinungsbildung gerichteten Erörterung oder Kundgebung (BVerfG KuR **2016**, 260; BVerfG NJW **2015**, 2485; BVerfG NJW **2014**, 2706; BVerfGE **104**, 92; BVerfGE **69**, 315; OVG Münster BeckRS **2016**, 111231; *Jarass/Pieroth* Art. 8 GG Rz. 3; *von Münch/Kunig* Art. 8 GG Rz. 13; *Ipsen* StaatsR II Rz. 562).

Beachte: Diese Definition muss man sehr genau lesen, denn sie beinhaltet mehr Informationen, als es auf den ersten Blick aussieht.

> → Zunächst ist wichtig zu wissen, dass mit »örtlicher Zusammenkunft« immer ein *räumliches* Zusammensein gemeint ist; die rein virtuelle Zusammenkunft, etwa über das Internet, genügt unstreitig nicht (*von Münch/Kunig* Art. 8 GG Rz. 13; *Maunz/Dürig/Depenheuer* Art. 8 GG Rz. 45). Andererseits muss diese örtliche Zusammen-

kunft keinesfalls »ortsfest« sein oder bleiben, ein *Demonstrationszug* wird daher auch vom Grundrecht aus Art. 8 GG erfasst, jedenfalls solange die anwesenden Teilnehmer zusammen den Ort wechseln (VGH BW DÖV **2016**, 395; *Maunz/Dürig/Depenheuer* Art. 8 GG Rz. 45; *Jarass/Pieroth* Art. 8 GG Rz. 3).

→ Da in der Definition nur die *gemeinschaftliche* Erörterungen oder Kundgaben mehrerer Personen benannt wird, ist des Weiteren die zufällige Zusammenkunft von Menschen (= sogenannte »Ansammlung«) – zum Beispiel die Gaffer nach einem Unfall – ebenso wenig von Art. 8 GG erfasst, wie eine vorhersehbare Zusammenkunft, der aber der gemeinsame Zweck fehlt – so etwa bei dem Besuch eines klassischen Konzerts. Bei Letztgenanntem verfolgen zwar alle Teilnehmer den gleichen Zweck, ihnen fehlt diesbezüglich in aller Regel aber die Gemeinsamkeit bzw. die innere Verbindung; denn niemand braucht den anderen zur Verfolgung seines eigenen Zwecks (*Kingreen/Poscher* StaatsR II Rz. 749).

→ Unter »mehreren Personen« versteht die herrschende Meinung im Übrigen eine Anzahl von mindestens *zwei* Personen (OLG Düsseldorf JR **1982**, 299; VGH Mannheim VBlBW **2008**, 60; *Jarass/Pieroth* Art. 8 GG Rz. 4; *von Münch/Kunig* Art. 8 GG Rz. 13; *Sachs/Höfling* Art. 8 GG Rz. 9; *Stern* StaatsR IV 1, Seite 1197; *Pieroth/Schlink/Kingreen/Poscher* StaatsR II Rz. 755); andere Vertreter plädieren für mindestens *drei* und manche sogar für mindestens *sechs* Personen (AK/*Hoffmann-Riem* Art. 8 GG Rz. 15; BK/*Benda* Art. 8 GG Rz. 21). Eine »Ein-Mensch-Demonstration« ist damit aber auf jeden Fall *nicht* von Art. 8 GG gedeckt, es geht ja schließlich auch um die *kollektive* Meinungsäußerung (*Dreier/Schulze-Fielitz* Art. 8 GG Rz. 23; *von Münch/Kunig* Art. 8 GG Rz. 13; *von Mangold/Klein/Starck/Gusy* Art. 8 GG Rz. 15). Mangels Praxisrelevanz dieser Problematik lässt das Bundesverfassungsgericht die Frage nach der genauen Teilnehmerzahl übrigens regelmäßig offen und spricht nur von *mehreren* Personen, die erforderlich sein sollen (BVerfGE **104**, 92).

Achtung: Einen sehr beachtlichen und vor allem klausurrelevanten Streit gibt es allerdings um die Frage, was mit dem in der Definition oben verwendeten Begriff der »Meinungsbildung« eigentlich gemeint ist und inwieweit damit auch die Art und der Beweggrund der Versammlung festgelegt werden. Dahinter steckt das Problem, ob und vor allem *wofür* man eigentlich bei einer Versammlung demonstrieren muss, um das Grundrecht aus Art. 8 GG für sich in Anspruch nehmen zu können: Während ein erheblicher Teil der Wissenschaft und auch das Bundesverfassungsgericht über Jahrzehnte hinweg den sogenannten »**weiten Versammlungsbegriff**« favorisierten und demzufolge jeden beliebigen, vor allem auch jeden *privaten* und unpolitischen Zweck ausreichen ließen, hat das Bundesverfassungsgericht in seiner berühmten »Loveparade«-Entscheidung vom **12. Juli 2001** (→ NJW **2001**, 2459) diese Rechtsprechung geändert bzw. konkretisiert. Seit dieser Entscheidung fordert das Gericht die Teilhabe an der »öffentlichen Meinungsbildung« und gibt wörtlich Folgendes vor:

»*... Für die Eröffnung des Schutzbereichs des Art. 8 GG reicht es nicht aus, dass die Teilnehmer bei ihrem gemeinschaftlichen Verhalten durch irgendeinen Zweck miteinander verbunden sind ... **Volksfeste** und **Vergnügungsveranstaltungen** fallen daher ebenso wenig unter den Versammlungsbegriff wie Veranstaltungen, die der bloßen Zurschaustellung*

> *eines Lebensgefühls dienen oder die als eine auf Spaß und Unterhaltung angelegte öffentliche Massenparty gedacht sind … Erforderlich ist stets ein Beitrag zur* **öffentlichen Meinungsbildung**, *der durch Musik und Tanz zwar nicht ausgeschlossen wird, hier (bei der* »Loveparade«) *aber nicht erkennbar ist … .*« (➔ BVerfG NJW **2001**, 2459)

Folge: Jedenfalls nach Meinung des Bundesverfassungsgerichts muss die Versammlung immer auch eine Teilhabe am öffentlichen Meinungsbildungsprozess zu einem bestimmten, im weitesten Sinne öffentlichen (= politischen) Thema darstellen. Das Gericht beruft sich dabei auf die Wurzeln des Versammlungsrechts, die darin liegen (sollen), dass in einer Demokratie die Meinungsvielfalt befördert und unterstützt werden muss und die Versammlungsfreiheit ihren Ursprung in *politischen Zusammenkünften* hat (BVerfG KuR **2016**, 260; BVerfG NJW **2014**, 2706; BVerfGE **129**, 42; BVerfG NVwZ **2011**, 422; BVerfG NJW **2001**, 2459; zustimmend *Jarass/Pieroth* Art. 8 GG; *von Münch/Kunig* Art. 8 GG Rz. 14). Diese Meinung, der sogenannte »**enge**« Versammlungsbegriff, stößt allerdings in der Literatur auf Widerspruch und wird zumeist abgelehnt: Nach überwiegender Ansicht in der Wissenschaft soll vielmehr der »**weite**« Versammlungsbegriff weiterhin Gültigkeit haben, insbesondere decke der Wortlaut des GG in Art. 8 die Beschränkung des Versammlungsrechts auf politische Themen nicht (*Maunz/Dürig/Depenheuer* Art. 8 GG Rz. 50; *Dreier/Schultze-Fielitz* Art. 8 GG Rz. 26; *Sachs/Höfling* Art. 8 GG Rz. 16; *von Mangold/Klein/Starck/Gusy* Art. 8 GG Rz. 17; *Kingreen/Poscher* StaatsR II Rz. 752; *Ipsen* StaatsR II Rz. 563). Nach dieser Auffassung spielt der Grund für die Versammlung *keine* Rolle, zumindest solange es den Teilnehmern und Veranstaltern nicht um rein kommerzielle Interessen geht. Anders als das Bundesverfassungsgericht lässt die abweichende Meinung daher etwa auch einen »Vereinsabend«, gemeinsames Musizieren, Sportfeste und sonstige kulturelle Veranstaltungen wie etwa (Rock-)Konzerte oder das bei Fußballspielen seit Jahren beliebte »*Public viewing*« unter Art. 8 GG fallen, wenn die Teilnehmer nicht als reine Konsumenten auftreten, sondern das »*gemeinschaftliche Erlebnis*« im Vor-dergrund der Veranstaltung steht (sehr instruktiv und überzeugend dazu: *Maunz/Dürig/Depenheuer* Art. 8 GG Rz. 49; vgl. im Übrigen auch *Sachs/Höfling* Art. 8 GG Rz. 16; *von Mangold/Klein/Starck/Gusy* Art. 8 GG Rz. 17; *Dreier/Schultze-Fielitz* Art. 8 GG Rz. 26; *Kingreen/Poscher* StaatsR II Rz. 752; *Ipsen* StaatsR II Rz. 563). Die legendäre »*Loveparade*« fiel nach dieser Meinung problemlos unter Art. 8 GG, da die Teilnehmer hier gemeinschaftlich durch Musik und entsprechendem Tanz (*Techno!*) einem »besonderen Lebensgefühl« Ausdruck verliehen (vgl. *Schmidt-Bleibtreu/Hofmann/Hopfauf/Kannengießer* Art. 8 GG Rz. 3), was das Bundesverfassungsgericht allerdings, unter anderem wegen des damaligen, in der Tat durchaus unpolitischen Mottos »*Friede, Freude, Eierkuchen!*« doch lieber ablehnte (➔ BVerfG NJW **2001**, 1459). Anders entschied das BVerfG übrigens kürzlich im Hinblick auf eine an einem Karfreitag in einem Münchner Theater von einer atheistischen Vereinigung abgehaltenen »**Heidenspaß-Party**«. Die Organisatoren konnten neben dem Party-Zweck nämlich auch einen politischen und damit meinungsbildenden Hintergrund nachweisen, und zwar die Auflehnung gegen die »christlichen Gepflogenheiten« am Karfreitag, die einhergingen mit der Diskriminierung ungläubiger Menschen (BVerfG KuR **2016**, 260 = BGBl I **2016**, 3067). Das Verbot dieser Veranstaltung seitens der Behörden erklärte das BVerfG unter anderem wegen Verstoßes gegen Art. 8 GG ebenso für rechtswidrig wie das bayrische *Feiertagsgesetz*, das nämlich für den Karfreitag keinerlei Befreiungsmöglichkeit vom gesetzlichen Stilleschutzes vorsah (amüsant und *sehr* lesenswert: BVerfG KuR **2016**, 260 = BGBl I **2016**, 3067).

Wir merken uns: Das Bundesverfassungsgericht fordert für den Versammlungs-begriff aus Art. 8 GG einen im weitesten Sinne *politischen* Hintergrund der entsprechenden Veranstaltung. Liegt ein solcher nicht vor oder ist er nicht erkennbar, können sich die Teilnehmer auch nicht auf die Versammlungsfreiheit berufen, insoweit käme dann allenfalls die Meinungsfreiheit aus Art. 5 GG in Betracht (BVerfG KuR **2016**, 260; BVerfGE **129**, 42; BVerfGE **104**, 92; BVerfG NVwZ **2011**, 422; BVerfG NJW **2001**, 2459). Die abweichende Meinung lässt demgegenüber auch *unpolitische* Veranstaltungen für Art. 8 GG ausreichen, jedenfalls dann, wenn die Teilnehmer nicht bloß als Konsumenten auftreten, sondern das gemeinschaftliche Erleben eines anderen, auch unpolitischen Zwecks im Vordergrund steht (*Maunz/Dürig/Depenheuer* Art. 8 GG Rz. 49; *Sachs/Höfling* Art. 8 GG Rz. 16; *von Mangold/Klein/Starck/Gusy* Art. 8 GG Rz. 17; *Dreier/Schulze-Fielitz* Art. 8 GG Rz. 26; *Kingreen/Poscher* StaatsR II Rz. 752).

Zum Fall: Hier wollen 250 Studenten gegen die geplante Kürzung des »Bafög« demonstrieren, was fraglos als *politischer* Beweggrund klassifiziert werden kann. Wir brauchen also zum Glück den gerade dargestellten Streit nicht zu entscheiden, denn politisch motivierte Versammlungen fallen nach beiden Ansichten unter Art. 8 GG.

<u>ZE.:</u> Da auch die übrigen Voraussetzungen der Versammlungsdefinition vorliegen, ist durch die Auflösung der vorliegenden Versammlung der Schutzbereich des Art. 8 GG betroffen. Unser R ist mangels entgegenstehender Angaben im Sachverhalt auch *Deutscher* (bitte lies Art. 8 GG: »*Alle Deutschen* …«), sodass auch der persönliche Schutzbereich von Art. 8 GG bejaht werden kann.

II. Es muss des Weiteren ein »Eingriff« in diesen Schutzbereich vorliegen.

Definition: Unter *Eingriff* versteht man jedes staatliche Handeln, das dem Einzelnen ein Verhalten, das in den Schutzbereich eines Grundrechts fällt, ganz oder teilweise unmöglich macht; hierbei ist gleichgültig, ob diese Wirkung final oder unbeabsichtigt eintritt (BVerfGE **105**, 279; BVerfGE **81**, 310; BVerfG NVwZ **2007**, 1049; *von Münch/Kunig* vor Art. 1 GG Rz. 34; *Jarass/Pieroth* vor Art. 1 GG Rz. 27/28; *Kingreen/Poscher* StaatsR II Rz. 253).

Hier: Die Auflösung der Versammlung durch die Polizei als Akt der öffentlichen Gewalt verhindert (unmittelbar und final), dass die Studenten und somit auch der R das Recht aus Art. 8 GG wahrnehmen können; dem R wird die Ausübung seines Grundrechts damit teilweise unmöglich gemacht.

> **Beachte**: Es gibt im Hinblick auf den Eingriff in Art. 8 GG in der Praxis auch durchaus kniffligere Fallgestaltungen als unsere hier: So hatte das Niedersächsische OVG in einer jüngeren Entscheidung etwa zu klären, ob auch eine bei einer Demonstration von der Polizei auf einem Einsatzwagen installierte Kamera einen Eingriff in Art. 8 GG darstellt, wenn die Kamera gar nicht eingeschaltet ist. Das OVG bejahte gleichwohl den Eingriff und erklärte: »... *Es genügt, dass die Teilnehmer der Demonstration den objektiv nachvollziehbaren Eindruck hatten, gefilmt zu werden. Die Versammlungsfreiheit ist auch dann beeinträchtigt, wenn sich die Teilnehmer durch staatliche Maßnahmen veranlasst sehen, die Meinungsfreiheit nicht oder nicht in vollem Umfang auszuüben. Eine installierte Kamera kann insbesondere einen* »**Einschüchterungseffekt**« *auf die Teilnehmer haben, selbst wenn sie, was den Teilnehmern im Zweifel unbekannt sein wird, gar nicht eingeschaltet war ...*« (→ OVG Nds. NVwZ-RR **2016**, 98).

Zurück zu unserem Fall: Durch die Auflösung der Demonstration lag ein Eingriff in den Schutzbereich des Grundrechts des R vor.

III. Der Eingriff darf verfassungsrechtlich nicht gerechtfertigt sein.

> **Obersatz**: Der Eingriff in den Schutzbereich des Grundrechts aus Art. 8 GG ist verfassungsrechtlich gerechtfertigt, wenn das betroffene Grundrecht *einschränkbar* ist, eine entsprechende *Schranke* besteht, diese Schranke selbst *verfassungsgemäß* ist (Schranken-Schranke) und auch die konkrete Anwendung und Auslegung der Schranke durch die handelnde Behörde der Verfassung entspricht.

1.) Das Grundrecht aus Art. 8 GG muss also zunächst einmal einschränkbar sein.

Beachte: Wie oben schon mal kurz erwähnt, teilt sich der Art. 8 GG insoweit in *zwei* Absätze – mit unterschiedlichem Regelungsgehalt: Während Art. 8 Abs. 1 GG festlegt, dass alle Deutschen das Recht haben, sich ohne Anmeldung oder Erlaubnis friedlich und ohne Waffen zu versammeln, schränkt der **Art. 8 Abs. 2 GG** diese Regelung mit einem sogenannten *qualifizierten* Gesetzesvorbehalt für »*Versammlungen unter freiem Himmel*« ein. »Qualifizierter« Gesetzesvorbehalt heißt das übrigens deshalb, weil das Grundgesetz die Beschränkung des Grundrechts durch Gesetz oder aufgrund eines Gesetzes ausdrücklich noch an eine weitere, besondere Voraussetzung bzw. *Qualifikation* knüpft: Nur Versammlungen »unter freiem Himmel« (= Qualifikation) dürfen durch Gesetz oder aufgrund eines Gesetzes beschränkt werden.

> **Durchblick**: Der Grundgesetzgeber wollte mit dieser Einschränkungsmöglichkeit in Art. 8 Abs. 2 GG dem Umstand Rechnung tragen, dass die *räumliche Offenheit* einer Veranstaltung immer einhergeht mit einem erhöhten Gefahrenpotenzial, und zwar sowohl für die Teilnehmer als und vor allem auch für die unbeteiligte Öffentlichkeit,

die wegen dieser Offenheit durch die Demonstration jederzeit »gestört« bzw. in sie »eingebunden« werden kann (BVerfGE **85**, 69; *von Münch/Kunig* Art. 8 GG Rz. 29; *Jarass/Pieroth* Art. 8 GG Rz. 17). Es kommt aus diesem Grund für die Anwendung des Art. 8 Abs. 2 GG auch *nicht* darauf an, ob die Veranstaltung quasi »ohne Dach« stattfindet, sondern allein, inwieweit die Öffentlichkeit abgeschirmt ist, etwa durch einen nach den Seiten umschlossenen bzw. abschließbaren Raum, der nur durch besondere, separate Eingänge betreten werden kann (BVerfG NJW **2014**, 2706; BVerfGE **69**, 315; BK/*Benda* Art. 8 GG Rz. 65; *Kingreen/Poscher* StaatsR II Rz. 764). In Konsequenz dessen hat das Bundesverfassungsgericht zum Beispiel eine Demonstration im Frankfurter Flughafengebäude als »*unter freiem Himmel*« im Sinne des Art. 8 Abs. 2 GG qualifiziert, obwohl die Teilnehmer hier fraglos ein Dach über dem Kopf hatten (BVerfGE **128**, 226; vgl. auch BVerfG NJW **2015**, 2485). Das spielte nach Meinung des Gerichts keine entscheidungserhebliche Rolle, da es trotz des Daches an einem für die Allgemeinheit unzugänglichen Raum fehlte, die Demonstration somit auch die an sich unbeteiligte Öffentlichkeit (zum Beispiel sämtliche Fluggäste) betraf und folglich ein erhöhtes Gefahrenpotenzial bot (BVerfGE **128**, 226, 255). Wörtlich und sehr anschaulich heißt es in der Entscheidung vom 22. Februar 2011:

> »... *Der Begriff der Versammlung ›unter freiem Himmel‹ darf nicht in einem engen Sinne als Verweis auf einen nicht überdachten Veranstaltungsort verstanden werden. Entscheidend ist vielmehr, inwieweit die Veranstaltung von der* **Öffentlichkeit abgeschirmt** *stattfindet, wie es idealtypisch etwa in abschließbaren Räumlichkeiten mit besonderen Eingangsvorrichtungen oder beispielsweise in Hinterzimmern von Gaststätten der Fall sein dürfte. Dort bleiben die Versammlungsteilnehmer im Regelfall unter sich und sind von der Allgemeinheit so abgetrennt, dass Konflikte, die eine gesetzliche Regelung erfordern würden, nicht zu erwarten sind ... In den* Fällen *aber,* in denen die unbeteiligte Öffentlichkeit **nicht abgeschirmt** *wird, besteht im Aufeinandertreffen der Versammlungsteilnehmer mit Dritten ein weitaus höheres und weniger beherrschbares Gefahrenpotenzial: Emotionalisierungen können sich im Gegenüber zum allgemeinen und zunächst unbeteiligten Publikum zuspitzen und mögliche Gegenreaktionen provozieren ... Die Regelung des Art. 8 Abs. 2 GG trägt dem Umstand Rechnung, dass in solcher Berührung mit der Außenwelt ein besonderer Regelungsbedarf besteht, um die Teilnehmer als auch die Öffentlichkeit zu schützen. Für den Begriff ›unter freiem Himmel‹ kann es daher nicht auf eine Überdachung, sondern nur darauf ankommen, inwieweit die Öffentlichkeit von der Demonstration abgeschirmt ist ...*«

Also: Wir merken uns bitte, dass die Formulierung »unter freiem Himmel« in Art. 8 Abs. 2 GG den Sinn hat, Versammlungen, die für die Öffentlichkeit jederzeit und problemlos zugänglich sind, gesetzlich näher regeln und unter Umständen auch beschränken zu können (... *durch Gesetz oder aufgrund eines Gesetzes* ...), und zwar um mögliche Gefahrenpotenziale einzudämmen (BVerfGE **128**, 226). Daher können auch Versammlungen, die unter einem Dach stattfinden (→ Frankfurter Flughafen!), als »unter freiem Himmel« qualifiziert werden, wenn nämlich eine öffentliche Zugangsmöglichkeit besteht. Entscheidend ist allein, inwieweit der Raum, in dem die Versammlung stattfindet, umschlossen und damit nicht für die Allgemeinheit ohne Weiteres zugänglich ist (*von Münch/Kunig* Art. 8 GG Rz. 29). Die *schrankenlose* Versammlungsfreiheit des Art. 8 Abs. 1 GG gewährt das GG demgegenüber nur den Veranstaltungen, die von der Öffentlichkeit abgeschirmt stattfinden, wie etwa in seitlich umschlossenen Räumen mit besonderem Eingang oder zum Beispiel in den vom BVerfG benannten »Hinterzimmern von Gaststätten« (vgl. insoweit instruktiv

BVerfG NJW **2015**, 2485, wo es um eine Versammlung/Demonstration auf einem ein-gezäunten Flughafenbereich geht, den das BVerfG gleichwohl als »öffentlichen Be-reich« qualifiziert).

Zum Fall: Unsere 250 Studenten versammeln sich vor dem Universitätsgebäude in Köln. Mangels entgegenstehender Angaben dürfen wir insoweit davon ausgehen, dass auch die Allgemeinheit einen Zugang zur Versammlung hat. Die Versammlung findet demzufolge sowohl tatsächlich als auch im Sinne des Art. 8 Abs. 2 GG »unter freiem Himmel« statt. **Konsequenz**: Das Grundrecht des R darf wegen der Regelung des Art. 8 Abs. 2 GG durch Gesetz oder aufgrund eines Gesetzes eingeschränkt wer-den.

<u>ZE.:</u> Das Grundrecht des R ist im vorliegenden Fall einschränkbar.

2.) Es muss eine entsprechende *Schranke* existieren.

Hier: Kein Problem, die entsprechende Schranke ist im vorliegenden Fall das *Ver-sammlungsgesetz* (VersG) des Bundes oder eines der fünf Landesversammlungsge-setze (in Bayern, Berlin, Niedersachsen, Sachsen oder Sachsen-Anhalt).

<u>ZE.:</u> Eine Schranke im Sinne des Art. 8 Abs. 2 GG besteht in Form des VersG.

3.) Die Schranke selbst, also die infrage stehenden Normen des VersG, müsste des Weiteren natürlich ebenfalls den Normen der Verfassung entsprechen, also verfas-sungsgemäß sein (→ Schranken-Schranke).

a) An der formellen Rechtmäßigkeit des VersG bestehen nach Auskunft des Sachver-haltes keine Zweifel.

b) Fraglich ist indessen die *materielle* Rechtmäßigkeit des VersG. Dazu lesen wir bitte als Erstes mal die hier infrage stehenden gesetzlichen Normen der §§ 14 Abs. 1 und 15 Abs. 3 des Versammlungsgesetzes in der aktuell gültigen Fassung, in denen es wie folgt heißt:

---

§ 14 Abs. 1 VersG

Wer die Absicht hat, eine öffentliche Versammlung unter freiem Himmel oder einen Auf-zug zu veranstalten, hat dies spätestens 48 Stunden vor der Bekanntgabe der zuständigen Behörde unter Angabe des Gegenstandes der Versammlung … anzumelden …

§ 15 Abs. 3 VersG

Sie (→ die Behörde) kann eine Versammlung oder einen Aufzug auflösen, wenn sie nicht angemeldet sind, wenn von den Angaben der Anmeldung abgewichen oder den Auflagen zuwidergehandelt wird oder …

Problem: Das Versammlungsgesetz muss, um verfassungsrechtlich Bestand zu haben, natürlich seinerseits auch an den Normen des Grundgesetzes gemessen werden. Im konkreten Fall stellt sich insoweit die Frage, ob das in Art. 8 Abs. 1 GG garantierte Versammlungsrecht (»... *ohne Anmeldung oder Erlaubnis* ...«) unzulässig beschränkt wird, wenn man als potenzieller Demonstrant gemäß § 14 Abs. 1 VersG eine Versammlung offensichtlich doch stets vorher *anmelden* muss und hierfür auch noch eine 48-Stunden-Frist bestehen soll – und zudem gemäß § 15 Abs. 3 VersG unangemeldete Versammlungen dann auch noch sofort aufgelöst werden dürfen. Bei genauer Betrachtung würden diese Regelungen der §§ 14 und 15 VersG gegen Art. 8 Abs. 1 GG verstoßen und insbesondere jede Form einer *spontanen* Versammlung komplett unterbinden bzw. verbieten.

Ansatz: Gefordert ist somit die verfassungsrechtliche Überprüfung von *einfachgesetzlichen* Normen, und zwar denen des VersG. Und diese Überprüfung funktioniert, wie wir hoffentlich inzwischen wissen, immer nach dem gleichen Muster (vgl. dazu etwa Fall Nr. 1 vorne), nämlich so:

1.) Schränkt ein *Gesetz* ein Grundrecht ein, müssen zunächst die sogenannten »allgemeinen Anforderungen« an das Gesetz eingehalten werden, die sich in Art. 19 GG finden (*Kingreen/Poscher* StaatsR II Rz. 359). Gemäß Art. 19 Abs. 1 GG muss das Gesetz zum einen allgemein gehalten sein und darf nicht nur für den Einzelfall gelten. Es muss des Weiteren das betroffene bzw. das eingeschränkte Grundrecht ausdrücklich benennen – das ist das sogenannte »Zitiergebot« –, und das Gesetz darf keinesfalls den Wesensgehalt dieses Grundrechts antasten (→ Art. 19 Abs. 2 GG).

Zum Fall: Die hier infrage stehenden Vorschriften des VersG sind allgemein gehalten und folglich nicht für den Einzelfall gedacht. Das Zitiergebot des Art. 19 Abs. 1 Satz 2 GG ist ebenfalls beachtet, denn in **§ 20 VersG** heißt es wörtlich (gleichlautende Vorschriften finden sich in § 23 *BayVersG*, in § 23 *NVersG* in § 21 *SächsVersG* sowie in § 19 *VersG LSA*):

> »*Das Grundrecht des Artikels 8 des Grundgesetzes wird durch die Bestimmungen dieses Abschnitts eingeschränkt.*«

Und schließlich ist auch der Wesensgehalt des Art. 8 GG im vorliegenden Fall *nicht* angetastet, da Versammlungen von den Normen des Versammlungsgesetzes nicht grundsätzlich verboten werden, sondern nur unter einem Anmeldevorbehalt stehen und unter bestimmten Umständen aufgelöst werden können. Ein Verstoß gegen Art. 19 Abs. 1 und 2 GG ist somit nicht erkennbar.

ZE.: Die allgemeinen Anforderungen aus Art. 19 Abs. 1 Abs. 2 GG an das das Grundrecht beschränkende Gesetz sind eingehalten.

2.) Schließlich muss das Gesetz auch *verhältnismäßig* sein.

Obersatz: Voraussetzung für die materielle Rechtmäßigkeit eines Gesetzes ist – neben der Konformität mit sonstigem Verfassungsrecht – die Einhaltung des Verhältnismäßigkeitsgrundsatzes. Dazu muss das Gesetz **a)** einen *legitimen Zweck* verfolgen, **b)** zur Erreichung dieses Zwecks *geeignet*, **c)** *erforderlich* und schließlich **d)** auch *angemessen* sein (BVerfGE **76**, 256; BVerfGE **67**, 157).

Prüfen wir mal:

a) Die Vorschriften des VersG müssen demnach zunächst einen *legitimen Zweck* verfolgen.

Definition: Ein Zweck ist dann legitim und darf vom Staat verfolgt werden, wenn er auf ein der Allgemeinheit dienendes Wohl gerichtet ist oder sonstigen Gütern von Verfassungsrang zugutekommt. Dem Gesetzgeber ist insoweit ein breiter Beurteilungsspielraum zuzubilligen (BVerfGE **39**, 1; BVerfGE **46**, 160; BVerfGE **115**, 118; *Ipsen* StaatsR II Rz. 185).

Hier: Die Normen des VersG im Hinblick auf die Anmeldepflicht und die Auflösungsmöglichkeit bei fehlender Anmeldung einer Versammlung unter freiem Himmel sollen dem besonderen Gefahrenpotenzial einer solchen Veranstaltung vorbeugen. Die Anmeldepflicht gilt gemäß § 14 Abs. 1 VersG ausdrücklich nur für Versammlungen unter freiem Himmel, weil diese wegen ihrer Außenwirkungen vielfach besondere Vorkehrungen erfordern (BVerfGE **85**, 69; BVerfGE **69**, 315). Die mit der Anmeldung verbundenen Angaben sollen den Behörden die notwendigen Informationen vermitteln, damit sie sich ein Bild darüber machen können, was einerseits zum möglichst störungsfreien Verlauf der Veranstaltung an Verkehrsregelungen und sonstigen Maßnahmen veranlasst werden muss und was andererseits im Interesse Dritter sowie im Gemeinschaftsinteresse erforderlich ist – und wie beides aufeinander abgestimmt werden kann (BVerfGE **85**, 69; BVerfGE **69**, 315). Mit diesem Ziel verfolgt das VersG fraglos einen legitimen Zweck.

b) Die Regeln des VersG müssen auch *geeignet* sein, diesen Zweck zu erreichen.

Definition: Die Geeignetheit einer Maßnahme liegt dann vor, wenn mit ihrer Hilfe das angestrebte Ziel voraussichtlich erreicht oder zumindest gefördert werden kann (BVerfGE **63**, 115).

Hier: Wie bereits erörtert, sollen die mit der Anmeldung verbundenen Angaben den Behörden die erforderlichen Informationen vermitteln, um einen störungsfreien Ablauf der Versammlung zu gewährleisten. Das Gesetz ist folglich auch geeignet, um den angestrebten Zweck zu erreichen.

c) Das VersG muss zudem *erforderlich* sein.

> **Definition**: Die Maßnahme ist erforderlich, wenn es kein gleich wirksames, aber den Grundrechtsträger weniger belastendes Mittel zur Erreichung des Zwecks gibt; es muss der geringst mögliche Grundrechtseingriff bei gleicher Wirksamkeit gewählt werden (BVerfGE **77**, 84; BVerfG NJW **1999**, 3402).

Hier: Es ist nicht erkennbar, welches andere Mittel der Gesetzgeber hätte wählen können, ohne die Wirksamkeit des Gesetzes zu beeinträchtigen. Nur eine vorherige Anmeldung eröffnet den zuständigen Behörden die Möglichkeit, bestimmte Gefahrenpotenziale abzuschätzen und *vorbeugend* einzudämmen. Namentlich eine nachträgliche Information der Behörden könnte aus diesem Grund auch keine sinnvolle Option darstellen, da ein wirksames Einschreiten oder Vorbeugen dann denklogisch ausgeschlossen oder jedenfalls erheblich eingegrenzt wäre. Die Anmeldepflicht vollständig entfallen zu lassen, wäre aus den gleichen Gründen ohne Sinn. Die *vorherige* Abmeldepflicht stellt mithin die einzige Variante dar, einer möglichen Gefährdung vorzubeugen. Steht aber nur eine bestimmte Maßnahme zur Verfügung, ist diese immer auch erforderlich im Rahmen der Verhältnismäßigkeitsprüfung (*Ipsen* StaatsR II Rz. 191).

d) Die Maßnahme muss schließlich auch *angemessen* bzw. »verhältnismäßig im engeren Sinne« sein.

> **Definition**: Eine Maßnahme ist dann angemessen, wenn sie beim Grundrechtsträger keinen Nachteil herbeiführt, der erkennbar außer Verhältnis zum verfolgten Zweck steht (BVerfGE **7**, 377; BVerfGE **17**, 306; BVerfGE **126**, 11; *Jarass/Pieroth* Art. 20 GG Rz. 86; *Kingreen/Poscher* StaatsR II Rz. 299). Der Grundrechtsträger darf insbesondere durch die staatliche Maßnahme nicht *übermäßig* belastet werden (→ Übermaßverbot).

Problem: Bei unseren Erläuterungen haben wir bislang unberücksichtigt gelassen, dass durch die Anmeldepflicht sogenannte »Spontanversammlungen« quasi ausgeschlossen sind bzw. unmittelbar nach ihrer Konstitution wieder aufgelöst werden können. Es stellt sich insoweit die Frage, was bei solchen gesetzlichen Vorschriften dann eigentlich noch vom Grundrecht aus Art. 8 Abs. 1 GG übrig bleibt. Der »Nachteil« des Grundrechtsträgers (→ *Entzug* des Grundrechts!) stünde in solchen Fällen im Zweifel außer Verhältnis zum angestrebten Zweck (Vermeidung einer Gefährdung der öffentlichen Sicherheit), denn der komplette Entzug des Grundrechts liefe möglicherweise der Garantie des Art. 8 Abs. 1 GG zuwider, wonach Versammlungen an sich ja »ohne Anmeldung oder Erlaubnis« gestattet sein sollen. Zu klären ist damit, inwiefern das Versammlungsgesetz verfassungsrechtlich zulässig auf einer Anmeldepflicht mit entsprechender Sanktionsmöglichkeit für eine Versammlung bestehen darf.

Durchblick: Das Problem um die verfassungsrechtliche Zulässigkeit einer Spontanversammlung sowie dem grundsätzlichen Erfordernis einer Anmeldung lag dem Bundesverfassungsgericht in dem berühmten »**Brokdorf**«-Fall vom **14. Mai 1985** zur Entscheidung vor (BVerfGE **69**, 315 = NJW **1985**, 2395). Es ging damals um den Bau eines Kernkraftwerkes nahe der schleswig-holsteinischen Gemeinde *Brokdorf*, der seit Mitte der 70er Jahre bis weit hinein in die 80er Jahre zu massivsten Protesten durch die Bevölkerung und auch zu mehreren großen Demonstrationen führte. Als sich für den **28. Februar** 1981 eine international aufgerufene Mega-Demonstration mit geschätzt mehr als 50.000 Teilnehmern ankündigte, verbot der zuständige Landrat am **23. Februar** 1981 unter Berufung auf die bis dahin tatsächlich fehlende Anmeldung und den im Übrigen zu erwartenden Ausschreitungen für die Zeit vom 27. Februar bis 1. März 1981 jede Form der Versammlung im fraglichen Gebiet. Gegen dieses Verbot wehrten sich die Veranstalter, bekamen aber wegen der Kurzfristigkeit zwischen Verbot (→ 23. Februar) und geplanter Demonstration (→ 28. Februar) nur eine *vorläufige* gerichtliche Entscheidung des Oberverwaltungsgerichts Lüneburg, die das Demonstrationsverbot allerdings bestätigte (OVG Lüneburg DÖV **1981**, 461). Die Demonstration fand schließlich trotz des Verbotes statt und wurde von der Polizei aufgrund der enormen Menschenmassen letztlich auch geduldet. Im Nachgang zogen dann die Veranstalter der Demonstration vor das Bundesverfassungsgericht, auch und vor allem, um feststellen zu lassen, dass das vorherige Verbot rechtswidrig war und dass die entsprechenden Vorschriften des **Versammlungsgesetzes** dem Grundgesetz und namentlich der Versammlungsfreiheit zuwiderlaufen. Insbesondere wollten die Veranstalter prüfen lassen, ob die Anmeldepflicht des Versammlungsgesetzes (→ § 14 Abs. 1 VersG) mit dem Grundrecht aus Art. 8 GG in Einklang zu bringen sei, da in Art. 8 Abs. 1 GG ja ausdrücklich drinsteht, dass die Bürger *ohne Anmeldung* jederzeit demonstrieren bzw. sich versammeln dürfen. Herausgekommen ist die allererste (!) und gleichzeitig berühmteste Entscheidung des BVerfG zum Versammlungsrecht überhaupt, die seitdem als Grundlage aller weiteren Entscheidungen und insbesondere auch für den Umgang mit dem VersG dient. Tatsächlich hatte das Bundesverfassungsgericht seit seiner Gründung im September 1951 bis zum Mai 1985 (also in stolzen 34 Jahren) interessanterweise noch *nie* über Art. 8 GG entscheiden müssen, weswegen der Entscheidung auch überragende Bedeutung zukam und übrigens auch bis heute zukommt (lies BVerfGE **69**, 315, 344: »*… In der verfassungsgerichtlichen Rechtsprechung, die sich bislang mit der Versammlungsfreiheit noch nicht befasst hat, …*«).

Zum Inhalt: Das Bundesverfassungsgericht urteilte (wie fast immer) außerordentlich weise und erklärte die Vorschriften des Versammlungsgesetzes, wonach eine Versammlung (48 Stunden vorher) angemeldet werden müsse und bei Zuwiderhandlung eine Auflösung droht (§§ 14 und 15 VersG), ausdrücklich für verfassungsgemäß – allerdings nur dann,

»*… wenn in verfassungskonformer Auslegung berücksichtigt wird, dass die Anmeldepflicht nicht ausnahmslos eingreifen kann und dass ihre Verletzung die zuständige Behörde nicht schematisch zum Verbot oder zur Auflösung der Veranstaltung berechtigt … Die*

> *Pflicht zur rechtzeitigen Anmeldung entfällt wegen der Garantie des Art. 8 Abs. 1 GG insbesondere bei* **Spontandemonstrationen,** *die sich aus aktuellem Anlass augenblicklich bilden. Diese Versammlungen unterstehen der Gewährleistung des Grundrechts aus Art. 8 Abs. 1 GG. Die versammlungsrechtlichen Vorschriften sind auf sie nicht anwendbar, soweit der mit der Spontanveranstaltung verfolgte Zweck bei Einhaltung dieser Vorschriften nicht erreicht werden könnte … Es muss zudem und immer sichergestellt sein, dass Verbote und Auflösungen von Demonstrationen nur zum Schutz* **wichtiger Gemeinschaftsgüter** *unter Wahrung des Grundsatzes der* **Verhältnismäßigkeit** *und nur bei einer* **unmittelbaren,** *aus erkennbaren Umständen herleitbaren Gefährdung dieser Rechtsgüter erfolgen … Die Auflösung einer Versammlung ohne einen solchen Grund widerspricht der Verfassung, auch wenn die Versammlung nicht angemeldet gewesen ist.«* (→ BVerfGE **69,** 315, 350, 352).

Also: Das Bundesverfassungsgericht gab bzw. gibt mit dieser Entscheidung zwei elementar neue Regeln für die Anwendung des VersG in Verbindung mit dem Grundrecht aus Art. 8 GG vor, und zwar:

→ Nötig ist zum einen eine »verfassungskonforme Auslegung« des VersG in der Form, dass die Anmeldepflicht jedenfalls für Spontandemonstrationen *nicht* gilt, soweit der mit der Spontanveranstaltung verfolgte Zweck bei Einhaltung der Anmeldevorschriften nicht erreicht werden könnte – was in aller Regel der Fall sein dürfte. **Konsequenz**: Wer spontan demonstrieren möchte und dies nicht mehr könnte, wenn er erst die Anmeldeverpflichtung einhalten müsste (zum Beispiel unser R!), darf auch *ohne Anmeldung* demonstrieren, für ihn gelten nach dem Urteil des BVerfG die entsprechenden Vorschriften des VersG nicht, da solche Versammlungen von Art. 8 Abs. 1 GG geschützt sind. Bei allen anderen Versammlungen/Demonstrationen bleibt es erst einmal bei der generellen Anmeldepflicht. Nach BVerfGE **85**, 69 kann die 48-Stundenfrist des § 14 Abs. 1 VersG übrigens unter Umständen auch *verkürzt* werden, falls der Entschluss für die Versammlung innerhalb dieses Zeitraums, also zum Beispiel 30 Stunden vorher, gefällt wird. Die Anmeldung müsste unter diesen Umständen dann »unverzüglich«, also unmittelbar nach dem Entschluss zur Demonstration, erfolgen.

Merke: Die generelle Anmeldepflicht des § 14 Abs. 1 VersG entfällt dann, wenn sie unter Berücksichtigung aller Umstände und rein tatsächlich nicht mehr eingehalten werden kann (= **Spontanversammlung**). Bei allen anderen Veranstaltungen bleibt es bei der grundsätzlich bestehenden Anmeldepflicht, die aber, falls erforderlich, auch unter 48 Stunden verkürzt werden kann (→ BVerfGE **85**, 69). Wird eine Versammlung, egal aus welchem Grund, *gar nicht* angemeldet, kann sie gemäß § 15 Abs. 3 VersG von den Behörden aufgelöst werden.

→ **Aber**: Im Hinblick auf diese Auflösung von (unangemeldeten) Versammlungen gibt das Bundesverfassungsgericht den zuständigen Behörden im zweiten Schritt zwingend auf, solche Auflösungen von Demonstrationen nur zum *Schutz wichtiger Gemeinschaftsgüter* unter Wahrung des Grundsatzes der Verhältnismäßigkeit und nur bei einer unmittelbaren, aus erkennbaren Umständen herleitbaren Gefährdung dieser Rechtsgüter durchzuführen. **Konsequenz**: Eine (unangemeldete) Versammlung darf nur dann aufgelöst werden, wenn eine Güterabwägung unter Berücksichtigung der besonderen Bedeutung des Freiheitsrechts des Art. 8 GG ergibt, dass dies zum Schutz anderer gleichwertiger Rechtsgüter notwendig ist (BVErfGE **69**, 315; BVerfGE **85**, 69). Demgemäß rechtfertigt keinesfalls jedes beliebige Interesse der Behörde oder einer dritten Person eine Einschränkung der Versammlungsfreiheit in Form der Auflösung. Es muss immer eine Abwägung mit anderen verfassungsrechtlich geschützten Gütern vorgenommen werden. Sind solche nicht erkennbar, ist die Auflösung der Versammlung trotz fehlender Anmeldung grundsätzlich *unzulässig* (BVerfGE **69**, 315).

Fazit: Die Anmeldepflicht des § 14 Abs. 1 VersG ist zwar verfassungsgemäß, ihre Nichtbeachtung rechtfertigt aber nicht die sofortige Auflösung durch die Behörden gemäß § 15 Abs. 3 VersG. Hierfür ist zusätzlich und immer notwendig, dass die Behörden die (unangemeldete) Versammlung zum *Schutz wichtiger Gemeinschaftsgüter* unter Wahrung des Grundsatzes der Verhältnismäßigkeit und nur bei einer unmittelbaren, aus erkennbaren Umständen herleitbaren Gefährdung dieser Rechtsgüter auflösen. Der alleinige Umstand, dass eine Versammlung nicht angemeldet ist, berechtigt die Behörden – wegen der grundsätzlichen Garantie des Art. 8 Abs. 1 GG und entgegen dem Wortlaut des § 15 Abs. 3 VersG – folglich nicht zur Auflösung der Versammlung. Bei genauer Betrachtung stellt die Anmeldepflicht damit nach dem Willen des BVerfG nur eine *Obliegenheit*, nicht aber eine Rechtspflicht oder gar Zulässigkeitsvoraussetzung für eine Versammlung dar (*Kingreen/Poscher* StaatsR II Rz. 775). Merken.

Beachte: Die gerade dargestellten Regeln sind inzwischen ganz herrschende Meinung und werden auch von niemandem mehr ernstlich bestritten (vgl. *Jarass/Pieroth* Art. 8 GG Rz. 4; *von Münch/Kunig* Art. 8 GG Rz. 33; BK/*Benda* Art. 8 GG Rz. 77; *Ipsen* StaatsR II Rz. 573; *Maunz/Dürig/Depenheuer* Art. 8 GG Rz. 167; *von Mangold/Klein/Starck/Gusy* Art. 8 GG Rz. 67; *Kingreen/Poscher* StaatsR II Rz. 775; *Schmidt-Bleibtreu/Hofmann/Hopfauf/Kannengießer* Art. 8 GG Rz. 11). Sie können und sollten daher in den universitären Übungsarbeiten und auch im Examen verwendet und vor allem nicht mehr angezweifelt werden (BVerfGE **69**, 315; BVerfGE **85**, 69; BVerfGE **128**, 226, 260; VGH BW DÖV **2016**, 395).

Zum Fall: Jedenfalls bei »verfassungskonformer Auslegung« (siehe soeben) halten die Vorschriften des VersG einer grundrechtlichen Überprüfung stand und sind insbesondere verhältnismäßig.

<u>ZE.</u>: Die Normen des Versammlungsgesetzes sind bei verfassungskonformer Auslegung materiell rechtmäßig.

4.) Schließlich muss nun aber auch die Anwendung des VersG als Schranke der Versammlungsfreiheit durch die **Behörde** im konkreten Fall verfassungsgemäß sein. Im vorliegenden Fall hat die Polizei unter Hinweis auf die §§ 14 und 15 VersG die spontane Versammlung wenige Minuten nach deren Konstitution wieder aufgelöst und erklärt, sie schade dem Ansehen der Universität und animiere andere Studenten unter Umständen zur Teilnahme und Aufruhr. Es fragt sich abschließend, ob diese Begründung die Auflösung trägt.

a) An der *formellen* Rechtmäßigkeit der Maßnahme bestehen zunächst keine Zweifel, die Polizei war nach Auskunft des Sachverhaltes die zuständige Behörde.

b) Zu prüfen ist indessen die *materielle* Rechtmäßigkeit der Maßnahme, also die Frage, ob die zuständige Behörde die gesetzlichen Vorschriften für das Einschreiten verfassungskonform eingehalten hat. Und das ist nach dem soeben Erlernten nun nicht mehr schwer: Im vorliegenden Fall fehlt zwar die Anmeldung für die Versammlung, es war ja eine Spontanversammlung, bei der dies rein praktisch gar nicht mehr ging. Allerdings berechtigt dieser Umstand für sich alleine betrachtet die zuständige Behörde – wie wir jetzt wissen – keinesfalls dazu, die Versammlung aufzulösen: Nach den vom Bundesverfassungsgericht aufgestellten Regeln (siehe oben) ist für die Auflösung gemäß § 15 Abs. 3 VersG vielmehr immer und zusätzlich erforderlich, dass die Auflösung »zum *Schutz wichtiger Gemeinschaftsgüter* unter Wahrung des Grundsatzes der *Verhältnismäßigkeit* und nur bei einer *unmittelbaren*, aus erkennbaren Umständen herleitbaren Gefährdung dieser Rechtsgüter« erfolgt (→ BVerfGE **69**, 315). Das aber ist vorliegend nicht erkennbar, **denn**: Die Polizei löst die Versammlung nach eigener Auskunft auf, weil sie zum einen dem Ansehen der Universität schade und zum anderen bislang unbeteiligte Studenten zur Teilnahme animiert werden könnten. *Diese* Begründung trägt indessen die Auflösung nicht, da »das Ansehen der Universität« (was auch immer das sein mag) augenscheinlich kein wichtiges Gemeinschaftsgut im oben benannten Sinne ist und eine mögliche Teilnahme anderer Studenten zwar vielleicht nicht vom Rektor erwünscht ist, allerdings bei genauer Betrachtung lediglich die Grundrechtsausübung weiterer Personen verhindern soll – was verfassungsrechtlich indes offenkundig unzulässig ist.

__ZE.__: Die konkrete Anwendung des VersG durch die handelnde Behörde (→ Polizei) dient im vorliegenden Falle nicht dem Schutz wichtiger Gemeinschaftsgüter unter Wahrung des Grundsatzes der Verhältnismäßigkeit. Sie entspricht damit *nicht* den Vorgaben des BVerfG und ist folglich materiell *verfassungswidrig*.

__ZE.__: Damit liegen sämtliche Voraussetzungen einer Grundrechtsverletzung vor.

Ergebnis: Durch die Auflösung der Demonstration ist R (und auch die anderen Studenten) in seinem Grundrecht aus Art. 8 GG verletzt.

Ein kurioser Nachschlag

Im Hinblick auf die Frage, *wo* man eigentlich unter Berufung auf Art. 8 GG überall eine Versammlung abhalten darf, musste das Bundesverfassungsgericht am 20. Juni 2014 darüber entscheiden, ob insoweit auch ein **Friedhof** (!) in Betracht kommt. Im konkreten Fall hatten vier junge Männer auf dem *Heidefriedhof* in Dresden anlässlich einer öffentlich aufgerufenen Gedenkfeier für die Opfer des 2. Weltkriegs, bei der nach dem Willen des Veranstalters auch ein »Zeichen für die Überwindung von Rassismus, Krieg und Gewalt« gesetzt werden sollte, ein Transparent in die Luft gehalten, auf dem unter anderem stand: »*Es gibt nichts zu trauern, nur zu verhindern. Den deutschen Gedenkzirkus beenden!*«. Hierfür gab es von der Stadt Dresden anschließend einen Bußgeldbescheid in Höhe von 150,- Euro wegen Verstoßes gegen die Friedhofssatzung sowie gegen § 118 OWiG (→ »grob ungehörige Handlung«) und ein diesen Bescheid bestätigendes Urteil des Amtsgerichts Dresden. Die vier Männer erhoben hiergegen umgehend Verfassungsbeschwerde beim Bundesverfassungsgericht in Karlsruhe und rügten die Verletzung materiellen Verfassungsrechts, namentlich die Verkennung des Wirkungs- und Geltungsbereiches von Art. 8 GG. Und zwar mit Recht! Das BVerfG (→ NJW **2014**, 2706) hob zur allgemeinen Überraschung den Bescheid und das amtsgerichtliche Urteil wegen einer Verletzung des Grundrechts auf Versammlungsfreiheit aus Art. 8 GG auf. Zunächst stellten die Richter allerdings fest, dass man auf einem Friedhof die Versammlungsfreiheit unter normalen Umständen tatsächlich *nicht* in Anspruch nehmen könne, da …

»*… die Versammlungsfreiheit aus Art. 8 GG kein Zutrittsrecht zu jedem beliebigen Ort garantiert, insbesondere nicht zu den Orten, zu denen Menschen schon den äußeren Umständen und ihrer Widmung nach nur zu ganz bestimmten Zwecken kommen und an denen in aller Regel keine öffentliche Kommunikation über gesellschaftliche Themen stattfindet … Hierzu gehört im Zweifel auch ein Friedhof, da Menschen einen solchen Ort im Allgemeinen nur deshalb aufsuchen, um gerade keine öffentliche Kommunikation über irgendwelche Themen abzuhalten, sondern in Stille zu trauern und der Verstorbenen zu gedenken … «.*

Aber: Etwas anderes ergab sich nach Ansicht des Bundesverfassungsgerichts im konkreten Fall aus der **tatsächlichen Bereitstellung** des Ortes. Wenn an einem an sich kommunikationsfreien Ort gleichwohl ein öffentlicher (Kommunikations-)Verkehr eröffnet ist, gilt vielmehr **Folgendes**:

»*… Durch die öffentlich aufgerufene Gedenkfeier wurde der Heidefriedhof am fraglichen Tag zu einem Ort der öffentlichen Kommunikation und damit auch zu einem Ort, an dem die Beschwerdeführer sich auf Art. 8 GG berufen und dieses Grundrecht ausüben konnten. Die Gedenkfeier auf dem Heidefriedhof diente nach der Ankündigung des Veranstalters nämlich auch dazu, ›ein Zeichen für die Überwindung von Rassismus, Krieg und Gewalt zu setzen‹. Dem Friedhof wurde damit seine regelmäßige Widmung und Bestimmung als stille Ruhe- und Gedenkstätte vorübergehend entzogen und diente an diesem Tag ausnahmsweise der Auseinandersetzung mit gesellschaftlich bedeutsamen Themen … Er war für die Beschwerdeführer daher auch ein Ort, an dem sie sich auf das Recht zur Versammlung berufen und ihre Mei-*

nung innerhalb dieser Versammlung kund tun konnten … Auf den konkreten Inhalt dieser Meinung und eine etwaige Wertung kommt es insoweit nicht an … Sowohl der Bußgeldbescheid der Stadt Dresden als auch das amtsgerichtliche Urteil haben das Grundrecht der Beschwerdeführer auf Versammlungsfreiheit folglich verkannt und waren aufzuheben …«.

Fazit: Das Grundrecht auf Versammlungsfreiheit kann man im Regelfall nur dann für sich beanspruchen, wenn es um einen Ort geht, an dem auch eine öffentliche Kommunikation stattfindet – ein **Friedhof** gehört dazu normalerweise nicht. **Aber**: Wenn ein solcher Ort ausnahmsweise quasi »**umgewidmet**« und sehr wohl zur Auseinandersetzung mit gesellschaftlichen Themen genutzt wird, hat dies auch Auswirkungen auf den Wirk- und Geltungsbereich des Grundrechts aus Art. 8 GG. Unter den genannten Umständen kann somit auch ein Friedhof ein Ort für eine Versammlung sein, innerhalb derer die Teilnehmer ihre Meinung zu einem bestimmten Thema kundtun dürfen (BVerfG NJW **2014**, 2706; OVG Brandenburg NVwZ-RR **2004**, 844).

Das Allerletzte

Dem OVG Münster lag im **Dezember 2016** ein ebenfalls kurioser Fall zur Entscheidung vor, der demgegenüber die Grenzen des Versammlungsrechts umschreibt: Der Eigentümer (E) einer großen Wiese in der Nähe von *Aachen* hatte sein Grundstück für ein sogenanntes »Protestcamp« zur Verfügung gestellt. Auf diesem Protestcamp erbauten Gegner des Braunkohletagebaus diverse Hütten, stellten Bauwagen und Zelte auf, um dort ihr »Basislager« und eine Wohnstätte für die Protestierenden zu errichten und von dort aus die Protestkundgebungen zu organisieren. Als dem E seitens der Behörde die Räumung des Grundstücks aufgegeben wurde, erhob E hiergegen Klage und berief sich unter anderem auf Art. 8 GG. Zu **Unrecht**, wie das OVG Münster urteilte: Zwar unterlägen auch *stationäre* Einrichtungen grundsätzlich dem Schutz des Art. 8 GG, allerdings nur dann, wenn sie notwendiger Bestandteil der Versammlung und mithin auch der kollektiven Meinungsäußerung seien. Davon könne aber nur gesprochen werden, wenn in einer Gesamtbetrachtung der stationären Einrichtung eine *funktionale* oder *symbolische* Bedeutung für das jeweilige Versammlungsthema zukomme. Die stationäre Einrichtung müsse zudem derart konzipiert sein, dass ohne sie die geplante gemeinsame Meinungsmeinungsäußerung nicht oder nur unter deutlich erschwerten Bedingungen möglich ist. Alleine das Errichten von Wohnstätten reiche hierfür aber nicht aus, dies könne im vorliegenden Fall insbesondere nicht als notwendiger Bestandteil der gemeinsamen Meinungsäußerung gesehen werden. Das Camp diene vielmehr und vordringlich Aufgaben der Infrastruktur der Protestierenden und solle deren Grundbedürfnisse wie Wohnen, Schlafen, Essen und Hygiene befriedigen. Diese Bedürfnisse seien aber nicht von Art. 8 GG geschützt (OVG Münster BauR **2017**, 533).

Prüfungsschema 6

Die Prüfung einer Grundrechtsverletzung durch staatliches Handeln

Beispiel: Die Versammlungsfreiheit aus Art. 8 GG

Obersatz: Das Grundrecht aus Art. 8 GG ist verletzt, wenn durch eine staatliche Maßnahme in den Schutzbereich des Grundrechts eingegriffen wurde und dieser Eingriff verfassungsrechtlich nicht gerechtfertigt ist.

I. Der Schutzbereich des Art. 8 GG:

→ **1. Problem:** Der **Versammlungsbegriff** = örtliche Zusammenkunft; Gemeinschaftlichkeit; mindestens zwei Personen (*kollektive* Meinungsäußerung)

→ **2. Problem:** Frage nach »engem« Versammlungsbegriff (= politischer Hintergrund) oder »weitem« Versammlungsbegriff (= jeder beliebige Hintergrund)

→ **Im Übrigen:** »Deutschengrundrecht« (lies aber auch § 1 VersG: »Jedermann«).

II. Zum Eingriffsbegriff, vgl. Prüfungsschema 1 vorne.

III. Ist der Grundrechtseingriff *verfassungsrechtlich gerechtfertigt*?

→ Art. 8 Abs. 2 GG: *Einschränkbar* bei Versammlungen »unter freiem Himmel«

Zentrales Gesetz: Versammlungsgesetz des Bundes (siehe aber auch: *BayVersG*; *NVersG*; *SächsVersG* sowie *VersG LSA*)

→ **Problem:** Ist das VersG verfassungsgemäß – insbesondere das Anmeldeerfordernis und die mögliche Auflösung bei Zuwiderhandlung?

→ **Lösung:** Nach BVerfGE **69**, 315 muss das VersG »verfassungskonform« ausgelegt und angewendet werden.

Konsequenzen: 1.) Die Anmeldung nach § 14 Abs. 1 VersG kann nur als eine **Obliegenheit** verstanden werden und ist insbesondere bei Spontandemonstrationen nicht erforderlich, da diese unter Art. 8 Abs. 1 GG fallen; die Auflösung gemäß § 15 Abs. 3 VersG ist nur zulässig bei Abwägung mit gleichwertigen *Verfassungsgütern*. **2.)** Staatliches Handeln muss sich *immer* an diesen Vorgaben orientieren. **3.)** Sind diese Voraussetzungen eingehalten, ist sowohl das VersG als auch das staatliche Handeln verfassungsgemäß. **4.)** Andernfalls verstößt das staatliche Handeln gegen Art. 8 GG.

Gutachten

R ist in seinem Grundrecht aus Art. 8 GG verletzt, wenn durch einen Akt der öffentlichen Gewalt in den Schutzbereich des Grundrechts eingegriffen wurde und dieser Eingriff verfassungsrechtlich nicht gerechtfertigt ist.

I. Durch die Auflösung der Versammlung durch die Polizei müsste zunächst das Grundrecht des R aus Art. 8 GG in seinem Schutzbereich betroffen sein.

Dann muss es sich bei der Zusammenkunft der 250 Studenten vor dem Universitätsgebäude um eine Versammlung im Sinne des Art. 8 Abs. 1 GG handeln. Eine Versammlung im Sinne des Art. 8 GG ist die örtliche Zusammenkunft mehrerer Personen zur gemeinschaftlichen, auf die Teilhabe an der öffentlichen Meinungsbildung gerichteten Erörterung oder Kundgebung. Nach einer Auffassung wird für den Versammlungsbegriff aus Art. 8 GG ein im weitesten Sinne politischer Hintergrund der entsprechenden Veranstaltung gefordert. Liegt ein solcher nicht vor oder ist er nicht erkennbar, können sich die Teilnehmer auch nicht auf die Versammlungsfreiheit berufen, insoweit käme dann allenfalls die Meinungsfreiheit aus Art. 5 GG in Betracht. Eine hiervon abweichende Meinung lässt demgegenüber auch unpolitische Veranstaltungen für Art. 8 GG ausreichen, jedenfalls dann, wenn die Teilnehmer nicht bloß als Konsumenten auftreten, sondern das gemeinschaftliche Erleben eines anderen, auch unpolitischen Zwecks im Vordergrund steht. Im vorliegenden Fall wollen die 250 Studenten gegen die geplante Kürzung des »Bafög« demonstrieren, was als politischer Beweggrund klassifiziert werden kann. Politisch motivierte Versammlungen fallen nach beiden Ansichten unter Art. 8 GG.

Zwischenergebnis: Da auch die übrigen Voraussetzungen der Versammlungsdefinition vorliegen, ist durch die Auflösung der vorliegenden Versammlung der Schutzbereich des Art. 8 GG betroffen. R ist mangels entgegenstehender Angaben im Sachverhalt Deutscher, sodass auch der persönliche Schutzbereich von Art. 8 GG bejaht werden kann.

II. Es muss des Weiteren ein Eingriff in diesen Schutzbereich vorliegen. Unter Eingriff versteht man jedes staatliche Handeln, das dem Einzelnen ein Verhalten, das in den Schutzbereich eines Grundrechts fällt, ganz oder teilweise unmöglich macht; hierbei ist gleichgültig, ob diese Wirkung final oder unbeabsichtigt eintritt. Die Auflösung der Versammlung durch die Polizei als Akt der öffentlichen Gewalt verhindert unmittelbar und final, dass die Studenten und somit auch der R das Recht aus Art. 8 GG weiter wahrnehmen können. Dem R wird die Ausübung seines Grundrechts damit teilweise unmöglich gemacht.

Zwischenergebnis: Ein Eingriff in den Schutzbereich des Grundrechts des R liegt vor.

III. Der Eingriff darf verfassungsrechtlich nicht gerechtfertigt sein.

Der Eingriff in den Schutzbereich des Grundrechts aus Art. 8 GG ist verfassungsrechtlich gerechtfertigt, wenn das betroffene Grundrecht einschränkbar ist, eine entsprechende Schranke besteht, diese Schranke selbst verfassungsgemäß ist (Schranken-Schranke) und auch die konkrete Anwendung und Auslegung der Schranke durch die handelnde Behörde der Verfassung entspricht.

1.) Das Grundrecht aus Art. 8 GG muss somit zunächst einschränkbar sein.

Insoweit muss zunächst der unterschiedliche Regelungsgehalt von Art. 8 Abs. 1 und Art. 8 Abs. 2 GG beachtet werden. Gemäß Art. 8 Abs. 2 GG können nur Versammlungen unter freiem Himmel durch Gesetz oder aufgrund eines Gesetzes eingeschränkt werden. Im vorliegenden Fall versammeln sich 250 Studenten vor dem Universitätsgebäude in Köln. Mangels entgegenstehender Angaben kann davon ausgegangen werden, dass auch die Allgemeinheit Zugang zur Versammlung hat. Die Versammlung findet demzufolge sowohl tatsächlich als auch im Sinne des Art. 8 Abs. 2 GG unter freiem Himmel statt. Das Grundrecht des R darf wegen der Regelung des Art. 8 Abs. 2 GG durch Gesetz oder aufgrund eines Gesetzes eingeschränkt werden.

Zwischenergebnis: Das Grundrecht des R ist im vorliegenden Fall dementsprechend einschränkbar.

2.) Es muss eine Schranke existieren. Die entsprechende Schranke ist im vorliegenden Fall das Versammlungsgesetz (VersG) des Bundes.

Zwischenergebnis: Eine Schranke im Sinne des Art. 8 Abs. 2 GG besteht in Form des VersG.

3.) Die Schranke selbst, also die infrage stehenden Normen des VersG, müsste des Weiteren formell und materiell verfassungsgemäß sein (Schranken-Schranke).

a) An der formellen Rechtmäßigkeit des VersG bestehen nach Auskunft des Sachverhaltes keine Zweifel.

b) Fraglich ist indessen die materielle Rechtmäßigkeit des VersG. Das Versammlungsgesetz muss, um verfassungsrechtlich Bestand zu haben, seinerseits an den Normen des Grundgesetzes gemessen werden. Im vorliegenden Fall stellt sich insoweit die Frage, ob das in Art. 8 Abs. 1 GG garantierte Versammlungsrecht (»… ohne Anmeldung oder Erlaubnis …«) unzulässig beschränkt wird, wenn man als potenzieller Demonstrant gemäß § 14 Abs. 1 VersG eine Versammlung doch stets vorher anmelden muss und hierfür auch noch eine 48-Stunden-Frist bestehen soll – und zudem gemäß § 15 Abs. 3 VersG unangemeldete Versammlungen dann auch noch sofort aufgelöst werden dürfen. Bei genauer Betrachtung würden diese Regelungen der §§ 14 und 15 VersG gegen Art. 8 Abs. 1 GG verstoßen und insbesondere jede Form einer spontanen Versammlung komplett unterbinden bzw. verbieten.

1.) Schränkt ein Gesetz ein Grundrecht ein, müssen zunächst die sogenannten allgemeinen Anforderungen an das Gesetz eingehalten werden. Gemäß Art. 19 Abs. 1 GG muss das Gesetz zum einen allgemein gehalten sein und darf nicht nur für den Einzelfall gelten. Es muss des Weiteren das betroffene bzw. das eingeschränkte Grundrecht ausdrücklich benennen, und das Gesetz darf gemäß Art. 19 Abs. 2 GG keinesfalls den Wesensgehalt dieses Grundrechts antasten.

Die hier infrage stehenden Vorschriften des VersG sind allgemein gehalten und folglich nicht für den Einzelfall gedacht. Das Zitiergebot des Art. 19 Abs. 1 Satz 2 GG ist durch § 20 VersG ebenfalls beachtet. Schließlich ist auch der Wesensgehalt des Art. 8 GG im vorliegenden Fall nicht angetastet, da Versammlungen von den Normen des Versammlungsgesetzes nicht grundsätzlich verboten werden, sondern nur unter einem Anmeldevorbehalt stehen und unter bestimmten Umständen aufgelöst werden können. Ein Verstoß gegen Art. 19 Abs. 1 und 2 GG ist somit nicht erkennbar.

Zwischenergebnis: Die allgemeinen Anforderungen aus Art. 19 Abs. 1 Abs. 2 GG an das das Grundrecht beschränkende Gesetz sind eingehalten.

2.) Schließlich muss das Gesetz auch verhältnismäßig sein. Dazu muss das Gesetz einen legitimen Zweck verfolgen, zur Erreichung dieses Zwecks geeignet, erforderlich und schließlich auch angemessen sein.

a) Die Vorschriften des VersG müssen demnach zunächst einen legitimen **Zweck** verfolgen. Ein Zweck ist dann legitim und darf vom Staat verfolgt werden, wenn er auf ein der Allgemeinheit dienendes Wohl gerichtet ist oder sonstigen Gütern von Verfassungsrang zugutekommt. Dem Gesetzgeber ist insoweit ein breiter Beurteilungsspielraum zuzubilligen. Die Normen des VersG im Hinblick auf die Anmeldepflicht und die Auflösungsmöglichkeit bei fehlender Anmeldung einer Versammlung unter freiem Himmel sollen dem besonderen Gefahrenpotenzial einer solchen Veranstaltung vorbeugen. Die Anmeldepflicht gilt gemäß § 14 Abs. 1 VersG ausdrücklich nur für Versammlungen unter freiem Himmel, weil diese wegen ihrer Außenwirkungen vielfach besondere Vorkehrungen erfordern. Die mit der Anmeldung verbundenen Angaben sollen den Behörden die notwendigen Informationen vermitteln, damit sie sich ein Bild darüber machen können, was einerseits zum möglichst störungsfreien Verlauf der Veranstaltung an Verkehrsregelungen und sonstigen Maßnahmen veranlasst werden muss und was andererseits im Interesse Dritter sowie im Gemeinschaftsinteresse erforderlich ist – und wie beides aufeinander abgestimmt werden kann. Mit diesem Ziel verfolgt das VersG einen legitimen Zweck.

b) Die Regeln des VersG müssen auch geeignet sein, diesen Zweck zu erreichen. Die Geeignetheit einer Maßnahme liegt dann vor, wenn mit ihrer Hilfe das angestrebte Ziel voraussichtlich erreicht oder zumindest gefördert werden kann. Wie bereits erörtert, sollen die mit der Anmeldung verbundenen Angaben den Behörden die erforderlichen Informationen vermitteln, um einen störungsfreien Ablauf der Versammlung zu gewährleisten. Das Gesetz ist folglich auch geeignet, um den angestrebten Zweck zu erreichen.

c) Das VersG muss zudem erforderlich sein. Die Maßnahme ist erforderlich, wenn es kein gleich wirksames, aber den Grundrechtsträger weniger belastendes Mittel zur Erreichung des Zwecks gibt; es muss der geringst mögliche Grundrechtseingriff bei gleicher Wirksamkeit gewählt werden. Es ist nicht erkennbar, welches andere Mittel der Gesetzgeber hätte wählen können, ohne die Wirksamkeit des Gesetzes zu beeinträchtigen. Nur eine vorherige Anmeldung eröffnet den zuständigen Behörden die Möglichkeit, bestimmte Gefahrenpotenziale abzuschätzen und vorbeugend einzudämmen. Namentlich eine nachträgliche Information der Behörden könnte aus diesem Grund auch keine sinnvolle Option darstellen, da ein wirksames Einschreiten oder Vorbeugen dann denklogisch ausgeschlossen oder jedenfalls erheblich eingegrenzt wäre. Die Anmeldepflicht vollständig entfallen zu lassen, wäre aus den gleichen Gründen ohne Sinn. Die vorherige Abmeldepflicht stellt mithin die einzige Variante dar, einer möglichen Gefährdung vorzubeugen. Steht aber nur eine bestimmte Maßnahme zur Verfügung, ist diese immer auch erforderlich im Rahmen der Verhältnismäßigkeitsprüfung.

d) Die Maßnahme muss schließlich auch angemessen bzw. verhältnismäßig im engeren Sinne sein. Eine Maßnahme ist dann angemessen, wenn sie beim Grundrechtsträger keinen Nachteil herbeiführt, der erkennbar außer Verhältnis zum verfolgten Zweck steht. Der Grundrechtsträger darf insbesondere durch die staatliche Maßnahme nicht übermäßig belastet werden.

Insoweit ist zunächst Folgendes zu beachten: Bei den bisherigen Erläuterungen ist unberücksichtigt geblieben, dass durch die Anmeldepflicht sogenannte Spontanversammlungen faktisch ausgeschlossen sind bzw. unmittelbar nach ihrer Konstitution wieder aufgelöst werden können. Es stellt sich diesbezüglich die Frage, was angesichts der gesetzlichen Regelungen im Versammlungsgesetz dann vom Grundrecht aus Art. 8 Abs. 1 GG übrig bleibt. Der Nachteil des Grundrechtsträgers in Form des Entzuges des Grundrechts stünde in solchen Fällen im Zweifel außer Verhältnis zum angestrebten Zweck, nämlich der Vermeidung einer Gefährdung der öffentlichen Sicherheit. Der komplette Entzug des Grundrechts liefe möglicherweise der Garantie des Art. 8 Abs. 1 GG zuwider, wonach Versammlungen an sich ja »ohne Anmeldung oder Erlaubnis« gestattet sein sollen. Zu klären ist damit, inwiefern das Versammlungsgesetz verfassungsrechtlich zulässig auf einer Anmeldepflicht mit entsprechender Sanktionsmöglichkeit für eine Versammlung bestehen darf.

Verfassungsrechtlich zulässig erscheint insoweit nur eine Auslegung, bei der berücksichtigt wird, dass die Anmeldepflicht nicht ausnahmslos eingreifen kann und dass ihre Verletzung die zuständige Behörde nicht schematisch zum Verbot oder zur Auflösung der Veranstaltung berechtigt. Die Pflicht zur rechtzeitigen Anmeldung entfällt wegen der Garantie des Art. 8 Abs. 1 GG insbesondere bei Spontandemonstrationen, die sich aus aktuellem Anlass augenblicklich bilden. Diese Versammlungen unterstehen der Gewährleistung des Grundrechts aus Art. 8 Abs. 1 GG. Die versammlungsrechtlichen Vorschriften können auf sie nicht anwendbar sein, soweit der mit der Spontanveranstaltung verfolgte Zweck bei Einhaltung dieser Vorschriften nicht erreicht werden könnte. Es muss zudem und immer sichergestellt sein, dass Verbote und Auflösungen von Demonstrationen nur zum Schutz wichtiger Gemeinschaftsgüter unter Wahrung des Grundsatzes der Verhältnismäßigkeit und nur bei einer unmittelbaren, aus erkennbaren Umständen herleitbaren Gefährdung dieser Rechtsgüter erfolgen. Die Auflösung einer Versammlung ohne einen solchen Grund widerspricht der Verfassung, auch wenn die Versammlung nicht angemeldet gewesen ist.

Zwischenergebnis: Die Normen des Versammlungsgesetzes sind bei verfassungskonformer Auslegung unter den gerade genannten Voraussetzungen materiell rechtmäßig.

4.) Schließlich muss auch die Anwendung des VersG als Schranke der Versammlungsfreiheit durch die Behörde im konkreten Fall verfassungsgemäß sein. Im vorliegenden Fall hat die Polizei unter Hinweis auf die §§ 14 und 15 VersG die spontane Versammlung wenige Minuten nach deren Konstitution wieder aufgelöst und erklärt, sie schade dem Ansehen der Universität und animiere andere Studenten unter Umständen zur Teilnahme. Es fragt sich abschließend, ob diese Begründung die Auflösung trägt.

a) An der formellen Rechtmäßigkeit der Maßnahme bestehen zunächst keine Zweifel, die Polizei war nach Auskunft des Sachverhaltes die zuständige Behörde.

b) Zu prüfen ist indessen die materielle Rechtmäßigkeit der Maßnahme, also die Frage, ob die zuständige Behörde die gesetzlichen Vorschriften für das Einschreiten verfassungskonform eingehalten hat. Das ist nach dem soeben Gesagten zu verneinen: Im vorliegenden Fall fehlt zwar die Anmeldung für die Versammlung, es war eine Spontanversammlung, bei der dies rein praktisch gar nicht mehr möglich war. Allerdings berechtigt dieser Umstand für sich alleine betrachtet die zuständige Behörde keinesfalls dazu, die Versammlung aufzulösen. Für die Auflösung gemäß § 15 Abs. 3 VersG ist vielmehr immer und zusätzlich erforderlich, dass die Auflösung zum Schutz wichtiger Gemeinschaftsgüter unter Wahrung des Grundsatzes der Verhältnismäßigkeit und nur bei einer unmittelbaren, aus erkennbaren Umständen herleitbaren Gefährdung dieser Rechtsgüter erfolgt. Das aber ist vorliegend nicht erkennbar. Die Polizei löst die Versammlung nach eigener Auskunft auf, weil sie zum einen dem Ansehen der Universität schade und zum anderen bislang unbeteiligte Studenten zur Teilnahme animiert werden könnten. Diese Begründung trägt die Auflösung nicht, da das Ansehen der Universität (was immer hiermit gemeint sein mag) augenscheinlich kein wichtiges Gemeinschaftsgut im oben benannten Sinne ist und eine mögliche Teilnahme anderer Studenten zwar vielleicht nicht vom Rektor erwünscht ist, allerdings bei genauer Betrachtung lediglich die Grundrechtsausübung weiterer Personen verhindern soll – was verfassungsrechtlich indes offenkundig unzulässig ist.

Zwischenergebnis: Die konkrete Anwendung des VersG durch die handelnde Behörde dient im vorliegenden Falle nicht dem Schutz wichtiger Gemeinschaftsgüter unter Wahrung des Grundsatzes der Verhältnismäßigkeit. Sie ist damit materiell verfassungswidrig.

Zwischenergebnis: Damit liegen sämtliche Voraussetzungen einer Grundrechtsverletzung vor.

Ergebnis: Durch die Auflösung der Demonstration ist R in seinem Grundrecht aus Art. 8 GG verletzt.

Fall 7

Der geknebelte Rechtsanwalt

Der ehemalige Rechtsstudent R aus Stuttgart hat das zweite juristische Staatsexamen bestanden und möchte sich nun gerne in seiner Heimatstadt als selbstständiger Rechtsanwalt niederlassen. Als R nach seiner offiziellen Zulassung zur Rechtsanwaltschaft hört, dass er mit dieser Zulassung gemäß § 60 Abs. 1 der *Bundesrechtsanwaltsordnung* (BRAO) automatisch auch Pflichtmitglied in der örtlichen Rechtsanwaltskammer geworden ist und nach der Beitragsordnung der *Rechtsanwaltskammer Stuttgart* ab sofort jährlich 195,- Euro Mitgliedsbeitrag entrichten soll, traut er seinen Ohren nicht. R sieht sich durch die Regelungen in seinen Grundrechten verletzt und meint, diese »Knebelung« der Rechtsanwälte sei verfassungswidrig.

Ist sie das?

Hinweis: Die BRAO ist formal verfassungsgemäß.

Schwerpunkte: Die Vereinigungsfreiheit aus Art. 9 Abs. 1 GG; der Schutzbereich des Grundrechts; die historische Herleitung als »Kommunikationsgrundrecht«; die positive und die negative Vereinigungsfreiheit als Schutzgut des Art. 9 Abs. 1 GG; das Problem der öffentlich-rechtlichen Personenvereinigungen; die allgemeine Handlungsfreiheit aus Art. 2 Abs. 1 GG als Auffanggrundrecht; Schutzbereich und Güterabwägung; der Verhältnismäßigkeitsgrundsatz.

Lösungsweg

Achtung: Hier kommt ein echter (Prüfungs-)Klassiker. Die Frage, ob der gesetzlich angeordnete Zwang zur Mitgliedschaft in einer öffentlich-rechtlichen Vereinigung bzw. in einer Körperschaft des öffentlichen Rechts auch vom Grundrecht des Art. 9 Abs. 1 GG erfasst und vor allem geschützt ist, gehört zum absoluten Pflichtprogramm, wenn es um eine Prüfungsaufgabe im Hinblick auf die Vereinigungsfreiheit geht. Das Ganze ist – soviel schon mal vorneweg – bei genauer Betrachtung eigentlich gar nicht schwer: Tatsächlich begegnet uns gleich im Lösungsweg nur ein einziges echtes, also umstrittenes und damit auch diskussionswürdiges Problem, das dafür allerdings gnadenlos häufig in den universitären Übungsarbeiten abgefragt und – wenn man es nicht kennt – in aller Regel von den Kandidaten dann leider versemmelt wird, was logischerweise katastrophale Folgen für die Benotung hat.

Damit uns das nicht (mehr) passiert und wir hier in unserem kleinen Fall auch von Anfang an den Durch- und Überblick behalten, müssen wir als Allererstes natürlich mal den Begriff der »**öffentlich-rechtlichen Vereinigung**« kennenlernen bzw. definieren, denn um den dreht es sich ja hier. **Also**:

> Es gibt in Deutschland neben der Möglichkeit, privat und vor allem *freiwillig* eine Vereinigung zu gründen (z.B. einen Sportverein, einen Kegelclub, einen Skatverein, eine Elterninitiative usw.), auch sogenannte *öffentlich-rechtliche Vereinigungen*. Diese Vereinigungen – je nach innerer Struktur heißen sie »Körperschaften«, »Anstalten« oder »Stiftungen« – sind deshalb »öffentlich-rechtlich«, weil sie vom Staat per Gesetz oder Hoheitsakt erschaffen werden und als Teil der sogenannten »mittelbaren Staatsverwaltung« anschließend staatliche Verwaltungsaufgaben wahrnehmen. Der Staat erschafft sich mit den öffentlich-rechtlichen Vereinigungen eigene Institutionen/Personenvereinigungen, die seine Verwaltungsaufgaben wahrnehmen und in aller Regel von bestimmten, für die jeweilige Verwaltungsaufgabe besonders qualifizierten Personen getragen werden. Ein **Beispiel**: Der deutsche Staat wollte und musste den Rechtsanwaltsberuf bzw. dessen Ausübung (→ staatliche Rechtspflege!) näher regeln und erschuf aus diesem Grund schon im Jahre 1879 die damalige »Rechtsanwaltsordnung«, die – mit einer Unterbrechung durch die Nazis und den 2. Weltkrieg – im Jahre 1959 in die bis heute gültige **Bundesrechtsanwaltsordnung** (BRAO) überging und unter anderem die Errichtung von Rechtsanwaltskammern vorsieht. Diese Rechtsanwaltskammern sind gemäß § 62 Abs. 1 BRAO »Körperschaften des öffentlichen Rechts«, also juristische Personen des öffentlichen Rechts, die sich selbst verwalten (→ sogenannte »Selbstverwaltungseinrichtungen«), einen eigenen, vertretungsberechtigten Vorstand haben und mithilfe einer »Satzung« auch eigenes, objektiv gültiges Recht für seine Mitglieder setzen dürfen. *Alle* Rechtsanwälte eines bestimmten Oberlandesgerichtsbezirks (zum Beispiel *Stuttgart, Berlin, Köln, Frankfurt, München* usw.) gehören gemäß § 60 Abs. 1 BRAO der jeweiligen Rechtsanwaltskammer *zwingend* an; wer als Rechtsanwalt zugelassen wird, wird im gleichen Moment automatisch (Pflicht-)Mitglied der jeweiligen örtlichen Rechtsanwaltskammer. Diese Rechtsanwaltskammern übernehmen dann die staatlichen Verwaltungsaufgaben im Hinblick auf den Rechtsanwaltsberuf: Unter anderem obliegt den Rechtsanwaltskammern die Zulassung zur Rechtsanwaltschaft, die Überwachung der Anwälte im Hinblick auf die berufsrechtlichen Vorschriften, die Fortbildung der Rechtsanwälte einschließlich der Fachanwaltsprüfungen sowie auch diverse Aufgaben bei der Juristenausbildung.

Beachte: Das alles sind Aufgaben, die eigentlich dem Staat selbst obliegen (Rechtsanwälte gehören zur *staatlichen Rechtspflege*), die der Staat aber den Anwaltskammern als öffentlich-rechtliche Körperschaft überträgt. Da es sich, wie oben schon mal erwähnt, bei der Errichtung der Anwaltskammern um eine Form der mittelbaren Staatsverwaltung handelt, behält der Staat freilich jederzeit die (Rechts-)Aufsicht über die jeweilige Körperschaft, die im Falle der Anwälte gemäß § 62 Abs. 2 BRAO von der Landesjustizverwaltung ausgeübt wird.

Fazit: Der Staat erschafft zur Erledigung der eigentlich ihm obliegenden Verwaltungsaufgaben per Gesetz oder Hoheitsakt eigene Rechtssubjekte bzw. Personenvereinigungen, die dann in Form der sogenannten *mittelbaren Staatsverwaltung* selbstständig handeln, aber gleichwohl immer der staatlichen Kontrolle unterliegen (= öffentlich-rechtliche Vereinigungen). Als klassische Beispiele dienen die berufsständischen Vereinigungen, wie etwa die Rechtsanwaltskammern, der – wie gesehen – dann alle Rechtsanwälte in Deutschland zwingend angehören. Entsprechende Institutionen gibt es zudem zum Beispiel auch für alle *Kaufleute*, die zwingend Mitglied bei der Industrie- und Handelskammer (IHK) sind, für alle *Ärzte*, die zwingend Mitglied der jeweiligen Ärztekammer sind, für alle *Apotheker*, die zwingend Mitglied der Apothekenkammer sind, für alle *Steuerberater*, die zwingend Mitglied der Steuerberaterkammer sind und auch für alle *Notare*, die zwingend Mitglieder der Notarkammern sind. Prinzip verstanden?

Prima. Das verfassungsrechtliche Problem an der ganzen Sache liegt nun in Folgendem: Anders als beim örtlichen Sportverein/Skatverein oder der privaten Elterninitiative, kann man aus der jeweiligen Anwaltskammer/Industrie- und Handelskammer/Ärztekammer/Apothekenkammer/Notarkammer nicht einfach mal so wieder austreten. Wer aus seiner berufsständischen Kammer austritt, verliert nämlich in aller Regel auch die jeweilige Zulassung zur Ausübung seines Berufes. Kammermitgliedschaft und Berufszulassung sind – gesetzlich angeordnet (!) – *zwingend* miteinander verbunden. **Konsequenz**: Man akzeptiert entweder die Pflichtmitgliedschaft in der jeweiligen berufsständischen Vereinigung, einschließlich einer möglichen Beitragspflicht – oder man kann seinen Beruf nicht mehr ausüben. **Und**: Das gilt vor allen Dingen auch dann, wenn man der jeweiligen Kammer gar nicht beitreten möchte, etwa weil man die ganze Institution für unnötig hält oder weil man vielleicht die Beitragspflicht nicht erfüllen will, weil man keinen Nutzen darin sieht oder weil man den aktuellen Vorstand doof findet und meint, dieser Vorstand vertrete die Mitglieder nur unzureichend. **Problem**: Das ist leider alles vollkommen unerheblich, man *muss* der Kammer beitreten bzw. in ihr verbleiben, wenn man seinen Beruf weiter ausüben möchte, es gilt eine Pflicht- bzw. *Zwangsmitgliedschaft* in dieser Vereinigung.

Frage: Verträgt sich diese Zwangsmitgliedschaft wirklich mit dem Grundgesetz und vor allem mit Art. 9 Abs. 1 GG, der ja eigentlich (Überschrift lesen!) von Vereinigungs-»Freiheit« spricht?

Antwort: Das Ganze ist selbstverständlich umstritten, wenngleich das Bundesverfassungsgericht und auch das Bundesverwaltungsgericht seit Jahrzehnten eine einhellige, indes von Teilen der Literatur vehement angezweifelte Meinung vertreten, was wir uns jetzt dann natürlich mal in aller Ruhe ansehen werden (vgl. BVerfGE **10**, 89; BVerfGE **15**, 235; BVerfG WM **2002**, 391; BVerfG NVwZ **2007**, 808 sowie BVerwGE **107**, 169). Eines aber noch vorweg: Auch wenn es auf den ersten Blick so aussieht, die *Berufsfreiheit* aus **Art. 12 Abs. 1 GG** (aufschlagen!) spielt in den Fällen der vorliegenden Art überraschenderweise überhaupt keine Rolle, da die Pflichtmitgliedschaft in einer berufsständischen Kammer keinerlei Beschränkung der Berufsfreiheit im von Art. 12 Abs. 1 GG gemeinten Sinne, sondern nur eine einfache Folge der Ausübung eines bestimmten Berufes ist. Der Gesetzgeber hat mit der Pflichtmitgliedschaft weder die Art und Weise der Berufsausübung geregelt noch irgendeine berufspolitische Tendenz verfolgt, was für den Schutzbereich des Art. 12 GG aber nötig gewesen wäre. Es fehlt nach allgemeiner Meinung daher unstreitig und eindeutig schon an der Betroffenheit des Schutzbereiches (BVerwGE **107**, 169; BVerfGE **10**, 354; BVerfGE **15**, 235; *Jarass/Pieroth* Art. 12 GG Rz. 2; *von Münch/Kunig/Kämmerer* Art. 12 GG Rz. 25). Wir brauchen uns folglich mit Art. 12 GG hier auch nicht zu beschäftigen – werden das freilich zu einem späteren Zeitpunkt im Buch aber ausführlich tun (→ Fall 9).

Und nach dieser (durchaus wichtigen) Vorrede jetzt endlich zur Lösung, bei der wir wie immer schön schulmäßig an die ganze Sache herangehen, also:

> **Obersatz:** Der R ist durch die von § 60 Abs. 1 BRAO angeordnete Zwangsmitgliedschaft in der Rechtsanwaltskammer mit anschließender Beitragspflicht in seinen Grundrechten verletzt, wenn damit durch einen Akt der öffentlichen Gewalt in den Schutzbereich eines Grundrechts eingegriffen wurde und dieser Eingriff verfassungsrechtlich nicht gerechtfertigt ist.

I. Ist durch die in § 60 Abs. 1 BRAO angeordnete Pflichtmitgliedschaft in der Anwaltskammer ein Grundrecht des R in seinem Schutzbereich betroffen?

1.) In Betracht kommt die Verletzung des Grundrechts des R aus Art. 9 Abs. 1 GG. Gemäß Art. 9 Abs. 1 GG haben alle Deutschen das Recht, Vereine und Gesellschaften zu bilden. Es fragt sich zunächst, ob die Pflichtmitgliedschaft in der Rechtsanwaltskammer den Schutzbereich des Art. 9 Abs. 1 GG tangiert.

> **Definition**: Die Garantie aus Art. 9 Abs. 1 GG umfasst das Recht des Einzelnen, sich mit anderen zusammen zu schließen und Vereine zu gründen und schließt die Entscheidung über den Zeitpunkt der Gründung, den Zweck, die Rechtsform, den Namen, die Satzung und den Sitz der Vereinigung mit ein (→ *Vereinsautonomie*). Zudem erfasst Art. 9 Abs. 1 GG auch den Beitritt zu einem bereits bestehenden Verein, die Betätigung im und mit dem Verein und den Verbleib im Verein – die sogenannte »positive Vereinigungsfreiheit«. Korrespondierend hierzu garantiert Art. 9 Abs. 1 GG schließlich auch das Recht des Einzelnen, aus einer Vereinigung jederzeit *austreten* oder ihr fernbleiben zu dürfen – die sogenannte »negative Vereinigungsfreiheit« (BVerfGE **10**, 89; BVerfGE **50**, 290; BVerfGE **123**, 186; *Pieroth/Schlink/Kingreen/Poscher* StaatsR II Rz. 788; *von Münch/Kunig/Löwer* Art. 9 GG Rz. 27; *Dreier/Bauer* Art. 9 GG Rz. 46).

Vorsicht: In dieser Definition steckt erkennbar gleich ein ganzer Haufen Informationen drin, der freilich erst zum Ende hin prüfungstechnisch interessant wird. Dass man Vereine und Vereinigungen in Deutschland gründen und sich auch die jeweils am besten passende Rechtsform aussuchen darf, bestreitet nämlich bis heute niemand – und deshalb kommt so etwas auch nicht oder nur sehr selten in universitären Übungsarbeiten vor. Die einzig wirklich spannende Frage verbirgt sich indessen hinter der sogenannten »**negativen Vereinigungsfreiheit**«, also dem Problem, inwieweit der Staat den Bürger zu einer Mitgliedschaft in einer Vereinigung zwingen bzw. ihm den Austritt aus der Vereinigung verwehren oder zumindest erschweren darf. Liest man die – unstreitige! – Definition von eben daraufhin noch einmal durch (bitte!), müsste die Lösung eigentlich klar sein: Wenn Art. 9 Abs. 1 GG auch das Recht des Einzelnen umfasst, einer Vereinigung fernzubleiben oder jederzeit aus ihr auszutreten, wäre ein gesetzlich angeordneter Mitgliedszwang – wie etwa in der Rechtsanwaltskammer – logischerweise verfassungswidrig.

Problem: Wir haben oben schon mal erwähnt, dass es in Deutschland sowohl *privatrechtliche* als auch *öffentlich-rechtliche* Vereinigungen gibt. Blöderweise erwähnt unsere Definition auf den ersten Blick nun leider nicht, welche Form von Vereinigungen denn nun gemeint ist. Daher die **Frage**: Gilt Art. 9 Abs. 1 GG eigentlich nur für private Vereinigungen, nur für öffentlich-rechtliche Vereinigungen oder vielleicht sogar für beide? **Relevanz**: Sollten die öffentlich-rechtlichen Vereinigungen *nicht* von Art. 9 Abs. 1 GG umfasst sein, wäre die Prüfung an dieser Stelle beendet, denn der Schutzbereich des Grundrechts wäre schon nicht betroffen. In Betracht käme dann nur noch das »Auffanggrundrecht« aus **Art. 2 Abs. 1 GG**, freilich mit erheblichen Einschränkungsmöglichkeiten, namentlich der uns inzwischen bekannten »Schrankentrias« (vgl. insoweit etwa Fall Nr. 1 vorne).

Lösungsansatz: Die Idee, die hinter Art. 9 Abs. 1 GG steckt, hat ihren Ursprung, wie fast immer bei Grundrechten, in ferner Vergangenheit. Totalitäre bzw. absolutistische Staaten hatten – und haben übrigens bis heute – naturgemäß eine beachtliche Angst vor Zusammenschlüssen von Menschen: Denn viele Personen, die sich gleichgesinnt, unter Umständen sogar politisch motiviert als Partei oder Interessenverband zusammenschließen, stellen für ein solches Herrschaftssystem immer eine enorme Gefahr dar. Wörtlich hieß es daher in diversen Polizeigesetzen aus den vergangenen Jahrhunderten, dass von Vereinigungen stets »... *ein Verdacht auf Aufruhr und Empörung in der Bevölkerung* ...« ausgehe und man diese deshalb von staatlicher Seite aus »... *schnellstmöglich verbieten oder bekämpfen* ...« müsse (vgl. die Nachweise bei *von Münch/Kunig/Löwer* Art. 9 GG Rz. 1). Die im Grundgesetz und auch bereits in der Weimarer Reichsverfassung verankerte Vereinigungsfreiheit sollte daher garantieren, dass sich die Bürger in unserer heutigen demokratischen Gesellschaftsstruktur jederzeit zu sozialen Gruppen und Interessenverbänden, zum Beispiel auch zu politischen Parteien zusammenschließen können, um auf diesem Wege zur Sicherung eines freien, gesellschaftlich verankerten Meinungs-, Willensbildungs- und Selbstorganisationsprozesses beizutragen; die Vereinigungsfreiheit soll sicherstellen, dass sich eine Gesellschaft im *Innenverhältnis* selbst organisieren kann und kollektive Meinungsäußerung oder Persönlichkeitsverwirklichung jederzeit möglich ist (*Kingreen/Poscher* StaatsR II Rz. 779; *Maunz/Dürig/Scholz* Art. 9 GG Rz. 8). Und genau *diese* Idee hat dann ihren Niederschlag in Art. 9 Abs. 1 GG gefunden und nach allgemeinem Verständnis das Recht »*zur organisierten oder gruppenförmigen Verwirklichung der individuellen Persönlichkeiten und das prinzipielle Recht zur autonomen gesellschaftlichen*

Selbstorganisation« erschaffen (→ BVerfGE **38**, 281, 302; BVerfGE **80**, 244; *Maunz/Dürig/Scholz* Art. 9 GG Rz. 11). Der Art. 9 Abs. 1 GG ist damit bei genauer Betrachtung, neben der Meinungsfreiheit aus Art. 5 Abs. 1 GG und der Versammlungsfreiheit aus Art. 8 Abs. 1 GG, auch und vor allem ein die Demokratie sicherndes »Kommunikationsgrundrecht« und für unsere Gesellschafts- und Staatsform nach Meinung des Bundesverfassungsgerichts »schlechthin konstituierend« (BVerfGE **50**, 290; BVerfGE **80**, 244; vgl. ausführlich auch *Maunz/Dürig/Scholz* Art. 9 GG Rz. 8).

So. Und weil das der historische Hintergrund der ganzen Sache ist, umfasst der Begriff der Vereinigung im Sinne des Art. 9 Abs. 1 GG nach allgemeiner Auffassung natürlich nur *freiwillige* und von jedem staatlichen Zwang losgelöste Zusammenschlüsse von Menschen (BVerfGE **85**, 360; BVerfG NVwZ **2002**, 335; BVerwGE **106**, 177; OVG Münster DVBl **2014**, 1411; *Jarass/Pieroth* Art. 9 GG Rz. 3; *Sachs/Höfling* Art. 9 GG Rz. 8; *von Mangold/Klein/Starck/Kemper* Art. 9 GG Rz. 60; *von Münch/Kunig/Löwer* Art. 9 GG Rz. 27; *Kingreen/Poscher* StaatsR II Rz. 784). Das Grundrecht des Art. 9 Abs. 1 GG soll nur diejenigen Vereinigungen von Personen erfassen, die die Bürger mit einem sogenannten »freiwilligen Gründungsakt« eingehen, nicht auch diejenigen, die vom Staat konstituiert werden, denn der private und freiwillige Zusammenschluss von Menschen soll ja gerade das *Gegengewicht* der Bevölkerung zum Staat stärken (*von Mangold/Klein/Starck/Kemper* Art. 9 GG Rz. 60). Wie gesagt, in einer demokratischen Gesellschaftsform hält sich der Staat weitestgehend aus dem gesellschaftlichen Meinungsbildungs- und Organisationsprozess heraus und lässt den Bürgern vielmehr unter anderem die Freiheit, sich in Vereinen oder Gruppen zur kollektiven Verwirklichung der jeweils beteiligten Individuen zusammenzuschließen – übrigens vollkommen unabhängig vom Beweggrund oder der Absicht dieser Vereinigungen (→ komplizierter, aber wichtiger Satz, bitte mindestens noch einmal lesen!).

Konsequenz: Da Menschen sich logischerweise immer nur in privaten bzw. *privatrechtlichen* Vereinen/Vereinigungen freiwillig und losgelöst von staatlicher Kontrolle zusammenschließen, soll und kann die Grundrechtsgarantie bzw. der Schutzbereich des Art. 9 Abs. 1 GG im oben genannten Sinne auch nur für solche privatrechtlichen Vereinigungen eingreifen. Nur *diese* Vereinigungen genießen den Schutz des Art. 9 Abs. 1 GG. So, und aus diesen Erwägungen hat – und das ist unstreitig! – auch *niemand* in Deutschland ein Recht oder einen Anspruch darauf, sich unter Berufung auf Art. 9 Abs. 1 GG mit mehreren Privatpersonen zu einer *Körperschaft des öffentlichen Rechts* zusammenzuschließen (BVerfGE **10**, 89; BVerfGE **38**, 281; OVG Münster DVBl **2014**, 1411; *von Münch/Kunig/Löwer* Art. 9 GG Rz. 20; *von Mangold/Klein/Starck/Kemper* Art. 9 GG Rz. 59), was im Übrigen auch deshalb einleuchtet, weil ja alleine der Staat für die Gründung und weitere Regelung dieser öffentlich-rechtlichen Vereinigungen zuständig ist, denn er vollzieht und erledigt damit *eigene* Aufgaben in Form der mittelbaren Staatsverwaltung (siehe oben).

Letzter Schritt: Und wenn also demnach unstreitig niemand aus Art. 9 Abs. 1 GG ein Recht herleiten kann, sich mit anderen Privatpersonen zu einer *öffentlich-rechtlichen*

Vereinigung zusammenzuschließen, weil es sich hierbei um dem Staat vorbehaltene Aufgaben dreht, kann sich im Umkehrschluss auch *niemand* mit Art. 9 Abs. 1 GG gegen die Zwangsmitgliedschaft in einer solchen öffentlich-rechtlichen Vereinigung wehren. Wie gesagt, das mit den öffentlich-rechtlichen Vereinigungen regelt alleine der Staat, er gründet sie selbst, und er gibt auch die Regeln für die Mitgliedschaft und für einen möglichen Verlust der Mitgliedschaft per Gesetz vor. Schließlich geht es ja immer um *staatliche* Verwaltungsaufgaben, und da hat der Staat denklogisch zwingend die alleinige Befugnis, über Mitgliedschaften zu entscheiden. **Folge**: Weil die öffentlich-rechtlichen Vereinigungen nach dem bisher Gesagten nicht in den Schutzbereich des Art. 9 Abs. 1 GG gehören, kann zum einen niemand mit Art. 9 Abs. 1 GG eine Mitgliedschaft erzwingen und zum anderen auch niemand mit Art. 9 Abs. 1 GG eine Mitgliedschaft in einer öffentlich-rechtlichen Vereinigung quasi »aufkündigen«. Das leuchtet ein – und klingt, alles in allem betrachtet, auch irgendwie logisch.

Oder?

Durchblick: Das, was da gerade schön nachvollziehbar und aus rechtsdogmatischer Sicht logisch daherkommt, vertreten in ständiger Rechtsprechung das Bundesverfassungsgericht, das Bundesverwaltungsgericht und zudem diverse Autoren in der Literatur. Einhelliger Tenor unter den Genannten: Der Art. 9 Abs. 1 GG ist in seinem Schutzbereich *nicht* betroffen, wenn es um öffentlich-rechtliche Vereinigungen geht. Die Zwangsmitgliedschaft in einer Körperschaft des öffentlichen Rechts kann daher nicht unter Berufung auf die (negative) Vereinigungsfreiheit angefochten werden (BVerfGE **38**, 281; BVerfGE **78**, 320; BVerfGE **125**, 186; BVerwGE **107**, 169; OVG Münster DVBl **2014**, 1411; *Jarass/Pieroth* Art. 9 GG Rz. 7; *von Münch/Kunig/Löwer* Art. 9 GG Rz. 28; *von Mangold/Klein/Starck/Kemper* Art. 9 GG Rz. 59; *Maunz/Dürig/di Fabio* Art. 2 Abs. 1 GG Rz. 22; *Ziekow* Hdb.GR IV, § 197 Rz. 33; *Kloepfer* VerfR II § 64 Rz. 19).

> **Aber**: Da kann man durchaus auch anderer Meinung sein. Eine beachtliche Ansicht in der Wissenschaft vertritt bei dieser Frage tatsächlich die *gegenteilige* Auffassung und will auch die öffentlich-rechtliche Zwangsmitgliedschaft an Art. 9 Abs. 1 GG messen lassen bzw. mit Hilfe von Art. 9 Abs. 1 GG unterbinden (*Maunz/Dürig/Scholz* Art. 9 GG Rz. 90; *Kingreen/Poscher* StaatsR II Rz. 792; *Dreier/Bauer* Art. 9 GG Rz. 47; *Sachs/Höfling* Art. 9 GG Rz. 22; AK-*Rinken* Art. 9 GG Rz. 54; *Schöbener* in VerwArch 2000, 374; *Mursmiek* in JuS 1992, 116; *Quidde* in DÖV 1958, 521). Und jetzt das **Drama**: Auch diese Begründung liest sich überraschenderweise ziemlich logisch: Betrachtet man die ureigenste Funktion der Grundrechte, nämlich als klassische *Abwehrrechte* der Bürger gegen den Staat bzw. gegen staatlichen Zwang, *muss* sich Art. 9 Abs. 1 GG gerade auch gegen eine solche, vom Staat per Gesetz angeordnete Zwangsmitgliedschaft richten, und zwar unabhängig davon, welche Rechtsform die Personenvereinigung im konkreten Fall hat (*Sachs/Höfling* Art. 9 GG Rz. 22; *Kingreen/Poscher* StaatsR II Rz. 792). Der Staat kann nicht durch die (beliebige) Errichtung von öffentlich-rechtlichen Vereinigun-

gen eine bestimmte Personengruppe, und zwar die von der Vereinigung betroffenen Bürger, zur Mitgliedschaft in dieser Vereinigung zwingen (*Maunz/Dürig/Scholz* Art. 9 GG Rz. 90). Würde man dies zulassen, könnte der Staat bei genauer Betrachtung *selbst* den Schutzumfang des Grundrechts für die betroffenen Personen festlegen, was aber ein denklogischer Irrtum bzw. Zirkelschluss ist: Denn die Grundrechte der Bürger sollen ja gerade *nicht* der Disposition des Staates unterliegen – allein deshalb gibt es ja überhaupt nur die umfassende Grundrechtsgarantie in der Verfassung (AK-*Rinken* Art. 9 GG Rz. 54; *Maunz/Dürig/Scholz* Art. 9 GG Rz. 90).

Und jetzt?

Tipp: Selbstverständlich muss man diesen Streit, wenn er für eine Klausur oder Hausarbeit relevant wird, hier nun entscheiden, denn davon hängt der weitere Fortgang der Lösung maßgeblich ab: Folgt man der zuerst genannten Meinung, fliegt Art. 9 Abs. 1 GG schon im Schutzbereich raus – und der Weg ist frei für das Auffanggrundrecht des **Art. 2 Abs. 1 GG**, die allgemeine Handlungsfreiheit. Favorisiert man hingegen die zweite Meinung, muss man auch die Zwangsmitgliedschaft in einer öffentlich-rechtlichen Vereinigung an **Art. 9 Abs. 1 GG** messen und hat insbesondere anschließend *keinen* Zugriff mehr auf Art. 2 Abs. 1 GG, denn diese Vorschrift greift als Auffangtatbestand bekanntlich nur dann ein, wenn kein Schutzbereich eines anderen Grundrechts betroffen ist (BVerfG NJW **2012**, 1062; BVerfGE **109**, 96; BVerfGE **80**, 137; *von Münch/Kunig* Art. 2 GG Rz. 12; *Maunz/Dürig/di Fabio* Art. 2 Abs. 1 GG Rz. 22; *Kingreen/Poscher* StaatsR II Rz. 387), was bei der zweiten Ansicht aber der Fall wäre. **Beachte**: Bejaht man die Betroffenheit des Schutzbereichs, kommen für eine *Rechtfertigung* des Grundrechtseingriffs anschließend im Zweifel nur kollidierende Güter von Verfassungsrang in Betracht, da die Vereinigungsfreiheit wegen **Art. 9 Abs. 2 GG** (aufschlagen!) nur mit einem sehr engen Schrankenvorbehalt ausgestattet ist (*Sachs/Höfling* Art. 9 GG Rz. 23 oder AK-*Rinken* Art. 9 GG Rz. 58). **Und**: Lehnt man im Ergebnis eine Grundrechtsverletzung des Art. 9 Abs. 1 GG – etwa wegen einer möglichen Rechtfertigung durch kollidierendes Verfassungsrecht – schließlich ab, bleibt der Art. 2 Abs. 1 GG für die weitere Prüfung selbstverständlich versperrt, da ja der Schutzbereich eines anderen Grundrechts (→ Art. 9 Abs. 1 GG!) betroffen war.

Zum Fall: Wie man sieht, spielt dieser Streit für die Lösung eine ziemlich beachtliche Rolle, denn entweder bleibt man bei Art. 9 Abs. 1 GG oder man lehnt die Vorschrift schon im Schutzbereich ab und springt dann (und *nur* dann!) weiter zum Auffanggrundrecht des Art. 2 Abs. 1 GG. Wir wollen in unserem Lösungsweg nun mal – ohne Wertung – so weitergehen, wie es das Bundesverfassungsgerichts machen würde, damit also der oben zuerst genannten Meinung folgen und mithin die öffentlich-rechtlichen Vereinigungen aus dem Schutzbereich des Art. 9 Abs. 1 GG herausnehmen (wie man den Streit in einer Klausur oder Hausarbeit argumentativ vernünftig auflöst und damit eine gute Note absahnt, steht – wie immer – weiter unten im *Gutachten*, das Nachlesen schadet vermutlich nicht).

<u>ZE.</u>: Im vorliegenden Fall schließen wir uns also dem Bundesverfassungsgericht an und stellen fest, dass durch die Zwangsmitgliedschaft in der Rechtsanwaltskammer gemäß der Vorschrift des § 60 Abs. 1 BRAO der Schutzbereich des Grundrechts aus Art. 9 Abs. 1 GG *nicht* betroffen ist. Daher kann sich weder der R noch sonst irgendjemand unter Berufung auf Art. 9 Abs. 1 GG gegen eine solche Mitgliedschaft zur Wehr setzen.

Erg.: Eine Grundrechtsverletzung im Hinblick auf Art. 9 Abs. 1 GG durch die fragliche Regelung des § 60 Abs. 1 BRAO kommt *nicht* in Betracht. Die Prüfung scheitert bereits auf der ersten Stufe, und zwar bei der Betroffenheit des Schutzbereichs.

2.) In Frage kommt dann aber die mögliche Verletzung des Auffanggrundrechts der *allgemeinen Handlungsfreiheit* aus Art. 2 Abs. 1 GG (bitte aufschlagen). Dann müsste zunächst der Schutzbereich des Art. 2 Abs. 1 GG betroffen sein.

> **Definition**: Die *allgemeine Handlungsfreiheit* des Art. 2 Abs. 1 GG schützt jegliches menschliches Verhalten im allumfassenden Sinne, insbesondere unabhängig von wertender Betrachtung (BVerfGE **6**, 32; BVerfGE **80**, 137; BVerfGE **103**, 29; *von Mangold/Klein/Starck* Art. 2 GG Rz. 8; *Dreier/Dreier* Art. 2 GG Rz. 8).

Hier: Das Grundrecht des Art. 2 Abs. 1 GG gewährt die freie Entfaltung der Persönlichkeit und schützt daher auch davor, durch Zwangsmitgliedschaften und Beitragspflichten von einer Körperschaft des öffentlichen Rechts in Anspruch genommen zu werden (BVerfGE **38**, 281; BVerwGE **107**, 169).

<u>ZE.</u>: Der Schutzbereich des Art. 2 Abs. 1 GG ist durch die gesetzlich angeordnete Zwangsmitgliedschaft in der Anwaltskammer sowie der aus der Beitragsordnung der Anwaltskammer folgenden Beitragspflicht betroffen.

II. Es muss des Weiteren ein »Eingriff« in den Schutzbereich vorliegen.

> **Definition**: Unter *Eingriff* versteht man jedes staatliche Handeln, das dem Einzelnen ein Verhalten, das in den Schutzbereich eines Grundrechts fällt, ganz oder teilweise unmöglich macht; hierbei ist gleichgültig, ob diese Wirkung final oder unbeabsichtigt eintritt (BVerfGE **105**, 279; BVerfGE **81**, 310; BVerfG NVwZ **2007**, 1049; *von Münch/Kunig* vor Art. 1 GG Rz. 34; *Jarass/Pieroth* vor Art. 1 GG Rz. 27/28; *Kingreen/Poscher* StaatsR II Rz. 253).

Zum Fall: Die gesetzliche Regelung des § 60 Abs. 1 BRAO als Akt der öffentlichen Gewalt zwingt der R zur Mitgliedschaft in der Anwaltskammer, und die Beitragsordnung zwingt ihn zur Beitragszahlung. Der R ist damit in seinem Grundrecht der allgemeinen Handlungsfreiheit aus Art. 2 Abs. 1 GG beschränkt.

ZE.: Ein Eingriff liegt vor.

III. Der Eingriff dürfte verfassungsrechtlich nicht gerechtfertigt sein.

> **Obersatz**: Der staatliche Eingriff in den Schutzbereich eines Grundrechts ist dann verfassungsrechtlich gerechtfertigt, wenn das betroffene Grundrecht *einschränkbar* ist, eine entsprechende *Schranke* (z.B. ein Gesetz) besteht und diese Schranke selbst wiederum *verfassungsgemäß* ist (sogenannte »Schranken-Schranke«).

1.) Das Grundgesetz muss für das betroffene Grundrecht eine **Einschränkbarkeit** vorsehen. Gemäß Art. 2 Abs. 1 GG hat jeder das Recht auf die freie Entfaltung seiner Persönlichkeit, soweit er nicht die Rechte anderer verletzt und nicht gegen die verfassungsmäßige Ordnung oder das Sittengesetz verstößt. Unter »verfassungsmäßiger Ordnung« im Sinne des Art. 2 Abs. 1 GG versteht man die Gesamtheit der Normen, die formell und materiell mit der Verfassung in Einklang stehen (BVerfGE **6**, 32, 41; BVerfGE **7**, 111; BVerfGE **80**, 137; *Dreier/Dreier* Art. 2 GG Rz. 54; *von Mangold/Klein/Starck* Art. 2 GG Rz. 25).

Hier: Das Grundrecht aus Art. 2 Abs. 1 GG ist einschränkbar, und zwar unter anderem durch die verfassungsmäßige Ordnung, also jede Norm, die mit der Verfassung in Einklang steht.

2.) Es muss im konkreten Fall eine entsprechende gesetzliche Schranke existieren.

Hier: Kein Problem, der § 60 Abs. 1 BRAO ist ohne Frage ein Gesetz und damit eine Schranke im eben benannten Sinne.

3.) Der § 60 Abs. 1 BRAO gehört allerdings nur dann zur verfassungsmäßigen Ordnung und wäre damit eine zulässige Schranke des Grundrechts aus Art. 2 Abs. 1 GG, wenn er selbst mit den (übrigen) Normen und Werten der Verfassung übereinstimmt (→ Schranken-Schranke). Das das Grundrecht einschränkende Gesetz muss selbst verfassungsgemäß, also formell und materiell rechtmäßig zustande gekommen sein.

I. Die formelle Rechtmäßigkeit

Hier: Zur formellen Rechtmäßigkeit der BRAO müssen wir uns keine Gedanken machen, das Gesetz ist nach dem Hinweis des Sachverhaltes formal verfassungsgemäß zustande gekommen.

II. Die materielle Rechtmäßigkeit

1.) Es müssen zunächst die sogenannten »allgemeinen Anforderungen« an das Gesetz eingehalten worden sein (*Kingreen/Poscher* StaatsR II Rz. 359). Gemäß Art. 19 Abs. 1 GG muss das Gesetz demnach allgemein und nicht für den Einzelfall gelten, es muss das betroffene bzw. eingeschränkte Grundrecht nennen (→ »Zitiergebot«) und es darf keinesfalls den Wesensgehalt dieses Grundrechts antasten (Art. 19 Abs. 2 GG).

Hier: Die BRAO ist ein allgemein gehaltenes Gesetz, sie gilt für alle Rechtsanwälte und regelt demzufolge *keinen* Einzelfall. Das Zitiergebot des Art. 19 Abs. 1 Satz 2 GG ist vorliegend nicht einschlägig, da es nach ständiger Rechtsprechung des Bundesverfassungsgerichts restriktiv ausgelegt bzw. angewandt werden muss und unter anderem für die Einschränkungen aus Art. 2 Abs. 1 GG nicht gilt (BVerfGE **10**, 89). Schließlich ist der Wesensgehalt des Art. 2 Abs. 1 GG, die allgemeine Handlungsfreiheit des R, nicht angetastet, da R durch seine Anwaltszulassung nur zur Mitgliedschaft in der Anwaltskammer und zur jährlichen Zahlung eines Mitgliedsbeitrages verpflichtet wird. Ein Verstoß gegen Art. 19 Abs. 1 und 2 GG ist somit nicht erkennbar.

<u>ZE.</u>: Die allgemeinen Anforderungen an das das Grundrecht beschränkende Gesetz sind eingehalten.

2.) Voraussetzung für die materielle Rechtmäßigkeit eines Gesetzes ist – neben der Konformität mit sonstigem Verfassungsrecht – schließlich die Einhaltung des Verhältnismäßigkeitsgrundsatzes. Dazu muss das Gesetz **a)** einen *legitimen Zweck* verfolgen, **b)** zur Erreichung dieses Zwecks *geeignet*, **c)** *erforderlich* und schließlich **d)** auch *angemessen* sein (BVerfGE **76**, 256; BVerfGE **67**, 157; *Ipsen* StaatsR II Rz. 184; *Kingreen/Poscher* StaatsR II Rz. 289).

a) Die hier infrage stehenden Regeln der BRAO müssen, um verhältnismäßig zu sein, somit zunächst einen legitimen Zweck verfolgen.

> **Definition**: Ein Zweck ist dann *legitim* und darf vom Staat verfolgt werden, wenn er auf ein der Allgemeinheit dienendes Wohl gerichtet ist oder sonstigen Gütern von Verfassungsrang zugutekommt. Dem Gesetzgeber ist insoweit ein breiter Beurteilungsspielraum zuzubilligen (BVerfGE **39**, 1; BVerfGE **46**, 160; BVerfGE **115**, 118; *Ipsen* StaatsR II Rz. 185).

Es stellt sich somit nun die Frage, inwieweit der Gesetzgeber mit der Errichtung von Anwaltskammern und der Zwangsmitgliedschaft aller zugelassenen Anwälte in diesen Kammern einen legitimen Zweck verfolgt. Ein solcher wird nach allgemeiner Meinung angenommen, wenn der Staat mit der Errichtung einer Körperschaft eine *legitime öffentliche Aufgabe* von *hohem Gemeinschaftsinteresse* erfüllen möchte (BVerfGE **38**, 281; BVerwGE **107**, 169). In Bezug auf die Errichtung von Anwaltskammern gilt nun Folgendes:

aa) Das Bundesverfassungsgericht und auch das Bundesverwaltungsgericht haben sich zu den Anwaltskammern bis zum heutigen Tage noch nicht äußern müssen, dafür aber umfassend zu diversen anderen berufsständischen Vereinigungen, namentlich etwa zur **Industrie- und Handelskammer**, der berufsständischen Vereinigung aller Kaufleute in Deutschland. Beide Gerichte bejahen einen legitimen Zweck durch die Errichtung dieser öffentlich-rechtlichen Vereinigung, da die staatliche Überwachung der Kaufleute in heutiger Zeit eine öffentliche Aufgabe sei und dem öffentlichen Interesse, also allen Bürgern, diene (→ BVerfG WM **2002**, 391; BVerfGE **38**, 281; BVerfGE **15**, 235; BVerwGE **107**, 169; vgl. auch OVG Münster DVBl **2014**, 1411). Gleiches gilt etwa für die **Ärztekammern** (BVerwGE **39**, 100; BayVerfGH VerwRSpr. **15**, 649); für die **Apothekerkammern** (BVerwG NJW **1962**, 1311), für die **Steuerberaterkammern** (BVerwGE **64**, 231) und für die **Notarkammern** (OVG Rheinland-Pfalz AS 7, 128).

bb) Die Verfassungsmäßigkeit von Rechtsanwaltskammern ist bislang nur vom bayerischen Verwaltungsgerichtshof (BayVerfGH VerwRspr. **3**, 651 und BayVerfGH VerwRspr. **7**, 385) und vom Verwaltungsgerichtshof in Stuttgart (VGH Stuttgart ESVGH **8**, 95) beurteilt worden. Beide Gerichte erklärten die Rechtsanwaltskammern mit Zwangsmitgliedschaft aller Rechtsanwälte bereits vor Jahrzehnten für verfassungsgemäß. Den legitimen Zweck einer solchen Kammer hat der bayerische Verfassungsgerichtshof mit Urteil vom **10. März 1951** (!) zeitlos schön wie folgt begründet (→ BayVerfGH VerwRspr. **3**, 651):

»… *Die staatliche Errichtung von Rechtsanwaltskammern (einschließlich einer Pflichtmitgliedschaft) als öffentlich-rechtliche Körperschaften verfolgt einen **legitimen Zweck**. Die Rechtsanwaltschaft ist nämlich kein Gewerbe im Sinne der gewerberechtlichen Vorschriften, das dann nur privatrechtlich zu beurteilen wäre und damit einer staatlichen Kontrolle entzogen bliebe. Die Vertretung der rechtsuchenden Bürger vor staatlichen Gerichten zu regeln, ist unter anderem, weil sich das Grundgesetz ausdrücklich zu einem Rechtsstaat bekennt, eine Sache des Staates. Sie dient als **öffentliche Aufgabe** der Gemeinschaft, da der Staat eine erhebliche Verantwortung gegenüber denjenigen Bürgern trägt, die ihre Rechte vor einem Gericht oder auf andere Weise durchzusetzen suchen. In den unterschiedlichen Prozessgesetzen räumt der deutsche Staat den Rechtsanwälten daher umfassende Befugnisse ein, ordnet in bestimmten Verfahren sowohl im Zivil- als auch im Strafprozess sogar an, dass Beteiligte sich von Anwälten vor Gericht vertreten lassen müssen und dokumentiert schon alleine damit die enorme Bedeutung der Anwaltschaft für den **Rechtsstaat** und ein funktionierendes Rechtssystem. Aufgrund der staatlichen Verantwortung für diese Bereiche, muss der Staat die selbstständige Tätigkeit der Anwaltschaft jederzeit einer **Kontrolle** zugänglich halten … Dieser Verantwortung könnte der Staat aber nicht gerecht werden, wenn er die Rechtsanwaltschaft ohne jede staatliche Aufsicht lassen würde. Die Zulassung zur Anwaltschaft und etwa die Überwachung der berufrechtlichen Vorschriften obliegen daher grundsätzlich dem Staat und dessen Aufsicht und Kontrolle … Die Aufsicht über den Rechtsanwaltsberuf kann der Staat nun entweder unmittelbar selbst ausüben oder aber in der Weise, dass er Vereinigungen in Form von **öffentlich-rechtlichen Körperschaften** gründet, die in Gestalt der mittelbaren Staatsverwaltung die staatlichen Verwaltungsaufgaben wahrnehmen. Diese Vereinigungen übernehmen dann Aufgaben, die vordringlich der **Allgemeinheit** dienen, da sie den Beruf des Rechtsanwalts als notwendigen und elementaren Bestandteil der Rechtspflege regeln und überwachen … Wählt der Staat diesen Weg der Kontrolle des Anwaltsberufs und erschafft dafür Rechtsanwaltskammern als öffentlich-rechtliche Körperschaften, begegnet es keinen Bedenken und ist sogar notwendig, dass er gleichzeitig dafür sorgt, dass auch tatsäch-*

*lich **alle Rechtsanwälte** einer solchen Rechtsanwaltskammer angehören. Die Pflichtmitgliedschaft in einer Kammer ist logische Konsequenz der Entscheidung des Gesetzgebers, die Anwaltschaft durch eigene Anwaltskammern zu verwalten und zu kontrollieren ... Die Errichtung von Rechtsanwaltskammern mit einem gesetzlich angeordneten Mitgliederzwang verfolgt daher unter den genannten Voraussetzungen einen **legitimen Zweck**, sie dient der Erfüllung einer legitimen staatlichen Aufgabe von erheblichem öffentlichem Interesse, nämlich der staatlichen Aufsicht über den Rechtsanwaltsberuf als Teil der staatlichen Rechtspflege ...«* (vgl. BayVerfGH VerwRspr. **3**, 651, 656; zustimmend BayVerfGH VerwRspr. **7**, 385 sowie der VGH Stuttgart ESVGH **8**, 95).

Also: Die Errichtung von Rechtsanwaltskammern mit Pflichtmitgliedschaft dient einem legitimen Zweck, nämlich der staatlichen Aufsicht über den Rechtsanwaltsberuf, der als notwendiger Bestandteil staatlich zu garantierender Rechtspflege in einem Rechtsstaat ein hohes Gemeinschaftsinteresse verkörpert.

b) Die Errichtung von Rechtsanwaltskammern als öffentlich-rechtliche Körperschaften mit Pflichtmitgliedschaft müsste des Weiteren geeignet sein, diesen Zweck zu erreichen.

> **Definition**: Die *Geeignetheit* einer Maßnahme liegt dann vor, wenn mit ihrer Hilfe das angestrebte Ziel voraussichtlich erreicht oder zumindest gefördert werden kann (BVerfGE **63**, 115).

Hier: Das Ziel der Reglementierung und Überwachung des Anwaltsberufes wird durch die Tätigkeit der Kammern zumindest *gefördert*, wenn nicht sogar – soweit erkennbar – erreicht. Die Entscheidung des Gesetzgebers, die Aufsicht über die Rechtsanwälte mit Hilfe von öffentlich-rechtlichen Körperschaften zu organisieren, ist folglich geeignet im benannten Sinne.

c) Die Regeln der BRAO müssten zudem erforderlich sein.

> **Definition**: Die Maßnahme ist *erforderlich*, wenn es kein gleich wirksames, aber den Grundrechtsträger weniger belastendes Mittel zur Erreichung des Zwecks gibt; es muss der geringst mögliche Grundrechtseingriff bei gleicher Wirksamkeit gewählt werden (BVerfGE **77**, 84; BVerfG NJW **1999**, 3402).

Im Hinblick auf die Erforderlichkeit gönnen wir uns nun eine Anleihe beim Bundesverfassungsgericht, das im Hinblick auf die *Industrie- und Handelskammer* die Erforderlichkeit der Pflichtmitgliedschaft in einer berufsständischen Vereinigung umfassend und grundsätzlich bejaht und insbesondere darauf hingewiesen hat, dass die Errichtung einer privaten Vereinigung ohne Mitgliederzwang kein gleich wirksames Mittel gewesen wäre (BVerfGE WM **2002**, 391). Wir transferieren den Text mal auf die Rechtsanwaltskammern, das Ganze würde sich dann so lesen:

*»… Die Errichtung von Körperschaften mit Zwangsmitgliedschaft müsste für die Erreichung der gesetzgeberischen Ziele auch erforderlich sein. Das Gebot der Erforderlichkeit ist verletzt, wenn das Ziel der staatlichen Maßnahme durch ein anderes, gleich wirksames Mittel erreicht werden kann, mit dem das betreffende Grundrecht nicht oder weniger fühlbar eingeschränkt wird (BVerfGE **68**, 193; BVerfGE **77**, 84). Rein **private** Verbände wären mangels Gemeinwohlbindung und staatlicher Aufsicht nicht in der Lage, die Aufgaben wahrzunehmen, die die Anwaltskammern mit Hilfe der Pflichtmitgliedschaft zu erfüllen befähigt sind. Es ist nicht zu beanstanden, dass der Gesetzgeber Verwaltungsaufgaben im Bereich der **Rechtspflege** im Rahmen seiner ihm grundsätzlich eröffneten Wahlfreiheit, öffentliche Aufgaben auch in **mittelbarer Staatsverwaltung** wahrnehmen zu lassen, auf die Anwaltskammern überträgt. Insoweit ist dann aber auch die Mitgliedschaft **aller Rechtsanwälte** in den Anwaltskammern zur sachgerechten Erfüllung ihrer Aufgaben erforderlich. Unter dem Aspekt der Erforderlichkeit ist zudem die Verknüpfung der Pflichtmitgliedschaft mit der Beitragslast verfassungsrechtlich **nicht** zu beanstanden. Auch insoweit ist die für wirtschaftliche Selbstverwaltung typische Verbindung von Interessenvertretung, Förderung und Verwaltungsaufgaben der Aufgabenstellung zu beachten. Die Tätigkeit der Rechtsanwaltskammer besteht auch, wenngleich es sich um eine öffentliche Aufgabe handelt, in der Wahrnehmung des Interesses der Mitglieder und der Förderung ihrer wirtschaftlichen Tätigkeit, was es rechtfertigt, diese an der Kostenlast der Kammer angemessen zu beteiligen …«*

ZE.: Die Errichtung von Rechtsanwaltskammern mit Pflichtmitgliedschaft ist *erforderlich* zur Erreichung des gesetzgeberischen Zwecks, nämlich der staatlichen Kontrolle des Rechtsanwaltsberufes.

d) Die Maßnahme muss schließlich auch angemessen bzw. verhältnismäßig im engeren Sinne sein.

Definition: Eine Maßnahme ist dann *angemessen*, wenn sie beim Grundrechtsträger keinen Nachteil herbeiführt, der erkennbar außer Verhältnis zum verfolgten Zweck steht (BVerfGE **7**, 377; BVerfGE **17**, 306; *Kingreen/Poscher* StaatsR II Rz. 299). Der Grundrechtsträger darf insbesondere durch die staatliche Maßnahme nicht *übermäßig* belastet werden (→ Übermaßverbot).

Bei dieser Prüfung stehen sich nun – wie immer – die unterschiedlichen Interessen der Beteiligten gegenüber: Auf der einen Seite sind das die Interessen der *Rechtsanwälte*, die durch die Zwangsmitgliedschaft und den Beitragszwang eine Einschränkung ihrer allgemeinen Handlungsfreiheit erfahren; auf der anderen Seite ist das der *Staat*, der ein Interesse an der Kontrolle und Aufsicht der Rechtspflege und damit auch des Anwaltsberufes hat. **Aber**: Auch an dieser Stelle *gewinnt* die beschriebene Güterabwägung eindeutig der Staat mit seinen Interessen, denn die Beeinträchtigung des einzelnen Rechtsanwalts durch die Pflichtmitgliedschaft in einer Anwaltskammer bedeutet *keine* erhebliche Einschränkung der beruflichen und persönlichen Handlungsfreiheit (vgl. BayVerfGH in VerwRspr. **3**, 651, 656; BayVerfGH **7**, 385; VGH Stuttgart ESVGH **8**, 95). Zu berücksichtigen ist dabei zunächst, dass die Kontrolle der Rechtspflege in einem Rechtsstaat ein sehr hohes, verfassungsrechtlich ausdrücklich geschütztes Gut darstellt. Demgegenüber wiegt die Einschränkung der Rechtsanwälte durch die Mitgliedschaft in einer Anwaltskammer vergleichsweise gering. Des Weiteren erscheint beachtlich, dass die Pflichtmitgliedschaft den kammerzugehörigen Rechtsanwälten zudem die Chance zur Beteiligung und Mitwirkung an staatlichen Entscheidungsprozessen eröffnet. Gleichzeitig lässt der Staat den Anwälten aber auch die Möglichkeit offen, sich *nicht* aktiv in der Anwaltskammer zu betätigen, sondern nur Mitglied zu sein. Des Weiteren muss gesehen werden, dass der Staat durch die Entscheidung, die Anwälte durch ein selbstbestimmtes Organ zu verwalten, die unmittelbare Staatsverwaltung vermeidet und stattdessen auf die Mitwirkung der Betroffenen setzt. Geht man mit der allgemeinen Ansicht davon aus, dass der Staat grundsätzlich ein Recht darauf hat, die Rechtspflege und damit auch den Anwaltsberuf zu kontrollieren, stellt die Errichtung von Anwaltskammern als Körperschaften des öffentlichen Rechts somit ein angemessenes Mittel dar, das die Grundrechte der betroffenen Anwälte geringst möglich beeinträchtigt und demnach auch nicht das Übermaßverbot verletzt (BayVerfGH VerwRspr. 3, 651, 656; BayVerfGH 7, 385; VGH Stuttgart ESVGH 8, 95; vgl. zur Industrie- und Handelskammer: BVerfG WM 2002, 391; BVerfGE 38, 281; BVerfGE 15, 235; BVerwGE 107, 169).

<u>ZE.:</u> Die Errichtung von Anwaltskammern mit einer Pflichtmitgliedschaft verstößt auch nicht gegen das Übermaßverbot und ist folglich angemessen.

Erg: Die Regelungen der BRAO, wonach man mit der Zulassung zur Anwaltschaft automatisch Pflichtmitglied in der örtlichen Rechtsanwaltskammer wird und anschließend einer möglichen Beitragspflicht unterliegt, verstoßen nicht gegen das Grundrecht aus Art. 2 Abs. 1 GG und sind damit insgesamt verfassungsgemäß. Der R ist folglich *nicht* in seinen Grundrechten verletzt.

Kurzer Nachtrag zum Thema

Das Bundesverwaltungsgericht hat im März 2016 dem (Pflicht-)Mitglied einer nordrhein-westfälischen IHK einen Anspruch aus Art. 2 Abs. 1 GG gegen seine örtliche IHK auf »Austritt aus dem Dachverband« (hier: »Deutscher Industrie- und Handelskammertag« / DIHK) gewährt. Der »DIHK« als Dachverband der deutschen Industrie- und Handelskammern hatte seine Kompetenz überschreitende Maßnahmen vollzogen, die im konkreten Fall auch noch dem Betrieb des IHK-Mitglieds (→ Betreiber einer Windenergieanlage) massiv zuwiderliefen. In solchen Fällen könne das IHK-Mitglied von seiner örtlichen IHK aus Art. 2 Abs. 1 GG verlangen, dass diese aus dem Dachverband austritt (BVerwGE 154, 296 = DVBl 2016, 1067). Auf die Pflichtmitgliedschaft in der örtlichen IHK hatte die Entscheidung aber keine Auswirkungen (insoweit: siehe oben).

Prüfungsschema 7

Prüfung einer Grundrechtsverletzung durch staatlichen Mitgliedszwang in einer öffentlich-rechtlichen Vereinigung

1. Prüfungsmaßstab: Die Vereinigungsfreiheit aus Art. 9 Abs. 1 GG

I. Der **Schutzbereich** des Art. 9 Abs. 1 GG

→ **Zentrales Problem:** Gehören die »öffentlich-rechtliche Vereinigungen« auch zum Schutzbereich des Art. 9 Abs. 1 GG?

Herrschende Meinung und BVerfG sagen: **Nein!** → Prüfung des Art. 9 Abs. 1 GG dann beendet. Andere Ansicht *bejaht* die Betroffenheit des Schutzbereichs und muss die widerstreitenden Interessen abwägen, wobei wegen der engen Schranke des Grundrechts (→ Art. 9 Abs. 2 GG!) im Zweifel nur kollidierendes Verfassungsrecht in Betracht kommt.

Wer den Schutzbereich mit der h.M. verneint, macht weiter:

2. Prüfungsmaßstab: Die allgemeine Handlungsfreiheit aus Art. 2 Abs. 1 GG

I. Schutzbereich: Ohne Probleme.

II. Zum Eingriffsbegriff: Prüfungsschema 1 vorne. **Hier:** Kein Problem.

III. Ist der Grundrechtseingriff in Art. 2 Abs. 1 GG durch staatlichen Mitgliedszwang verfassungsrechtlich gerechtfertigt?

→ **Art. 2 Abs. 1 GG** ist einschränkbar u. a. durch die verfassungsmäßige Ordnung

→ Es muss eine entsprechende *Schranke* (= Gesetz) existieren, etwa berufsständische Gesetze (z.B. die BRAO)

→ Diese Schranke/Gesetz muss selbst verfassungsgemäß sein (Schranken-Schranke)**:**

Dafür ist notwendig:

1.) Formelle Rechtmäßigkeit = ordnungsgemäßes Gesetzgebungsverfahren

2.) Materielle Rechtmäßigkeit → dazu gehört insbesondere:

a) Sind die »allgemeinen Anforderungen« aus Art. 19 Abs. 1 und 2 GG eingehalten?

b) Ist der **Verhältnismäßigkeitsgrundsatz** beachtet? Das Gesetz muss

→ einen *legitimen Zweck* verfolgen. **Problem**: Öffentlich-rechtliche Vereinigungen nur zulässig bei einer legitimen öffentlichen Aufgabe von hohem Gemeinschaftsinteresse. Falls zu bejahen, muss das Gesetz zudem *geeignet*, *erforderlich* und *angemessen* (»verhältnismäßig im engeren Sinne«) sein: Hier erfolgt die Abwägung der widerstreitenden Interessen.

Gutachten

R ist durch die von § 60 Abs. 1 BRAO angeordnete Zwangsmitgliedschaft in der Rechtsanwaltskammer mit anschließender Beitragspflicht in seinen Grundrechten verletzt, wenn durch einen Akt der öffentlichen Gewalt in den Schutzbereich eines Grundrechts eingegriffen wurde und dieser Eingriff verfassungsrechtlich nicht gerechtfertigt ist.

I. Durch die in § 60 Abs. 1 BRAO angeordnete Pflichtmitgliedschaft in der Anwaltskammer muss ein Grundrecht des R in seinem Schutzbereich betroffen sein.

1.) In Betracht kommt die Verletzung des Grundrechts des R aus Art. 9 Abs. 1 GG. Gemäß Art. 9 Abs. 1 GG haben alle Deutschen das Recht, Vereine und Gesellschaften zu bilden. Diese Garantie umfasst das Recht des Einzelnen, sich mit anderen zusammen zu schließen und Vereine zu gründen und schließt die Entscheidung über den Zeitpunkt der Gründung, den Zweck, die Rechtsform, den Namen, die Satzung und den Sitz der Vereinigung mit ein. Zudem erfasst Art. 9 Abs. 1 GG auch den Beitritt zu einem bereits bestehenden Verein, die Betätigung im und mit dem Verein und den Verbleib im Verein – die sogenannte positive Vereinigungsfreiheit. Korrespondierend hierzu garantiert Art. 9 Abs. 1 GG schließlich auch das Recht des Einzelnen, aus einer Vereinigung jederzeit austreten oder ihr fernbleiben zu dürfen – die sogenannte negative Vereinigungsfreiheit. Es fragt sich vorliegend, ob durch die Zwangsmitgliedschaft in der Rechtsanwaltskammer der gerade beschriebene Schutzbereich betroffen ist. Probleme ergeben sich insoweit daraus, dass es sich bei der Rechtsanwaltskammer um eine öffentlich-rechtliche Vereinigung handelt und fraglich ist, ob Art. 9 Abs. 1 GG nicht lediglich auf privatrechtliche Vereinigungen zugeschnitten und anwendbar ist.

a. Nach einer Ansicht fallen aber auch die öffentlich-rechtlichen Vereinigungen unter Art. 9 Abs. 1 GG. Betrachtet man die ureigenste Funktion der Grundrechte, nämlich als klassische Abwehrrechte der Bürger gegen den Staat bzw. gegen staatlichen Zwang, muss sich Art. 9 Abs. 1 GG gerade auch gegen eine solche, vom Staat per Gesetz angeordnete Zwangsmitgliedschaft richten, und zwar unabhängig davon, welche Rechtsform die Personenvereinigung im konkreten Fall hat. Der Staat kann nicht durch die (beliebige) Errichtung von öffentlich-rechtlichen Vereinigungen eine bestimmte Personengruppe, und zwar die von der Vereinigung betroffenen Bürger, zur Mitgliedschaft in dieser Vereinigung zwingen. Würde man dies zulassen, könnte der Staat bei genauer Betrachtung selbst den Schutzumfang des Grundrechts für die betroffenen Personen festlegen, was aber ein denklogischer Irrtum bzw. Zirkelschluss ist: Die Grundrechte der Bürger sollen ja gerade nicht der Disposition des Staates unterliegen – allein deshalb gibt es überhaupt nur die umfassende Grundrechtsgarantie in der Verfassung.

b. Dieser Argumentation kann jedoch nicht gefolgt werden. Die öffentlich-rechtlichen Vereinigungen sind vom Schutzbereich des Art. 9 Abs. 1 GG nicht umfasst. Hierfür sprechen zunächst historische Argumente. Die Idee, die hinter der Regelung des Art. 9 Abs. 1 GG steckt, resultiert aus Erfahrungen der Vergangenheit. Totalitäre bzw. absolutistische Staaten hatten naturgemäß eine beachtliche Angst vor Zusammenschlüssen von Menschen. Viele Personen, die sich gleichgesinnt, unter Umständen sogar politisch motiviert als Partei oder Interessenverband zusammenschlossen, stellten für ein solches

Herrschaftssystem immer eine enorme Gefahr dar. In diversen Polizeigesetzen aus den vergangenen Jahrhunderten wurde daher ausdrücklich davor gewarnt, dass von Vereinigungen stets ein Verdacht auf Aufruhr und Empörung in der Bevölkerung ausgehe und man diese deshalb von staatlicher Seite aus schnellstmöglich verbieten oder bekämpfen müsse. Die im Grundgesetz verankerte Vereinigungsfreiheit soll garantieren, dass sich die Bürger in unserer heutigen demokratischen Gesellschaftsstruktur jederzeit zu sozialen Gruppen und Interessenverbänden, zum Beispiel auch zu politischen Parteien zusammenschließen können, um auf diesem Wege zur Sicherung eines freien, gesellschaftlich verankerten Meinungs-, Willensbildungs- und Selbstorganisationsprozesses beizutragen. Die Vereinigungsfreiheit soll sicherstellen, dass sich eine Gesellschaft im Innenverhältnis selbst organisieren kann und kollektive Meinungsäußerung oder Persönlichkeitsverwirklichung jederzeit möglich ist. Diese Idee hat ihren Niederschlag in Art. 9 Abs. 1 GG gefunden und nach allgemeinem Verständnis das Recht zur organisierten oder gruppenförmigen Verwirklichung der individuellen Persönlichkeiten und das prinzipielle Recht zur autonomen gesellschaftlichen Selbstorganisation erschaffen.

Daher umfasst der Begriff der Vereinigung im Sinne des Art. 9 Abs. 1 GG auch nur freiwillige und von jedem staatlichen Zwang losgelöste Zusammenschlüsse von Menschen. Das Grundrecht des Art. 9 GG soll nur diejenigen Vereinigungen von Personen erfassen, die die Bürger mit einem sogenannten freiwilligen Gründungsakt eingehen, nicht auch diejenigen, die vom Staat konstituiert werden, denn der private und freiwillige Zusammenschluss von Menschen soll gerade das Gegengewicht der Bevölkerung zum Staat stärken. Da Menschen sich logischerweise immer nur in privaten bzw. privatrechtlichen Vereinigungen freiwillig und losgelöst von staatlicher Kontrolle zusammenschließen, soll und kann der Schutzbereich des Art. 9 Abs. 1 GG im oben genannten Sinne auch nur für solche privatrechtlichen Vereinigungen eröffnet sein. Aus diesen Erwägungen heraus, hat auch niemand in Deutschland ein Recht oder einen Anspruch darauf, sich unter Berufung auf Art. 9 Abs. 1 GG mit mehreren Privatpersonen zu einer Körperschaft des öffentlichen Rechts zusammenzuschließen. Wenn aber niemand aus Art. 9 Abs. 1 GG ein Recht herleiten kann, sich mit anderen Privatpersonen zu einer öffentlich-rechtlichen Vereinigung zusammenzuschließen, weil es sich hierbei um dem Staat vorbehaltene Aufgaben handelt, kann sich im Umkehrschluss auch niemand mit Art. 9 Abs. 1 GG gegen die Zwangsmitgliedschaft in einer solchen öffentlich-rechtlichen Vereinigung wehren. Der Art. 9 Abs. 1 GG ist nach alledem in seinem Schutzbereich nicht betroffen, wenn es um öffentlich-rechtliche Vereinigungen geht.

Zwischenergebnis: Es ist festzustellen, dass durch die Zwangsmitgliedschaft in der Rechtsanwaltskammer gemäß der Vorschrift des § 60 Abs. 1 BRAO der Schutzbereich des Grundrechts aus Art. 9 Abs. 1 GG nicht betroffen ist. Daher kann sich R unter Berufung auf Art. 9 Abs. 1 GG gegen eine solche Mitgliedschaft nicht zur Wehr setzen.

Ergebnis: Eine Grundrechtsverletzung im Hinblick auf Art. 9 Abs. 1 GG durch die fragliche Regelung des § 60 Abs. 1 BRAO kommt nicht in Betracht. Die Prüfung scheitert bereits auf der ersten Stufe, und zwar bei der Betroffenheit des Schutzbereichs.

2.) In Frage kommt nunmehr die mögliche Verletzung des Auffanggrundrechts der allgemeinen Handlungsfreiheit aus Art. 2 Abs. 1 GG.

I. Dann müsste zunächst der Schutzbereich des Art. 2 Abs. 1 GG betroffen sein. Die allgemeine Handlungsfreiheit des Art. 2 Abs. 1 GG schützt jegliches menschliches Verhalten im allumfassenden Sinne, insbesondere unabhängig von wertender Betrachtung. Das Grundrecht des Art. 2 Abs. 1 GG gewährt die freie Entfaltung der Persönlichkeit und schützt daher auch davor, durch Zwangsmitgliedschaften und Beitragspflichten von einer Körperschaft des öffentlichen Rechts in Anspruch genommen zu werden.

Zwischenergebnis: Der Schutzbereich des Art. 2 Abs. 1 GG ist durch die gesetzlich angeordnete Zwangsmitgliedschaft in der Anwaltskammer sowie der aus der Beitragsordnung der Anwaltskammer folgenden Beitragspflicht betroffen.

II. Es muss des Weiteren ein Eingriff in den Schutzbereich vorliegen. Unter Eingriff versteht man jedes staatliche Handeln, das dem Einzelnen ein Verhalten, das in den Schutzbereich eines Grundrechts fällt, ganz oder teilweise unmöglich macht; hierbei ist gleichgültig, ob diese Wirkung final oder unbeabsichtigt eintritt. Die gesetzliche Regelung des § 60 BRAO als Akt der öffentlichen Gewalt zwingt R zur Mitgliedschaft in der Anwaltskammer, und die Beitragsordnung zwingt ihn zur Beitragszahlung. R ist damit in seiner allgemeinen Handlungsfreiheit aus Art. 2 Abs. 1 GG beschränkt.

Zwischenergebnis: Ein Eingriff liegt vor.

III. Der Eingriff dürfte verfassungsrechtlich nicht gerechtfertigt sein.

Der staatliche Eingriff in den Schutzbereich eines Grundrechts ist dann verfassungsrechtlich gerechtfertigt, wenn das betroffene Grundrecht einschränkbar ist, eine entsprechende Schranke besteht und diese Schranke selbst wiederum verfassungsgemäß ist (sogenannte Schranken-Schranke).

1.) Das Grundgesetz muss für das betroffene Grundrecht eine Einschränkbarkeit vorsehen. Gemäß Art. 2 Abs. 1 GG hat jeder das Recht auf die freie Entfaltung seiner Persönlichkeit, soweit er nicht die Rechte anderer verletzt und nicht gegen die verfassungsmäßige Ordnung oder das Sittengesetz verstößt. Unter verfassungsmäßiger Ordnung im Sinne des Art. 2 Abs. 1 GG versteht man die Gesamtheit der Normen, die formell und materiell mit der Verfassung in Einklang stehen. Das Grundrecht aus Art. 2 Abs. 1 GG ist einschränkbar, und zwar unter anderem durch die verfassungsmäßige Ordnung, also jede Norm, die mit der Verfassung in Einklang steht.

2.) Es muss im konkreten Fall eine entsprechende gesetzliche Schranke existieren. Der § 60 Abs. 1 BRAO ist ein Gesetz und damit eine Schranke im eben benannten Sinne.

3.) Der § 60 Abs. 1 BRAO gehört allerdings nur dann zur verfassungsmäßigen Ordnung und wäre damit eine zulässige Schranke des Grundrechts aus Art. 2 Abs. 1 GG, wenn er selbst mit den (übrigen) Normen und Werten der Verfassung übereinstimmt (Schranken-Schranke). Das das Grundrecht einschränkende Gesetz muss selbst verfassungsgemäß, also formell und materiell rechtmäßig zustande gekommen sein.

I. Die formelle Rechtmäßigkeit

Das streitgegenständliche Gesetz ist nach dem Hinweis des Sachverhaltes formal verfassungsgemäß zustande gekommen.

II. Die materielle Rechtmäßigkeit

1.) Es müssen zunächst die sogenannten allgemeinen Anforderungen an das Gesetz eingehalten worden sein. Gemäß Art. 19 Abs. 1 GG muss das Gesetz demnach allgemein und nicht für den Einzelfall gelten, es muss das betroffene bzw. eingeschränkte Grundrecht nennen und es darf keinesfalls den Wesensgehalt dieses Grundrechts antasten (Art. 19 Abs. 2 GG). Die BRAO ist ein allgemein gehaltenes Gesetz, sie gilt für alle Rechtsanwälte und regelt demzufolge keinen Einzelfall. Das Zitiergebot des Art. 19 Abs. 1 Satz 2 GG ist vorliegend nicht einschlägig, da es nach ständiger Rechtsprechung des Bundesverfassungsgerichts restriktiv ausgelegt bzw. angewandt werden muss und unter anderem für die Einschränkungen aus Art. 2 Abs. 1 GG nicht gilt. Schließlich ist der Wesensgehalt des Art. 2 Abs. 1 GG, die allgemeine Handlungsfreiheit des R, nicht angetastet, da R durch seine Anwaltszulassung nur zur Mitgliedschaft in der Anwaltskammer und zur jährlichen Zahlung eines Mitgliedsbeitrages verpflichtet wird. Ein Verstoß gegen Art. 19 Abs. 1 und 2 GG ist somit nicht erkennbar.

Zwischenergebnis: Die allgemeinen Anforderungen an das das Grundrecht beschränkende Gesetz sind eingehalten.

2.) Voraussetzung für die materielle Rechtmäßigkeit eines Gesetzes ist – neben der Konformität mit sonstigem Verfassungsrecht – schließlich die Einhaltung des Verhältnismäßigkeitsgrundsatzes. Dazu muss das Gesetz einen legitimen Zweck verfolgen, zur Erreichung dieses Zwecks geeignet, erforderlich und schließlich auch angemessen sein.

a. Die hier infrage stehenden Regeln der BRAO müssen, um verhältnismäßig zu sein, zunächst einen legitimen Zweck verfolgen. Ein Zweck ist dann legitim und darf vom Staat verfolgt werden, wenn er auf ein der Allgemeinheit dienendes Wohl gerichtet ist oder sonstigen Gütern von Verfassungsrang zugutekommt. Dem Gesetzgeber ist insoweit ein breiter Beurteilungsspielraum zuzubilligen. Es stellt sich somit die Frage, inwieweit der Gesetzgeber mit der Errichtung von Anwaltskammern und der Zwangsmitgliedschaft aller zugelassenen Anwälte in diesen Kammern einen legitimen Zweck verfolgt. Ein solcher wird nach allgemeiner Meinung angenommen, wenn der Staat mit der Errichtung einer Körperschaft eine legitime öffentliche Aufgabe von hohem Gemeinschaftsinteresse erfüllen möchte. In Bezug auf die Errichtung von Anwaltskammern und den hiermit verfolgten legitimen Zweck gilt nun Folgendes: Die Rechtsanwaltschaft ist kein Gewerbe im Sinne der gewerberechtlichen Vorschriften, das dann nur privatrechtlich zu beurteilen wäre und damit einer staatlichen Kontrolle entzogen bliebe. Die Vertretung der rechtsuchenden Bürger vor staatlichen Gerichten zu regeln, ist unter anderem, weil sich das Grundgesetz ausdrücklich zu einem Rechtsstaat bekennt, eine Sache des Staates. Sie dient als öffentliche Aufgabe der Gemeinschaft, da der Staat eine erhebliche Verantwortung gegenüber denjenigen Bürgern trägt, die ihre Rechte vor einem Gericht oder auf andere Weise durchzusetzen suchen. In den unterschiedlichen Prozessgesetzen räumt der Staat den Rechtsanwälten daher umfassende Befugnisse ein, ordnet in bestimmten Verfahren sowohl im Zivil- als auch im Strafprozess sogar an, dass Beteiligte sich von Anwälten vor Gericht vertreten lassen müssen und dokumentiert schon alleine damit die enorme Bedeutung der Anwaltschaft für den Rechtsstaat und ein funktionierendes Rechtssystem. Aufgrund der staatlichen Verantwortung für diese Bereiche, muss der Staat die selbstständige Tätigkeit der Anwaltschaft jederzeit einer Kontrolle zugänglich halten. Dieser Verantwortung könnte der Staat aber nicht gerecht werden, wenn er die Rechtsanwaltschaft ohne jede staatliche Aufsicht lassen würde. Die Zulassung zur Anwaltschaft und etwa die Überwachung der berufrechtlichen Vorschriften obliegen daher grundsätzlich dem Staat und dessen Aufsicht und Kontrolle. Die Aufsicht über den Rechtsanwaltsberuf kann der Staat nun entweder unmittelbar selbst ausüben oder aber in der Weise, dass er Vereinigungen in Form von öffentlich-rechtlichen Körperschaften gründet, die in Gestalt der mittelbaren Staatsverwaltung die staatlichen Verwaltungsaufgaben wahrnehmen. Diese Vereinigungen übernehmen dann Aufgaben, die vordringlich der Allgemeinheit dienen, da sie den Beruf des Rechtsanwalts als notwendigen und elementaren Bestandteil der Rechtspflege regeln und überwachen. Wählt der Staat diesen Weg der Kontrolle des Anwaltsberufs und erschafft dafür Rechtsanwaltskammern als öffentlich-rechtliche Körperschaften, begegnet es keinen Bedenken und ist sogar notwendig, dass er gleichzeitig dafür sorgt, dass auch tatsächlich alle Rechtsanwälte einer solchen Rechtsanwaltskammer angehören. Die Pflichtmitgliedschaft in einer Kammer ist logische Konsequenz der Entscheidung des Gesetzgebers, die Anwaltschaft durch eigene Anwaltskammern zu verwalten und zu kontrollieren. Die Errichtung von Rechtsanwaltskammern mit einem gesetzlich angeordneten Mitgliederzwang verfolgt daher unter den genannten Voraussetzungen einen legitimen Zweck, sie dient der Erfüllung einer legitimen staatlichen Aufgabe von erheblichem öffentlichem Interesse, nämlich der staatlichen Aufsicht über den Rechtsanwaltsberuf als Teil der staatlichen Rechtspflege.

Zwischenergebnis: Die Errichtung von Rechtsanwaltskammern mit Pflichtmitgliedschaft dient einem legitimen Zweck, nämlich der staatlichen Aufsicht über den Rechtsanwaltsberuf, der als notwendiger Bestandteil staatlich zu garantierender Rechtspflege in einem Rechtsstaat ein hohes Gemeinschaftsinteresse verkörpert.

b. Die Errichtung von Rechtsanwaltskammern als öffentlich-rechtliche Körperschaften müsste des Weiteren geeignet sein, diesen Zweck zu erreichen. Die Geeignetheit einer Maßnahme liegt dann vor, wenn mit ihrer Hilfe das angestrebte Ziel voraussichtlich erreicht oder zumindest gefördert werden kann. Das Ziel der Reglementierung und Überwachung des Anwaltsberufes wird durch die Tätigkeit der Kammern zumindest gefördert, wenn nicht sogar – soweit erkennbar – erreicht. Die Entscheidung des Gesetzgebers, die Aufsicht über die Rechtsanwälte mit Hilfe von öffentlich-rechtlichen Körperschaften zu organisieren, ist folglich geeignet im benannten Sinne.

c. Die Regeln der BRAO müssten zudem erforderlich sein. Die Maßnahme ist erforderlich, wenn es kein gleich wirksames, aber den Grundrechtsträger weniger belastendes Mittel zur Erreichung des Zwecks gibt; es muss der geringst mögliche Grundrechtseingriff bei gleicher Wirksamkeit gewählt werden. Das Gebot der Erforderlichkeit ist verletzt, wenn das Ziel der staatlichen Maßnahme durch ein anderes, gleich wirksames Mittel erreicht werden kann, mit dem das betreffende Grundrecht nicht oder weniger fühlbar eingeschränkt wird. Rein private Verbände wären indes mangels Gemeinwohlbindung und staatlicher Aufsicht nicht in der Lage, die Aufgaben wahrzunehmen, die die Anwaltskammern mit Hilfe der Pflichtmitgliedschaft zu erfüllen befähigt sind. Es ist nicht zu beanstanden, dass der Gesetzgeber Verwaltungsaufgaben im Bereich der Rechtspflege im Rahmen seiner ihm grundsätzlich eröffneten Wahlfreiheit, öffentliche Aufgaben auch in mittelbarer Staatsverwaltung wahrnehmen zu lassen, auf die Anwaltskammern überträgt. Insoweit ist dann aber auch die Mitgliedschaft aller Rechtsanwälte in den Anwaltskammern zur sachgerechten Erfüllung ihrer Aufgaben erforderlich. Unter dem Aspekt der Erforderlichkeit ist zudem die Verknüpfung der Pflichtmitgliedschaft mit der Beitragslast verfassungsrechtlich nicht zu beanstanden. Auch insoweit ist die für wirtschaftliche Selbstverwaltung typische Verbindung von Interessenvertretung, Förderung und Verwaltungsaufgaben der Aufgabenstellung zu beachten. Die Tätigkeit der Rechtsanwaltskammer besteht auch, wenngleich es sich um eine öffentliche Aufgabe handelt, in der Wahrnehmung des Interesses der Mitglieder und der Förderung ihrer wirtschaftlichen Tätigkeit, was es rechtfertigt, diese an der Kostenlast der Kammer angemessen zu beteiligen.

Zwischenergebnis: Die Errichtung von Rechtsanwaltskammern mit Pflichtmitgliedschaft ist erforderlich zur Erreichung des gesetzgeberischen Zwecks, nämlich der staatlichen Kontrolle des Rechtsanwaltsberufes.

d. Die Maßnahme muss schließlich auch angemessen sein. Eine Maßnahme ist dann angemessen, wenn sie beim Grundrechtsträger keinen Nachteil herbeiführt, der erkennbar außer Verhältnis zum verfolgten Zweck steht. Der Grundrechtsträger darf insbesondere durch die staatliche Maßnahme nicht übermäßig belastet werden.

Insoweit beachtlich sind zum einen die Interessen der Rechtsanwälte, die durch die Zwangsmitgliedschaft und den Beitragszwang eine Einschränkung ihrer allgemeinen Handlungsfreiheit erfahren. Auf der anderen Seite steht der Staat, der ein Interesse an der Kontrolle und Aufsicht der Rechtspflege und damit des Anwaltsberufes hat. Die besseren Argumente sprechen auch hier für den Staat: Zu berücksichtigen ist dabei, dass die Kontrolle der Rechtspflege in einem Rechtsstaat ein sehr hohes, verfassungsrechtlich ausdrücklich geschütztes Gut darstellt. Demgegenüber wiegt die Einschränkung der Rechtsanwälte durch die Mitgliedschaft in einer Anwaltskammer vergleichsweise gering. Zudem ist beachtlich, dass die Pflichtmitgliedschaft den kammerzugehörigen Rechtsanwälten die Chance zur Beteiligung und Mitwirkung an staatlichen Entscheidungsprozessen eröffnet. Gleichzeitig lässt der Staat den Anwälten auch die Möglichkeit, sich nicht aktiv in der Anwaltskammer zu betätigen, sondern nur Mitglied zu sein. Des Weiteren muss gesehen werden, dass der Staat durch die Entscheidung, die Anwälte durch ein selbstbestimmtes Organ zu verwalten, die unmittelbare Staatsverwaltung vermeidet und stattdessen auf die Mitwirkung der Betroffen setzt. Geht man davon aus, dass der Staat grundsätzlich ein Recht darauf hat, die Rechtspflege und damit auch den Anwaltsberuf zu kontrollieren, stellt die Errichtung von Anwaltskammern als Körperschaften des öffentlichen Rechts somit ein angemessenes Mittel dar, das die Grundrechte der betroffenen Anwälte geringst möglich beeinträchtigt und demnach auch nicht das Übermaßverbot verletzt.

Zwischenergebnis: Die Errichtung von Anwaltskammern mit einer Pflichtmitgliedschaft verstößt auch nicht gegen das Übermaßverbot und ist folglich angemessen.

Ergebnis: Die Regelungen der BRAO, wonach man mit der Zulassung zur Anwaltschaft automatisch Pflichtmitglied in der örtlichen Rechtsanwaltskammer wird und anschließend einer möglichen Beitragspflicht unterliegt, verstoßen nicht gegen das Grundrecht aus Art. 2 Abs. 1 GG und sind damit insgesamt verfassungsgemäß. Der R ist folglich nicht in seinen Grundrechten verletzt.

Fall 8

Meine E-Mails sind sicher – oder?

Die Staatsanwaltschaft in Hamburg ermittelt gegen den Immobilienmakler M, der seit dem Jahr 2013 diverse Kunden bei Grundstücksverträgen an der noblen *Elbchaussee* betrogen und dabei um mehrere 100.000 Euro an Provisionen gebracht haben soll. Nach den Erkenntnissen der Staatsanwaltschaft zahlten die Kunden die Provisionen zunächst auf ein Konto des Vermögensverwalters V, von wo aus die Gelder dann an M überwiesen wurden. Obwohl V von den Machenschaften des M nichts weiß und gegen V mangels Tatverdachts gar nicht ermittelt wird, ordnet das zuständige *Amtsgericht Hamburg* zur weiteren Aufklärung der Taten des M gemäß den §§ 94, 110 der *Strafprozessordnung* (StPO) die Beschlagnahme (Kopie) und anschließende Durchsicht sämtlicher E-Mails an, die V seit dem Jahr 2013 empfangen und versendet hat. V nutzt ein E-Mail System, bei dem die Mails nach dem Abrufen oder Versenden nicht auf seinem eigenen PC, sondern auf dem Mailserver eines externen Providers gespeichert werden, zu dem V mittels eines persönlichen Passworts Zugang hat.

V will seine Mails nicht herausgeben. Er hält die vom Gericht angeordnete Beschlagnahme und Durchsicht der Mails für verfassungswidrig, zumal davon auch seine privaten Mails und die Mails anderer Geschäftskunden betroffen wären. V meint, der Beschluss des Amtsgerichts verletze ihn in seinen Grundrechten.

Sind Grundrechte des V durch den Beschluss verletzt?

Hinweis: Die Strafprozessordnung (StPO) ist formell verfassungsgemäß.

Schwerpunkte: Das Grundrecht aus Art. 10 Abs. 1 GG; der Schutzbereich und die Eingriffsmöglichkeiten; der Schutz des Internetverkehrs durch das Grundgesetz; die E-Mail als Kommunikationsmedium im Sinne des Art. 10 Abs. 1 GG; die Vorschriften der Strafprozessordnung als Schranken des Art. 10 GG; die Verhältnismäßigkeit bei Beschlagnahmen und Durchsuchungen von E-Mail-Postfächern.

Lösungsweg

Einstieg: Die kleine Geschichte da oben führt uns zu Art. 10 Abs. 1 GG (aufschlagen!) und natürlich vor allem zu dem dort erwähnten Fernmeldegeheimnis. Dieses Grundrecht spielte interessanterweise seit Erfindung des Grundgesetzes im Mai 1949 knapp

40 Jahre so gut wie überhaupt keine Rolle und tauchte weder in universitären Übungsarbeiten noch im Staatsexamen auf. Lediglich eine einzige Entscheidung des Bundesverfassungsgerichts zu Art. 10 Abs. 1 GG schaffte es in die breitere (juristische) Öffentlichkeit – mit ziemlich wichtigem, aber freilich auch extrem überschaubarem Inhalt: Am **14. März 1972** entschied das Bundesverfassungsgericht, dass sich auch *Strafgefangene* auf die Grundrechte, unter anderem auf Art. 10 Abs. 1 GG, berufen können, obwohl sie sich wegen ihrer Gefangenschaft in einem »besonderen Gewaltverhältnis« zum Staat befinden (BVerfGE **33**, 1). Im konkreten Fall hatte ein Strafgefangener der Justizvollzugsanstalt in Celle (→ Niedersachsen) einen Brief an eine Gefangenenhilfsorganisation in Hannover geschrieben und darin unter anderem über den Anstaltsleiter der JVA Celle gelästert und beleidigende Erklärungen über ihn abgegeben. Dieser Brief wurde von der JVA »abgefangen«, gelesen und anschließend wegen des beleidigenden Inhalts einbehalten (= Eingriff in Art. 10 Abs. 1 GG). Die hiergegen von dem Gefangenen erhobene Klage wies das Oberlandesgericht Celle zunächst mit dem Hinweis ab, dass die Anstaltsleitung aufgrund dienstrechtlicher Vorschriften zu diesem Vorgehen berechtigt gewesen sei und sich ein Strafgefangener im Übrigen sowieso nicht uneingeschränkt auf die Grundrechte berufen könne, da er ja wegen der Inhaftierung in einem »besonderen Gewaltverhältnis« zum Staat stehe (OLG Celle – Az.: 5 Vas 12/68). Das Bundesverfassungsgericht hob das Urteil des OLG Celle dann im März 1972 höchst spektakulär auf und stellte in seiner oberberühmten »**Strafgefangenen-Entscheidung**« fest: »... *Auch Strafgefangene genießen Grundrechtsschutz. Ihre Grundrechte können auch nur durch* **Gesetz** *oder aufgrund eines Gesetzes eingeschränkt werden. Eine Einschränkung der Grundrechte des Strafgefangenen kommt zudem nur in Betracht, wenn dies zur Erreichung eines von der Wertordnung des Grundgesetzes gedeckten,* **gemeinschaftsbezogenen Zweckes** *unerlässlich ist ...*« (BVerfGE **33**, 1 = NJW **1972**, 811). Und seitdem gelten diese Regeln, und zwar bis heute – daher **merke:** Auch Personen, die sich in einem besonderen Gewaltverhältnis zum Staat befinden (→ Strafgefangene oder zum Beispiel auch Staatsbedienstete), genießen generell den Grundrechtsschutz der Verfassung und müssen ohne Hinzutreten besonderer Umstände keine grundrechtlichen Einbußen hinnehmen (vgl. umfassend dazu auch BK/*Schenke* Art. 19 Abs. 4 GG Rz. 306 ff.).

> Vor und auch noch einige Jahre nach dieser Entscheidung fristete der Art. 10 GG allerdings – wie eben erwähnt – ein echtes Schattendasein, bis – ja, bis die Menschheit irgendwann Ende der 80er Jahre des vergangenen Jahrhunderts den massentauglichen *Computer*, anschließend das *Internet* und zu guter Letzt auch noch das *Handy* erfand. Mit dieser Revolution des kommunikativen Umgangs kam auf einmal und quasi aus dem Nichts das Grundrecht des Art. 10 Abs. 1 GG sozusagen *in Mode*, da es zunächst die einzige, im Grundgesetz ausdrücklich niedergeschriebene Vorschrift war, die auf die neuen, bei Erschaffung des Grundgesetzes im Jahre 1949 natürlich völlig unvorhersehbaren Entwicklungen anwendbar schien. Und seitdem ist alles anders: Seit gut 20 Jahren *hagelt* es regelrecht Entscheidungen deutscher Gerichte und vor allem des Bundesverfassungsgerichts zum Fernmeldegeheimnis des Art. 10 Abs. 1 GG (vgl. aktuell etwa BVerfG EuGRZ **2016**, 149, wo das Gericht das »Gesetz zur Bekämpfung des internationalen Terrorismus« wegen Verstoßes gegen Art. 10 GG für nichtig erklärt) sowie zu dem schon im Jahr 1983 vom Bundesverfassungsge-

richt anlässlich des berühmten *Volkszählungsurteils* (→ BVerfGE **65**, 1) erfundenen Grundrecht auf »informationelle Selbstbestimmung«. Letztgenanntes Grundrecht folgert man übrigens aus Art. 2 Abs. 1 GG in Verbindung mit Art. 1 Abs. 1 GG – und es kommt als Auffanggrundrecht immer dann in Betracht, wenn der Schutzbereich des Art. 10 Abs. 1 GG ausnahmsweise nicht betroffen ist (BVerwG NVwZ **2016**, 1487; *von Mangold/Klein/Starck/Gusy* Art. 10 GG Rz. 103). Grundrechte können also durchaus auch »in Mode« kommen oder sogar neu erfunden/kreiert werden, wenn die Lebenswirklichkeit auf einmal und unvorhergesehen einen völlig neuen Regelungsbedarf produziert und erfordert.

Diese ganze Entwicklung hat nun leider zur Konsequenz, dass sich selbstverständlich auch die *Studenten* mittlerweile regelmäßig mit den Problemen rund um die Datenbeschaffung und Datenverwertung seitens des Staates befassen müssen. Die in den Übungsarbeiten gestellte Frage ist dabei indes immer die Gleiche, sie lautet nämlich:

> Wie weit und aus welchem Grund darf eigentlich der Staat in die durch die »neuen Medien« ermöglichte Kommunikation der Bürger eingreifen, ohne **Art. 10 Abs. 1 GG** oder das aus **Art. 2 Abs. 1 iVm Art. 1 Abs. 1 GG** folgende Grundrecht auf informationelle Selbstbestimmung zu verletzen?

Unser kleiner Fall da oben, übrigens in leicht abgewandelter Form entschieden vom Bundesverfassungsgericht am **16. Juni 2009** (→ BVerfGE **124**, 43 = NJW **2009**, 2431), macht die immense praktische Bedeutung des Ganzen deutlich und für jedermann greifbar: Die Staatsanwaltschaft in Hamburg ermittelt gegen einen potenziellen Straftäter, den Immobilienmakler M. Und obwohl unser ahnungsloser Vermögensverwalter V mit dem M lediglich einen geschäftlichen Kontakt führt (→ Kontoverwaltung) und auch gar nicht im Verdacht steht, selbst eine Straftat begangen zu haben, ordnet das Amtsgericht trotzdem die Beschlagnahme und Durchsicht der gesamten E-Mails des V der letzten Jahre an, wozu nicht nur Mails mit anderen Geschäftskunden gehören, sondern vermutlich auch einen Haufen privater Mails. Man mag sich das mal für sich selbst vorstellen: Eines Morgens klingelt es an der Tür, man macht auf – und da steht der Staatsanwalt und sagt: »*Guten Tag, wir ermitteln gegen ihren Geschäftspartner Herrn/Frau XY und gucken jetzt mal sämtliche Mails, die sie in den letzten Jahren geschrieben und empfangen haben durch, vielleicht finden wir irgendetwas Interessantes für unsere Ermittlungen.*« Kaum zu glauben, dass das verfassungsrechtlich wirklich zulässig ist.

Wir schauen uns das jetzt mal in aller Ruhe an und werden uns – soviel schon mal vorneweg – nachher ganz schön wundern. Die oben erwähnten Vorschriften der *Strafprozessordnung* stehen übrigens gleich wörtlich zitiert im Text, wer also keine aktuelle Gesetzesfassung der StPO zur Hand hat (wäre natürlich prima), kann somit trotzdem entspannt weiterlesen. Den richtigen Einstieg finden wir – wie immer – über das uns inzwischen bekannte Aufbaumuster einer Grundrechtsprüfung, und das geht so:

> **Obersatz:** Der V ist durch die gemäß §§ 94, 110 StPO angeordnete Beschlagnahme und Durchsuchung der Mails in seinen Grundrechten verletzt, wenn damit durch einen Akt der öffentlichen Gewalt in den Schutzbereich eines Grundrechts eingegriffen wird und dieser Eingriff verfassungsrechtlich nicht gerechtfertigt ist.

I. Ist durch die vom Amtsgericht angeordnete Beschlagnahme und Durchsicht der Mails ein Grundrecht des V in seinem Schutzbereich betroffen?

1.) In Betracht kommt die Verletzung eines Grundrechts des V aus Art. 10 Abs. 1 GG. Gemäß Art. 10 Abs. 1 GG sind das Brief-, das Post- und das Fernmeldegeheimnis unverletzlich. Zu prüfen ist vorliegend die Verletzung des Fernmeldegeheimnisses.

> **Definition:** Das *Fernmeldegeheimnis* aus Art. 10 Abs. 1 GG schützt die unkörperliche Übermittlung von Informationen an individuelle Empfänger mithilfe des verfügbaren Telekommunikationsverkehrs (BVerfG NJW **2014**, 3085; *Jarass/Pieroth* Art. 10 GG Rz. 5). Hierbei erstreckt sich der Grundrechtsschutz nicht nur auf die traditionellen Arten der Übermittlung von Informationen durch Telefon-, Telegramm- und Funkverkehr, sondern auch auf sämtliche »neuen« Kommunikationsmittel wie etwa das Internet oder das Mobiltelefon. Der Schutzbereich des Art. 10 Abs. 1 GG umfasst neben den sogenannten »Verbindungsdaten« indessen immer nur den eigentlichen *Kommunikationsvorgang*, also den Weg der Information vom Absender bis zum Empfänger. Der Schutz des Fernmeldegeheimnisses endet dann, wenn die Information beim Empfänger angekommen ist (BVerfG EuGRZ **2016**, 149; BVerfG NJW **2014**, 3085; BVerfGE **125**, 260; BVerfGE **124**, 43; *Maunz/Dürig/Durner* Art. 10 GG Rz. 8; *von Münch/Kunig/Löwer* Art. 10 GG Rz. 54).

Durchblick: Hier muss man wie immer sehr genau hinsehen und sorgfältig lesen, um den Hintergrund und den Anwendungsbereich des Art. 10 Abs. 1 GG zu verstehen. Der Begriff »Fernmeldegeheimnis« verführt nämlich beim ersten Hören durchaus zu anderen, vor allem viel weiteren Auslegungsvarianten, ist vom Grundgesetzgeber aber erheblich enger und eingeschränkter gedacht. Das Hauptaugenmerk liegt daher auch weniger auf der *Art* der Informationsübermittlung, da inzwischen vollkommen unstreitig jedwede Form der Kommunikation, vor allem auch die der »**neuen**« Kommunikationsmittel von dem insoweit »entwicklungsoffenen« Art. 10 Abs. 1 GG umfasst ist (BVerfG EuGRZ **2016**, 149; BVerfG NJW **2014**, 3085; BVerfG NJW **2013**, 1499; BVerfGE **125**, 260; BVerfGE **124**, 43; BVerfGE **120**, 274; *von Mangold/Klein/Starck/Gusy* Art. 10 GG Rz. 40; *Kingreen/Poscher* StaatsR II Rz. 837). Neben dem inzwischen vom Aussterben bedrohten (Festnetz-)Telefon, dem Funk- und dem Telegrammverkehr fallen aus diesem Grund insbesondere auch die im Internet verfügbaren Informationsübermittlungen sowie die in Deutschland genutzten Mobilfunknetze unter Art. 10 Abs. 1 GG, und zwar unabhängig davon, ob die jeweils ausgetauschten Informationen der breiten Öffentlichkeit oder etwa nur haus- bzw. betriebsintern oder auf andere Art nur einem bestimmten Personenkreis zugänglich sind. Unerheblich ist des Weiteren auch, welche Einrichtung die Übermittlung der Informationen vornimmt, also ob es sich um eine *private* oder um eine *staatliche* Stelle/Einrichtung handelt (BVerfGE **107**, 299; *Dreier/Hermes* Art. 10 GG Rz. 34; *von Mangold/Klein/Starck/Gusy* Art. 10 GG Rz. 40). Schließlich schützt Art. 10 Abs. 1 GG nicht nur den *Inhalt* der jeweiligen Nachricht, sondern auch die sogenannten »Verbindungsdaten«, also die Namen der Kommunikationsteilnehmer und die Nummern oder Anschlüsse, mit denen sie am Kommunikationsvorgang teilgenommen haben (BVerfGE **125**, 260). All das unterliegt dem Art. 10 Abs. 1 GG und das ist, wie gesagt, inzwischen auch unstreitig.

Der in aller Regel problematische Punkt bei der Frage, ob der *Schutzbereich* des Grundrechts tatsächlich betroffen ist, liegt an anderer Stelle verborgen: Das in Art. 10 Abs. 1 GG benannte Fernmeldegeheimnis schützt von seiner ursprünglichen Idee her – wie oben schon mal kurz angedeutet – nämlich immer nur den eigentlichen Kommunikationsvorgang, also quasi den Weg der Nachricht/Information von A nach B, vom Absender zum Empfänger. Was vorher und nachher mit der Information passiert, fällt nach allgemeiner Auffassung aus dem Schutzbereich des Art. 10 Abs. 1 GG heraus und muss an anderen Normen der Verfassung gemessen werden (BVerfG NJW **2007**, 351; BVerfGE **100**, 313). Der Staat wollte mit der Erschaffung des Art. 10 Abs. 1 GG dem Umstand Rechnung tragen, dass zwischen Absender und Empfänger einer Nachricht normalerweise eine erhebliche *räumliche Distanz* liegt und auf diesem Kommunikationsweg stets eine Zugriffsmöglichkeit für (unbefugte) Dritte besteht, wodurch sowohl die Privatheit der Information als auch die Privatheit der an der Kommunikation Beteiligten gefährdet wird und vor möglichen Zugriffen besonders geschützt werden muss (*von Mangold/Klein/Starck/Gusy* Art. 10 GG Rz. 15; *Maunz/Dürig/Durner* Art. 10 GG Rz. 48). Das Grundrecht aus Art. 10 Abs. 1 GG gehört deshalb nach allgemeiner Meinung zur Sicherung des allgemeinen Persönlichkeitsrechts, das auch umfasst, »… *grundsätzlich selbst zu entscheiden, wann und innerhalb welcher Grenzen persönliche Lebenssachverhalte offenbart werden. Es muss vom Staate aus diesem Grund garantiert sein, dass die Bürger ihre Gedanken, Nachrichten und Meinungen austauschen können, ohne dass die Öffentlichkeit oder der Staat selbst hierzu Zugang hat* …« (vgl. wörtlich: BVerfGE **65**, 1 sowie BVerfGE **67**, 157; *von Münch/Kunig/Löwer* Art. 10 GG Rz. 1; *Kingreen/Poscher* StaatsR II Rz. 826).

Folge: Der Staat garantiert mit dem Grundrecht aus Art. 10 Abs. 1 GG die freie und vor allem die *unbeobachtete Kommunikation* der Bürger untereinander. Niemand soll Angst davor haben müssen, dass eine an einen anderen abgesendete Nachricht auf dem Weg zum Empfänger vom Staat kontrolliert oder gar zur Kenntnis genommen wird. Der Grundrechtsschutz des Fernmeldegeheimnisses endet in Konsequenz dessen freilich dann, wenn die Nachricht beim Empfänger angekommen ist, denn dann besteht für Dritte bzw. den Staat logischerweise nicht mehr die Möglichkeit, in den eigentlichen Kommunikationsvorgang einzugreifen. Ab diesem Zeitpunkt greifen im Hinblick auf den Schutz der Information dann andere Grundrechte ein, wie zum Beispiel das allgemeine Persönlichkeitsrecht in Form der informationellen Selbstbestimmung (siehe oben) oder etwa auch die Unverletzlichkeit der Wohnung gemäß Art. 13 GG Abs. 1 GG, falls die Behörden zur Nachrichtenkontrolle in die Wohnräume des Betroffenen eindringen wollen (BVerfGE **124**, 43).

Zum Fall: Betrachtet man das soeben Gesagte, lässt sich die erste Problematik unserer kleinen Geschichte von oben relativ leicht aufspüren. Die Staatsanwaltschaft möchte ja sämtliche Mails des V seit dem Jahre 2013 durchsehen. Diese Mails aber hat der V selbstverständlich alle schon *empfangen* und *gelesen,* sie sind somit auf den ersten Blick bei ihm als Empfänger längst »angekommen«. Und wenn wir die Definition des Schutzbereiches oben noch mal nachschlagen, müssen wir feststellen, dass der Schutz des Art. 10 Abs. 1 GG zu diesem Zeitpunkt ganz offensichtlich nicht mehr greift. Denn das Fernmeldegeheimnis soll vor allem den eigentlichen Kommunikationsvorgang, also den Weg der Nachricht von A nach B, schützen. Im vorliegenden Fall wäre somit bereits der Schutzbereich des Art. 10 Abs. 1 GG nicht betroffen und die Prüfung folglich beendet.

Oder?

Nein. So einfach ist es (natürlich) nicht – sonst würden wir uns mit diesem Fall auch gar nicht beschäftigen. Das Bundesverfassungsgericht bewies im Jahre 2009, dass es auch über Kenntnisse des Internets und der technischen Abläufe verfügt und *bejahte* zur Überraschung aller Beteiligten des Rechtsstreits die Betroffenheit des Schutzbereiches aus Art. 10 Abs. 1 GG. Genau genommen schlüsselte das Gericht die vielfältigen Möglichkeiten auf, per Mail am Internetverkehr teilzunehmen und nahm eine interessante Differenzierung vor, nämlich *diese* hier:

Im konkreten Fall nutzt der V ausweislich der Sachverhaltsschilderung ein Mailsystem, bei dem die Mails nach dem Abrufen nicht auf dem eigenen PC gespeichert werden, sondern ein System, bei dem die Mails auf einem *externen* Server eingehen und dort nur mithilfe eines Passwortes abgerufen und gelesen bzw. versendet werden können (sogenanntes »*Internet Message Access Protocol*« ›IMAP‹ → wird verwendet zum Beispiel von »**gmx.de**«, »**web.de**«, »**Yahoo.com**«, »**hotmail.com**«, »**googlemail.com**«, »**aol.com**« usw.). Und die entscheidende Frage war nun, ob man auch bei *diesen* Mailprogrammen im Lichte des Art. 10 Abs. 1 GG davon ausgehen kann, dass der Kommunikationsvorgang tatsächlich beendet ist, wenn die Mail auf dem externen Server eingeht und/oder vom Empfänger abgerufen, gelesen und anschließend dort gespeichert worden ist. Das Bundesverfassungsgericht *verneinte* diese Frage, und zwar mit der folgenden, durchaus erstaunlichen Begründung (BVerfGE **124**, 43 = NJW **2009**, 2431):

> »... Der Grundrechtsschutz des Art. 10 Abs. 1 GG erstreckt sich bekanntermaßen nicht auf die außerhalb eines laufenden Kommunikationsvorgangs im Herrschaftsbereich des Kommunikationsteilnehmers gespeicherten Inhalte und Umstände der Kommunikation. Der Schutz des Fernmeldegeheimnisses endet insoweit in dem Moment, in dem die E-Mail beim Empfänger **angekommen** und der Übertragungsvorgang **beendet** ist. Demgegenüber ist der zugangsgesicherte Kommunikationsinhalt in einem E-Mail-Postfach, auf das der Nutzer nur über eine Internetverbindung zugreifen kann, gleichwohl durch Art. 10 Abs. 1 GG geschützt

*(BVerfGE 120, 274). Das Fernmeldegeheimnis knüpft nämlich an das Kommunikationsmedium an und will jenen Gefahren für die Vertraulichkeit begegnen, die sich gerade aus der Verwendung dieses Mediums ergeben, das einem staatlichem Zugriff leichter ausgesetzt ist als die direkte Kommunikation unter **Anwesenden** (BVerfGE 100, 313). Die auf dem Mailserver des Providers vorhandenen E-Mails sind nicht im Herrschaftsbereich des Kommunikationsteilnehmers, sondern im Herrschaftsbereich des **Providers** gespeichert. Sie befinden sich nicht auf in den Räumen des Nutzers verwahrten oder in seinen Endgeräten installierten Datenträgern. Der Nutzer kann sie für sich auf einem Bildschirm nur lesbar machen, indem er eine Internetverbindung zum Mailserver des Providers herstellt. Zwar kann der Nutzer versuchen, die auf dem Mailserver gespeicherten E-Mails durch Zugangssicherungen – etwa durch Verwendung eines Passworts – vor einem ungewollten Zugriff Dritter zu schützen. Der Provider und damit auch die **staatlichen Ermittlungsbehörden** bleiben jedoch weiterhin in der Lage, jederzeit auf die auf dem Mailserver gespeicherten E-Mails zuzugreifen. Der Kommunikationsteilnehmer selbst hat keine technische Möglichkeit, die Weitergabe der E-Mails durch den Provider zu verhindern. Dieser technisch bedingte Mangel an Beherrschbarkeit begründet die besondere Schutzbedürftigkeit durch das Fernmeldegeheimnis …*

*… Der Schutz der auf dem Mailserver des Providers gespeicherten E-Mails durch das Fernmeldegeheimnis entfällt schließlich auch nicht dadurch, dass ihr Inhalt oder Eingang vom Empfänger möglicherweise schon zur Kenntnis genommen worden ist. Die Reichweite des Schutzes von Art. 10 Abs. 1 GG endet hier ausnahmsweise noch nicht … Die spezifische **Gefährdungslage** und der Zweck der Freiheitsverbürgung von Art. 10 Abs. 1 GG bestehen nämlich auch dann weiter, wenn die E-Mails nach Kenntnisnahme beim Provider gespeichert bleiben. Durch die Endspeicherung wird der von Art. 10 Abs. 1 GG geschützte Kommunikationsinhalt auf einem vom Kommunikationsmittler bereit gestellten Speicherplatz in einer von keinem Kommunikationsteilnehmer beherrschbaren **Sphäre** abgelegt. Weder bei einer Zwischen- noch bei einer Endspeicherung der E-Mails auf dem Mailserver des Providers ist dessen Tätigkeit beendet; der Provider bleibt dauerhaft in die weitere E-Mail-Verwaltung auf seinem Mailserver eingeschaltet. Aus diesem Grund ist der Schutzbereich des Art. 10 Abs. 1 GG in Fällen der vorliegenden Art **betroffen** …«*

Also, das wollen wir uns bitte unbedingt merken: Obwohl der Nutzer bereits auf sein Postfach zugegriffen und die Nachricht auch gelesen hat, endet bei einer Speicherung auf einem *externen* Server des Providers gleichwohl nicht der Schutzbereich des Art. 10 Abs. 1 GG, da die Mails dennoch nicht alleine vom Nutzer beherrschbar und fremdem Zugriff damit weiterhin zugänglich sind (vgl. auch *Jarass/Pieroth* Art. 10 GG Rz. 5; *Dreier/Hermes* Art. 10 GG Rz. 42; *von Münch/Kunig/Löwer* Art. 10 GG Rz. 54). In Konsequenz dessen gilt übrigens bei den E-Mail-Programmen, bei denen die Nachricht alleine auf dem heimischen PC gespeichert wird (zum Beispiel: »Outlook« von *Microsoft*), etwas anderes: In diesem Fall mangelt es (hoffentlich!) an der Gefahr eines fremden Zugriffs mit der Folge, dass mit dem Abrufen vom Mailserver, wo die E-Mail im gleichen Moment dann auch gelöscht wird, die Nachricht nicht mehr von Art. 10 Abs. 1 GG erfasst ist. Mails, die nur auf dem heimischen PC abgespeichert sind, sind beim Empfänger »angekommen« im Sinne des Art. 10 Abs. 1 GG und folglich auch nicht mehr in dessen Schutzbereich (BVerfGE 124, 43; BVerfGE 120, 274; BVerfGE 115, 166; *von Münch/Kunig/Löwer* Art. 10 GG Rz. 54; *Jarass/Pieroth* Art. 10 GG Rz. 5; *Schmidt-Bleibtreu/Hofmann/Hopfauf* Art. 10 GG Rz. 9a).

ZE.: Im vorliegenden Fall können wir nach dem soeben Gesagten demnach feststellen, dass durch die beabsichtigte Beschlagnahme und Durchsuchung der Mails des V der Schutzbereich des Art. 10 Abs. 1 GG betroffen ist.

II. Es muss des Weiteren ein »Eingriff« in den Schutzbereich vorliegen.

> **Definition**: Unter *Eingriff* versteht man jedes staatliche Handeln, das dem Einzelnen ein Verhalten, das in den Schutzbereich eines Grundrechts fällt, ganz oder teilweise unmöglich macht; hierbei ist gleichgültig, ob diese Wirkung final oder unbeabsichtigt eintritt (BVerfGE **105**, 279; BVerfGE **81**, 310; BVerfG NVwZ **2007**, 1049; *von Münch/Kunig* vor Art. 1 GG Rz. 34; *Jarass/Pieroth* vor Art. 1 GG Rz. 27/28; *Kingreen/Poscher* StaatsR II Rz. 253).

Zum Fall: Das Amtsgericht in Hamburg hat als zuständige Behörde (§ 98 Abs. 1 StPO) die Beschlagnahme und Durchsuchung der Mails angeordnet. Damit müsste auf den ersten Blick der Eingriff unproblematisch bejaht werden können, denn dieses Vorgehen würde den V in seinem Grundrecht massiv beschränken, das ja die Unverletzlichkeit des Fernmeldegeheimnisses und damit – wie gesehen – auch die Privatheit seiner Mails garantieren soll. Einen Augenblick könnte man freilich noch darüber nachdenken, dass die Maßnahme ja noch gar nicht vollzogen ist und der V zudem möglicherweise durch die Nutzung eines externen Providers quasi stillschweigend sein *Einverständnis* dahingehend erteilt hat, dass dritte Personen Zugriff zu den Mails haben.

Aber: Das Bundesverfassungsgericht (BVerfGE **124**, 43 = NJW **2009**, 2431) sieht das eindeutig anders. Wörtlich heißt es:

> »… *Die Sicherstellung und Beschlagnahme von auf dem Mailserver des Providers gespeicherten E-Mails stellt einen* **Eingriff** *in den Schutzbereich des Fernmeldegeheimnisses dar. Da Art. 10 Abs. 1 GG die Vertraulichkeit der Kommunikation schützen will, ist jede Kenntnisnahme, Aufzeichnung und Verwertung kommunikativer Daten ohne Einwilligung des Betroffenen ein Grundrechtseingriff. Die Auslagerung der E-Mails auf den nicht im Herrschaftsbereich des Nutzers liegenden Mailserver des Providers bedeutet* **nicht***, dass der Nutzer mit dem Zugriff auf diese Daten durch Dritte einverstanden ist. Wer ein Teilnehmer- oder Benutzerverhältnis eingeht, weiß zwar in der Regel, dass es technische Möglichkeiten gibt, auf die Kommunikationsinhalte zuzugreifen. Er willigt damit aber ganz offenkundig* **nicht** *darin ein, dass tatsächlich auf die Kommunikationsinhalte zugegriffen wird (BVerfGE* **85***, 386). Ein Eingriff in das Fernmeldegeheimnis liegt im Übrigen nicht erst in der Kenntnisnahme staatlicher Stellen vom Inhalt des fernmeldetechnisch vermittelten Kommunikationsvorgangs und in seiner Aufzeichnung, sondern bereits in der* **Anordnung** *des Zugriffs (BVerfGE* **100***, 313; BVerfGE* **107***, 299) …*«

ZE.: Die angeordnete Beschlagnahme und Durchsicht der Mails des V stellt bereits einen Grundrechtseingriff dar.

III. Der Eingriff dürfte verfassungsrechtlich nicht gerechtfertigt sein.

> **Obersatz**: Der staatliche Eingriff in den Schutzbereich eines Grundrechts durch eine gerichtliche Entscheidung ist dann verfassungsrechtlich gerechtfertigt, wenn das betroffene Grundrecht *einschränkbar* ist, eine entsprechende *Schranke* besteht, diese Schranke selbst wiederum *verfassungsgemäß* ist (sogenannte »Schranken-Schranke«) und die Anwendung der Schranke durch das Gericht *im konkreten Fall* der Verfassung entspricht.

1.) Das Grundgesetz muss für das betroffene Grundrecht somit zunächst eine Einschränkbarkeit vorsehen. Gemäß Art. 10 Abs. 2 Satz 1 GG dürfen Beschränkungen des Art. 10 Abs. 1 GG vorgenommen werden, allerdings nur aufgrund eines *Gesetzes*. Der Art. 10 Abs. 2 Satz 1 GG beinhaltet somit einen klassischen einfachen Gesetzesvorbehalt (BVerfG NJW **2014**, 3085; *Kingreen/Poscher* StaatsR II Rz. 847).

<u>ZE.</u>: Das Grundrecht aus Art. 10 Abs. 1 GG ist einschränkbar, und zwar gemäß Art. 10 Abs. 2 Satz 1 GG aufgrund eines Gesetzes.

2.) Es muss im konkreten Fall eine entsprechende gesetzliche Schranke existieren.

Hier: Die Einschränkung des Grundrechts erfolgt aufgrund der §§ 94 und 110 der Strafprozessordnung (StPO), also aufgrund eines Gesetzes (BVerfG NJW **2014**, 3085).

3.) Die **§§ 94 und 110 StPO** sind aber nur dann eine zulässige Schranke des Grundrechts aus Art. 10 Abs. 1 GG, wenn sie selbst mit den (übrigen) Normen und Werten der Verfassung übereinstimmen (➔ Schranken-Schranke). Das das Grundrecht einschränkende Gesetz muss selbst verfassungsgemäß, also formell und materiell rechtmäßig zustande gekommen sein.

I. Die formelle Rechtmäßigkeit

Hier: Kein Problem, laut Sachverhaltshinweis sind die Vorschriften der Strafprozessordnung formell verfassungsgemäß.

II. Die materielle Rechtmäßigkeit

So, um an dieser Stelle mitreden zu können, müssen wir uns jetzt natürlich mal den Gesetzestext der §§ 94 und 110 StPO näher anschauen, denn um den dreht es sich bei unserer Geschichte ja. Beachte insoweit bitte zum einen, dass der Originalfall aus dem Jahre 2009 noch diverse verfahrensrechtliche Sonderprobleme zum Gegenstand hatte und das Bundesverfassungsgericht neben den hier von uns thematisierten **§§ 94 und 110 StPO** daher auch noch andere Normen der Strafprozessordnung auf ihre Rechtmäßigkeit hin überprüfen musste. Das können wir uns zum Glück – und ohne Einbußen im Lerneffekt – sparen, da nur die genannten Normen letztlich den Ausschlag für die Entscheidung gaben und damit für uns von Bedeutung sind. Zum anderen hat der Gesetzgeber den **§ 110 Abs. 3 StPO** (siehe unten) erst *nach* dem hier fraglichen Vorfall ins Gesetz aufgenommen, was uns allerdings ebenfalls nicht beunruhigen muss, da wir selbstverständlich unseren Fall mit dem *aktuellen* Gesetzestext lösen. Und der sieht so aus:

---

§ 94 StPO

(1) *Gegenstände*, die als Beweismittel für die Untersuchung von Bedeutung sein können, sind in Verwahrung zu nehmen oder in anderer Weise sicherzustellen.

(2) Befinden sich die *Gegenstände* in dem Gewahrsam einer Person und werden sie nicht freiwillig herausgegeben, so bedarf es der Beschlagnahme.

(3) ...

§ 110 StPO

(1) Die *Durchsicht* der Papiere des von der Durchsuchung Betroffenen steht der Staatsanwaltschaft und auf deren Anordnung ihren Ermittlungspersonen (§ 152 des Gerichtsverfassungsgesetzes) zu.

(2) ...

(3) Die *Durchsicht* eines *elektronischen Speichermediums* bei dem von der Durchsuchung Betroffenen darf auch auf hiervon *räumlich getrennte Speichermedien*, soweit auf sie von dem Speichermedium aus zugegriffen werden kann, erstreckt werden, wenn andernfalls der Verlust der gesuchten Daten zu besorgen ist. Daten, die für die Untersuchung von Bedeutung sein können, dürfen gesichert werden ...

Durchblick: Die beiden Vorschriften regeln unterschiedliche Vorgänge. Der § 94 Abs. 1 StPO nennt zunächst die Voraussetzungen der vorläufigen *Sicherstellung* der infrage kommenden Gegenstände (→ Beweismittel), während § 110 Abs. 1 und 3 StPO die *anschließende* Durchsuchung/Durchsicht des sichergestellten Materials zum Inhalt hat. Der § 94 Abs. 2 StPO regelt zudem einen Sonderfall, in dem nämlich die sicherzustellenden Gegenstände im Gewahrsam des Betroffenen sind und dieser sich weigert, die Gegenstände herauszugeben: In diesem Fall müssen die Beweismittel gegen den Willen des Betroffenen sichergestellt werden, und das nennt man dann »Beschlagnahme«, die gemäß § 98 Abs. 1 StPO in der Regel einen richterlichen Beschluss voraussetzt. Anschließend erfolgt auch hier die *Durchsicht* der beschlagnahmten Gegenstände gemäß § 110 StPO.

Merke: Es erfolgt somit im ersten Schritt immer eine vorläufige Sicherstellung oder – im Falle der Weigerung – eine *Beschlagnahme* der fraglichen Gegenstände aufgrund eines richterlichen Beschlusses (so wie in unserem Fall). Im zweiten Schritt findet anschließend die *Durchsicht* dieser sichergestellten oder beschlagnahmten Gegenstände seitens der Staatsanwaltschaft statt. Bei dieser Durchsicht wird dann entschieden, welche Gegenstände für das spätere Gerichtsverfahren von Bedeutung sein könnten und daher beschlagnahmt bleiben müssen (vgl. *Kleinknecht/Müller/Reitberger* § 110 StPO Rz. 2). Aus dem Gesagten folgt schließlich, dass nur eine **rechtmäßige** Sicherstellung/Beschlagnahme gemäß § 94 StPO auch Grundlage einer anschließenden Durchsicht gemäß § 110 StPO sein kann. Merken.

Und jetzt unser Problem: Das gerade geschilderte Verfahren anhand der zitierten Vorschriften muss, um die vorliegend angeordnete Beschlagnahme und Durchsicht der Mails durch die Staatsanwaltschaft zu rechtfertigen, natürlich *materiell verfassungsgemäß* sein. **Konsequenz**: Wir müssen also jetzt wieder in die klassische verfassungsrechtliche Prüfung einsteigen und fragen, ob die Normen der Strafprozessordnung, die vorliegend die Grundrechtseingriffe im Hinblick auf die Sicherstellung von E-Mails gesetzlich legitimieren (→ §§ 94, 100 StPO), auch den verfassungsrechtlichen Vorgaben entsprechen. Und das prüft man bekanntlich so:

1.) Zunächst müssen die sogenannten »allgemeinen Anforderungen« an das Gesetz bzw. die hier infrage stehenden Normen der Strafprozessordnung eingehalten worden sein (*Kingreen/Poscher* StaatsR II Rz. 359): Gemäß Art. 19 Abs. 1 GG (aufschlagen!) muss das Gesetz demnach allgemein und nicht für den Einzelfall gelten, es muss das betroffene bzw. eingeschränkte Grundrecht nennen (»Zitiergebot«) und es darf keinesfalls den Wesensgehalt dieses Grundrechts antasten (Art. 19 Abs. 2 GG).

> **Hier**: Die infrage stehenden Normen der Strafprozessordnung sind allgemein gehalten, sie gelten für alle strafrechtlichen Verfahren und regeln demzufolge *keinen* Einzelfall. Das Zitiergebot des Art. 19 Abs. 1 Satz 2 GG ist vorliegend nicht einschlägig, da es nach ständiger Rechtsprechung des Bundesverfassungsgerichts restriktiv ausgelegt bzw. angewandt werden muss und unter anderem für *vorkonstitutionelles* Recht (= vor Inkrafttreten des GG entstandenes Recht) nicht gilt – das Zitiergebot findet auf die *vor* seiner Maßgeblichkeit im Mai 1949 entstandenen Gesetze keine Anwendung (BVerfGE **2**, 121). Die Strafprozessordnung stammt in seiner Urfassung vom **1. Februar 1877** (!), folglich gilt das Zitiergebot für die Normen der StPO *nicht*. Schließlich ist der Wesensgehalt des Art. 10 Abs. 1 GG nicht angetastet, da V durch die angeordneten Maßnahmen sein Grundrecht aus Art. 10 Abs. 1 GG nicht vollständig oder in seinem Wesensgehalt einbüßt, sondern lediglich eine Einschränkung erfahren soll. Ein Verstoß gegen Art. 19 Abs. 1 und 2 GG ist mithin *nicht* erkennbar.

<u>ZE.</u>: Die allgemeinen Anforderungen an das das Grundrecht beschränkende Gesetz sind eingehalten.

2.) Achtung: Normalerweise kommt als zweiter Schritt der materiellen Rechtmäßigkeitsprüfung eines Gesetzes an dieser Stelle jetzt der Verhältnismäßigkeitsgrundsatz, in dessen Rahmen wir dann den legitimen Zweck des Gesetzes, die Geeignetheit, die Erforderlichkeit und schließlich die Angemessenheit (»Übermaßverbot«) erörtern (vgl. insoweit die Fälle 1–7 vorne). Hier bei der Beschränkung des Fernmeldegeheimnisses zur Erlangung personenbezogener Daten gilt nun überraschend etwas anderes, nämlich:

Wir werden zwar später noch auf die Verhältnismäßigkeit zu sprechen kommen, müssen vorher aber einen anderen, *zusätzlichen* Prüfungspunkt einbauen, den das Bundesverfassungsgericht für die Fälle der vorliegenden Art in einer Entscheidung aus dem März 2004 zum *Außenwirtschaftsgesetz* entwickelt hat (→ BVerfGE **110**, 33, 53): Nach Meinung der Verfassungsrichter gelten für Eingriffe in Art. 10 Abs. 1 GG, die der Datenbeschaffung dienen, wegen der Nähe dieses Grundrechts zum allgemeinen Persönlichkeitsrecht und zur Würde des Menschen (Art. 2 Abs. 1 GG i.V.m. Art. 1 Abs. 1 GG) besondere Anforderungen. Die bei den genannten Grundrechten gültigen Regeln sollen auf Eingriffe in Art. 10 Abs. 1 GG übertragen werden, und zwar so: Eingriffe in das Fernmeldegeheimnis bedürfen neben der üblichen Verhältnismäßigkeitsprüfung stets auch einer sogenannten »Normenbestimmtheit« und »Normenklarheit« (BVerfG EuGRZ **2016**, 149; BVerfGE **110**, 33, 53; BVerfGE **115**, 166, 189; *Jarass/Pieroth* Art. 10 GG Rz. 17; *Dreier/Hermes* Art. 10 GG Rz. 63). Wörtlich heißt es beim Bundesverfassungsgericht (BVerfGE **110**, 33, 53):

»*... Zu diesen Anforderungen gehört, dass sich die Voraussetzungen und der Umfang der Beschränkungen aus dem Gesetz klar und für jeden Bürger auch erkennbar ergeben. Der Anlass, der Zweck und die Grenzen des Eingriffs in das Fernmeldegeheimnis müssen in der Ermächtigung **bereichsspezifisch** und **präzise** bestimmt sein. Der Betroffene muss die Rechtslage anhand der gesetzlichen Regelung so erkennen können, dass er sein Verhalten daran auszurichten vermag und nicht mit für ihn überraschenden Einschränkungen konfrontiert wird. Einschränkungsmöglichkeiten, die dem jeweiligen Gesetz nicht eindeutig zu entnehmen sind, sind daher **unzulässig** und verfassungswidrig ...*«

So. Und jetzt lesen wir einfach noch mal den oben zitierten **§ 94 Abs. 1 und 2 StPO** (bitte!) und fragen uns als echter Normalbürger, ob von dieser Ermächtigung bzw. von diesem Gesetzestext wirklich auch die Sicherstellung von **E-Mails** erfasst sein kann.

> **Problem**: Kann man E-Mails wirklich als »Gegenstände« bezeichnen? Dieses Wort steht in § 94 Abs. 1 und 2 StPO (gelesen?) – und wir haben eben ja erst gelernt, dass der Normalbürger beim Lesen des Gesetzestextes die Rechtslage erkennen können muss und nicht mit für ihn unvorhersehbaren Einschränkungen rechnen muss. Also, **Frage**: Sind E-Mails auch »Gegenstände« oder würde eine solche Auslegung des Gesetzestextes den allgemein verständlichen Wortsinn unzulässig und damit verfassungswidrig überdehnen?

Antwort: Das Bundesverfassungsgericht und ihm folgend die herrschende Meinung in der Literatur und auch der BGH finden die Ausdehnung des § 94 Abs. 1 und 2 StPO auf E-Mails tatsächlich unbedenklich. Einhelliger **Tenor**: E-Mails dürfen auch unter Berufung auf § 94 Abs. 1 und 2 StPO sichergestellt oder beschlagnahmt werden, da man sie unter den Begriff des *Gegenstandes* subsumieren kann. Wörtlich heißt es beim Bundesverfassungsgericht (BVerfGE **124**, 43):

»*... Für die betroffenen Nutzer des Internets ist hinreichend erkennbar, dass § 94 Abs. 1 StPO die Sicherstellung und Beschlagnahme von auf dem Mailserver des Providers gespeicherten E-Mails ermöglicht. Die Eingriffsbefugnisse gemäß § 94 Abs. 1 StPO sind zwar ur-*

*sprünglich auf **körperliche Gegenstände** zugeschnitten; der Wortsinn von § 94 StPO ge-*
stattet es jedoch, als ›Gegenstand‹ des Zugriffs auch nichtkörperliche Gegenstände zu verste-
*hen (vgl. BVerfGE **113**, 29). Der § 94 Abs. 1 StPO soll nach seinem Sinn und Zweck grund-*
*sätzlich **alle Gegenstände** erfassen, die als Beweismittel für die strafrechtliche*
Untersuchung von Bedeutung sein können. Eine nähere gesetzliche Eingrenzung oder gar ei-
*ne Aufzählung der Gegenstände ist wegen der **Vielgestaltigkeit** möglicher Sachverhalte ver-*
fassungsrechtlich nicht geboten. Die verfahrensbezogenen Konkretisierungen hat von Verfas-
sungs wegen der Ermittlungsrichter im jeweiligen Durchsuchungs- oder Beschlagnahme-
*beschluss zu leisten. Das Grundgesetz erfordert **nicht**, dass der Begriff des ›Gegenstandes‹*
näher präzisiert wird; er ist auch so verständlich im Sinne der Klarheit und Bestimmtheit ei-
*nes Gesetzes (BVerfGE **113**, 29) ...«*

Also: Nach Meinung des Bundesverfassungsgerichts spielt es keine Rolle, dass im
Gesetzestext des § 94 Abs. 1 und 2 StPO nur das Wort »Gegenstand« verwendet wird.
Wegen der »*Vielgestaltigkeit möglicher Ermittlungssachverhalte*« kann hierunter auch die
Sicherstellung von E-Mails subsumiert werden, ohne die Verfassung zu verletzen.
Das Erfordernis der »Normenklarheit/Normenbestimmtheit« ist somit erfüllt (BVerf-
GE **124**, 43; vgl. auch BVerfG NJW **2014**, 3085). Dieser Auffassung hat sich – wie oben
schon mal kurz erwähnt – die überwiegende Meinung in der Literatur und auch der
BGH angeschlossen mit dem durchaus zutreffenden Hinweis, dass nicht mit jeder
Verwendung »neuer technischer Phänomene« immer auch gleich neue Eingriffser-
mächtigungen in der Strafprozessordnung geschaffen werden müssten (so wörtlich
Maunz/Dürig/Durner Art. 10 GG Rz. 47; zustimmend *von Münch/Kunig/Löwer* Art. 10
GG Rz. 54; *Klein* in NJW 2009, 2996; *Krüger* in MMR 2009, 680; *Schmidt-Bleibtreu/*
Hofmann/Hopfauf Art. 10 GG Rz. 28; *Jarass/Pieroth* Art. 10 GG Rz. 17; *Meyer-Goßner* § 94
StPO Rz. 4; BGH NJW **2010**, 1297; anders übrigens noch das LG Hamburg in StV **2009**,
70).

Fazit und Zwischenergebnis: Die Vorschriften der Strafprozessordnung, insbesondere § 94 Abs. 1 und 2 StPO sind auch auf den E-Mail-Verkehr anwendbar und können – zumindest grundsätzlich – als Eingriffsnormen für die Sicherstellung und Beschlagnahme von E-Mails herhalten, obwohl das Wort »E-Mail« selbst gar nicht im
Gesetz niedergeschrieben ist. Die Anwendung des § 94 StPO auf E-Mails verstößt
gleichwohl *nicht* gegen das Gebot der Normenklarheit bzw. Normenbestimmtheit
(BVerfGE **124**, 43; BVerfG NJW **2014**, 3085; BGH NJW **2010**, 1297).

3.) Voraussetzung für die materielle Rechtmäßigkeit des Gesetzes ist nun des Weite-
ren die Einhaltung des oben schon mal erwähnten Verhältnismäßigkeitsgrundsatzes.
Dazu muss das Gesetz a) einen **legitimen Zweck** verfolgen, b) zur Erreichung dieses
Zwecks **geeignet**, c) **erforderlich** und schließlich d) auch **angemessen** sein (vgl.
BVerfG EuGRZ **2016**, 149; *Kingreen/Poscher* StaatsR II Rz. 289).

a) Die hier infrage stehenden Regeln der Strafprozessordnung zur Sicherstellung und
Durchsicht von E-Mails müssen, um verhältnismäßig zu sein, somit zunächst einen
legitimen Zweck verfolgen.

Definition: Ein Zweck ist dann *legitim* und darf vom Staat verfolgt werden, wenn er auf ein der Allgemeinheit dienendes Wohl gerichtet ist oder sonstigen Gütern von Verfassungsrang zugutekommt. Dem Gesetzgeber ist insoweit ein breiter Beurteilungsspielraum zuzubilligen (BVerfGE **39**, 1; BVerfGE **46**, 160; BVerfGE **115**, 118; *Ipsen* StaatsR II Rz. 185).

Zum Fall: Ohne Probleme kann insoweit festgestellt werden, dass die wirksame Strafverfolgung, die Verbrechensbekämpfung und das öffentliche Interesse an einer möglichst vollständigen Wahrheitsermittlung im Strafverfahren legitime Zwecke sind, die eine Einschränkung des Fernmeldegeheimnisses durch Sicherstellung von E-Mails rechtfertigen können (wörtlich so BVerfGE **124**, 43; vgl. auch BVerfGE **100**, 313; BVerfGE **107**, 299).

b) Die Normen der Strafprozessordnung müssten des Weiteren geeignet sein, diesen Zweck zu erreichen.

Definition: Die *Geeignetheit* einer Maßnahme liegt dann vor, wenn mit ihrer Hilfe das angestrebte Ziel voraussichtlich erreicht oder zumindest gefördert werden kann (BVerfG EuGRZ **2016**, 149; BVerfGE **63**, 115).

Hier: Die Vorschriften der Strafprozessordnung zur Sicherstellung und Durchsicht von E-Mails fördern fraglos die Verbrechensbekämpfung, dienen zudem dem öffentlichen Interesse an einer möglichst vollständigen Wahrheitsermittlung im Strafverfahren und sind mithin geeignet im oben benannten Sinne.

c) Die Regeln der Strafprozessordnung müssten zudem erforderlich sein.

Definition: Gesetzliche Normen sind *erforderlich*, wenn es kein gleich wirksames, aber den Grundrechtsträger weniger belastendes Mittel zur Erreichung des Zwecks gibt; es muss der geringst mögliche Grundrechtseingriff bei gleicher Wirksamkeit gewählt werden (BVerfGE **77**, 84; BVerfG NJW **1999**, 3402).

Hier: Im Hinblick auf die Erforderlichkeit kann festgestellt werden, dass die Strafprozessordnung die Grundrechtseingriffe aufgrund der Sicherstellung von E-Mails nur unter den genannten Voraussetzungen und zur Verfolgung von *Straftaten* legitimiert. Das Bundesverfassungsgericht erläutert dies wie folgt:

> »… *Die jeweiligen Eingriffsgrundlagen der Strafprozessordnung stehen unter einer strengen Begrenzung auf den* **Ermittlungszweck**. *Strafprozessuale Ermittlungsmaßnahmen sind nur zulässig, soweit dies zur Vorbereitung der anstehenden staatsanwaltlichen oder gerichtlichen Entscheidungen im Hinblick auf die infrage stehende* **Straftat** *nötig ist. Auf die Ermittlung*

*anderer Lebenssachverhalte und Verhältnisse erstrecken sich die Eingriffsermächtigungen der Strafprozessordnung **nicht** (BVerfGE 113, 29; vgl. auch BVerfGE 115, 166) ...«*

<u>ZE.</u>: Die hier infrage stehenden Normen der Strafprozessordnung sind *erforderlich* zur Erreichung des gesetzgeberischen Zwecks, nämlich der wirksamen Strafverfolgung, der Verbrechensbekämpfung und dem öffentlichen Interesse an einer möglichst vollständigen Wahrheitsermittlung im Strafverfahren.

d) Die gesetzlichen Vorschriften zur Sicherstellung und Durchsicht von E-Mails müssen schließlich auch angemessen bzw. verhältnismäßig im engeren Sinne sein.

> **Definition**: Eine gesetzliche Regelung ist dann *angemessen*, wenn sie beim Grundrechtsträger keinen Nachteil herbeiführt, der erkennbar außer Verhältnis zum verfolgten Zweck steht (vgl. BVerfGE **7**, 377; BVerfGE **17**, 306; *Jarass/Pieroth* Art. 20 GG Rz. 86; *Kingreen/Poscher* StaatsR II Rz. 299). Der Grundrechtsträger darf insbesondere nicht *übermäßig* belastet werden (→ Übermaßverbot).

Durchblick: An dieser Stelle geht es – wie immer – um die Abwägung der widerstreitenden Interessen. Wir müssen namentlich prüfen, ob die §§ 94, 110 StPO und die darin enthaltene Befugnis des Staates, zur Aufklärung von Straftaten die E-Mails von Privatpersonen sicherzustellen/zu beschlagnahmen und anschließend durchzusehen, die Grundrechte der betroffenen Bürger hinreichend würdigen – oder welche Einschränkungen seitens des Staates zu beachten sind.

Das Bundesverfassungsgericht präzisierte am 16. Juni 2009 die vergleichsweise allgemeinen Vorschriften der StPO und gab gänzlich neue (und seitdem geltende) Regeln vor, unter denen der *Verhältnismäßigkeitsgrundsatz* im Falle der Durchsicht von E-Mails zur Aufklärung von Straftaten gewahrt ist (BVerfGE **124**, 43; vgl. auch BVerfG EuGRZ **2016**, 149). Wenn der Staat (→ die Staatsanwaltschaft) E-Mails von Privatpersonen zur Aufklärung von Straftaten auf der Grundlage der §§ 94, 110 StPO beschlagnahmen und durchsehen möchte, müssen zur Wahrung der Grundrechte der Betroffenen (Art. 10 Abs. 1 GG) folgende Voraussetzungen beachtet werden:

→ Zum einen kommt es darauf an, ob es sich aus der Sicht des Betroffenen um eine *heimliche* – also eine von ihm unbemerkte – oder um eine *offene* Datenerhebung handelt: Offene, also dem Betroffenen vorher angekündigte Maßnahmen, dürfen zur Verfolgung *jeder* Straftat, also auch bei »kleineren« Delikten, die im Höchstmaß mit Freiheitsstrafe unter fünf Jahren bedroht sind, durchgeführt werden. Voraussetzung ist lediglich ein »konkret zu beschreibender Tatverdacht«. Die zunehmende Gefahr für die Rechtsordnung durch die rasant fortschreitende technische Entwicklung der Kommunikationsmedien erfordere eine solche Zugriffsmöglichkeit der Behörden. In diesen Fällen der vorher angekündigten Durchsuchung habe der Betroffene insbesondere immer die Möglichkeit, sich im *Vorfeld* der angekündigten Durchsuchung anwaltlichen Beistand zu holen und den Grundrechtseingriff wirksam anzugreifen, zu beschränken oder sogar zu verhindern.

→ Eine *heimliche* Durchsicht der Mails durch den Staat, bei der die vorherige Hinzuziehung anwaltlichen Rates logischerweise nicht möglich ist, ist indes immer auf *schwere Straftaten* (→ Katalog: §§ 100a, 100c und 100g StPO) beschränkt. Nur wenn der begründete Verdacht der Begehung eines solchen Delikts besteht, ist ein heimlicher Zugriff auf die E-Mails möglich und zulässig, um dem insoweit erhöhten Strafverfolgungsinteresse der Behörden und der Gefahr für die Öffentlichkeit gerecht zu werden.

→ Bei *offenen* Durchsuchungen muss stets geklärt sein und dem Betroffenen auch vorher bekanntgegeben werden, welchen *Umfang* die Durchsuchung hat (BVerfG NJW **2014**, 3085). Je nach Schwere des Vorwurfs kann sich der Datenumfang sowohl zeitlich als auch volumenmäßig eingrenzen. Für das Verfahren offenkundig bedeutungslose Daten dürfen *nicht* durchsucht oder einbehalten werden. Diese Daten müssen von den verfahrensrelevanten Mails vielmehr getrennt werden und dürfen auch nicht in Kopie bei den Ermittlungsbehörden verbleiben. Umfangreiche Datenerhebungen sollen nur bei Straftaten mit erhöhtem Gefährdungspotenzial oder/und erheblichem Schaden zulässig sein.

→ Daten, die dem *höchstpersönlichen Lebensbereich* und damit der unantastbaren Würde des Menschen (Art. 1 Abs. 1 GG) zuzuordnen sind, dürfen *in keinem Falle* bei den Behörden verbleiben oder verwertet werden. Sie sind unverzüglich zu löschen, wenn es ausnahmsweise zu ihrer Erhebung gekommen ist.

→ Da jedem Bürger aus Art. 10 Abs. 1 GG ein *Anspruch* auf *Kenntnis* von der Datenerlangung durch den Staat erwächst, müssen auch bei heimlichen Maßnahmen die Betroffenen schnellstmöglich (nachträglich) informiert werden.

→ Des Weiteren verpflichtet Art. 10 Abs. 1 GG den Staat dazu, alle nicht verwerteten Daten dem betroffenen Bürger unverzüglich *zurückzugeben* bzw. die angefertigten Kopien zu *vernichten*.

→ Schließlich muss bei der Verhältnismäßigkeit der Maßnahmen unterschieden werden, ob der Grundrechtseingriff gegen mögliche *Tatbeteiligte* oder gegen an der Straftat *unbeteiligte Personen* vollzogen wird. Letzteren gegenüber sind höhere Maßstäbe an den Grundrechtsschutz zu setzen.

Beachte: Das Ganze klingt – wie so oft im Verfassungsrecht – auf den ersten Blick enorm fortschrittlich und bürgerfreundlich, ist aber bei genauem Hinsehen durchaus vage und vergleichsweise unpräzise. Die eigentliche Last der Anwendung tragen daher, wie eigentlich immer und vom Bundesverfassungsgericht auch so gewollt, die (Fach-)Gerichte, die die genannten Regeln ausfüllen und vor allem am konkreten Fall anwenden sollen (vgl. etwa BGH NJW **2010**, 1297). Und dieses Problem stellt sich natürlich auch den Studenten, die in den Übungsaufgaben und im Examen jetzt überprüfen müssen, ob die Vorgaben des Verfassungsgerichts im jeweils konkreten Fall eingehalten wurden.

Wir werden das gleich an unserer Geschichte austesten, wollen uns aber, um den Lerneffekt des Falles trotz der inzwischen beachtlichen Länge nicht zu gefährden, noch mal ganz kurz das Wesentliche vor Augen führen:

> **Merke**: Ohne Verstoß gegen Art. 10 Abs. 1 GG dürfen E-Mails von den Ermittlungsbehörden auf der Grundlage der §§ 94, 110 StPO grundsätzlich eingesehen werden, wenn es um die Verfolgung einer *Straftat* geht. Allerdings müssen aus verfassungsrechtlicher Sicht dabei folgende Regeln beachtet werden: Die in § 94 Abs. 1 und 2 StPO benannten »Gegenstände« umfassen auch **E-Mails**. In welchem Umfang die Durchsicht der Mails erfolgen darf und ob *offen* oder *heimlich*, hängt von der Schwere der verfolgten Straftat ab: Eine *heimliche* Durchsicht ist nur bei Verdacht auf eine *schwere* Straftat zulässig (Katalog: §§ 100a, 100c und 100g StPO). Bei dem Verdacht auf *leichte* Straftaten kann die Behörde E-Mails einsehen, wenn sie dies vorher dem Betroffenen angekündigt hat und im Übrigen der Verhältnismäßigkeitsgrundsatz gewahrt ist. Höchstpersönliche Mails dürfen wegen Verletzung der Menschenwürde grundsätzlich *nicht* eingesehen werden. Nicht verwertbare Mails müssen dem Betroffenen alsbald zurückgegeben werden und dürfen auch nicht in Kopie bei den Behörden verbleiben. Bei der allgemeinen Interessenabwägung ist schließlich zu berücksichtigen, ob die Mails eines Beschuldigten oder die Mails eines an den verfolgten Straftat Unbeteiligten eingesehen werden sollen.

4.) Das Amtsgericht in Hamburg muss bei seinem Beschluss, wonach sämtliche E-Mails des V seit dem Jahre 2013 beschlagnahmt und anschließend durchgesehen werden sollen, diese vom Bundesverfassungsgericht benannten Vorgaben für die Anwendung der §§ 94 ff. StPO auf die Sicherstellung von E-Mails beachtet haben.

Insoweit kann zunächst festgestellt werden, dass das Gericht vorliegend eine »offene«, also dem Betroffenen vorher angekündigte Durchsicht und Sicherstellung der Mails angeordnet hat und unser V an der verfolgten Straftat selbst gar nicht beteiligt ist – gegen ihn wird ja nach Auskunft des Sachverhalts *nicht* ermittelt. Schließlich geht es um einen Betrug mit beachtlichem Schaden (»mehrere 100.000,– Euro«), weshalb sämtliche Mails des V seit 2013 beschlagnahmt und durchgesehen werden sollen (= *erheblicher* Datenumfang), zu denen auch hunderte privater Mails gehören, die mit den Ermittlungen offenkundig in keinerlei Zusammenhang stehen. Das Bundesverfassungsgericht (BVerfGE **124**, 43) schließt aus diesen Umständen gleichwohl Folgendes:

> »… *Die genannten verfassungsrechtlichen Vorgaben für den Eingriff in Art. 10 Abs. 1 GG sind im Beschluss des Amtsgerichts eingehalten. Die aus Art. 10 Abs. 1 GG folgenden besonderen Anforderungen an die* **Verhältnismäßigkeit** *der Sicherung großer Datenmengen außerhalb eines laufenden Kommunikationsvorgangs sind im vorliegenden Fall nicht verletzt …*

*Ohne erkennbaren Rechtsfehler hat das Amtsgericht den Betrugverdacht in Bezug auf Beträge von mehreren 100.000 € in ein **angemessenes Verhältnis** zu den Rechten des an diesen Taten unbeteiligten V gesetzt. Der V war Verfügungsberechtigter über die Konten, von denen aus und auf die die Gelder überwiesen worden waren, und er stand in geschäftlichem Kontakt zum Tatverdächtigen. Die Behörden dürfen daher die Verbindungen zwischen dem Beschuldigten und V für aufklärungsbedürftig halten und aus diesem Grunde auch die E-Mails des V zur weiteren Aufklärung der Taten des Beschuldigten mit vorheriger Ankündigung (»**offene** Einsichtnahme«) grundsätzlich einsehen, sofern Folgendes beachtet wird:*

*1.) ... Von der Staatsanwaltschaft kopierte E-Mails, die nach der Durchsicht nicht als Beweismittel in Betracht kommen, müssen an V umgehend **zurückgegeben** werden ...*

*2.) ... Die vollständige Kopie aller E-Mails seit dem Jahre 2010 ist **nicht** zu beanstanden, da sie die Grundrechte des V in einer Gesamtbetrachtung angemessen würdigt. Dieses Vorgehen nimmt namentlich Rücksicht sowohl auf die Interessen der Betroffenen als auch auf den Ermittlungszweck. Die Vielzahl der potenziell beweiserheblichen E-Mails erschwert nämlich eine grobe Sichtung vom Mailserver des Providers in den Wohnräumen des V. Die Beeinträchtigung der durch **Art. 13 Abs. 1 GG** geschützten Integrität seines Wohnraumes ist dadurch gering zu halten, dass aufwendige Sichtungen nicht dort stattfinden und ein längerer Aufenthalt der Ermittlungsbeamten durch die Kopie und Mitnahme der Daten weitestgehend vermieden wird. Der durch die Ermittlungen erkennbar abgesteckte Zeitrahmen – seit 2010 besteht eine Geschäftsverbindung zwischen dem Beschuldigten und V, und die Ermittlungen beziehen sich auf die seitdem laufenden Geldflüsse – genügt hier zur **zeitlichen Eingrenzung** der Gegenstände, auf die sich Durchsuchung und Sicherstellung zu richten hatten. Eine weitere Eingrenzung würde den Ermittlungszweck gefährden ...*

3.) ... Verfahrensirrelevante Daten dürfen weder dauerhaft gespeichert noch verwertet werden. Die bloße Möglichkeit, dass die Grenzen einer erlaubten Ermittlungsmaßnahme pflichtwidrig überschritten werden könnten, kann die Rechtmäßigkeit der Ermittlungen nicht von vornherein infrage stellen ...

*4.) In verfahrensrechtlicher Hinsicht ist der verfassungsrechtlichen Anforderung hier Genüge getan, den Beschwerdeführer **vor** dem Zugriff auf die auf dem Mailserver seines Providers gespeicherten E-Mails zu **unterrichten** ... Aus den genannten Gründen kann ein Verfassungsverstoß, sofern die gerade aufgezeigten Vorgaben eingehalten werden, im vorliegenden Fall nicht festgestellt werden ...*

Beachte: Man wird an dieser Stelle durchaus auch anderer Meinung sein und die verfahrensrechtlichen Vorgaben des Bundesverfassungsgerichts auch anders deuten bzw. auslegen können, zumal unser V *kein* Beschuldigter, sondern eine an der verfolgten Tat gänzlich unbeteiligte Person ist. Dass die Staatsanwaltschaft dennoch sämtliche Mails des V erst mal sicherstellen (kopieren) und durchsehen darf, um anschließend den unverwertbaren Teil zurückzugeben, erscheint mindestens bedenklich. Betrachtet man die ganze Sache rein tatsächlich, haben die Ermittlungsbehörden damit in jedem Fall Zugriff zu sämtlichen, also auch privaten Daten des V. Dass sie diese anschließend (nach Durchsicht) »zurückgeben« müssen, macht den eigentlich zu vermeidenden und den Grundrechtsträger verletzenden Vorgang, nämlich den der Kenntnisnahme, nicht ungeschehen. Es erscheint daher auch sehr gut vertretbar, die Anordnung des Amtsgerichts als unverhältnismäßig einzustufen.

Wie schwer sich die Fachgerichte mit dem ganzen Thema und der Umsetzung der Entscheidung des Bundesverfassungsgerichts tun, zeigt sehr anschaulich ein Urteil des Bundesgerichtshofs, das nur einige Monate nach der Verfassungsgerichtsentscheidung, und zwar am 24. November 2009, erging: Vor dem BGH ging es um die Frage, ob gegenüber einem *Beschuldigten*, dem die Unterstützung einer ausländischen terroristischen Vereinigung (siehe §§ 129, 129a StGB → eine schwere Straftat!) vorgeworfen wurde, eine Beschlagnahme sämtlicher E-Mails, die sich auf einem externen Server befanden, zulässig ist. Der Beschuldigte soll bei Geldtransaktionen einer terroristischen Vereinigung ins Ausland mitgewirkt haben.

Der BGH erklärte die Beschlagnahme des E-Mail-Postfaches gleichwohl überraschend für *unzulässig* – mit folgender Begründung (BGH NJW **2010**, 1297):

> »... Zwar ermöglichen die Regelungen der §§ 94 ff. der Strafprozessordnung, wie das Bundesverfassungsgericht kürzlich festgestellt hat, grundsätzlich die Sicherstellung und Beschlagnahme von **E-Mails**, die nach Beendigung des Übertragungsvorgangs auf dem Mailserver des Providers gespeichert sind. Allerdings muss der Eingriff immer **verhältnismäßig** sein ... Die unbeschränkte Beschlagnahme aller bereits im Postfach des Beschuldigten vorhandenen Nachrichten wird den sich aus dem Verhältnismäßigkeitsgrundsatz ergebenden Anforderungen aber nur unter besonderen Umständen gerecht. Insoweit gilt: Beim Vollzug von Beschlagnahmen, insbesondere beim Zugriff auf einen **umfangreichen elektronischen Datenbestand**, ist darauf zu achten, dass die Gewinnung überschießender, für das Verfahren bedeutungsloser Daten vermieden wird. Die Beschlagnahme sämtlicher gespeicherten Daten ist deshalb allenfalls dann mit dem Grundsatz der Verhältnismäßigkeit vereinbar, wenn konkrete Anhaltspunkte dafür vorliegen, dass auch wirklich der **gesamte** Datenbestand, auf den zugegriffen werden soll, für das Verfahren potenziell beweiserheblich ist. Bei einem E-Mail-Postfach wird dies in aller Regel **nicht** der Fall sein ... Als weniger eingriffsintensive Maßnahme zur Sicherung beweiserheblicher E-Mails unter Vermeidung der Gewinnung überschießender und vertraulicher, für das Verfahren bedeutungsloser Informationen kann etwa die Beschlagnahme nur **eines Teils** des Datenbestands unter Eingrenzung der ermittlungsrelevanten E-Mails anhand bestimmter Sender- oder Empfängerangaben oder anhand von Suchbegriffen in Betracht kommen ... Auch im Rahmen einer vorläufigen **Sicherstellung** und Durchsuchung kann eine solche Auswahl getroffen werden ... Aber auch hierbei müssen stets die Belange des Betroffenen berücksichtigt werden. Der Ermittlungszweck rechtfertigt nicht uneingeschränkt jeden Eingriff in die Grundrechte, namentlich in Art. 10 Abs. 1 GG ...«

Fazit: Inwieweit die Sicherstellung, Durchsuchung und schließlich auch die Beschlagnahme von E-Mail-Postfächern zulässig ist, entscheidet sich stets am Einzelfall. Gefordert ist die Abwägung der widerstreitenden Interessen zwischen dem Staat und seinem Strafverfolgungsinteresse und dem betroffenen Bürger und seinem Grundrecht aus Art. 10 Abs. 1 GG (vgl. insoweit auch BVerfG EuGRZ **2016**, 149). Welches Ergebnis dann am Ende dabei herauskommt, ist, solange man sich das oben skizzierte Aufbauschema hält, im besten Sinne des Wortes »gleichgültig«.

Ergebnis für unseren Ausgangsfall: Die vom Amtsgericht angeordnete Beschlagnahme und Durchsicht sämtlicher Mails des V seit dem Jahre 2010 ist nach Ansicht des Bundesverfassungsgerichts auch verhältnismäßig im engeren Sinne, wenn V die für das Verfahren gegen M nicht verwertbaren E-Mails zurückgegeben werden.

Kurzer Nachtrag

Die Problematik einer *vollständigen* Beschlagnahme von Daten im Zuge eines Ermittlungsverfahrens bekam im Jahre 2014 – ziemlich öffentlichkeitswirksam – auch der ehemalige Bundestagsabgeordnete *Sebastian Edathy* zu spüren: Gegen Herrn *Edathy* wurde wegen des Verdachts des Besitzes kinderpornografischer Schriften ermittelt. Im Zuge dieser Ermittlungen ordnete das zuständige Amtsgericht dann im Februar 2014 unter anderem die Beschlagnahme des **gesamten** Bundestags-E-Mail-Postfaches von Herrn *Edathy* an. Die hiergegen erhobene und mit einer Verletzung von Art. 10 GG begründete Verfassungsbeschwerde wies das Bundesverfassungsgericht im August 2014 deutlich zurück: Zwar habe man nach ständiger Rechtsprechung des BVerfG durchaus einen Anspruch darauf, dass nur die relevanten, also die tatsächlich für das Ermittlungsverfahren erforderlichen E-Mails beschlagnahmt würden. So könnten in der Regel etwa anhand von Sender- und Empfängerdaten bereits eine Vorauswahl der zu beschlagnahmenden Mails getroffen und damit die Grundrechte des Betroffenen berücksichtigt werden. Im vorliegenden Fall betreffend die Vorwürfe gegen Herrn *Edathy* gelte indes etwas anderes, nämlich (BVerfG NJW **2014**, 3085):

»*… Beim Verdacht auf kinderpronografisches Material, das durch das Internet bezogen wurde, ist eine solche Eingrenzung nicht möglich oder zielführend, da nicht zu erwarten steht, dass anhand dieser Daten die Tauglichkeit für den Ermittlungszweck erkennbar wird. Es ist im vorliegenden Fall zudem nicht ersichtlich, anhand welcher Kriterien sonst eine entsprechende Eingrenzung hätte stattfinden können. Das Postfach des Beschwerdeführers deshalb nicht vollständig zu beschlagnahmen, weil dort auch E-Mails an und von seinem Verteidiger enthalten waren und solche grundsätzlich jedem Zugriff verwehrt sind, kann im vorliegenden Fall jedenfalls nicht erheblich sein. Die vollständige Beschlagnahme ist auch in solchen Fällen deshalb zulässig, da andernfalls jedes E-Mail-Konto auf einfache Weise dem Zugriff der Ermittlungsbehörden komplett entzogen werden könnte, und zwar wenn dort Postverkehr mit dem Verteidiger enthalten ist. Ohne eine vollständige Beschlagnahme des gesamten Datenverkehrs wäre im Übrigen der Untersuchungszweck in Gefahr gebracht worden …*«

Beachte: Das BVerfG segnet also auch hier – anders als der BGH im weiter oben geschilderten Fall – relativ schmerzbefreit die *vollständige* Beschlagnahme der Mails ab und begründet dies unter anderem mit der Gefährdung des Untersuchungszwecks. Verfassungsrechtlich klingt diese, eher allgemeingültige und damit tendenziell beliebige und für jeden Fall verwertbare Begründung freilich nach wie vor bedenklich, auch wenn den Behörden bei der hier in Rede stehenden Straftat zugegebenermaßen eine rasche und vollständige Aufklärung ermöglicht werden musste – und offenbar auch sollte (vgl. im Einzelnen BVerfG NJW **2014**, 3085).

Prüfungsschema 8

Der Eingriff in das Fernmeldegeheimnis zur Erlangung personenbezogener Daten → am Beispiel von E-Mails

I. Der **Schutzbereich** des Art. 10 Abs. 1 GG

→ Grundsätzlich sämtliche (auch die neuen) Kommunikationsmedien wie Internet und Mobiltelefon.

→ **Beachte:** Geschützt ist aber immer nur der **Kommunikationsvorgang**, also der Weg der Nachricht von A nach B, vom Absender zum Empfänger. Bereits »empfangene« bzw. »eingegangene« Nachrichten gehören nicht mehr zum Schutzbereich.

→ **Problem**: E-Mails. **Lösung**: Im Postfach eines *externen* Providers gilt weiterhin der Schutzbereich des Art. 10 Abs. 1 GG. Bei E-Mails, die nur auf dem eigenen PC gespeichert sind, endet der Schutzbereich mit der dortigen Speicherung (BVerfGE **124**, 43). Ab dann nur noch: »Recht auf informationelle Selbstbestimmung« aus Art. 2 Abs. 1 GG iVm Art. 1 Abs. 1 GG oder etwa **Art. 13 Abs. 1 GG** (BVerfGE **65**, 1).

II. **Eingriff**

(Kleines) **Problem**: *Keine* Eingriffseinwilligung durch Nutzung von externem Server.

III. **Rechtfertigung des Eingriffs**

→ Grundrecht gemäß Art. 10 Abs. 2 Satz 1 GG einschränkbar durch Gesetz

→ Es muss eine entsprechende *Schranke* (= Gesetz) existieren → Strafprozessordnung

→ Diese Schranke/Gesetz muss selbst verfassungsgemäß sein (Schranken-Schranke)**:**

Dafür ist notwendig:

1.) Formelle Rechtmäßigkeit = ordnungsgemäßes Gesetzgebungsverfahren

2.) Materielle Rechtmäßigkeit:

a) Sind die »allgemeinen Anforderungen« aus Art. 19 Abs. 1 und 2 GG eingehalten? **Beachte**: Die Strafprozessordnung fällt als »vorkonstitutionelles« Recht nicht unter das Zitiergebot des Art. 19 Abs. 1 Satz 2 GG.

b) Ist das einschränkende Gesetz bestimmt und klar genug formuliert, um den Grundrechtseingriff zu legitimieren? **Merke**: Unter das Wort »Gegenstand« in § 94 Abs. 1 StPO kann auch eine E-Mail subsumiert werden.

c) Ist der Verhältnismäßigkeitsgrundsatz beachtet? Das Gesetz muss einen legitimen Zweck verfolgen, zudem geeignet, erforderlich und angemessen (»verhältnismäßig im engeren Sinne«) sein, vgl. dazu BVerfGE **124**, 43 oder BVerfG EuGRZ **2016**, 149.

→ Ist die *konkrete* Anwendung des Gesetzes im Urteil/Beschluss verfassungsgemäß?

Gutachten

V ist durch die gemäß §§ 94, 110 StPO angeordnete Beschlagnahme und Durchsuchung der Mails in seinen Grundrechten verletzt, wenn damit durch einen Akt der öffentlichen Gewalt in den Schutzbereich eines Grundrechts eingegriffen wird und dieser Eingriff verfassungsrechtlich nicht gerechtfertigt ist.

I. Durch die vom Amtsgericht angeordnete Beschlagnahme und Durchsicht der Mails müsste ein Grundrecht des V in seinem Schutzbereich betroffen sein.

1.) In Betracht kommt die Verletzung eines Grundrechts des V aus Art. 10 Abs. 1 GG. Gemäß Art. 10 Abs. 1 GG sind das Brief-, das Post- und das Fernmeldegeheimnis unverletzlich. Zu prüfen ist vorliegend die Verletzung des Fernmeldegeheimnisses. Das Fernmeldegeheimnis aus Art. 10 Abs. 1 GG schützt die unkörperliche Übermittlung von Informationen an individuelle Empfänger mithilfe des verfügbaren Telekommunikationsverkehrs. Hierbei erstreckt sich der Grundrechtsschutz nicht nur auf die traditionellen Arten der Übermittlung von Informationen durch Telefon-, Telegramm- und Funkverkehr, sondern auch auf sämtliche »neuen« Kommunikationsmittel wie etwa das Internet oder das Mobiltelefon. Der Schutzbereich des Art. 10 Abs. 1 GG umfasst neben den sogenannten Verbindungsdaten indes immer nur den eigentlichen Kommunikationsvorgang, also den Weg der Information vom Absender bis zum Empfänger. Der Schutz des Fernmeldegeheimnisses endet, wenn die Information beim Empfänger angekommen ist. Der Staat garantiert mit dem Grundrecht aus Art. 10 Abs. 1 GG die freie und vor allem die unbeobachtete Kommunikation der Bürger untereinander. Niemand soll Angst davor haben müssen, dass eine an einen anderen abgesendete Nachricht auf dem Weg zum Empfänger vom Staat kontrolliert oder gar zur Kenntnis genommen wird. Der Grundrechtsschutz des Fernmeldegeheimnisses endet in Konsequenz dessen freilich dann, wenn die Nachricht beim Empfänger angekommen ist, denn dann besteht für Dritte bzw. den Staat logischerweise nicht mehr die Möglichkeit, in den eigentlichen Kommunikationsvorgang einzugreifen.

a. Angesichts dessen stellt sich vorliegend die Frage, ob durch die streitgegenständlichen Maßnahmen der Schutzbereich betroffen ist. Die Staatsanwaltschaft möchte sämtliche Mails des V seit dem Jahre 2013 durchsehen. Diese Mails aber hat der V schon empfangen und gelesen, sie sind somit bei ihm als Empfänger bereits angekommen. Das Fernmeldegeheimnis soll aber nur den eigentlichen Kommunikationsvorgang, also den Weg der Nachricht von A nach B, schützen. Im vorliegenden Fall wäre somit der Schutzbereich des Art. 10 Abs. 1 GG nicht betroffen und die Prüfung folglich beendet.

b. Dieser Sichtweise kann jedoch nicht gefolgt werden. Der Grundrechtsschutz des Art. 10 Abs. 1 GG erstreckt sich zwar nicht auf die außerhalb eines laufenden Kommunikationsvorgangs im Herrschaftsbereich des Kommunikationsteilnehmers gespeicherten Inhalte und Umstände der Kommunikation. Der Schutz des Fernmeldegeheimnisses endet insoweit in dem Moment, in dem die E-Mail beim Empfänger angekommen und der Übertragungsvorgang beendet ist. Demgegenüber muss der hier streitgegenständliche, zugangsgesicherte Kommunikationsinhalt in einem E-Mail-Postfach, auf das der Nutzer nur über eine Internetverbindung zugreifen kann, gleichwohl durch Art. 10 Abs. 1 GG geschützt sein. Das Fernmeldegeheimnis knüpft nämlich an das Kommunikationsmedium an und will jenen Gefahren für die Vertraulichkeit begegnen, die sich gerade aus der Verwendung dieses Mediums ergeben, das einem staatlichem Zugriff leichter ausgesetzt ist als die direkte Kommunikation unter Anwesenden. Die auf dem Mailserver des Providers vorhandenen E-Mails sind nicht im Herrschaftsbereich des Kommunikationsteilnehmers, sondern im Herrschaftsbereich des Providers gespeichert. Sie befinden sich nicht auf in den Räumen des Nutzers verwahrten oder in seinen Endgeräten installierten Datenträgern. Der Nutzer kann sie für sich auf einem Bildschirm nur lesbar machen, indem er eine Internetverbindung zum Mailserver des Providers herstellt. Zwar kann der Nutzer versuchen, die auf dem Mailserver gespeicherten E-Mails durch Zugangssicherungen – etwa durch Verwendung eines Passworts – vor einem ungewollten Zugriff Dritter zu schützen. Der Provider und damit auch die staatlichen Ermittlungsbehörden bleiben jedoch weiterhin in der Lage, jederzeit auf die auf dem Mailserver gespeicherten E-Mails zuzugreifen. Der Kommunikationsteilnehmer selbst hat keine technische Möglichkeit, die Weitergabe der E-Mails durch den Provider zu verhindern. Dieser technisch bedingte Mangel an Beherrschbarkeit begründet die besondere Schutzbedürftigkeit durch das Fernmeldegeheimnis. Der Schutz der auf dem Mailserver des Providers gespeicherten E-Mails durch das Fernmeldegeheimnis entfällt schließlich auch nicht dadurch, dass ihr Inhalt oder Eingang vom Empfänger möglicherweise schon zur Kenntnis genommen worden ist. Die spezifische Gefährdungslage und der Zweck der Freiheitsverbürgung von Art. 10 Abs. 1 GG bestehen auch dann weiter, wenn die E-Mails nach Kenntnisnahme beim Provider gespeichert bleiben. Durch die Endspeicherung wird der von Art. 10 Abs. 1 GG geschützte Kommunikationsinhalt auf einem vom Kommunikationsmittler bereit gestellten Speicherplatz in einer von keinem Kommunikationsteilnehmer beherrschbaren Sphäre abgelegt. Weder bei einer Zwischen- noch bei einer Endspeicherung der E-Mails auf dem Mailserver des Providers ist dessen Tätigkeit beendet; der Provider bleibt dauerhaft in die weitere E-Mail-Verwaltung auf seinem Mailserver eingeschaltet. Aus diesem Grund ist der Schutzbereich des Art. 10 Abs. 1 GG in Fällen der vorliegenden Art betroffen.

Zwischenergebnis: Es ist festzustellen, dass durch die beabsichtigte Beschlagnahme und Durchsuchung der Mails des V der Schutzbereich des Art. 10 GG betroffen ist.

II. Es muss des Weiteren ein Eingriff in den Schutzbereich vorliegen.

Unter Eingriff versteht man jedes staatliche Handeln, das dem Einzelnen ein Verhalten, das in den Schutzbereich eines Grundrechts fällt, ganz oder teilweise unmöglich macht; hierbei ist gleichgültig, ob diese Wirkung final oder unbeabsichtigt eintritt. Das Amtsgericht in Hamburg hat als zuständige Behörde die Beschlagnahme und Durchsuchung der Mails angeordnet. Diese Sicherstellung und Beschlagnahme von auf dem Mailserver des Providers gespeicherten E-Mails stellt einen Eingriff in den Schutzbereich des Fernmeldegeheimnisses dar. Da Art. 10 Abs. 1 GG die Vertraulichkeit der Kommunikation schützen will, ist jede Kenntnisnahme, Aufzeichnung und Verwertung kommunikativer Daten ohne Einwilligung des Betroffenen ein Grundrechtseingriff. Die Auslagerung der E-Mails auf den nicht im Herrschaftsbereich des Nutzers liegenden Mailserver des Providers bedeutet nicht, dass der Nutzer mit dem Zugriff auf diese Daten durch Dritte einverstanden ist. Wer ein Teilnehmer- oder Benutzerverhältnis eingeht, weiß zwar in der Regel, dass es technische Möglichkeiten gibt, auf die Kommunikationsinhalte zuzugreifen. Er willigt damit aber ganz offenkundig nicht darin ein, dass tatsächlich auf die Kommunikationsinhalte zugegriffen wird. Ein Eingriff in das Fernmeldegeheimnis liegt im Übrigen nicht erst in der Kenntnisnahme staatlicher Stellen vom Inhalt des fernmeldetechnisch vermittelten Kommunikationsvorgangs und in seiner Aufzeichnung, sondern bereits in der Anordnung des Zugriffs.

Zwischenergebnis: Die angeordnete Beschlagnahme und Durchsicht der Mails des V stellt bereits einen Grundrechtseingriff dar.

III. Der Eingriff dürfte verfassungsrechtlich nicht gerechtfertigt sein.

Der staatliche Eingriff in den Schutzbereich eines Grundrechts durch eine gerichtliche Entscheidung ist dann verfassungsrechtlich gerechtfertigt, wenn das betroffene Grundrecht einschränkbar ist, eine entsprechende Schranke besteht, diese Schranke selbst wiederum verfassungsgemäß ist (sogenannte Schranken-Schranke) und die Anwendung der Schranke durch das Gericht im konkreten Fall der Verfassung entspricht.

1.) Das Grundgesetz muss für das betroffene Grundrecht somit zunächst eine Einschränkbarkeit vorsehen. Gemäß Art. 10 Abs. 2 Satz 1 GG dürfen Beschränkungen des Art. 10 Abs. 1 GG vorgenommen werden, allerdings nur aufgrund eines Gesetzes.

Zwischenergebnis: Das Grundrecht aus Art. 10 Abs. 1 GG ist einschränkbar, und zwar gemäß Art. 10 Abs. 2 Satz 1 GG aufgrund eines Gesetzes.

2.) Es muss im konkreten Fall eine entsprechende gesetzliche Schranke existieren. Die Einschränkung des Grundrechts erfolgt aufgrund der §§ 94 und 110 der Strafprozessordnung, also aufgrund eines Gesetzes.

3.) Die §§ 94 und 110 StPO sind aber nur dann eine zulässige Schranke des Grundrechts aus Art. 10 Abs. 1 GG, wenn sie selbst mit den (übrigen) Normen und Werten der Verfassung übereinstimmen (Schranken-Schranke). Das das Grundrecht einschränkende Gesetz muss selbst verfassungsgemäß, also formell und materiell rechtmäßig zustande gekommen sein.

I. Die formelle Rechtmäßigkeit

Laut Sachverhaltshinweis sind die Vorschriften der Strafprozessordnung formell verfassungsgemäß.

II. Die materielle Rechtmäßigkeit

1.) Zunächst müssen die sogenannten allgemeinen Anforderungen an das Gesetz bzw. die hier infrage stehenden Normen der Strafprozessordnung eingehalten worden sein. Gemäß Art. 19 Abs. 1 GG muss das Gesetz demnach allgemein und nicht für den Einzelfall gelten, es muss das betroffene bzw. eingeschränkte Grundrecht nennen und es darf keinesfalls den Wesensgehalt dieses Grundrechts antasten (Art. 19 Abs. 2 GG). Die infrage stehenden Normen der Strafprozessordnung sind allgemein gehalten, sie gelten für alle strafrechtlichen Verfahren und regeln demzufolge keinen Einzelfall. Das Zitiergebot des Art. 19 Abs. 1 Satz 2 GG ist vorliegend nicht einschlägig, da es nach ständiger Rechtsprechung des Bundesverfassungsgerichts restriktiv ausgelegt bzw. angewandt werden muss und unter anderem für vorkonstitutionelles Recht nicht gilt; das Zitiergebot findet auf die vor seiner Maßgeblichkeit im Mai 1949 entstandenen Gesetze keine Anwendung. Die Strafprozessordnung stammt in seiner Urfassung vom 1. Februar

1877, folglich gilt das Zitiergebot für die Normen der StPO nicht. Schließlich ist der Wesensgehalt des Art. 10 Abs. 1 GG nicht angetastet, V büßt durch die angeordneten Maßnahmen sein Grundrecht aus Art. 10 Abs. 1 GG nicht vollständig oder in seinem Wesensgehalt ein, sondern soll lediglich eine Einschränkung erfahren. Ein Verstoß gegen Art. 19 Abs. 1 und 2 GG ist mithin nicht erkennbar.

Zwischenergebnis: Die allgemeinen Anforderungen an das das Grundrecht beschränkende Gesetz sind eingehalten.

2.) Eingriffe in das Fernmeldegeheimnis bedürfen neben der üblichen Verhältnismäßigkeitsprüfung zunächst einer sogenannten Normenbestimmtheit und Normenklarheit. Zu diesen Anforderungen gehört, dass sich die Voraussetzungen und der Umfang der Beschränkungen aus dem Gesetz klar und für jeden Bürger erkennbar ergeben. Der Betroffene muss die Rechtslage anhand der gesetzlichen Regelung so erkennen können, dass er sein Verhalten daran auszurichten vermag und nicht mit für ihn überraschenden Einschränkungen konfrontiert wird. Einschränkungsmöglichkeiten, die dem jeweiligen Gesetz nicht eindeutig zu entnehmen sind, sind daher unzulässig und verfassungswidrig. Die Normen der Strafprozessordnung entsprechen diesen Vorgaben: Für die betroffenen Nutzer des Internets ist hinreichend erkennbar, dass § 94 Abs. 1 StPO die Sicherstellung und Beschlagnahme von auf dem Mailserver des Providers gespeicherten E-Mails ermöglicht. Die Eingriffsbefugnisse gemäß § 94 Abs. 1 StPO sind zwar ursprünglich auf körperliche Gegenstände zugeschnitten; der Wortsinn von § 94 StPO gestattet es jedoch, als »Gegenstand« des Zugriffs auch nichtkörperliche Gegenstände zu verstehen. Der § 94 Abs. 1 StPO soll nach seinem Sinn und Zweck grundsätzlich alle Gegenstände erfassen, die als Beweismittel für die strafrechtliche Untersuchung von Bedeutung sein können. Eine nähere gesetzliche Eingrenzung oder gar eine Aufzählung der Gegenstände ist wegen der Vielgestaltigkeit möglicher Sachverhalte verfassungsrechtlich nicht geboten. Die verfahrensbezogenen Konkretisierungen hat von Verfassungs wegen der Ermittlungsrichter im jeweiligen Durchsuchungs- oder Beschlagnahmebeschluss zu leisten. Das Grundgesetz erfordert nicht, dass der Begriff des »Gegenstandes« näher präzisiert wird; er ist auch so verständlich im Sinne der Klarheit und Bestimmtheit eines Gesetzes.

Zwischenergebnis: Die Vorschriften der Strafprozessordnung, insbesondere § 94 Abs. 1 und 2 StPO, sind auch auf den E-Mail-Verkehr anwendbar und können als Eingriffsnormen für die Sicherstellung und Beschlagnahme von E-Mails herhalten, obwohl das Wort »E-Mail« nicht im Gesetz niedergeschrieben ist. Die Anwendung des § 94 StPO auf E-Mails verstößt gleichwohl nicht gegen das Gebot der Normenklarheit bzw. Normenbestimmtheit.

3.) Voraussetzung für die materielle Rechtmäßigkeit des Gesetzes ist des Weiteren die Einhaltung des Verhältnismäßigkeitsgrundsatzes. Dazu muss das Gesetz einen legitimen Zweck verfolgen, zur Erreichung dieses Zwecks geeignet, erforderlich und schließlich auch angemessen sein.

a) Die hier infrage stehenden Regeln der Strafprozessordnung zur Sicherstellung und Durchsicht von E-Mails müssen somit zunächst einen legitimen Zweck verfolgen. Ein Zweck ist dann legitim und darf vom Staat verfolgt werden, wenn er auf ein der Allgemeinheit dienendes Wohl gerichtet ist oder sonstigen Gütern von Verfassungsrang zugutekommt. Dem Gesetzgeber ist insoweit ein breiter Beurteilungsspielraum zuzubilligen. Es kann insoweit festgestellt werden, dass die wirksame Strafverfolgung, die Verbrechensbekämpfung und das öffentliche Interesse an einer möglichst vollständigen Wahrheitsermittlung im Strafverfahren legitime Zwecke sind, die eine Einschränkung des Fernmeldegeheimnisses durch Sicherstellung von E-Mails rechtfertigen können.

b) Die Normen der Strafprozessordnung müssten des Weiteren geeignet sein, diesen Zweck zu erreichen. Die Geeignetheit einer Maßnahme liegt dann vor, wenn mit ihrer Hilfe das angestrebte Ziel voraussichtlich erreicht oder zumindest gefördert werden kann. Die Vorschriften der Strafprozessordnung zur Sicherstellung und Durchsicht von E-Mails fördern fraglos die Verbrechensbekämpfung, dienen zudem dem öffentlichen Interesse an einer möglichst vollständigen Wahrheitsermittlung im Strafverfahren und sind mithin geeignet im oben benannten Sinne.

c) Die Regeln der Strafprozessordnung müssten zudem erforderlich sein. Gesetzliche Normen sind erforderlich, wenn es kein gleich wirksames, aber den Grundrechtsträger weniger belastendes Mittel zur Erreichung des Zwecks gibt; es muss der geringst mögliche Grundrechtseingriff bei gleicher Wirksamkeit gewählt werden. Im Hinblick auf die Erforderlichkeit kann festgestellt werden, dass die Strafprozessordnung die Grundrechtseingriffe aufgrund der Sicherstellung von E-Mails nur unter den genannten Voraussetzungen und zur Verfolgung von Straftaten legitimiert. Die Erforderlichkeit ist damit gegeben.

Zwischenergebnis: Die hier infrage stehenden Normen der Strafprozessordnung sind erforderlich zur Erreichung des gesetzgeberischen Zwecks, nämlich der wirksamen Strafverfolgung, der Verbrechensbekämpfung und dem öffentlichen Interesse an einer möglichst vollständigen Wahrheitsermittlung im Strafverfahren.

d) Die gesetzlichen Vorschriften zur Sicherstellung und Durchsicht von E-Mails müssen schließlich auch angemessen bzw. verhältnismäßig im engeren Sinne sein. Eine gesetzliche Regelung ist dann angemessen, wenn sie beim Grundrechtsträger keinen Nachteil herbeiführt, der erkennbar außer Verhältnis zum verfolgten Zweck steht. Hiervon kann unter folgenden, grundsätzlichen Voraussetzungen ausgegangen werden: Ohne Verstoß gegen Art. 10 Abs. 1 GG dürfen E-Mails von den Ermittlungsbehörden auf der Grundlage der §§ 94, 110 StPO eingesehen werden, wenn es um die Verfolgung einer Straftat geht. Allerdings müssen aus verfassungsrechtlicher Sicht dabei zudem folgende Regeln beachtet werden: Die in § 94 Abs. 1 und 2 StPO benannten Gegenstände umfassen auch E-Mails. In welchem Umfang die Durchsicht der Mails erfolgen darf und ob offen oder heimlich, hängt von der Schwere der verfolgten Straftat ab: Eine heimliche Durchsicht ist nur bei Verdacht auf eine schwere Straftat zulässig (§§ 100a, 100c und 100g StPO). Bei dem Verdacht auf leichte Straftaten kann die Behörde E-Mails einsehen, wenn sie dies vorher dem Betroffenen angekündigt hat und im Übrigen der Verhältnismäßigkeitsgrundsatz gewahrt ist. Höchstpersönliche Mails dürfen wegen Verletzung der Menschenwürde grundsätzlich nicht eingesehen werden. Nicht verwertbare Mails müssen dem Betroffenen alsbald zurückgegeben werden und dürfen auch nicht in Kopie bei den Behörden verbleiben. Bei der allgemeinen Interessenabwägung ist schließlich zu berücksichtigen, ob die Mails eines Beschuldigten oder die Mails eines an den verfolgten Straftat Unbeteiligten eingesehen werden sollen.

4.) Das Amtsgericht in Hamburg muss bei seinem Beschluss, wonach sämtliche E-Mails des V seit dem Jahre 2013 beschlagnahmt und anschließend durchgesehen werden sollen, diese Vorgaben für die Anwendung der §§ 94 ff. StPO auf die Sicherstellung von E-Mails beachtet haben. Insoweit kann zunächst festgestellt werden, dass das Gericht vorliegend eine offene, also dem Betroffenen vorher angekündigte Durchsicht und Sicherstellung der Mails angeordnet hat und V an der verfolgten Straftat selbst gar nicht beteiligt ist – gegen ihn wird nicht ermittelt. Schließlich geht es um einen Betrug mit beachtlichem Schaden, weshalb sämtliche Mails des V seit 2013 beschlagnahmt und durchgesehen werden sollen, zu denen auch hunderte privater Mails gehören, die mit den Ermittlungen offenkundig in keinerlei Zusammenhang stehen. Die genannten verfassungsrechtlichen Vorgaben für den Eingriff in Art. 10 Abs. 1 GG sind im Beschluss des Amtsgerichts eingehalten. Die aus Art. 10 Abs. 1 GG folgenden besonderen Anforderungen an die Verhältnismäßigkeit der Sicherung großer Datenmengen außerhalb eines laufenden Kommunikationsvorgangs sind im vorliegenden Fall nicht verletzt. Ohne erkennbaren Fehler hat das Amtsgericht den Betrugverdacht in Bezug auf Beträge von mehreren 100.000 € in ein angemessenes Verhältnis zu den Rechten des an diesen Taten unbeteiligten V gesetzt. Der V war Verfügungsberechtigter über die Konten, von denen aus und auf die die Gelder überwiesen worden waren, und er stand in geschäftlichem Kontakt zum Tatverdächtigen. Die Behörden dürfen daher die Verbindungen zwischen dem Beschuldigten und V für aufklärungsbedürftig halten und aus diesem Grunde auch die E-Mails des V zur weiteren Aufklärung der Taten des Beschuldigten mit vorheriger Ankündigung (»offene Einsichtnahme«) grundsätzlich einsehen. Sie müssen anschließend aber zurückgegeben werden.

Ergebnis: Die vom Amtsgericht Hamburg angeordnete Beschlagnahme und Durchsicht sämtlicher Mails des V seit dem Jahre 2013 ist auch verhältnismäßig im engeren Sinne, wenn dem V die für das Verfahren gegen M nicht verwertbaren E-Mails zurückgegeben werden.

Fall 9

Opa will ins Cockpit!

Auf Drängen seiner Enkel hin hat Rechtsanwalt R beschlossen, die Juristenkarriere zu beenden und eine Pilotenausbildung anzufangen. R will in Zukunft Passagierflugzeuge um die Welt steuern. Als er hört, dass Verkehrspiloten nach der kürzlich geänderten *Luftverkehrszulassungsordnung* (LuftVZO) mit dem Erreichen des 65. Lebensjahres die Flugberechtigung für Passagier- und Frachtflugzeuge wieder verlieren und schon ab dem 60. Lebensjahr nur noch gemeinsam mit einem unter 60 Jahre alten Kollegen fliegen dürfen, traut er seinen Ohren nicht. Der 55-jährige R meint, dies sei eine unzulässige Beschränkung der Berufsfreiheit. Für andere Berufe, etwa für Rechtsanwälte, gäbe es, was der Wahrheit entspricht, auch keine gesetzlich vorgeschriebenen Altershöchstgrenzen. Der besonderen Verantwortung von Piloten könne man auch durch regelmäßige und vom Staat überwachte Gesundheitskontrollen gerecht werden. Eine pauschale Altershöchstgrenze für Piloten hält R für verfassungswidrig.

Frage: Ist sie das?

Hinweis: Die *Luftverkehrszulassungsordnung* ist eine Rechtsverordnung, formell verfassungsgemäß und entspricht den Voraussetzungen des Art. 80 Abs. 1 GG.

Schwerpunkte: Das Grundrecht der Berufsfreiheit aus Art. 12 Abs. 1 GG; der Schutzbereich und die verschiedenen Eingriffsmöglichkeiten; das »Apothekenurteil« des Bundesverfassungsgerichts vom 11. Juni 1958 (→ BVerfGE 7, 377 = NJW **1958**, 1035); die drei Stufen der Eingriffsermächtigung; der Verhältnismäßigkeitsgrundsatz nach dem Apothekenurteil; die Berufsausübung und die Berufswahl als einheitliches Grundrecht des Art. 12 Abs. 1 GG.

Lösungsweg

Einstieg: Achtung, hier kommt schon wieder ein echter (Prüfungs-)Klassiker. Die Frage nach der Verfassungsmäßigkeit von Altershöchstgrenzen für bestimmte Berufsgruppen gehört seit Jahrzehnten zum absoluten Pflichtprogramm, wenn es um Aufgabenstellungen aus dem Bereich der Berufsfreiheit des Art. 12 Abs. 1 GG geht. Und dafür gibt es auch gleich *zwei* gute Gründe: Zum einen existiert kein Problem innerhalb des Art. 12 Abs. 1 GG, zu dem sich das Bundesverfassungsgericht in den letzten Jahren bzw. Jahrzehnten häufiger geäußert hat, als zur Verfassungsmäßigkeit von beruflichen Zulassungsbeschränkungen, konkret zu den Altershöchstgrenzen:

Schon in den 1950er Jahren musste das Gericht zur gesetzlichen Altersbegrenzung von 70 Jahren für **Bezirksschornsteinfeger** (BVerfGE 1, 264) und **Hebammen** urteilen (BVerfGE **9**, 338), es ging weiter mit der Altersbegrenzung von ebenfalls 70 Jahren für **Prüfingenieure** für Baustatik (BVerfGE **64**, 72) und für **Notare** (BVerfG NJW **1993**, 1575; BVerfG NJW **2008**, 1212; BVerfG NJW **2011**, 1131; BGH NJW **2010**, 3783; BGH IBR **2014**, 244), hin zur – inzwischen wieder aufgehobenen – Altersbegrenzung von 68 Jahren für **Vertragsärzte** und **Vertragszahnärzte** (BVerfG NJW **1998**, 1776 und BVerf-GE **103**, 172) und öffentlich vereidigten **Sachverständigen** (BVerwGE **141**, 385; BVerwGE **139**, 1; BVerfG NJW **2012**, 518) und endete bei den **Verkehrspiloten**, die – siehe oben – mit 65 Jahren ihre Flugberechtigung und damit ihren Arbeitsplatz wieder verlieren (EuGH vom 5. Juli **2017** – C 190/15; EuGH NJW **2011**, 3209; BVerfG GewArch **2007**, 149; BVerfG MDR **2005**, 243 und BVerfG ArbRB **2015**, 162 zur Einstellungsaltershöchstgrenze im öffentlichen Dienst: Verbeamtung von Lehrern).

Das Problem: Logischerweise finden die Betroffenen diese Altershöchstgrenzen überhaupt nicht lustig, da ihrer Berufsausübung und damit auch ihrem Broterwerb faktisch endgültige Grenzen gesetzt werden. Im Grundgesetz steht nun aber in Art. 12 Abs. 1 GG ausdrücklich drin, dass die Berufswahl und auch die *Berufsausübung* geschützt sind. Man kann sich also durchaus auf den Standpunkt stellen, dass auch die Entscheidung darüber, *wie lange*, also bis zu welchem Alter, man seinen Beruf »ausüben« darf, unter diesen Schutz fällt. Auf der anderen Seite gibt es aber auch gute und nachvollziehbare Gründe dafür, dass zum Beispiel ein 90-Jähriger nicht mehr im Krankenhaus als Chirurg arbeiten oder etwa Passagierflugzeuge fliegen sollte. Die Frage, inwieweit die gesetzlichen Altershöchstgrenzen den Art. 12 Abs. 1 GG tatsächlich tangieren und die Betroffenen folglich in ihrem Grundrecht verletzen, eignet sich daher geradezu ideal für eine juristische Prüfungsaufgabe im Verfassungsrecht.

> Und warum das geradezu ideal funktioniert, liegt zudem begründet in einem zweiten Aspekt, den man kennen *muss*, wenn man sich mit Art. 12 Abs. 1 GG befasst. Genau genommen geht es um eine Entscheidung des Bundesverfassungsgerichts, deren Bedeutung sowohl für die juristische Ausbildung als auch für die verfassungsrechtliche Praxis nicht überschätzt werden kann und ohne deren Kenntnis eine erfolgreiche Klausur oder Hausarbeit zu Art. 12 GG nicht möglich ist. Die Rede ist vom oberberühmten »**Apothekenurteil**« des Bundesverfassungsgerichts vom **11. Juni 1958** (→ BVerfGE 7, 377–444 = NJW **1958**, 1035), das die Grundlage *sämtlicher* Auslegungen und Anwendungen des Art. 12 Abs. 1 GG bildet, und zwar seit dem besagten 11. Juni 1958 – bis heute. Wir wollen und müssen uns dieses Urteil deshalb hier im Vorspann jetzt auch mal – in gebotener Kürze – ansehen, die dahintersteckende, herrlich absurde Geschichte spielt dabei in Bayern (wo auch sonst) und ging so:

Im Sommer 1956 beantragte ein junger Mann aus Traunstein (→ Kreisstadt in Oberbayern/Chiemgau) bei der zuständigen Bezirksregierung die Erlaubnis zum Betrieb einer Apotheke, die er in der Nachbarstadt Traunreut eröffnen wollte. Dummerweise gab es damals für solche Fälle das »bayerische Apothekengesetz«, in dem es in Art. 3 Abs. 1 hieß:

>> **»Betriebserlaubnis«**
>>
>> *Für eine neu zu errichtende Apotheke darf die Betriebserlaubnis nur erteilt werden, wenn*
>>
>> *a) die Errichtung der Apotheke zur Sicherung der Versorgung der Bevölkerung mit Arzneimitteln im öffentlichen Interesse liegt und*
>>
>> *b) anzunehmen ist, dass ihre wirtschaftliche Grundlage gesichert ist und durch sie die wirtschaftliche Grundlage der benachbarten Apotheken nicht beeinträchtigt wird.*

Die zuständige Bezirksregierung verweigerte unter Hinweis auf diese Regelung dem Mann die Erlaubnis zum Betrieb einer Apotheke und erklärte, er erfülle zwar die fachlichen Voraussetzungen, allerdings gäbe es im näheren Umkreis schon genügend Apotheken und man habe die Befürchtung, dass durch eine weitere Apotheke eine Art »Überversorgung« der Bevölkerung entstehe und die bisherigen Apotheken zudem wirtschaftlich gefährdet würden. Unter Umständen sei sogar damit zu rechnen, dass die übrigen Apotheken anfingen, illegal Drogen oder andere zweifelhafte Produkte (»*Opiate*«) zu verkaufen, um ihre wirtschaftliche Existenz zu retten, was dann aber definitiv die *Volksgesundheit* gefährden würde. Daher sei dem Mann gemäß Art. 3 Abs. 1 des *bayerischen Apothekengesetzes* die Erlaubnis zu verweigern.

Logisch: Diesen geradezu sensationellen Unsinn – augenscheinlich unterstützt und angeregt von der damals bereits existierenden Apothekerlobby – wollte sich der Mann aus Traunstein nicht bieten lassen. Er erhob umgehend Verfassungsbeschwerde gegen den Bescheid sowie gegen das bayerische Apothekengesetz und rügte die Verletzung des damals noch jungen Grundgesetzes, namentlich der dort in Art. 12 Abs. 1 GG garantierten Berufsfreiheit. Heraus kam dabei anschließend nicht nur die Verfassungswidrigkeit des Bescheides der Bezirksregierung sowie die Nichtigkeit des Apothekengesetzes, sondern vor allem ein 67 Seiten langes (!) Urteil, das die seitdem gültigen Regeln zu Art. 12 Abs. 1 GG vorgibt – das berühmte »**Apothekenurteil**« (BVerfGE **7**, 377-444 = NJW **1958**, 1035) mit der darin vom Bundesverfassungsgericht entwickelten, ebenso berühmten »Drei-Stufen-Theorie« (auch »Stufenlehre« genannt), und die geht so:

> Sofern der Gesetzgeber oder eine Behörde in die Berufsfreiheit des Art. 12 Abs. 1 GG eingreifen wollen, muss zunächst unterschieden werden, inwieweit es sich um eine Regelung betreffend die *Berufsausübung* – also das »Wie?« des Berufs – oder um eine Regelung betreffend die *Berufswahl* – also das »Ob überhaupt?« des Berufs – handelt: Greift der Staat mit einer Regelung (nur) in die Art der *Berufsausübung* ein, handelt es sich um die schwächste **(1.)** Stufe eines möglichen Eingriffs in Art. 12 Abs. 1 GG. Erforderlich ist dafür, dass »… vernünftige Erwägungen des Gemeinwohls diesen Eingriff zweckmäßig erscheinen lassen …«. Greift der Staat hingegen in die freie *Berufswahl* ein, muss insoweit nochmals unterschieden werden: Sofern der Staat subjektive Zulassungsbeschränkungen aufstellt, die an die Person des Betroffenen anknüpfen, handelt es sich um die nächst höhere **(2.)** Stufe

des Eingriffs, die nur zulässig ist, wenn »... die Ausübung des Berufs andernfalls unmöglich oder unsachgemäß wäre oder durch den Eingriff wichtige, der Freiheit des Einzelnen vorgehende Gemeinschaftsgüter ...« geschützt werden sollen. Greift der Staat schließlich mithilfe von objektiven Zulassungsbeschränkungen, also solchen, auf die der Betroffene gar keinen Einfluss hat und die außerhalb seiner Person liegen, in die freie Berufswahl ein, betrifft dieser schwere Eingriff die höchste (3.) Stufe der Beeinträchtigung und ist nur zulässig, wenn er »... zum Schutze eines überragend wichtigen Gemeinschaftsguts vor schweren Nachteilen zwingend erforderlich ist ...«. (→ BVerfGE **7**, 377–344)

Durchblick: Das klingt im ersten Moment ziemlich kompliziert – das ist es aber nicht. Was damit gemeint ist, wird deutlich und merkbar, wenn wir die abstrakten Worte mit Leben bzw. mit Beispielen füllen, und zwar diesen hier:

1.) Es gibt in Deutschland bekanntlich ein »Ladenschlussgesetz«, das für bestimmte Geschäfte und Verkaufsstellen bestimmte Ladenschlusszeiten und auch die Feiertagsregelungen festlegt. Diese Ladenschlusszeiten beeinträchtigen selbstverständlich die Kaufleute in ihrer Berufsfreiheit, denn sie dürfen ihre Läden nicht ununterbrochen zum Verkauf von Waren nutzen. **Frage**: Ist das zulässig oder ein Verstoß gegen Art. 12 Abs. 1 GG? **Antwort**: Die Ladenschlusszeiten betreffen nicht die Frage nach dem »**Ob überhaupt**«, also ob die Kaufleute ihren Beruf überhaupt ausüben dürfen, sondern die Frage, *wie* sie ihren Beruf ausüben dürfen = Berufsausübungsregelung.

Konsequenz: Es handelt sich um die 1. Stufe einer möglichen Grundrechtsbeeinträchtigung (siehe oben). Diese ist verfassungsgemäß, wenn »... *vernünftige Erwägungen des Gemeinwohls diesen Eingriff zweckmäßig erscheinen lassen ...*«. Und genau das hat das Bundesverfassungsgericht inzwischen schon zwei Mal bejaht, nämlich in den Jahren 1961 (→ BVerfGE **13**, 237) und 2004 (→ BVerfGE **111**, 10) und festgestellt, dass unter anderem die Nachtruhe und der besondere Schutz der Sonn- und Feiertagsruhe solche vernünftigen Erwägungen des Gemeinwohls sind. Daher müssen sich Kaufleute diese Beschränkungen ihrer **Berufsausübungsfreiheit** auch gefallen lassen.

2.) Nach den § 1 und 7 der **Handwerksordnung** darf in Deutschland nur derjenige einen selbstständigen Handwerksbetrieb führen, der die für sein Handwerk vorgesehene Meisterprüfung bestanden hat und anschließend in die sogenannte »Handwerksrolle« eingetragen wird. **Frage**: Ist das zulässig oder ein Verstoß gegen Art. 12 Abs. 1 GG? **Antwort**: Diese Regelung betrifft nun nicht mehr nur das »Wie«, sondern das »Ob überhaupt«, also die Frage, ob jemand den Handwerksberuf überhaupt ausüben bzw. diesen Beruf wählen darf = **Berufswahlregelung**.

Konsequenz: Wir befinden uns jetzt entweder in der 2. oder sogar schon der 3. Stufe der Beeinträchtigung des Grundrechts und müssen somit noch weiter klären, ob es sich bei dem Erfordernis einer bestandenen (Meister-)Prüfung um eine **subjektive** (dann: 2. Stufe) oder sogar um eine **objektive** Zulassungsbeschränkung (dann:

3. Stufe) handelt. **Lösung**: Ob man eine (Meister-)Prüfung besteht, liegt selbstverständlich in der *Person* des Betroffenen begründet, darauf hat man nämlich Einfluss. Bei gesetzlichen Prüfungsanforderungen für bestimmte Berufe – zum Beispiel auch die Staatsprüfungen für Juristen! – handelt es sich daher immer um *subjektive* Zulassungsvoraussetzungen, somit also die 2. Stufe der Grundrechtsbeeinträchtigung (BVerwG DVBl 2013, 1122). Erforderlich für deren Verfassungsmäßigkeit ist nach dem Apothekenurteil des Bundesverfassungsgerichts und der dort entwickelten Drei-Stufen-Theorie (siehe oben!), dass »... *die Ausübung des Berufs andernfalls unmöglich oder unsachgemäß wäre oder durch den Eingriff wichtige, der Freiheit des Einzelnen vorgehende Gemeinschaftsgüter ...*« geschützt werden sollen. Und genau das hat das Bundesverfassungsgericht im Jahre 1961 für die Meisterprüfung im Handwerk bejaht (BVerfGE 13, 97), und zwar mit folgenden Erwägungen: Die Erhaltung und die Leistungsfähigkeit des Handwerks als einem volkswirtschaftlich unentbehrlichen Zweig der Wirtschaft hat in der Gesellschaft eine derart hohe Bedeutung, dass der Zugang zu diesem Berufszweig nur solchen Personen gestattet werden soll, die im Rahmen einer staatlich kontrollierten Prüfung ihre Befähigung nachweisen. Andernfalls bestehe die Gefahr, dass nicht entsprechend qualifizierte Personen dem Berufsstand und auch der Gesellschaft Schaden zufügen. Auch die ordnungsgemäße Ausbildung des Nachwuchses sei nur garantiert durch staatlich geprüfte Handwerksmeister (BVerfGE 13, 97). Aus diesen Gründen sind die Regelungen der Handwerksordnung zwar Beeinträchtigungen der Berufsfreiheit in Form von subjektiven Zulassungsvoraussetzungen (→ 2. Stufe), allerdings nach der Drei-Stufen-Theorie gerechtfertigt, weil sie die sachgemäße Ausübung des Berufs garantieren und dem Schutz wichtiger, der Freiheit des Einzelnen vorgehender Gemeinschaftsgüter dienen.

3.) In ferner Vergangenheit gab es in einem in Rechtsfragen zuweilen merkwürdigen deutschen Bundesland ein Apothekengesetz mit einer ziemlich sonderbaren Regelung: Da stand nämlich drin, dass man nur dann den Apothekerberuf ergreifen dürfe, wenn die Errichtung der Apotheke zur Sicherung der Versorgung der Bevölkerung mit Arzneimitteln im öffentlichen Interesse liege, ihre wirtschaftliche Grundlage gesichert sei und durch die neue Apotheke die wirtschaftliche Grundlage der bereits bestehenden Apotheken nicht beeinträchtigt wird. **Frage**: War das zulässig oder ein Verstoß gegen Art. 12 Abs. 1 GG? **Antwort**: Diese Regelung betrifft erkennbar wieder das »**Ob überhaupt**«, also die Frage, ob jemand den Apothekerberuf überhaupt ausüben bzw. wählen darf = **Berufswahlregelung**.

Konsequenz: Wir befinden uns somit wieder entweder in der **2.** oder sogar schon der **3. Stufe** der Beeinträchtigung des Grundrechts und müssen mithin noch klären, ob es sich bei den Regelungen im Apothekengesetz um **subjektive** (dann: 2. Stufe) oder sogar um eine **objektive** (dann: 3. Stufe) Zulassungsbeschränkung handelt. **Lösung**: Inwieweit die Eröffnung einer Apotheke im öffentlichen Interesse liegt und ob durch die neue Apotheke die wirtschaftliche Grundlage der bereits bestehenden Apotheken beeinträchtigt und die Volksgesundheit gefährdet wird, entzieht sich dem Einfluss des Bewerbers und ist auch nicht an seine Person geknüpft. Es handelt sich somit um eine **objektive Zulassungsbeschränkung**, die beschriebenen Umstände liegen außerhalb der Person des Betroffenen. Eine solche Zulassungsbeschränkung ist nach dem Apothekenurteil die schwerste Einschränkung (→ **3. Stufe**) und nur zulässig, wenn sie »… *zum Schutze eines überragend wichtigen Gemeinschaftsguts vor schweren Nachteilen zwingend erforderlich ist* …«. Das Bundesverfassungsgericht (BVerfGE 7, 377) konnte im Apothekenurteil vom 11. Juni 1958 all das (natürlich!) nicht erkennen: Der Schutz eines überragend wichtigen Gemeinschaftsguts (→ Gefährdung der Volksgesundheit durch eine Überversorgung mit Apotheken?!) war ebenso wenig sichtbar wie *schwere Nachteile* für dieses Gemeinschaftsgut (→ angeblich zu erwartender Verkauf von Drogen in Apotheken zur Erhaltung der wirtschaftlichen Existenz?!). **Ergebnis:** Das bayerische Apothekengesetz war logischerweise verfassungswidrig, da es objektive Zulassungsvoraussetzungen für die Wahl eines Berufs aufstellte (= 3. Stufe), ohne dafür eine entsprechende Rechtfertigung (»… *zum Schutze eines überragend wichtigen Gemeinschaftsguts vor schweren Nachteilen zwingend erforderlich* …«) zu liefern.

Prinzip verstanden!?

Prima. Dann kommt hier, bevor wir mit diesem Wissen dann endlich in unseren Fall einsteigen und den dann übrigens überraschend entspannt lösen werden, noch einmal die kurze Zusammenfassung:

Merke: Staatliche Maßnahmen oder Regelungen, die die Berufsfreiheit des Art. 12 Abs. 1 GG beeinträchtigen, betreffen immer eine der drei eben benannten Stufen: Entweder ist es eine Berufsausübungsregelung (→ 1. Stufe), eine Regelung, die die Berufswahl betrifft und für diese Berufswahl *subjektive* Zulassungsvoraussetzungen aufstellt (→ 2. Stufe) oder es ist eine Regelung, die die Berufswahl betrifft und dafür sogar *objektive* Zulassungsvoraussetzungen aufstellt (→ 3. Stufe). Je nach Stufe werden die Voraussetzungen für die Zulässigkeit einer solchen Beeinträchtigung der Berufsfreiheit strenger, und zwar:

1. Stufe: Berufsausübungsregelung

→ Zulässig nur, wenn »… *vernünftige Erwägungen des Gemeinwohls diesen Eingriff zweckmäßig erscheinen lassen* …«.

2. Stufe: Berufswahlregelung mit *subjektiven* Zulassungsvoraussetzungen

→ Zulässig nur, wenn »… *die Ausübung des Berufs andernfalls unmöglich oder unsachgemäß wäre oder durch den Eingriff wichtige, der Freiheit des Einzelnen vorgehende Gemeinschaftsgüter geschützt werden sollen* …«.

3. Stufe: Berufswahlregelung mit *objektiven* Zulassungsvoraussetzungen

→ Zulässig nur, wenn sie »… *zum Schutze eines überragend wichtigen Gemeinschaftsguts vor schweren Nachteilen zwingend erforderlich ist* …«.

Beachte: Wir haben soeben das zentrale Prinzip des Art. 12 Abs. 1 GG gelernt. *Jede* (!) Klausur oder Hausarbeit, die sich mit der Berufsfreiheit beschäftigt, setzt die Anwendung des gerade Erlernten voraus – nicht weniger, aber vor allem auch nicht viel mehr. Auch unser Fällchen mit der Höchstaltersgrenze für Piloten lässt sich mithilfe dieses Schemas gleich relativ locker auflösen: Neben ein paar kleineren Finten müssen wir nämlich nur noch herausfiltern, auf welcher der drei Stufen der Staat mit der Altershöchstgrenze in die Berufsfreiheit eingreift und ob es dafür dann eine entsprechende Rechtfertigung gibt. Und *genau so* funktioniert das bei jeder Prüfungsaufgabe zu Art. 12 Abs. 1 GG. Versprochen.

So, und nach dieser zugegebenermaßen langen, aber auch ziemlich notwendigen Vorrede steigen wir jetzt endlich in die schulmäßige Fall-Prüfung ein, lösen entspannt unser Piloten-Fällchen von oben auf und klären schließlich auch, an *welcher Stelle* in der Klausur oder Hausarbeit man die »Drei-Stufen-Theorie« des Bundesverfassungsgerichts bitte einbaut. Also dann:

Ist die von der *Luftverkehrszulassungsordnung* (LuftVZO) vorgeschriebene Altershöchstgrenze für Verkehrspiloten verfassungswidrig?

> **Obersatz**: Die von der LuftVZO angeordnete Alterhöchstgrenze von 65 Jahren für Piloten ist verfassungswidrig, wenn damit durch einen Akt der öffentlichen Gewalt in den Schutzbereich eines Grundrechts eingegriffen wird und dieser Eingriff verfassungsrechtlich nicht gerechtfertigt ist.

I. Ist durch die in der LuftVZO angeordnete Altershöchstgrenze ein Grundrecht in seinem Schutzbereich betroffen?

1.) In Betracht kommt die Verletzung des Grundrechts der Piloten aus Art. 12 Abs. 1 GG. Gemäß Art. 12 Abs. 1 GG haben alle Deutschen (»Deutschengrundrecht«!) das Recht, Beruf, Arbeitsplatz und Ausbildungsstätte frei zu wählen.

> **Definition**: Unter *Beruf* im Sinne des Art. 12 Abs. 1 GG versteht man jede Tätigkeit, die in ideeller und materieller Hinsicht der Schaffung und der Erhaltung der Lebengrundlage dient oder dazu beiträgt. Umfasst ist jede auf Erwerb gerichtete Tätigkeit, die sich nicht in einem einmaligen Erwerbsakt erschöpft. Hierbei ist unerheblich, ob es sich um eine selbstständige oder um eine unselbstständige Tätigkeit handelt (BVerfG NJW **2016**, 700; BVerfGE **111**, 10; BVerfGE **105**, 252; *Jarass/Pieroth* Art. 12 GG Rz. 5; *von Münch/Kunig/Kämmerer* Art. 12 GG Rz. 15).

Hier: Eigentlich kein Problem. Piloten üben unzweifelhaft einen Beruf im Sinne der gerade genannten Definition aus. **Beachte aber**: Neben dem Begriff des »Berufs«, den wir bei den Piloten fraglos bejahen können (und der in Klausuren oder Hausarbeiten in aller Regel auch nicht problematisch ist), müssen wir einen Moment noch darüber nachdenken, *was genau* der Art. 12 Abs. 1 GG im Hinblick auf den Beruf eigentlich schützt.

Wir lesen dazu bitte zunächst mal das Gesetz, in Art. 12 Abs. 1 GG steht:

»Alle Deutschen haben das Recht, Beruf, Arbeitsplatz und Ausbildungsstätte frei zu wählen. Die Berufsausübung kann durch Gesetz oder aufgrund eines Gesetzes geregelt werden.«

Durchblick: Die ursprüngliche Idee hinter dieser Formulierung war, alle Stationen eines Arbeitslebens chronologisch zu erfassen, also zunächst die freie **Wahl** eines bestimmten Berufs, anschließend die freie Wahl der entsprechenden **Ausbildungsstätte** und schließlich auch die freie Wahl des **Arbeitsplatzes** (*Maunz/Dürig/Scholz* Art. 12 GG Rz. 25; *Kingreen/Poscher* StaatsR II Rz. 875). Da der Art. 12 Abs. 1 Satz 2 GG zudem aber auch noch die *Berufsausübung* ausdrücklich erwähnt, diese nach allgemeiner Meinung indessen kaum trennbar ist von den in Art. 12 Abs. 1 Satz 1 GG genannten Schutzbereichen, namentlich von der Berufswahl und der Berufsausbildung (→ mit der Berufswahl und dem Beginn der Ausbildung beginnt gleichzeitig die Berufsausübung – mit der Berufsausübung bestätigt man jeden Tag die getroffene Berufswahl), hat sich relativ schnell die Formulierung eines »einheitlichen Schutzbereichs« bzw. eines »einheitlichen Grundrechts« herausgebildet – mit folgendem Inhalt:

> **Definition**: Der Art. 12 Abs. 1 GG schützt neben der freien Berufswahl, dem Arbeitsplatz und der Ausbildungsstätte auch die Berufsausübung im umfassenden Sinne. Das Grundrecht soll die gesamte berufliche Betätigung des Menschen als einheitlichen Lebensvorgang erfassen. Insbesondere die Berufswahl und die Berufsausbildung sind Formen der *Berufsausübung* und stellen folglich keine streng voneinander zu trennende Bereiche dar. Sie werden wegen ihren Überschneidungen daher als einheitliches Grundrecht behandelt (BVerfGE **7**, 377; BVerfGE **92**, 140; BVerfGE **110**, 304; BVerwG DVBl **2013**, 1122; BVerfG DVBl **2017**, 697; *Jarass/ Pieroth* Art. 12 GG Rz. 27; *von Münch/Kunig/Kämmerer* Art. 12 GG Rz. 1; *von Mangoldt/Klein/Starck/Manssen* Art. 12 GG Rz. 2; *Maunz/Dürig/Scholz* Art. 12 GG Rz. 27).

Konsequenz: Mit dieser, übrigens vom Bundesverfassungsgericht ebenfalls im Apothekenurteil entwickelten Lesart wird der Art. 12 Abs. 1 GG zum allumfassenden, »einheitlichen Grundrecht« der Berufsfreiheit (BVerfGE **7**, 377). **Und**: Die Behandlung als einheitliches Grundrecht hat des Weiteren zur Folge, dass der Regelungsvorbehalt des Art. 12 Abs. 1 Satz 2 GG (aufschlagen!), obwohl er sich von seinem Wortlaut her eigentlich nur auf die *Berufsausübung* beschränkt, auf alle Bereiche des Art. 12 Abs. 1 Satz 1 ausgedehnt wird, daher: Sowohl Berufsausübung als insbesondere auch die Berufswahl dürfen vom Gesetzgeber aufgrund des Gesetzesvorbehaltes in Art. 12 Abs. 1 Satz 2 GG eingeschränkt bzw. geregelt werden (BVerfGE **7**, 377; BVerwG DVBl **2013**, 1122; BVerfG DVBl **2017**, 697). Bitte merken – das brauchen wir später noch.

Zum Fall: Wir müssen somit innerhalb der Betroffenheit des Schutzbereiches noch klären, ob und welchen der genannten Bereiche die Alterbegrenzung für Piloten betrifft. Und hier hilft uns das Bundesverfassungsgericht, das im weiter oben schon mal erwähnten Urteil über die Alterbegrenzungen für **Hebammen** (BVerfGE **9**, 338) zu dieser Frage Folgendes ausführt:

»... *Eine Altersgrenze für einen bestimmten Beruf bedeutet keine bloße Beschränkung der* **Berufsausübung**. *Entscheidend ist nämlich nicht, wie die Wirkung der Altersgrenze gesetzlich formuliert wird; auch wenn nur die weitere berufliche Betätigung untersagt und nicht die ›Zugehörigkeit zu einem Beruf‹ in einem umfassenderen Sinne aufgehoben wird, liegt kein bloßer Eingriff in die Ausübung des Berufs vor. Ein Höchstalter für eine Berufstätigkeit stellt vielmehr verfassungsrechtlich eine Zulassungsvoraussetzung, nämlich eine Voraussetzung für das* **Zugelassen-Bleiben** *zum Berufe dar. Denn die Freiheit der* **Berufswahl** *umfasst nicht nur die Entscheidung über den* **Eintritt** *in einen Beruf, sondern auch die Entscheidung darüber,* **ob und wie lange** *jemand, der einen bestimmten Beruf hat, weiter in ihm verbleiben, das heißt weiter in ihm tätig sein will; die Freiheit der Berufswahl wird also nicht nur vor und bei der Berufsaufnahme ausgeübt, sondern auch bei der Entscheidung über die* **Berufsbeendigung** *(BVerfGE 7, 377 (401)), denn auch hier geht es um die Frage, ob jemand seinen Beruf überhaupt weiter ausüben, also wählen darf ...*«

<u>ZE.</u>: Durch eine Altersbegrenzung für einen bestimmten Beruf ist die freie Berufswahl im Sinne des Art. 12 Abs. 1 GG betroffen, da die Entscheidung darüber, *wie lange* man in seinem Beruf arbeiten möchte, also das »Zugelassen-Bleiben« im Beruf, zum Begriff der Berufswahl gehört.

II. Es muss des Weiteren ein »Eingriff« in den Schutzbereich vorliegen.

Definition: Unter *Eingriff* versteht man jedes staatliche Handeln, das dem Einzelnen ein Verhalten, das in den Schutzbereich eines Grundrechts fällt, ganz oder teilweise unmöglich macht; hierbei ist gleichgültig, ob diese Wirkung final oder unbeabsichtigt eintritt (BVerfGE **105**, 279; BVerfGE **81**, 310; BVerfG NVwZ **2007**, 1049; *von Münch/Kunig* vor Art. 1 GG Rz. 34; *Jarass/Pieroth* vor Art. 1 GG Rz. 27/28; *Kingreen/Poscher* StaatsR II Rz. 253).

Zum Fall: Die Regelung der LuftVZO als Akt der öffentlichen Gewalt zwingt die betroffenen Piloten zur Beendigung ihrer beruflichen Tätigkeit. Die Piloten können damit ihr Grundrecht aus Art. 12 Abs. 1 GG ab dem 65. Lebensjahr nicht mehr in Anspruch nehmen.

<u>ZE.</u>: Ein Eingriff liegt vor.

III. Der Eingriff dürfte verfassungsrechtlich nicht gerechtfertigt sein.

> **Obersatz**: Der staatliche Eingriff in den Schutzbereich eines Grundrechts ist dann verfassungsrechtlich gerechtfertigt, wenn das betroffene Grundrecht *einschränkbar* ist, eine entsprechende *Schranke* (z.B. ein Gesetz) besteht und diese Schranke selbst wiederum *verfassungsgemäß* ist (sogenannte »Schranken-Schranke«).

1.) Das Grundgesetz muss für das betroffene Grundrecht eine Einschränkbarkeit vorsehen. Gemäß Art. 12 Abs. 1 Satz 2 GG kann die *Berufsausübung* durch Gesetz oder aufgrund eines Gesetzes geregelt werden. Betrachtet man allein diesen Wortlaut, dürfen nur Regelungen, die die Berufsausübung betreffen, das Grundrecht des Art. 12 Abs. 1 GG beschränken.

> **Aber**: Das haben wir ja weiter oben schon gelernt: Der Art. 12 Abs. 1 GG wird nach allgemeiner Auffassung als allumfassendes »einheitliches Grundrecht« verstanden mit der Konsequenz, dass der Regelungsvorbehalt des Art. 12 Abs. 1 Satz 2 GG auszudehnen ist auf sämtliche in Art. 12 Abs. 1 Satz 1 GG genannten Bereiche, somit auch auf Regelungen, die – wie hier die Altersgrenze für Piloten – die *Berufswahl* und nicht die Berufsausübung betreffen (BVerfGE **7**, 377; BVerwG DVBl **2013**, 1122; *Maunz/Dürig/Scholz* Art. 12 GG Rz. 26; *von Mangoldt/Klein/Starck/Manssen* Art. 12 GG Rz. 2; *von Münch/Kunig/Kämmerer* Art. 12 GG Rz. 1; *Jarass/Pieroth* Art. 12 GG Rz. 27).

ZE.: Das Grundrecht des Art. 12 Abs. 1 GG in der Form der freien *Berufswahl* kann auch aufgrund des Regelungsvorbehaltes des Art. 12 Abs. 1 Satz 2 GG durch Gesetz oder aufgrund eines Gesetzes eingeschränkt werden. Der Gesetzesvorbehalt des Art. 12 Abs. 1 Satz 2 GG gilt für alle in Art. 12 Abs. 1 GG genannten Bereiche der Berufsfreiheit.

2.) Es muss im konkreten Fall eine entsprechende Schranke existieren.

Hier: Die Regelungen über die fraglichen Altersgrenzen für Piloten stehen nach Angaben des Sachverhaltes in der »Luftverkehrszulassungsordnung«. Es existiert somit eine entsprechende Schranke.

> **Feinkostabteilung:** Wie man dem Hinweis unter dem Sachverhalt entnehmen kann, ist diese *Luftverkehrszulassungsordnung* allerdings kein »Gesetz« im eigentlichen, förmlichen Sinne, sondern eine sogenannte Rechtsverordnung, deren Entstehen sich nach Art. 80 Abs. 1 GG regelt. Diese Rechtsverordnungen unterscheiden sich von den klassischen »formellen« Gesetzen (»Parlamentsgesetzen«) dadurch, dass sie nicht von einem Parlament, sondern gemäß **Art. 80 Abs. 1 GG** von einem Exekutivorgan erlassen werden, und zwar entweder von der **Bundesregierung**, einem **Bundesminister** oder einer **Landesregierung**. Erforderlich dafür ist aber, dass eine Ermächtigung zum Erlass der Rechtsverordnung zuvor in einem (Bundes-)Gesetz explizit festgelegt wurde (bitte lies: Art. 80 Abs. 1 Satz 1 GG). Der Sinn dieser Regelung liegt darin, dass der Gesetzgeber (Bundestag oder ein Landtag) nicht in jedem Bereich selbst aktiv werden kann und soll, sondern bestimmte staatliche Aufgaben an die oben benannten Exekutivorgane durch ein Bundesgesetz übertragen kann (vgl. im Einzelnen

Schwabe/Walter Staatsrecht I Fall 8; *Jarass/Pieroth* Art. 80 GG Rz. 20). Die benannten Rechtsverordnungen – die bekannteste dürfte die vom Bundesverkehrsminister im Jahr 1970 erlassene **Straßenverkehrsordnung** sein – nennt man dann »untergesetzliche Normen«, die gleichwohl bindend sind und für die Bürger auch Gesetzeskraft entfalten, obwohl sie nicht von einem Parlament, sondern »nur« von der Exekutive erlassen worden sind (BVerfGE **18**, 52; BVerfGE **19**, 17). Im vorliegenden Fall wurde die Ermächtigung zum Erlass der Luftverkehrszulassungsordnung übrigens niedergelegt im *Luftverkehrsgesetz*, und zwar in § 32 Abs. 1 Satz 1 Nr. 4 LuftVG. Dort heißt es, dass der Bundesverkehrsminister eine Rechtsverordnung erlassen darf, die unter anderem regelt, welche Personen mit welchen Befähigungen und Eigenschaften nach deutschem Recht ein Verkehrsflugzeug steuern dürfen. Aufgrund dieser Ermächtigung gibt es seit dem Jahre 1964 die **Luftverkehrszulassungsordnung**.

Und jetzt aufgepasst: Wenn das Grundgesetz in einem Regelungsvorbehalt die Formulierung wählt, dass ein Grundrecht, wie bei uns jetzt der Art. 12 Abs. 1 Satz 2 GG, »durch Gesetz oder aufgrund eines Gesetzes« eingeschränkt werden darf, hat das zweierlei Bedeutung: Zum einen darf das Grundrecht natürlich durch die klassischen formellen »Gesetze« (»Parlamentsgesetze«) beschränkt werden. Zum anderen kann eine solche Beschränkung des Grundrechts aber auch durch *Rechtsverordnungen*, also untergesetzliche Normen (dazu gehören übrigens auch »Satzungen«) erfolgen. Diese stellen zwar keine Gesetze im herkömmlichen Sinne dar, da sie nicht von einem Parlament beschlossen, sondern von einem Exekutivorgan erlassen werden (siehe oben). Allerdings ergehen diese Rechtsverordnungen gemäß **Art. 80 Abs. 1 Satz 1 GG** stets und zwingend aufgrund eines vorher erlassenen (Bundes-)Gesetzes. Damit erfüllen die Rechtsverordnungen aber auch den Regelungsvorbehalt des Art. 12 Abs. 1 Satz 2 GG, und zwar in der Form der Beschränkung »aufgrund eines Gesetzes«. Verstanden?!

Zum Fall: Die Luftverkehrszulassungsordnung schränkt – wie gesehen – das Grundrecht der Piloten aus Art. 12 Abs. 1 GG durch die Altershöchstgrenze ein. Da die *Luftverkehrszulassungsordnung* vom Bundesverkehrsminister aufgrund der Ermächtigung aus § 32 Abs. 1 Satz 1 Nr. 4 des *Luftverkehrsgesetzes* erlassen wurde, handelt es sich zwar nicht um eine Beeinträchtigung des Grundrechts »durch ein Gesetz«, aber um eine ebenfalls nach Art. 12 Abs. 1 Satz 2 GG mögliche Beeinträchtigung »aufgrund eines Gesetzes«.

3.) Fraglich ist nunmehr, inwieweit die Schranke des Grundrechts vorliegend selbst mit der Verfassung übereinstimmt. Es ist zu prüfen, ob die Luftverkehrszulassungsordnung sowohl formell als auch materiell mit dem Grundgesetz übereinstimmt (→ Schranken-Schranke).

I. Die formelle Rechtmäßigkeit

Hier: Zur formellen Rechtmäßigkeit der Luftverkehrszulassungsordnung müssen wir uns keine Gedanken machen, da die Verordnung nach dem Hinweis des Sachverhaltes *formal verfassungsgemäß* ist und insbesondere den Anforderungen des Art. 80

Abs. 1 GG genügt (vgl. insoweit auch BVerfG EuGRZ **2007**, 231). Die Luftverkehrszulassungsordnung ist formell rechtmäßig.

II. Die materielle Rechtmäßigkeit

1.) Im Hinblick auf die materielle Rechtmäßigkeit müssen zunächst die sogenannten »allgemeinen Anforderungen« an das Gesetz bzw. die Rechtsverordnung eingehalten worden sein (*Kingreen/Poscher* StaatsR II Rz. 359). Gemäß Art. 19 Abs. 1 GG muss das Gesetz allgemein und nicht für den Einzelfall gelten, es muss das betroffene bzw. eingeschränkte Grundrecht nennen (→ »Zitiergebot«) und es darf keinesfalls den Wesensgehalt dieses Grundrechts antasten (Art. 19 Abs. 2 GG).

> **Hier**: Sowohl das Luftverkehrsgesetz als auch die Luftverkehrzulassungsordnung sind allgemein gehaltene Normen, sie gelten für alle Piloten und regeln demzufolge *keinen* Einzelfall. Das Zitiergebot des Art. 19 Abs. 1 Satz 2 GG ist vorliegend *nicht* einschlägig, da es nach ständiger Rechtsprechung des Bundesverfassungsgerichts restriktiv ausgelegt bzw. angewandt werden muss und unter anderem für Art. 12 Abs. 1 GG nicht gilt. **Begründung**: Der Art. 19 Abs. 1 GG und das darin enthaltene Zitiergebot betrifft seinem Wortlaut nach nur Vorschriften, die »Einschränkungen« des Grundrechts vorsehen. Der Art. 12 Abs. 1 Satz 2 GG hingegen ermächtigt lediglich zu »Regelungen«, womit der Gesetzgeber nach Meinung des Bundesverfassungsgerichts zum Ausdruck gebracht hat, dass diese *Regelungen* des Art. 12 Abs. 1 Satz 2 GG nicht dem Zitiergebot des Art. 19 Abs. 1 Satz 2 GG unterliegen (BVerfGE **13**, 97, 122; BVerfGE **64**, 72, 80; *von Mangoldt/Klein/Starck/Huber* Art. 19 GG Rz. 75; *Jarass/Pieroth* Art. 12 GG Rz. 32; *von Münch/Kunig/Krebs* Art. 19 GG Rz. 16). Schließlich ist der Wesensgehalt des Art. 12 Abs. 1 GG nicht angetastet, da durch die Altersbegrenzung die Ausübung des Berufs nicht verboten, sondern nur zeitlich beschränkt wird. Ein Verstoß gegen Art. 19 Abs. 1 und 2 GG ist somit nicht erkennbar.

ZE.: Die allgemeinen Anforderungen an die das Grundrecht beschränkenden Normen sind eingehalten.

2.) Weitere Voraussetzung für die materielle Rechtmäßigkeit der Luftverkehrszulassungsordnung ist schließlich die Einhaltung des **Verhältnismäßigkeitsgrundsatzes**.

> **Achtung**: Normalerweise kommt an dieser Stelle jetzt die klassische Prüfung, inwieweit die fragliche gesetzliche Regelung einen legitimen Zweck verfolgt, zur Erreichung dieses Zwecks *geeignet*, *erforderlich* und schließlich auch *angemessen* ist. Diese Prüfung werden wir gleich auch vornehmen, müssen aber, um dem Apothekenurteil und dem dort geforderten Prüfungsaufbau des Art. 12 Abs. 1 GG gerecht zu werden, *vorher* – in einem separaten Prüfungspunkt – noch klären, auf *welcher Stufe* der Eingriff im konkreten Fall erfolgt ist, **denn**: Je nach Eingriffsstufe bestimmen sich anschließend die Voraussetzungen für die Rechtfertigung des Eingriffs und konkret der Verhältnismäßigkeitsprüfung (siehe oben). **Also**:

a) Zur Bestimmung der Verhältnismäßigkeit des Eingriffs muss zunächst geklärt werden, auf welcher Stufe der Eingriff durch die Festlegung einer Altersgrenze erfolgt ist. Innerhalb des Art. 12 Abs. 1 GG sind nach dem Apothekenurteil des Bundesverfassungsgerichts drei Eingriffsstufen möglich: Zum einen kann seitens des Staates in die *Berufsausübung* eingegriffen werden; zum anderen ist ein Eingriff in die freie *Berufswahl* möglich. Bezüglich der Berufswahlregelungen wird zudem unterschieden in solche mit objektiven Zulassungsbeschränkungen und in solche mit subjektiven Zulassungsbeschränkungen.

Zum Fall: Wie bereits oben innerhalb der Prüfung des Schutzbereiches erörtert, handelt es sich bei der Festlegung einer Altersgrenze nicht um eine Berufsausübungs-, sondern um eine Berufswahlregelung, da auch die Frage nach der Beendigung des Berufs zur Wahl im Sinne des Art. 12 Abs. 1 GG gehört (BVerfGE **9**, 338; BVerfGE **64**, 72). Es ist somit nur noch fraglich, ob es sich bei der gesetzlichen Altershöchstgrenze für Piloten um eine *objektive* oder um eine *subjektive* Zulassungsvoraussetzung für die Berufswahl handelt. Subjektive Zulassungsvoraussetzungen knüpfen dabei an die Person des Betroffenen an, objektive Zulassungsvoraussetzungen sind solche, die unabhängig von und außerhalb der jeweiligen Person stehen.

Und hier die Finte: Auch wenn das auf den ersten Blick irgendwie merkwürdig klingt, aber die Festlegung einer Altershöchstgrenze für einen bestimmten Beruf ist nach allgemeiner Meinung eine *subjektive* Zulassungsvoraussetzung – obwohl man auf sein Alter ja eigentlich (und leider) gar keinen Einfluss hat. Das Bundesverfassungsgericht hat gleichwohl schon sehr früh, nämlich im bereits mehrfach erwähnten »Hebammenurteil« aus dem Jahre 1959, Folgendes festgestellt (BVerfGE **9**, 338):

> *»… Höchstaltersgrenzen greifen auf der ›Stufe‹ der* **subjektiven**, *nicht der objektiven Zulassungsvoraussetzungen in die Freiheit der Berufswahl ein. Sie gehen nämlich davon aus, dass Menschen mit einem bestimmten Alter durchschnittlich den Anforderungen des betreffenden Berufs nicht mehr genügen. Solche Regelungen sind nicht etwa deshalb objektive Voraussetzungen für die weitere Zulassung zum Beruf, weil sie eine absolute Sperrwirkung für alle von ihnen Betroffenen haben, sodass sie ihrem Einfluss eigentlich entzogen sind (BVerfGE **7**, 377). Dies ist für die Frage, ob es sich bei der Altersbegrenzung um eine subjektive oder um eine objektive Zulassungsvoraussetzung handelt, aber nicht entscheidend; vielmehr kommt es auf die* **rechtliche** *Zurechnung der Erfüllung jener Voraussetzung an: Wenn es um den Besitz* **persönlicher Eigenschaften, Fähigkeiten, Fertigkeiten** *geht, liegt immer eine* **subjektive** *Zulassungsvoraussetzung vor. Die rechtliche Wirkung einer Altersgrenze besteht darin, dass eine – widerlegbare oder nicht widerlegbare – Vermutung begründet wird, dem Berufstätigen fehle von da ab die erforderliche Leistungsfähigkeit für den Beruf an jeder Stelle, an der er ihn etwa ausüben könnte, also gänzlich abgesehen von allen Umständen, die außerhalb der Person selbst liegen … Gesetzlich angeordnete Altershöchstgrenzen stellen daher stets* **subjektive** *Zulassungsvoraussetzungen im Sinne des Apothekenurteils des Bundesverfassungsgerichts dar … .«*

Also: Das wollen wir uns, auch wenn man diese Begründung durchaus anzweifeln kann, bitte unbedingt merken: Bei der Festlegung einer gesetzlichen Altershöchstgrenze für einen bestimmten Beruf handelt es sich – entgegen dem Bauch- bzw.

Rechtsgefühl – nicht um eine objektive, sondern um eine **subjektive** Zulassungsbeschränkung, da das Alter zur »Eigenschaft« einer Person und somit nicht zu einem »äußeren« Umstand gehört (allgemeine Meinung: BVerfGE **9**, 338; BVerfGE **64**, 72; BVerfGE MDR **2005**, 341; *Jarass/Pieroth* Art. 12 GG Rz. 35; *von Münch/Kunig/Kämmerer* Art. 12 GG Rz. 74; *von Mangoldt/Klein/Starck/Manssen* Art. 12 GG Rz. 147; *Pieroth/ Schlink/Kingreen/Poscher* StaatsR II Rz. 902).

Konsequenz: Die Festlegung einer Altersgrenze ist, da es sich um eine subjektive Zulassungsbeschränkung handelt, nur dann verhältnismäßig und folglich verfassungsgemäß, *wenn die Ausübung des Berufs andernfalls **unmöglich** oder **unsachgemäß** wäre oder durch den Eingriff wichtige, der Freiheit des Einzelnen vorgehende **Gemeinschaftsgüter** geschützt werden sollen* (→ BVerfGE **7**, 377).

Prüfen wir mal:

b) Die hier infrage stehenden Regeln der LuftVZO müssen angesichts dessen zunächst einen entsprechenden legitimen Zweck verfolgen.

Definition: Nach dem soeben Gesagten verfolgt eine gesetzliche Altersbeschränkung für einen bestimmten Beruf (hier: Piloten) nur dann einen legitimen Zweck, wenn die Ausübung des Berufs andernfalls *unmöglich* oder *unsachgemäß* wäre oder durch den Eingriff wichtige, der Freiheit des Einzelnen vorgehende *Gemeinschaftsgüter* geschützt werden sollen.

Hier: Die Altersgrenze für Piloten dient einem besonders *wichtigen Gemeinschaftsgut*, nämlich – neben der allgemeinen Sicherheit des Flugverkehrs – vor allem dem *Gesundheitsschutz* einer Vielzahl von Personen, die bei einem Versagen des Piloten aufgrund von körperlichen oder geistigen Ausfallerscheinungen gefährdet sein könnten. Die Tätigkeit eines Piloten stellt hohe Anforderungen an die körperliche und geistige Leistungsfähigkeit. Es entspricht wissenschaftlichen Erkenntnissen und auch der allgemeinen Lebenserfahrung, dass die Gefahr einer Beeinträchtigung der Leistungsfähigkeit mit zunehmendem Alter immer größer wird (EuGH NZA **2011**, 1039; BVerfGE **9**, 338; BVerfGE **64**, 72). Altersgrenzen, die die Berufsausübung im höheren Alter einschränken, dienen daher grundsätzlich dazu, die Gefährdungen, die von älteren, nicht mehr voll leistungsfähigen Berufstätigen ausgehen können, einzudämmen. Das Versagen eines Piloten hätte unter Umständen katastrophale Folgen für eine Vielzahl von Menschen, nämlich zum einen den Flugpassagieren und zum anderen den Bewohnern der überflogenen Gebiete. Deshalb ist es insbesondere bei diesem Beruf notwendig, den Eintritt etwaiger Gefahrenlagen so weit wie möglich zu verhindern oder solchen Gefahrenlagen vorzubeugen.

<u>ZE.:</u> Die Altersbeschränkung für Piloten erfüllt somit zum einen den Zweck, die sachgemäße Ausübung des Berufs zu gewährleisten und betrifft zum anderen mit dem Gesundheitsschutz der jeweils betroffenen Menschen ein besonders wichtiges

Gemeinschaftsgut. Ein legitimer Zweck im oben benannten Sinne liegt demnach vor (BVerfG EuGRZ **2007**, 231; BVerfG MDR **2005**, 341).

c) Die Altersgrenzen müssten des Weiteren geeignet sein, diesen Zweck zu erreichen.

> **Definition**: G*eeignet* ist eine Maßnahme dann, wenn mit ihrer Hilfe das angestrebte Ziel voraussichtlich erreicht oder zumindest gefördert werden kann (BVerfG NJW **2016**, 700; BVerfGE **126**, 112; BVerfGE **100**, 313; BVerfGE **63**, 115).

Hier: Wie bereits angedeutet, entspricht es wissenschaftlichen Erkenntnissen und auch der allgemeinen Lebenserfahrung, dass die Gefahr einer Beeinträchtigung der Leistungsfähigkeit eines Menschen mit zunehmendem Alter größer wird (BVerfGE **9**, 338; BVerfGE **64**, 72). Im Fall der Verkehrspiloten ist es wesentlich, dass sie über besondere körperliche Fähigkeiten verfügen, da körperliche Schwächen beträchtliche Konsequenzen haben können. Diese Fähigkeiten nehmen mit zunehmendem Alter ab. Eine Altersbegrenzung für Piloten fördert daher in jedem Falle das Erreichen des angestrebten Zwecks, nämlich dem Schutz der vom Pilotenberuf betroffenen Personen (EuGH vom 5. Juli **2017** – C 190/16; EuGH NZA **2011**, 1039).

ZE.: Die vorliegende Maßnahme ist folglich auch geeignet, das angestrebte Ziel zu erreichen.

d) Die Regeln der LuftVZO müssten zudem erforderlich sein.

> **Definition**: Die Maßnahme ist *erforderlich*, wenn es kein gleich wirksames, aber den Grundrechtsträger weniger belastendes Mittel zur Erreichung des Zwecks gibt; es muss der geringst mögliche Grundrechtseingriff bei gleicher Wirksamkeit gewählt werden (BVerfG NJW **2016**, 700; BVerfGE **77**, 84; BVerfG NJW **1999**, 3402).

Hier: Als milderes Mittel denkbar wäre, wie es R oben in der Sachverhaltsschilderung ja auch vorschlägt, keine pauschale Regelung zu treffen, sondern jeden Piloten regelmäßigen, vom Staat überwachten Gesundheitskontrollen zu unterziehen, um so auch kurzfristig entscheiden zu können, ab wann ein Pilot nicht mehr eingesetzt werden kann.

Aber: Insoweit hat das Bundesverfassungsgericht schon mehrfach festgestellt, dass eine solche Regelung unter dem Gesichtspunkt der Erforderlichkeit nicht in Betracht kommt, denn (BVerfGE **9**, 338; BVerfGE **64**, 72; BVerfG MDR **2005**, 341):

> »... *Der Gesetzgeber ist nicht darauf beschränkt, jeweils im Einzelfall ab Vollendung einer bestimmten Altersgrenze eine individuelle Prüfung der Leistungsfähigkeit zur Sicherstellung des Zieles vorzusehen. Er darf auf der Grundlage von Erfahrungswerten eine **generalisierende Regelung** erlassen, insbesondere auch vor dem Hintergrund, dass eine generalisierende*

*Behandlung den Betroffenen unter verfassungsrechtlichen Gesichtspunkten sogar eher zumutbar ist, als eine regelmäßige individuelle Prüfung vor einem Amtsarzt. Im Übrigen wäre insoweit auch der Zeitraum der wiederkehrenden Untersuchungen zu bestimmen, zumal bei Piloten jederzeit Gefahr im Verzug sein kann – mit unter Umständen katastrophalen Folgen ... Dass die Eindämmung der potenziellen Gefahr mittels einer auf den Erfahrungen mit dem Durchschnitt beruhenden, **generalisierenden** Regelung geschieht, sodass die Leistungsfähigkeit nicht nach der einzelnen Person beurteilt wird, widerstreitet nicht der Bedeutung der Berufsfreiheit für die Freiheit jeder einzelnen Persönlichkeit ... Eine solche Maßnahme ist mithin **erforderlich**.«*

ZE.: Die Einführung von Altersgrenzen für Piloten ist *erforderlich* zur Erreichung des gesetzgeberischen Zwecks, nämlich dem Schutz der vom Pilotenberuf unmittelbar betroffenen Personen und Rechtsgüter (so auch EuGH vom 5. Juli **2017** – C 190/16).

e) Die Maßnahme muss schließlich auch angemessen bzw. verhältnismäßig im engeren Sinne sein.

> **Definition**: Eine Maßnahme ist dann *angemessen*, wenn sie beim Grundrechtsträger keinen Nachteil herbeiführt, der erkennbar außer Verhältnis zum verfolgten Zweck steht (BVerfGE **7**, 377; BVerfGE **17**, 306; *Kingreen/Poscher* StaatsR II Rz. 299). Der Grundrechtsträger darf insbesondere durch die staatliche Maßnahme nicht *übermäßig* belastet werden (→ Übermaßverbot).

Hier: Angesichts der Tatsache, dass der Pilotenberuf ein erhebliches Verantwortungspotenzial für Leib und Leben anderer Menschen in sich trägt (siehe oben), erscheint es auch angemessen, für Verkehrspiloten eine endgültige gesetzliche Altersgrenze von 65 Jahren festzulegen und ab dem 60. Lebensjahr die Flugerlaubnis nur noch zu erteilen, wenn mindestens ein unter 60 Jahre alter Kollege als zweiter Pilot an Bord des Flugzeugs ist. Den betroffenen Piloten wird der Beruf damit nicht gänzlich untersagt, sondern mit der endgültigen Grenze von 65 Jahren lediglich auf das im sonstigen Arbeitsleben allgemein übliche Rentenalter begrenzt. Die widerstreitenden Interessen – auf der einen Seite die freie Berufswahl der Piloten und auf der anderen Seite der Gesundheits- und Lebensschutz der von den Piloten beförderten Passagiere – begrenzen im vorliegenden Fall das Grundrecht der Piloten aus Art. 12 Abs. 1 GG in einer Weise, die die Grundrechtsträger nicht übermäßig belastet. Eine mögliche sonstige, privat nutzbare Flugberechtigung ist von diesem Verbot zudem nicht betroffen. Die somit erkennbaren Nachteile der Piloten stehen aus verfassungsrechtlicher Sicht daher nicht außer Verhältnis zu dem beabsichtigten Zweck, nämlich dem Schutz von Leib und Leben der vom Pilotenberuf betroffenen Personen (BVerfG MDR **2005**, 341).

ZE.: Die Festlegung von gesetzlichen Altershöchstgrenzen für Piloten verstößt somit auch nicht gegen das Übermaßverbot und ist folglich angemessen.

Ergebnis Die Regelungen der LuftVZO, wonach Piloten mit dem Erreichen des 65. Lebensjahres die Flugberechtigung für Passagierflugzeuge wieder verlieren und schon ab dem 60. Lebensjahr nur noch gemeinsam mit einem unter 60 Jahre alten Kollegen fliegen dürfen, verstößt nicht gegen Art. 12 Abs. 1 GG.

II. Verstoß gegen Art. 3 Abs. 1 GG?

Beachte: Wir werden uns später im Buch noch ausführlich mit **Art. 3 Abs. 1 GG** beschäftigen, wollen (und müssen!) jetzt aber schon mal kurz auf eine mögliche Verletzung des Gleichheitssatzes schauen, denn der R beschwert sich ja auch darüber, dass es etwa für *Rechtsanwälte* – und übrigens auch für unzählige andere Berufe – tatsächlich gar keine Altersbegrenzung gibt und daher die Begrenzung für Piloten unter Umständen verfassungswidrig ist.

Ansatz: Das Gleichheitsgebot aus Art. 3 Abs. 1 GG beinhaltet eine Vielzahl von Regeln, unter anderem das Gebot, *wesentlich Gleiches* (= vergleichbare Sachverhalte) auch *gleich* (→ identische Rechtsfolgen) zu behandeln. Im Umkehrschluss folgert man aus Art. 3 Abs. 1 GG aber auch, dass wesentlich *Ungleiches* (= nicht vergleichbare Sachverhalte) durchaus auch *ungleich* (→ unterschiedliche Rechtsfolgen) behandelt werden darf, sofern es nämlich einen tragfähigen sachlichen Grund für diese Ungleichbehandlung gibt (BVerfG **55**, 72; BVerfGE **40**, 121; BVerfGE **38**, 225; BK/*Rüfner* Art. 3 GG Rz. 159; *von Mangoldt/Klein/Starck* Art. 3 GG Rz. 230; *Jarass/Pieroth* Art. 3 GG Rz. 7/8).

Zum Fall: Die unterschiedlichen Altersgrenzen von Piloten (65 Jahre) und Rechtsanwälten (gar keine!) wären dann ein Verstoß gegen den Gleichheitsgrundsatz des Art. 3 Abs. 1 GG, wenn der Beruf des Rechtsanwaltes und der des Piloten als »wesentlich gleich« im Sinne des Art. 3 Abs. 1 GG zu werten wären und es zudem keinen sachlichen Grund für eine Ungleichbehandlung im Hinblick auf die unterschiedlichen Altershöchstgrenzen gäbe.

Lösung: Zum einen wird man sich schon fragen können, ob die Piloten und die Anwälte tatsächlich als »wesentlich gleiche Personengruppe« zu werten sind. Immerhin üben beide Berufsgruppen bei genauer Betrachtung extrem unterschiedliche Tätigkeiten aus, **denn**: Anders als Piloten, gefährden Rechtsanwälte naturgemäß *nicht* Leib oder Leben der Personen, mit denen sie bei der Ausübung ihres Berufs in Berührung kommen. Der »Fehler« eines Rechtsanwaltes hat zwar unter Umständen einen verlorenen (Gerichts-)Prozess, aber definitiv keine Flugkatastrophe zur Folge. Aus diesem Grund benötigen Rechtsanwälte auch keine Altersgrenze, da nicht ersichtlich ist, welches wichtige Gemeinschaftsgut durch einen älteren Rechtsanwalt beeinträchtigt sein könnte.

Das Bundesverfassungsgericht formuliert es im uns inzwischen bekannten »Hebammenurteil« (BVerfGE **9**, 338) so:

»... *Der Grad und das Ausmaß staatlicher Berufsregelungen werden immer in erster Linie von der Eigenart und den eigenen Problemen und Gefahrenlagen des einzelnen Berufes bestimmt sein müssen. Sind Berufsregelungen mit Art. 12 Abs. 1 GG vereinbar, so wird der Gleichheitssatz aus Art. 3 Abs. 1 GG zur Gleichbehandlung mit anderen Berufen nur zwingen, wenn nahezu identische Berufsbilder vorliegen. Vor allem bei einer Regelung, die – wie die **Altersgrenze** – die ganze Berufstätigkeit ergreift und schon damit die Struktur des Berufs im Ganzen berührt, darf auch das ganze Bild jedes einzelnen Berufs berücksichtigt werden ... Eine andere oder gar keine Altersgrenze stellt somit nur dann einen Verstoß gegen Art. 3 Abs. 1 GG dar, wenn die sich gegenüberstehenden Berufsbilder auch tatsächlich vergleichbar sind ... Betreffen sie hingegen unterschiedliche Tätigkeitsfelder mit unterschiedlichen Gefahrenlagen, würde eine trotzdem erfolgte Gleichbehandlung sogar gegen Art. 3 Abs. 1 GG verstoßen, da dann unterschiedliche Regelungen geradezu zwingend sind ... «.*

Also: Unterschiedliche Altersgrenzen für unterschiedliche Berufe verstoßen nur dann gegen Art. 3 Abs. 1 GG, wenn die unterschiedlichen Berufe gleichwohl wesentlich gleich sind und namentlich identische Gefahrenlagen aufweisen, aufgrund derer man auch eine identische Altersgrenze für beide Berufe als sinnvoll betrachten kann. Das aber kann bei den Berufen des Piloten und des Rechtsanwaltes ganz offensichtlich nicht angenommen werden (vgl. dazu auch EuGH NZA **2011**, 1039).

Ergebnis: Somit liegt im vorliegenden Fall auch kein Verstoß gegen Art. 3 Abs. 1 GG vor. Die Regelungen der Luftverkehrszulassungsordnung sind folglich insgesamt verfassungsgemäß.

Aktueller Nachtrag: So, und dieses Ergebnis hat der EuGH mit Beschluss vom **5. Juli 2017** (Az.: C 190/16) noch einmal ausdrücklich bestätigt. Auf Vorlage des deutschen Bundesarbeitsgerichts vom 27. Januar 2016 (→ BAGE **154**, 11) erklärte der EuGH abermals (vgl. EuGH NZA **2011**, 1039), dass eine Altersbegrenzung für Verkehrspiloten nicht gegen europäisches Recht verstößt und namentlich keine rechtswidrige Diskriminierung wegen des Alters und auch keine rechtswidrige Beeinträchtigung der Berufsfreiheit darstellt. Wörtlich heißt es: »... *Der Gesetzgeber hält sich mit der Altersbegrenzung von 65 Jahren im Rahmen der Verhältnismäßigkeit und ist insbesondere **nicht** verpflichtet, anstatt einer solchen Altersgrenze eine individuelle Prüfung der körperlichen und psychischen Fähigkeiten aller Piloten über 65 Jahren vorzunehmen, um diese unter Umständen im Dienst zu belassen ...*«

Kleines Schmankerl noch für die Oberschlauen

Wer den Text und vor allem auch die vielen beiläufigen Bemerkungen unseres schönen Falles besonders aufmerksam gelesen hat, könnte sich jetzt am Ende noch Folgendes fragen: Wenn es doch offensichtlich einen verfassungsrechtlichen Grund gibt, eine Altersgrenze für Piloten, aber nicht für *Rechtsanwälte* einzuführen (siehe soeben) – wieso müssen dann eigentlich *Notare*, die auch »nur« Juristen sind und auch einen irgendwie der Rechtsanwaltstätigkeit vergleichbaren Beruf ausüben, gemäß § 48a BNotO mit **70 Jahren** aufhören (haben wir weiter oben in der Lösung erwähnt)?

Antwort: Anders als bei den Rechtsanwälten, ist der Zahl der Notare bzw. die Zahl der zu vergebenen Notarstellen in Deutschland begrenzt. Der Notar übt nämlich, anders als der Rechtsanwalt, ein *öffentliches Amt* aus und wird nur dann vom Staat neu bestellt, wenn eine andere Notarstelle frei geworden ist, etwa wegen Tod eines Notars, Amtsniederlegung, Amtsenthebung oder Versetzung des Notars auf eine andere Notarstelle. So arbeiten in unserem Land zurzeit nur etwa 8.000 Notare, aber etwa 160.000 Rechtsanwälte. Die gesetzliche Altersgrenze von 70 Jahren für die Ausübung des Notarberufs hat nun folgenden **Sinn**: Wenn alle Notare bis zu ihrem Lebensende arbeiten dürften, kämen logischerweise kaum jüngeren Kollegen mehr nach, denn die müssen ja warten bis eine Stelle frei wird. Und das wiederum gefährdet die notwendige »homogene und geordnete Altersstruktur« des Notarberufs, die das Bundesverfassungsgericht aber als *besonders wichtiges Gemeinschaftsgut* ansieht, deren Gefährdung bekanntlich nötig ist, um eine *subjektive* Zulassungsbeschränkung für einen bestimmten Beruf zu rechtfertigen (siehe das Apothekenurteil). *Deshalb* also gibt es Altersgrenzen für Notare, nicht aber für Rechtsanwälte. Bei den Rechtsanwälten kommen immer wieder neue Kolleginnen und Kollegen nach, weil man als Rechtsanwalt insbesondere nicht darauf warten muss, dass eine andere Stelle frei wird. Man kann sich nach bestandenem Staatsexamen – ohne weitere sonstige Voraussetzungen – problemlos in Deutschland als Rechtsanwalt niederlassen. Aus diesem Grund ist die Altersstruktur der Anwälte in Deutschland auch weitestgehend homogen, ohne dass der Gesetzgeber, wie bei den Notaren, eingreifen muss (BVerfG NJW **2011**, 1131; BVerfG NJW **2008**, 1212; BVerfG NJW **1993**, 1575; BGH IBR **2014**, 244; BGHZ **185**, 30). Alles klar!?

Das Allerletzte

So, und obwohl das jetzt zugegebenermaßen eine ganze Menge Stoff war und die (Lern-)Energie des Lesers vermutlich schon auf Reserve läuft, hängen wir trotzdem noch etwas dran – der Anlass erfordert es: Das Bundesverfassungsgericht hatte am **12. Januar 2016** (→ NJW **2016**, 700 = WM **2016**, 379 = BGBl I **2016**, 244) über einen Fall zu entscheiden, der nicht nur reichlich praxisrelevant, sondern vor allem megaprüfungstauglich daherkommt. Kaum zu glauben, aber es ging wieder um Rechtsanwälte und: Apotheker! Folgende interessante Geschichte stand zur Entscheidung:

> Rechtsanwalt R aus Oberbayern ist verheiratet mit Frau F, die als Ärztin und Apothekerin arbeitet. Eines Tages kommen R und F auf die Idee, ihre beiden Berufe zu verbinden und melden beim Amtsgericht eine sogenannte »**Partnerschaftsgesellschaft**« im Sinne des § 1 PartGG (*Schönfelder* Nr. 50b) an. Gemäß § 1 PartGG können sich Angehörige freier Berufe zu einer Gesellschaft zusammenschließen und ihre Berufe anschließend in Form einer Gesellschaft gemeinsam ausüben. R und F wollen als »*Dr. jur. R, Rechtsanwalt und Prof. Dr. F, Ärztin und Apothekerin – interprofessionelle Partnerschaft für das Recht des Arztes und Apothekers*« tätig werden. Das Amtsgericht verweigert indes die Eintragung der Gesellschaft und verweist auf

§ 59a Bundesrechtsanwaltsordnung (BRAO), wonach Rechtsanwälte sich nur mit bestimmten Berufsgruppen verbinden dürfen, und zwar mit Patentanwälten, Steuerberatern, Notaren sowie Buch- und Wirtschaftsprüfern. Ärzte oder Apotheker sind in § 59a BRAO nicht erwähnt und daher von einer Zusammenarbeit mit Rechtsanwälten ausgeschlossen. R sieht darin eine Verletzung seines Grundrechts aus Art. 12 Abs. 1 GG. **Zu Recht?**

Lösung: Das Bundesverfassungsgericht erklärte den seit über 20 Jahren geltenden § 59a BRAO überraschend für verfassungswidrig und bestätigte die Auffassung des BGH, der dem BVerfG die Sache zur Entscheidung vorgelegt hatte (vgl. BGH NJW **2013**, 2674 sowie BB **2016**, 1348). Die Begründung des BVerfG wollen wir uns jetzt mal in gebotener Kürze anschauen, auch hier gilt – natürlich – die »Dreistufentheorie«:
1. Erforderlich war aber wie immer zunächst, dass der § 59a BRAO überhaupt den Schutzbereich des Art. 12 Abs. 1 GG betrifft. Das ist hier indes kein Problem, denn ...

> »... zu der durch Art. 12 Abs. 1 GG garantierten freien Berufsausübung zählt auch die Freiheit, den Beruf gemeinsam mit Angehörigen anderer Berufe auszuüben. Ein Sozietätsverbot, wie es hier zur Überprüfung steht, greift daher in die Freiheit der Berufsausübung ein. Durch § 59a Abs. 1 Satz 1 BRAO wird die gemeinschaftliche Berufsausübung von Rechtsanwälten sowohl mit Ärzten als auch mit Apothekern untersagt. Die Norm enthält eine abschließende Aufzählung der sozietätsfähigen Berufe, bedeutet mithin für die dort **nicht** aufgeführten Berufe der Ärzte und der Apotheker ein **Sozietätsverbot**. Der Schutzbereich des Art. 12 Abs. 1 GG ist mithin betroffen ...« (→ BVerfG NJW **2016**, 700)

Achtung: Der R kann trotz des § 59a BRAO seinen Beruf als Rechtsanwalt natürlich weiterhin ausüben, nur eben nicht mit einem Arzt oder Apotheker; es handelt sich somit um eine Regelung betreffend die *Berufsausübung* (= 1. Stufe) und nicht um eine Berufswahlregelung. Der Fall war demnach auf dieser 1. Stufe – Zulässigkeit einer Berufsausübungsregelung? – zu lösen, und zwar so:

2. Da der Eingriff nicht problematisch war, stellte sich schließlich die Frage nach der *Rechtfertigung* des Eingriffs in die Berufsausübungsfreiheit. Der § 59a BRAO mit seinem Sozietätsverbot für alle dort nicht aufgeführten Berufe müsste insbesondere materiell verfassungsgemäß sein – und das ist er bei einer *Berufsausübungsregelung* nach dem Apothekenurteil des BVerfG (siehe weiter oben!) nur dann, wenn »... *vernünftige Erwägungen des Gemeinwohls diesen Eingriff zweckmäßig erscheinen lassen* ...«. Der § 59a BRAO musste unter Berücksichtigung dessen einen legitimen Zweck verfolgen, hierzu geeignet, erforderlich und angemessen sein.

Das BVerfG bescheinigte dem § 59a BRAO zunächst einen durchaus legitimen Zweck, denn ...

> »... die Regelung in § 59a BRAO verfolgt das Ziel, die Beachtung der **anwaltlichen Grundpflichten** zu sichern, die durch eine interprofessionelle Zusammenarbeit in besonderer

*Weise gefährdet sein können. Damit ist **1.**) neben der Pflicht zur **Verschwiegenheit**, **2.**) das Verbot angesprochen, widerstreitende Interessen zu vertreten (§ 43a Abs. 4 BRAO), sowie schließlich **3.**) die Pflicht, keine die **berufliche Unabhängigkeit** gefährdenden Bindungen einzugehen … Um den Eingriff in die Berufsausübungsfreiheit rechtfertigen zu können, genügt es nach dem Apothekenurteil des BVerfG, wenn die vom Gesetzgeber verfolgten Gemeinwohlziele auf vernünftigen Erwägungen des Gemeinwohls beruhen (BVerfGE 7, 377). Diese Voraussetzung ist hier mit Blick auf das Allgemeininteresse an einer funktionierenden Rechtspflege zu bejahen. Rechtsanwältinnen und Rechtsanwälte können ihre Aufgaben nur dann sachgerecht erfüllen, wenn zwischen ihnen und den Mandanten ein Vertrauensverhältnis besteht. Damit sich ein solches Vertrauen einstellen kann und erhalten bleibt, sind die anwaltlichen Grundpflichten zu beachten. Über den Schutz des individuellen Mandatsverhältnisses hinaus dient die Vorschrift aber auch dem Gemeinwohl in Gestalt einer funktionierenden Rechtspflege, die insbesondere auf die Geradlinigkeit anwaltlicher Berufsausübung angewiesen ist. Das Sozietätsverbot des § 59a BRAO ist mithin von einem legitimen Zweck getragen …«*

Und dann wurde es interessant: Das BVerfG schlüsselte die drei gerade genannten anwaltlichen Grundpflichten sorgsam auf und belegte die Verfassungswidrigkeit des § 59a BRAO mit ziemlich kleveren, praktischen Erwägungen:

a. Zur Wahrung der anwaltlichen *Verschwiegenheitspflicht* ist der § 59a BRAO zwar geeignet, indes nicht erforderlich, jedenfalls aber unangemessen, denn:

*»… Der gemäß § 59a BRAO erfolgte Ausschluss von Ärzten und Apothekern aus dem Kreis der sozietätsfähigen Berufe ist regelmäßig schon **nicht erforderlich**, um das Geheimhaltungsinteresse der Mandanten zu sichern, und vermag den Eingriff in die Berufsfreiheit nicht zu rechtfertigen … Aufgrund der für sie maßgeblichen Regelungen sind nämlich auch Ärztinnen und Ärzte sowie Apothekerinnen und Apotheker gleich den Rechtsanwältinnen und Rechtsanwälten zur **beruflichen Verschwiegenheit** verpflichtet. Auch die unbefugte Offenbarung eines fremden Geheimnisses ist gemäß § 203 Abs. 1 StGB für Ärzte und Apotheker strafbar … Die ärztliche Schweigepflicht schützt die Gesamtheit der Angaben des Patienten über seine persönliche, familiäre, wirtschaftliche, berufliche, finanzielle, kulturelle und sonstige soziale Situation sowie seine darüber preisgegebenen Ansichten und Reflexionen … Für die berufliche Verschwiegenheitspflicht von Apothekerinnen und Apothekern gilt all dies entsprechend … Sollten Informationen, offenbart werden, die außerhalb der Verschwiegenheitspflichten eines Arztes oder Apothekers liegen, greifen schließlich immer noch die berufsrechtlichen Regeln für Anwälte ein, die den Anwalt dazu verpflichten, bei seinen Geschäftspartnern auf die Einhaltung der anwaltlichen Berufspflichten zu achten. Dies ergibt sich aus den §§ 30, und 33 der Berufsordnung für Rechtsanwälte … Zur Wahrung der beruflichen Verschwiegenheit ist das Sozietätsverbot mit Ärzten und Apothekern daher weder erforderlich noch angemessen …«*

b. In Bezug auf das für Anwälte geltende Verbot, *widerstreitende Interessen* zu vertreten, vereint das BVerfG die Angemessenheit des § 59a BRAO, denn …

*»… es ist Rechtsanwältinnen und Rechtsanwälten untersagt, widerstreitende Interessen zu vertreten. Zweck dessen ist die Wahrung des **Vertrauensverhältnisses** zwischen Anwalt und Mandant sowie die Sicherung der Stellung des Rechtsanwalts als eines unabhängigen Sachwalters im Dienste der Rechtsuchenden. Damit dient die Geradlinigkeit anwaltlicher Interessenvertretung auch dem übergeordneten Gemeinwohlziel einer funktionierenden Rechtspflege. Entsprechende Bestimmungen finden sich in den Berufsordnungen für Ärzte und Apotheker*

nicht. Der Verzicht auf vergleichbare Regelungen erscheint aber nachvollziehbar, weil Ärzte und Apotheker bei Ausübung ihrer Berufe typischerweise nicht im Interesse ihrer Patienten in ein Gegnerverhältnis zu Dritten geraten. Da sich somit zeigt, dass bei einer Partnerschaft mit Ärzten und Apothekern im Vergleich zu Angehörigen sozietätsfähiger Berufe keine spezifisch erhöhten Gefährdungen der anwaltlichen Geradlinigkeit auszumachen sind, erweist sich das Sozietätsverbot unter diesem Gesichtspunkt ebenfalls als unangemessener, den betroffenen Grundrechtsträgern nicht zumutbarer Eingriff in deren Berufsfreiheit …«

c. Schließlich ist der § 59a BRAO mit dem implizierten Sozietätsverbot für Ärzte und Apotheker auch zur Wahrung der **anwaltlichen Unabhängigkeit** zwar geeignet und erforderlich, aber nicht verhältnismäßig im engeren Sinne. Wörtlich heißt es:

*»… Zur Sicherung der anwaltlichen Unabhängigkeit mag sich ein Sozietätsverbot mit Ärzten oder Apothekern noch als erforderlich darstellen; auch hier ist aber jedenfalls die **Angemessenheit** angesichts der gesetzlichen Regelung nicht mehr gewahrt … Die Achtung ihrer beruflichen Unabhängigkeit garantiert den Rechtsanwälten rechtliche und tatsächliche Handlungsfreiheit. Mit dem Schutz der anwaltlichen Unabhängigkeit verfolgt der Gesetzgeber mit Blick auf das übergeordnete Gemeinwohlziel einer funktionierenden Rechtspflege durchaus einen **legitimen Zweck**. Anwaltliche Unabhängigkeit ist nicht nur gegenüber dem Staat, sondern auch im Verhältnis zu Sozien und anderen Dritten zu wahren … Bei der Zusammenarbeit mehrerer Berufsträger lassen sich Beeinträchtigungen der beruflichen Unabhängigkeit der einzelnen Partner zutreffenderweise nie völlig ausschließen … **Allerdings** erscheint die Gefahr in der konkreten Konstellation einer Partnerschaft zwischen Rechtsanwälten und Ärzten/Apothekern vergleichsweise gering. Die Verpflichtung zu beruflicher Unabhängigkeit ist nicht auf die Rechtsanwaltschaft beschränkt, sondern ein wesentliches Kennzeichen **aller freien Berufe**. Insbesondere bestimmt § 1 Abs. 2 Satz 1 PartGG, dass die freien Berufe im Allgemeinen die persönliche, eigenverantwortliche und fachlich unabhängige Erbringung von Dienstleistungen höherer Art zum Inhalt haben. Auch Ärzte haben in allen vertraglichen und sonst beruflichen Beziehungen zu Dritten ihre ärztliche Unabhängigkeit für die Behandlung der Patienten zu wahren. Ähnlich verpflichtende Regelungen zur Wahrung der beruflichen Unabhängigkeit gelten für Apotheker. Ungeachtet dessen beruht die Konzeption des jeweiligen Berufsrechts ohnehin nicht auf der Annahme, dass eine situationsgebundene Gelegenheit zur Pflichtverletzung im Regelfall zu einem pflichtwidrigen Handeln führt, sondern darauf, dass sich die Berufsträger – namentlich Ärzte und Apotheker nicht anders als Rechtsanwälte – grundsätzlich rechtstreu verhalten … Zudem muss gesehen und berücksichtigt werden, dass das grundlegend andere, im Heil- und Gesundheitswesen liegende Tätigkeitsfeld der Ärzte und Apotheker eher dafür spricht, dass diese schon wegen ihrer beruflichen Distanz zu rechtlichen Fragestellungen die Unabhängigkeit des anwaltlichen Partners stärker respektieren werden. Nach alledem sind die Gefahren, die mit jeder gemeinsamen Berufsausübung für die Unabhängigkeit einzelner Berufsträger verbunden sind, zu gering, als dass das absolute Sozietätsverbot mit Ärzten und Apothekern angemessen wäre …«*

Achtung: Diese Entscheidung des Bundesverfassungsgerichts wird so sicher wie das Amen in der Kirche in den kommenden Monaten und Jahren sowohl in den universitären Übungen als auch im Examen auftauchen. Nachlesen schadet sicher nicht, auch wenn es angesichts des Umfangs möglicherweise ein bisschen weh tut (→ NJW **2016**, 700–708 = WM **2016**, 379-384; Urteilsanmerkungen etwa von *Römermann* in NJW 2016, 682; *Prütting* in EWiR 2016, 195; *Henssler* in AnwBl 2016, 211; *Ahlhaus* in GesR 2016, 150). Es lohnt sich aber, versprochen.

Prüfungsschema 9

Der Eingriff in die Berufsfreiheit des Art. 12 Abs. 1 GG

I. Der **Schutzbereich** des Art. 12 Abs. 1 GG

→ *Beruf* = jede Tätigkeit, die der Erhaltung der Lebengrundlage dient (nicht: einmalige Erwerbsakte). Unerheblich, ob selbstständige oder unselbstständige Tätigkeit.

Beachte: Der Art. 12 Abs. 1 GG statuiert ein »einheitliches« Grundrecht der Berufsfreiheit → freie Wahl des Berufs, der Ausbildungsstätte, des Arbeitsplatzes und der gesamten Berufsausübung.

II. Eingriff (siehe Schema Nr. 1 oben) → in der Regel bei Art. 12 GG unproblematisch

III. Rechtfertigung des Eingriffs

Beachte zunächst: Der Gesetzesvorbehalt des Art. 12 Abs. 1 Satz 2 GG gilt auch für alle Bereiche des Abs. 1, weil Art. 12 GG ein »einheitliches« Grundrecht ist.

→ Es muss eine entsprechende *Schranke* (= Gesetz oder auch eine Rechtsverordnung) existieren.

→ Diese Schranke/Gesetz muss selbst verfassungsgemäß sein (Schranken-Schranke):

1.) Formelle Rechtmäßigkeit = ordnungsgemäßes Gesetzgebungsverfahren

2.) Materielle Rechtmäßigkeit:

→ **Drei-Stufen-Theorie** (»Apothekenurteil« → BVerfGE 7, 377):

1. Stufe: Berufsausübungsregelung

→ Zulässig nur, wenn »*... vernünftige Erwägungen des Gemeinwohls diesen Eingriff zweckmäßig erscheinen lassen ...*«.

2. Stufe: Berufswahlregelung mit **subjektiven** Zulassungsvoraussetzungen

→ Zulässig nur, wenn »*... die Ausübung des Berufs andernfalls unmöglich oder unsachgemäß wäre oder durch den Eingriff wichtige, der Freiheit des Einzelnen vorgehende Gemeinschaftsgüter geschützt werden sollen ...*«.

3. Stufe: Berufswahlregelung mit **objektiven** Zulassungsvoraussetzungen

→ Zulässig nur, wenn sie »*... zum Schutze eines überragend wichtigen Gemeinschaftsguts vor schweren Nachteilen zwingend erforderlich ist ...*«.

Dann: Verfolgt die Regelung der entsprechenden Stufe einen **legitimen Zweck** und ist schließlich **geeignet**, **erforderlich** und auch **angemessen**?

Gutachten

Die von der LuftVZO angeordnete Alterhöchstgrenze von 65 Jahren für Piloten ist verfassungswidrig, wenn damit durch einen Akt der öffentlichen Gewalt in den Schutzbereich eines Grundrechts eingegriffen wird und dieser Eingriff verfassungsrechtlich nicht gerechtfertigt ist.

I. Durch die in der LuftVZO angeordnete Altershöchstgrenze müsste ein Grundrecht in seinem Schutzbereich betroffen sein.

1.) In Betracht kommt die Verletzung des Grundrechts der Piloten aus Art. 12 Abs. 1 GG. Gemäß Art. 12 Abs. 1 GG haben alle Deutschen das Recht, Beruf, Arbeitsplatz und Ausbildungsstätte frei zu wählen. Unter Beruf im Sinne des Art. 12 Abs. 1 GG versteht man jede Tätigkeit, die in ideeller und materieller Hinsicht der Schaffung und der Erhaltung der Lebengrundlage dient oder dazu beiträgt. Hierbei ist unerheblich, ob es sich um eine selbstständige oder um eine unselbstständige Tätigkeit handelt. Art. 12 Abs. 1 GG schützt dabei neben der freien Berufswahl, dem Arbeitsplatz und der Ausbildungsstätte auch die Berufsausübung im umfassenden Sinne. Insbesondere die Berufswahl und die Berufsausbildung sind Formen der Berufsausübung und stellen folglich keine streng voneinander zu trennende Bereiche dar. Sie werden wegen ihren Überschneidungen als einheitliches Grundrecht behandelt.

Es ist innerhalb der Betroffenheit des Schutzbereiches zu klären, ob und welchen der genannten Bereiche die Alterbegrenzung für Piloten betrifft. Eine Altersgrenze für einen bestimmten Beruf bedeutet keine bloße Beschränkung der Berufsausübung. Entscheidend ist nicht, wie die Wirkung der Altersgrenze gesetzlich formuliert wird; auch wenn nur die weitere berufliche Betätigung untersagt und nicht die »Zugehörigkeit zu einem Beruf« in einem umfassenderen Sinne aufgehoben wird, liegt kein bloßer Eingriff in die Ausübung des Berufs vor. Ein Höchstalter für eine Berufstätigkeit stellt vielmehr verfassungsrechtlich eine Zulassungsvoraussetzung, nämlich eine Voraussetzung für das Zugelassen-Bleiben zum Berufe dar. Die Freiheit der Berufswahl umfasst nicht nur die Entscheidung über den Eintritt in einen Beruf, sondern auch die Entscheidung darüber, ob und wie lange jemand, der einen bestimmten Beruf hat, weiter in ihm verbleiben, das heißt weiter in ihm tätig sein will. Die Freiheit der Berufswahl wird also nicht nur vor und bei der Berufsaufnahme ausgeübt, sondern auch bei der Entscheidung über die Berufsbeendigung, denn auch hier geht es um die Frage, ob jemand seinen Beruf überhaupt weiter ausüben, also wählen darf.

Zwischenergebnis: Durch eine Altersbegrenzung für einen bestimmten Beruf ist die freie Berufswahl im Sinne des Art. 12 Abs. 1 GG betroffen, da die Entscheidung darüber, wie lange man in seinem Beruf arbeiten möchte, also das »Zugelassen-Bleiben« im Beruf, zum Begriff der Berufswahl gehört.

II. Es muss des Weiteren ein Eingriff in den Schutzbereich vorliegen. Unter Eingriff versteht man jedes staatliche Handeln, das dem Einzelnen ein Verhalten, das in den Schutzbereich eines Grundrechts fällt, ganz oder teilweise unmöglich macht; hierbei ist gleichgültig, ob diese Wirkung final oder unbeabsichtigt eintritt. Die Regelung der LuftVZO als Akt der öffentlichen Gewalt zwingt die betroffenen Piloten zur Beendigung ihrer beruflichen Tätigkeit. Die Piloten können damit ihr Grundrecht aus Art. 12 Abs. 1 GG ab dem 65. Lebensjahr nicht mehr uneingeschränkt in Anspruch nehmen.

Zwischenergebnis: Ein Eingriff liegt vor.

III. Der Eingriff dürfte verfassungsrechtlich nicht gerechtfertigt sein. Der staatliche Eingriff in den Schutzbereich eines Grundrechts ist dann verfassungsrechtlich gerechtfertigt, wenn das betroffene Grundrecht einschränkbar ist, eine entsprechende Schranke besteht und diese Schranke selbst wiederum verfassungsgemäß ist (sogenannte Schranken-Schranke).

1.) Das Grundgesetz muss für das betroffene Grundrecht eine Einschränkbarkeit vorsehen. Gemäß Art. 12 Abs. 1 Satz 2 GG kann die Berufsausübung durch Gesetz oder aufgrund eines Gesetzes geregelt werden. Betrachtet man allein diesen Wortlaut, dürfen nur Regelungen, die die Berufsausübung betreffen, das Grundrecht des Art. 12 Abs. 1 GG beschränken. Der Art. 12 Abs. 1 GG wird nach allgemeiner Auffassung aber als allumfassendes, einheitliches Grundrecht verstanden mit der Konsequenz, dass der Regelungsvorbehalt des Art. 12 Abs. 1 Satz 2 GG auszudehnen ist auf sämtliche in Art. 12 Abs. 1 Satz 1 GG genannten Bereiche, somit auch auf Regelungen, die – wie hier die Altersgrenze für Piloten – die Berufswahl und nicht die Berufsausübung betreffen.

Zwischenergebnis: Das Grundrecht des Art. 12 Abs. 1 GG in der Form der freien Berufswahl kann auch aufgrund des Regelungsvorbehaltes des Art. 12 Abs. 1 Satz 2 GG durch Gesetz oder aufgrund eines Gesetzes eingeschränkt werden. Der Gesetzesvorbehalt des Art. 12 Abs. 1 Satz 2 GG gilt für alle in Art. 12 Abs. 1 GG genannten Bereiche der Berufsfreiheit.

2.) Es muss im konkreten Fall eine entsprechende Schranke existieren. Die Regelungen über die fraglichen Altersgrenzen für Piloten stehen nach Angaben des Sachverhaltes in der Luftverkehrszulassungsordnung. Es existiert somit eine entsprechende Schranke. Da die Luftverkehrszulassungsordnung vom Bundesverkehrsminister aufgrund der Ermächtigung aus § 32 Abs. 1 Satz 1 Nr. 4 des Luftverkehrsgesetzes erlassen wurde, handelt es sich zwar nicht um eine Beeinträchtigung des Grundrechts durch ein Gesetz, aber um eine ebenfalls nach Art. 12 Abs. 1 Satz 2 GG mögliche Beeinträchtigung aufgrund eines Gesetzes.

3.) Fraglich ist nunmehr, inwieweit die Schranke des Grundrechts vorliegend selbst mit der Verfassung übereinstimmt. Es ist zu prüfen, ob die Luftverkehrszulassungsordnung sowohl formell als auch materiell mit dem Grundgesetz übereinstimmt.

I. Die formelle Rechtmäßigkeit

Nach dem Hinweis des Sachverhaltes ist die Luftverkehrszulassungsordnung formell verfassungsgemäß und genügt insbesondere den Anforderungen des Art. 80 Abs. 1 GG.

II. Die materielle Rechtmäßigkeit

1.) Im Hinblick auf die materielle Rechtmäßigkeit müssen zunächst die sogenannten allgemeinen Anforderungen an das Gesetz bzw. die Rechtsverordnung eingehalten worden sein. Gemäß Art. 19 Abs. 1 GG muss das Gesetz allgemein und nicht für den Einzelfall gelten, es muss das betroffene bzw. eingeschränkte Grundrecht nennen und es darf keinesfalls den Wesensgehalt dieses Grundrechts antasten (Art. 19 Abs. 2 GG). Sowohl das Luftverkehrsgesetz als auch die Luftverkehrszulassungsordnung sind allgemein gehaltene Normen, sie gelten für alle Piloten und regeln demzufolge keinen Einzelfall. Das Zitiergebot des Art. 19 Abs. 1 Satz 2 GG ist vorliegend nicht einschlägig, da es nach ständiger Rechtsprechung des Bundesverfassungsgerichts restriktiv ausgelegt bzw. angewandt werden muss und unter anderem für Art. 12 Abs. 1 GG nicht gilt. Der Art. 19 Abs. 1 GG und das darin enthaltene Zitiergebot betrifft seinem Wortlaut nach nur Vorschriften, die »Einschränkungen« des Grundrechts vorsehen. Der Art. 12 Abs. 1 Satz 2 GG hingegen ermächtigt lediglich zu »Regelungen«, womit der Gesetzgeber zum Ausdruck gebracht hat, dass diese Regelungen des Art. 12 Abs. 1 Satz 2 GG nicht dem Zitiergebot des Art. 19 Abs. 1 Satz 2 GG unterliegen. Schließlich ist der Wesensgehalt des Art. 12 Abs. 1 GG nicht angetastet, durch die Altersbegrenzung wird die Ausübung des Berufs nicht verboten, sondern nur zeitlich beschränkt. Ein Verstoß gegen Art. 19 Abs. 1 und 2 GG ist somit nicht erkennbar.

Zwischenergebnis: Die allgemeinen Anforderungen an die das Grundrecht beschränkenden Normen sind eingehalten.

2.) Weitere Voraussetzung für die materielle Rechtmäßigkeit der Luftverkehrszulassungsordnung ist schließlich die Einhaltung des Verhältnismäßigkeitsgrundsatzes.

a) Zur Bestimmung der Verhältnismäßigkeit des Eingriffs muss zunächst geklärt werden, auf welcher Stufe der staatliche Eingriff durch die Festlegung einer Altersgrenze erfolgt ist. Innerhalb des Art. 12 Abs. 1 GG sind drei Eingriffsstufen möglich: Zum einen kann seitens des Staates in die Berufsausübung eingegriffen werden; zum anderen ist ein Eingriff in die freie Berufswahl möglich. Bezüglich der Berufswahlregelungen wird zudem unterschieden in solche mit objektiven Zulassungsbeschränkungen und in solche mit subjektiven Zulassungsbeschränkungen. Wie bereits oben innerhalb der Prüfung des Schutzbereiches erörtert, handelt es sich bei der Festlegung einer Altersgrenze nicht um eine Berufsausübungs-, sondern um eine Berufswahlregelung, da auch die Frage nach der Beendigung des Berufs zur Wahl im Sinne des Art. 12 Abs. 1 GG gehört. Es ist somit nur noch fraglich, ob es sich bei der gesetzlichen Altershöchstgrenze für Piloten um eine objektive oder um eine subjektive Zulassungsvoraussetzung für die Berufswahl handelt. Subjektive Zulassungsvoraussetzungen knüpfen dabei an die Person des Betroffenen an, objektive Zulassungsvoraussetzungen sind solche, die unabhängig von und außerhalb der jeweiligen Person stehen.

Die streitgegenständlichen Höchstaltersgrenzen greifen auf der »Stufe« der subjektiven, nicht der objektiven Zulassungsvoraussetzungen in die Freiheit der Berufswahl ein. Sie gehen davon aus, dass Menschen mit einem bestimmten Alter durchschnittlich den Anforderungen des betreffenden Berufs nicht mehr genügen. Solche Regelungen sind nicht etwa deshalb objektive Voraussetzungen für die weitere Zulassung zum Beruf, weil sie eine absolute Sperrwirkung für alle von ihnen Betroffenen haben, sodass sie ihrem Einfluss eigentlich entzogen sind. Dies ist für die Frage, ob es sich bei der Altersbegrenzung um eine subjektive oder um eine objektive Zulassungsvoraussetzung handelt, aber nicht entscheidend; vielmehr kommt es auf die rechtliche Zurechnung der Erfüllung jener Voraussetzung an: Wenn es um den Besitz persönlicher Eigenschaften, Fähigkeiten, Fertigkeiten geht, liegt immer eine subjektive Zulassungsvoraussetzung vor. Die rechtliche Wirkung einer Altersgrenze besteht darin, dass eine Vermutung begründet wird, dem Berufstätigen fehle von da ab die erforderliche Leistungsfähigkeit für den Beruf an jeder Stelle, an der er ihn etwa ausüben könnte, also gänzlich abgesehen von allen Umständen, die außerhalb der Person selbst liegen. Gesetzlich angeordnete Altershöchstgrenzen stellen daher stets subjektive Zulassungsvoraussetzungen dar. Die Festlegung einer Altersgrenze ist, da es sich um eine subjektive Zulassungsbeschränkung handelt, nur dann verhältnismäßig und folglich verfassungsgemäß, wenn die Ausübung des Berufs andernfalls unmöglich oder unsachgemäß wäre oder durch den Eingriff wichtige, der Freiheit des Einzelnen vorgehende Gemeinschaftsgüter geschützt werden sollen.

b) Die hier infrage stehenden Regeln der LuftVZO müssen angesichts dessen zunächst einen entsprechenden legitimen Zweck verfolgen. Nach dem soeben Gesagten verfolgt eine gesetzliche Altersbeschränkung für einen bestimmten Beruf (hier: Piloten) nur dann einen legitimen Zweck, wenn die Ausübung des Berufs andernfalls unmöglich oder unsachgemäß wäre oder durch den Eingriff wichtige, der Freiheit des Einzelnen vorgehende Gemeinschaftsgüter geschützt werden sollen. Die Altersgrenze für Piloten dient einem besonders wichtigen Gemeinschaftsgut, nämlich – neben der allgemeinen Sicherheit des Flugverkehrs – vor allem dem Gesundheitsschutz einer Vielzahl von Personen, die bei einem Versagen des Piloten aufgrund von körperlichen oder geistigen Ausfallerscheinungen gefährdet sein könnten. Die Tätigkeit eines Piloten stellt hohe Anforderungen an die körperliche und geistige Leistungsfähigkeit. Es entspricht wissenschaftlichen Erkenntnissen und auch der allgemeinen Lebenserfahrung, dass die Gefahr einer Beeinträchtigung der Leistungsfähigkeit mit zunehmendem Alter immer größer wird. Altersgrenzen, die die Berufsausübung im höheren Alter einschränken, dienen daher grundsätzlich dazu, die Gefährdungen, die von älteren, nicht mehr voll leistungsfähigen Berufstätigen ausgehen können, einzudämmen. Das Versagen eines Piloten hätte unter Umständen katastrophale Folgen für eine Vielzahl von Menschen, und zwar zum einen den Flugpassagieren und zum anderen den Bewohnern der überflogenen Gebiete. Deshalb ist es insbesondere bei diesem Beruf notwendig, den Eintritt etwaiger Gefahrenlagen so weit wie möglich zu verhindern oder solchen Gefahrenlagen vorzubeugen.

Zwischenergebnis: Die Altersbeschränkung für Piloten erfüllt den Zweck, die sachgemäße Ausübung des Berufs zu gewährleisten und betrifft mit dem Gesundheitsschutz der jeweils betroffenen Menschen ein besonders wichtiges Gemeinschaftsgut. Ein legitimer Zweck im oben benannten Sinne liegt demnach vor.

c) Die Altersgrenzen müssten des Weiteren geeignet sein, diesen Zweck zu erreichen. Geeignet ist eine Maßnahme dann, wenn mit ihrer Hilfe das angestrebte Ziel voraussichtlich erreicht oder zumindest gefördert werden kann. Wie bereis angedeutet, entspricht es wissenschaftlichen Erkenntnissen und auch der allgemeinen Lebenserfahrung, dass die Gefahr einer Beeinträchtigung der Leistungsfähigkeit eines Menschen mit zunehmendem Alter größer wird. Im Fall der Verkehrspiloten ist es wesentlich, dass sie über besondere körperliche Fähigkeiten verfügen, da körperliche Schwächen beträchtliche Konsequenzen haben können. Diese Fähigkeiten nehmen mit zunehmendem Alter ab. Eine Altersbegrenzung für Piloten fördert daher in jedem Falle das Erreichen des angestrebten Zwecks, nämlich dem Schutz der vom Pilotenberuf betroffenen Personen.

Zwischenergebnis: Die vorliegende Maßnahme ist geeignet, das angestrebte Ziel zu erreichen.

d) Die Regeln der LuftVZO müssten zudem erforderlich sein. Eine Maßnahme ist erforderlich, wenn es kein gleich wirksames, aber den Grundrechtsträger weniger belastendes Mittel zur Erreichung des Zwecks gibt; es muss der geringst mögliche Grundrechtseingriff bei gleicher Wirksamkeit gewählt werden. Als milderes Mittel wäre denkbar, wie es R oben in der Sachverhaltsschilderung vorschlägt, keine pauschale Regelung zu treffen, sondern jeden Piloten regelmäßigen, vom Staat überwachten Gesundheitskontrollen zu unterziehen, um so auch kurzfristig entscheiden zu können, ab wann ein Pilot nicht mehr eingesetzt werden kann. Der Gesetzgeber ist indes nicht darauf beschränkt, jeweils im Einzelfall ab Vollendung einer bestimmten Altersgrenze eine individuelle Prüfung der Leistungsfähigkeit zur Sicherstellung des Zieles vorzusehen. Er darf auf der Grundlage von Erfahrungswerten eine generalisierende Regelung erlassen, insbesondere auch vor dem Hintergrund, dass eine generalisierende Behandlung den Betroffenen unter verfassungsrechtlichen Gesichtspunkten sogar eher zumutbar ist, als eine regelmäßige individuelle Prüfung vor einem Amtsarzt. Im Übrigen wäre insoweit auch der Zeitraum der wiederkehrenden Untersuchungen zu bestimmen, zumal bei Piloten jederzeit Gefahr im Verzug sein kann – mit unter Umständen katastrophalen Folgen. Dass die Eindämmung der potenziellen Gefahr mittels einer auf den Erfahrungen mit dem Durchschnitt beruhenden, generalisierenden Regelung geschieht, sodass die Leistungsfähigkeit nicht nach der einzelnen Person beurteilt wird, widerstreitet nicht der Bedeutung der Berufsfreiheit für die Freiheit jeder einzelnen Persönlichkeit.

Zwischenergebnis: Die Einführung von Altersgrenzen für Piloten ist erforderlich zur Erreichung des gesetzgeberischen Zwecks.

e) Die Maßnahme muss schließlich auch angemessen bzw. verhältnismäßig im engeren Sinne sein. Eine Maßnahme ist dann angemessen, wenn sie beim Grundrechtsträger keinen Nachteil herbeiführt, der erkennbar außer Verhältnis zum verfolgten Zweck steht. Angesichts der Tatsache, dass der Pilotenberuf ein erhebliches Verantwortungspotenzial für Leib und Leben anderer Menschen in sich trägt, erscheint es auch angemessen, für Verkehrspiloten eine endgültige gesetzliche Altersgrenze von 65 Jahren festzulegen und ab dem 60. Lebensjahr die Flugerlaubnis nur noch zu erteilen, wenn mindestens ein unter 60 Jahre alter Kollege als zweiter Pilot an Bord des Flugzeugs ist. Den betroffenen Piloten wird der Beruf damit nicht gänzlich untersagt, sondern mit der endgültigen Grenze von 65 Jahren lediglich auf das im sonstigen Arbeitsleben allgemein übliche Rentenalter begrenzt. Die widerstreitenden Interessen – auf der einen Seite die freie Berufswahl der Piloten und auf der anderen Seite der Gesundheits- und Lebensschutz der von den Piloten beförderten Passagiere – begrenzen im vorliegenden Fall das Grundrecht der Piloten aus Art. 12 Abs. 1 GG in einer Weise, die die Grundrechtsträger nicht übermäßig belastet. Eine mögliche sonstige, privat nutzbare Flugberechtigung ist von diesem Verbot zudem nicht betroffen. Die somit erkennbaren Nachteile der Piloten stehen aus verfassungsrechtlicher Sicht daher nicht außer Verhältnis zu dem beabsichtigten Zweck, nämlich dem Schutz von Leib und Leben der vom Piloten-beruf betroffenen Personen.

Zwischenergebnis: Die Festlegung von gesetzlichen Altershöchstgrenzen für Piloten verstößt somit auch nicht gegen das Übermaßverbot und ist folglich angemessen.

Ergebnis Die Regelungen der LuftVZO, wonach Piloten mit dem Erreichen des 65. Lebensjahres die Flugberechtigung für Passagierflugzeuge wieder verlieren und schon ab dem 60. Lebensjahr nur noch gemeinsam mit einem unter 60 Jahre alten Kollegen fliegen dürfen, verstößt nicht gegen Art. 12 Abs. 1 GG.

Verstoß gegen Art. 3 Abs. 1 GG?

Die unterschiedlichen Altersgrenzen von Piloten (65 Jahre) und Rechtsanwälten wären dann ein Verstoß gegen den Gleichheitsgrundsatz des Art. 3 Abs. 1 GG, wenn der Beruf des Rechtsanwaltes und der des Piloten als »wesentlich gleich« im Sinne des Art. 3 Abs. 1 GG zu werten wären und es zudem keinen sachlichen Grund für eine Ungleich-behandlung im Hinblick auf die unterschiedlichen Altershöchstgrenzen gäbe. Unter-schiedliche Altersgrenzen für unterschiedliche Berufe verstoßen dann gegen Art. 3 Abs. 1 GG, wenn die Berufe namentlich identische Gefahrenlagen aufweisen, aufgrund derer man auch eine identische Altersgrenze für beide Berufe als sinnvoll betrachten kann. Das aber kann bei den Berufen des Piloten und des Rechtsanwaltes ganz offen-sichtlich nicht angenommen werden, da Rechtsanwälte keinerlei Gefährdungen verur-sachen, die denen der Piloten vergleichbar wären.

Ergebnis: Somit liegt im vorliegenden Fall auch kein Verstoß gegen Art. 3 Abs. 1 GG vor. Die Regelungen der Luftverkehrszulassungsordnung sind folglich insgesamt ver-fassungsgemäß.

Fall 10

Schau'n mer mal!

Rechtsstudent R aus München hat beschlossen, das Studium hinzuschmeißen und mit Gebrauchtwagen sein Glück zu versuchen. Nach ordnungsgemäßer Anmeldung eines entsprechenden Gewerbes, eröffnet R in der Nähe des *Marienplatzes* ein 600 m² großes Geschäftslokal, in dem er gebrauchte Luxuskarossen zum Verkauf anbietet. Drei Monate nach der Eröffnung erscheint eines Morgens ohne Ankündigung ein Beamter (B) der zuständigen Ordnungsbehörde und verlangt unter Hinweis auf § 29 Abs. 2 der *Gewerbeordnung* (GewO) Zutritt zu den Geschäftsräumen. Gemäß § 29 Abs. 2 GewO darf die Behörde bei einem sogenannten »überwachungspflichtigen Gewerbe«, wozu gemäß § 38 Abs. 1 GewO auch der Gebrauchtwagenhandel gehört, zur Überwachung des Gewerbes die Geschäftsräume des Betroffenen während der üblichen Geschäftszeiten betreten, dort Besichtigungen vornehmen und die geschäftlichen Unterlagen einsehen.

R verweigert B den Zutritt zu seinem Geschäftslokal und erklärt, der § 29 Abs. 2 GewO verstoße eindeutig gegen Art. 13 Abs. 1 GG. Zudem lägen keine Beanstandungen von seinen Kunden vor. Er müsse daher die anlasslose Kontrolle seines Gewerbes in den Geschäftsräumen auch nicht dulden.

Frage: Muss er? Oder verstößt der formal verfassungsgemäße § 29 Abs. 2 der *Gewerbeordnung* gegen das Grundgesetz?

Schwerpunkte: Die Unverletzlichkeit der Wohnung gemäß Art. 13 Abs. 1 GG; der Schutzbereich und die Eingriffsmöglichkeiten; der Begriff der »Wohnung« im Sinne des Art. 13 Abs. 1 GG; die sogenannte »Nachschau« als Eingriff in Art. 13 Abs. 1 GG; die verfassungsrechtlichen Rechtfertigungen aus Art. 13 Abs. 7 GG.

Lösungsweg

Einstieg: Das kleine Fällchen da oben führt uns, obwohl es auf den ersten Blick gar nicht danach aussieht, zur »Unverletzlichkeit der Wohnung«, die in Art. 13 Abs. 1 GG geregelt ist. Um die rechtliche Problematik hinter der Geschichte zu begreifen, müssen wir dabei zunächst für einen Moment das oben beschriebene und durchaus ungewöhnliche Phänomen der sogenannten »behördlichen Nachschau« (auch »behördliches Betretungs- und Besichtigungsrecht«) betrachten, bei der es um Folgendes geht:

Im Gewerberecht dürfen die staatlichen Behörden bei bestimmten Betrieben, unter anderem beim Handel mit *gebrauchten Autos*, gemäß § 29 Abs. 2 GewO die Einhaltung der Gesetze durch die Gewerbetreibenden aktiv, unmittelbar vor Ort und ohne konkreten Anlass kontrollieren, also überprüfen, ob der Gewerbetreibende sich an die für das Gewerberecht gültigen Normen hält. Dahinter steckt der Gedanke, dass bestimmte Gewerbe/Betriebe besonders »anfällig« sind für Gesetzesverstöße und der Staat solche Gesetzesverletzungen durch regelmäßige Kontrollen bei den Betroffenen vermeiden möchte, auch, um die Allgemeinheit vor unlauterem Gewerbe und entsprechenden Straftaten zu schützen (*Tettinger/Wank/Ennuschat* § 38 GewO Rz. 5). Das Ganze nennt man dann »behördliche Nachschau« (kommt von *nachschauen/nachsehen*) – und diese Befugnis der Behörden klingt im ersten Moment rechtsstaatlich betrachtet auch vergleichsweise unverfänglich, denn der Staat hat natürlich ein legitimes Interesse an der Einhaltung der Gesetze und dem Schutz der Allgemeinheit. Verfassungsrechtlich interessant wird diese »Nachschau« allerdings dadurch, dass die Kontrollen im Zweifel die Grundrechte der Betroffenen tangieren, in unserem Fall etwa möglicherweise die Unverletzlichkeit der Privatsphäre und der Wohnung, sofern man die *Geschäftsräume* auch unter den Wohnungsbegriff des Art. 13 Abs. 1 GG subsumiert (klären wir gleich). Zudem sind die beschriebenen Kontrollen interessanterweise auch zulässig, wenn es (noch) gar keinen konkreten Anlass oder einen Verdacht auf einen Gesetzesverstoß gibt (OLG Karlsruhe GewArch **1989**, 191). Grundrechtseingriffe zur Verfolgung und Aufklärung von Gesetzesverstößen sind in einem Rechtsstaat allerdings normalerweise nur dann zulässig, wenn es *zuvor* einen hinreichenden (Tat-)Verdacht im Hinblick auf die Verletzung eines Gesetzes gibt.

Bei genauer Betrachtung ergibt sich damit Erstaunliches: Der Staat stellt bei der behördlichen Nachschau nach § 29 Abs. 2 GewO bestimmte Gewerbe unter den Generalverdacht einer möglichen Gesetzesverletzung, gestattet sich deshalb zur Kontrolle die anlasslose und verdachtsunabhängige Befugnis, vor Ort die Einhaltung seiner Gesetze zu überprüfen und nimmt hierbei die mögliche Verletzung von Grundrechten der Betroffenen in Kauf (schwerer, aber wichtiger Satz, bitte mindestens noch einmal lesen).

Prüfungsansatz: Auch solche Beeinträchtigungen von Grundrechten müssen aber auf jeden Fall immer grundgesetzlich legitimiert sein, dürfen also nur aufgrund eines entsprechenden Vorbehaltes im jeweiligen Grundrecht erfolgen.

> So, und damit wären wir dann auch schon beim eigentlichen Problem der ganzen Sache, **denn**: Der ziemlich umfangreiche Art. 13 GG (aufschlagen!) verfügt für solche Eingriffe nur über eine einzige in Betracht kommende Ermächtigung, und die steht in **Art. 13 Abs. 7 GG** (bitte aufschlagen). Die anderen Eingriffsermächtigungen, namentlich die der Absätze 2–5 (Durchsuchungen und die sogenannten »Lauschangriffe«), betreffen regelmäßig nur die Verfolgung von Straftaten durch die *Strafverfolgungsbehörden* (→ Polizei und Staatsanwaltschaft), worum es aber in unserem Fall ganz offensichtlich gar nicht geht. Die Behörde will ja »nur« wissen, ob der R seinen Gebrauchtwagenhandel ordnungsgemäß betreibt und deshalb in seinem Geschäftsbetrieb gemäß § 29 Abs. 2 GewO zur entsprechenden Überwachung »nachschauen«.

Und wenn wir jetzt den Art. 13 Abs. 7 GG daraufhin noch mal entspannt nachlesen, findet sich dort keine Ermächtigung dahingehend, eine fremde Wohnung ohne Vorliegen irgendeines Verdachts oder irgendeiner Gefahr zu betreten (bitte prüfen). Aber *genau das* möchte im vorliegenden Fall unser Beamter B, der ohne konkreten Anlass im Betrieb des R die Einhaltung der gesetzlichen Vorschriften, also ob R seinen Betrieb ordnungsgemäß führt, kontrollieren will. Die verfassungsrechtlich interessante Frage lautet demnach, ob ein solches, im konkreten Fall auf **§ 29 Abs. 2 GewO** gestütztes Verhalten gegen die Regeln des Art. 13 Abs. 7 GG verstößt bzw. von dessen Gesetzesvorbehalt gedeckt ist.

Noch etwas zum **Verständnis**: Diese behördliche »Nachschau«, die es übrigens nicht nur im Gewerberecht, sondern auch in diversen anderen Bereichen der Verwaltung, insbesondere der staatlichen **Wirtschaftsaufsicht** und dem **Umweltrecht** gibt – etwa im **Gaststättenrecht** (→ § 22 Abs. 2 GastG), im Bereich des **Handwerks** (→ § 17 Abs. 2 HandwO), im **Atom- und Immissionsrecht** (→ § 19 Abs. 2 AtG; § 52 BImSchG und § 21 Abs. 4 ChemG) und auch bei der **Steueraufsicht** (→ § 99 AO) –, löst auf Seiten des Staates ein rein praktisches Problem: Der Staat benötigt nämlich in den genannten Bereichen zur Erledigung seiner Verwaltungsaufgaben häufig Informationen und Auskünfte, die die Betroffenen in aller Regel aber nicht preisgeben wollen. **Beispiel**: Die Behörde erteilt unserem R auf seinen Antrag hin ja die Erlaubnis zum Betrieb eines Gebrauchtwagenhandels. Zum Zeitpunkt dieser Erlaubniserteilung erfüllt R offensichtlich alle Zulassungsvoraussetzungen, sonst bekäme er die Erlaubnis nicht. Die Behörde weiß zu diesem Zeitpunkt aber logischerweise nicht, ob dies auch in der Zukunft so sein wird. Jeder Gewerbetreibende muss aber gemäß **§ 35 GewO** im Hinblick auf die Ausübung seines Gewerbes stets »zuverlässig« sein, ansonsten ist ihm die zuvor erteilte Genehmigung zum Betrieb des Gewerbes wieder zu entziehen. Stellt sich also etwa heraus, dass unser R in seinem Geschäft nach zwei Monaten damit anfängt, gestohlene Autos zu verkaufen oder weist R anderweitige persönliche Mängel auf (z.B.: R ist dauernd besoffen, verkauft Drogen in seinem Geschäft, das Geschäftslokal ist in einem verwahrlosten Zustand, die Mitarbeiter sind nicht versichert usw.), kann und muss die Behörde ihm die vorher erteilte Gewerbeerlaubnis gemäß § 35 Abs. 1 GewO wieder entziehen. **Frage**: Wie kommt die Behörde eigentlich an entsprechende Informationen darüber, ob der R auch *nach* seiner Gewerbezulassung weiterhin zuverlässig ist? **Antwort**: Soll sie ihm einen Brief schreiben und mal nachfragen? Natürlich nicht! Das wäre vermutlich wenig erfolgversprechend, da R wohl kaum seine Unzuverlässigkeit freiwillig offenbart. **Lösung**: Der Gesetzgeber gewährt der Behörde in § 29 Abs. 2 GewO für bestimmte, sogenannte »überwachungsbedürftige Gewerbe« das Recht zur »Nachschau«, wozu selbstverständlich dann auch der Zutritt zu den entsprechenden Räumlichkeiten, in denen »nachgeschaut« wird, gehören muss. Mit Hilfe dieser »Nachschau« kann sich die Behörde dann jederzeit vor Ort ein Bild darüber machen, ob der Gewerbetreibende tatsächlich immer noch »zuverlässig« ist. **Aber**: Mit diesem Vorgehen, insbesondere dem Betreten der Räumlichkeiten, greift die Behörde gleichzeitig immer auch in die Grundrechte des Betroffenen ein.

Konsequenz: Bei der gesetzlich normierten »Nachschau« stehen sich somit zum einen die Interessen des *Staates* an der Einhaltung seiner Gesetze sowie dem Schutz der Allgemeinheit und zum anderen die Interessen bzw. die Grundrechte der betroffenen *Bürger* – unter anderem die Unverletzlichkeit der Privatsphäre sowie die Unverletzlichkeit der Wohnung – gegenüber, die nämlich durch eine anlasslose und unangemeldete Kontrolle vor Ort verletzt sein könnten. **Problem verstanden?**

Prima, dann können wir loslegen und unser kleines Fällchen von oben entsprechend aufarbeiten. Wir werden gleich dann übrigens sehen, dass neben der Frage, inwieweit Geschäftsräume auch als »Wohnung« im Sinne des Art. 13 Abs. 1 GG zu subsumieren sind, die eben angedeutete Streitfrage um die Verletzung der Grundrechte durch die Nachschau tatsächlich *sehr* kontrovers diskutiert wird und vom Bundesverfassungsgericht mit einer der kuriosesten (so wörtlich *Lübbe-Wolff* in DVBl 1993, 762, 764) und rechtlich fragwürdigsten Entscheidungen seiner Geschichte gelöst wurde (BVerfGE **32**, 54). All das kommt jetzt, aber selbstverständlich wie immer eingebettet in das uns inzwischen hinlänglich bekannte Prüfungsmuster in Bezug auf eine mögliche Grundrechtsverletzung – im konkreten Fall durch § 29 Abs. 2 GewO. Also:

Frage: Verstößt der § 29 Abs. 2 GewO gegen das Grundgesetz?

Obersatz: Das in § 29 Abs. 2 GewO normierte Recht zur sogenannten »Nachschau« ist verfassungswidrig, wenn damit durch einen Akt der öffentlichen Gewalt in den Schutzbereich eines Grundrechts eingegriffen wird und dieser Eingriff verfassungsrechtlich nicht gerechtfertigt ist.

I. Ist durch die in § 29 Abs. 2 GewO angeordnete »Nachschau« ein Grundrecht in seinem Schutzbereich betroffen?

In Betracht kommt die Verletzung des Grundrechts der Betroffenen aus Art. 13 Abs. 1 GG. Gemäß Art. 13 Abs. 1 GG ist die Wohnung unverletzlich. Nach § 29 Abs. 2 GewO dürfen die zuständigen Behörden die **Geschäftsräume** der Betroffenen zum Zwecke der Nachschau betreten. Es fragt sich somit, ob unter den Wohnungsbegriff des Art. 13 Abs. 1 GG auch die Geschäftsräume des Betroffenen zu fassen sind. Andernfalls käme eine Grundrechtsverletzung bereits mangels Betroffenheit des Schutzbereiches nicht in Betracht.

Definition: Zur *Wohnung* im Sinne des Art. 13 Abs. 1 GG gehören alle Räume, die nach dem Willen des Betroffenen der allgemeinen Zugänglichkeit durch eine räumliche Abschirmung entzogen und zur Stätte privaten Lebens und Wirkens gemacht werden. In diesen Räumen genießt der Betroffene das Recht, *»in Ruhe gelassen zu werden«*. Der Wohnungsbegriff ist wegen seiner Nähe zum allgemeinen

Persönlichkeitsrecht stets weit auszulegen (BVerfG WM **2017**, 900; BVerfG NJW **2016**, 1645; BVerfG EuGRZ **2016**, 149; BVerfGE **32**, 54; BVerfGE **65**, 1; *von Mangoldt/Klein/Starck/Gornig* Art. 13 GG Rz. 13; *Jarass/Pieroth* Art. 13 GG Rz. 4; *Maunz/ Dürig/Papier* Art. 13 GG Rz. 11; AK-*Berkemann* Art. 13 GG Rz. 1).

Durchblick: Diese Definition kommt zunächst mal sehr allgemein und wenig aussagekräftig daher, vor allem hilft sie – jedenfalls auf den ersten Blick – nicht wirklich bei unserem Problem um die Schutzbedürftigkeit von Geschäftsräumen im Rahmen des Art. 13 Abs. 1 GG. Als Obersatz einer Prüfung des Schutzbereiches des Art. 13 Abs. 1 GG sollte man sie gleichwohl verwenden, da man als Klausurbearbeiter daraus das Weitere entwickeln kann, und zwar: Die in der Definition gewählte Formulierung »... zur Stätte privaten Lebens und Wirkens ...« interpretiert die herrschende Meinung so, dass vom Wohnungsbegriff des Art. 13 Abs. 1 GG grundsätzlich auch die *Geschäftsräume* des Betroffenen, in denen er nämlich »wirkt«, umfasst sind. Das Bundesverfassungsgericht hat diese Regel in seiner Leitentscheidung aus dem Jahre 1971 (→ BVerfGE **32**, 54) wie folgt begründet:

»... In der deutschen Verfassungsgeschichte wird der Begriff der ›Wohnung‹ seit mehr als *100 Jahren* in einem weiten Sinne verstanden und bezieht insbesondere auch die *Geschäftsräume* mit ein. Dies folgert man seit jeher aus dem Umstand, dass die persönliche Selbstverwirklichung auch durch Arbeit, Beruf und Gewerbe erfolgt und der Raum, in dem dies vollzogen wird, eines besonderen Schutzes bedarf. Es ist aktuell kein Grund erkennbar, warum von dieser, über einen sehr langen Zeitraum gewachsenen Rechtspraxis abgewichen werden soll ... Nur diese weite Auslegung des Wohnungsbegriffs unter Einbeziehung der Geschäftsräume wird im Übrigen dem Grundsatz gerecht, wonach in Zweifelsfällen diejenige Auslegung zu wählen ist, welche die juristische Wirkungskraft der Grundrechtsnorm am* stärksten* entfaltet (BVerfGE **6**, 55). Sie fügt sich überdies sinnvoll in die Grundsätze ein, die auch das Bundesverfassungsgericht zur Interpretation des Grundrechts der Berufsfreiheit entwickelt hat. Wenn dort die Berufsarbeit als ein wesentliches Stück der* Persönlichkeitsentfaltung* gesehen und ihr deshalb im Rahmen der individuellen Lebensgestaltung des Einzelnen ein besonders hoher Rang zuerkannt wird (BVerfGE **7**, 377), so ist es nur folgerichtig, dem räumlichen Bereich, in dem sich diese Arbeit vorwiegend vollzieht, einen entsprechend wirksamen rechtlichen Schutz angedeihen zu lassen, jedenfalls den bereits bestehenden verfassungsrechtlichen Schutz dieser Räume nicht ohne zwingende Notwendigkeit zu schmälern ... In diesem Zusammenhang ist darauf hinzuweisen, dass auch nur bei dieser Auslegung den juristischen Personen und den Personenvereinigungen der Schutz dieses Grundrechts, dessen sie bisher nach allgemeiner Meinung teilhaftig waren, erhalten werden kann ... Der* Wortlaut* des Art. 13 Abs. 1 GG kann demgegenüber nicht entscheidend sein. Die sprachliche Einkleidung dieses Grundrechts hat seit jeher die juristische Präzision zugunsten des feierlichen Pathos einer einprägsamen Kurzformel zurücktreten lassen. ›Wohnung‹ ist in diesem Zusammenhang immer im Sinn der ›räumlichen Privatsphäre‹ verstanden worden ...«

Also: Das Wort »Wohnung« darf bei Art. 13 Abs. 1 GG nicht im herkömmlichen Sinn verstanden werden, sondern umfasst nach Meinung des Bundesverfassungsgerichts und der herrschenden Meinung in der Literatur grundsätzlich auch die **Geschäftsräume** des Betroffenen, da er auch in diesen Räumen durch die Ausübung seines Berufs oder Gewerbes seine Persönlichkeit entfaltet und entsprechenden Schutz genießen soll. Zudem gehört diese weite Auslegung des Wohnungsbegriffs seit über 100 Jahren zur gewachsenen Verfassungspraxis in Deutschland und bedarf ohne sachlichen Grund keiner Änderung (BVerfG WM **2017**, 900; BVerfGE **120**, 274; BVerfGE **109**, 279; BAGE **19**, 217; BK/*Herdegen* Art. 13 GG Rz. 34; *Jarass/Pieroth* Art. 13 GG Rz. 5; *von Münch/Kunig* Art. 13 GG Rz. 11; *Maunz/Dürig/Papier* Art. 13 GG Rz. 14; *von Mangoldt/Klein/Starck/Gornig* Art. 13 GG Rz. 22; *Kingreen/Poscher* StaatsR II Rz. 949; *Ipsen* StaatsR II Rz. 283; *Vosskuhle* in DVBl 1994, 161).

> **Feinkostabteilung**: In den Einzelheiten ist insoweit aber noch vieles umstritten. Eine beachtliche Mindermeinung in der Literatur hält die Ausdehnung des Wohnungsbegriffs des Art. 13 Abs. 1 GG auch auf Geschäftsräume für grundsätzlich falsch und folglich verfassungswidrig; sie will solche Eingriffe allein an **Art. 2 Abs. 1 GG** messen (*Dreier/Hermes* Art. 13 GG Rz. 26; *Sachs/Kühne* Art. 13 GG Rz. 4; *Schoch* in Jura 2010, 22; *Lübbe-Wolff* in DVBl 1993, 762; *Behr* in NJW 1992, 2126). Die Begründung lässt sich durchaus hören: So verweist etwa *Kühne* (vgl. in *Sachs* Art. 13 GG Rz. 4) darauf, dass durch eine bei Geschäftsräumen unvermeidbare »Teilöffentlichkeit« die für Art. 13 Abs. 1 GG typische *Höchstpersönlichkeit* fehle und das vom Bundesverfassungsgericht angeführte Argument, dass es einen Raum geben müsse, in dem man »... *in Ruhe gelassen werde ...*« (vgl. etwa BVerfG NJW **2003**, 2669) insoweit ad absurdum geführt wird. Zudem privilegiere ein solcher Grundrechtsschutz die Inhaber der Geschäftsräume über die von Art. 12 GG bereits gewährten Vorzüge hinaus, allerdings ohne sachlichen und verfassungsrechtlich notwendigen Anlass. In Konsequenz dessen wird beispielsweise von den Herren *Pieroth, Schlink, Kingreen und Poscher* in ihrem StaatsR II dann eine vermittelnde Lösung angeboten, wonach jedenfalls diejenigen Geschäftsräume *nicht* unter Art. 13 Abs. 1 GG fallen sollen, die »... *der Öffentlichkeit umfassend zugänglich und auf unkontrollierten Zugang geradezu angelegt sind ...*« – wozu beispielsweise Einkaufspassagen, Kaufhäuser und Freizeitzentren gehören sollen (*Kingreen/Poscher* StaatsR II Rz. 950; zustimmend *Schoch* in Jura 2010, 22). Schließlich deutet auch das Bundesverfassungsgericht zuweilen Gesprächsbereitschaft an und verwendet häufiger die Formulierung, dass Geschäftsräume nur dann dem Art. 13 Abs. 1 GG unterliegen, »... *wenn sie nicht allgemein zugänglich sind ...*«, freilich ohne näher zu erläutern, was damit genau gemeint ist und *ob* und vor allem unter *welchen Umständen* solche Geschäftsräume dann von Art. 13 Abs. 1 GG tatsächlich ausgeschlossen sein sollen (BVerfG NJW **2003**, 2669; BVerfGE **42**, 212; BVerfGE **44**, 353; BVerfGE **76**, 83). So hat das Gericht im Hinblick auf Fußballstadien etwa ausgesprochen, dass »... *je größer die Offenheit des Raumes nach außen gerichtet ist und je mehr der Raum zur Aufnahme sozialer Kontakte dient, desto schwächer wird der grundrechtliche Schutz aus Art. 13 Abs. 1 GG ...*« – um dann im nächsten Absatz dieser Entscheidung die Fußballstadien dennoch an Art. 13 Abs. 1 GG zu messen (BVerfGE **97**, 228, 266).

Wir merken uns: Nach herrschender Meinung und vor allem nach Ansicht des Bundesverfassungsgerichts gehören Geschäftsräume grundsätzlich zum Schutzbereich des Art. 13 Abs. 1 GG (BVerfG WM **2017**, 900). Da der Mensch sich auch und vor allem in Arbeit, Beruf und Gewerbe persönlich entfaltet, soll insbesondere im Zusammenhang mit dem Grundrechtsschutz des Art. 12 GG und des Art. 14 GG sowie dem allgemeinen Persönlichkeitsrecht auch die *Wirkungsstätte* dieser persönlichen Entfaltung vom Grundgesetz explizit geschützt werden. Der Wortlaut des Art. 13 Abs. 1 GG, der nur von »Wohnung« spricht, kann demgegenüber in den Hintergrund treten, zumal die deutsche Verfassungspraxis seit mehr als 100 Jahren eine weite Auslegung dieses Begriffs annimmt (BVerfG WM **2017**, 900; BVerfGE **32**, 54; BVerfGE **76**, 83; BVerfGE **120**, 274; *von Mangoldt/Klein/Starck/Gornig* Art. 13 GG Rz. 22; BK/*Herdegen* Art. 13 GG Rz. 34; *Jarass/Pieroth* Art. 13 GG Rz. 5; *von Münch/Kunig* Art. 13 GG Rz. 11).

Tipp: In einer *Klausur* ist der Prüfer in der Regel schon glücklich, wenn man die gerade dargelegten Grundsätze der herrschenden Meinung aufsagen und auch anwenden kann (= gute Note). Wer dann noch die Existenz der Mindermeinung erwähnt und (kurz) darlegt, dass man dieser Mindermeinung wegen der Nähe des Art. 13 GG zum Persönlichkeitsrecht und der besonderen Bedeutung von Arbeit, Beruf und Gewerbe für die Entfaltung der Persönlichkeit nicht folgen sollte, produziert ein Lächeln im Gesicht des Prüfers (= sehr gute Note). In einer Hausarbeit freilich *muss* dieser Streit erscheinen und auch vernünftig argumentativ aufgelöst werden, denn wenn man der Mindermeinung tatsächlich folgt, endet die Prüfung des Art. 13 Abs. 1 GG hier (→ Schutzbereich ist dann nicht betroffen!) mit der Konsequenz, dass solche Engriffe nur noch an **Art. 2 Abs. 1 GG** zu messen sind (vgl. instruktiv dazu *Schoch* in Jura 2010, 22 und *Voßkuhle* in DVBl 1994, 611). Merken.

ZE.: Wir wollen hier – ohne Wertung – mal der herrschenden Meinung folgen (zur Streitdarstellung vgl. weiter unten das Gutachten zum Fall), somit die Geschäftsräume in den Schutzbereich des Art. 13 Abs. 1 GG mit einbeziehen und können demnach feststellen: Da der § 29 Abs. 2 GewO den Zutritt zu den *Geschäftsräumen* des Betroffenen gewährt, ist der Schutzbereich des Art. 13 Abs. 1 GG betroffen.

II. Es muss des Weiteren ein »Eingriff« in den Schutzbereich vorliegen.

Definition: Unter *Eingriff* versteht man jedes staatliche Handeln, das dem Einzelnen ein Verhalten, das in den Schutzbereich eines Grundrechts fällt, ganz oder teilweise unmöglich macht; hierbei ist gleichgültig, ob diese Wirkung final oder unbeabsichtigt eintritt (BVerfGE **105**, 279; BVerfGE **81**, 310; BVerfG NVwZ **2007**, 1049; *von Münch/Kunig* vor Art. 1 GG Rz. 34; *Jarass/Pieroth* vor Art. 1 GG Rz. 27/28; *Kingreen/Poscher* StaatsR II Rz. 253).

Zum Fall: Der § 29 Abs. 2 GewO gewährt den Behörden das Recht, zum Zwecke der »Nachschau« die Geschäftsräume des Betroffenen zu betreten. Den Betroffenen wird damit die Ausübung ihres Grundrechts aus Art. 13 Abs. 1 GG teilweise unmöglich gemacht.

ZE.: Ein Eingriff im eben benannten Sinne liegt vor.

III. Der Eingriff dürfte verfassungsrechtlich nicht gerechtfertigt sein.

> **Obersatz:** Der staatliche Eingriff in den Schutzbereich eines Grundrechts ist dann verfassungsrechtlich gerechtfertigt, wenn das betroffene Grundrecht *einschränkbar* ist, eine entsprechende *Schranke* (z.B. ein Gesetz) besteht und diese Schranke selbst wiederum *verfassungsgemäß* ist (sogenannte »Schranken-Schranke«).

1.) Das Grundgesetz muss für das betroffene Grundrecht eine Einschränkbarkeit vorsehen. Gemäß Art. 13 Absätze 2 bis 7 GG kann die Unverletzlichkeit der Wohnung durch verschiedene Maßnahmen eingeschränkt werden. Da es sich vorliegend aber weder um eine »Durchsuchung« noch um eine sonstige, in den Absätzen 3–5 beschriebene Maßnahme der Strafverfolgung handelt (»Lauschangriff«), kommt als alleinige Eingriffsermächtigung lediglich **Art. 13 Abs. 7 GG** in Betracht.

<u>ZE.</u>: Das Grundrecht sieht in Art. 13 Abs. 7 GG eine mögliche Einschränkbarkeit vor.

2.) Es muss im konkreten Fall eine entsprechende Schranke existieren.

Hier: Die Regelung des § 29 Abs. 2 GewO könnte im vorliegenden Fall eine entsprechende Schranke sein. Dazu lesen wir jetzt dann auch mal den hier entscheidenden Gesetzestext im Wortlaut durch, dort heißt es:

> ## § 29 Auskunft und Nachschau
>
> *(1) ...*
>
> *(2) Die Beauftragten sind befugt, zum Zwecke der Überwachung Grundstücke und **Geschäftsräume** des Betroffenen während der üblichen Geschäftszeit zu **betreten**, dort Prüfungen und Besichtigungen vorzunehmen, sich die geschäftlichen Unterlagen vorlegen zu lassen und in diese Einsicht zu nehmen ... Das Grundrecht der Unverletzlichkeit der Wohnung (Artikel 13 des Grundgesetzes) wird insoweit **eingeschränkt**.*

<u>ZE.</u>: Der 29 Abs. 2 GewO schränkt das Grundrecht der Unverletzlichkeit der Wohnung ein und spricht dies sogar in seinem Wortlaut explizit aus. Es existiert folglich mit § 29 Abs. 2 GewO eine Schranke des Grundrechts aus Art. 13 Abs. 1 GG.

3.) Diese Schranke des Art. 13 Abs. 1 GG in Gestalt des § 29 Abs. 2 GewO müsste nun aber auch verfassungsgemäß, also eine *verfassungskonforme Konkretisierung* der Schranke des Schrankenvorbehaltes des Art. 13 Abs. 7 GG sein. Nur dann wäre der Eingriff in das Grundrecht aus Art. 13 Abs. 1 GG auch verfassungskonform. Voraussetzung dafür ist – wie immer – das Vorliegen der formellen und der materiellen Rechtmäßigkeit des § 29 Abs. 2 GewO.

I. Die formelle Rechtmäßigkeit

Hier: Zur formellen Rechtmäßigkeit der Gewerbeordnung brauchen wir uns keine Gedanken zu machen, da das Gesetz nach dem Hinweis im Sachverhalt bzw. dem Hinweis in der Fallfrage formell verfassungsgemäß ist.

II. Die materielle Rechtmäßigkeit

1.) Dazu muss der § 29 Abs. 2 GewO zunächst den im GG niedergeschriebenen Voraussetzungen des Schrankenvorbehalt des Art. 13 Abs. 7 GG entsprechen. In Art. 13 Abs. 7 GG heißt es nämlich:

> **(7)** *Eingriffe und Beschränkungen dürfen im Übrigen nur zur Abwehr einer gemeinen Gefahr oder einer Lebensgefahr für einzelne Personen,* **aufgrund eines Gesetzes** *auch zur Verhütung dringender Gefahren für die öffentliche Sicherheit und Ordnung, insbesondere zur Behebung der Raumnot, zur Bekämpfung von Seuchengefahr oder zum Schutze gefährdeter Jugendlicher vorgenommen werden.*

Achtung: Hier muss man sehr genau hinschauen, um die Struktur der Vorschrift und die dahintersteckende Idee zu erfassen. Zunächst ist insoweit wichtig zu wissen, dass die Worte »Eingriffe« und »Beschränkungen« rechtlich betrachtet gleichbedeutend sind und daher keiner Unterscheidung bedürfen (*von Mangold/Klein/Starck/Gornig* Art. 13 GG Rz. 150; *Maunz/Dürig/Papier* Art. 13 GG Rz. 13a). **Aber dann**:

→ Der *erste* Halbsatz des Art. 13 Abs. 7 GG normiert für die Fälle der gemeinen Gefahr oder der Lebensgefahr einer einzelnen Person eine sogenannte »verfassungsunmittelbare Schranke« zugunsten der allgemeinen Gefahrenabwehr, die demzufolge auch ohne spezialgesetzliche, ausreichend bestimmte und das Zitiergebot beachtende Ermächtigung möglich ist (*Jarass/Pieroth* Art. 13 GG Rz. 35). **Hintergrund**: Der Staat soll in den beschriebenen Notlagen nicht darauf angewiesen sein, nur aufgrund bestimmter Gesetze und demnach speziell vorgeschrieben handeln zu dürfen. Mit »*gemeiner Gefahr*« sind dabei nämlich die Situationen gemeint, die unvorhergesehen und plötzlich eintreten können und ein unüberschaubares Gefahrenpotenzial in sich tragen, wie etwa Erdbeben, Lawinenunglücke, Brandkatastrophen, Überschwemmungen, unkontrolliertes Freisetzen gefährlicher Strahlen, Einsturzgefahren und ähnliches (BK/*Herdegen* Art. 13 GG Rz. 73; *von Mangoldt/Klein/Starck/Gornig* Art. 13 GG Rz. 156). Hier kann und soll der Staat zur unmittelbaren Gefahrenabwehr auch ohne gesetzliche Grundlage handeln/retten dürfen (*Maunz/Dürig/Papier* Art. 13 GG Rz. 121; *von Münch/Kunig* Art. 13 GG Rz. 57; a.A *Jarass/Pieroth* Art. 13 GG Rz. 35; *Kingreen/Poscher* StaatsR II Rz. 956 und *Dreier/Hermes* Art. 13 GG Rz. 112, die auch hier aus Gründen der *Rechtsstaatlichkeit* eine gesetzliche Grundlage fordern, die freilich in den meisten Fällen auch vorliegt, worauf etwa *von Man-goldt/Klein/Starck/Gornig* Art. 13 GG Rz. 156 hinweisen).

→ Im *zweiten* Halbsatz des Art. 13 Abs. 7 GG (ab »… aufgrund eines Geset-zes …«) findet sich dann ein sogenannter »qualifizierter Gesetzesvorbehalt«, der an das Einschreiten des Staates nämlich nicht nur ein (Parlaments-)Gesetz, son-dern *zudem* die weitere Voraussetzung knüpft, dass die Maßnahme *»zur Verhü-tung dringender Gefahren für die öffentliche Sicherheit und Ordnung, insbesondere zur Behebung der Raumnot, zur Bekämpfung von Seuchengefahr oder zum Schutze gefähr-deter Jugendlicher vorgenommen werden«*. **Hintergrund**: Bei Maßnahmen, die zwar ein behördliches Einschreiten erfordern, aber keine unvorhersehbaren Situatio-nen mit unüberschaubaren Gefahrenpotenzialen betreffen (siehe oben), soll für Eingriffe in die Unverletzlichkeit der Wohnung nicht nur der aus dem Rechts-staatprinzip folgende Vorbehalt des Gesetzes für staatliches Handeln gelten (*»… aufgrund eines Gesetzes …«*), sondern es muss *zudem* eine der in Art. 13 Abs. 7, 2. Halbsatz GG zusätzlich normierten Voraussetzungen vorliegen. Den dort beschriebenen Situationen bzw. gefährdeten Rechtsgütern kommt nach Meinung der Verfassungsgeber im Vergleich zum Grundrechtsträger dann eine höhere Bedeutung zu, deshalb sollen die entsprechenden Eingriffe zur Vorbeu-gung und Verhinderung der dort beschriebenen Gefahren – allerdings auch tat-sächlich nur zur Verhinderung *dieser* Gefahren – zulässig sein (*von Münch/Kunig* Art. 13 GG Rz. 63; *Jarass/Pieroth* Art. 13 GG Rzn. 36/37; *von Mangoldt/Klein Starck/Gornig* Art. 13 GG Rz. 158).

Problem: Wir untersuchen vorliegend die mögliche Verfassungswidrigkeit des § 29 Abs. 2 GewO, also eines *Parlamentsgesetzes*, das den Grundrechtseingriff in Art. 13 Abs. 1 GG legitimieren soll. **Aber**: Es fehlt in diesem § 29 Abs. 2 GewO ganz offen-sichtlich an einer der in Art. 13 Abs. 7 GG beschriebenen Gefahren für ein dort be-nanntes Rechtsgut. Wir erinnern uns bitte: Gemäß Art. 13 Abs. 7 GG darf das Grund-recht aus Art. 13 Abs. 1 GG nur eingeschränkt werden,

> *»… zur Abwehr einer gemeinen Gefahr oder einer Lebensgefahr für einzelne Personen, auf-grund eines Gesetzes auch zur Verhütung dringender Gefahren für die öffentliche Sicherheit und Ordnung, insbesondere zur Behebung der Raumnot, zur Bekämpfung von Seuchengefahr oder zum Schutze gefährdeter Jugendlicher vorgenommen werden.«*

Der § 29 Abs. 2 GewO gestattet aber – das haben wir weiter oben ja schon herausge-arbeitet – die behördliche »Nachschau« gerade *ohne* das Vorliegen eines Verdachts oder einer Gefahr. Die Behörde darf gemäß § 29 Abs. 2 GewO ohne jeden Verdacht und ohne eine erkennbare Gefahr für ein Rechtsgut die Geschäftsräume des Gewer-betreibenden betreten und Einsicht in die Geschäftsunterlagen nehmen – also quasi das *Gegenteil* von dem tun, was das Grundgesetz in Art. 13 Abs. 7 GG als Vorausset-zung für einen Grundrechtseingriff ausdrücklich vorschreibt. Die Ermächtigung des § 29 Abs. 2 GewO entspricht damit fraglos *nicht* dem, was der Grundgesetzgeber in seinem (qualifizierten) Gesetzesvorbehalt in Art. 13 Abs. 7 GG fordert.

Und jetzt?

Das Bundesverfassungsgericht musste am **13. Oktober 1971** über genau *diese* Frage entscheiden. Im konkreten Fall hatte der Betreiber einer Schnellreinigung geklagt und die Verfassungswidrigkeit des § 17 Abs. 2 der Handwerksordnung, der dem § 29 Abs. 2 GewO wortgleich entspricht, gerügt. **Begründung**: Der § 17 Abs. 2 HandwO verstoße eindeutig gegen Art. 13 Abs. 7 GG – und deshalb sei eine behördliche »Nachschau« mit dem Zwecke einer allgemeinen Überprüfung seines Betriebes (die Behörde wollte wissen, ob der Betrieb als »Handwerk« geführt wird und der *Handwerksordnung* unterliegt) unzulässig.

Die Richter am Bundesverfassungsgericht standen nun vor folgendem **Problem**: Bereits in den 1970er Jahren gab es eine Vielzahl von Gesetzen, die die behördliche Nachschau vorsahen und legitimierten. Wie eingangs unseres Falles schon mal erwähnt, ist die Nachschau, also das anlasslose Betretungs- und Besichtigungsrecht der Behörden, nicht nur im **Gewerberecht** (→ § 29 Abs. 2 GewO), sondern etwa auch im Bereich des **Handwerks** (→ § 17 Abs. 2 HandwO), im **Gaststättenrecht** (→ § 22 Abs. 2 GastG), im **Atom- und Immissionsrecht** (→ § 19 Abs. 2 AtG; § 52 BImSchG und § 21 Abs. 4 ChemG) und auch bei der **Steueraufsicht** (→ § 99 AO) seit Jahrzehnten gängiges und anerkanntes Mittel von Behörden, die Einhaltung von gesetzlichen Vorschriften durch die Betroffenen zu kontrollieren und zu sichern. Und dummerweise zweifelte damals – und zweifelt auch bis heute! – niemand daran, dass die Behörden zur Erfüllung ihrer staatlichen Aufgaben solche Betretungsrechte haben müssen (vgl. etwa *Voßkuhle* in DVBl 1994, 611). Die behördliche Nachschau ist nach allgemeiner Auffassung nämlich ein »unentbehrliches Element der modernen Wirtschaftsaufsicht und des Umweltrechts« und zur Funktionsfähigkeit des Staates in diesen Bereichen unabdingbar (vgl. etwa *Schoch* in Jura 2010, 22; *Maunz/Dürig/Papier* Art. 13 GG Rz. 143/144; *von Mangoldt/Klein/Starck/Gornig* Art. 13 GG Rz. 152; *Ennuschat* in AöR 127 (2002), 252). Unglücklich war und ist nur, dass das Grundgesetz in seinem Art. 13 Abs. 7 – im Jahre 1971 war das übrigens noch der Abs. 3 von Art. 13 GG – einen solchen anlasslosen Eingriff durch das Betreten der Geschäftsräume definitiv *nicht* gestattet, sondern an spezielle Voraussetzungen knüpft (siehe oben). In diesem Dilemma stand das Bundesverfassungsgericht jetzt vor der Wahl: Entweder, es erklärt mit einem Schlag sämtliche Betretungs- und Besichtigungsrechte der Behörden, also die sogenannte »Nachschau«, wegen Verstoßes gegen Art. 13 Abs. 7 GG für verfassungswidrig – oder die Richter biegen sich das Grundgesetz und konkret den Art. 13 Abs. 7 GG so zurecht, dass alles so bleiben kann, wie es ist, und der Staat könnte weiterhin mithilfe der behördlichen Nachschau agieren.

Keine Frage: Der geübte Leser ahnt, was kommt. Das Bundesverfassungsgericht bog sich tatsächlich das Grundgesetz so zurecht, dass die anlasslose behördliche Nachschau – trotz des *gegenteiligen* Wortlauts in Art. 13 Abs. 7 GG – gleichwohl verfassungskonform ist und deshalb auch bis heute in den verschiedenen, oben benannten Gesetzen steht und angewendet wird (BVerfGE **32**, 54). Da wir die nötige Vorarbeit längst geleistet haben, gönnen wir uns an dieser Stelle jetzt dann mal den durchaus anspruchsvollen und zudem erstaunlichen Originaltext der Entscheidung vom 13. Oktober 1971 – und lesen den Text bitte langsam und *sehr* sorgfältig. Die Richter erklärten zur Verfassungsmäßigkeit der »behördlichen Nachschau« nämlich das hier:

> »… *Die prinzipielle Unverletzlichkeit der Wohnung wird in* **Art. 13 Abs. 7 GG** *dadurch gesichert, dass Eingriffe und Beschränkungen nur unter ganz bestimmten, genau umschriebenen Voraussetzungen vorgenommen werden dürfen. … Doch kann es fraglich erscheinen, ob bei Einbeziehung der* **Geschäftsräume** *in den Geltungsbereich des Art. 13 Abs. 7 GG auch das behördliche Recht, zu Kontrollzwecken die Betriebsräume zu betreten und darin Besichtigungen und Prüfungen vorzunehmen (sogenannte »Nachschau«), eine hinreichende verfassungsrechtliche Grundlage hat … Eine solche verfassungsrechtliche Grundlage für diese Maßnahmen wäre nach herkömmlicher Auslegung an sich nur durch eine nicht mehr vertretbare Überdehnung des Anwendungsbereichs des Art. 13 Abs. 7 zu gewinnen, denn der Art. 13 Abs. 7 GG stellt an solche Eingriffe besondere Voraussetzungen. Auf der anderen Seite muss beachtet werden, dass solche Betretungs- und Besichtigungsrechte vielfach ein* **unentbehrliches Kontrollinstrument der modernen Wirtschaftsaufsicht** *darstellen …*«

Und jetzt wird es interessant:

> … *Bei dieser Sachlage erscheint eine Auslegung des Art. 13 Abs. 7 GG geboten und zulässig, die bereits bei dem Begriff der ›***Eingriffe und Beschränkungen***‹ ansetzt und ihn in einer Weise interpretiert, die dem Schutzzweck des Grundrechts gerecht wird, dem erkennbaren Willen des Verfassungsgebers entspricht, aber auch auf die sachlichen Notwendigkeiten der Verwaltung des modernen Staates angemessen Bedacht nimmt … Diese Auslegung geht davon aus, dass – bei prinzipieller Einbeziehung auch der Geschäfts- und Betriebsräume in den Schutzbereich des Art. 13 GG – doch das Schutzbedürfnis bei den der ›räumlichen Privatsphäre‹ zuzuordnenden Räumen verschieden groß ist … Die* **Geschäfts- und Betriebsräume** *haben nach ihrer Zweckbestimmung eine größere Offenheit ›nach außen‹; sie sind zur Aufnahme sozialer Kontakte bestimmt, der Inhaber entlässt sie damit in gewissem Umfang aus der* **privaten Intimsphäre,** *zu der die Wohnung im engeren Sinn gehört. Dem stärkeren Bedürfnis nach Fernhaltung von Störungen des privaten Lebens und der räumlichen Sphäre, in der es sich entfaltet, entspricht es, dass die Begriffe ›Eingriffe und Beschränkungen‹, soweit sie sich auf die Wohnung im engeren Sinn beziehen,* **streng** *ausgelegt werden. Das bedeutet, dass ein Betretungs- und Besichtigungsrecht der hier geregelten Art bei* **Wohnräumen** *grundsätzlich ausgeschlossen ist. … Bei reinen Geschäfts- und Betriebsräumen wird dieses Schutzbedürfnis durch den Zweck, den sie nach dem Willen des Inhabers selbst erfüllen sollen, allerdings* **gemindert.** *Die Tätigkeiten, die der Inhaber in diesen Räumen vornimmt, wirken notwendig nach außen und können deshalb auch die Interessen anderer und die der Allgemeinheit berühren. Dann ist es folgerichtig, dass die mit dem Schutz dieser Interessen beauftragten Behörden in gewissem Rahmen diese Tätigkeiten auch* **an Ort und Stelle** *kontrollieren und zu diesem Zweck die Räume betreten dürfen. Dieser zweckbestimmte Vorgang ist nicht eigentlich eine Störung des Hausfriedens. Der Betriebsinhaber wird demgemäß in aller Regel das Betreten der Räume durch Behördenbeauftragte nicht als einen* **Eingriff** *in sein Hausrecht empfinden. Sein Widerstand mag sich gegen die Prüfung selbst richten, die er etwa als belästigend und unzumutbar ansieht; in dem* **bloßen Betreten** *der Räume, die er durch ihre Zweckwidmung selbst nach außen geöffnet hat, wird er im allgemeinen eine Beeinträchtigung seiner Grundrechtssphäre* **nicht** *erblicken.*

*… Geht man davon aus, dass Art. 13 Abs. 7 GG somit **nicht** die üblichen Betretungs- und Besichtigungsrechte bei Betriebsgrundstücken und Geschäftsräumen vollumfänglich erfassen soll, so erscheint die Annahme naheliegend, dass auch der **Parlamentarische Rat** im Jahre 1949 von dieser Betrachtungsweise ausgegangen ist, da ihm die Betretungs- und Besichtigungsrechte durchaus bekannt waren. Es muss daher dem heutigen Gesetzgeber überlassen bleiben zu prüfen, ob er zu gegebener Zeit diesen Willen durch eine Neuformulierung des Verfassungstextes des Art. 13 GG eindeutig zum Ausdruck zu bringen möchte …*

*… Grenzt man den Kreis der hiernach **nicht mehr** als ›Eingriffe und Beschränkungen‹ zu qualifizierenden Betretungs- und Besichtigungsrechte für Geschäfts- und Betriebsräume sachgemäß – das heißt unter Beachtung namentlich des Art. 2 Abs. 1 GG im Zusammenhang mit dem Grundsatz der **Verhältnismäßigkeit** – ab, so ergibt sich, dass für eine zulässige »Nachschau« folgende Voraussetzungen zu fordern sind:*

***a)** eine besondere gesetzliche Vorschrift muss zum Betreten der Räume ermächtigen;*

***b)** das Betreten der Räume, die Vornahme der Besichtigungen und Prüfungen müssen einem erlaubten Zweck dienen und für dessen Erreichung erforderlich sein;*

***c)** das Gesetz muss den Zweck des Betretens, den Gegenstand und den Umfang der zugelassenen Besichtigung und Prüfung deutlich erkennen lassen;*

***d)** das Betreten der Räume und die Vornahme der Besichtigung und Prüfung sind nur in den Zeiten statthaft, zu denen die Räume normalerweise für die jeweilige geschäftliche oder betriebliche Nutzung zur Verfügung stehen.*

*… Unter diesen Voraussetzungen ist das Betreten der Geschäfts- und Betriebsräume durch Beauftragte von Behörden im Rahmen ihrer Zuständigkeit nicht als eine Beeinträchtigung des Rechts der Unverletzlichkeit der Wohnung des Art. 13 GG anzusehen … Bei Anlegung dieser Maßstäbe bestehen gegen die hier angegriffene Vorschrift des **§ 17 Abs. 2 HandwO** keine verfassungsrechtlichen Bedenken. Sie dient berechtigten Interessen der Verwaltung und belastet den Betriebsinhaber nicht in unzumutbarer Weise.«*

Beachte: Diese Entscheidung dient weithin als Paradebeispiel dafür, wie das Bundesverfassungsgericht gelegentlich den realen rechtlichen Umständen und den gesellschaftlichen Notwendigkeiten den Vorzug vor eigentlich geforderter Treue zum Verfassungstext gewährt. Bei genauer Betrachtung setzt sich das Gericht insbesondere über den Wortlaut des Grundgesetzes und den in Art. 13 Abs. 7 GG formulierten Schrankenvorbehalt hinweg. Das Gericht behauptet ohne nachvollziehbares verfassungsrechtliches Fundament, dass man die Worte »Eingriffe und Beschränkungen« enger auslegen müsse, dass Geschäftsräume wegen ihrer Offenheit nicht den gleichen Schutz genießen wie eine klassische Wohnung, die Inhaber diese Schutzbedürftigkeit auch gar nicht so wie bei einer Wohnung »empfinden würden« und der Parlamentarische Rat die Betretungsrechte ja vermutlich kannte und auf jeden Fall erhalten wollte – und man daher die behördliche Nachschau zum Schutz der Allgemeinheit nicht als »Eingriffe und Beschränkung« im Sinne der Norm begriffen werden könnte. Zudem erfindet das Gericht unter Berufung auf Art. 2 Abs. 1 GG und den Verhältnismäßigkeitsgrundsatz einen Katalog mit (vier) Voraussetzungen, unter denen die behördliche Nachschau dann verfassungsrechtlich abgesegnet werden könne, was die Kritiker übrigens als die wundersame *Schöpfung* eines neuen **Art. 13 Abs. 8 GG** deuten (vgl. etwa *Lepsius* in Jura 2002, 259 oder *Dreier/Hermes* Art. 13 GG Rz. 29).

Logisch: Dahinter steckt vor allem – und leider sehr gut erkennbar – das vordringliche Bedürfnis, die damals bereits bestehende Gesetzeslage nicht mit einem Schlag über den Haufen zu werfen und dem Staat lieber die Möglichkeit der behördlichen Nachschau zu erhalten (vgl. instruktiv dazu *Voßkuhle* in DVBl 1994, 611 und *Schoch* in Jura 2010, 22). Die Entscheidung ist daher auch ziemlich diskutabel und von vielen namhaften Wissenschaftlern offen bis radikal kritisiert und abgelehnt worden. Die Rede ist unter anderem von »*einzigartigem Kuriosum*« (*Lübbe-Wolff* in DVBl 1993, 762), von »*grober Missachtung der Verfassungsbindung der Gerichte*« (*Lepsius* in Jura 2002, 259) bis hin zur »*unzulässigen freien richterlichen Rechtsschöpfung*« (*Dreier/Hermes* Art. 13 GG Rz. 29) und einem »*rechtsdogmatisch unhaltbaren Zustand*« (*Sachs/Kühne* Art. 13 GG Rz. 51) sowie den für eine Gerichtsentscheidung wenig freundlichen Adjektiven »*extrem ergebnisorientiert und offenbar widersprüchlich*« (*Kunig* in Jura 1992, 476; auch ablehnend: *von Mangoldt/Klein/Starck/Gornig* Art. 13 GG Rz. 152; AK-*Berkemann* Art. 13 GG Rz. 6; *Schoch* in Jura 2010, 22; *Schmitz* in GewArch 2009, 237; *Sachs* in JUS 2008, 162 *Ennuschat* in AöR 127 (2002), 252; *Kingreen/Poscher* StaatsR II Rz. 966; *Ipsen* StaatsR II Rz. 292; *Voßkuhle* in DVBl 1994, 611; jedenfalls im Ergebnis dem BVerfG zustimmend: BK/*Herdegen* Art. 13 GG Rz. 72; *Jarass/Pieroth* Art. 13 GG Rz. 38; *Maunz/Dürig/Papier* Art. 13 GG Rz. 144).

Für uns heißt das nun **Folgendes:** Da die Entscheidungen des Bundesverfassungsgerichts wegen der Regel des § 31 Abs. 1 BVerfGG (aufschlagen!) für alle Gerichte und Behörden in Deutschland verbindlich sind und es zudem auch durchaus Befürworter gibt (BK/*Herdegen* Art. 13 GG Rz. 72; *Jarass/Pieroth* Art. 13 GG Rz. 38; *Maunz/Dürig/Papier* Art. 13 GG Rz. 144), kann man sich auch in einer *Klausur* – ohne Sanktionen des Korrektors befürchten zu müssen – entspannt darauf berufen und müsste im vorliegenden Fall dann noch die vier benannten Voraussetzungen auflisten und subsumieren (machen wir gleich). Wer hingegen Sonderpunkte abkassieren will oder zu dem Thema sogar eine *Hausarbeit* zu schreiben hat, kann und sollte sich dann auch mit der Gegenmeinung befassen und diese argumentativ auflösen. Insoweit bietet die Entscheidung gleich einen Haufen **Angriffspunkte:**

> So kann man sich zunächst fragen, warum das Gericht die Betretungsbefugnis nicht bereits im *Schutzbereich* des Art. 13 Abs. 1 GG diskutiert und namentlich noch einmal über den grundsätzlichen Schutz von Geschäftsräumen nachdenkt, sondern das Problem – dogmatisch kaum nachvollziehbar – an den Begrifflichkeiten »Eingriff und Beschränkung« festmachen will und dann (anscheinend) schon die Eingriffsqualität verneint (*Voßkuhle* in DVBl 1994, 611). Dass die Betroffenen das Betreten ihrer Geschäftsräume angeblich anders »empfinden« als bei einer klassischen Wohnung und deshalb auch weniger schutzbedürftig sind, dürfte im Übrigen eine reine Spekulation sein und verkennt zudem den verfassungsrechtlichen Grundsatz, dass Grundrechte immer anhand **objektiver Kriterien** eingegrenzt werden (*von Mangoldt/Klein/Starck/Gornig* Art. 13 GG Rz. 152). Ob der Parlamentarische Rat, wie das Bundesverfassungsgericht weiter behauptet, die damals schon bestehenden Betretungs- und Besichtigungsrechte des Staates tatsächlich kannte und erhalten wollte, ist ebenfalls rein spekulativ, da sich in den Gesetzesmaterialien hierzu nichts findet. Möglich und naheliegender wäre also vielmehr die Auslegung, dass der Gesetzgeber im Jahre

1949 dieses Problem schlicht übersehen hat. In diesem Falle aber muss der *Wortlaut* der Verfassung oberste Priorität haben; und nach diesem Wortlaut wäre eine behördliche Nachschau aktuell nur zulässig, wenn die Voraussetzungen des Art. 13 Abs. 7 GG vorliegen (AK-*Berkemann* Art. 13 GG Rz. 7). Schließlich erscheint vor diesem Hintergrund der vom Verfassungsgericht selbst angesprochene Aspekt einer möglichen Verfassungsänderung des Art. 13 GG zum Erhalt der Nachschaurechte der Behörden erwägenswert und insbesondere gegenüber einer unzulässigen Überdehnung des aktuellen Wortlautes vorzugswürdig. Folgt man diesen Argumenten, wäre die behördliche Nachschau nach aktuellem Stand der Verfassung verfassungswidrig, weil sie gegen den Schrankenvorbehalt des Art. 13 Abs. 7 GG verstößt (überzeugend: *Schoch* in Jura 2010, 22, 30).

Wer dem folgt (gut vertretbar!), würde unseren Fall dann an dieser Stelle beenden und feststellen, dass der hier zu prüfende § 29 Abs. 2 GewO gegen das Grundgesetz verstößt, weil er schon nicht den geschriebenen Voraussetzungen des qualifizierten *Schrankenvorbehaltes* des Art. 13 Abs. 7 GG entspricht (zur Darstellung des Streits in der Klausur oder Hausarbeit vgl. das Gutachten zum Fall weiter unten). Eine weitere Prüfung der materiellen Rechtmäßigkeit wäre damit natürlich auch hinfällig.

Wer sich hingegen dem Bundesverfassungsgericht und der eben besprochenen Entscheidung (BVerfGE **32**, 54) anschließt, muss, um die Verfassungsmäßigkeit des § 29 Abs. 2 GewO zu klären, jetzt noch die vier im Urteil aufgeführten Voraussetzungen prüfen, und das geht so: Die behördliche Nachschau ist nach Auffassung des Bundesverfassungsgerichts nicht als eine Beeinträchtigung des Rechts der Unverletzlichkeit der Wohnung des Art. 13 Abs. 1 GG anzusehen und damit verfassungsrechtlich zulässig, wenn

a) eine besondere gesetzliche Vorschrift zum Betreten der Räume ermächtigt;

b) das Betreten der Räume, die Vornahme der Besichtigungen und Prüfungen einem erlaubten Zweck dient und für dessen Erreichung erforderlich ist;

c) das Gesetz den Zweck des Betretens, den Gegenstand und den Umfang der zugelassenen Besichtigung und Prüfung deutlich erkennen lässt;

d) das Betreten der Räume und die Vornahme der Besichtigung und Prüfung nur in den Zeiten stattfinden, zu denen die Räume normalerweise für die jeweilige geschäftliche oder betriebliche Nutzung zur Verfügung stehen.

Prüfen wir mal: Die zunächst geforderte besondere gesetzliche Vorschrift zum Betreten der Räume ist vorliegend der § 29 Abs. 2 GewO. Diese Norm dient dem erlaubten Zweck, die berechtigten Interessen der Verwaltung an der Einhaltung der Gesetze im Gewerberecht wahrzunehmen. Im Hinblick auf die sogenannten »überwachungspflichtigen Gewerbe« sind die Behörden auf zuverlässige Kontrollmechanismen angewiesen, da anderweitig die *Zuverlässigkeit* der Gewerbetreibenden nicht verlässlich geprüft werden kann. Eine den Grundrechtsträger weniger belastende Maßnahme zur Erlangung der notwendigen Informationen seitens der Behörden ist nicht erkennbar, insbesondere kann die Behörde sich nicht auf die bloßen Auskünfte der Betroffenen verlassen. Die Maßnahme des Betretens der Geschäftsräume ist somit erforderlich (zur *Erforderlichkeit* bei Überprüfungen durch die Handwerkskammer vgl. BVerfG WM **2007**, 956). Dem § 29 Abs. 2 GewO ist explizit zu entnehmen, unter welchen Voraussetzungen und innerhalb welchen Umfanges die Räume betreten werden dürfen. Schließlich entspricht der § 29 Abs. 2 GewO auch der letzten, vom Verfassungsgericht geforderten Voraussetzung, denn der Zutritt ist grundsätzlich nur innerhalb der üblichen Geschäftszeiten gestattet.

<u>ZE.</u>: Die Vorschrift des § 29 Abs. 2 GewO erfüllt damit sämtliche vier Zulässigkeitsvoraussetzungen für die Verfassungsmäßigkeit der Betretungs- und Besichtigungsrechte der Behörden, die sogenannte »Nachschau«.

Ergebnis: Der § 29 Abs. 2 GewO verstößt somit nach den aufgezeigten Regeln des Bundesverfassungsgerichts nicht gegen das Grundgesetz (andere Ansicht – wie gesehen – ziemlich bis sehr gut vertretbar).

Prüfungsschema 10

Die Unverletzlichkeit der Wohnung bei »behördlicher Nachschau«

I. Der **Schutzbereich** des Art. 13 Abs. 1 GG

→ *Wohnung* = alle Räume, die nach dem Willen des Betroffenen der allgemeinen Zugänglichkeit durch eine räumliche Abschirmung entzogen und zur Stätte privaten Lebens und Wirkens gemacht werden. Der Wohnungsbegriff ist wegen seiner Nähe zum allgemeinen Persönlichkeitsrecht stets *weit* auszulegen.

Problem: Auch Geschäftsräume? **Lösung**: Nach herrschender Meinung gehören Geschäftsräume grundsätzlich zum Schutzbereich des Art. 13 Abs. 1 GG. Wegen des Zusammenhangs mit dem Grundrechtsschutz der Art. 12 und 14 GG sowie dem allgemeinen Persönlichkeitsrecht steht auch die *Wirkungsstätte* der persönlichen Entfaltung unter Schutz. Der Wortlaut des Art. 13 Abs. 1 GG kann demgegenüber in den Hintergrund treten, auch weil die deutsche Verfassungspraxis seit mehr als 100 Jahren eine weite Auslegung des Begriffs annimmt.

II. Eingriff (siehe Schema Nr. 1 oben)

III. Rechtfertigung des Eingriffs gemäß Art. 13 Abs. 2-7 GG

Vorab: Art. 13 Abs. 2-5 GG betreffen in der Regel die Strafverfolgung, der **Art. 13 Abs. 7 GG** die »sonstigen Eingriffe und Beschränkungen«.

Beachte: Der **Art. 13 Abs. 7 GG** besteht aus einer verfassungsunmittelbaren Schranke (1. Halbsatz) und einem qualifizieren Gesetzesvorbehalt (2. Halbsatz).

Problem: Sind Eingriffe auch zulässig ohne das Vorliegen einer der in Abs. 7 benannten Gefahren?

→ Das **Bundesverfassungsgericht** bejaht dies, unter folgenden Voraussetzungen:

a) eine besondere gesetzliche Vorschrift ermächtigt zum Betreten der Räume; **b)** das Betreten der Räume, die Vornahme der Besichtigungen und Prüfungen dient einem erlaubten Zweck und ist für dessen Erreichung erforderlich; **c)** das Gesetz lässt den Zweck des Betretens, den Gegenstand und den Umfang der zugelassenen Besichtigung und Prüfung deutlich erkennen; **d)** das Betreten der Räume und die Vornahme der Besichtigung und Prüfung sind nur in den Zeiten statthaft, zu denen die Räume normalerweise für die jeweilige geschäftliche oder betriebliche Nutzung zur Verfügung stehen.

→ Nach **anderer Ansicht** verstößt die »behördliche Nachschau« gegen den Schrankenvorbehalt des Art. 13 Abs. 7 GG und ist verfassungswidrig.

Beide Lösungen sind gut vertretbar.

Gutachten

Das in § 29 Abs. 2 GewO normierte Recht zur sogenannten »Nachschau« ist verfassungswidrig, wenn damit durch einen Akt der öffentlichen Gewalt in den Schutzbereich eines Grundrechts eingegriffen wird und dieser Eingriff verfassungsrechtlich nicht gerechtfertigt ist.

I. Durch die in § 29 Abs. 2 GewO angeordnete »Nachschau« müsste ein Grundrecht in seinem Schutzbereich betroffen sein. In Betracht kommt die Verletzung des Grundrechts der Betroffenen aus Art. 13 Abs. 1 GG. Gemäß Art. 13 Abs. 1 GG ist die Wohnung unverletzlich. Nach § 29 Abs. 2 GewO dürfen die zuständigen Behörden die Geschäftsräume der Betroffenen zum Zwecke der Nachschau betreten. Es fragt sich, ob unter den Wohnungsbegriff des Art. 13 Abs. 1 GG auch die Geschäftsräume des Betroffenen zu fassen sind. Andernfalls käme eine Grundrechtsverletzung bereits mangels Betroffenheit des Schutzbereiches nicht in Betracht. Zur Wohnung im Sinne des Art. 13 Abs. 1 GG gehören alle Räume, die nach dem Willen des Betroffenen der allgemeinen Zugänglichkeit durch eine räumliche Abschirmung entzogen und zur Stätte privaten Lebens und Wirkens gemacht werden. In diesen Räumen genießt der Betroffene das Recht, »in Ruhe gelassen zu werden«. Der Wohnungsbegriff ist wegen seiner Nähe zum allgemeinen Persönlichkeitsrecht stets weit auszulegen.

a) Gleichwohl sollen die Geschäftsräume nach einer Ansicht nicht zum Wohnungsbegriff des Art. 13 Abs. 1 GG gehören. So wird darauf verwiesen, dass durch eine bei Geschäftsräumen unvermeidbare »Teilöffentlichkeit« die für Art. 13 Abs. 1 GG typische Höchstpersönlichkeit fehle und das Argument, dass es einen Raum geben müsse, in dem man in Ruhe gelassen werde, insoweit ad absurdum geführt wird. Zudem privilegiere ein solcher Grundrechtsschutz die Inhaber der Geschäftsräume über die von Art. 12 GG bereits gewährten Vorzüge hinaus, allerdings ohne sachlichen und verfassungsrechtlich notwendigen Anlass. In Konsequenz dessen wird eine vermittelnde Lösung angeboten, wonach jedenfalls diejenigen Geschäftsräume nicht unter Art. 13 Abs. 1 GG fallen sollen, die der Öffentlichkeit umfassend zugänglich und auf unkontrollierten Zugang geradezu angelegt sind, wozu beispielsweise Einkaufspassagen, Kaufhäuser und Freizeitzentren gehören sollen.

b) Dem kann jedoch nicht gefolgt werden. In der deutschen Verfassungsgeschichte wird der Begriff der »Wohnung« seit mehr als 100 Jahren in einem weiten Sinne verstanden und bezieht insbesondere auch die Geschäftsräume mit ein. Dies folgert man seit jeher aus dem Umstand, dass die persönliche Selbstverwirklichung auch durch Arbeit, Beruf und Gewerbe erfolgt und der Raum, in dem dies vollzogen wird, eines besonderen Schutzes bedarf. Es ist aktuell kein Grund erkennbar, warum von dieser, über einen sehr langen Zeitraum gewachsenen Rechtspraxis abgewichen werden soll. Nur diese weite Auslegung des Wohnungsbegriffs unter Einbeziehung der Geschäftsräume wird im Übrigen dem Grundsatz gerecht, wonach in Zweifelsfällen diejenige Auslegung zu wählen ist, welche die juristische Wirkungskraft der Grundrechtsnorm am stärksten entfaltet. Sie fügt sich überdies sinnvoll in die Grundsätze ein, die auch das Bundesverfassungsgericht zur Interpretation des Grundrechts der Berufsfreiheit entwickelt hat. Wenn dort die Berufsarbeit als ein wesentliches Stück der Persönlichkeitsentfaltung gesehen und ihr deshalb im Rahmen der individuellen Lebensgestaltung des

Einzelnen ein besonders hoher Rang zuerkannt wird, so ist es nur folgerichtig, dem räumlichen Bereich, in dem sich diese Arbeit vorwiegend vollzieht, einen entsprechend wirksamen rechtlichen Schutz angedeihen zu lassen, jedenfalls den bereits bestehenden verfassungsrechtlichen Schutz dieser Räume nicht ohne zwingende Notwendigkeit zu schmälern. In diesem Zusammenhang ist darauf hinzuweisen, dass auch nur bei dieser Auslegung den juristischen Personen und den Personenvereinigungen der Schutz dieses Grundrechts, dessen sie bisher nach allgemeiner Meinung teilhaftig waren, erhalten werden kann. Der Wortlaut des Art. 13 Abs. 1 GG kann demgegenüber nicht entscheidend sein.

Zwischenergebnis: Der § 29 Abs. 2 GewO, der den Zutritt zu den Geschäftsräumen des Betroffenen gewährt, betrifft somit den Schutzbereich des Art. 13 Abs. 1 GG.

II. Es muss des Weiteren ein Eingriff in den Schutzbereich vorliegen. Unter Eingriff versteht man jedes staatliche Handeln, das dem Einzelnen ein Verhalten, das in den Schutzbereich eines Grundrechts fällt, ganz oder teilweise unmöglich macht; hierbei ist gleichgültig, ob diese Wirkung final oder unbeabsichtigt eintritt. § 29 Abs. 2 GewO gewährt den Behörden das Recht, zum Zwecke der »Nachschau« die Geschäftsräume des Betroffenen zu betreten. Den Betroffenen wird damit die Ausübung ihres Grundrechts aus Art. 13 Abs. 1 GG teilweise unmöglich gemacht.

Zwischenergebnis: Ein Eingriff im eben benannten Sinne liegt vor.

III. Der Eingriff dürfte verfassungsrechtlich nicht gerechtfertigt sein. Der staatliche Eingriff in den Schutzbereich eines Grundrechts ist dann verfassungsrechtlich gerechtfertigt, wenn das betroffene Grundrecht einschränkbar ist, eine entsprechende Schranke besteht und diese Schranke selbst wiederum verfassungsgemäß ist (sogenannte »Schranken-Schranke«).

1.) Das Grundgesetz muss für das betroffene Grundrecht eine Einschränkbarkeit vorsehen. Gemäß Art. 13 Absätze 2 bis 7 GG kann die Unverletzlichkeit der Wohnung durch verschiedene Maßnahmen eingeschränkt werden. Im vorliegenden Fall kommt als alleinige Eingriffsermächtigung Art. 13 Abs. 7 GG in Betracht.

Zwischenergebnis: Das Grundrecht sieht in Art. 13 Abs. 7 GG eine mögliche Einschränkbarkeit vor.

2.) Es muss im konkreten Fall eine entsprechende Schranke existieren. Der 29 Abs. 2 GewO schränkt das Grundrecht der Unverletzlichkeit der Wohnung ein und spricht dies sogar in seinem Wortlaut explizit aus.

Zwischenergebnis: Es existiert folglich mit § 29 Abs. 2 GewO eine Schranke des Grundrechts aus Art. 13 Abs. 1 GG.

3.) Diese Schranke des Art. 13 Abs. 1 GG in Gestalt des § 29 Abs. 2 GewO müsste nun aber auch verfassungsgemäß, also eine verfassungskonforme Konkretisierung der Schranke des Schrankenvorbehaltes des Art. 13 Abs. 7 GG sein. Voraussetzung dafür ist das Vorliegen der formellen und der materiellen Rechtmäßigkeit des § 29 Abs. 2 GewO.

I. Die formelle Rechtmäßigkeit

Nach dem Hinweis im Sachverhalt ist § 29 GewO formell verfassungsgemäß.

II. Die materielle Rechtmäßigkeit

1.) Dazu muss der § 29 Abs. 2 GewO zunächst den im GG niedergeschriebenen Voraussetzungen des Schrankenvorbehalts des Art. 13 Abs. 7 GG entsprechen. Gemäß Art. 13 Abs. 7 GG darf das Grundrecht aus Art. 13 Abs. 1 GG nur eingeschränkt werden zur Abwehr einer gemeinen Gefahr oder einer Lebensgefahr für einzelne Personen, aufgrund eines Gesetzes auch zur Verhütung dringender Gefahren für die öffentliche Sicherheit und Ordnung, insbesondere zur Behebung der Raumnot, zur Bekämpfung von Seuchengefahr oder zum Schutze gefährdeter Jugendlicher. Der § 29 Abs. 2 GewO gestattet die behördliche »Nachschau« aber gerade ohne das Vorliegen eines Verdachts oder einer Gefahr. Die Behörde darf gemäß § 29 Abs. 2 GewO ohne jeden Verdacht und ohne eine erkennbare Gefahr für ein Rechtsgut die Geschäftsräume des Gewerbetreibenden betreten und Einsicht in die Geschäftsunterlagen nehmen. Die Ermächtigung des § 29 Abs. 2 GewO entspricht damit nicht dem, was der Grundgesetzgeber in seinem (qualifizierten) Gesetzesvorbehalt in Art. 13 Abs. 7 GG fordert.

a) Nach einer Meinung soll der § 29 GewO gleichwohl verfassungsgemäß sein, und zwar aus folgenden Erwägungen und unter folgenden Voraussetzungen: Es erscheint eine Auslegung des Art. 13 Abs. 7 GG geboten und zulässig, die bereits bei dem Begriff der »Eingriffe und Beschränkungen« ansetzt und ihn in einer Weise interpretiert, die dem Schutzzweck des Grundrechts gerecht wird, dem erkennbaren Willen des Verfassungsgebers entspricht, aber auch auf die sachlichen Notwendigkeiten der Verwaltung des modernen Staates angemessen Bedacht nimmt. Diese Auslegung geht davon aus, dass doch das Schutzbedürfnis bei den der »räumlichen Privatsphäre« zuzuordnenden Räumen verschieden groß ist. Die Geschäfts- und Betriebsräume haben nach ihrer Zweckbestimmung eine größere Offenheit nach außen; sie sind zur Aufnahme sozialer Kontakte bestimmt, der Inhaber entlässt sie damit in gewissem Umfang aus der privaten Intimsphäre, zu der die Wohnung im engeren Sinn gehört. Dem stärkeren Bedürfnis nach Fernhaltung von Störungen des privaten Lebens und der räumlichen Sphäre, in der es sich entfaltet, entspricht es, dass die Begriffe »Eingriffe und Beschränkungen«, soweit sie sich auf die Wohnung im engeren Sinn beziehen, streng ausgelegt werden. Das bedeutet, dass ein Betretungs- und Besichtigungsrecht der hier geregelten Art bei Wohnräumen grundsätzlich ausgeschlossen ist. Bei reinen Geschäfts- und Betriebsräumen wird dieses Schutzbedürfnis durch den Zweck, den sie nach dem Willen des Inhabers selbst erfüllen sollen, allerdings gemindert. Die Tätigkeiten, die der Inhaber in diesen Räumen vornimmt, wirken notwendig nach außen und können deshalb auch die Interessen anderer und die der Allgemeinheit berühren. Dann ist es folgerichtig, dass die mit dem Schutz dieser Interessen beauftragten Behörden in gewissem Rahmen diese Tätigkeiten auch an Ort und Stelle kontrollieren und zu diesem Zweck die Räume betreten dürfen. Dieser zweckbestimmte Vorgang ist nicht eigentlich eine Störung des Hausfriedens. Der Betriebsinhaber wird demgemäß in aller Regel das Betreten der Räume durch Behördenbeauftragte nicht als einen Eingriff in sein Hausrecht empfinden. Unter folgenden Voraussetzungen ist ein Betreten der Geschäftsräume daher verfassungskonform: Es muss eine besondere gesetzliche Vorschrift zum Betreten der Räume ermächtigen; das Betreten der Räume, die Vornahme der Besichtigungen und Prüfungen müssen einem erlaubten Zweck dienen und für dessen Erreichung erforderlich sein; das Gesetz muss den Zweck des Betretens, den Gegenstand und den Umfang der zugelassenen Besichtigung und Prüfung deutlich erkennen lassen; das Betreten der Räume und die Vornahme der Besichtigung und Prüfung sind nur in den Zeiten statthaft, zu denen die Räume normalerweise für die jeweilige geschäftliche oder betriebliche Nutzung zur Verfügung stehen.

b) Dem kann jedoch nicht gefolgt werden. Die behördliche Nachschau verstößt vielmehr gegen Art. 13 Abs. 1 GG. Es erscheint schon fraglich, warum die Gegenmeinung die Betretungsbefugnis nicht bereits im Schutzbereich des Art. 13 Abs. 1 GG diskutiert und namentlich noch einmal über den grundsätzlichen Schutz von Geschäftsräumen nachdenkt, sondern das Problem an den Begrifflichkeiten »Eingriff und Beschränkung« festmachen will und dann (anscheinend) schon die Eingriffsqualität verneint. Dass die Betroffenen das Betreten ihrer Geschäftsräume angeblich anders »empfinden« als bei einer klassischen Wohnung und deshalb auch weniger schutzbedürftig sind, dürfte im Übrigen eine reine Spekulation sein und verkennt zudem den verfassungsrechtlichen Grundsatz, dass Grundrechte immer anhand objektiver Kriterien eingegrenzt werden. Ausgehend vom klaren Wortlaut der Verfassung, wäre eine behördliche Nachschau aktuell nur zulässig, wenn die Voraussetzungen des Art. 13 Abs. 7 GG vorliegen. Vor diesem Hintergrund erscheint eine mögliche Verfassungsänderung des Art. 13 GG zum Erhalt der Nachschaurechte der Behörden erwägenswert und insbesondere gegenüber einer unzulässigen Überdehnung des aktuellen Wortlautes vorzugswürdig. Tatsächlich spricht vieles dafür, dass der Grundgesetzgeber das hier zu lösende Problem schlicht übersehen hat. In solchen Fällen aber erfolgt die verfassungsgemäße Lösung nicht mithilfe einer Überdehnung des ausdrücklichen Wortlauts des Grundgesetzes, sondern vielmehr durch eine Änderung der Verfassung. Das gilt insbesondere dann, wenn die Überdehnung des Wortlautes zu einer Einschränkung des Grundrechts führt.

Ergebnis: Der hier zu prüfende § 29 Abs. 2 GewO verstößt aus der gerade genannten Erwägungen gegen das Grundgesetz, da er schon nicht den geschriebenen Voraussetzungen des qualifizierten Schrankenvorbehaltes des Art. 13 Abs. 7 GG entspricht. Eine weitere Prüfung der materiellen Rechtmäßigkeit ist damit hinfällig.

Fall 11

Die Memoiren von Angela Merkel

Nach jahrelangem Zureden ist es dem Verleger V aus Magdeburg endlich gelungen, *Angela Merkel* zum Schreiben ihrer Memoiren zu bringen. Auf Wunsch von Frau *Merkel* soll das Buch allerdings nur in einer sehr begrenzten Auflage von 100 Stück erscheinen. Damit aus jedem Buch zudem ein wertvolles Unikat wird, stellt *Angela Merkel* aus ihrer privaten Fotosammlung 100 Bilder zur Verfügung, von denen pro Buch jeweils ein Foto aufwendig in den Buchdeckel eingearbeitet wird. Die Bücher sollen von Frau *Merkel* unter dem jeweiligen Foto handsigniert und anschließend zum Stückpreis von 750 Euro verkauft werden.

Das Bundesland Sachsen-Anhalt hat nun blöderweise kürzlich sein Pressegesetz (PGSA) geändert. Gemäß § 11a PGSA sind Verleger ab sofort verpflichtet, von jedem neu erschienenen Buch ein Belegexemplar (sogenanntes »Pflichtexemplar«) entschädigungslos an die staatliche Landes-Bibliothek in Halle abzugeben. Dadurch soll der Nachwelt ein Original jedes in Sachsen-Anhalt entstandenen Buches erhalten werden. V ist erbost und meint, die neue Regelung verletze ihn in seinem Eigentumsrecht. Wenn er bei einer geplanten Auflage von 100 Stück und einem Einzelverkaufspreis von 750 Euro entschädigungslos ein Exemplar an den Staat abgeben müsse, sei dies eine unzumutbare wirtschaftliche Belastung, die gegen das Grundgesetz verstoße.

Frage: Verletzt der (formal rechtmäßige) § 11a PGSA den V in seinen Grundrechten?

Schwerpunkte: Das Eigentumsrecht aus Art. 14 Abs. 1 GG; der Schutzbereich und die Eingriffsmöglichkeiten; die Inhalts- und Schrankenbestimmung des Art. 14 Abs. 1 Satz 2 GG; die Sozialbindung des Eigentums; der Begriff der »Enteignung« in Art. 14 Abs. 3 GG; der »Nassauskiesungsbeschluss« des Bundesverfassungsgerichts (→ BVerfGE **58**, 300); Abgrenzung von Enteignung und Inhaltsbestimmung.

Lösungsweg

Einstieg: Das ulkige Fällchen da oben, angelehnt übrigens an die oberberühmte »Pflichtexemplarentscheidung« des Bundesverfassungsgerichts vom **14. Juli 1981** (→ BVerfGE **58**, 137), führt uns zu der in Art. 14 Abs. 1 GG verankerten und nach Meinung des Bundesverfassungsgerichts für unser Staats- und Wirtschaftssystem »elementaren« Eigentumsgarantie des Grundgesetzes (BVerfGE **14**, 263). Bevor wir uns gleich mit dem Fall ausführlich beschäftigen, lohnt aber zunächst mal ein kurzer Blick auf die Struktur und die Eigentümlichkeiten des Grundrechts auf Eigentum. Die durchaus anspruchsvolle Problematik, die sich hinter Art. 14 GG verbirgt, kann man interessanterweise schon beim sorgfältigen Lesen des Gesetzestextes erahnen, in dem es nämlich in **Art. 14 Abs. 1 GG** heißt:

> »*Das Eigentum und das Erbrecht werden gewährleistet. Inhalt und Schranken werden durch die Gesetze bestimmt.*«

Durchblick: Dass das Grundgesetz ein bestimmtes Grundrecht gewährleistet oder auch etwa für unverletzlich erklärt, ist nicht weiter spektakulär und taucht mit diesen Formulierungen bei nahezu jeder Grundrechtsgarantie auf (vgl. etwa Art. 5 Abs. 1 Satz 2 GG, Art. 4 Abs. 2 GG, Art. 13 Abs. 1 GG oder auch Art. 10 Abs. 1 GG). Hiermit wird das jeweilige Grundrecht vom Gesetzgeber zum einen benannt und umschrieben und zum anderen die weitere Ausgestaltung des Schutzbereiches dann der Wissenschaft und den Gerichten überlassen – so wie wir das in unserem Buch ja inzwischen auch schon gelernt und vielfach vollzogen haben. Des Weiteren kennen wir auch schon die Formulierung, dass die *Schranken* eines Grundrechts »durch die Gesetze« (oder auch »aufgrund eines Gesetzes«) bestimmt werden sollen (vgl. etwa Art. 12 Abs. 1 Satz 2 GG, Art. 10 Abs. 2 Satz 1 GG oder Art. 5 Abs. 2 GG). Hiermit signalisiert der Gesetzgeber, dass die Grundrechte immer auch bestimmten Schranken unterliegen, also vom Grundrechtsträger in aller Regel nicht »uneingeschränkt« beansprucht werden können. Dies folgt dem uns inzwischen bekannten, klassischen verfassungsrechtlichen

> **Prinzip**: Die Grundrechte schützen einerseits das Individuum umfassend vor staatlichen Eingriffen, die Grundrechtsschranken sollen demgegenüber sicherstellen, dass auch die Gemeinschaftsinteressen gewahrt bleiben (BVerfGE **7**, 377).

Eigentlich kein Problem, das wissen wir mittlerweile. Aber, jetzt wird es erst richtig interessant (und auch knifflig!), denn: In Art. 14 Abs. 1 Satz 2 GG steht nun überraschenderweise auch drin, dass die einfachen Gesetze nicht nur die Schranken bestimmen, sondern auch den *Inhalt* (!) des Grundrechts. Wir haben es hier demnach mit der sonderbaren Konstruktion zu tun, dass der Grundgesetzgeber – anders als bei den übrigen Grundrechten – auch die Bestimmung des *Inhalts* des Grundrechts (also den klassischen Schutzbereich) weder der Wissenschaft noch den Gerichten, sondern vielmehr dem einfachen Gesetzgeber überlässt. Dahinter steckt die rechtsdogmatische Erkenntnis, dass der Inhalt des Eigentumsbegriffs nicht pauschal – quasi allgemeingültig und zeitlos – bestimmt werden kann, sondern immer davon abhängt, was die jeweilige Rechtsordnung in seinen Gesetzen aktuell als Eigentum anerkennt und unter entsprechenden Schutz stellt (schwerer, aber wichtiger Satz, bitte mindestens noch einmal lesen). Die Formulierung in Art. 14 Abs. 1 Satz 2 GG bleibt damit zwar weiterhin ungewöhnlich, ist indessen nach dem soeben Gesagten die logische Konsequenz aus der Schwierigkeit, den Eigentumsbegriff (also den *Schutzbereich*) pauschal festzulegen. Der Grundgesetzgeber hat dieses Problem gesehen und dem Gesetzgeber daher »*... die Aufgabe zugewiesen, eine Eigentumsordnung zu schaffen, die sowohl die privaten Interessen des Einzelnen als auch denen der Allgemeinheit gerecht wird*« (BVerfGE **58**, 300). Die in Art. 14 Abs. 1 Satz 2 GG dafür gewählte Formulierung nennt man dann »**Inhalts- und Schrankenbestimmung**«, während die gerade erwähnten Interessen der Allgemeinheit in Art. 14 Abs. 2 GG (aufschlagen!) verankert sind und als »**Sozialbindung**« des Eigentums bezeichnet werden (*von Mangoldt/Klein/Starck/Depenheuer* Art. 14 GG Rz. 253). **Fazit**: Der Grundgesetzgeber überlässt bei Art. 14 Abs. 1 Satz 2 GG dem einfachen Gesetzgeber neben der Schrankenbestimmung auch und vor allem die Bestimmung des **Inhalts** des Eigentumsschutzes – lediglich gebunden an die Sozialbindung aus Art. 14 Abs. 2 GG.

Und aus dem gerade Gesagten folgt dann auch schon die vergleichsweise einfache und vor allem logisch konsequente Definition des Schutzbereiches des Art. 14 Abs. 1 GG, die nämlich wie folgt lautet:

Der *Eigentumsbegriff* im Sinne des Art. 14 Abs. 1 GG umfasst alles, was die jeweils gültige Rechtsordnung zum aktuellen Zeitpunkt als Eigentum definiert und schützt (BVerfG NJW **2017**, 217; BVerfGE **58**, 300, 336; BVerfGE **53**, 257, 290; *Maunz/Dürig/Papier* Art. 14 GG Rz. 55; *Jarass/Pieroth* Art. 14 GG Rz. 7; *von Münch/ Kunig/Bryde* Art. 14 GG Rz. 12).

Diese Definition behalten wir bitte ab jetzt im Hinterkopf, denn sie dient und hilft uns bei der Erläuterung des zweiten, für die juristische Prüfungsarbeit enorm wichtigen Prinzips: Der Art. 14 GG verfügt in seinem Abs. 3 (lesen!) nämlich über eine weitere merkwürdige Konstruktion, und zwar die für die sogenannte »Enteignung«. Eine solche Enteignung, also der klassische Entzug des Eigentums, soll gemäß Art. 14 Abs. 3 GG nur zum *Wohle der Allgemeinheit* zulässig sein und im Übrigen zusätzlich und zwingend an eine gesetzliche Entschädigungsregel gekoppelt werden. Diese sogenannte »Junktimklausel« (kommt von lat. *iunctum* = verbunden) legt damit fest, dass jede Enteignung mit einer gesetzlichen Entschädigungsregel verbunden sein *muss*. Ohne eine gesetzlich normierte Entschädigungsregel ist jede Enteignung zwingend und zudem übrigens auch *unheilbar* verfassungswidrig (BVerfGE **24**, 367; BVerfGE **46**, 286; BVerfGE **58**, 300; *Jarass/Pieroth* Art. 14 GG Rz. 83; *Maunz/Dürig/ Papier* Art. 14 GG Rz. 564; *von Mangoldt/Klein/Starck/Depenheuer* Art. 14 GG Rz. 441; *Kingreen/Poscher* StaatsR II Rz. 1017).

> Und jetzt das **Problem**: Art. 14 GG gewährt – wie gesehen – dem einfachen Gesetzgeber in seinem Abs. 1 Satz 2 die Befugnis, den Inhalt und die Schranken des Eigentumsrechts dadurch selbst zu bestimmen, dass er entsprechende Gesetze schafft, die nämlich definieren, welche Rechtspositionen unter den Eigentumsbegriff fallen und wie und unter welchen Umständen diese Rechtspositionen eingeschränkt werden

dürfen. Auf der anderen Seite sagt das Grundgesetz in **Art. 14 Abs. 3 GG** aber auch, dass »Enteignungen« nur dann zulässig sind, wenn sie zum Wohle der Allgemeinheit erfolgen und eine entsprechende Entschädigung auf gesetzlicher Grundlage besteht. **Frage**: Was verbirgt sich eigentlich hinter diesen Begriffen und vor allem: wie unterscheidet man eine solche gesetzliche »Inhalts- und Schrankenbestimmung« von einer »Enteignung«? **Relevanz**: Wenn die jeweilige gesetzliche Regelung nur eine Inhalts- und Schrankenbestimmung des Eigentumsrechts ist, muss der Bürger sich das Ganze entschädigungslos gefallen lassen; ist es hingegen schon eine Enteignung, wäre diese nur zulässig, sofern es auch eine gesetzlich angeordnete Entschädigung dafür gibt. **Beispiel**: In unserem Fall soll der V nach der Regelung des § 11a PGSA ein »Pflichtexemplar« (Wert: 750 Euro!) kostenlos, also *ohne* irgendeine Entschädigung, an die staatliche Bibliothek abgeben. **Problem**: Ist das jetzt (nur) eine Inhalts- und Schrankenbestimmung seines Eigentums, die dann unter die Sozialbindungsklausel des Art. 14 Abs. 2 GG fällt und entschädigungslos hingenommen werden muss – oder ist es doch schon eine »Enteignung« im Sinne des Art. 14 Abs. 3 GG? Falls es eine *Enteignung* wäre, wäre der § 11a PGSA fraglos verfassungswidrig und damit nichtig, da es an einer von Art. 14 Abs. 3 GG geforderten Entschädigungsregel fehlt. Ist es hingegen nur die nähere Ausgestaltung und *Beschränkung* des Eigentumsrechts der Verleger an ihren Büchern (→ »Inhalts- und Schrankenbestimmung« mit Sozialbindung), wäre dies – sofern die sonstigen Voraussetzungen, namentlich der Verhältnismäßigkeitsgrundsatz, gewahrt sind – eine zulässige gesetzliche Maßnahme im Sinne des Art. 14 Abs. 1 Satz 2 GG. **Problem verstanden?**

Prima. Die entscheidende Frage bei einer gesetzlichen Regelung oder sonstigen staatlichen Maßnahme im Rahmen des Art. 14 Abs. 1 GG lautet daher, ob es sich dabei entweder (nur) um eine Inhalts- und Schrankenbestimmung des Eigentumsrechts oder aber um eine den jeweiligen Eigentümer *enteignende* Maßnahme handelt (BVerfG NJW **2017**, 217). Im letztgenannten Fall wäre eine Entschädigungsregel wegen Art. 14 Abs. 3 GG zwingend notwendig (sonst: verfassungswidrig!), im erstgenannten Fall müsste demgegenüber (nur) noch der Verhältnismäßigkeitsgrundsatz und die Sozialbindung aus Art. 14 Abs. 2 GG geprüft werden.

Zusammenfassung: Das Grundrecht auf Eigentum aus Art. 14 GG überlässt dem einfachen Gesetzgeber die Bestimmung der *Schranken* und auch die Bestimmung des *Inhalts* dieses Eigentumsrechts. Der Gesetzgeber darf demnach selbst festlegen, was genau als Eigentum angesehen wird und in welcher Form dieses Eigentum möglichen Beschränkungen durch den Staat unterliegt. Wählt der Gesetzgeber hierbei aber eine Maßnahme (etwa ein Gesetz), die über eine zulässige Inhalts- und Schrankenbestimmung hinausgeht und den jeweiligen Eigentümer sogar *enteignet*, muss er für diesen Fall gemäß Art. 14 Abs. 3 GG eine entsprechende *Entschädigungsregel* fixieren. Ansonsten, also bei einer bloßen Inhalts- und Schrankenbestimmung im Sinne des Art. 14 Abs. 1 Satz 2 GG, muss der Gesetzgeber hingegen (nur) den allgemeinen Verhältnismäßigkeitsgrundsatz und die in Art. 14 Abs. 2 GG normierte Sozialbindung des Eigentums wahren.

So, und damit haben wir *DAS* Problem des Art. 14 GG schon herausgearbeitet und wissen jetzt auch, warum in neun von zehn Klausuren genau *diese* Frage gestellt wird und im Zweifel für den jeweiligen Fall (und die Note!) dann auch entscheidungserheblich ist. Es geht immer darum, eine staatlichen Maßnahme oder ein Gesetz daraufhin zu untersuchen, ob es sich um eine Inhalts- und Schrankenbestimmungen im Sinne des Art. 14 Abs. 1 Satz 2 GG oder aber um eine Enteignung im Sinne des Art. 14 Abs. 3 GG handelt. Und wie man das dann sinnvoll auflöst und anschließend in einer Klausur oder Hausarbeit gewinnbringend zu Papier bringt, das kommt jetzt:

Frage: Verletzt der (formal rechtmäßige) § 11a PGSA den V in seinen Grundrechten?

> **Obersatz:** Die in § 11a PGSA normierte Pflicht der Verleger, von jedem neu erschienenen Buch ein sogenanntes »Pflichtexemplar« kostenlos an die staatliche Landesbibliothek abzugeben, ist verfassungswidrig, wenn damit durch einen Akt der öffentlichen Gewalt in den Schutzbereich eines Grundrechts eingegriffen wird und dieser Eingriff verfassungsrechtlich nicht gerechtfertigt ist.

I. Ist durch die in § 11a PGSA normierte Pflicht zur Abgabe eines Pflichtexemplars ein Grundrecht in seinem Schutzbereich betroffen?

In Betracht kommt die Verletzung des Grundrechts der Verleger aus Art. 14 Abs. 1 Satz 1 GG. Gemäß Art. 14 Abs. 1 Satz 1 GG werden das *Eigentum* und das Erbrecht gewährleistet. Nach § 11a PGSA müssen die Verleger ein Exemplar einer jeden Neuerscheinung an den Staat abgeben. Es fragt sich somit, ob diese Abgabe den Eigentumsbegriff des Art. 14 Abs. 1 GG tangiert. Die Definition des Eigentumsbegriffs kennen wir ja schon:

> **Definition:** Der *Eigentumsbegriff* im Sinne des Art. 14 Abs. 1 GG umfasst alles, was die jeweils gültige Rechtsordnung zum aktuellen Zeitpunkt als Eigentum definiert und schützt (BVerfG NJW **2017**, 217; BVerfGE **58**, 300, 336; BVerfGE **53**, 257, 290; BVerfGE **31**, 229; *Maunz/Dürig/Papier* Art. 14 GG Rz. 55; *Jarass/Pieroth* Art. 14 GG Rz. 7; *von Münch/Kunig/Bryde* Art. 14 GG Rz. 12).

Um diese Definition nun mit Leben zu füllen und dann unter unseren Fall auch subsumieren zu können, müssen wir zunächst mal klären, was unsere Rechtsordnung aktuell alles unter den Eigentumsbegriff fasst und ob dazu dann auch das Buch/Pflichtexemplar gehört, das die Verleger ja abgeben sollen. Ganz so einfach, wie es gerade klingt, ist das allerdings nicht, denn man darf sich nicht vom herkömmlichen Wortverständnis des Begriffs »Eigentum« täuschen lassen. Hinter dem Eigentumsbegriff des Art. 14 Abs. 1 GG, der von den einfachen, also im Rang unter der Verfassung liegenden Gesetzen festgelegt wird (sogenannter »normgeprägter Schutzbereich«), stecken nämlich gleich mehrere Rechtsinstitute, und zwar:

→ Alle *beweglichen* und *unbeweglichen* Sachen (Grundstücke), die nach den Regeln des Bürgerlichen Gesetzbuchs (BGB) zum *Eigentum* der jeweiligen Person gehören.

→ Alle *dinglichen* Rechte (Hypothek, Grundschuld, Pfandrecht).

→ Alle *privaten vermögenswerten* Rechtspositionen.

→ Das »*Recht am eingerichteten und ausgeübten Gewerbebetrieb*« (streitig).

Beachte: An den drei zuletzt genannten Rechtspositionen erkennt man, dass der Eigentumsschutz über die eigentliche Begrifflichkeit des Wortes »Eigentum« im Sinne des § 903 BGB (aufschlagen!) deutlich hinausgeht und insbesondere auch Rechte umfasst, die rein *vermögenstechnischer Natur* sind. Man spricht daher auch davon, dass der Art. 14 Abs. 1 GG neben dem klassischen Eigentum insbesondere auch die privaten und »vermögenswerten Rechte« des Einzelnen schützt (BVerfGE **58**, 300; *von Münch/Kunig/Bryde* Art. 14 GG Rz. 12). Der Eigentumsbegriff des Art. 14 Abs. 1 GG ist nach Meinung des Bundesverfassungsgerichts kein starrer, an das Bürgerliche Gesetzbuch in seinem § 903 BGB geknüpfter Begriff, sondern umfasst zudem »*... jedes vermögenswerte Recht, das dem Berechtigten von der Rechtsordnung zur privaten Nutzung und zur eigenen Verfügung zugeordnet ist*« (BVerfGE **89**, 1; BVerfGE **97**, 350; BVerfGE **101**, 239; BVerfGE **112**, 93). Hierzu gehören dann etwa auch **Aktien** (BVerfGE **100**, 289), **festverzinsliche Wertpapiere** (BVerfGE **105**, 17), das **Besitzrecht** des Mieters an der gemieteten Wohnung (BVerfGE **89**, 1), **Vorkaufsrechte** an bestimmten Sachen (BVerfGE **83**, 201), rein vermögenswerte **Forderungen** gegen Dritte (BVerfGE **112**, 93), die **Erbbaurechte** (BVerfGE **79**, 174), das »geistige Eigentum« in Form der **Urheberrechte** (BVerfGE **31**, 229), die **Patentrechte** (BVerfGE **36**, 281) und zum Beispiel auch die **Internet-Domain** (BVerfG NJW **2005**, 589), das **Warenzeichenrecht** (BVerfGE **51**, 193) sowie das Recht, ein **Atomkraftwerk** zu betreiben (BVerfG NJW **2017**, 217).

> **Durchblick**: Warum auch diese gerade genannten, rein *vermögenswerten Rechte*, dem Eigentumsbegriff des Art. 14 Abs. 1 GG unterliegen, wird deutlich und nachvollziehbar, wenn wir uns mal den hinter Art. 14 Abs. 1 GG stehenden Sinn anschauen: Nach allgemeiner Meinung soll der Eigentumsschutz des Grundgesetzes – und auch seiner verfassungsrechtlichen Vorgänger, unter anderem der *Weimarer Reichsverfassung* – dem jeweiligen Grundrechtsträger »*... die wirtschaftliche Grundlage für ein eigenverantwortliches Leben sichern und erhalten und damit auch der Entfaltung der eigenen Persönlichkeit in der Gesellschaft dienen*« (BVerfGE **102**, 1; BVerfGE **50**, 290; BVerfGE **31**, 229; *von Münch/Kunig/Bryde* Art. 14 GG Rz. 3; *Jarass/Pieroth* Art. 14 GG Rz. 1; *Maunz/Dürig/Papier* Art. 14 GG Rz. 1; *Ipsen* StaatsR II Rz. 724).

So, und während man vor 100 Jahren, als die Welt noch weitestgehend in Ordnung war, seine wirtschaftliche Grundlage und seine persönliche Entfaltung vor allem im *Sach-* und *Grundeigentum* (Landwirtschaft!) fand, haben sich die Zeiten inzwischen bekanntlich geändert. Heutzutage sichern sich die Menschen ihre wirtschaftlichen

Grundlagen nicht mehr nur mit Eigentum an beweglichen oder unbeweglichen Sachen, sondern etwa auch dadurch, dass sie Aktien oder festverzinsliche Wertpapiere kaufen, durch Hypotheken, Grundschulden, Erbbaurechte, Besitzrechte an Wohnungen, Patentrechte sowie vielen möglichen weiteren, rein vermögensrechtlichen Positionen. Und daher unterliegen auch solche, rein vermögenswerten Rechte dem »Eigentumsschutz« des Art. 14 Abs. 1 GG, obwohl sie nach herkömmlichem Verständnis mit dem Begriff »Eigentum« an sich nichts zu tun haben (»das Vermögen« als solches wird übrigens nicht geschützt, vgl. schon BVerfGE 4, 7). Die vermögensrechtlichen Positionen, mit denen die Menschen in heutiger Zeit ihre wirtschaftliche Grundlage sichern, sind somit quasi an die Stelle des klassischen Sacheigentums getreten, bzw. sie stehen ihm jedenfalls innerhalb des Art. 14 Abs. 1 GG gleichwertig gegenüber (*von Mangoldt/Klein/Starck/Depenheuer* Art. 14 GG Rz. 91). Und beachte schließlich in diesem Zusammenhang auch noch, dass der Art. 14 Abs. 1 GG immer nur den *aktuellen Bestand* des Vermögens schützt, nicht auch etwaige (Gewinn-)Aussichten durch eine mögliche zukünftige Betätigung (BVerfGE **88**, 366; BVerfGE **121**, 317). **Merksatz**: Art. 14 Abs. 1 GG schützt das bereits Erworbene, also das Ergebnis einer Betätigung. Die Betätigung selbst, auch die zukünftige, wird demgegenüber nur von Art. 12 GG geschützt (BVerfGE **126**, 135; *Kingreen/Poscher* StaatsR II Rz. 990).

Zum Fall: Bei unserer Geschichte mit dem Pflichtexemplar des Verlegers V haben wir es zum Glück relativ einfach, denn dieses Pflichtexemplar und auch alle anderen Bücher stehen selbstverständlich im klassischen (Sach-)*Eigentum* des Verlegers (der Autor ist übrigens – entgegen landläufiger Meinung – in der Regel nicht Eigentümer der von ihm geschriebenen Bücher, es sei denn, er kauft sie selbst!).

ZE.: Dadurch, dass ein Verleger gemäß § 11a PGSA jeweils ein Exemplar eines neu erschienenen Buches an die staatliche Landesbibliothek abgeben muss, ist das *Sacheigentum* und damit auch der Schutzbereich des Art. 14 Abs. 1 GG betroffen.

II. Es muss des Weiteren ein »Eingriff« in den Schutzbereich vorliegen.

Definition: Unter *Eingriff* versteht man jedes staatliche Handeln, das dem Einzelnen ein Verhalten, das in den Schutzbereich eines Grundrechts fällt, ganz oder teilweise unmöglich macht; hierbei ist gleichgültig, ob diese Wirkung final oder unbeabsichtigt eintritt (BVerfGE **105**, 279; BVerfGE **81**, 310; BVerfG NVwZ **2007**, 1049; *von Münch/Kunig* vor Art. 1 GG Rz. 34; *Jarass/Pieroth* vor Art. 1 GG Rz. 27/28; *Kingreen/Poscher* StaatsR II Rz. 253).

Beachte: Die Frage nach dem »Eingriff« in den Schutzbereich des betroffenen Grundrechts ist in Klausuren oder Hausarbeiten in aller Regel nicht problematisch. Denn tatsächlich gehört zu dieser Eingriffsdefinition – siehe soeben – *jedes* (!) staatliche Handeln, das in den Schutzbereich eines Grundrechts fällt. Und da hierzu seit vielen Jahren nach allgemeiner Ansicht auch die vom Staat unbeabsichtigten Beschränkungen von Grundrechten – z.B. der Fehlschuss der Polizei, der einen Passanten trifft – zählen (→ sogenannter »**moderner** Eingriffsbegriff«), was früher noch oberstreitig war, findet sich in universitären Übungsarbeiten und auch in Examensklausuren so gut wie kein diskussionswürdiges Problem mehr um diese Eingriffsqualität (zutreffend: *Kingreen/Poscher* StaatsR II Rz. 253/255; *Manssen* Rz. 132; vgl. auch BVerfGE **105**, 279; BVerfGE **81**, 310). Man kann (und sollte) den Grundrechtseingriff daher an dieser Stelle auch relativ zügig abhandeln und das jeweils fragliche Handeln in wenigen Sätzen unter die benannte Definition subsumieren – und fertig (siehe insoweit bitte die Fälle Nr. 1–10 vorne).

Aber, Vorsicht: Beim Eingriff in das Eigentumsrecht des Art. 14 Abs. 1 GG gilt etwas anderes. Wir arbeiten zwar auch hier mit der eben benannten Definition des »Eingriffs«, müssen jetzt aber die Weichen für die weitere Prüfung/Lösung des Falles stellen, **denn**: Wir haben ja weiter oben sorgfältig herausgearbeitet, dass das Hauptproblem der Fälle, die sich mit Art. 14 GG befassen, im Zweifel darin liegt, die entschädigungslosen »Inhalts- und Schrankenbestimmungen« des Art. 14 Abs. 1 Satz 2 GG von den demgegenüber zwingend an eine Entschädigungsregel gebundenen »Enteignungen« im Sinne des Art. 14 Abs. 3 GG zu trennen: Handelt es sich um eine Inhalts- und Schrankenbestimmung, stellt sich anschließend die weitere Frage nach dem Verhältnismäßigkeitsgrundsatz und der Sozialbindung aus Art. 14 Abs. 2 GG; handelt es sich demgegenüber um eine »Enteignung«, muss zur Verfassungsmäßigkeit dieser Maßnahme immer eine entsprechende *Entschädigungsregel* existieren. Die Frage nach der Unterscheidung von Inhalts- und Schrankenbestimmung zur Enteignung gibt somit den weiteren Verlauf der Prüfung in der Klausur vor und muss daher jetzt geklärt werden.

Diese Unterscheidung trifft man am sinnvollsten bei der Frage nach der Qualität und Intensität des (Grundrechts-)**Eingriffs**, denn hier wird geklärt, in *welcher Form* die jeweilige Maßnahme in das Eigentum des Betroffenen eingreift (*Pieroth/Schlink/Kingreen/Poscher* StaatsR II Rz. 1006). Und das Ganze funktioniert dann so:

> Eine Inhalts- und Schrankenbestimmung liegt dann vor, wenn der Staat *abstrakt* und *generell* die Rechte und Pflichten des Eigentümers festlegt und damit den Inhalt des Eigentumsrechts vom Inkrafttreten des jeweiligen Gesetzes an allgemeingültig für die Zukunft neu bestimmt. Eine Enteignung liegt demgegenüber vor, wenn der Staat durch eine Maßnahme *konkret* und *individuell* die bereits bestehenden Eigentumsrechte des Betroffenen verkürzt oder ganz entzieht (BVerfG NJW **2017**, 217; BVerfGE **52**, 1; BVerfGE **58**, 300; *Jarass/Pieroth* Art. 14 GG Rz. 36; *von Münch/Kunig/Bryde* Art. 14 GG Rz. 51; *Kingreen/Poscher* StaatsR II Rz. 998; AK-*Rittstieg* Art. 14 GG Rz. 188; *von Mangoldt/Klein/Starck/Depenheuer* Art. 14 GG Rz. 204).

Beachte: Diese »rein formellen« Abgrenzungskriterien – also mit den Begrifflichkei-ten *abstrakt/generell* und *konkret/individuell* – gehen zurück auf eine Entscheidung des Bundesverfassungsgerichts vom **12. Juni 1976** (→ »Kleingartenbeschluss« aus BVerfGE **52**, 1), sind inzwischen ganz herrschende Meinung und sollten daher in der Klausur oder Hausarbeit erwähnt und natürlich auch angewendet werden. Für eine erfolgver-sprechende Durchführung des Ganzen ist allerdings noch ein weiterer Punkt interes-sant, den man freilich nur bei *sehr* sorgfältigem Lesen der Definition von eben er-kennt, **nämlich**: Wenn die Inhalts- und Schrankenbestimmung das Eigentum für die Zukunft abstrakt und generell neu definiert, die Enteignung hingegen dem Betroffe-nen konkret und individuell eine »bereits bestehende« Eigentumsposition entzieht, macht es Sinn zu klären, wie die *aktuelle* Eigentumsposition des Betroffenen war, um anschließend zu fragen: Wird hier in ein tatsächlich bestehendes (Eigentums-)Recht eingegriffen und dieses dem Berechtigten konkret und individuell entzogen (= Enteignung) – oder wird der Eigentumsbegriff abstrakt-generell und für die Zu-kunft *neu* definiert (= Inhalts- und Schrankenbestimmung)?

> **Merksatz**: Eine Inhaltsbestimmung des Eigentums nach Art. 14 Abs. 1 Satz 2 GG definiert den Eigentumsbegriff für die Zukunft *abstrakt* und *generell* neu – die Enteignung hingegen verkürzt oder entzieht die bisher bestehenden Eigentumspo-sitionen des Betroffenen *konkret* und *individuell*.

Test: Um das soeben Gesagte greifbar zu machen und in der Klausur später auch vernünftig anwenden zu können, schauen wir uns jetzt mal den Oberklassiker der deutschen Verfassungsgeschichte zum Eigentumsrecht an, nämlich den sogenannten »**Nassauskiesungsbeschluss**« des Bundesverfassungsgerichts vom **15. Juli 1981** (→ BVerfGE **58**, 300 = NJW **1982**, 745), in dem es – leicht vereinfacht – um Folgendes ging:

> Eine Firma aus Rheine im schönen Münsterland in Nordrhein-Westfalen betrieb seit über 30 Jahren eine Kiesbaggerei zur Gewinnung von Sand und Kies. Zu diesem Zweck grub die Firma mit Baggern in einem ihr gehörenden größeren Grundstück des Münsterlandes diverse Löcher und Bagger-Seen, wobei die Grabungen teilweise auch das Grundwasser erreichten. Bei diesen Arbeiten wurde dann auch der im Grundwasser liegende Kies von der Firma abgebaut und anschließend gewinnbrin-gend verkauft. Ende der 1950er Jahre änderte der Bund dann überraschend sein bis dahin sehr zersplittertes Wasserrecht und reformierte namentlich das *Wasserhaus-haltsgesetz* (WHG). Ab dem 1. März 1960 musste man, um das Grundwasser seines eigenen Grundstücks verwerten oder auch nur anbuddeln zu dürfen, nach dem WHG eine *behördliche Genehmigung* einholen, was bislang über Jahrzehnte hinweg nicht nötig war. Die bis dahin geltenden Gesetze sahen dies nämlich nicht vor, und man ging stillschweigend davon aus, dass das Grundwasser wegen der Regelung des § 905 Satz 1 BGB (aufschlagen!) zum Grundstück und dessen Eigentümer gehör-te. Jeder Grundstückseigentümer durfte also bis Ende Februar 1960 auch das durch sein Grundstück fließende Grundwasser ohne behördliche Genehmigung nutzen.

Die für die Nutzung des Grundwassers nach dem neuen WHG ab März 1960 notwendige Genehmigung konnte die Behörde nun durchaus auch verweigern, wenn nämlich gemäß **§ 1a Abs. 3 WHG** »*Belange der Allgemeinheit*«, insbesondere der Trinkwasserschutz tangiert oder gefährdet sein könnten. Unsere Firma aus *Rheine* stellte – dem WHG entsprechend – nun einen Antrag auf Erteilung der staatlichen Genehmigung zur Nutzung des Grundwassers, der ihr aber überraschend *versagt* wurde. **Begründung**: Die Abbaustellen der Firma, also die Löcher und Baggerseen, lagen teilweise nur etwa 120 Meter von der Brunnenanlage des örtlichen Wasserwerks entfernt. **Konsequenz**: Eine Verunreinigung des Trinkwassers durch die Grabungen in die Baggerseen konnte nicht mehr ausgeschlossen werden, **daher**: keine Genehmigung! Die Firma musste infolgedessen ihre Tätigkeiten einstellen und klagte sich anschließend bis zum Bundesgerichtshof (BGH) hoch, der den Rechtsstreit bzw. die neuen Regeln des WHG gemäß **Art. 100 GG** (lesen!) letztlich dem Bundesverfassungsgericht vorlegte – mit folgender **Frage**: Verstößt die Genehmigungspflicht zur Nutzung des Grundwassers gegen das Grundgesetz und namentlich gegen Art. 14 Abs. 1 GG, weil es sich dabei, sofern die Genehmigung verweigert wird, um eine *Enteignung* im Sinne des Art. 14 Abs. 3 GG handelt und es für diese Enteignung an einer zwingend notwendigen Entschädigungsregel im WHG fehlt. Faktisch dürfe nämlich der Eigentümer dann nicht mehr das Grundwasser nutzen, das bislang aber zu seinem Eigentumsrecht gehörte.

Problem: Sofern das WHG mit seiner Regelung über eine einzuholende Genehmigung für die Nutzung des Grundwassers den Eigentümer tatsächlich insoweit »**enteignet**«, wäre das WHG fraglos verfassungswidrig, da eine Entschädigungsregel fehlte. Falls es hingegen nur eine *Inhalts- und Schrankenbestimmung* im Sinne des Art. 14 Abs. 1 Satz 2 GG wäre, müssten lediglich der Verhältnismäßigkeitsgrundsatz und die Sozialbindung aus Art. 14 Abs. 2 GG gewahrt sein.

Lösung: Das Bundesverfassungsgericht musste die beiden Rechtsinstitute nun voneinander abgrenzen und entscheiden, welche Form der Eigentumsbeschränkung in Bezug auf die neuerdings genehmigungspflichtige Grundwassernutzung vorliegt. Wir erinnern uns bitte:

> Eine Inhaltsbestimmung des Eigentums nach Art. 14 Abs. 1 Satz 2 GG definiert den Eigentumsbegriff für die Zukunft abstrakt und generell neu – die Enteignung hingegen verkürzt oder entzieht die bisher bestehenden Eigentumspositionen des Betroffenen konkret und individuell.

Ergebnis: Das Bundesverfassungsgericht entschied sich zur allgemeinen Überraschung für eine Inhalts- und Schrankenbestimmung. Die Begründung der Verfassungsrichter ist dabei allerdings rechtsdogmatisch derart gut gelungen, dass der Fall um die *Nassauskiesung* seitdem als Paradebeispiel für das Verständnis und die richtige Anwendung des Art. 14 Abs. 1 GG gilt. Die Richter erklärten nämlich **Folgendes**:

Sofern nach der bisherigen Rechtslage die Nutzung des Grundwassers durch den Grundstückseigentümer unter diverse landesrechtliche Vorschriften sowie auf Bundesebene durch den **§ 905 Satz 1 BGB** als legitimiert galt, sei dies keinesfalls zwingend. Der Wortlaut des § 905 Satz 1 BGB spreche vielmehr nur vom »Erdkörper unter der Oberfläche«, auf den sich das Eigentumsrecht erstrecke. Dass man hierunter auch das *Grundwasser* zu fassen habe, sei aber weder nachvollziehbar noch vom Wortlaut des Gesetzes in § 905 Satz 1 BGB gedeckt. Man müsse insbesondere beachten, dass das Grundwasser gerade *kein* »Erdkörper« sei, sondern nur durch diesen Erdkörper fließe. Das Subsumieren des Grundwassers unter den Begriff des »Erdkörpers« sei folglich fehlerhaft mit der Konsequenz, dass das Grundwasser nach bislang bestehender Gesetzeslage gar nicht zum Eigentumsrecht des Grundstückseigentümers gehörte. Mithin könne eine Genehmigungspflicht zur Nutzung des Grundwassers auch keine enteignende Maßnahme sein, denn diese setze bekanntlich stets voraus, dass in *bereits bestehende* Eigentumsrechte eingegriffen und dieses Eigentum entzogen werde. Man könne aber nur etwas entziehen/enteignen, das dem Enteigneten vorher auch von Rechts wegen zustand. Dies sei beim Grundwasser aber gerade nicht der Fall. Vorliegend handele es sich daher um eine klassische Inhalts- und Schrankenbestimmung im Sinne des Art. 14 Abs. 1 Satz 2 GG, da der Eigentumsbegriff und namentlich die Auslegung des § 905 BGB vom WHG für die Zukunft einen neuen Inhalt und damit eine neue Definition erhalte. Der Inhalt und die Schranken des Eigentumsrechts werden durch die Vorschriften des WHG *abstrakt* und *generell* neu bestimmt. Dass es sich hierbei um eine öffentlich-rechtliche Vorschrift handele, spiele schließlich auch keine Rolle, da auch und vor allem öffentlich-rechtliche Gesetze beim sozialgebundenen Eigentumsbegriff in das Privatrecht hineinspielten. Wörtlich heißt es in der berühmten »Nassauskiesungsentscheidung« (→ BVerfGE **58**, 300):

*»… Welche Befugnisse einem Eigentümer in einem bestimmten Zeitpunkt konkret zustehen, ergibt sich aus der Zusammenschau aller zu diesem Zeitpunkt geltenden, die Eigentümerstellung regelnden **gesetzlichen Vorschriften**. Ergibt sich hierbei, dass der Eigentümer eine bestimmte Befugnis **gar nicht** hat, so gehört diese logischerweise auch **nicht** zu seinem Eigentumsrecht und kann ihm folglich auch nicht entzogen werden im Sinne des Art. 14 Abs. 3 GG. Dem Betroffenen ist dann von vornherein nur eine in dieser Weise eingeschränkte Rechtsposition eingeräumt …*

… So verhält es sich hier: Die neuen Vorschriften des WHG ermächtigen die Behörden nicht dazu, verfassungsrechtlich bereits geschützte (Eigentums-)Rechte des Grundstückseigentümers zu entziehen. Denn ein solches Recht auf Nutzung des Grundwassers steht dem Eigentümer bei Betrachtung der aktuellen Rechtslage überhaupt nicht zu. Die landesrechtlichen Vorschriften und auch der § 905 Satz 1 BGB bilden keine Grundlage für die Erkenntnis, dass der Gesetzgeber dem Grundstückseigentümer seit jeher die uneingeschränkte Nutzung des Grundwassers gestatten wollte. Die Normen des neu gefassten WHG regeln somit allgemein das Verhältnis von Grundeigentum und Grundwasser und bestimmen die Rechtsstellung des einzelnen Grundstückseigentümers in diesem Rechtsbereich für die Zukunft neu. Sie schaffen abstrakte und generelle Regelungen für alle Grundstückseigentümer. Sie verlautbaren namentlich die dem Eigentümer gezogenen Schranken bei der Ausübung seines Eigentumsrechts im Bereich der Nutzung des eigenen Grund- und Bodens und sind folglich Inhalts- und Schrankenbestimmungen im Rahmen des Art. 14 Abs. 1 Satz 2 GG. Diese sind nun noch am Verhältnismäßigkeitsgrundsatz und der Sozialbindung des Art. 14 Abs. 2 GG zu messen, nicht aber an den Entschädigungsregeln des Art. 14 Abs. 3 GG …«

Also, wir merken uns: Bei der Abgrenzung von Inhalts- und Schrankenbestimmungen zur Enteignung muss man genau hinschauen und insbesondere klären, ob *bereits bestehende* Rechtspositionen konkret und individuell angetastet werden – oder aber ob es sich um eine *abstrakte* und *generelle* Neubestimmung des Eigentumsrechts handelt. Mit der eben benannten Argumentation entschied sich das Bundesverfassungsgericht bei der Nassauskiesung dann wie gesehen für die Inhalts- und Schrankenbestimmung und bejahte anschließend übrigens auch den Verhältnismäßigkeitsgrundsatz und die Einhaltung der Sozialbindungsklausel des Art. 14 Abs. 2 GG (BVerfGE **58**, 300). Und deshalb dürfen Grundstückseigentümer seit dem **15. Juni 1981** (= Entscheidungsdatum) das Grundwasser unter ihren Grundstücken – mit wenigen Ausnahmetatbeständen – nur noch mit behördlicher Erlaubnis nutzen, denn diese Regelungen haben sich tatsächlich bis heute gehalten (und stehen inzwischen übrigens in den §§ 46–49 WHG).

Zu unserem Fall: So, und mit diesen Erkenntnissen gehen wir jetzt mal an unser Fällchen mit den Pflichtexemplaren der Verleger. Die Geschichte ist dabei, wie weiter oben schon mal erwähnt, keinesfalls erfunden, sondern lag – freilich mit anderen Personen! – dem Bundesverfassungsgericht interessanterweise genau *einen* Tag vor dem *Nassauskiesungsbeschluss*, nämlich am **14. Juli 1981**, zur Entscheidung vor und wurde auch vom gleichen Senat entschieden (→ BVerfGE **58**, 137). Die beiden Beschlüsse gehören daher auch bis heute zu den wichtigsten Leitentscheidungen des Bundesverfassungsgerichts zum Eigentumsrecht aus Art. 14 GG.

Zur Sache: Wir müssen also auch hier klären, ob es sich – jetzt bei der durch § 11a PGSA gesetzlich angeordneten Abgabe des Pflichtexemplars – um eine Inhalts- und Schrankenbestimmung oder aber um eine Enteignung handelt. Und dazu brauchen wir nun ein letztes Mal die Abgrenzungsregel, nämlich:

Eine Inhaltsbestimmung des Eigentums nach Art. 14 Abs. 1 Satz 2 GG *definiert* den Eigentumsbegriff für die Zukunft *abstrakt* und *generell neu* – die Enteignung hingegen verkürzt oder *entzieht* die bisher bestehenden Eigentumspositionen des Betroffenen *konkret* und *individuell*.

Die erste Frage lautet wieder: Steht das Pflichtexemplar eines neu erscheinenden Buches nach aktueller Gesetzeslage im uneingeschränkten Eigentum des Verlegers? Falls wir dies bejahen, käme eine *Enteignung* in Betracht, denn dann entzieht der Staat dem Verleger eine bereits bestehende Eigentumsposition. Eine solche Enteignung wäre vorliegend dann zwingend verfassungswidrig, denn im PGSA fehlt jede Form der Entschädigung.

Lösung: Das Bundesverfassungsgericht überraschte auch hier alle Beteiligten und kam mit den folgenden Erkenntnissen zu einer *Inhalts- und Schrankenbestimmung*. Wörtlich heißt es (BVerfGE **58**, 137):

»*… Die nach § 11a zugelassene Anordnung der vergütungsfreien Ablieferung eines Belegstücks belastet zwar ohne Zweifel das Eigentum an dem vom Verleger hergestellten Druckwerk. Die Vorschrift ist daher dem Schutzbereich des Art. 14 GG zuzuordnen; ihrem Inhalt* *nach ermächtigt sie allerdings nur zu einer Regelung im Sinne des **Art. 14 Abs. 1 Satz 2 GG** und **nicht** zu einer Enteignung im Sinne des Art. 14 Abs. 3 GG …*

*… Die Ablieferungspflicht ist zwar auf ein **einzelnes** Belegstück gerichtet, was unter Umständen auf eine **konkret-individuelle** Regelung hindeuten könnte. Gleichwohl handelt es sich aber **nicht** um eine Enteignung im Sinne des Art. 14 Abs. 3 GG. Die Vorschrift des Landespressegesetzes enthält nämlich keine Ermächtigung, durch Einzelakt auf ein bestimmtes von ihr benötigtes Vermögensobjekt zuzugreifen, sondern begründet in **genereller** und **abstrakter Weise** eine Naturalleistungspflicht in der Form einer Abgabe. Sie trifft diejenigen, die – in aller Regel in Ausübung eines Berufs – als Verleger Eigentum in den Verkehr bringen und ruht auf der Gesamtheit der zu einer Auflage gehörenden und im Eigentum des Verlegers stehenden Druckstücke. Dieses Eigentum am Druckwerk ist aber schon bei seiner **Entstehung** mit der Verpflichtung zur Ablieferung eines Exemplars belastet. Die vom Verleger vorzunehmende Auswahl und Ablieferung eines beliebigen Druckstücks der Auflage aktualisiert die allgemein und im Vorhinein diesem obliegende Verpflichtung. Die Pflichtexemplarregelung ist somit eine objektivrechtliche Vorschrift, die in allgemeiner Form den **Inhalt** des Eigentums am Druckwerk als der Gesamtheit aller Druckstücke neu bestimmt … Die sich aus der Pflichtexemplarregelung ergebende Verpflichtung fällt daher unabhängig vom Grad der den Verleger jeweils treffenden Belastung in den Bereich von Art. 14 Abs. 1 Satz 2 GG …«*

Also: Diesen ziemlich cleveren Gedankengang wollen wir uns bitte noch mal vor Augen führen. Zwar greift das Gesetz auf ein Einzelstück, nämlich das jeweilige Pflichtexemplar, zu. Es handelt sich dennoch *nicht* um eine konkret-individuelle Maßnahme, **denn**: Die Pflichtexemplar-Regelung gilt zum einen nur für die Zukunft und betrifft daher natürlich auch erst alle »ab jetzt« gefertigten Auflagen. **Konsequenz**: Dem Verleger wird durch das neue Gesetz rechtlich und auch rein tatsächlich gar nichts entzogen, denn die Regeln über die Abgabe gelten ja erst für die Zukunft. In Bezug auf die bisher erschienenen Bücher ändert sich also nichts. Im Hinblick auf das – erst später entstehende! – Eigentum an möglichen neuen Büchern des Verlegers ist hingegen erst *dieses neue* Eigentum dann wegen der neuen Regelung in § 11a PGSA mit der Belastung einer Pflichtabgabe versehen. Das neue Eigentum entsteht also schon mit einer Belastung/Schranke, altes Eigentum wird hingegen nicht angetastet oder entzogen. In den Worten des Bundesverfassungsgerichts: »*… Dieses Eigentum am Druckwerk ist aber schon **bei seiner Entstehung** mit der Verpflichtung zur Ablieferung eines Exemplars **belastet**.*« – es bestand mithin zu keiner Zeit unbelastetes Eigentum an dem Pflichtexemplar, das hätte entzogen werden können. **Daher**: Die in die Zukunft gerichtete Pflichtexemplarregelung ist eine Inhalts- und Schrankenbestimmung, die nämlich den Inhalt und vor allem die Schranken des Eigentumsrechts **abstrakt** und **generell** neu definiert (→ BVerfGE 58, 137).

<u>ZE.</u>: Es liegt durch die Vorschrift des § 11a PGSA ein Eingriff in das Eigentumsrecht der Verleger in der Form einer *Inhalts- und Schrankenbestimmung* im Sinne des Art. 14 Abs. 1 Satz 2 GG vor.

III. Der Eingriff dürfte verfassungsrechtlich nicht gerechtfertigt sein.

> **Obersatz**: Der staatliche Eingriff in den Schutzbereich eines Grundrechts durch ein Gesetz ist dann verfassungsrechtlich gerechtfertigt, wenn das betroffene Grundrecht *einschränkbar* ist, eine entsprechende gesetzliche *Schranke* besteht und diese Schranke/das Gesetz selbst wiederum *verfassungsgemäß* ist (sogenannte »Schranken-Schranke«).

1.) Das Grundgesetz muss für das betroffene Grundrecht eine Einschränkbarkeit vorsehen. Gemäß Art. 14 Abs. 1 Satz 2 GG dürfen die Schranken des Eigentumsrechts durch die Gesetze bestimmt werden.

<u>ZE.</u>: Das Grundrecht aus Art. 14 Abs. 1 GG ist somit einschränkbar.

2.) Es muss im konkreten Fall eine entsprechende gesetzliche Schranke existieren.

Hier: Die Einschränkung des Grundrechts erfolgt aufgrund des § 11a PGSA, also durch ein Gesetz.

3.) Der § 11a PGSA ist aber nur dann eine zulässige Schranke des Grundrechts aus Art. 14 Abs. 1 GG, wenn er selbst mit den (übrigen) Normen und Werten der Verfassung übereinstimmt, also eine verfassungsmäßige Konkretisierung des Schrankenvorbehalts aus Art. 14 Abs. 1 Satz 2 GG darstellt (→ Schranken-Schranke). Dazu muss der § 11a PGSA sowohl formell als auch materiell verfassungsgemäß sein.

I. Die formelle Rechtmäßigkeit

Hier: Kein Problem, laut Sachverhaltshinweis ist die Norm des PGSA formell verfassungsgemäß.

II. Die materielle Rechtmäßigkeit

1.) Zunächst müssen die sogenannten »allgemeinen Anforderungen« an das Gesetz bzw. die hier infrage stehenden Normen des PGSA eingehalten worden sein (*Kingreen/Poscher* StaatsR II Rz. 359): Gemäß **Art. 19 Abs. 1 GG** muss das Gesetz demnach allgemein und nicht für den Einzelfall gelten, es muss das betroffene bzw. eingeschränkte Grundrecht nennen (»Zitiergebot«) und es darf keinesfalls den Wesensgehalt dieses Grundrechts antasten (Art. 19 Abs. 2 GG).

Hier: Die infrage stehende Norm des PGSA ist allgemein gehalten, sie gilt für alle Verleger und regelt keinen Einzelfall. Das Zitiergebot des Art. 19 Abs. 1 Satz 2 GG ist vorliegend nicht einschlägig, da es nach ständiger Rechtsprechung des Bundesverfassungsgerichts restriktiv ausgelegt bzw. angewandt werden muss und unter anderem für Inhalts- und Schrankenbestimmungen und somit auch für Art. 14 GG *nicht* gilt

(BVerfGE **21**, 92; BVerfGE **24**, 367; *Jarass/Pieroth* Art. 14 GG Rz. 37). Schließlich ist der Wesensgehalt des Art. 14 Abs. 1 GG nicht angetastet, da die Verleger durch die ange-ordneten Maßnahmen ihr Grundrecht aus Art. 14 Abs. 1 GG nicht vollständig oder in seinem Wesensgehalt einbüßen, sondern lediglich eine Einschränkung erfahren. Ein Verstoß gegen Art. 19 Abs. 1 und 2 GG ist mithin *nicht* erkennbar.

<u>ZE.</u>: Die allgemeinen Anforderungen an das das Grundrecht beschränkende Gesetz sind eingehalten.

2.) Wie bei jedem Grundrecht, muss auch hier bei Art. 14 Abs. 1 GG im Rahmen der materiellen Rechtmäßigkeitsprüfung eines beschränkenden Gesetzes der Verhältnis-mäßigkeitsgrundsatz gewahrt sein. Und zunächst gilt auch hier grundsätzlich der uns schon bekannte Aufbau, wonach zur Verfassungsmäßigkeit des Gesetzes ein *legiti-mer Zweck*, die *Geeignetheit*, die *Erforderlichkeit* und schließlich die *Angemessenheit* (»Übermaßverbot«) geprüft und bejaht werden müssen.

Aber: Bei Art. 14 Abs. 1 GG muss wegen der besonderen Struktur dieses Grundrechts (siehe oben) zudem beachtet werden, dass das Eigentum gemäß Art. 14 Abs. 2 GG »verpflichtet« und sein Gebrauch stets »**dem Wohle der Allgemeinheit dienen soll**« (sogenannte »Sozialbindung« des Eigentums). Das Bundesverfassungsgericht be-schreibt die Auswirkungen dessen für die Grundrechtsprüfung und namentlich den Verhältnismäßigkeitsgrundsatz so (BVerfGE **58**, 137):

> »… *Das Bundesverfassungsgericht hat in zahlreichen Entscheidungen ausgesprochen, dass der Gesetzgeber bei Regelungen im Sinne des Art. 14 Abs. 1 Satz 2 GG sowohl der grundge-setzlichen Anerkennung des* **Privateigentums** *durch Art. 14 Abs. 1 Satz 1 GG als auch dem* **Sozialgebot** *des Art. 14 Abs. 2 GG in gleicher Weise Rechnung tragen muss. Er hat dabei die schutzwürdigen Interessen der Beteiligten in einen gerechten Ausgleich und in ein aus-gewogenes Verhältnis zu bringen. Das Maß und der Umfang der dem Eigentümer von der Verfassung zugemuteten und vom Gesetzgeber zu realisierenden Bindung hängt hiernach wesentlich davon ab, ob und in welchem Ausmaß das Eigentumsobjekt in einem sozialen Be-zug und in einer sozialen Funktion steht … Dem entspricht es, wenn Eigentumsbindungen stets* **verhältnismäßig** *sein müssen. Sie dürfen, gemessen am sozialen Bezug und an der so-zialen Bedeutung des Eigentumsobjekts sowie im Blick auf den Regelungszweck insbesondere nicht zu einer* **übermäßigen Belastung** *führen und den Eigentümer im vermögensrechtli-chen Bereich unzumutbar treffen. Darüber hinaus ist der Gleichheitssatz als allgemeines rechtsstaatliches Prinzip zu beachten …*«.

Konsequenzen: Bei der Abwägung der widerstreitenden Interessen muss der Ge-setzgeber wegen der Sozialbindungsklausel des Art. 14 Abs. 2 GG demnach Folgen-des beachten:

→ Zum einen hat er die Eigenart und Bedeutung des vermögenswerten Rechts für die Allgemeinheit hinreichend und umfassend zu würdigen. Namentlich bei *Grund* und *Boden*, der qua Natur »unvermehrbar« und für die Menschen und deren gedeihlichem Zusammenleben zugleich unentbehrlich ist, verbietet es die Sozialbindung aus Art. 14 Abs. 2 GG, die Nutzung allein dem Belieben des Eigentümers zu überlassen (BVerfGE **21**, 73). Die Interessen der Allgemeinheit sind daher bei der Beschränkung des Eigentums an Grund und Boden insoweit – stärker als bei jedem anderen Rechtsgut – besonders zur Geltung zu bringen und vom Staat zu würdigen (BVerfGE **52**, 1; BVerfGE **58**, 300; BVerfGE **100**, 226; *Jarass/Pieroth* Art. 14 GG Rz. 41; *von Münch/Kunig/Bryde* Art. 14 GG Rz. 67; *von Mangoldt/Klein/Starck/Depenheuer* Art. 14 GG Rz. 199) – was das Bundesverfassungsgericht insbesondere bei dem uns ja inzwischen bekannten *Nassauskiesungsbeschluss* anschaulich in die Tat umgesetzt hat (BVerfGE **58**, 300; vgl. dazu auch die oben schon mal erwähnte »Kleingartenentscheidung« vom 12. Juni 1979 – BVerfGE **52**, 1 – wo es um die Frage ging, ob der Staat ein Kündigungsverbot für Kleingartenverpächter anordnen darf).

→ Zum anderen muss der Gesetzgeber aber auch den Wert und die Bedeutung des betroffenen *vermögenswerten Rechts* für den jeweiligen Eigentümer beachten (BVerfGE **100**, 241; BVerfGE **58**, 137; *Jarass/Pieroth* Art. 14 GG Rz. 43). Insbesondere bei Eigentumspositionen, die der Sicherung der persönlichen Freiheit dienen oder die durch *eigene Arbeit* und *Leistung* erworben wurden, genießt der Gesetzgeber nur einen sehr begrenzten Schrankenspielraum (BVerfGE **100**, 241; BVerfGE **101**, 54; anschaulich erläutert bei *Kingreen/Poscher* StaatsR II Rz. 1010).

→ Und schließlich kann es aufgrund der Sozialbindungsklausel auch Beschränkungen des Eigentumsrechts geben, die nur bei Gewährung einer finanziellen *Entschädigung* an den Eigentümer noch verhältnismäßig sind, weil sie nämlich ansonsten den Eigentümer im vermögensrechtlichen Bereich übermäßig belasten würden – sogenannte »**Eigentumsopferentschädigungen**« (BVerfG NJW **2017**, 217; BVerfGE **79**, 174; BVerfGE **83**, 201; BVerfGE **100**, 226; *von Münch/Kunig/Bryde* Art. 14 GG Rz. 64; *Jarass/Pieroth* Art. 14 GG Rz. 45a; *Kingreen/Poscher* StaatsR II Rz. 1012).

Durchblick: Den letzten Punkt mit der sogenannten »Eigentumsopferentschädigung« müssen wir uns kurz noch etwas genauer anschauen, denn man darf diese Entschädigung keinesfalls mit der Entschädigung im Zuge einer Enteignung nach Art. 14 Abs. 3 GG verwechseln. Gemeint sind mit dieser Eigentumsopferentschädigung vielmehr die Situationen, in denen der Staat das Eigentum dem Betroffenen zwar nicht »entzieht« im Sinne einer Enteignung, das Eigentum aber mit einer Inhalts- und Schrankenbestimmung derart *intensiv* beeinträchtigt, dass diese Beeinträchtigung jedenfalls in ihrem (Vermögens-)Wert ausgeglichen werden muss. Namentlich bei Eingriffen in den Ertrag der eigenen **Arbeit** und **Leistung** oder bei Verletzungen des *Gleichheitssatzes* soll nach Meinung des Bundesverfassungsgerichts eine Entschädigung bei intensiven Eigentumsbeschränkungen im Sinne des Art. 14 Abs. 1 Satz 2 GG zwingend sein (BVerfGE **52**, 1; BVerfGE **58**, 300; *von Münch/Kunig/Bryde* Art. 14 GG Rz. 64; *Jarass/Pieroth* Art. 14 GG Rz. 54). Wichtige **Konsequenzen**: Eine solche, den Eigentümer intensiv beeinträchtigende Inhalts- und Schrankenbestimmung ist nur dann verfassungsgemäß, wenn sie auch tatsächlich eine entsprechende Entschädigung für den Betroffenen nach sich zieht.

Aber: Der Gesetzgeber kann in diesen Fällen eine fehlende Entschädigungsnorm bzw. das Gesetz noch »retten«, wenn er nämlich eine entsprechende Regelung für die Fälle der intensiven Grundrechtsbelastung quasi »**nachschiebt**«. Das Gesetz bleibt dann – trotz insoweit zunächst fehlender Entschädigungsregelung – grundsätzlich verfassungsgemäß und wird vor allen Dingen durch das vorläufige Fehlen einer Entschädigungsregel nicht automatisch zur Enteignung (BVerfG NJW **2017**, 217; BVerfGE **52**, 1). Beachte insoweit bitte die kürzlich ergangene, spektakuläre Entscheidung des BVerfG vom **6. Dezember 2016** zum **Atomausstieg**: Hier erklärte das Gericht den vom Deutschen Bundestag (im Nachgang der Fukushima-Katastrophe aus dem März 2011) beschlossenen, vorzeitigen Atomausstieg für eine an sich rechtmäßige Inhalts- und Schrankenbestimmung des Eigentums der Atomkraftwerksbetreiber – verpflichtete aber den Gesetzgeber, wegen der dadurch entstandenen intensiven Grundrechtsbelastung bis zum **30. Juni 2018** eine Entschädigungsregel in das Atomgesetz einzubauen (→ BVerfG NJW **2017**, 217). Hätte das Bundesverfassungsgericht den vorzeitigen Atomausstieg demgegenüber als **Enteignung** der Kraftwerksbetreiber gewertet, wäre dieses Nachschieben einer Entschädigungsregel nicht möglich und das Gesetz zum vorzeitigen Atomausstieg logischerweise nichtig gewesen. **Merke**: Per Gesetz angeordnete, aber entschädigungslose Enteignungen sind zwingend und vor allem *unheilbar* nichtig; Inhalts- und Schrankenbestimmungen mit intensiver Grundrechtsbelastung bleiben demgegenüber wirksam, müssen unter Umständen aber mit einer Eigentumsopferentschädigung quasi *nachgebessert* werden (BVerfG NJW **2017**, 217; BVerfGE **24**, 367).

Zum Fall: Wir konzentrieren uns auf den Schlussakt und wollen – mit den eben gewonnenen Erkenntnissen im Hinterkopf – jetzt mal die Verhältnismäßigkeit des § 11 a PGSA untersuchen. Erforderlich für das Einhalten des Verhältnismäßigkeitsgrundsatzes ist dabei wie immer, dass der § 11 a PGSA einen *legitimen Zweck* verfolgt, *geeignet*, *erforderlich* und schließlich auch *angemessen* ist (»Übermaßverbot«).

a) Die hier infrage stehende Regel des § 11a PGSA, muss, um verhältnismäßig zu sein, also zunächst einen legitimen Zweck verfolgen.

Definition: Ein Zweck ist dann *legitim* und darf vom Staat verfolgt werden, wenn er auf ein der Allgemeinheit dienendes Wohl gerichtet ist oder sonstigen Gütern von Verfassungsrang zugutekommt. Dem Gesetzgeber ist insoweit ein breiter Beurteilungsspielraum zuzubilligen (BVerfG NJW **2017**, 217; BVerfGE **39**, 1; BVerfGE **46**, 160; BVerfGE **115**, 118; *Ipsen* StaatsR II Rz. 185).

Hier: Der Zweck, der Nachwelt ein Exemplar jedes in Sachsen-Anhalt erschienenen Buches zu erhalten, kann ohne Probleme als ein der Allgemeinheit dienendes Wohl subsumiert werden. In den ziemlich weisen Worten des Bundesverfassungsgerichts aus der Originalentscheidung (BVerfGE **58**, 137) klingt das dann so:

»… *Vom Zeitpunkt seiner Publikation an entwickelt jedes Druckwerk ein Eigenleben. Es bleibt nicht nur vermögenswertes Ergebnis einer verlegerischen Bemühung, sondern wirkt in das Gesellschaftsleben hinein. Damit wird es zu einem eigenständigen, das **kulturelle** und **geistige Geschehen** seiner Zeit mitbestimmenden Faktor … Es ist, losgelöst von privatrechtlicher Verfügbarkeit, geistiges und kulturelles Allgemeingut. Im Blick auf diese soziale Bedeutung stellt es ein **legitimes Anliegen** dar, die literarischen Erzeugnisse dem wissenschaftlich und kulturell Interessierten möglichst geschlossen zugänglich zu machen und künftigen Generationen einen umfassenden Eindruck vom geistigen Schaffen früherer Epochen zu vermitteln …*«

<u>ZE.:</u> Der § 11a PGSA verfolgt einen legitimen Zweck.

b) Die Regel des § 11 a PGSA müsste des Weiteren geeignet sein, diesen Zweck zu erreichen.

> **Definition**: Die **Geeignetheit** einer Maßnahme liegt dann vor, wenn mit ihrer Hilfe das angestrebte Ziel voraussichtlich erreicht oder zumindest gefördert werden kann (BVerfGE **63**, 115).

Hier: Kein Problem, die Ablieferungspflicht ist auch geeignet, diesen Zweck zu erreichen. BVerfGE 58, 137 sagt dazu daher auch knapp, aber zutreffend: »… *Diesem kulturpolitischen Bedürfnis nach Erhalt des Druckwerkes kann durch eine Ablieferungspflicht zugunsten öffentlicher Bibliotheken sinnvoll Rechnung getragen werden …*«.

c) Das Gesetz müsste zudem erforderlich sein.

> **Definition**: Gesetzliche Normen sind **erforderlich**, wenn es kein gleich wirksames, aber den Grundrechtsträger weniger belastendes Mittel zur Erreichung des Zwecks gibt; es muss der geringst mögliche Grundrechtseingriff bei gleicher Wirksamkeit gewählt werden (BVerfGE **77**, 84; BVerfG NJW **1999**, 3402).

Hier: Auch kein Problem, ein anderes Mittel als die Abgabe eines Pflichtexemplars, ist zum Erreichen des eben benannten Zweckes nicht ersichtlich.

d) Die gesetzlichen Vorschriften zur Abgabe eines Pflichtexemplars müssten schließlich auch angemessen bzw. verhältnismäßig im engeren Sinne sein.

> **Definition**: Eine gesetzliche Regelung ist **angemessen**, wenn sie beim Grundrechtsträger keinen Nachteil herbeiführt, der erkennbar außer Verhältnis zum verfolgten Zweck steht (BVerfG NJW **2017**, 217; BVerfGE **17**, 306; *Jarass/Pieroth* Art. 20 GG Rz. 86; *Kingreen/Poscher* StaatsR II Rz. 299). Der Grundrechtsträger darf insbesondere nicht *übermäßig* belastet werden (→ Übermaßverbot).

Und an dieser Stelle wird es jetzt noch mal richtig interessant: Das Bundesverfassungsgericht musste nun nämlich in irgendeiner Form dem Umstand Rechnung tragen, dass zwar bei einem herkömmlichen Buch mit einer Auflage von beispielsweise 20.000 Stück und einem Verkaufspreis von 9,99 Euro die Abgabe eines Pflichtexemplars für den Verleger selbstverständlich kein Problem ist und auch das Eigentumsrecht aus Art. 14 Abs. 1 GG nicht relevant tangiert – das Ganze aber bei einem Werk, das nur mit einer Auflage von 100 Stück auf den Markt kommen soll, zudem einen besonders hohen ideellen Wert hat und auch entsprechend teuer verkauft wird, durchaus eine andere verfassungsrechtliche Beurteilung nach sich ziehen kann und eigentlich auch muss.

> **Durchblick**: In der Originalentscheidung aus dem Juli 1981 (→ BVerfGE **58**, 137) ging es um vier Bücher, die in extrem kleiner Auflage erscheinen sollten, teilweise mit Farbholzschnitten und besonderen Druckformen hergestellt und von den Künstlern zudem alle handsigniert waren. So war etwa das Werk mit dem kuscheligen Titel »*Der Fahrstuhl, der zur Hölle fuhr*« von *Par Lagerkvist* mit fünf handsignierten Holzschnitten des argentinischen Künstlers *Esteban Fekete* bearbeitet worden und sollte bei einer Auflage von 100 Stück zum Preis von – für damalige Verhältnisse geradezu ungeheuerlichen – 280 DM verkauft werden. Der Verleger aus *Offenbach* (→ Hessen) überstellte zwar ein Exemplar dieses Buches an die hessische Staatsbibliothek, klagte aber anschließend vor Gericht auf Zahlung einer Entschädigung mit dem Argument, es handele sich ja wohl um eine *Enteignung*. Das **Problem**: Im damaligen Pressegesetz des Bundeslandes Hessen war eine solche Entschädigung gar nicht vorgesehen. Das Bundesverfassungsgericht, dem die Sache schließlich vom Bundesgerichtshof vorgelegt wurde, musste nun also einen Weg finden, dem Verlag eine solche Entschädigung trotzdem zukommen zu lassen bzw. ein entsprechendes gesetzgeberisches Handeln legitimeren. Da es sich bei der Pflichtabgabe des Buches – wie oben umfassend erörtert – nach Meinung des Bundesverfassungsgerichts tatsächlich um *keine* Enteignung, sondern um eine Inhalts- und Schrankenbestimmung handelte (bei einer Enteignung wäre das Gesetz mangels Entschädigung in jedem Falle verfassungswidrig gewesen), war nun zumindest die Möglichkeit gegeben, eine entsprechende gesetzliche Regel nachzuschieben und das bestehende Gesetz somit nicht vollständig aufzuheben. Zur Hilfe nahm das Gericht dabei dann unter anderem das eben erläuterte Institut der »**Eigentumsopferentschädigung**«, wonach auch bei einer reinen Inhalts- und Schrankenbestimmung die Gewährung einer Entschädigung durchaus möglich ist, um unzumutbare Härten beim Grundrechtsträger aufgrund einer **besonders intensiven** Beschränkung des Eigentumsrechts abzufedern (siehe oben).

Das Bundesverfassungsgericht wählte als Prüfungsstandort des Ganzen die **Angemessenheitsprüfung** innerhalb des Verhältnismäßigkeitsgrundsatzes – und so wollen wir das hier dann natürlich auch machen. Als Obersatz dient daher wie immer der bekannte Grundsatz, dass beim Grundrechtsträger kein Nachteil herbeigeführt werden darf, der erkennbar außer Verhältnis zum verfolgten Zweck steht (→ »Übermaßverbot«): Der Grundrechtsträger darf nicht *übermäßig* belastet werden. Dass dies im vorliegenden Fall durch die Pflichtabgabe allerdings geschehen ist, begründete das Gericht dann wie folgt:

»... *Zwar stellt die unentgeltliche Abgabe eines Belegexemplars grundsätzlich eine* **zumutbare**, *den Verleger nicht übermäßig und einseitig treffende Belastung dar, wenn der damit verbundene wirtschaftliche Nachteil – wie bei größeren Auflagen üblich – nicht wesentlich ins Gewicht fällt. Der Mangel der Regelung über die Abgabe von Pflichtexemplaren liegt im vorliegenden Falle aber darin, dass die Ablieferungspflicht bei grundsätzlichem Ausschluss einer Kostenerstattung auch diejenigen Druckwerke erfasst, die mit* **großem Aufwand** *und zugleich nur in* **kleiner Auflage** *hergestellt werden. ... Es liegt auf der Hand, dass die Pflicht zur unentgeltlichen Abgabe von Belegstücken solcher Druckwerke im Gegensatz zu den Billig- und Massenproduktionen eine erhebliche, über das normale Maß hinausgehende Belastung darstellt. Die Sozialbindung des Eigentums aus Art. 14 Abs. 2 GG vermag nicht zu rechtfertigen, dass der Verleger eine solche, besonders intensive Belastung des Eigentums im Interesse der Allgemeinheit tragen muss. ... Der Verleger geht mit der Herstellung eines solchen Werkes nämlich ein wesentlich erhöhtes wirtschaftliches Risiko ein. Erst durch seine* **private Initiative** *und* **Arbeit** *sowie seine* **Risikobereitschaft** *wird es möglich, künstlerisch, wissenschaftlich und literarisch exklusives Schaffen – wenn auch zu einem hohen Preis – der Öffentlichkeit zu erschließen ... Dem Verleger dann zusätzlich noch die erheblich überdurchschnittlichen Herstellungskosten für ein Pflichtexemplar aufzubürden, widerspricht dem verfassungsrechtlichen Gebot, die Belange des betroffenen Eigentümers mit denen der Allgemeinheit in einen gerechten Ausgleich zu bringen und einseitige Belastungen zu vermeiden ... Die Abwägung zwischen der besonderen Intensität der Belastung und der zu ihrer Rechtfertigung anzuführenden Gründe ergibt daher, dass bei* **wertvollen Druckwerken** *mit* **niedriger Auflage** *eine kostenlose Pflichtablieferung die Grenzen verhältnismäßiger und noch zumutbarer inhaltlicher Festlegung des Verlegereigentums überschreitet und zudem auch gegenüber den betroffenen Verlegern den* **Gleichheitssatz** *verletzt, da eine unterschiedliche Behandlung der Verleger in diesen Fällen geboten wäre ...*

... Die dargelegten verfassungsrechtlichen Erwägungen führen im Ergebnis indes nicht dazu, die beanstandete Vorschrift insgesamt für nichtig zu erklären. Die vorliegende gesetzliche Regelung umfasst nämlich den weit überwiegenden Bereich der Fälle, in denen eine Ablieferungspflicht mit Vergütungsausschluss nur geringfügige Belastungen für die Verleger mit sich bringt und daher keinen verfassungsrechtlichen Bedenken unterliegt. Soweit mit dem Gesetz die Grenzen des verfassungsrechtlich Zulässigen überschritten sind, hat der Landesgesetzgeber eine Reihe von Möglichkeiten, das Pflichtexemplarrecht entweder **insgesamt neu** *zu ordnen oder es in Bezug auf die* **Härtefälle** *der dort bestehenden Interessenlage unter Beachtung der Eigentumsgarantie anzupassen. Das Bundesverfassungsgericht kann sich daher auf die Feststellung der Verfassungswidrigkeit des Gesetzes in dem Umfang beschränken, soweit es eine unterschiedslose Abgabe von Pflichtexemplaren fordert und nicht nach* **Auflagenstärke** *und* **Entstehungskosten** *differenziert ...*«

Fazit: Eine grundsätzliche und unterschiedslose Pflicht zur Abgabe von Belegexemplaren verletzt zumindest dann das Eigentumsrecht der betroffenen Verleger, wenn es sich um ein mit *großem Aufwand* und in *kleiner Auflage* erscheinendes Buch handelt. Diese besonders intensive Grundrechtsbelastung muss der Grundrechtsträger nur dann hinnehmen, wenn er von Seiten des Staates entsprechend entschädigt wird. Fehlt für solche Fälle eine Entschädigungsregel, ist der Gesetzgeber gehalten, eine entsprechende Norm einzufügen. Das bestehende Gesetz bleibt im Übrigen allerdings wirksam, da der Grundrechtseingriff keine enteignende Qualität im Sinne des Art. 14 Abs. 3 GG hat, sondern lediglich eine besonders intensiv einwirkende Inhalts- und Schrankenbestimmungen im Rahmen des Art. 14 Abs. 1 Satz 2 GG darstellt.

Zum Fall: Unser Verleger V hat Frau *Merkel* nach Auskunft des Sachverhalts »jahrelang« überreden müssen, ihre Memoiren zu schreiben. Dahinter steckt somit seitens des Verlegers eine Menge eigener Leistung und Arbeit. Als Frau Merkel dann endlich bereit ist, wird jedes Buch als Unikat hergestellt, von Frau *Merkel* handsigniert und mit einem besonderen Bild aufwendig bearbeitet. Bei einer Gesamtauflage von 100 Stück und einem Kaufpreis von 750 Euro kann man daher auch hier – ebenso wie beim »*Fahrstuhl, der zur Hölle fuhr*« – getrost von einem Werk mit großem Aufwand und kleiner Auflage sprechen. Unserem V ist zudem zuzubilligen, dass er mit der Herstellung eines solchen Werkes ein wesentlich erhöhtes wirtschaftliches Risiko eingeht und dass erst durch seine **private Initiative** und **Arbeit** sowie seine **Risikobereitschaft** es möglich wird, künstlerisch, wissenschaftlich und literarisch exklusives Schaffen – wenn auch zu hohem Preis – der Öffentlichkeit zu erschließen (vgl. BVerfGE **58**, 137).

Konsequenz: Der § 11a PGSA verletzt V in seinem Grundrecht aus Art. 14 Abs. 1 GG, soweit es in Bezug auf die Memoiren von Frau *Merkel* an einer Entschädigungsregel fehlt.

Ergebnis: Die Pflicht zur Abgabe eines Pflichtexemplars ist wegen Verstoßes gegen Art. 14 Abs. 1 GG insoweit verfassungswidrig, als sie Verleger auch bei Werken mit großem Aufwand und geringer Auflage zur entschädigungslosen Abgabe eines Belegexemplars zwingt.

Zur Abrundung:

Infolge der Entscheidung des Bundesverfassungsgerichts vom 14. Juli 1981 gibt es heute in *jedem* deutschen Bundesland – und auch auf Bundesebene im »*Gesetz über die Deutsche Nationalbibliothek*« – eine gesetzliche Regelung, die das Problem um die Entschädigung für Pflichtexemplare im Sinne der Verfassungsgerichtsentscheidung löst. So steht etwa in **§ 11 Abs. 3** des *Landespressegesetzes* von Sachsen-Anhalt:

»... Ist die Auflage eines Druckwerkes nicht höher als 500 Stück und beträgt der Ladenpreis eines Stücks der Auflage mindestens 100 Euro, so ist dem Ablieferungspflichtigen vom Staat die **Hälfte des Ladenpreises** zu erstatten ...«

oder in **§ 1 Abs. 5** des *Pflichtexemplargesetzes* von Baden-Württemberg:

»... Für das erste Exemplar (Pflichtexemplar) ist auf Antrag eine Entschädigung bis zur Höhe des **halben Ladenpreises** zu gewähren, wenn die unentgeltliche Ablieferung insbesondere wegen der niedrigen Auflage oder der hohen Kosten des Druckwerks dem Verleger oder Drucker nicht zugemutet werden kann.«

und in **§ 9 Abs. 2** des *Pressegesetzes* für das Bundesland Hessen steht:

»… *Auf Verlangen erstattet die Staatsbibliothek dem Verleger die* **Herstellungskosten** *des abgegebenen Pflichtexemplars, wenn ihm die unentgeltliche Abgabe wegen des großen finanziellen Aufwands und der kleinen Auflage nicht zugemutet werden kann* …«

Der § 18 des »**Gesetzes über die Deutsche Nationalbibliothek**« (BNBG) sagt:

»… *Für Medienwerke in körperlicher Form gewährt die Deutsche Nationalbibliothek den Ablieferungspflichtigen auf Antrag einen* **Zuschuss** *zu den Herstellungskosten des Pflichtexemplars, wenn die unentgeltliche Abgabe eine* **unzumutbare Belastung** *darstellt* …«

Alles klar!?

Kleiner, aktueller Prüfungstipp zum Abschluss

Wer sich gerade in der Nähe einer (Fortgeschrittenen-)Prüfung oder gar des Examens befindet, sollte bitte einen Blick auf die Entscheidung des OVG Münster vom 17. Februar 2017 werfen (GewArch **2017**, 200 = BeckRS **2017**, 103263). Dort ging es – höchst prüfungstauglich – um die Frage, ob der § 34 Abs. 3 GewO gegen das Eigentumsrecht aus Art. 14 GG verstößt. Nach § 34 Abs. 3 GewO müssen Pfandleiher nach Ablauf von drei Jahren einen möglicherweise erzielten und vom Verpfänder nicht geltend gemachten Mehrerlös aus einem Pfandverkauf an den Staat abführen. Die hiergegen von einem Pfandleiher erhobene Klage wies das OVG Münster nun ab mit dem Hinweis, diese Regelung verletze als »**Inhalts- und Schrankenbestimmung**« im Sinne des Art. 14 Abs. 1 Satz 2 GG weder die Rechte des Verpfänders noch des Pfandleihers: Beide erlangten zwar zunächst ein **Miteigentumsanteil** am Mehrerlös in Form von Bargeld über die §§ 948, 947 BGB. Der Herausgabeanspruch des **Verpfänders** gegen den Pfandleiher auf Auszahlung dieses Mehrerlöses aus den §§ 951 Abs. 1, 812 Abs. 1 BGB stelle auch ein vermögenswertes Recht im Sinne des Art. 14 Abs. 1 GG dar, in das durch § 34 Abs. 3 GewO zudem eingegriffen werde. Dieser Eingriff sei im konkreten Fall aber verhältnismäßig. Im Hinblick auf den **Pfandleiher** fehle es demgegenüber schon an einem schützenswerten Eigentumsrecht: Der Pfandleiher habe nämlich nur »die Aussicht, nach Ablauf der dreijährigen Frist, den Überschuss behalten zu dürfen« erworben. Dies aber sei lediglich eine *Erwerbschance*, die von Art. 14 GG unstreitig nicht geschützt werde (GewArch **2017**, 200 = BeckRS **2017**, 103263). **Beachte**: Der Fall ist ziemlich kniffelig, weil er erhebliche Kenntnisse aus dem BGB (Pfandrecht + Bereicherungsrecht) und des Verfassungsrechts (Art. 14 GG, Art. 12 GG) erfordert. Für Anfängerübungen ist das eindeutig zu kompliziert, für Fortgeschrittenen- und vor allem Examensklausuren dafür aber extrem geeignet!

Prüfungsschema 11

Das Recht auf Eigentum aus Art. 14 Abs. 1 GG

I. Der Schutzbereich

Beachte: Art. 14 Abs. 1 Satz 2 GG beinhaltet eine sogenannte »Inhalts- und Schrankenbestimmung«. **Daher**: Der Eigentumsbegriff im Sinne des Art. 14 Abs. 1 GG umfasst alles, was die jeweils gültige Rechtsordnung zum aktuellen Zeitpunkt als Eigentum definiert und schützt.

II. Eingriff: Hier erfolgt die Abgrenzung der staatlichen Maßnahme zwischen »Inhalts- und Schrankenbestimmung« im Sinne des Art. 14 Abs. 1 Satz 2 GG und »Enteignung« im Sinne des Art. 14 Abs. 3 GG.

Ansatz: Eine Inhalts- und Schrankenbestimmung liegt dann vor, wenn der Staat *abstrakt* und *generell* die Rechte und Pflichten des Eigentümers festlegt und damit den Inhalt des Eigentumsrechts vom Inkrafttreten des jeweiligen Gesetzes an allgemeingültig für die Zukunft neu bestimmt. Eine Enteignung liegt demgegenüber vor, wenn der Staat durch eine Maßnahme *konkret* und *individuell* die bereits bestehenden Eigentumsrechte des Betroffenen verkürzt oder ganz entzieht.

III. Rechtfertigung des Eingriffs

→ Das Grundrecht muss einschränkbar sein (Art. 14 Abs. 1 Satz 2 oder Abs. 3 GG)

→ Es muss eine entsprechende *Schranke* (= Gesetz) existieren.

→ Diese Schranke/Gesetz muss selbst verfassungsgemäß sein (Schranken-Schranke):

1.) Ist es eine »Enteignung«? Prüfung, ob eine Entschädigungsregel vorliegt. Falls nicht, ist die Maßnahme zwingend und unheilbar verfassungswidrig.

2.) Ist es eine »Inhalts- und Schrankenbestimmung«?

Es muss wie immer der allgemeine Verhältnismäßigkeitsgrundsatz gewahrt sein, also *Geeignetheit*, *Erforderlichkeit* und *Angemessenheit* (Übermaßverbot).

Beachte: Wegen der Sozialbindungsklausel aus Art. 14 Abs. 2 GG muss beim Verhältnismäßigkeitsgrundsatz unter anderem *zusätzlich* untersucht werden, ob ein »besonders intensiver« Eingriff vorliegt. Falls ja, kommt eine sogenannte »Eigentumsopferentschädigung« in Betracht. Fehlt eine solche Regelung, kann dieser Mangel – anders als bei der Enteignung – noch behoben und eine entsprechende Regel »nachgeschoben« werden. Das Gesetz oder die Maßnahme des Staates sind dann nicht zwingend verfassungswidrig, sondern nur in Bezug auf den intensiven Grundrechtseingriff. Das Gericht kann für den speziellen Fall eine Verfassungswidrigkeit feststellen, das Gesetz aber für im Übrigen verfassungsgemäß erklären.

Gutachten

Die in § 11a PGSA normierte Pflicht der Verleger, von jedem neu erschienenen Buch ein sogenanntes »Pflichtexemplar« kostenlos an die staatliche Landesbibliothek abzugeben, ist verfassungswidrig, wenn damit durch einen Akt der öffentlichen Gewalt in den Schutzbereich eines Grundrechts eingegriffen wird und dieser Eingriff verfassungsrechtlich nicht gerechtfertigt ist.

I. Durch die in § 11a PGSA normierte Pflicht zur Abgabe eines Pflichtexemplars müsste ein Grundrecht in seinem Schutzbereich betroffen sein.

In Betracht kommt die Verletzung des Grundrechts der Verleger aus Art. 14 Abs. 1 GG. Gemäß Art. 14 Abs. 1 GG werden das Eigentum und das Erbrecht gewährleistet. Nach § 11a PGSA müssen die Verleger ein Exemplar einer jeden Neuerscheinung an den Staat abgeben. Der Eigentumsbegriff im Sinne des Art. 14 Abs. 1 GG umfasst alles, was die jeweils gültige Rechtsordnung zum aktuellen Zeitpunkt als Eigentum definiert und schützt. Die Pflichtexemplare stehen im klassischen Sacheigentum des Verlegers und unterliegen somit dem Eigentumsbegriff des Art. 14 Abs. 1 GG.

Zwischenergebnis: Dadurch, dass ein Verleger gemäß § 11a PGSA jeweils ein Exemplar eines neuen Buches an die staatliche Landesbibliothek abgeben muss, ist das Sacheigentum und damit auch der Schutzbereich des Art. 14 Abs. 1 GG betroffen.

II. Es muss des Weiteren ein Eingriff in den Schutzbereich vorliegen.

Unter Eingriff versteht man jedes staatliche Handeln, das dem Einzelnen ein Verhalten, das in den Schutzbereich eines Grundrechts fällt, ganz oder teilweise unmöglich macht; hierbei ist gleichgültig, ob diese Wirkung final oder unbeabsichtigt eintritt. An dieser Stelle ist zu klären, ob es sich vorliegend eine entschädigungslose Inhalts- und Schrankenbestimmung des Art. 14 Abs. 1 Satz 2 GG oder um eine zwingend an eine Entschädigungsregel gebundene Enteignung im Sinne des Art. 14 Abs. 3 GG handelt. Im Falle einer Inhalts- und Schrankenbestimmung wäre anschließend die Frage nach dem Verhältnismäßigkeitsgrundsatz und der Sozialbindung aus Art. 14 Abs. 2 GG aufzulösen. Handelt es sich demgegenüber um eine Enteignung, muss zur Verfassungsmäßigkeit dieser Maßnahme immer eine entsprechende Entschädigungsregel existieren. Die Frage nach der Unterscheidung von Inhalts- und Schrankenbestimmung zur Enteignung gibt somit den weiteren Verlauf der Prüfung vor. Eine Inhalts- und Schrankenbestimmung liegt dann vor, wenn der Staat abstrakt und generell die Rechte und Pflichten des Eigentümers festlegt und damit den Inhalt des Eigentumsrechts vom Inkrafttreten des jeweiligen Gesetzes an allgemeingültig für die Zukunft neu bestimmt. Eine Enteignung liegt demgegenüber vor, wenn der Staat durch eine Maßnahme konkret und individuell die bereits bestehenden Eigentumsrechte des Betroffenen verkürzt oder ganz entzieht.

Die nach § 11a zugelassene Anordnung der vergütungsfreien Ablieferung eines Belegstücks belastet zwar das Eigentum an dem vom Verleger hergestellten Druckwerk, ist aber lediglich als Inhalts- und Schrankenbestimmung zu werten. Ihrem Inhalt nach ermächtigt sie nur zu einer Regelung im Sinne des Art. 14 Abs. 1 Satz 2 GG und nicht zu einer Enteignung im Sinne des Art. 14 Abs. 3 GG. Die Vorschrift des Landespressegesetzes enthält keine Ermächtigung, durch Einzelakt auf ein bestimmtes von ihr benötigtes Vermögensobjekt zuzugreifen, sondern begründet in genereller und abstrakter Weise eine Naturalleistungspflicht in der Form einer Abgabe. Sie trifft diejenigen, die als Verleger Eigentum in den Verkehr bringen und ruht auf der Gesamtheit der zu einer Auflage gehörenden und im Eigentum des Verlegers stehenden Druckstücke. Dieses Eigentum am Druckwerk ist aber schon bei seiner Entstehung mit der Verpflichtung zur Ablieferung eines Exemplars belastet. Die vom Verleger vorzunehmende Auswahl und Ablieferung eines beliebigen Druckstücks der Auflage aktualisiert die allgemein und im Vorhinein diesem obliegende Verpflichtung. Die Pflichtexemplarregelung ist somit eine objektivrechtliche Vorschrift, die in allgemeiner Form den Inhalt des Eigentums am Druckwerk als der Gesamtheit aller Druckstücke neu bestimmt. Die sich aus der Pflichtexemplarregelung ergebende Verpflichtung fällt daher unabhängig vom Grad der den Verleger jeweils treffenden Belastung in den Bereich von Art. 14 Abs. 1 Satz 2 GG.

Zwischenergebnis: Es liegt durch die Vorschrift des § 11a PGSA ein Eingriff in das Eigentumsrecht der Verleger in der Form einer Inhalts- und Schrankenbestimmung im Sinne des Art. 14 Abs. 1 Satz 2 GG vor.

III. Der Eingriff dürfte verfassungsrechtlich nicht gerechtfertigt sein. Der staatliche Eingriff in den Schutzbereich eines Grundrechts durch ein Gesetz ist dann verfassungsrechtlich gerechtfertigt, wenn das betroffene Grundrecht einschränkbar ist, eine entsprechende gesetzliche Schranke besteht und diese Schranke selbst wiederum verfassungsgemäß ist (sogenannte »Schranken-Schranke«).

1.) Das Grundgesetz muss für das betroffene Grundrecht eine Einschränkbarkeit vorsehen. Gemäß Art. 14 Abs. 1 Satz 2 GG dürfen die Schranken des Eigentumsrechts durch die Gesetze bestimmt werden.

Zwischenergebnis: Das Grundrecht aus Art. 14 Abs. 1 GG ist somit einschränkbar.

2.) Es muss eine entsprechende gesetzliche Schranke existieren. Die Einschränkung des Grundrechts erfolgt aufgrund des § 11a PGSA, also durch ein Gesetz.

3.) Der § 11a PGSA ist aber nur dann eine zulässige Schranke des Grundrechts aus Art. 14 Abs. 1 GG, wenn er selbst mit den (übrigen) Normen und Werten der Verfassung übereinstimmt, also eine verfassungsmäßige Konkretisierung des Schrankenvorbehalts aus Art. 14 Abs. 1 Satz 2 GG darstellt. Dazu muss der § 11a PGSA sowohl formell als auch materiell verfassungsgemäß sein.

I. Die formelle Rechtmäßigkeit

Laut Sachverhaltshinweis ist die Norm des PGSA formell verfassungsgemäß.

II. Die materielle Rechtmäßigkeit

1.) Zunächst müssen die allgemeinen Anforderungen an das Gesetz bzw. die hier infrage stehenden Normen des PGSA eingehalten worden sein: Gemäß Art. 19 Abs. 1 GG muss das Gesetz demnach allgemein und nicht für den Einzelfall gelten, es muss das betroffene bzw. eingeschränkte Grundrecht nennen und es darf keinesfalls den Wesensgehalt dieses Grundrechts antasten (Art. 19 Abs. 2 GG). Die infrage stehende Norm des PGSA ist allgemein gehalten, sie gilt für alle Verleger und regelt keinen Einzelfall.

Das Zitiergebot des Art. 19 Abs. 1 Satz 2 GG ist vorliegend nicht einschlägig, da es restriktiv ausgelegt bzw. angewandt werden muss und unter anderem für Inhalts- und Schrankenbestimmungen und somit auch für Art. 14 GG nicht gilt. Schließlich ist der Wesensgehalt des Art. 14 Abs. 1 GG nicht angetastet, da die Verleger durch die angeordneten Maßnahmen ihr Grundrecht aus Art. 14 Abs. 1 GG nicht vollständig oder in seinem Wesensgehalt einbüßen, sondern lediglich eine Einschränkung erfahren. Ein Verstoß gegen Art. 19 Abs. 1 und 2 GG ist mithin nicht erkennbar.

Zwischenergebnis: Die allgemeinen Anforderungen an das das Grundrecht beschränkende Gesetz sind eingehalten.

2.) Des Weiteren muss der Verhältnismäßigkeitsgrundsatz gewahrt sein. Hierfür sind ein legitimer Zweck, die Geeignetheit, die Erforderlichkeit und schließlich die Angemessenheit des Gesetzes notwendig. Bei Art. 14 Abs. 1 GG muss wegen der besonderen Struktur dieses Grundrechts zudem beachtet werden, dass das Eigentum gemäß Art. 14 Abs. 2 GG verpflichtet und sein Gebrauch stets dem Wohle der Allgemeinheit dienen soll. Bei der Abwägung der widerstreitenden Interessen muss der Gesetzgeber wegen der Sozialbindungsklausel des Art. 14 Abs. 2 GG unter anderem Folgendes beachten: Er muss die Eigenart und Bedeutung des vermögenswerten Rechts für die Allgemeinheit hinreichend würdigen. Des Weiteren muss der Gesetzgeber auch den Wert und die Bedeutung des betroffenen vermögenswerten Rechts für den jeweiligen Eigentümer beachten. Insbesondere bei Eigentumspositionen, die der Sicherung der persönlichen Freiheit dienen oder die durch eigene Arbeit und Leistung erworben wurden, genießt der Gesetzgeber nur einen begrenzten Schrankenspielraum. Schließlich kann es aufgrund der Sozialbindungsklausel auch Beschränkungen des Eigentumsrechts geben, die nur bei Gewährung einer finanziellen Entschädigung an den Eigentümer noch verhältnismäßig sind, weil sie ansonsten den Eigentümer im vermögensrechtlichen Bereich übermäßig belasten würden – sogenannte Eigentumsopferentschädigungen.

a) Die hier infrage stehende Regel des § 11a PGSA, muss, um verhältnismäßig zu sein, zunächst einen legitimen Zweck verfolgen. Ein Zweck ist dann legitim und darf vom Staat verfolgt werden, wenn er auf ein der Allgemeinheit dienendes Wohl gerichtet ist oder sonstigen Gütern von Verfassungsrang zugutekommt. Dem Gesetzgeber ist insoweit ein breiter Beurteilungsspielraum zuzubilligen. Der Zweck, der Nachwelt ein Exemplar jedes in Sachsen-Anhalt erschienenen Buches zu erhalten, kann als ein der Allgemeinheit dienendes Wohl subsumiert werden. Vom Zeitpunkt seiner Publikation an entwickelt jedes Druckwerk ein Eigenleben. Es bleibt nicht nur vermögenswertes Ergebnis einer verlegerischen Bemühung, sondern wirkt in das Gesellschaftsleben hinein. Damit wird es zu einem eigenständigen, das kulturelle und geistige Geschehen seiner Zeit mitbestimmenden Faktor. Es ist, losgelöst von privatrechtlicher Verfügbarkeit, geistiges und kulturelles Allgemeingut. Im Blick auf diese soziale Bedeutung stellt es ein legitimes Anliegen dar, die literarischen Erzeugnisse dem wissenschaftlich und kulturell Interessierten möglichst geschlossen zugänglich zu machen und künftigen Generationen einen umfassenden Eindruck vom geistigen Schaffen früherer Epochen zu vermitteln.

Zwischenergebnis: Der § 11a PGSA verfolgt einen legitimen Zweck.

b) Die Regel des § 11 a PGSA müsste des Weiteren geeignet sein, diesen Zweck zu erreichen. Die Geeignetheit einer Maßnahme liegt dann vor, wenn mit ihrer Hilfe das angestrebte Ziel voraussichtlich erreicht oder zumindest gefördert werden kann. Die Ablieferungspflicht ist geeignet, diesen Zweck zu erreichen.

c) Das Gesetz muss zudem erforderlich sein. Gesetzliche Normen sind erforderlich, wenn es kein gleich wirksames, aber den Grundrechtsträger weniger belastendes Mittel zur Erreichung des Zwecks gibt; es muss der geringst mögliche Grundrechtseingriff bei gleicher Wirksamkeit gewählt werden. Ein anderes Mittel als die Abgabe eines Pflichtexemplars, ist zum Erreichen des eben benannten Zweckes nicht ersichtlich.

d) Die gesetzlichen Vorschriften zur Abgabe eines Pflichtexemplars müssten schließlich auch angemessen bzw. verhältnismäßig im engeren Sinne sein. Eine gesetzliche Regelung ist dann angemessen, wenn sie beim Grundrechtsträger keinen Nachteil herbeiführt, der erkennbar außer Verhältnis zum verfolgten Zweck steht. Der Grundrechtsträger darf namentlich nicht übermäßig belastet werden. Dies aber wäre bei der aktuellen Regelung des PSGSA im Hinblick auf die Pflichtexemplare der Fall. Zwar stellt die unentgeltliche Abgabe eines Belegexemplars grundsätzlich eine zumutbare, den Verleger nicht übermäßig und einseitig treffende Belastung dar, wenn der damit verbundene wirtschaftliche Nachteil – wie bei größeren Auflagen üblich – nicht wesentlich ins Gewicht fällt. Der Mangel der Regelung über die Abgabe von Pflichtexemplaren liegt im vorliegenden Falle aber darin, dass die Ablieferungspflicht bei grundsätzlichem Ausschluss einer Kostenerstattung auch diejenigen Druckwerke erfasst, die mit großem Aufwand und zugleich nur in kleiner Auflage hergestellt werden. Es liegt auf der Hand, dass die Pflicht zur unentgeltlichen Abgabe von Belegstücken solcher Druckwerke im Gegensatz zu den Billig- und Massenproduktionen eine erhebliche, über das normale Maß hinausgehende Belastung darstellt. Die Sozialbindung des Eigentums aus Art. 14 Abs. 2 GG vermag nicht zu rechtfertigen, dass der Verleger eine solche, besonders intensive Belastung des Eigentums im Interesse der Allgemeinheit tragen muss. Der Verleger geht mit der Herstellung eines solchen Werkes ein wesentlich erhöhtes wirtschaftliches Risiko ein. Erst durch seine private Initiative und Arbeit sowie seine Risikobereitschaft wird es möglich, künstlerisch, wissenschaftlich und literarisch exklusives Schaffen – wenn auch zu einem hohen Preis – der Öffentlichkeit zu erschließen. Dem Verleger dann zusätzlich noch die erheblich überdurchschnittlichen Herstellungskosten für ein Pflichtexemplar aufzubürden, widerspricht dem verfassungsrechtlichen Gebot, die Belange des betroffenen Eigentümers mit denen der Allgemeinheit in einen gerechten Ausgleich zu bringen und einseitige Belastungen zu vermeiden. Die Abwägung zwischen der besonderen Intensität der Belastung und der zu ihrer Rechtfertigung anzuführenden Gründe ergibt daher, dass bei wertvollen Druckwerken mit niedriger Auflage eine kostenlose Pflichtablieferung die Grenzen verhältnismäßiger und noch zumutbarer inhaltlicher Festlegung des Verlegereigentums überschreitet und zudem auch gegenüber den betroffenen Verlegern den Gleichheitssatz verletzt, da eine unterschiedliche Behandlung der Verleger in diesen Fällen geboten wäre.

Die dargelegten verfassungsrechtlichen Erwägungen führen im Ergebnis indes nicht dazu, die beanstandete Vorschrift insgesamt für nichtig zu erklären. Die vorliegende gesetzliche Regelung umfasst nämlich den weit überwiegenden Bereich der Fälle, in denen eine Ablieferungspflicht mit Vergütungsausschluss nur geringfügige Belastungen für die Verleger mit sich bringt und daher keinen verfassungsrechtlichen Bedenken unterliegt. Soweit mit dem Gesetz die Grenzen des verfassungsrechtlich Zulässigen überschritten sind, hat der Landesgesetzgeber eine Reihe von Möglichkeiten, das Pflichtexemplarrecht entweder insgesamt neu zu ordnen oder es in Bezug auf die Härtefälle der dort bestehenden Interessenlage unter Beachtung der Eigentumsgarantie anzupassen. Es kann sich hier daher auf die Feststellung der Verfassungswidrigkeit des Gesetzes in dem Umfang beschränkt werden, soweit es eine unterschiedslose Abgabe von Pflichtexemplaren fordert und nicht nach Auflagenstärke und Entstehungskosten differenziert.

V hat Frau *Merkel* »jahrelang« überreden müssen, ihre Memoiren zu schreiben. Dahinter steckt somit seitens des Verlegers eine Menge eigener Leistung und Arbeit. Als Frau *Merkel* dann endlich bereit ist, wird jedes Buch als Unikat hergestellt, von Frau *Merkel* handsigniert und mit einem besonderen Bild aufwendig bearbeitet. Bei einer Gesamtauflage von 100 Stück und einem Kaufpreis von 750 Euro kann man daher von einem Werk mit großem Aufwand und kleiner Auflage sprechen und V zudem zubilligen, dass er mit der Herstellung eines solchen Werkes ein wesentlich erhöhtes wirtschaftliches Risiko eingeht und dass erst durch seine private Initiative und Arbeit sowie seine Risikobereitschaft es möglich wird, künstlerisch, wissenschaftlich und literarisch exklusives Schaffen – wenn auch zu hohem Preis – der Öffentlichkeit zu erschließen. Der § 11a PGSA verletzt V in seinem Grundrecht aus Art. 14 Abs. 1 GG, soweit es in Bezug auf die Memoiren von Frau *Merkel* an einer Entschädigungsregel fehlt.

Ergebnis: Die Pflicht zur Abgabe eines Pflichtexemplars ist wegen Verstoßes gegen Art. 14 Abs. 1 GG insoweit verfassungswidrig, als sie Verleger auch bei Werken mit großem Aufwand und geringer Auflage zur entschädigungslosen Abgabe eines Belegexemplars zwingt.

2. Abschnitt

Die Gleichheitssätze und

die Justizgrundrechte

Fall 12

Delmenhorst ist schön

Rechtsstudent R wohnt in *Delmenhorst* (→ Niedersachsen) und hat für das kommende Semester einen Studienplatz an der Universität im nur 12 km entfernten Bundesland Bremen bekommen. Blöderweise hat Bremen kürzlich ein »Studienkontengesetz« (StudKG) erlassen, wonach Studenten, deren Hauptwohnsitz außerhalb der Landesgrenzen von Bremen liegt, ab dem 3. Semester zur Finanzierung der Bremer Hochschulen eine Studiengebühr in Höhe von 500 Euro pro Semester entrichten sollen. Die in Bremen wohnenden Studenten (sogenannte »Landeskinder«) sind hiervon befreit und müssen erst ab dem 15. Semester Studiengebühren zahlen. Laut Gesetzesbegründung sollen auswärtige Studenten durch die frühzeitige Erhebung der Studiengebühren zum Umzug nach Bremen motiviert werden. Hierdurch würden sich die Einwohnerzahl und somit – was der Wahrheit entspricht – auch die Einnahmen des Landes innerhalb des Länderfinanzausgleichs erhöhen, was dann mittelbar den Bremer Hochschulen zugutekäme. Im Übrigen gewährleiste nur eine Wohnsitznahme am Studienort ein effizientes und rasches Studium. Das StudKG enthält zudem Regelungen zur Unterstützung der Studenten bei der Finanzierung der Studiengebühren durch staatlich subventionierte Darlehen und zur Abfederung von Härtefällen.

R will in *Delmenhorst* wohnen bleiben, aber keine Studiengebühren zahlen. Er meint, die an den Wohnsitz gekoppelte Gebührenerhebung verstoße gegen den Gleichheitsgrundsatz und sei daher verfassungswidrig. Es könne für die Erhebung von Studiengebühren und die Dauer des Studiums doch keinen Unterschied machen, ob man in dem Bundesland der jeweiligen Universität wohnt – oder einige Kilometer außerhalb.

Frage: Verstößt das *Studienkontengesetz* gegen das Gleichheitsgebot des Art. 3 GG?

Schwerpunkte: Der allgemeine Gleichheitssatz aus Art. 3 Abs. 1 GG; Grundlagen und Struktur des Gleichheitsgebotes; die Berufsfreiheit aus Art. 12 Abs. 1 GG als Teilhaberecht; Rechtmäßigkeit von Studiengebühren; der Länderfinanzausgleich.

Lösungsweg

Einstieg: Das da oben ist der Originalfall aus der Leitentscheidung des Bundesverfassungsgerichts vom **8. Mai 2013** zu der Frage, inwieweit Studiengebühren und insbesondere das *Bremer Modell* der Wohnsitzbindung verfassungsrechtlich zulässig sind

(→ BVerfGE **134**, 1 = NJW **2013**, 2498). Die im Sachverhalt geschilderte gesetzliche Regelung um die Bevorzugung der »Landeskinder« trat tatsächlich am **25. Oktober 2005** zum damaligen Wintersemester in Bremen in Kraft. Und logischerweise landete das Gesetz nach exakt *drei* Semestern vor dem Verwaltungsgericht der Freien und Hansestadt Bremen, weil gleich mehrere Studenten, die ihren Hauptwohnsitz unmittelbar vor den Toren Bremens hatten (unter anderem in *Delmenhorst*) und nun ab dem 3. Semester die Studiengebühren zahlen sollten, gegen die Gebührenbescheide der Uni Bremen Klage erhoben und die Verfassungsmäßigkeit des *Studienkontengesetzes* anzweifelten. Das zuständige Verwaltungsgericht in Bremen hielt die »Landeskinderregelung« und die daraus folgende Erhebung der Studiengebühren für außerhalb von Bremen wohnende Studenten dann ebenfalls für verfassungswidrig und legte das Gesetz schließlich gemäß **Art. 100 Abs. 1 GG** (aufschlagen!) am **17. September 2007** dem Bundesverfassungsgericht zur Prüfung vor. Herausgekommen ist dabei eine anspruchsvolle und daher enorm prüfungsrelevante Entscheidung, die sich – man ahnt es – natürlich vor allen Dingen mit dem Gleichheitsgebot aus **Art. 3 Abs. 1 GG** beschäftigt, zudem einen extrem hohen Lerneffekt hat und für juristische Klausuren und Hausarbeiten zu diesem Thema geradezu ideale Voraussetzungen bietet: Hier werden nämlich – sehr anschaulich und für die Studierenden in Deutschland von erheblicher Bedeutung – ziemlich »gleiche« Personen (→ Studenten der *gleichen* Universität) im Hinblick auf die Entrichtung von Studiengebühren durchaus ziemlich unterschiedlich behandelt, und zwar nur deshalb, weil die einen *innerhalb* und die anderen *außerhalb* des Stadtgebietes bzw. der Landesgrenze von Bremen wohnen. Die **Frage** lautete: Ist eine solche Ungleichbehandlung der Studierenden wirklich mit dem Gleichheitsgebot aus Art. 3 Abs. 1 GG vereinbar?

> Wir wollen uns das hübsche Fällchen um die Studiengebühren in Bremen (zur ähnlichen Regelung in Hamburg vgl. OVG Hamburg in NVwZ **2006**, 949) deshalb jetzt auch mal in Ruhe ansehen und steigen damit in die Problematik um die Gleichheitsgebote des Grundgesetzes ein. Hierbei – soviel schon mal vorneweg – müssen wir uns leider von dem bisher erlernten, klassisch einfachen Prüfungsaufbau einer Grundrechtsverletzung (Schutzbereich → Eingriff → Rechtfertigung des Eingriffs) verabschieden, denn es geht jetzt nicht mehr um die sogenannten »Freiheitsrechte«, bei denen der gerade skizzierte Aufbau zwingend ist, sondern um die *Gleichheitsgebote* der Verfassung, die tatsächlich nach anderen Mustern funktionieren und in der Klausur auch anders geprüft werden müssen (kommt gleich). Im Übrigen lernen wir – quasi am Rande – das durchaus häufig in Übungsarbeiten anzutreffende Phänomen kennen, dass Grundrechte erstaunlicherweise nicht nur, wie wir das bisher im Buch gelernt haben, als *Abwehrrechte* der Bürger gegen den Staat dienen und Unterlassungspflichten des Staates festlegen, sondern im Rahmen einer sogenannten *Leistungsfunktion* auch »Teilhaberechte« der Bürger an staatlichen Leistungen begründen können (BVerfGE 33, 303). Grundrechte sind in ihrer Funktion keinesfalls nur auf die Abwehr des Staates beschränkt, sie konstituieren auch *positive Rechte* der Bürger gegenüber dem Staat, namentlich das Recht auf Teilhabe an staatlichen Leistungen oder der Nutzung von staatlichen Einrichtungen – hier konkret in Form des freien und ungehinderten Zugangs zu einer staatlichen Hochschule (BVerwGE **134**, 1; BVerfGE **33**, 303; *von Münch/Kunig/Kämmerer* Art. 12 GG Rz. 36; *Jarass/Pieroth* vor Art. 1 GG Rz. 8; *von Mangoldt/Klein/Starck* Art. 1 GG Rz. 189).

So, und bevor wir uns dann gleich anhand des *Bremen Modells* ausführlich dem allgemeinen Gleichheitssatz aus Art. 3 Abs. 1 GG widmen, wollen wir bitte vorab noch auf *zwei* Dinge achten, die das allgemeine Verständnis der vorliegenden Problematik um die Erhebung von Studiengebühren erleichtern und uns später bei der Lösung des Falles helfen werden, und zwar:

1.) Die Einführung von Studiengebühren (auch *Studienabgaben* genannt) gehört in Deutschland zur Zuständigkeit der einzelnen Bundesländer. Studiengebühren sind namentlich dem Hochschulwesen und damit der *Kulturhoheit* der Länder zugeordnet, die nach der Grundregel des Art. 70 Abs. 1 GG (aufschlagen!) demnach auch der Gesetzgebungskompetenz der Bundesländer unterliegt (BVerfGE **112**, 226; BVerfGE **92**, 203; BVerfGE **55**, 72; BVerfGE **37**, 314; BVerwGE **134**, 1). Und das ist dann auch der Grund dafür, warum es keine bundeseinheitliche Regelung im Hinblick auf die Entrichtung von Studiengebühren geben kann – und warum man daher in manchen Bundesländern bzw. an den dortigen Hochschulen gar keine Studiengebühren zahlen muss (z.B. in *Berlin, Brandenburg, Nordrhein-Westfalen*), in anderen Ländern bei Langzeit- oder Zweitstudiengängen sehr wohl zahlen muss (z.B. im *Saarland, Thüringen, Sachsen-Anhalt* und *Sachsen*) und bis vor Kurzem in wieder anderen Ländern sogar noch für das Erststudium Studiengebühren entrichten musste (*Niedersachsen* und *Bayern*). *Niedersachsen* hat übrigens zum Wintersemester 2014/2015 als vorläufig letztes Bundesland die Studiengebühren für Erststudiengänge abgeschafft. Wie gesagt, die Erhebung von Studiengebühren ist allein Ländersache und kann demzufolge in jedem deutschen Bundesland – ohne Rücksicht auf die Regelungen der anderen Länder – separat und nach eigenen Vorstellungen der jeweiligen Landesregierung gesetzlich fixiert werden (BVerfGE **134**, 1; BVerfGE **112**, 226; BVerfGE **33**, 303). **Und**: Je nach Regierungszusammensetzung ändern sich diese Regelungen im Hinblick auf Studiengebühren – zumeist übrigens nach Landtagswahlen – zuweilen auch wieder, was beispielsweise in der Vergangenheit in *Nordrhein-Westfalen* und auch in *Bayern* der Fall gewesen ist, wo die Studiengebühren erst eingeführt und einige Jahre später dann wieder abgeschafft wurden (aktuelle Infos zu den Gebühren aller Bundesländer findet man auf: *www.studis-online.de*).

2.) Dass die Erhebung von Studiengebühren durch die Bundesländer bzw. Hochschulen verfassungsrechtlich grundsätzlich zulässig ist und insbesondere *nicht* gegen das Grundrecht der Studenten auf die freie Wahl der Ausbildungsstätte aus **Art. 12 Abs. 1 GG** verstößt, haben deutsche Gerichte mittlerweile schon mehrfach entschieden – verbindlich schließlich das Bundesverwaltungsgericht am **29. April 2009** (BVerwGE **134**, 1 = JuS **2010**, 46) sowie dieses Urteil bestätigend das Bundesverfassungsgericht am **9. Mai 2013,** also in der von uns hier thematisierten Entscheidung (BVerfG NJW **2013**, 2498 = EuGRZ **2013**, 456). Einheiliger **Tenor**: Mit der Erhebung von Studiengebühren greift der Staat zwar in das Grundrecht auf die freie Wahl der Ausbildungsstätte im Sinne des **Art. 12 Abs. 1 Satz 2 GG** ein, denn er erschwert durch die Zahlungspflicht – objektiv betrachtet – den Studenten den Zugang zum Studium. Dieser staatliche Eingriff ist als klassische *Berufsausübungsregelung* (zum Begriff vgl. insoweit Fall Nr. 9 oben) allerdings deshalb verfassungsrechtlich zulässig und damit gerechtfertigt, weil »vernünftige Erwägungen des Gemeinwohls diesen Eingriff als zweckmäßig erscheinen lassen«, was das Bundesverwaltungsgericht im April 2009 dann wie folgt begründete (BVerwGE **134**, 1):

> »*... In materieller Hinsicht stehen die Studienbeitragsvorschriften mit Art. 12 Abs. 1 GG in Einklang, weil sie durch **vernünftige Erwägungen** des Gemeinwohls gerechtfertigt und auch im Übrigen verhältnismäßig sind: Den vom Landesgesetzgeber verfolgten Zielen der Einnahmebeschaffung für die Hochschulen, der Verbesserung der universitären Lehre und der Studienbedingungen sowie der Förderung eines zielstrebigen und damit kostenbewussten Studienverhaltens auf Seiten der Studierenden, liegt das **legitime Gemeinwohlinteresse** zugrunde, die Leistungsfähigkeit und Effizienz der Lehre an den Hochschulen des Landes zu sichern ...«*

Konsequenz: Der durch die Erhebung von Studiengebühren vollzogene staatliche Eingriff in die Berufs- und Ausbildungsfreiheit aus Art. 12 Abs. 1 GG ist grundsätzlich gerechtfertigt, weil er als *Berufsausübungsregel* im Sinne des Art. 12 Abs. 1 Satz 2 GG von vernünftigen Erwägungen des Gemeinwohls getragen und damit verfassungsrechtlich legitimiert ist (BVerwGE **134**, 1; BVerfGE **134**, 1).

Aber: Im Hinblick auf die konkrete Ausgestaltung der jeweiligen Gebührenerhebung – also vor allem die Höhe der Gebühren und die möglicherweise notwendigen Finanzierungshilfen – muss der Staat, um die Verfassung zu wahren, zudem **Folgendes** beachten: Der Art. 12 GG gewährt dem einzelnen Bürger/Studenten nicht nur den Schutz vor staatlichen Eingriffen, sondern garantiert ihm unter Berücksichtigung des Sozialstaatsprinzips und des Gleichheitssatzes auch ein echtes *Leistungsrecht*, namentlich ein *Teilhaberecht* an staatlichen Leistungen sowie an der Nutzung staatlicher Einrichtungen. Im konkreten Fall garantiert Art. 12 Abs. 1 GG den Studieninteressierten, soweit sie die subjektiven Zulassungsvoraussetzungen – etwa in Form eines *Numerus Clausus* – erfüllen, insbesondere den ungehinderten Zugang zu einer Hochschule ihrer Wahl. Der Art. 12 Abs. 1 GG erfüllt namentlich den staatlichen Auftrag zur Schaffung gleicher Bildungschancen im Rahmen des tatsächlich Möglichen und konstituiert damit ein echtes Leistungsrecht des Studenten gegen den Staat (BVerwGE **134**, 1; BVerfGE **134**, 1; BVerfGE **39**, 285; BVerfGE **33**, 303; *Sachs/Mann* Art. 12 GG Rz. 160; *Kingreen/Poscher* StaatsR II Rz. 933).

Problem: Auf der einen Seite darf der Staat durch die Erhebung von Studiengebühren in die freie Wahl der Ausbildungsstätte und damit in Art. 12 Abs. 1 GG eingreifen, da dieser Eingriff aus *vernünftigen Erwägungen* des *Gemeinwohls* erfolgt (siehe oben). Auf der anderen Seite soll dem Studenten aus Art. 12 Abs. 1 GG aber auch ein *positives Teilhaberecht* an der Nutzung staatlicher Einrichtung erwachsen, namentlich der allgemeine und vor allem ungehinderte (!) Zugang zur Hochschule.

Lösung: Um diese beiden, auf den ersten Blick unvereinbaren Positionen verfassungsrechtlich in Einklang zu bringen, haben das Bundesverwaltungsgericht und dem zustimmend das Bundesverfassungsgericht die folgenden Regeln aufgestellt, unter denen die Erhebung von Studiengebühren verfassungsrechtlich zulässig ist – und dabei sowohl die Notwendigkeit der Erhebung von Studiengebühren als auch das verfassungsrechtlich garantierte *Teilhaberecht* der Studenten aus Art. 12 Abs. 1 GG berücksichtigt:

Voraussetzung für eine verfassungsgemäße Einführung von Studiengebühren ist, dass die jeweilige Erhebung für die Betroffenen »sozial verträglich« ausgestaltet wird und *nicht prohibitiv* (= abhaltend) wirkt. Nachteile für sozial schwache Studieninteressierte sind durch staatliche Finanzierungshilfen zu vermeiden, um insbesondere die Studienchancen »*vom Einkommen der Eltern unabhängig zu gestalten*« (so wörtlich: BVerfGE **134**, 1). Dieses Bedürfnis nach sozialer Verträglichkeit beeinflusst zum einen die zulässige Höhe der Studiengebühr und erfordert zum anderen, dass den Studierenden seitens des Staates Finanzierungshilfen angeboten werden. Gebühren in Höhe von **500 Euro** pro Semester (das war bislang der Standardbetrag in Deutschland) sind sozial verträglich und somit verfassungsrechtlich unbedenklich, wenn sie durch ein *Finanzierungssystem/Darlehen* des Staates unterstützt werden, das unter anderem für bestimmte Härtefälle, wie etwa für Menschen mit Behinderungen, für Eltern mit kleinen Kindern und für sonstige soziale Notlagen Ermäßigungen, unter Umständen sogar bis hin zum kompletten Erlass enthält. Diese staatlichen Finanzierungshilfen sind dabei *zwingend* und eine direkte Folge aus dem aus Art. 12 Abs. 1 GG erwachsenen Teilhaberecht der Studierenden. Ein grundsätzlicher Anspruch auf ein *kostenfreies Studium* besteht demgegenüber nicht und folgt auch nicht aus dem verfassungsrechtlichen Auftrag zur Schaffung gleicher Bildungschancen oder aus dem aus Art. 12 Abs. 1 GG erwachsenden Teilhaberecht (BVerfGE **134**, 1; BVerwGE **134**, 1).

Wir merken uns: Studiengebühren sind verfassungsrechtlich grundsätzlich zulässig und verstoßen *nicht* gegen Art. 12 Abs. 1 GG und der darin garantierten freien Wahl der Ausbildungsstätte, soweit sie vom Staat »sozial verträglich«, also vor allem mit entsprechenden *Finanzierungshilfen* ausgestaltet werden und auf die Studieninteressierten *nicht prohibitiv* (abhaltend) wirken.

Und wenn wir mit diesem Wissen jetzt mal oben auf unseren kleinen Fall aus Bremen gucken, können wir schon mal feststellen, dass die dortige Regelung des *Studienkontengesetzes* jedenfalls vom Grundsatz her *verfassungskonform* ist, denn eine Erhebung von 500 Euro pro Semester finden sowohl das Bundesverwaltungsgericht als auch das Bundesverfassungsgericht durchaus »moderat und nicht prohibitiv« (BVerwGE **134**, 1, 9; BVerfGE **134**, 1) – und im Übrigen enthält das Gesetz laut Sachverhaltsangabe zudem »... *Regelungen zur Unterstützung der Studenten bei der Finanzierung der Studiengebühren durch staatlich subventionierte Darlehen und zur Abfederung von Härtefällen. ...*«, womit auch die geforderte Sozialverträglichkeit hergestellt und das Gesetz zumindest im Hinblick auf eine Verletzung des Art. 12 Abs. 1 GG unbedenklich wäre.

So, und nachdem wir nun wissen, dass Studiengebühren aus verfassungsrechtlicher Sicht grundsätzlich zulässig sind, wenden wir uns der eigentlichen Fallfrage zu, und zwar: Verstößt die Regelung im Studienkontengesetz des Bundeslandes *Bremen*, wonach auswärtige Studenten bereits ab dem 3. Semester Studiengebühren zahlen sollen, während die sogenannten »Landeskinder« erst ab dem 15. Semester hierzu verpflichtet sind, gegen das *Gleichheitsgebot* des Art. 3 Abs. 1 GG?

Obersatz: Die »Landeskinderregelung« des Bremer StudKG verstößt dann gegen den allgemeinen Gleichheitssatz aus Art. 3 Abs. 1 GG, wenn mit dieser Regelung wesentlich Gleiches ungleich behandelt wird, ohne dass es dafür einen tragfähigen sachlichen Grund gibt.

Beachte: Hinter diesem eher unscheinbaren Obersatz verbirgt sich bei genauem Hinsehen bereits der *vollständige* (dreistufige) Prüfungsaufbau des allgemeinen Gleichheitssatzes aus Art. 3 Abs. 1 GG, der nämlich wie folgt aussieht:

1.) Liegen **wesentliche gleiche Sachverhalte** vor?

2.) Falls ja – werden diese Sachverhalte **unterschiedlich** behandelt?

3.) Falls ja – gibt es für diese Ungleichbehandlung einen **tragfähigen sachlichen Grund**?

Prüfen wir mal:

1.) Liegen in unserem Fall wesentlich gleiche Sachverhalte vor?

Einstieg: Die zu prüfenden Sachverhalte sind logischerweise niemals *komplett* identisch oder gleich, da kein Mensch wie der andere ist und auch kein Sachverhalt oder eine in einem Gesetz zu regelnde Lebenssituation genau wie die andere ist (*Pieroth/Schlink/Kingreen/Poscher* StaatsR II Rz. 463). Das Wort »wesentlich« ist daher bei der Prüfung des Gleichheitssatzes auch ziemlich wichtig (*wesentlich!*) und darf demnach im Obersatz keinesfalls vergessen werden, zumal es garantiert auf dem Lösungsblatt des Korrektors steht. Hinter der Formulierung »wesentlich gleich« steckt inhaltlich indessen die sogenannte *Vergleichbarkeit* der jeweiligen Sachverhalte oder Personen (BVerfGE 49, 148; *Sachs/Osterloh/Nußberger* Art. 3 GG Rz. 1; *Dreier/Heun* Art. 3 GG Rz. 18). Die zu beurteilenden Lebenssituationen müssen demnach zwar nicht identisch oder gleich, aber in jedem Falle vergleichbar und damit »wesentlich gleich« im Sinne des Art. 3 Abs. 1 GG sein (BVerfGE **126**, 400; *Ipsen* StaatsR II Rz. 800).

> **Durchblick:** Dass alle Menschen, wie es der Art. 3 Abs. 1 GG scheinbar ausdrücklich vorschreibt, immer, überall und in jeder Situation vor dem Gesetz gleich sind, ist natürlich Blödsinn und vom Grundgesetzgeber so auch gar nicht gewollt. Diese ziemlich romantische Vorstellung von der Gleichheit aller Menschen, die übrigens haupt-

sächlich aus dem *Strafrecht* und namentlich der öffentlichen Wahrnehmung von Strafprozessen resultiert, hat mit der Verfassungs- und Lebenswirklichkeit in Deutschland nichts zu tun. Die Väter und Mütter des Grundgesetzes wollten mit Art. 3 Abs. 1 GG vielmehr und vor allem sicherstellen, dass nur diejenigen Menschen seitens des Staates gleich behandelt werden, die sich im konkreten Fall und im Hinblick auf das zu lösende Problem auch in »vergleichbaren Situationen« befinden; eine vollständige und allumfassende Gleichheit aller Menschen vor dem Gesetz ist auch in einem demokratischen und rechtsstaatlichen Staatsgefüge weder erstrebenswert noch praktikabel (BVerfGE **38**, 225; BVerfGE **41**, 1; BK/*Rüfner* Art. 3 GG Rz. 159; *von Mangoldt/Klein/Starck* Art. 3 GG Rz. 230). Es gilt daher die **Regel**: Nur diejenigen Personen, die in ihrer konkreten Situation und aufgrund bestimmter Umstände miteinander »vergleichbar« sind, können sich auch auf den Gleichheitssatz des Art. 3 Abs. 1 GG berufen und vom Staat entsprechende Rechte sowie namentlich eine Gleichbehandlung einfordern (*Jarass/Pieroth* Art. 3 GG Rz. 1).

Folge: Im ersten Schritt der Prüfung des Gleichheitssatzes aus Art. 3 Abs. 1 GG hat man stets zu klären, ob sich die betroffenen Personen, von denen sich ja dann zumeist *eine* auf den Gleichheitssatz des Art. 3 Abs. 1 GG beruft, tatsächlich alle in *vergleichbarer Situation* im gerade erläuterten Sinne befinden. Ist das der Fall, liegen »wesentlich gleiche« Sachverhalte im Sinne des Art. 3 Abs. 1 GG vor und man kann im Weiteren die Ungleichbehandlung und anschließend eine mögliche Rechtfertigung für diese Ungleichbehandlung untersuchen. Befinden sich die Personen hingegen *nicht* in vergleichbarer Situation, ist die Prüfung an dieser Stelle beendet, denn dann fehlt es schon am ersten Merkmal, nämlich an den »wesentlich gleichen« Sachverhalten. Alles klar!?

Prima. Dann müssen wir jetzt nur noch klären, wie man eigentlich die gerade beschriebene »Vergleichbarkeit« von Sachverhalten bzw. Personen tatsächlich herausfiltert. Und das geht so: Damit Personen oder Sachverhalte als vergleichbar im Sinne des Art. 3 Abs. 1 GG angesehen werden können, müssen diese Personen oder Sachverhalte durch bestimmte und vor allem durch **gemeinsame Bezugspunkte/ Oberbegriffe** (→ »tertium comparationis«) im Hinblick auf das konkret zu lösende Problem verbunden sein (*Kingreen/Poscher* StaatsR II Rz. 463).

> **Merksatz**: Es müssen bestimmte, im konkreten Fall gemeinsame *Bezugspunkte/Oberbegriffe* bestehen, aus denen eine Verpflichtung zur Gleichbehandlung erwächst und wodurch sich diese Personengruppen oder Sachverhalte von anderen Personengruppen oder Sachverhalten unterscheiden (*Dreier/Heun* Art. 3 GG Rz. 23; *von Münch/Kunig/Boysen* Art. 3 GG Rz. 52).

Ein **Beispiel**: *Rechtsanwälte* dürfen bis zum Lebensende ihren Beruf ausüben, *Piloten* müssen nach den Regeln der *Luftverkehrszulassungsordnung* mit 65 Jahren aufhören = fraglos eine beachtliche Ungleichbehandlung dieser beiden Personengruppen. **Frage**: Sind Rechtsanwälte und Piloten im Hinblick auf die Einführung von beruflichen Altersgrenzen »vergleichbar«, also »wesentlich gleich«? **Antwort**: Das ist dann der

Fall, wenn die beiden Personengruppen im Hinblick auf das hier zu lösende Problem der beruflichen Altersgrenzen einen gemeinsamen Bezugspunkt/Oberbegriff haben, aus dem die Pflicht zur Gleichbehandlung erwächst. **Hier:** Zwar bestehen beide Personengruppen aus natürlichen und arbeitenden Personen mit einer anspruchsvollen Tätigkeit (= Gemeinsamkeit), allerdings üben Rechtsanwälte und Piloten komplett unterschiedliche Tätigkeiten mit vor allem *unterschiedlichem Gefahrenpotenzial* aus, die demnach auch gesetzlich unterschiedlich behandelt werden müssen: Piloten gehören nämlich zu einem Berufsstand, der enorme Gefahren für dritte Personen (Passagiere und Besatzung) mit sich bringt und wo das Lebensalter und die damit einhergehende körperliche und geistige Veränderung eine wichtige Rolle für die ordnungsgemäße Ausübung des Berufs spielt. Bei Rechtsanwälten spielt das Lebensalter insoweit hingegen keine Rolle, jedenfalls gefährdet auch ein Rechtsanwalt, der über 65 Jahre alt ist, mit seiner Tätigkeit in der Regel keine Menschenleben. **Folge:** Im Hinblick auf die hier fragliche Altershöchstgrenze bei der Berufsausübung fehlt Anwälten und Piloten im konkreten Fall und auf das zu lösende Problem bezogen der gemeinsame Oberbegriff/Bezugspunkt. Der mögliche Oberbegriff »**Beruf mit hohem Gefährdungspotenzial für Leib und Leben anderer Menschen**«, der eine Pflicht zur entsprechenden Gleichbehandlung hätte begründen können, trifft *nicht* auf beide Berufsgruppen zu. Die beiden Berufs- bzw. Personengruppen sind *insoweit* daher auch *nicht* »wesentlich gleich« und folglich verstößt die Ungleichbehandlung bei der beruflichen Altershöchstgrenze schon aus diesem Grund, nämlich der fehlenden Vergleichbarkeit der Personengruppen, *nicht* gegen Art. 3 Abs. 1 GG.

> **Beachte:** *Piloten* und *Schiffkapitäne* (!) wären demgegenüber vergleichbar im gerade benannten Sinne, denn diese beiden Personengruppen ließen sich zusammenfassen unter dem eben formulierten Oberbegriff/Bezugspunkt »Beruf mit hohem Gefährdungspotenzial für Leib und Leben anderer Menschen«, was dann wiederum nach Art. 3 Abs. 1 GG auch eine vergleichbare Behandlung im Hinblick auf die Altershöchstgrenzen der Berufsausübung begründen könnte – und müsste! Würden diese beiden Personengruppen im Hinblick auf die berufliche Altersgrenze unterschiedlich behandelt, müsste man folglich weiterprüfen und für diese Ungleichbehandlung anschließend noch einen tragfähigen sachlichen Grund finden. Prinzip verstanden?

Also: Die Feststellung eines Bezugspunktes/Oberbegriffs ist für eine Vergleichbarkeit innerhalb des Art. 3 Abs. 1 GG notwendig, denn nur dieser gemeinsame Bezugspunkt/Oberbegriff fasst die rechtlich unterschiedlich behandelten Personengruppen oder Situationen quasi unter einem Dach zusammen und grenzt sie von anderen Personengruppen oder Sachverhalten ab. Nur wenn ein gemeinsamer *Bezugspunkt/Oberbegriff* existiert, aus dem im konkreten Fall eine Pflicht zur Gleichbehandlung erwächst, kommt eine Vergleichbarkeit der Sachverhalte bzw. der Personengruppen in Betracht. In diesem Fall spricht man dann übrigens von einem sogenannten wesentlich gleichen »Vergleichspaar« (*Ipsen* StaatsR II Rz. 801; *Dreier/Heun* Art. 3 GG Rz. 23; *von Münch/Kunig/Boysen* Art. 3 GG Rz. 52).

Klausurtipp: Die gerade geschilderte *Vergleichbarkeit* der zu prüfenden Sachverhalte oder Personengruppen ist in aller Regel im Ergebnis nicht fraglich und demnach auch kein Schwerpunkt in Klausuren, die sich mit dem Gleichheitsgebot des Art. 3 Abs. 1 GG befassen. Gleichwohl darf man an dieser Stelle nicht unsorgfältig arbeiten. Der Prüfer will und muss nämlich sehen, dass man das dahintersteckende Prinzip verstanden hat. Man muss sich daher in jedem Falle zumindest die – im Regelfall freilich überschaubare – Mühe machen, den gemeinsamen Oberbegriff/Bezugspunkt der zu vergleichenden Gruppen zu finden und diesen im Klausurtext natürlich dann auch zu benennen. Im Übrigen verlangt auch das Bundesverfassungsverfassungsgericht, dass vom Beschwerdeführer die im Fall relevanten Vergleichsgruppen ausdrücklich benannt werden, wenn er sich auf das Gleichheitsgebot berufen möchte (→ BVerfGE **23**, 242, 250).

Machen wir also mal: Das StudKG unterteilt bei der Verpflichtung zur Zahlung von Studiengebühren in diejenigen Studenten, die im Bundesland Bremen wohnen und in diejenigen Studenten, die außerhalb der Landesgrenzen wohnen. Es fragt sich, ob diese beiden Personengruppen in Bezug auf die hier infrage stehende Pflicht zur Entrichtung von Studiengebühren gleichwohl unter einem gemeinsamen *Oberbegriff/Bezugspunkt* zusammengefasst und demnach als »Vergleichspaar« bezeichnet werden können.

Antwort: Die beiden Personengruppen können im Hinblick auf die Erhebung von Studiengebühren unter den gemeinsamen Oberbegriff »**Studenten der Universität in Bremen**« zusammengefasst werden. Diesbezüglich sind die Studenten »wesentlich gleich«, und zwar unabhängig von ihrem Wohnort. Sie besuchen nämlich die *gleiche Hochschule* und nehmen dort im Rahmen ihrer Berufsausbildung auch die *gleichen Leistungen*, für die die Studiengebühren entrichtet und verwendet werden sollen, in Anspruch. Die beiden Personengruppen sind folglich anhand dieser gemeinsamen Bezugspunkte in einer vergleichbaren Lage bezüglich der Entrichtung von Studiengebühren. In den Worten des Bundesverfassungsgerichts (BVerfGE **134**, 1) klingt das dann übrigens so:

»… *Studierende, die an Hochschulen in Bremen studieren und in Bremen wohnen, und solche, die in Bremen studieren, aber außerhalb Bremens ihren Wohnsitz haben, befinden sich hinsichtlich der* **Ausbildung***, für die in den vorgelegten Vorschriften Gebühren erhoben werden, in einer* **vergleichbaren Lage***. Beide nehmen das Studienangebot Bremens in gleicher Weise in Anspruch und sind anhand dieses gemeinsamen* **Bezugspunktes** *verbunden. Werden nur auswärtige Studierende zwischen dem dritten und 15. Semester mit Gebühren belegt, ist dies daher eine an den Anforderungen des Art. 3 Abs. 1 GG zu messende Ungleichbehandlung* …«

ZE.: Die beiden sich im vorliegenden Fall gegenüberstehenden Personengruppen – also die *innerhalb* und die *außerhalb* der Landesgrenzen von Bremen wohnenden Studenten – können unter dem gemeinsamen Oberbegriff »Studenten der Universität Bremen« zusammengefasst werden. Die vorliegenden Sachverhalte sind somit »wesentlich gleich« im Sinne des Gleichheitssatzes aus Art. 3 Abs. 1 GG. Das erste Tatbestandsmerkmal der Prüfung des Gleichheitssatzes liegt mithin vor.

2.) Unterschiedliche Behandlung der beiden Personengruppen?

Hier: Die außerhalb von Bremen wohnenden Studenten sollen ab dem 3. Semester zahlen, die in Bremen wohnenden Studenten zahlen erst ab dem 15. Semester.

<u>ZE.:</u> Eine Ungleichbehandlung liegt vor.

3.) Gibt es für diese Ungleichbehandlung einen **tragfähigen sachlichen Grund**?

> **Obersatz**: Die Ungleichbehandlung von wesentlich gleichen Sachverhalten ist nur dann verfassungsrechtlich zulässig, wenn dafür ein tragfähiger sachlicher Grund besteht (BVerfGE **134**, 1; BVerfGE **100**, 138; *Jarass/Pieroth* Art. 3 GG Rz. 14).

Durchblick: An dieser Stelle wird es jetzt spannend, denn was bei den Freiheitsgrundrechten die Verhältnismäßigkeitsprüfung, ist bei den Gleichheitsrechten die Frage nach dem Vorliegen eines »tragfähigen (auch »hinreichenden«) *sachlichen Grundes* für die zuvor festgestellte Ungleichbehandlung. Hier müssen jetzt die Argumente für und gegen die Ungleichbehandlung ausgetauscht und abgewogen – und vor allem müssen jetzt auch die im Sachverhalt gegebenen Informationen entsprechend ausgewertet werden. Namentlich geht es darum aufzulösen, ob der hinter der Ungleichbehandlung steckende Zweck (→ die Absicht des Gesetzgebers) *sachlich tragfähig* ist und mit den Nachteilen bzw. Beeinträchtigungen der Betroffenen in einem ausgewogenen, verfassungsrechtlich zulässigen Verhältnis steht. Nur dann wäre die Ungleichbehandlung gerechtfertigt und folglich verfassungsgemäß (*Pieroth/ Schlink/Kingreen/Poscher* StaatsR II Rz. 470; *Ipsen* StaatsR II Rz. 808).

> **Beachte**: Bei der Frage, welche konkreten verfassungsrechtlichen Anforderungen an den »tragfähigen sachlichen Grund« und damit an die gesamte Abwägung zu stellen sind, bedient sich das Bundesverfassungsgericht je nach Fallgestaltung unterschiedlicher Formeln mit durchaus unterschiedlichen Inhalten. Abhängig von der »Intensität der Beeinträchtigung« der betroffenen Personengruppen reicht die Bandbreite dann von einer *einfachen Willkürkontrolle* des Gesetzgebers bis hin zur *strengen Bindung des Gesetzgebers an die Verhältnismäßigkeitserfordernisse* (BVerfGE **127**, 224; BVerfGE **124**, 233; BVerfGE **88**, 77). So soll bei einer nur »geringen« Intensität in Bezug auf die Verletzung des Gleichbehandlungsgebots schon genügen, dass sich »... *vernünftige Erwägungen finden lassen, die sich aus der Natur der Sache ergeben oder sonstwie einleuchtend sind; die Ungleichbehandlung darf insbesondere nicht willkürlich sein.*« (sogenannte »Evidenzkontrolle« oder »Willkürformel« vgl. etwa BVerfGE **10**, 234; BVerfGE **107**, 27; BVerwGE **149**, 1). Bei einer »großen« Intensität der Einschränkung durch eine Ungleichbehandlung – indiziert etwa durch die Beschränkung der Betroffenen in der Ausübung von *Freiheitsrechten* oder durch rein *personenbezogene* Regelungen – fordert das Bundesverfassungsgericht demgegenüber nach der sogenannten »**neuen Formel**« eine strenge Überprüfung des sachlichen Grundes anhand der Regeln des

Verhältnismäßigkeitsgrundsatzes, einschließlich einer Prüfung nach Geeignetheit, Erforderlichkeit und Angemessenheit des die Ungleichbehandlung normierenden Gesetzes (BVerfGE **127**, 224; BVerfGE **126**, 233; BVerfGE **121**, 108; BVerfGE **55**, 72). Hierbei ist der Gleichheitsgrundsatz aus Art. 3 Abs. 1 GG dann verletzt, wenn »... *die eine Gruppe anders behandelt wird als die andere, obwohl zwischen ihnen keine Unterschiede von solcher Art und solchem Gewicht bestehen, dass sie die Ungleichbehandlung rechtfertigen könnten*« (sogenannte »**neue Formel**« – diese Bezeichnung stammt übrigens nicht vom Bundesverfassungsgerichts, sondern aus der Literatur: vgl. dazu etwa *Ipsen* StaatsR II Rz. 807; *Kingreen/Poscher* StaatsR II Rz. 473; *Dreier/Heun* Art. 3 GG Rz. 21; *Jarass/Pieroth* Art. 3 GG Rz. 17; Entscheidungen zur »neuen Formel«: BVerfGE **55**, 72; BVerfGE **88**, 87; BVerfGE **97**, 332; BVerfGE **117**, 272; BVerfGE NVwZ **2004**, 846). Schließlich verwendet das Gericht gerne auch einen neutralen und eher allgemeingültigen Ansatz mit der Formulierung, nach der der Gleichheitssatz »... *jedenfalls dann verletzt ist, wenn sich ein vernünftiger, sich aus der Natur der Sache ergebender oder sonst wie sachlich einleuchtender Grund für die gesetzliche Differenzierung der Personengruppen nicht finden lässt*« (BVerfGE **1**, 14; BVerfGE **89**, 132; BVerfGE **107**, 27; vgl. auch *Jarass/Pieroth* Art. 3 GG Rz. 17; *von Mangoldt/Klein/Starck* Art. 3 GG Rz. 10; *Ipsen* StaatsR II Rz. 805; *Dreier/Heun* Art. 3 GG Rz. 21).

Tipp: In einer *Klausur* wird die Auseinandersetzung mit dieser zuweilen irritierenden bis missverständlichen Rechtsprechung (*Kingreen/Poscher* StaatsR II Rz. 473) nicht erwartet, zumal das Bundesverfassungsgericht die Formeln nach Belieben wechselt und dem jeweiligen Fall und der konkreten Situation ohne Rücksicht auf dogmatische Stringenz anpasst oder sie gelegentlich sogar kombiniert (vgl. etwa BVerfGE **107**, 27 oder BVerfGE **130**, 240). Man muss die dargestellten Formeln daher auch nicht auswendig lernen oder aufsagen bzw. niederschreiben können.

Erforderlich, aber auch ausreichend ist vielmehr, die Prüfung mit der oben gewählten, allgemein gehaltenen und daher in jedem Falle zutreffenden Formulierung einzuleiten, nach der es eines »tragfähigen (oder auch »hinreichenden«) sachlichen Grundes« bedarf, der die Ungleichbehandlung im konkreten Fall rechtfertigen muss und demnach eine *willkürfreie* Behandlung garantiert. Wer dann noch darauf hinweist, dass die verfassungsrechtlichen Anforderungen an den tragfähigen sachlichen Grund entsprechend steigen, je *intensiver* sich die Ungleichbehandlung auf die Betroffenen und namentlich die Ausübung grundrechtlich geschützter Freiheiten auswirkt (BVerfGE **127**, 224; BVerfGE **124**, 233), hat dem Leser/Korrektor signalisiert, dass er die Grundzüge der verfassungsgerichtlichen Rechtsprechung kennt und auch anwenden kann (= maximale Punktzahl). Der ideale Obersatz sieht daher so aus:

> Die Ungleichbehandlung von wesentlich gleichen Sachverhalten ist nur dann verfassungsrechtlich zulässig, wenn hierfür ein *tragfähiger sachlicher Grund* besteht, die Ungleichbehandlung demnach nicht *willkürlich* erfolgt. Insoweit ist zu beachten, dass die verfassungsrechtlichen Anforderungen an die Überprüfung des tragfähigen sachlichen Grundes steigen, je intensiver die Ungleichbehandlung die Betroffenen in ihren Rechten einschränkt.

Zum Fall: Die Ungleichbehandlung der außerhalb von Bremen wohnenden Studenten durch die frühzeitige Erhebung der Studiengebühren ist nur dann verfassungsrechtlich gerechtfertigt, wenn die Koppelung der Gebührenpflicht an den jeweiligen Wohnsitz der Studenten auf der Grundlage von tragfähigen sachlichen Gründen erfolgt ist. Zu beachten ist, dass je nach Intensität der Beschränkung der betroffenen Studenten die verfassungsrechtlichen Anforderungen an die rechtfertigenden Gründe für die Ungleichbehandlung steigen. Namentlich bei einer nachteiligen Auswirkung auf die Ausübung grundrechtlich geschützter Freiheiten ist ein *strenger*, am Grundsatz der *Verhältnismäßigkeit* zu orientierender Prüfungsmaßstab anzulegen.

1. Schritt: Im Hinblick auf den konkreten Prüfungsmaßstab muss vorliegend zunächst beachtet werden, dass bei der sogenannten »Landeskinderregelung« die außerhalb des Bundeslandes Bremen wohnenden Studenten einen spürbaren *finanziellen Nachteil* dadurch erleiden, dass sie bereits ab dem 3. Semester je 500 Euro Studiengebühren pro Folgesemester zahlen müssen, was den in Bremen wohnenden Studenten bis zum 15. Semester erspart bleibt. Des Weiteren beeinträchtigt die gesetzliche Regel des StudKG die betroffenen Studenten in ihrem Grundrecht aus **Art. 12 Abs. 1 GG**, da die Erhebung von Studiengebühren einen Eingriff in die *freie Wahl der Ausbildungsstätte* darstellt und damit den Gebrauch grundrechtlich geschützter Freiheiten – im konkreten Fall das Teilhaberecht aus Art. 12 Abs. 1 GG zur Nutzung des staatlichen Hochschulangebots – erschwert (BVerwGE **134**, 1). Die auswärtigen Studenten erfahren schon ab dem 3. Semester eine solche Beschränkung, die in Bremen wohnenden Studenten erst ab dem 15. Semester. Angesichts dieser Umstände kann und muss von einer *intensiven* Beeinträchtigung der von der Ungleichbehandlung betroffenen Studenten gesprochen werden, was das Bundesverfassungsgericht im Originalfall wie folgt begründet (BVerfGE **134**, 1):

> »... In Bezug auf die Frage, wie eine Ungleichbehandlung verfassungsrechtlich gerechtfertigt sein kann, gilt die Regel, dass je **intensiver** die Ungleichbehandlung die Betroffenen in ihren Rechten beschränkt, desto **höher** sind die verfassungsrechtlichen Anforderungen an den Sachgrund der Ungleichbehandlung. Insoweit kommt sowohl eine Überprüfung **reiner Willkür** als auch eine strenge Prüfung bei besonders intensiven Beeinträchtigungen der betroffenen Personen in Betracht. Im vorliegenden Fall ist eine **strenge Bindung** des Gesetzgebers an den Verhältnismäßigkeitsgrundsatz erforderlich, da die Studierenden nicht nur finanziell belastet werden, sondern zudem in ihrem Grundrecht aus Art. 12 Abs. 1 GG betroffen sind. Hier folgt ein **strengerer** Rechtfertigungsmaßstab namentlich aus dem den Studenten aus Art. 12 Abs. 1 GG erwachsenen Teilhaberecht für den besonderen Sachbereich des Hochschulzugangs ... Werden – wie hier – durch die Ungleichbehandlung grundrechtlich geschützte Freiheiten beeinträchtigt, ist der Gesetzgeber an **strenge** Voraussetzungen gebunden und muss insbesondere den **Verhältnismäßigkeitsgrundsatz** einhalten ...«

<u>ZE.</u>: Es handelt sich vorliegend um eine Beeinträchtigung von *erheblicher Intensität* mit der Folge, dass im Hinblick auf den für die Ungleichbehandlung erforderlichen Sachgrund ein strenger, am Verhältnismäßigkeitsgrundsatz zu orientierenden Beurteilungsmaßstab angezeigt ist.

2. Schritt: Es stellt sich als nächstes die Frage, welche tragfähigen Sachgründe im vorliegenden Fall die Ungleichbehandlung der außerhalb von Bremen wohnenden Studenten rechtfertigen können. Die Gebührenpflicht bereits ab dem 3. Semester müsste *sachlich begründbar* sein und innerhalb des Verhältnismäßigkeitsgrundsatzes insbesondere einen *legitimen Zweck* verfolgen. In Betracht kommen insoweit mehrere Erwägungen:

a) Zunächst könnte sich eine Rechtfertigung der vorliegenden Ungleichbehandlung daraus ergeben, dass der Bremer Gesetzgeber grundsätzlich berechtigt ist, zwischen Einwohnern von Bremen und Einwohnern anderer Bundesländer zu differenzieren. Wie weiter oben in der Einleitung angesprochen, ist es verfassungsrechtlich unbedenklich und zulässig, dass die einzelnen Bundesländer unterschiedliche Regelungen im Hinblick auf die Erhebung von Studiengebühren treffen. Innerhalb des *eigenen Kompetenzbereichs* ist ein Landesgesetzgeber prinzipiell nicht gehindert, von der Gesetzgebung anderer Länder abweichende Regelungen zu treffen, auch wenn dadurch sogenannte »Landeskinder« faktisch begünstigt werden (BVerfGE **33**, 303). Dem Landesgesetzgeber von Bremen steht demnach die Befugnis zu, nur für seine Einwohner geltende Regeln im Rahmen seiner Gesetzgebungskompetenz aufzustellen. Und daraus folgt, dass für Einwohner anderer Bundesländer, konkret für die Einwohner von Niedersachsen (→ *Delmenhorst*), auch andere Regeln gelten können, da die Einwohner von Niedersachsen logischerweise dem niedersächsischen Gesetzgeber (→ Landesparlament in Hannover) zugeordnet sind. **Folge**: Berücksichtigt man diese unterschiedliche Kompetenzverteilung, könnte allein dies ausreichen, um die vorliegende Ungleichbehandlung sachlich tragfähig zu rechtfertigen. Der Gleichheitssatz des Art. 3 Abs. 1 GG wäre unter diesen Umständen *nicht* anwendbar, da bei unterschiedlichen Kompetenzträgern (Landesgesetzgebern) auch unterschiedliche gesetzliche Regeln für die jeweiligen Einwohner gelten können – und nach unserem Staatsverständnis der föderalistischen Struktur sogar sollen (unstreitig: vgl. etwa BVerfGE **10**, 354; BVerfGE **33**, 224; BVerfGE **93**, 319; BVerfGE **127**, 132; *Jarass/Pieroth* Art. 3 GG Rz. 9; *Kingreen/Poscher* StaatsR II Rz. 463).

Aber: Das Bundesverfassungsgericht sieht dies im vorliegenden Fall anders und verweist darauf, dass das Hochschulwesen zwar grundsätzlich Ländersache ist, gleichwohl aber eine bundesweite Dimension hat. Das Land Bremen durfte daher die niedersächsischen Studenten nicht einfach benachteiligen, weil (BVerfGE **134**, 1) …

> *»… vorliegend eine Rechtfertigung der Ungleichbehandlung in bloßer Anknüpfung an den Wohnsitz aufgrund der Besonderheiten des geregelten Sachbereichs ausscheidet. Landesrechtliche Regelungen im Bereich des Hochschulwesens haben nämlich eine spezifische **gesamtstaatliche Dimension**, die besondere Rücksichtnahme der Länder untereinander verlangt.*

Fällt eine Materie in die Zuständigkeit des Landesgesetzgebers, greift aber der zu regelnde Lebenssachverhalt seiner Natur nach über Ländergrenzen hinaus und berührt wie hier das in allen Ländern gleichermaßen anerkannte **Teilhaberecht** *auf freien und gleichen Hochschulzugang, dann sind einseitige Begünstigungen der Angehörigen eines Landes* **nicht** *zulässig. Das Hochschulwesen ist ein solches, bundesweit zusammenhängendes System, das zwar weithin in die Zuständigkeit des Landesgesetzgebers fällt, in dem aber nicht alle Studiengänge überall angeboten werden und daher eine Nutzung der Ausbildungskapazitäten über die Ländergrenzen hinweg erforderlich ist. Aus diesem Grund darf beim Zugang zum Studium* **nicht** *pauschal nach* **Ländern** *differenziert werden (BVerfGE 33, 303; BVerfGE 37, 104). Entsprechend hatte sich auch der* **Parlamentarische Rat** *ausdrücklich gegen Landeskinder-Privilegien beim Zugang zu universitären Studien ausgesprochen (Parlamentarischer Rat, StenBer. über die 44. Sitzung des Hauptausschusses vom 19. Januar 1949, Seite 569; zitiert bereits in BVerfGE 33, 303) ... Eine Ungleichbehandlung kann im vorliegenden demnach* **jedenfalls nicht** *darauf gestützt werden, dass die hier betroffenen Studenten in unterschiedlichen Bundesländern wohnen und demnach an sich unterschiedlichen Landesgesetzgebern unterliegen ...*«

Also: Eine Landeskinderbevorzugung allein aus Gründen der Gesetzgebungskompetenz der verschiedenen Bundesländer ist jedenfalls im Hochschulwesen *nicht* zulässig, da es sich um ein bundesweit zusammenhängendes System handelt und ein vom Grundgesetz *bundesweit* garantiertes *Teilhaberecht aller* Studenten am freien und ungehinderten Hochschulzugang (Art. 12 Abs. 1 GG) beschränken würde. Ein Bundesland (hier: Bremen) darf demnach Studenten anderer Bundesländer (z.B. aus Niedersachsen) den Hochschulzugang nicht erschweren.

<u>ZE.</u>: Die Gesetzgebungskompetenz der einzelnen Bundesländer ist kein tragfähiger sachlicher Grund, der eine unterschiedliche Behandlung von Studenten im Hinblick auf den Wohnsitz innerhalb oder außerhalb eines Bundeslandes rechtfertigen kann.

b) Die Gebührenerhebung für auswärtige Studenten mit dem Ziel der Wohnsitznahme in Bremen könnte die vorliegende Ungleichbehandlung unter Umständen deshalb rechtfertigen, weil – wie das Land Bremen behauptet – nur durch einen Wohnsitz am Studienort ein effizientes und rasches Studium gewährleistet ist.

Aber: Das ist (selbstverständlich) ziemlicher Unsinn, was das Bundesverfassungsgericht dann auch anmerkt und zudem darauf hinweist, dass logischerweise auch keine unterschiedlich starke Nutzung der Hochschule, die eine Gebührenpflicht hätte unter Umständen rechtfertigen können, in irgendeinem Zusammenhang mit dem Wohnsitz steht. Wörtlich heißt es (BVerfGE **134**, 1):

»*... Die Gebührendifferenzierung dient ganz offensichtlich auch* **nicht** *dem Ausgleich einer unterschiedlichen* **Inanspruchnahme** *des Studienangebots. Es ist nicht erkennbar, dass Studierende mit (Haupt-)Wohnsitz außerhalb von Bremen Leistungen der bremischen Hochschulen in anderer und vor allem stärkerer Art und Weise nutzten als Studierende mit (Haupt-) Wohnsitz in Bremen. Auswärtige Studierende verursachen weder höhere Kosten noch ziehen sie einen größeren Vorteil aus den von einer bremischen Hochschule angebotenen Leistungen. Der Wohnsitz, an den das Studienkontengesetz die Studiengebührenpflicht knüpft, hat* **kei-**

nen unmittelbaren Bezug zum Benutzungsverhältnis (vgl. Kugler, Allgemeine Studiengebühren und die Grundrechte der Studierenden, 2009, S. 194) ...«

ZE.: Auch der Anreiz zum angeblich effizienteren und rascheren Studium oder eine
möglicherweise unterschiedliche Nutzung der Hochschulen stellen keinen tragfähigen Sachgrund für die Gebührenerhebung bei auswärtigen Studenten dar.

c) Schließlich müssen wir noch auf das letzte und interessanteste Argument des Landes Bremen gucken, das mit der frühen Gebührenzahlungspflicht die auswärtigen
Studenten ja zu einem Umzug nach Bremen motivieren wollte, um damit die Einwohnerzahl und daran gekoppelt auch die Steuereinnahmen innerhalb des *Länderfinanzausgleichs* zu erhöhen, womit dann die Bremer Hochschulen gefördert werden
sollten. Die dahintersteckende Idee war ehrlicherweise ziemlich clever, das Bundesland Bremen stellte die Studenten damit nämlich quasi vor die **Wahl**: Entweder ihr
bleibt draußen und zahlt die Studiengebühren – oder ihr zieht schön brav nach Bremen, zahlt dann keine Studiengebühren (mehr), dafür steigen aber unsere Steuereinnahmen (beim Länderfinanzausgleich) und wir kriegen dann eben auf *diesem Weg*
das Geld, mit dem wir die Hochschulen finanzieren können.

> **Durchblick**: Um zu verstehen, worum es dabei wirklich ging und warum das Land
> Bremen diese Regelung erfand, müssen wir uns die Geschichte um die legendäre
> »Landeskinderregelung« – die es übrigens nahezu identisch auch noch in Hamburg
> gab, vgl. dazu OVG Hamburg in NVwZ **2006**, 949 – mal etwas genauer ansehen. Das
> Land Bremen stand im Jahre 2005 vor einer ziemlich heiklen Situation: Das Bundes-
> verfassungsgericht hatte am **26. Januar 2005** das seit dem Jahr 1970 im *Hochschul-
> rahmengesetz* (→ ein Bundesgesetz) verankerte Verbot von Studiengebühren für
> Erststudiengänge wegen fehlender Gesetzgebungszuständigkeit des Bundes für ver-
> fassungswidrig erklärt – und damit von einem auf den anderen Tag den Weg frei-
> gemacht für die Einführung von Studiengebühren durch die einzelnen *Bundesländer*
> (→ BVerfGE **112**, 226). Seit Jahrzehnten unter mehrheitlicher SPD-Herrschaft, kam
> eine Einführung von Studiengebühren für das Erststudium an Bremer Hochschulen
> allerdings nicht in Betracht; in einem SPD-Stammland konnte man der Wählerschaft
> eine solche Belastung nicht verkaufen/zumuten, obwohl die Hochschulen damals
> wie heute unter erheblichen finanziellen Nöten litten. Dummerweise ist das Bundes-
> land Bremen nun nicht nur flächenmäßig ziemlich winzig (bestehend nur aus den
> beiden Städten Bremen und Bremerhaven), sondern geografisch auch noch komplett
> eingeschlossen/umgeben vom Bundesland Niedersachsen. Und wie das Leben so
> spielt, regierte in Niedersachsen zum Zeitpunkt der Entscheidung des Bundesverfas-
> sungsgerichts im Januar 2005 die **CDU** unter dem damaligen Ministerpräsidenten
> und späteren Bundespräsidenten *Christian Wulff*. Und weil die CDU bzw. die von
> der CDU regierten Bundesländer tendenziell schmerzloser mit der Einführung von
> Studiengebühren umgingen, verabschiedete das Bundesland Niedersachsen mit ein
> paar Monaten Vorlauf am **9. Dezember 2005** im sogenannten »Haushaltsbegleitge-
> setz« die Einführung von Studiengebühren auch für Erststudiengänge in Höhe von
> **500 Euro pro Semester** an allen niedersächsischen Hochschulen. Mit diesem Gesetz,
> das vorher natürlich auch öffentlich angekündigt wurde, drohte Bremen jetzt eine
> ziemlich missliche Lage, **denn**: Logischerweise bestand die begründete Sorge, dass
> sich in der Zukunft haufenweise Studenten aus Niedersachsen an Hochschulen in
> Bremen einschreiben würden, um die Studiengebühren, die sie an niedersächsischen

Hochschulen ja jetzt zu zahlen hätten, zu sparen. Die Studenten aus Niedersachsen mussten dafür in der Regel nicht mal ihren Wohnort wechseln, denn – wie an unserem Fall gut erkennbar – der Wohnsitz vieler Studenten konnte wegen der extrem überschaubaren Größe von Bremen und der räumlichen Nähe bzw. Angrenzung problemlos in Niedersachen (zum Beispiel in *Delmenhorst*) bleiben. Man musste schließlich nur wenige Kilometer rüber nach Bremen zu Uni fahren und konnte sich damit auch noch die höheren Mieten in der Großstadt sparen. Für das Land Bremen stand damit mutmaßlich folgendes Szenario an: Die eigenen Hochschulen würden zukünftig von Studenten aus Niedersachsen überlaufen, die dem Land Bremen aber weder durch Wohnsitznahme noch durch Steuereinnahmen oder sonst irgendwie Nutzen bringen, sondern vielmehr nur Kosten verursachen, weiterhin in Niedersachsen leben, dort auch ihr Geld ausgeben und sich wahrscheinlich sogar später dort auch beruflich – und zwar mit den an Bremer Hochschulen erworbenen Kenntnissen und Abschlüssen! – niederlassen.

So, und um dieser möglichen und fraglos unschönen Entwicklung zuvorzukommen, erließ die *Bremer Bürgerschaft* (= Landesparlament von Bremen) wenige Wochen vor dem Inkrafttreten des niedersächsischen *Haushaltsbegleitgesetzes* am **25. Oktober 2005** das hier fragliche Bremer *Studienkontengesetz* (das hieß übrigens so, weil nach dem Gesetz »**Konten**« für Studenten anlegt wurden, die dann eben nach drei bzw. erst nach 15 Semester aufgebraucht waren). Erkennbares Ziel des Gesetzes war, durch die frühzeitige Erhebung von Studiengebühren von auswärtigen Studenten diese zum Umzug nach Bremen zu bringen, andernfalls aber zumindest mit den Gebühren der in Niedersachsen bleibenden Studenten die Bremer Hochschulen zu finanzieren. Und hierbei stützte sich das Land Bremen dann auf das durchaus zutreffende Argument, dass *innerhalb* von Bremen wohnende Studenten die Steuereinnahmen des Landes beim *Länderfinanzausgleich* entsprechend erhöhten.

Noch mal Durchblick: Der Länderfinanzausgleich – gesetzlich geregelt in **Art. 107 GG** – sorgt dafür, dass in Deutschland eine bestimmte Umverteilung der finanziellen Mittel (= Steuereinnahmen) zwischen den einzelnen Bundesländern stattfindet. Die unterschiedliche Finanzkraft der einzelnen Länder soll nach dem Willen des Grundgesetzgebers mit dem Länderfinanzausgleich angemessen ausgeglichen werden, um so die Herstellung und Wahrung gleichwertiger Lebensverhältnisse in allen Bundesländern zu gewährleisten (*Jarass/Pieroth* Art. 107 GG Rz. 1). **Konsequenz**: Reiche Länder (sogenannte »**Geberländer**« → aktuell: *Bayern, Baden-Württemberg, Hessen* und *Hamburg*) müssen armen Ländern (sogenannte »**Nehmerländer**« → aktuell: der Rest) Anteile ihrer Steuereinnahmen abgeben, um ein ausgewogenes Verhältnis im Gesamtstaat mit einer ausgewogenen Finanzkraft aller Länder zu gewährleisten. Wer nun »Geberland« und wer »Nehmerland« ist, bestimmt sich jedes Jahr neu nach einem komplizierten Rechnungssystem, bei dem die Steuereinnahmen der einzelnen Bundesländer – hochgerechnet anhand der Einwohnerzahl, also *pro Kopf* – miteinander verglichen und anschließend ins Verhältnis zum allgemeinen Bundesdurchschnitt gesetzt werden (*von Münch/Kunig/Heintzen* Art. 107 GG Rz. 29). Liegen die Steuereinnahmen eines Bundeslandes pro Kopf *unter* dem errechneten Bundesdurchschnitt, erhalten diese »armen« Länder anschließend von den Ländern, deren Steuereinnahmen pro Kopf *über* dem Bundesdurchschnitt liegen (→ »reiche« Länder), soviel Geld, dass auch die »armen« Länder den Bundesdurchschnitt bei den Steuereinahmen pro Kopf erreichen. **Beispiel** (fiktiv): *Bremen* erzielt pro Einwohner im Jahr 2016 Steuereinnahmen in Höhe von **4.000 Euro.** Im Bundesdurchschnitt liegen die Pro-Kopf-Steuereinnahmen allerdings bei **5.000 Euro. Konsequenz**: Das Bundesland Bremen erhält im Rahmen des Länderfinanzausgleichs von den Geberländern pro Einwohner einen Betrag von 1.000 Euro, damit Bremen den Bundesdurchschnitt der Pro-Kopf-Steuereinnahmen erreicht. **Beachte**: Je mehr Einwohner ein Nehmerland hat, desto *höher* sind damit logischerweise auch die Einnahmen, die dieses Land aus dem Länderfinanzausgleich von den Geberländern erhält. Die Einnahmen aus dem Länderfinanzausgleich fließen übrigens dann in den *allgemeinen Haushalt* des jeweiligen Bundeslandes und können anschließend von diesem Land nach eigener Entscheidung für die im Land notwendigen Aufgaben verwendet werden. Prinzip verstanden?!

Prima, und dann verstehen wir jetzt auch, warum Bremen, das übrigens seit dem Jahr 1970 ununterbrochen (!) zu den armen *Nehmerländern* gehört und daher jährlich einen erheblichen, dreistelligen Millionenbetrag (im Jahr 2016 → 694 Millionen Euro) von den Geberländern überwiesen bekommt, ein großes Interesse daran hatte, dass die Einwohnerzahl (z.B. durch den Zuzug von Studenten) steigt, denn dies versprach höhere Einnahmen im Länderfinanzausgleich (siehe oben). Im Jahre 2005 wären das übrigens tatsächlich etwa **1.000 Euro** pro Jahr und Student/Einwohner gewesen, also ziemlich exakt der Betrag, den auswärtige Studenten in einem Jahr an Studiengebühren hätten zahlen müssen (2 x 500 Euro).

Bei genauer Betrachtung kalkulierte das Land Bremen mit der Einführung des *Studienkontengesetzes* demnach so: Die Erhebung der Studiengebühren von 500 Euro pro Semester für auswärtige Studenten ist deshalb gerechtfertigt, weil *innerhalb* von Bremen wohnende Studenten den gleichen Betrag aus dem Länderfinanzausgleich »einspielen«, der dann – ebenso wie die 500 Euro Studiengebühren der Auswärtigen – den Bremer Hochschulen zugutekommen kann. Und genau *darin* sollte dann eben auch der tragfähige Sachgrund für die frühzeitige Erhebung der Studiengebühren für *außerhalb* von Bremen lebende Studenten liegen: Das Land Bremen behandelte – jedenfalls aus seiner Sicht – damit beide Gruppen quasi »gleich«, denn das Land erwirtschaftete durch das StudKG nahezu identische Beiträge zur Hochschulförderung.

Frage: Kann man so wirklich rechnen?

Antwort: Nein!

Das Bundesverfassungsgericht erteilte dieser Rechnung eine Absage und verwies das Bundesland Bremen auf folgenden Fehlschluss:

*»… Das Ziel des Landes Bremen, durch finanziellen Druck in Form der frühzeitig erhobenen Studiengebühren die Studierenden zu einer Wohnsitznahme in Bremen zu veranlassen, damit das Land erhöhte Mittel im Rahmen des Finanzausgleichs erhält, trägt die Ungleichbehandlung **sachlich nicht**. Zwar sind die Bundesländer grundsätzlich nicht gehindert, Personen, die ihre Einrichtungen nutzen wollen, durch finanzielle Anreize oder finanziellen Druck zu veranlassen, auch ihren Wohnsitz in das eigene Gebiet zu verlegen. Für die Erhebung von Studiengebühren, die hier auch dazu dienen, zur Wohnsitznahme zu motivieren, um so zusätzliche Mittel aus dem Länderfinanzausgleich zu erlangen, fehlt es jedoch an dem im Bereich des Hochschulwesens **erforderlichen Sachzusammenhang** …*

*… Die im Rahmen des Länderfinanzausgleichs gezahlten Gelder dienen nämlich der Deckung des **allgemeinen Finanzbedarfs** des Landes. Alle Zuweisungen fließen deshalb in den allgemeinen Haushalt des Landes Bremen. Der bremische Haushaltsgesetzgeber entscheidet dann aber erst in einem weiteren Schritt in eigener Verantwortung in seinem Budget über die Verwendung dieser Finanzmittel. Damit ist der Sachzusammenhang zwischen den Ausgleichszuweisungen des Finanzausgleichs und der Finanzierung der Hochschulen gelöst. Deswegen können auch keine bestimmten Beträge daraus allein den Studierenden mit Wohnung in Bremen zugeordnet werden; ebenso wenig kann ein Fehlbetrag den Studierenden ohne Wohnung in Bremen zugerechnet werden (BVerfGE **65**, 325). Eine Rechtfertigung der Studiengebühr für auswärtige Studierende vom dritten bis zum 14. Semester ist somit sachlich nicht möglich, es fehlt an einem hinreichenden Sachzusammenhang zwischen den Finanzausgleichsmitteln als **allgemeinen Einnahmen** des Landeshaushalts, der Verwendungsentscheidung des Landeshaushaltsgesetzgebers sowie der Studiengebühr für Auswärtige. Der Versuch einer Rechtfertigung der Studiengebühr durch Zuordnung von Ausgleichszuweisungen zum Aufwand für Ausbildungsplätze bremischer Studierender würde außerdem zugleich den berechtigten Einwand hervorrufen, gerade diese Ausbildungsplätze seien von dritter Seite – nämlich den Geberländern des Finanzausgleichs – mitfinanziert worden; auf diese Weise würde das Land Bremen letztlich aus einer Zuwendung **von außen** eine Studiengebühr für **auswärtige Studierende** zu legitimieren versuchen …«*

Also: Die Ungleichbehandlung der auswärtigen Studenten kann nicht damit begründet werden, dass beim Zuzug nach Bremen höhere Einnahmen aus dem Länderfinanzausgleich erzielt würden. Die Zahlungen aus diesem Länderfinanzausgleich fließen zum einen gar nicht automatisch in die Hochschulförderung: Das Geld, das die Nehmerländer von den Geberländern über den Finanzausgleich erhalten, fließt nämlich zunächst in das **allgemeine Budget** des Landes. Wohin die einzelnen Gelder dann anschließend verteilt werden, entscheidet der Landesgesetzgeber noch einmal separat und in eigener Regie. **Konsequenz**: Es kann nicht festgestellt werden, dass die 1.000 Euro jährlich, die die nach Bremen ziehenden bzw. in Bremen wohnenden Studenten durch den Länderfinanzausgleich »einspielen«, auch tatsächlich dem jeweiligen Studenten »zugeordnet« und entsprechend für die Hochschulen verwenden werden. **Und**: Würde man die Zahlungen des Länderfinanzausgleichs den in Bremen wohnenden Studenten gleichwohl »zuordnen«, hätte dies die widersinnige Konsequenz, dass man mit diesen Zahlungen fremder Bundesländer (nämlich der Geberländer) gleichzeitig eine Studiengebühr für **auswärtige Studenten** (unter Umständen also auch aus den zahlenden Geberländern!) rechtfertigen würde. Die Geberländer würden mit ihren Zahlungen zudem bewirken, dass das **bundesweit** und für alle Studenten gleichermaßen geltende Teilhaberecht der Studenten aus Art. 12 GG untergraben wird, da es auswärtige Studenten durch die Einführung der Studiengebühren von den Bremer Hochschulen faktisch fernhält.

ZE.: Auch die Absicht des Bremer Gesetzgebers, durch die frühzeitige Erhebung von Studiengebühren die auswärtigen Studenten zum Umzug nach Bremen zu motivieren, um so die Einnahmen aus dem Länderfinanzausgleich zu erhöhen und damit die Hochschulen zu finanzieren, ist *kein* tragfähiger sachlicher Grund für die Ungleichbehandlung der auswärtigen Studenten.

Ergebnis: Da weitere tragfähige Sachgründe nicht erkennbar sind, ist die vorliegende Ungleichbehandlung sachlich insgesamt *nicht* gerechtfertigt und stellt folglich einen Verstoß gegen den Gleichheitsgrundsatz aus Art. 3 Abs. 1 GG dar.

Kleiner Nachtrag

Der Gesetzgeber kann diesen Verstoß gegen das Gleichheitsgebot aus Art. 3 Abs. 1 GG jetzt übrigens nur selbst, und zwar durch unterschiedliche Änderungen des StudKG heilen: Zum einen könnte er die Studiengebühren auch für *innerhalb* von Bremen wohnende Studenten einführen (= Ungleichbehandlung aufgehoben). Zum anderen könnte er aber auch die Studiengebühren für *außerhalb* von Bremen wohnende Studenten wieder abschaffen (= Ungleichbehandlung auch aufgehoben!). Oder er setzt das StudKG insgesamt außer Kraft und schafft ganz neue Regeln (= aktuelle Ungleichbehandlung ebenfalls aufgehoben). Und weil es bei Verstößen gegen den Gleichheitssatz, wie gerade gesehen, im Zweifel immer gleich mehrere – zumeist drei – Möglichkeiten gibt, die verfassungswidrige Ungleichbehandlung zu heilen, spricht das Bundesverfassungsgericht in aller Regel auch nur die »Unvereinbarkeit« der aktuellen Gesetzesfassung mit Art. 3 Abs. 1 GG aus und überlässt unter Hinweis auf **§ 35 BVerfGG** (aufschlagen!) dem hierfür allein zuständigen Gesetzgeber die weitere Entscheidung darüber, mit welcher der drei Varianten (siehe oben) er die Ungleichbehandlung heilen oder aufheben möchte. Mit seinem Urteil unterbindet das Bundesverfassungsgericht damit tatsächlich immer nur die aktuelle Ungleichbehandlung (BVerfGE **112**, 50; BVerfGE **126**, 268; *von Münch/Kunig/Gubelt* Art. 3 GG Rz. 47; *Jarass/Pieroth* Art. 3 GG Rz. 41). Das Land Bremen entschied sich übrigens für die komplette *Streichung* der »Landeskinderregelung« aus dem StudKG zum Wintersemester 2010/2011 und hob damit die verfassungswidrige Ungleichbehandlung schon lange vor der endgültigen Entscheidung des Bundesverfassungsgerichts im Mai 2013 auf.

Prüfungsverdächtiges zum Abschluss

So, wir haben jetzt gesehen, wie das mit dem allgemeinen Gleichheitsgebot aus Art. 3 Abs. 1 GG grundsätzlich funktioniert und dass es unter Umständen sogar verfassungsrechtlich unbedenklich sein kann, wenn der Gesetzgeber bzw. der Staat eine unterschiedliche Behandlung seiner Bürger an den jeweiligen Wohnsitz koppelt – jedenfalls solange, wie es dafür einen **tragfähigen**, **sachlichen** Grund gibt (→ BVerfG

134, 1). In unserem Fall um das Bremer *Studienkontengesetz* fehlte ja ein solcher, sachlicher Grund, die beabsichtigte Erhöhung der Steuereinnahmen des Bundeslandes Bremen und die angeblich effizientere Studienabwicklung durch eine entsprechende Wohnsitznahme in Bremen konnten das BVerfG nicht überzeugen (siehe oben).

Im **Juli 2016** lag dem BVerfG nun ein ziemlich sonderbarer und *enorm* prüfungsverdächtiger Fall zur Entscheidung vor, der sich mit genau dieser Problematik um die Bevorzugung von bestimmten Wohnsitzen befasst und den wir uns jetzt zum finalen Durchblick noch kurz anschauen wollen (→ BVerfG NJW **2016**, 3153 = NVwZ **2016**, 576). Keine Bange, der Fall ist schön merkbar, leicht zu lesen und wird uns inhaltlich wegen der oben geleisteten Vorarbeit auch nicht (mehr) überfordern. Wir begeben uns jetzt nämlich in ein Schwimmbad im schönen *Berchtesgadener Land* im tiefsten Oberbayern, und zwar in die alte Herzogsstadt *Burghausen*, die – getrennt nur durch die *Salzach* (= Fluss) – unmittelbar an Österreich grenzt, was gleich noch wichtig wird. Folgendes hatte sich dort zugetragen:

> Ein im Grenzgebiet wohnender, österreichischer Staatsbürger (Ö) war an einem sommerlichen Samstag mit seiner Familie über die Grenze nach Deutschland gekommen, um im städtischen Schwimmbad von *Burghausen* den Nachmittag zu verbringen. Am Eingang sah er dann auf einem Schild den folgenden Hinweis: »*Eintritt: 8 Euro. Einwohner der Landkreises Berchtesgadener Land: 5,50 Euro.*« Und dann geschah Erstaunliches: Herr Ö zahlte nämlich die 8 Euro, erhob aber einige Tage später vor dem zuständigen deutschen Amtsgericht in *Laufen* (= Nachbarort von *Burghausen*) Klage auf Rückzahlung von 2,50 Euro mit dem Hinweis, dass die Eintrittspreise offensichtlich rechtswidrig und namentlich ein Verstoß gegen den auch ihm gegenüber zu beachtenden Gleichheitssatz des Art. 3 Abs. 1 GG seien. **Wichtig**: Das Schwimmbad wurde von einer **privaten GmbH** betrieben, deren einziger Gesellschafter der Fremdenverkehrsverband (→ Körperschaft des öffentlichen Rechts) des Landkreises *Berchtesgadener Land* war. Das Bad war nach Auskunft der Betreiber auf Überregionalität ausgerichtet, sollte den Fremdenverkehr fördern und vor allem auch auswärtige Menschen in die Region locken. Sowohl das Amtsgericht in *Laufen* als auch das Oberlandesgericht in *München* wiesen die Klage des Herrn Ö anschließend ab mit der Begründung, die nach dem Wohnsitz gekoppelten Eintrittspreise seien fraglos rechtmäßig. Gegen diese Urteile erhob Herr Ö Verfassungsbeschwerde beim Bundesverfassungsgericht. **Mit Erfolg?**

Lösung: Da mag man sich zunächst mal über den Geisteszustand und die Sorgen des Herrn Ö wundern, der wegen 2,50 Euro den deutschen Instanzenzug durchgeht. **Allerdings**: Mit Recht! Das Bundesverfassungsgericht schlug dem OLG München sein Urteil um die Ohren und erklärte die Eintrittsregelung des Schwimmbades in *Burghausen* für (grob und offensichtlich) verfassungswidrig. Wir schauen uns die Begründung gleich mal im Wortlaut an, wollen vorher aber bitte als erstes beachten, dass auch private GmbHs hoheitlich und als »**Staat**« agieren können und folglich *unmittelbar* an die Grundrechte gebunden sind, wenn sie nämlich – wie hier – alleine von einer Körperschaft des öffentlichen Rechts getragen werden – was dem OLG München übrigens peinlicherweise komplett entgangen war (OLG München NJW-RR **2009**, 193-195). Des Weiteren konnte sich unser Herr Ö als Ausländer durchaus auf eine Verletzung von Art. 3 Abs. 1 GG berufen, da das Gleichheitsgebot ein sogenanntes »**Jedermann-Grundrecht**« ist, deren Geltendmachung somit auch Ausländern zusteht (*Sachs/Detterbeck* Art. 93 GG Rz. 82; *Lechner/Zuck* § 90 BVerfGG Rz. 35). Auf die sogenannten »**Deutschen-Grundrechte**« (Art. 8, 9, 11, 12, 16 Abs. 1 und 2, 33 Abs. 1 und 2 sowie 38 Abs. 1 Satz 1 GG) können sich Ausländer demgegenüber unstreitig *nicht* berufen; ihnen fehlt insoweit die Beschwerdefähigkeit im Verfassungsbeschwerdeverfahren (BVerfGE **78**, 179; *Jarass/Pieroth* Art. 19 GG Rz. 11; *Maunz/Schmidt-Bleibtreu/Klein/Bethge* § 90 BVerfGG Rz. 131; *Sachs/Detterbeck* Art. 93 GG Rz. 82; *Lechner/Zuck* § 90 BVerfGG Rz. 35; Einzelheiten dazu weiter unten im 3. Abschnitt des Buches).

Aber jetzt: Nachdem das geklärt war, stellte das Bundesverfassungsgericht anschließend einen Verstoß des Gleichbehandlungsgrundsatzes durch die unterschiedlichen Eintrittspreise fest, hierfür fehle im vorliegenden Fall offenkundig ein tragfähiger sachlicher Grund. Wörtlich heißt es in der Entscheidung vom 19. Juli 2016 (→ NJW **2016**, 3153):

»… *Zwar ist es Gemeinden nicht von vornherein verwehrt, ihre Einwohner bevorzugt zu behandeln. Die darin liegende Ungleichbehandlung muss sich jedoch immer am Maßstab des Art. 3 Abs. 1 GG messen lassen und daher durch **tragfähige Sachgründe** gerechtfertigt sein. Die Ungleichbehandlung darf insbesondere nicht von **reiner Willkür** getragen werden. In der Rechtsprechung des Bundesverfassungsgerichts ist insoweit verbindlich geklärt – letztmalig durch Urteil vom 8. Mai 2013 (Studiengebühren, BVerfGE **134**, 1) –, dass der Wohnsitz für sich allein betrachtet noch kein eine Bevorzugung legitimierender Grund ist (BVerfGE **33**, 303; BVerfGE **65**, 325; BVerfGE **134**, 1). Jedoch ist dadurch **nicht pauschal** ausgeschlossen, eine Ungleichbehandlung an Sachgründe zu knüpfen, die mit dem Wohnort untrennbar zusammenhängen. Hierfür müssen indes stets **legitime Ziele** erkennbar sein.*

1. *Im kommunalen Bereich bedürfen nichtsteuerliche Abgaben immer einer sachlichen Rechtfertigung, die über den Zweck der rein wirtschaftlichen Einnahmeerzielung hinausgeht (BVerfGE **134**, 1). Als solche Rechtfertigung sind in der verfassungsrechtlichen Rechtsprechung neben der **Kostendeckung** auch Zwecke des **Vorteilsausgleichs**, der **Verhaltenslenkung** sowie **soziale Zwecke** anerkannt (BVerfGE **134**, 1; BVerfGE **133**, 1). Verfolgt eine Gemeinde durch die Privilegierung der einheimischen Bevölkerung etwa das Ziel, knappe Ressourcen auf den eigenen Aufgabenbereich zu beschränken, kann dies mit Art. 3 Abs. 1 GG daher vereinbar sein. Gleiches gilt, wenn Gemeindeangehörigen ein Ausgleich für besondere Belastungen gewährt oder Auswärtige für einen durch sie entstandenen, erhöhten Aufwand in Anspruch genommen werden. Schließlich können auch kulturelle und soziale Belange der örtlichen Gemeinschaft sowie die Förderung des kommunalen Zusammenhalts dadurch gestärkt werden, dass Einheimischen besondere Vorteile gewährt werden.*

2. *Es ist vorliegend nicht ersichtlich, dass die beklagte GmbH irgendeines der gerade genannten Ziele verfolgt, die eine Bevorzugung Einheimischer rechtfertigen könnte. Das Schwimmbad ist nach eigener Auskunft der Betreiber hauptsächlich darauf angelegt, auswärtige Besu-*

*cher anzuziehen und den Fremdenverkehr in der Region zu fördern. Zu diesem Zweck wurde das Schwimmbad nach Auskunft der beklagten GmbH überhaupt nur erbaut und gegründet. Mit diesem Modell der Förderung des Fremdenverkehrs bezweckt die beklagte GmbH also **gerade nicht**, das kulturelle und soziale Wohl der Einwohner zu fördern, die örtliche Gemeinschaft zu stärken, den Nutzerkreis zu beschränken oder durch Verhaltenssteuerung die Auslastung des Bades zu gewährleisten. Das Bad ist im Gegenteil vordringlich **auf Überregionalität** angelegt und soll, wie die beklagte GmbH im vorliegenden Verfahren selbst und umfangreich dargelegt hat, Auswärtige ansprechen und eben nicht kommunale Aufgaben im engeren Sinne erfüllen. Es ist auch nicht erkennbar, dass die Einwohner durch den verringerten Eintrittspreis einen Ausgleich für finanzielle oder andere Belastungen erhalten sollen. Die an den Wohnsitz gekoppelten Preise erfüllen somit – nach jetzigem Stand – ausnahmslos den Sinn, höhere Einnahmen zu erzielen. Es sind damit in der Gesamtschau keinerlei tragfähige Sachgründe sichtbar, die die Preisdifferenzierung in irgendeiner Form rechtfertigen könnten…Die Preisdifferenzierung erscheint damit vielmehr ausnahmslos **willkürlich und auf Gewinnmaximierung ausgerichtet** – und stellt daher einen Verstoß gegen Art. 3 Abs. 1 GG dar…«*

Beachte noch: Neben dieser Verletzung des Art. 3 Abs. 1 GG lag im vorliegenden Fall auch noch ein Verstoß gegen **Art. 101 Abs. 1 Satz 2 GG** (aufschlagen!) vor, da das OLG München das Verfahren nicht dem Europäischen Gerichtshof vorlegen wollte. Hierzu wäre es aber nach Meinung des Bundesverfassungsgerichts verpflichtet gewesen, da es bei der vorliegenden Problematik (auch) um eine Frage von europäischem Unionsrecht ging; schließlich wurden hier (eher zufällig, aber gleichwohl spürbar) Personen verschiedener Staaten unterschiedlich behandelt und namentlich eine Personengruppe (die Österreicher!) diskriminiert (BVerfG NJW **2016**, 3153). Durch die Nichtvorlage dieses Verfahrens beim Europäischen Gerichtshof hat das OLG München als letztinstanzliches Fachgericht der streitigen Sache in Deutschland dem Herrn Ö damit den gesetzlichen Richter entzogen, der Gerichtshof der Europäischen Union ist nämlich auch ein gesetzlicher Richter im Sinne des Art. 101 Abs. 1 Satz 2 GG (BVerfG NJW **2016**, 3153). Wie gesagt, ziemlich prüfungsverdächtig, das Schwimmbad-Fällchen aus dem schönen *Burghausen*.

Prüfungsschema 12

Der allgemeine Gleichheitssatz aus Art. 3 Abs. 1 GG

I. Liegen »wesentlich gleiche« Sachverhalte vor?

Problem: Die zu prüfenden Sachverhalte/Personengruppen müssen »**vergleichbar**«, nicht aber identisch sein.

→ Für die notwendige Vergleichbarkeit muss im konkreten Fall ein gemeinsamer *Oberbegriff* (= relevante Gemeinsamkeiten) bestehen, aus dem die Verpflichtung zur Gleichbehandlung erwächst und wodurch sich die Personengruppen oder Sachverhalte von anderen Personengruppen oder Sachverhalten unterscheiden. Nur wenn ein solcher Oberbegriff erkennbar ist, liegen die erforderlichen, wesentlich gleichen »**Vergleichspaare**« vor, für deren Ungleichbehandlung es aus verfassungsrechtlichen Gründen einer Rechtfertigung bedarf.

a) Falls wesentlich gleiche Sachverhalte *nicht* vorliegen → Ende der Prüfung

b) Falls wesentlich gleiche Sachverhalte vorliegen, geht es weiter mit …

II. Liegt eine Ungleichbehandlung vor? → in der Regel *kein* Problem.

III. Ist die Ungleichbehandlung sachlich gerechtfertigt?

Obersatz: Die Ungleichbehandlung von wesentlich gleichen Sachverhalten ist dann verfassungsrechtlich zulässig, wenn ein **tragfähiger sachlicher Grund** existiert, der eine **willkürfreie** Behandlung garantiert. **Beachte:** Die verfassungsrechtlichen Anforderungen an den tragfähigen Sachgrund *steigen*, je *intensiver* die Ungleichbehandlung die Betroffenen in ihren Rechten beschränkt.

1. Schritt: Wie **intensiv** beeinträchtigt die Ungleichbehandlung die Betroffenen?

2. Schritt: Gibt es für die Ungleichbehandlung einen tragfähigen sachlichen Grund?

a) Bei geringer Intensität genügt eine einfache Willkürprüfung.

b) Bei **großer** Intensität – indiziert etwa durch eine Beschränkung von Freiheitsrechten oder rein personenbezogenen Regelungen – ist demgegenüber eine *strenge* Prüfung anhand des Verhältnismäßigkeitsgrundsatzes erforderlich. Hier erfolgt dann die Untersuchung der Ungleichbehandlung, insbesondere im Hinblick auf den *gesetzgeberischen Zweck* und die sonstigen, erkennbaren Umstände und Folgen des die Ungleichbehandlung fixierenden Gesetzes.

→ Sofern ein tragfähiger sachlicher Grund vorliegt, verstößt die Regelung *nicht* gegen Art. 3 Abs. 1 GG und ist verfassungskonform.

→ Fehlt es an einem solchen Grund, ist die Regelung wegen Verstoßes gegen Art. 3 Abs. 1 GG verfassungswidrig und eine Abhilfe nur durch den Gesetzgeber möglich.

Gutachten

Die »Landeskinderregelung« des Bremer StudKG verstößt dann gegen den allgemeinen Gleichheitssatz aus Art. 3 Abs. 1 GG, wenn mit dieser Regelung wesentlich Gleiches ungleich behandelt wird, ohne dass es dafür einen tragfähigen sachlichen Grund gibt.

1.) Es müssen zunächst wesentlich gleiche Sachverhalte vorliegen. Dafür müssen bestimmte, im konkreten Fall gemeinsame Bezugspunkte/Oberbegriffe bestehen, aus denen eine Verpflichtung zur Gleichbehandlung erwächst und wodurch sich diese Personengruppen oder Sachverhalte von anderen Personengruppen oder Sachverhalten unterscheiden. Das StudKG unterteilt bei der Verpflichtung zur Zahlung von Studiengebühren in diejenigen Studenten, die im Bundesland Bremen wohnen und in diejenigen Studenten, die außerhalb der Landesgrenzen wohnen. Es fragt sich, ob diese beiden Personengruppen in Bezug auf die hier infrage stehende Pflicht zur Entrichtung von Studiengebühren gleichwohl unter einem gemeinsamen Oberbegriff/Bezugspunkt zusammengefasst und demnach als »Vergleichspaar« bezeichnet werden können. Die beiden Personengruppen können im Hinblick auf die Erhebung von Studiengebühren unter den gemeinsamen Oberbegriff »Studenten der Universität in Bremen« zusammengefasst werden. Diesbezüglich sind die Studenten »wesentlich gleich«, und zwar unabhängig von ihrem Wohnort. Sie besuchen die gleiche Hochschule und nehmen dort im Rahmen ihrer Berufsausbildung auch die gleichen Leistungen, für die die Studiengebühren entrichtet und verwendet werden sollen, in Anspruch. Die beiden Personengruppen sind folglich anhand dieser gemeinsamen Bezugspunkte in einer vergleichbaren Lage bezüglich der Entrichtung von Studiengebühren.

Zwischenergebnis: Die beiden sich im vorliegenden Fall gegenüberstehenden Personengruppen – also die innerhalb und die außerhalb der Landesgrenzen von Bremen wohnenden Studenten – können unter dem gemeinsamen Oberbegriff »Studenten der Universität Bremen« zusammengefasst werden. Die vorliegenden Sachverhalte sind somit »wesentlich gleich« im Sinne des Gleichheitssatzes aus Art. 3 Abs. 1 GG.

2.) Des Weiteren muss eine unterschiedliche Behandlung der beiden Personengruppen vorliegen. Die außerhalb von Bremen wohnenden Studenten sollen ab dem 3. Semester zahlen, die in Bremen wohnenden Studenten zahlen erst ab dem 15. Semester.

Zwischenergebnis: Eine Ungleichbehandlung liegt vor.

3.) Um den Gleichheitsgrundsatz des Art. 3 Abs. 1 GG nicht zu verletzen, muss für diese Ungleichbehandlung ein tragfähiger sachlicher Grund existieren, die Ungleichbehandlung darf nicht willkürlich erfolgen. Insoweit ist zu beachten, dass die verfassungsrechtlichen Anforderungen an die Überprüfung des tragfähigen sachlichen Grundes steigen, je intensiver die Ungleichbehandlung die Betroffenen in ihren Rechten einschränkt. Die Ungleichbehandlung der außerhalb von Bremen wohnenden Studenten durch die frühzeitige Erhebung der Studiengebühren ist somit nur dann verfassungsrechtlich gerechtfertigt, wenn die Koppelung der Gebührenpflicht an den jeweiligen Wohnsitz der Studenten auf der Grundlage von tragfähigen sachlichen Gründen erfolgt ist. Zu beachten ist, dass je nach Intensität der Beschränkung der betroffenen Studenten die verfassungsrechtlichen Anforderungen an die rechtfertigenden Gründe für die Ungleichbehandlung steigen. Namentlich bei einer nachteiligen Auswirkung auf die Ausübung grundrechtlich geschützter Freiheiten ist ein strenger, am Grundsatz der Verhältnismäßigkeit zu orientierender Prüfungsmaßstab anzulegen.

a) Im Hinblick auf den konkreten Prüfungsmaßstab muss vorliegend zunächst beachtet werden, dass bei der sogenannten »Landeskinderregelung« die außerhalb des Bundeslandes Bremen wohnenden Studenten einen spürbaren finanziellen Nachteil dadurch erleiden, dass sie bereits ab dem 3. Semester je 500 Euro Studiengebühren pro Folgesemester zahlen müssen, was den in Bremen wohnenden Studenten bis zum 15. Semester erspart bleibt. Des Weiteren beeinträchtigt die gesetzliche Regel des StudKG die betroffenen Studenten in ihrem Grundrecht aus Art. 12 Abs. 1 GG, da die Erhebung von Studiengebühren einen Eingriff in die freie Wahl der Ausbildungsstätte darstellt und damit den Gebrauch grundrechtlich geschützter Freiheiten – im konkreten Fall das Teilhaberecht aus Art. 12 Abs. 1 GG zur Nutzung des staatlichen Hochschulangebots – erschwert. Die auswärtigen Studenten erfahren schon ab dem 3. Semester eine solche Beschränkung, die in Bremen wohnenden Studenten erst ab dem 15. Semester. Angesichts dieser Umstände kann und muss von einer intensiven Beeinträchtigung der von der Ungleichbehandlung betroffenen Studenten gesprochen werden.

Zwischenergebnis: Es handelt sich vorliegend um eine Beeinträchtigung von erheblicher Intensität mit der Folge, dass im Hinblick auf den für die Ungleichbehandlung erforderlichen Sachgrund ein strenger, am Verhältnismäßigkeitsgrundsatz zu orientierenden Beurteilungsmaßstab angezeigt ist.

b) Es stellt sich als nächstes die Frage, welche tragfähigen Sachgründe im vorliegenden Fall die Ungleichbehandlung der außerhalb von Bremen wohnenden Studenten rechtfertigen können. Die Gebührenpflicht bereits ab dem 3. Semester müsste sachlich begründbar sein und innerhalb des Verhältnismäßigkeitsgrundsatzes insbesondere einen legitimen Zweck verfolgen. In Betracht kommen insoweit mehrere Erwägungen:

aa) Zunächst könnte sich eine Rechtfertigung der vorliegenden Ungleichbehandlung daraus ergeben, dass der Bremer Gesetzgeber grundsätzlich berechtigt ist, zwischen Einwohnern von Bremen und Einwohnern anderer Bundesländer zu differenzieren. Es ist verfassungsrechtlich unbedenklich und zulässig, dass die einzelnen Bundesländer unterschiedliche Regelungen im Hinblick auf die Erhebung von Studiengebühren treffen. Innerhalb des eigenen Kompetenzbereichs ist ein Landesgesetzgeber prinzipiell nicht gehindert, von der Gesetzgebung anderer Länder abweichende Regelungen zu treffen, auch wenn dadurch sogenannte »Landeskinder« faktisch begünstigt werden. Dem Landesgesetzgeber von Bremen steht demnach die Befugnis zu, nur für seine Einwohner geltende Regeln im Rahmen seiner Gesetzgebungskompetenz aufzustellen. Und daraus folgt, dass für Einwohner anderer Bundesländer, konkret für die Einwohner von Niedersachsen, auch andere Regeln gelten können, da die Einwohner von Niedersachsen logischerweise dem niedersächsischen Gesetzgeber zugeordnet sind. Berücksichtigt man diese unterschiedliche Kompetenzverteilung, könnte allein dies ausreichen, um die vorliegende Ungleichbehandlung sachlich tragfähig zu rechtfertigen. Der Gleichheitssatz des Art. 3 Abs. 1 GG wäre unter diesen Umständen nicht anwendbar, da bei unterschiedlichen Kompetenzträgern (Landesgesetzgebern) auch unterschiedliche gesetzliche Regeln für die jeweiligen Einwohner gelten können – und nach dem hiesigen Staatsverständnis der föderalistischen Struktur sogar sollen.

Dem ist allerdings Folgendes entgegen zu halten: Vorliegend scheidet eine Rechtfertigung der Ungleichbehandlung in bloßer Anknüpfung an den Wohnsitz aufgrund der Besonderheiten des geregelten Sachbereichs aus. Landesrechtliche Regelungen im Bereich des Hochschulwesens haben eine spezifische gesamtstaatliche Dimension, die besondere Rücksichtnahme der Länder untereinander verlangt. Fällt eine Materie in die Zuständigkeit des Landesgesetzgebers, greift aber der zu regelnde Lebenssachverhalt seiner Natur nach über Ländergrenzen hinaus und berührt wie hier das in allen Ländern gleichermaßen anerkannte Teilhaberecht auf freien und gleichen Hochschulzugang, dann sind einseitige Begünstigungen der Angehörigen eines Landes nicht zulässig. Das Hochschulwesen ist ein solches bundesweit zusammenhängendes System, das zwar weithin in die Zuständigkeit des Landesgesetzgebers fällt, in dem aber nicht alle Studiengänge überall angeboten werden und daher eine Nutzung der Ausbildungskapazitäten über die Ländergrenzen hinweg erforderlich ist. Aus diesem Grund darf beim Zugang zum Studium nicht pauschal nach Ländern differenziert werden. Entsprechend hatte sich auch der Parlamentarische Rat ausdrücklich gegen Landeskinder-Privilegien beim Zugang zu universitären Studien ausgesprochen. Eine Ungleichbehandlung kann im vorliegenden Fall demnach jedenfalls nicht darauf gestützt werden, dass die hier betroffenen Studenten in unterschiedlichen Bundesländern wohnen und demnach an sich unterschiedlichen Landesgesetzgebern unterliegen.

Zwischenergebnis: Die Gesetzgebungskompetenz der einzelnen Bundesländer ist kein tragfähiger sachlicher Grund, der eine unterschiedliche Behandlung von Studenten im Hinblick auf den Wohnsitz innerhalb oder außerhalb eines Bundeslandes rechtfertigen kann.

bb) Die Gebührenerhebung für auswärtige Studenten mit dem Ziel der Wohnsitznahme in Bremen könnte die vorliegende Ungleichbehandlung unter Umständen deshalb rechtfertigen, weil, wie das Land Bremen behauptet, nur durch einen Wohnsitz am Studienort ein effizientes und rasches Studium gewährleistet ist. Dies ist jedoch offenkundig unrichtig. Die Gebührendifferenzierung dient nicht dem Ausgleich einer unterschiedlichen Inanspruchnahme des Studienangebots. Es ist nicht erkennbar, dass Studierende mit (Haupt-)Wohnsitz außerhalb von Bremen Leistungen der bremischen Hochschulen in anderer und vor allem stärkerer Art und Weise nutzten als Studierende mit Wohnsitz in Bremen. Auswärtige Studierende verursachen weder höhere Kosten noch ziehen sie einen größeren Vorteil aus den von einer bremischen Hochschule angebotenen Leistungen. Der Wohnsitz, an den das Studienkontogesetz die Studiengebührenpflicht knüpft, hat keinen unmittelbaren Bezug zum Benutzungsverhältnis.

Zwischenergebnis: Auch der Anreiz zum angeblich effizienteren und rascheren Studium oder eine möglicherweise unterschiedliche Nutzung der Hochschulen stellen keinen tragfähigen Sachgrund für die Gebührenerhebung bei auswärtigen Studenten dar.

cc) Schließlich ist zu klären, ob die Absicht des Landes Bremen, anhand von Zuzügen die Steuereinnahmen zu erhöhen, einen sachlichen Grund darstellen kann. Insoweit ist Folgendes beachtlich: Das Ziel des Landes Bremen, durch finanziellen Druck in Form der frühzeitig erhobenen Studiengebühren die Studierenden zu einer Wohnsitznahme in Bremen zu veranlassen, damit das Land erhöhte Mittel im Rahmen des Finanzausgleichs erhält, trägt die Ungleichbehandlung sachlich nicht. Zwar sind die Bundesländer grundsätzlich nicht gehindert, Personen, die ihre Einrichtungen nutzen wollen, durch finanzielle Anreize oder finanziellen Druck zu veranlassen, auch ihren Wohnsitz in das eigene Gebiet zu verlegen. Für die Erhebung von Studiengebühren, die hier auch dazu dienen, zur Wohnsitznahme zu motivieren, um so zusätzliche Mittel aus dem Länderfinanzausgleich zu erlangen, fehlt es jedoch an dem im Bereich des Hochschulwesens erforderlichen Sachzusammenhang. Die im Rahmen des Länderfinanzausgleichs gezahlten Gelder dienen nämlich der Deckung des allgemeinen Finanzbedarfs des Landes. Alle Zuweisungen fließen deshalb in den allgemeinen Haushalt des Landes Bremen. Der bremische Haushaltsgesetzgeber entscheidet dann aber erst in einem weiteren Schritt in eigener Verantwortung in seinem Budget über die Verwendung dieser Finanzmittel. Damit ist der Sachzusammenhang zwischen den Ausgleichszuweisungen des Finanzausgleichs und der Finanzierung der Hochschulen gelöst. Deswegen können auch keine bestimmten Beträge daraus allein den Studierenden mit Wohnung in Bremen zugeordnet werden; ebenso wenig kann ein Fehlbetrag den Studierenden ohne Wohnung in Bremen zugerechnet werden. Eine Rechtfertigung der Studiengebühr für auswärtige Studierende vom dritten bis zum 14. Semester ist somit sachlich nicht möglich. Es fehlt an einem hinreichenden Sachzusammenhang zwischen den Finanzausgleichsmitteln als allgemeinen Einnahmen des Landeshaushalts, der Verwendungsentscheidung des Landeshaushaltsgesetzgebers sowie der Studiengebühr für Auswärtige. Der Versuch einer Rechtfertigung der Studiengebühr durch Zuordnung von Ausgleichszuweisungen zum Aufwand für Ausbildungsplätze bremischer Studierender würde außerdem zugleich den berechtigten Einwand hervorrufen, gerade diese Ausbildungsplätze seien von dritter Seite – nämlich den Geberländern des Finanzausgleichs – mitfinanziert worden; auf diese Weise würde das Land Bremen letztlich aus einer Zuwendung von außen eine Studiengebühr für auswärtige Studierende zu legitimieren versuchen.

Zwischenergebnis: Auch die Absicht des Bremer Gesetzgebers, durch die frühzeitige Erhebung von Studiengebühren die auswärtigen Studenten zum Umzug nach Bremen zu motivieren, um so die Einnahmen aus dem Länderfinanzausgleich zu erhöhen und damit die Hochschulen zu finanzieren, ist kein tragfähiger sachlicher Grund für die Ungleichbehandlung der auswärtigen Studenten.

Ergebnis: Da weitere tragfähige Sachgründe nicht erkennbar sind, ist die vorliegende Ungleichbehandlung sachlich insgesamt nicht gerechtfertigt und stellt folglich einen Verstoß gegen den Gleichheitsgrundsatz aus Art. 3 Abs. 1 GG dar.

Fall 13

Ein Kindergarten im Taunus

Rechtsanwalt R wohnt in *Idstein* (→ Stadt in Hessen) und hat einen dreijährigen Sohn, der in den städtischen Kindergarten geht. Nach der Kindergarten-Satzung der Stadt *Idstein* (KiGa-Satzung) ist die Höhe der zu entrichtenden Kindergartengebühr gestaffelt nach dem Einkommen der Eltern. Die Familie des R unterliegt mit einem Jahreseinkommen von 100.000 Euro der höchsten Stufe und soll 350 Euro monatlich zahlen. Die niedrigste Gebühr beträgt 50 Euro und gilt für Familien mit Einkommen unter 15.000 Euro. Das Ziel der gestaffelten Gebührenerhebung liegt darin, auch den einkommensschwachen Familien den Zugang zu einem Kindergarten und damit eine Chancengleichheit zu ermöglichen. Mit den eingenommenen Gebühren kann die Stadt *Idstein* nur 35 % der anfallenden Kosten der Betreuung je Kind abdecken.

R hält die nach dem Einkommen gestaffelte Kindergarten-Gebühr für einen Verstoß gegen das Grundgesetz. Die Kinder erhielten schließlich alle die gleichen Betreuungsleistungen im Kindergarten und verursachten auch alle die gleichen Kosten – er aber müsse für seinen Sohn deutlich mehr zahlen als andere Eltern für ihre Kinder. Er zahle aufgrund seines Einkommens schon mehr Steuern als die weniger verdienenden Eltern, dann dürfe der Staat ihn bei den Kindergartengebühren nicht auch noch zusätzlich belasten. R sieht in der – formal rechtmäßigen – KiGa-Satzung eine Verletzung seiner Grundrechte aus Art. 3 Abs. 1 GG, Art. 6 GG, Art. 14 GG und Art. 2 GG.

Zu Recht?

> **Schwerpunkte**: Der allgemeine Gleichheitssatz aus Art. 3 Abs. 1 GG; die Ungleichbehandlung aufgrund unterschiedlicher Einkommen; Steuern und Gebühren als Einnahmequellen des Staates; das »Kostendeckungsprinzip«; die Grundrechtskonkurrenzen; das Konkurrenzverhältnis von Freiheits- und Gleichheitsgrundrechten; die Grundrechte aus Art. 6 Abs. 1 GG, Art. 14 Abs. 1 GG und Art. 2 Abs. 1 GG.

Lösungsweg

Einstieg: Das Fällchen da oben ist selbstverständlich nicht erfunden, sondern hat sich genau so im Herbst 1993 im schönen Städtchen *Idstein* im *Rheingau-Taunus-Kreis* mitten im Bundesland Hessen zugetragen. Die Klage der betroffenen Eltern gegen die Kindergartensatzung bzw. den Gebührenbescheid der Stadt *Idstein* landete nach

Durchlauf aller Instanzen schließlich beim Bundesverfassungsgericht (→ BVerfGE **97**, 332) – und die daraufhin am **10. März 1998** ergangene Entscheidung bildet seither die Grundlage sämtlicher (!) heute in Deutschland geltender Gebührenregelungen von staatlichen Kindergärten. Sie enthält zudem zentrale und bis heute gültige Aussagen dazu, unter welchen Umständen der Staat von seinen Bürgern *unterschiedliche* finanzielle Beteiligungen/Gebühren für die Inanspruchnahme staatlicher Leistungen fordern kann, ohne dabei die Grundrechte der Betroffenen zu verletzen.

> Das Bundesverfassungsgericht musste anhand der oben geschilderten Geschichte nämlich die hochinteressante Frage klären, inwieweit der Staat berechtigt ist, bei der Inanspruchnahme staatlicher Leistungen – also konkret der Kindergärten bzw. der Kindertagesstätten – die Höhe der Beiträge/Gebühren nach der *Einkommenshöhe* der betroffenen Eltern zu staffeln und damit logischerweise auch zu differenzieren. Das Ganze schrie aus Sicht der Betroffenen natürlich nach Ungerechtigkeit, da, wie unser Papa oben ja auch moniert, alle Kinder selbstverständlich die *gleichen* Leistungen in Anspruch nehmen und auch die gleichen Kosten verursachen, die »reichen« Eltern dafür aber mehr zahlen sollten als die weniger reichen Eltern. Im Gegensatz zum vorherigen Fall mit den Studiengebühren geht es hier also jetzt nicht mehr um die Frage, *ob überhaupt*, also unter welchen Voraussetzungen Gebühren vom Staat für bestimmte Leistungen erhoben werden dürfen, sondern darum, ob man bei der Inanspruchnahme staatlicher Leistungen die Beiträge/Gebühren der Einkommenshöhe nach bemessen und vor allem differenzieren kann (kniffliger Satz, bitte noch einmal lesen). Diese Frage führt selbstverständlich zu dem uns inzwischen bekannten Gleichheitsgrundsatz, tangiert aber zudem auch noch die Grundrechte aus Art. 6 GG, Art. 14 GG und Art. 2 GG, weshalb der Fall durchaus als knifflig und vor allem prüfungstauglich daherkommt – und uns im Übrigen die Chance gibt, einen Fall mit mehreren möglichen Grundrechtsverletzungen zu prüfen und die *Konkurrenz* von Gleichheits- und Freiheitsrechten aufzuschlüsseln. Im Original-Fall war übrigens auch noch die Normsetzungskompetenz und damit unter anderem die *formelle* Rechtmäßigkeit der Satzung fraglich, weil die betroffenen Eltern behaupteten, die gesetzlichen Grundlagen für die Gebührenerhebung von Kindergärten und damit die Ermächtigung zum Erlass der Satzung (→ unter anderem § 90 Abs. 1 Nr. 3 des Sozialgesetzbuches VIII) seien nicht beachtet bzw. falsch angewendet worden. Dieses Problem können wir uns hier zum Glück aber sparen, da es dabei ausnahmslos um Kompetenzfragen im Hinblick auf die Gesetzgebung des Staates geht, die indes dem Bereich der Staatsorganisation und namentlich der Gesetzgebung nach den **Art. 70 ff. GG** zugeordnet sind, nicht aber den Grundrechten, um die es in diesem Buch ja geht (vgl. zur Gesetzgebung: *Schwabe/Walter* »Lernen mit Fällen« Staatsrecht I, Fälle 13–15). Wir konzentrieren uns hier somit tatsächlich auf das Wesentliche und fragen (nur) nach der klassischen Grundrechtsverletzung durch die Gebührenstaffelung.

So, und das soll es an Vorrede auch schon gewesen sein und wir steigen jetzt, da wir im letzten Fall genügend Vorarbeit im Hinblick auf Art. 3 Abs. 1 GG geleistet haben, sogleich in die Prüfung einer möglichen Grundrechtsverletzung ein. Infrage stehen ausweislich des Sachverhaltshinweises die Grundrechte aus Art. 3 GG (Gleichheit), aus Art. 6 GG (Ehe, Familie, Kinder), Art. 14 GG (Eigentum) und Art. 2 GG.

> **Aufbau:** Entgegen landläufiger Studenten-Meinung, gibt es *keine* zwingende Regel, wonach Freiheitsrechte (z.B. Art. 6, 14 oder 2 GG) immer vor Gleichheitsrechten (z.B.

Art. 3 GG) zu prüfen wären (BVerfGE **64**, 229; BVerfGE **89**, 69; *Dreier/Heun* Art. 3 GG Rz. 139; *von Münch/Kunig/Boysen* Art. 3 GG Rz. 203; *Jarass/Pieroth* Art. 3 GG Rz. 3; *Stern* StaatsR III/2 Seite 1365; anders aber *Ipsen* StaatsR II Rz. 135 oder *von Mangoldt/Klein/Starck* Art. 3 GG Rz. 300). Beide Grundrechtsarten stehen sich vielmehr *gleichwertig* gegenüber und können daher auch unabhängig voneinander und in einer für den konkreten Fall jeweils »**zweckmäßigen**« Reihenfolge untersucht werden (BVerfGE **57**, 107; *Dreier/Heun* Art. 3 GG Rz. 139; *von Münch/Kunig/Boysen* Art. 3 GG Rz. 203; *Jarass/Pieroth* Art. 3 GG Rz. 3): Liegt der Schwerpunkt eines Falles – so wie etwa hier bei uns – erkennbar auf der Verletzung des Gleichheitssatzes aus Art. 3 Abs. 1 GG, kann folglich auch mit diesem Grundrecht begonnen werden (*Jarass/ Pieroth* Art. 3 GG Rz. 3; *von Münch/Kunig/Boysen* Art. 3 GG Rz. 203; *Dreier/Heun* Art. 3 GG Rz. 139). Lediglich innerhalb der beiden Grundrechtsarten sollte man sich hingegen tunlichst daran halten, immer das *Spezielle* vor dem *Allgemeinen* zu erörtern: Bei den Freiheitsrechten bedeutet dies, dass das allgemeine Freiheitsrecht des Art. 2 Abs. 1 GG (→ die allgemeine Handlungsfreiheit) bekanntlich immer erst dann greifen kann, wenn kein Schutzbereich eines speziellen Freiheitsrechts betroffen ist – der Art. 2 Abs. 1 GG ist gegenüber den anderen Freiheitsrechten namentlich **subsidiär** (unstreitig: BVerfG NJW **2012**, 1062; BVerfGE **109**, 96; BVerfGE **80**, 137; BVerfGE **6**, 32; *von Münch/Kunig* Art. 2 GG Rz. 12; *Kingreen/Poscher* StaatsR II Rz. 387). Im Hinblick auf die Gleichheitsgrundrechte gilt Folgendes: Spezielle Gleichheitssätze, wie etwa Art. 3 Abs. 2 GG, Art. 3 Abs. 3 GG, Art. 33 Abs. 2 GG oder Art. 6 Abs. 5 GG, sollten – soweit Anhaltspunkte für deren Einschlägigkeit vorliegen – stets *vor* dem allgemeinen Gleichheitssatz des Art. 3 Abs. 1 GG geprüft werden, **denn**: Sofern die speziellen Gleichheitsgebote des Grundgesetzes verletzt sind, tritt der allgemeine Gleichheitssatz des Art. 3 Abs. 1 GG hinter dieser Verletzung zurück, da er in diesem Falle immer auch einschlägig wäre und dann immer auch mit benannt werden müsste, was logischerweise keinen Sinn macht (vgl. BVerfGE **85**, 191; *von Münch/ Kunig/Boysen* Art. 3 GG Rz. 202; *Jarass/Pieroth* Art. 3 GG Rz. 2; *Sachs/Osterloh/ Nußberger* Art. 3 GG Rz. 78). Wörtlich heißt es deshalb auch beim Bundesverfassungsgericht: »… *Für eine Prüfung des allgemeinen Gleichheitssatzes ist* **kein** *Raum mehr, wenn die zu prüfende Norm einem speziellen Gleichheitssatz zuwiderläuft* … (BVerfGE **59**, 128; BVerfGE **13**, 290). Merken.

I. Die Verletzung des allgemeinen Gleichheitssatzes aus Art. 3 Abs. 1 GG

> **Obersatz**: Die »KiGa-Satzung« der Stadt *Idstein* verstößt dann gegen den allgemeinen Gleichheitssatz aus Art. 3 Abs. 1 GG, wenn mit dieser Regelung wesentlich Gleiches ungleich behandelt wird, ohne dass es dafür einen tragfähigen sachlichen Grund gibt, die Ungleichbehandlung darf nicht *willkürlich* erfolgen.

Den dreistufigen Prüfungsaufbau des Ganzen kennen wir ja inzwischen, nämlich:

> **1.)** Liegen **wesentliche gleiche Sachverhalte** vor?
>
> **2.)** Falls ja – werden diese Sachverhalte **unterschiedlich** behandelt?
>
> **3.)** Falls ja – gibt es für diese Ungleichbehandlung einen **tragfähigen sachlichen Grund**?

Also:

1.) Liegen in unserem Fall wesentlich gleiche Sachverhalte vor?

Durchblick: Aus dem vorherigen Fall wissen wir bereits, dass es eine allumfassende Gleichheit aller Menschen vor dem Gesetz, wie es der Art. 3 Abs. 1 GG auf den ersten Blick freilich vermuten lässt, in einem demokratischen und rechtsstaatlichen Staatsgefüge gar nicht geben kann. Gleichheit kann stets nur bei *vergleichbaren Situationen* eingefordert werden, **daher**: Es muss an dieser Stelle der Prüfung lediglich die »Vergleichbarkeit« der Sachverhalte bzw. der Personengruppen untersucht werden. Die zu beurteilenden Lebenssituationen müssen somit nicht identisch oder gleich, aber in jedem Falle vergleichbar und damit »wesentlich gleich« im Sinne des Art. 3 Abs. 1 GG sein (BVerfGE **126**, 400; BVerfGE **79**, 1; *Ipsen* StaatsR II Rz. 800). Es gilt die **Regel**: Nur diejenigen Personen, die in ihrer konkreten Situation und aufgrund bestimmter Umstände miteinander »vergleichbar« sind, können sich auch auf den Gleichheitssatz des Art. 3 Abs. 1 GG berufen und vom Staat entsprechende Rechte sowie namentlich eine Gleichbehandlung einfordern (*Sachs/Osterloh/Nußberger* Art. 3 GG Rz. 1; *Dreier/ Heun* Art. 3 GG Rz. 18; *Jarass/Pieroth* Art. 3 GG Rz. 1).

So, und damit Personen oder Sachverhalte als vergleichbar im Sinne des Art. 3 Abs. 1 GG angesehen werden können, müssen diese Personen oder Sachverhalte durch *gemeinsame Bezugspunkte/Oberbegriffe* (→ »*tertium comparationis*«) im Hinblick auf das konkret zu lösende Problem verbunden sein (*Kingreen/Poscher* StaatsR II Rz. 463).

> **Merksatz**: Es müssen bestimmte, im konkreten Fall gemeinsame *Bezugspunkte/ Oberbegriffe* bestehen, aus denen eine Verpflichtung zur Gleichbehandlung seitens des Staates erwächst und wodurch sich diese Personengruppen oder die Sachverhalte von anderen Personengruppen oder Sachverhalten unterscheiden (*Dreier/Heun* Art. 3 GG Rz. 23; *von Münch/Kunig/Boysen* Art. 3 GG Rz. 52). Man spricht dann von sogenannten wesentlich gleichen »Vergleichspaaren« (*Ipsen* StaatsR II Rz. 801).

Zum Fall: Die KiGa-Satzung der Stadt *Idstein* differenziert bei der Höhe der zu entrichtenden Kindergartengebühren nach dem Einkommen der Eltern. »Reiche« Eltern mit entsprechend hohem Einkommen zahlen demnach höhere Gebühren als »weniger reiche« Eltern. Es fragt sich, ob diese beiden Personengruppen – also die reichen und die weniger reichen Eltern – in Bezug auf die hier infrage stehende Differenzierung bei der zu zahlenden Kindergartengebühr gleichwohl unter einem gemeinsamen *Oberbegriff/Bezugspunkt* zusammengefasst und demnach als »Vergleichspaar« bezeichnet werden können.

Antwort: Die beiden Personengruppen können im Hinblick auf die Entrichtung von Kindergartengebühren insoweit zusammengefasst werden, als ihre Kinder die Einrichtungen der Stadt *Idstein* besuchen und dort – unabhängig vom Einkommen der

Eltern – die gleichen Betreuungsleistungen entgegennehmen. Diesbezüglich sind die Eltern als »wesentlich gleich« zu bezeichnen. Die Eltern können namentlich unter dem Oberbegriff »Eltern, deren Kinder die Einrichtungen der Stadt Idstein besuchen« zusammengefasst werden.

<u>ZE.:</u> Die beiden sich hier gegenüberstehenden Personengruppen – also die »reichen« und die »weniger reichen« Eltern – sind folglich anhand dieser gemeinsamen Bezugspunkte in einer vergleichbaren Lage bezüglich der Entrichtung von Kindergartengebühren. Sie sind unter dem Oberbegriff »Eltern, deren Kinder die Einrichtungen der Stadt Idstein besuchen« vergleichbar. Die vorliegenden Sachverhalte sind damit *wesentlich gleich* im Sinne des Gleichheitssatzes aus Art. 3 Abs. 1 GG. Das erste Tatbestandsmerkmal der Prüfung einer möglichen Verletzung des Gleichheitssatzes liegt mithin vor.

2.) Unterschiedliche Behandlung der beiden Personengruppen?

Hier: Kein Problem, die »reichen« Eltern müssen mehr Kindergartengebühren zahlen als die »weniger reichen« Eltern.

<u>ZE.:</u> Eine Ungleichbehandlung liegt vor.

3.) Gibt es für diese Ungleichbehandlung einen tragfähigen sachlichen Grund?

Obersatz: Die Ungleichbehandlung von wesentlich gleichen Sachverhalten ist nur dann verfassungsrechtlich zulässig, wenn dafür ein tragfähiger sachlicher Grund besteht (BVerfGE **134**, 1; BVerfGE **100**, 138; *Jarass/Pieroth* Art. 3 GG Rz. 14).

Auch das kennen wir schon: Hier geht es jetzt um die Frage, ob der hinter der Ungleichbehandlung steckende Zweck (→ die Absicht des Normgebers) *sachlich tragfähig* ist und mit den Nachteilen bzw. Beeinträchtigungen der Betroffenen in einem ausgewogenen, verfassungsrechtlich zulässigen Verhältnis steht. Nur dann wäre die Ungleichbehandlung gerechtfertigt und folglich verfassungsgemäß (vgl. *Pieroth/ Schlink/Kingreen/Poscher* StaatsR II Rz. 470; *Ipsen* StaatsR II Rz. 808). Aus den vielen Formeln, die das Bundesverfassungsgericht als Einleitung und Anknüpfungspunkt dieser Prüfung anbietet (vgl. dazu umfassend Fall 12 oben), hatten wir uns für die Klausurbearbeitung den folgenden Obersatz herausgefiltert, der auch hier Anwendung finden soll, und zwar:

Die Ungleichbehandlung von wesentlich gleichen Sachverhalten ist nur dann verfassungsrechtlich zulässig, wenn hierfür ein **tragfähiger sachlicher Grund** besteht, die Ungleichbehandlung demnach nicht **willkürlich** erfolgt. Insoweit ist zu beachten, dass die verfassungsrechtlichen Anforderungen an die Überprüfung des tragfähigen sachlichen Grundes steigen, je intensiver die Ungleichbehandlung die Betroffenen in ihren Rechten einschränkt.

Prüfen wir mal:

1. Schritt: Im Hinblick auf den konkreten Prüfungsmaßstab muss vorliegend zunächst beachtet werden, dass die KiGa-Satzung den betroffenen »reichen« Eltern einen spürbaren finanziellen Nachteil dadurch zufügt, dass sie monatlich deutlich mehr Geld zahlen sollen (→ 350 Euro) als die weniger reichen Eltern (→ 50 Euro). Zudem handelt es sich bei der Anknüpfung an das Familieneinkommen um ein personenbezogenes Kriterium, was einen **besonders intensiven** Eingriff im eben benannten Sinne indiziert (BVerfGE **127**, 224; BVerfGE **126**, 233; BVerfGE **121**, 108; *Pieroth/Schlink/Kingreen/Poscher* StaatsR II Rz. 470) und in Bezug auf die Prüfung eines tragfähigen sachlichen Grundes eine strenge Bindung des Normgebers an den Verhältnismäßigkeitsgrundsatz fordert (BVerfGE **121**, 108; BVerfGE **55**, 72). Die staatliche Maßnahme in Form der KiGa-Satzung der Stadt *Idstein* muss namentlich einen legitimen Zweck verfolgen, zur Erreichung des Zwecks geeignet, erforderlich und angemessen sein (*Kingreen/Poscher* StaatsR II Rz. 470).

2. Schritt: Es stellt sich angesichts dessen als nächstes die Frage, welche *tragfähigen Sachgründe* im vorliegenden Fall die Ungleichbehandlung der reichen Eltern gegenüber den weniger reichen Eltern zu rechtfertigen vermögen. Nach Auskunft des Sachverhaltes soll mit der KiGa-Satzung und der unterschiedlichen Gebührenerhebung den einkommensschwachen Eltern bzw. deren Kindern der Zugang zum Kindergarten und damit eine Chancengleichheit ermöglicht werden.

a) Hierbei müsste es sich somit um die Verfolgung eines *legitimen Zwecks* im eben benannten Sinne handeln.

> Und jetzt wird es interessant, **denn**: Vor der Bewertung der eben benannten gesetzgeberischen Absicht, stellt sich zunächst die Frage, inwieweit der Staat bei der Erhebung von Gebühren für die Inanspruchnahme staatlicher Leistungen – und zwar unabhängig von der konkreten Art der Leistung – *überhaupt* nach dem Einkommen der Leistungsempfänger differenzieren und unterschiedlich hohe Gebühren erheben darf, insbesondere dann, wenn alle Nutzer die gleichen Kosten verursachen. Die Verfassungswidrigkeit der Gebührenstaffelung nach Einkommenshöhe könnte sich nämlich bereits daraus ergeben, dass der Staat bei der Erhebung von Gebühren allein an das Prinzip der *Kostendeckung* gebunden ist, sich die Höhe der Gebühren demnach logischerweise auch nur an den dem Staat entstehenden Kosten orientieren darf (*Jarass/Pieroth* Art. 105 GG Rz. 13) und demnach logischerweise unabhängig vom Einkommen der Betroffenen zu erheben ist. Im vorliegenden Fall orientiert sich die Höhe der Gebühren indes *gerade nicht* an den tatsächlich entstandenen Kosten der Kinderbetreuung, die mit den eingenommenen Gebühren ausweislich des Sachverhaltes ja nur zu 35 % gedeckt werden können, sondern vielmehr allein am Familieneinkommen. Die KiGa-Satzung könnte daher bereits deshalb ein Verstoß gegen den Gleichheitsgrundsatz und demnach verfassungswidrig sein, weil der Staat – jedenfalls bei *identischen* Kosten pro Leistungsempfänger – wegen des Kostendeckungs-

prinzips gar nicht berechtigt ist, unterschiedlich hohe Gebühren zu fordern. Auf den eigentlichen Zweck der Regelung – hier also auf die Schaffung von Chancengleichheit aller Familien beim Kindergartenzugang – käme es dann überhaupt nicht mehr an, die KiGa-Satzung wäre schon aus diesen Erwägungen heraus verfassungswidrig.

Durchblick: Wenn der Staat von seinen Bürgern für die Inanspruchnahme einer bestimmten Leistung (z.B. Kindergarten, Universität, Museum) Geld fordert – in der Regel als »Gebühr« oder »Beitrag« bezeichnet – gilt grundsätzlich das Prinzip, dass mit diesen Geldern die dem Staat tatsächlich anfallenden Kosten gedeckt werden sollen (→ **Kostendeckungsprinzip**). Der Staat soll bei der Forderung von Gebühren für seine Leistungen insbesondere keinen »Gewinn« machen, sondern muss immer das »Äquivalenzprinzip« wahren, also dem Bürger auch eine gleichwertige Gegenleistung für das gezahlte Geld bieten (BVerfGE **20**, 257; BVerfGE **83**, 363). So lautet dann auch die allgemeingültige Definition des staatlichen »Gebührenbegriffs«:

> *Gebühren* sind öffentlich-rechtliche Geldleistungen, die aus Anlass individuell zurechenbarer öffentlicher Leistungen dem Gebührenschuldner durch eine öffentlich-rechtliche Norm auferlegt werden und dazu bestimmt sind, in Anknüpfung an diese Leistung deren Kosten ganz oder teilweise zu decken (BVerfGE **97**, 332, 345; BVerfGE **108**, 1, 13; BVerwGE **115**, 125, 129; *Jarass/Pieroth* Art. 105 GG Rz. 13).

Die Gebühren (bzw. »Beiträge«) unterscheiden sich hierdurch übrigens von den *Steuern*: Der Entrichtung von Steuern steht seitens des Staates nämlich gerade *keine* individuell zurechenbare und konkrete Gegenleistung gegenüber, Steuern werden vielmehr »zur Deckung des allgemeinen Finanzbedarfs des Staates« erhoben (BVerfGE **97**, 332; *Jarass/Pieroth* Art. 105 GG Rz. 6). **Folge**: Man zahlt seine Steuern – und der Staat entscheidet anschließend in eigener Kompetenz darüber, wofür die Steuergelder der Bürger verwendet werden sollen (→ sogenannte »Staatsausgaben«). So findet sich in § 3 Abs. 1 der **Abgabenordnung** (= zentrales Steuergesetz) dann auch folgende Definition für den Begriff der Steuer:

> *Steuern* sind Geldleistungen, die nicht eine Gegenleistung für eine besondere Leistung des Staates darstellen und von einem öffentlich-rechtlichen Gemeinwesen zur Erzielung von Einnahmen allen (Bürgern) auferlegt werden, ...

Also: Einen Anspruch auf eine »Gegenleistung« hat man bei der Entrichtung seiner Steuern logischerweise nicht. Und daher gilt insoweit natürlich dann auch kein Kostendeckungsprinzip, Steuern bzw. deren Höhe werden vielmehr allein nach der Höhe des Einkommens der Bürger berechnet und vom Staat anschließend erhoben (sogenanntes »**Nonaffektationsprinzip**«). Bei den *Gebühren* hingegen erfolgt die Zahlung des Bürgers – wie oben gesehen – grundsätzlich ohne Rücksicht auf das Einkommen und zudem stets zweckgerichtet, und zwar für die tatsächliche Inanspruchnahme einer bestimmten, vom Staat angebotenen Leistung und zur vollständigen oder teilweisen Deckung der dem Staat entstandenen Kosten (BVerfG EuGRZ **2014**, 98; BVerfGE **108**, 1, 13; BVerfGE **92**, 91, 115; *Jarass/Pieroth* Art. 105 GG Rz. 13).

Und jetzt das **Problem**: Da allein die Deckung der dem Staat entstandenen Kosten die Grundlage für die Erhebung von (Kindergarten-)**Gebühren** und deren Höhe sein kann, stellt sich die Frage, mit welcher Berechtigung die Stadt *Idstein* nun aber gerade nicht auf die Deckung der angefallenen Kosten abstellt, sondern vielmehr darauf, wie zahlungsfähig der Empfänger der Leistung und wie viel demnach dem Empfänger diese Leistung »wert« ist. Der Staat hebt damit das eigentlich gültige Kostendeckungsprinzip auf und verfährt vereinfacht nach der **Regel**: Wer mehr Geld hat, soll auch mehr für von ihm in Anspruch genommene staatliche Leistungen zahlen. Und zwar unabhängig davon, dass alle Betroffenen die gleiche Leistung empfangen und auch die gleichen Kosten verursachen. Oder um es noch plastischer zu machen: Das ist ungefähr so, als würde man im städtischen Schwimmbad an der Kasse nach seinem Einkommen gefragt – und wer über 50.000 Euro Jahreseinkommen hat, zahlt dann 20 Euro Eintritt, während jemand mit 40.000 Einkommen 17,50 Euro und mit 30.000 Euro Einkommen 15 Euro zahlt usw. usw. – und das, obwohl anschließend alle ins gleiche Wasser springen.

Frage: Ist eine solche Differenzierung nach dem Einkommen bei der Erhebung von staatlichen (Kindergarten-)Gebühren zulässig?

Überraschende Antwort: Ja!

Das Bundesverfassungsgericht segnete am **10. März 1998** die gestaffelte Gebührenerhebung des Staates vom Grundsatz her ab und sah darin insbesondere keinen Verstoß gegen den Gleichheitsgrundsatz. Nach Meinung der Richter darf der Staat auch bei der Erhebung von Gebühren für die Inanspruchnahme staatlicher Leistungen nach den Einkommensverhältnissen der Empfänger der Leistung fragen und die Gebühren entsprechend staffeln. Wörtlich heißt es (BVerfGE **97**, 332):

> *»... Als Unterschied, der eine Ungleichbehandlung rechtfertigen kann, kommen auch unterschiedliche Einkommensverhältnisse in Betracht. Das ist in vielen Bereichen des staatlichen Lebens anerkannt. So richtet sich zum Beispiel der* **Steuersatz** *nach der Höhe des Einkommens. Sozialleistungen werden einkommens- oder vermögensabhängig gewährt. Aus Art. 3 Abs. 1 GG lässt sich daher nicht ableiten, dass die Gebühren für die Inanspruchnahme staatlicher Leistungen ausnahmslos einkommensunabhängig ausgestaltet sein müssen ...*
>
> *... Aus der* **Zweckbindung** *einer Gebühr ergibt sich keine verfassungsrechtlich begründete Begrenzung der Gebührenhöhe durch die tatsächlichen Kosten einer staatlichen Leistung. Das Kostendeckungsprinzip ist nämlich* **kein Grundsatz** *mit verfassungsrechtlichem Rang. Mit einer Gebührenregelung dürfen neben der Kostendeckung daher auch* **andere Zwecke** *verfolgt werden; auch der Wert einer staatlichen Leistung für deren Empfänger darf sich in Gebührenmaßstäben niederschlagen. Innerhalb seiner jeweiligen Regelungskompetenzen verfügt der Gebührengesetzgeber über einen* **weiten Entscheidungs- und Gestaltungsspielraum**, *welche individuell zurechenbaren öffentlichen Leistungen er einer Gebührenpflicht unterwer-*

*fen, welche Gebührenmaßstäbe und Gebührensätze er hierfür aufstellen und welche über die
Kostendeckung hinausgehenden Zwecke er mit einer Gebührenregelung anstreben will ...*

*... Eine einkommensbezogene Staffelung der Kindergartenbeiträge verstößt auch nicht gegen
Grundsätze der* **Abgabengerechtigkeit.** *Diese Grundsätze haben zum Beispiel im Steuerrecht eine spezifische Ausprägung gefunden. Steuergerechtigkeit im Sinne von Art. 3 Abs. 1
GG verlangt Gleichmäßigkeit der Besteuerung. Das Einkommensteuerrecht trägt diesem
Gleichbehandlungsgrundsatz unter anderem durch* **progressive Steuersätze** *Rechnung,
wonach mehr Verdienende höhere Steuern zu zahlen haben als geringer Verdienende. Hierdurch wird der einkommensteuerpflichtige Bürger an der Finanzierung der die Gemeinschaft
treffenden Lasten nach Maßgabe seiner individuellen und damit relativ gleichen Leistungsfähigkeit beteiligt. Es wird damit vermieden, dass einzelne Bürger bestimmte Allgemeinlasten
alleine zu tragen haben. Jeder Bürger ist – seinen finanziellen Möglichkeiten entsprechend –
am Allgemeinwohl durch seine individuelle Steuerlast beteiligt ...«*

Dass die Freiheit des Gesetzgebers bei der Erhebung von Gebühren nicht unbegrenzt
gilt, regelt das Bundesverfassungsgericht dann durchaus weise so:

»*... Trotz des gesetzgeberischen Spielraums bei der Gebührenerhebung sind dem Staat aus
verfassungsrechtlicher Sicht freilich* **Grenzen** *gesetzt. Einkommensbezogene Gebührenstaffeln sind unter dem Blickwinkel der Abgabengerechtigkeit nur dann unbedenklich, solange
selbst die* **Höchstgebühr** *die tatsächlichen Kosten der Einrichtung* **nicht** *deckt. (Nur) ... unter dieser Voraussetzung wird nämlich allen Benutzern im Ergebnis ein vermögenswerter
Vorteil zugewendet. Auch die Nutzer, die die* **Höchstgebühr** *zahlen, werden dann nicht zusätzlich und voraussetzungslos zur Finanzierung allgemeiner Lasten und vor allem nicht zur
Entlastung sozial schwächerer Nutzer herangezogen. ... Im Vordergrund steht auch für den
»Höchstzahler« unter diesen Umständen immer noch die finanzielle Zuwendung seitens des
Staates ...«*

Fazit:

»*... Im vorliegenden Fall decken die in der Satzung der Stadt Idstein festgelegten Gebührensätze die tatsächlichen Kosten nur zu etwas mehr als einem Drittel ab. Auch diejenigen Kindergartenbenutzer, die die volle Gebühr zahlen, kommen folglich in den Genuss einer öffentlichen Leistung in Form der Betreuungsleistung für das Kind, deren Wert die Gebührenhöhe
erheblich übersteigt...«*

Wir merken uns: Obwohl der Staat bei der Erhebung von Gebühren grundsätzlich an
das *Kostendeckungsprinzip* gebunden ist und demnach eigentlich nicht nach dem
Einkommen der Empfänger differenzieren darf, bleibt eine Gebührenstaffelung
gleichwohl verfassungsrechtlich zulässig, solange der Staat mit den eingenommenen
Gebühren die tatsächlich anfallenden Kosten nicht decken kann. Denn in diesem Fall
erhält auch der (Höchst-)Gebührenzahler im Ergebnis immer noch eine *Zuwendung*
des Staates, der ja den restlichen Teil zur Kostendeckung aus anderen (eigenen) Mitteln aufbringen muss. Der »Wert« der staatlichen Leistung für den Empfänger übersteigt demnach auch für den Höchstgebührenzahler immer den Wert der von ihm
dafür entrichteten Gebühr, womit auch das »Äquivalenzprinzip« gewahrt bleibt:
Auch der Höchstgebührenzahler erhält somit eine äquivalente Gegenleistung und
muss insbesondere keine Lasten anderer Bürger tragen (BVerfGE **97**, 332).

<u>ZE.</u>: Es ist verfassungsrechtlich unbedenklich und verstößt namentlich nicht gegen Art. 3 Abs. 1 GG, die Erhebung von staatlichen Gebühren und deren Höhe vom Einkommen der betroffenen Bürger abhängig zu machen, solange mit den Gebühren die dem Staat entstandenen Kosten *nicht* gedeckt werden können (BVerfGE 97, 332). Da im vorliegenden Fall die Stadt *Idstein* lediglich 35% der anfallenden Kosten mit den Gebühren der Eltern decken kann, ist aus diesem Gesichtspunkt ein Verstoß gegen Art. 3 Abs. 1 GG nicht zu erkennen.

b) Die Schaffung von Kindergartenplätzen, zu denen alle Bevölkerungsschichten Zugang haben sollen, müsste ein legitimer Zweck sein, der vom Staat verfolgt werden darf.

> **Definition**: Ein Zweck ist dann *legitim* und darf vom Staat verfolgt werden, wenn er auf ein der Allgemeinheit dienendes Wohl gerichtet ist oder sonstigen Gütern von Verfassungsrang zugutekommt. Dem Gesetzgeber ist insoweit ein breiter Beurteilungsspielraum zuzubilligen (BVerfGE **39**, 1; BVerfGE **46**, 160; BVerfGE **115**, 118; *Ipsen* StaatsR II Rz. 185).

Hier: Die Schaffung von Kindergartenplätzen für alle Bevölkerungsschichten sieht das Bundesverfassungsgericht ohne Probleme und natürlich vollkommen zu Recht als einen solchen Zweck an. Wörtlich heißt es (BVerfGE **97**, 332):

> »... *Die Schaffung und Unterhaltung von Kindergartenplätzen stellt ein **wichtiges Gemeinschaftsgut** dar. Mit der Schaffung von Kindergärten stellt der Staat zum einen Chancengleichheit in Bezug auf die Lebens- und Bildungsmöglichkeiten von Kindern her und trägt damit sozialstaatlichen Belangen Rechnung (Art. 20 Abs. 1 GG). Kindergartenerziehung vermittelt und fördert elementare Kenntnisse und Fähigkeiten wie den Gebrauch der Sprache und den Umgang mit anderen. Die Eltern sollen bei der Erziehung durch den Kindergarten unterstützt werden. Kindergärten sind insofern auch **wesentliche Bestandteile des Bildungssystems**. Sie sollen und müssen allen Eltern mit kleinen Kindern zur Verfügung stehen. Dies ist eines der wichtigsten Ziele der staatlichen **Jugendhilfe** ...*
>
> *... Mit der Einrichtung von Kindergärten werden zugleich grundrechtliche Schutz- und Förderpflichten erfüllt. Die Verfügbarkeit eines Kindergartenplatzes kann **Frauen** darin bestärken, eine ungewollte Schwangerschaft nicht abzubrechen. Kindergärten dienen so dem Schutz auch des **ungeborenen Lebens**, der dem Staat durch Art. 2 Abs. 2 Satz 1 GG zur Pflicht gemacht wird. Indem sie den Familien bei der Kinderbetreuung und -erziehung helfen, tragen Kindergärten zudem zur Erfüllung der in Art. 6 Abs. 1 GG verankerten Förderpflicht bei. Schließlich unterstützt der Staat mit der Schaffung von Kindergärten auch die Gleichstellung der Frau im Arbeitsleben. Müttern wird häufig erst durch die **Betreuung** ihrer Kinder in einem Kindergarten der Freiraum verschafft, der ihre Teilhabe am Arbeitsleben ermöglicht und sie einer **Gleichstellung im Beruf** näherbringt. Auch insofern befolgt der Staat ein grundrechtliches Schutzgebot. Gemäß Art. 3 Abs. 2 Satz 2 GG muss er dafür sorgen, dass Familientätigkeit und Erwerbstätigkeit aufeinander abgestimmt werden können und die Wahrnehmung der familiären Erziehungsaufgabe nicht zu beruflichen Nachteilen führt ...«*

<u>ZE.</u>: Die Schaffung von Kindergartenplätzen für alle Bevölkerungsschichten und eine damit einhergehende Chancengleichheit stellt einen legitimen Zweck dar, der vom Staat verfolgt werden darf.

c) Die Staffelung der Gebühren müsste des Weiteren geeignet sein, diese Schaffung von gleichen Chancen für die einkommensschwachen Familien beim Kindergartenzugang herzustellen.

> **Definition**: Die *Geeignetheit* einer Maßnahme liegt dann vor, wenn mit ihrer Hilfe das angestrebte Ziel voraussichtlich erreicht oder zumindest gefördert werden kann (BVerfGE **63**, 115).

Hier: Die Schaffung von Kindergartenplätzen für einkommensschwache Familien kann durch die Erhebung von höheren Gebühren der einkommensstärkeren Familien *gefördert* werden, denn:

> »… *Kindergartenplätze dürfen auch Kindern einkommensschwächerer Eltern **nicht** vorenthalten werden. Dieser Anforderung kann durch sozial gestaffelte Tarife genügt werden. Angesichts der wichtigen Gemeinschaftsgüter, denen die Schaffung von Kindergartenplätzen dient, und in Anbetracht der Notwendigkeit, diese flächendeckend und **allgemein zugänglich** vorzuhalten, kann eine auf gesetzlicher Grundlage beruhende, nach Einkommen gestaffelte Heranziehung der Benutzer zu den Kosten unter Gleichbehandlungsgesichtspunkten nicht beanstandet werden. Dafür spricht vor allem, dass eine gleichmäßige Absenkung der Kindergartengebühren auf das Niveau der **Mindestgebühr** bei angespannter Haushaltslage den Spielraum zur Schaffung und Unterhaltung von Kindergärten praktisch weiter einschränken würde … Der Staat schafft sich daher mit der Erhebung von gestaffelten Gebühren überhaupt erst die Möglichkeit, auch geringer verdienenden Eltern Kindergartenplätze anzubieten …*«

<u>ZE.</u>: Die Staffelung der Kindergartengebühr ist somit auch geeignet, den einkommensschwachen Familien den Zugang zum Kindergarten zu ermöglichen.

d) Die Staffelung der Gebühren müsste zudem auch erforderlich sein.

> **Definition**: Gesetzliche Normen sind *erforderlich*, wenn es kein gleich wirksames, aber den Grundrechtsträger weniger belastendes Mittel zur Erreichung des Zwecks gibt; es muss der geringst mögliche Grundrechtseingriff bei gleicher Wirksamkeit gewählt werden (BVerfGE **77**, 84; BVerfG NJW **1999**, 3402).

Hier: Es stellt sich die Frage, ob dem Staat unter Umständen noch andere Mittel zur Verfügung stehen, um die einkommensschwächeren Familien zu fördern und die einkommensstärkeren Familien zu entlasten. **Aber**: Eine Entlastung der einkommensstärkeren Familien könnte logischerweise nur dadurch erfolgen, dass alle Nutzer des Kindergartens auf das *niedrigste* Niveau gesetzt werden. Damit aber gingen dem

Staat – bei gleichem finanziellem Aufkommen – die entscheidenden finanziellen Mittel verloren, um überhaupt Kindergartenplätze für einkommensschwache Familien zu erschaffen (siehe oben). Eine Entlastung der einkommensschwachen Familien kann demnach nur dadurch erfolgen, dass von den einkommensstärkeren Familien mehr Geld eingefordert wird (BVerfGE **97**, 332). Im Hinblick auf eine theoretisch mögliche weitere *Bezuschussung* der ärmeren Familien seitens des Staates und eine Absenkung des Betrages auf das niedrigste Niveau meint das Bundesverfassungsgericht:

> *»… Die Nutzer der Kindergärten können* **nicht** *verlangen, eine gleichmäßige Absenkung der Kindergartengebühren auf das Niveau der Mindestgebühr vorzunehmen, da dies – insbesondere bei angespannter Haushaltslage – den Spielraum des Staates zur Schaffung und Unterhaltung weiterer Kindergartenplätze drastisch einengen würde … Soweit die öffentliche Hand – wie hier – zu einer Bezuschussung gesetzlich nicht verpflichtet ist, kann sie aus haushaltspolitischen Gründen davon absehen und die einkommensstärkeren Nutzer entsprechend höher belasten … Eine Staffelung kommt insbesondere dann in Betracht, wenn auch die Höchstgebühr die anteilsmäßigen rechnerischen Kosten der Einrichtung nicht übersteigt und eine Leistung betrifft, mit der der Staat sowohl dem* **Sozialstaatsgrundsatz** *als auch gewichtigen grundrechtlichen Schutzgeboten Rechnung trägt und die aus verfassungsrechtlichen Gründen jedem zugänglich sein muss, der auf die Leistung angewiesen ist. In einem solchen Fall ist der Staat* **nicht** *darauf beschränkt, zunächst eine für alle gleiche Gebühr zu fordern und anschließend bedürftigen Nutzern finanzielle Beihilfen zu gewähren. Vielmehr ist es grundsätzlich gerechtfertigt, schon bei der Bemessung des Entgelts auf* **soziale Gesichtspunkte** *Rücksicht zu nehmen und die Gebührenbelastung nach der Leistungsfähigkeit abzustufen, sofern nicht andere verfassungsrechtliche Gründe entgegenstehen … .«*

<u>ZE.</u>: Die Gebührenstaffelung ist auch erforderlich.

e) Die Gebührenstaffelung müsste letztlich auch angemessen sein.

Definition: Eine Regelung ist dann *angemessen*, wenn sie beim Grundrechtsträger keinen Nachteil herbeiführt, der erkennbar außer Verhältnis zum verfolgten Zweck steht (BVerfGE **7**, 377; BVerfGE **17**, 306; *Kingreen/Poscher* StaatsR II Rz. 299). Der Grundrechtsträger darf insbesondere nicht *übermäßig* belastet werden (→ Übermaßverbot).

Hier: Die Angemessenheit der Belastung der »Höchstzahler« folgt im vorliegenden Fall daraus, dass auch diese Nutzer letztlich vom Staat noch eine Zuwendung bzw. Förderung erhalten, da der Staat die tatsächlich anfallenden Kosten für jedes Kind ja auch mit dieser (Höchst-)Gebühr nicht decken kann. Die Zuwendung des Staates fällt zwar für die einkommensstärkeren Familien geringer aus als die Zuwendung, die die einkommensschwächeren Eltern vom Staat erhalten. Indessen bleibt es gleichwohl eine staatliche Zuwendung, da der Staat dem Bürger auch im Falle der Höchstgebühr eine Gegenleistung bietet, die *über* dem Wert der gezahlten Gebühr liegt (BVerfGE **97**, 332; vgl. insoweit auch die Fallbesprechung bei *Kingreen/Poscher* StaatsR II Rz. 536). In den Worten des Bundesverfassungsgerichts:

»... *Einkommensbezogene Gebührenstaffeln sind daher unbedenklich, solange selbst die Höchstgebühr die tatsächlichen Kosten der Einrichtung nicht deckt und in einem **angemessenen Verhältnis** zu der damit abgegoltenen Verwaltungsleistung steht. Unter dieser Voraussetzung wird allen Benutzern im Ergebnis ein vermögenswerter Vorteil zugewendet. Auch diejenigen Kindergartenbenutzer, die die volle Gebühr zahlen, kommen somit in den Genuss einer öffentlichen Infrastrukturleistung, deren Wert die Gebührenhöhe **erheblich übersteigt** ...«*

<u>ZE.</u>: Die Gebührenstaffelung ist angemessen im eben benannten Sinn.

Ergebnis: Die Gebührenstaffelung der KiGa-Satzung der Stadt *Idstein* ist auf der Grundlage eines tragfähigen Sachgrundes, nämlich der Schaffung von Chancengleichheit auch für einkommensschwache Familien, erlassen worden und verstößt somit nicht gegen den Gleichheitsgrundsatz aus Art. 3 Abs. 1 GG.

II. Verletzung des Art. 6 GG (→ Ehe und Familie)?

Einstieg: Wie gerade gesehen, verletzen die gestaffelten Kindergartengebühren jedenfalls kein Gleichheitsgrundrecht, also vor allem nicht den Art. 3 Abs. 1 GG. Es stellt sich nunmehr die Frage, ob denn von dieser Regelung unter Umständen *Freiheitsrechte* betroffen sind, wobei wir hier zunächst das bereits weiter oben Angesprochene zum Aufbau der Prüfung beachten wollen, **nämlich**: Kommen mehrere Freiheitsgrundrechte in Betracht, läuft die Prüfung stets vom Speziellen zum Allgemeinen. Nur wenn kein Schutzbereich eines speziellen Grundrechts betroffen ist, darf die allgemeine Handlungsfreiheit aus Art. 2 Abs. 1 GG untersucht werden. Der Art. 2 Abs. 1 GG ist gegenüber den anderen Freiheitsrechten namentlich subsidiär (**unstreitig**: BVerfG NJW **2012**, 1062; BVerfGE **109**, 96; BVerfGE **80**, 137; BVerfGE **6**, 32; *von Münch/Kunig* Art. 2 GG Rz. 12; *Kingreen/Poscher* StaatsR II Rz. 387).

> **Vorsicht**: Die gerade dargelegte Regel ist eigentlich eindeutig und auch vollkommen unstreitig, wird gleichwohl von den Studenten gnadenlos häufig missachtet, weil sie sehr gerne den folgenden – fatalen – Fehler begehen: Mal angenommen, der Schutzbereich eines speziellen Freiheitsgrundrechts (z.B. Art. 6 GG oder Art. 14 GG) ist zwar betroffen, die Prüfung bzw. die Verletzung des Grundrechts scheitert aber später in der Rechtfertigung des Eingriffs, also zum Beispiel am **Verhältnismäßigkeitsgrundsatz** oder etwa an der **formellen Rechtmäßigkeit** der zu prüfenden Norm. Mindestens die Hälfte aller Kandidaten (selbst im Examen!) kommt dann gleichwohl noch auf die Idee, den Art. 2 Abs. 1 GG (→ allgemeine Handlungsfreiheit) zu untersuchen, da das spezielle Freiheitsgrundrecht ja im Ergebnis nicht einschlägig war. **Fehler!** Hier haben die Prüflinge leider das Prinzip nicht verstanden bzw. die oben benannte Regel nicht sorgfältig beachtet. **Noch mal**: Die allgemeine Handlungsfreiheit aus Art. 2 Abs. 1 GG kann nur dann eingreifen, wenn die Prüfung eines speziellen Freiheitsgrundrechts bereits am Schutzbereich – also auf der *ersten* Prüfungsstufe – scheitert. Nur dann, wenn die speziellen Freiheitsgrundrechte mit ihren Schutzbereichen einen Lebensbereich nicht erfassen und insoweit eine »Lücke« gelassen haben, kann das »Auffanggrundrecht« des Art. 2 Abs. 1 GG eingreifen (BVerfGE **67**, 157; BVerfGE **83**, 182; BVerfGE **116**, 202; *Maunz/Dürig/di Fabio* Art. 2 GG Rz. 21; *Jarass/Pieroth* Art. 2 GG Rz. 2; *von Münch/Kunig* Art. 2 GG Rz. 12). Merken.

Zum Fall: Für uns bedeutet das, dass wir natürlich *keinesfalls* mit Art. 2 Abs. 1 GG beginnen dürfen, sondern zuerst mal die von unserem Papa angesprochenen (Freiheits-)Grundrechte untersuchen müssen, namentlich die Art. 6 GG und Art. 14 GG. Nur wenn beide Prüfungen schon am *Schutzbereich* scheitern, wäre der Weg noch frei für die allgemeine Handlungsfreiheit aus Art. 2 Abs. 1 GG. **Also:**

Die Kindergartengebührenstaffelung könnte eine Verletzung des Grundrechts des R aus Art. 6 Abs. 1 GG darstellen.

> **Obersatz:** Der R ist durch die KiGa-Satzung in seinem Grundrecht aus Art. 6 Abs. 1 GG verletzt, wenn damit durch einen Akt der öffentlichen Gewalt in den Schutzbereich des Grundrechts eingegriffen wird und dieser Eingriff verfassungsrechtlich nicht gerechtfertigt ist.

I. Ist durch die KiGa-Satzung das Grundrecht des R aus Art. 6 Abs. 1 GG in seinem Schutzbereich betroffen?

1.) Gemäß Art. 6 Abs. 1 GG stehen Ehe und Familie unter dem besonderen Schutz der staatlichen Ordnung. Es fragt sich, ob die KiGa-Satzung der Stadt *Idstein* mit ihrer Gebührenstaffelung und der damit einhergehenden höheren Belastung der einkommensstärkeren Familien überhaupt den Schutzbereich des Art. 6 Abs. 1 GG betrifft. In Betracht kommt insoweit die Verletzung der aus Art. 6 Abs. 1 GG folgenden Pflicht des Staates zur *Förderung* der Familien.

> **Definition**: Die aus Art. 6 Abs. 1 GG folgende Pflicht des Staates zur Förderung der Familie umfasst insbesondere deren wirtschaftlichen Zusammenhalt, wozu namentlich die Kinderbetreuung einschließlich der Vereinbarkeit von Familien- und Erwerbstätigkeit gehört. Die staatliche Familienförderung durch finanzielle Förderung steht aber stets unter dem Vorbehalt des »Möglichen« im Sinne dessen, was der Einzelne vernünftigerweise von der Gesellschaft beanspruchen kann; der Staat ist aus Art. 6 Abs. 1 GG daher nicht verpflichtet, jegliche, die Familie belastenden Maßnahme auszugleichen (BVerfGE **61**, 18; BVerfGE **99**, 216; BVerfGE **112**, 50; BVerfGE **127**, 263; BVerfGE **130**, 240; *von Münch/Kunig/Coester-Waltjen* Art. 6 GG Rz. 40; *Jarass/Pieroth* Art. 6 GG Rz. 20).

Zum Fall: Zwar obliegt dem Staat somit eine grundsätzliche Pflicht zur Förderung der Familien, wozu – wie gerade gesehen – auch die Kinderbereuung gehört. Allerdings steht diese Pflicht immer (und logischerweise) unter dem Vorbehalt dessen, was der Staat zu leisten imstande ist. Im vorliegenden Fall kann die Stadt *Idstein* mit den eingenommenen Gebühren nur 35 % der tatsächlich anfallenden Kosten decken und muss die noch fehlenden 65 % der Kosten aus Eigenmitteln aufbringen. Eine weitere Bezuschussung, um die einkommensstärkeren Familien wieder zu entlasten, kommt folglich nicht oder nur zulasten der einkommensschwächeren Familien in Betracht. Das aber kann – wie schon mal erläutert – vom Staat nicht verlangt werden. In den Worten des Bundesverfassungsgerichts (BVerfGE **97**, 332) klingt dies so:

> »… Mit ihren Kindergartengebühren unterschreitet die Gemeinde auch nicht die ihr gemäß Art. 6 Abs. 1 GG obliegende **Förderpflicht**. Der Staat ist durch das Schutzgebot des Art. 6 Abs. 1 GG **nicht** gehalten, jegliche die Familie treffende Belastung auszugleichen oder die Familie ohne Rücksicht auf andere öffentliche Belange zu fördern. Die staatliche Familienförderung steht unter dem Vorbehalt des Möglichen im Sinne dessen, was der Einzelne vernünftigerweise von der Gesellschaft beanspruchen kann. Dass die Förderung der Beschwerdeführer unter Berücksichtigung dieser Gesichtspunkte dem Schutzgebot des Art. 6 Abs. 1 GG nicht genügt, ist **nicht** ersichtlich. Eine Pflicht zur gleichmäßigen Förderung aller Familien ohne Rücksicht auf ihre Bedürftigkeit lässt sich Art. 6 Abs. 1 GG **nicht** entnehmen. Es fehlt somit bereits an der Betroffenheit des Schutzbereichs des Art. 6 Abs. 1 GG …«.

<u>ZE.:</u> Durch die KiGa-Satzung wird der Schutzbereich des Art. 6 GG nicht betroffen.

Ergebnis: Eine Grundrechtsverletzung aus Art. 6 Abs. 1 GG scheitert an der Betroffenheit des Schutzbereichs.

III. Verletzung des Art. 14 Abs. 1 GG (→ Eigentum)?

In Betracht kommt des Weiteren eine Verletzung des Eigentumsrechts aus Art. 14 Abs. 1 GG durch die KiGa-Satzung.

> **Obersatz:** Der R ist durch die KiGa-Satzung in seinem Grundrecht aus Art. 14 Abs. 1 GG verletzt, wenn damit durch einen Akt der öffentlichen Gewalt in den Schutzbereich des Grundrechts eingegriffen wird und dieser Eingriff verfassungsrechtlich nicht gerechtfertigt ist.

I. Ist durch die KiGa-Satzung das Grundrecht des R aus Art. 14 Abs. 1 GG in seinem Schutzbereich betroffen?

1.) Gemäß Art. 14 Abs. 1 Satz 1 GG werden das Eigentum und das Erbrecht gewährleistet. Eine Verletzung dieses Grundrechts könnte aus der Erwägung in Betracht kommen, dass der Staat vorliegend für die Benutzung einer staatlichen Leistung von den Nutzern Geld (= Eigentum) verlangt. Dann müsste Art. 14 Abs. 1 GG vor einer solchen Forderung des Staates Schutz bieten.

> **Definition**: Der *Eigentumsbegriff* im Sinne des Art. 14 Abs. 1 GG umfasst alles, was die jeweils gültige Rechtsordnung zum aktuellen Zeitpunkt als Eigentum definiert und schützt (BVerfGE **58**, 300, 336; BVerfGE **53**, 257, 290; *Maunz/Dürig/Papier* Art. 14 GG Rz. 55; *Jarass/Pieroth* Art. 14 GG Rz. 7; *von Münch/Kunig/Bryde* Art. 14

GG Rz. 12). Das »Vermögen als solches« wird allerdings *nicht* von Art. 14 Abs. 1 GG geschützt (BVerfGE **4**, 7, 17; BverfGE **78**, 232; BVerfGE **95**, 267).

Zum Fall: Unser R soll für seinen Sohn 350 Euro monatlich an Gebühren entrichten, erhält dafür aber als Gegenleistung einen Kindergartenplatz, dessen Kosten durch die Gebühr nur zu 35 % gedeckt werden können, die restlichen 65 % bringt der Staat mit anderen Mitteln auf. Bei genauer Betrachtung erhält R für den von ihm gegebenen Vermögenswert mithin ein in jeder Hinsicht gleichwertiges Äquivalent, das sogar noch einen höheren Wert in sich trägt, als die von R gezahlte Gebühr. Zudem schützt der Art. 14 Abs. 1 GG nach allgemeinen Meinung *nicht* gegen die Auferlegung von Geldleistungspflichten seitens des Staates, da damit nicht in bestehende Eigentumspositionen im Sinne des Art. 14 Abs. 1 GG eingegriffen wird, sondern diese nur das Vermögen als solches betreffen (BVerfGE **78**, 214; BVerfGE **97**, 332). Nur dann, wenn eine solche Zahlungspflicht den Betroffenen übermäßig belasten und seine Vermögensverhältnisse grundlegend beeinträchtigten würde, käme eine andere Bewertung in Betracht (BVerfGE **78**, 214, 230). Davon kann vorliegend aber keine Rede sein. So heißt es dann auch relativ knapp und humorlos:

> *»… Das Eigentumsrecht des Art. 14 Abs. 1 GG ist durch die Kindergartensatzung der Stadt Idstein ebenfalls nicht verletzt. Er schützt nicht vor der Auferlegung von Geldleistungen, die für die Inanspruchnahme öffentlicher Einrichtungen erhoben werden, somit auch nicht für die Inanspruchnahme öffentlicher Kindergärten. …«*

Ergebnis: Auch eine Verletzung des Art. 14 Abs. 1 GG scheitert bereits an der Betroffenheit des Schutzbereichs.

IV. Verstoß gegen Art. 2 Abs. 1 GG (→ allgemeine Handlungsfreiheit)?

So, da dürfen wir ja jetzt tatsächlich doch noch hingucken, **denn**: Die hier infrage kommenden speziellen Freiheitsgrundrechte scheiterten beide schon an der *Betroffenheit* des *Schutzbereichs* (siehe soeben), also ist der Weg frei zu Art. 2 Abs. 1 GG – freilich mit überschaubarem Erfolg, denn:

Obersatz: Der R ist durch die KiGa-Satzung in seinem Grundrecht aus Art. 2 Abs. 1 GG verletzt, wenn damit durch einen Akt der öffentlichen Gewalt in den Schutzbereich des Grundrechts eingegriffen wird und dieser Eingriff verfassungsrechtlich nicht gerechtfertigt ist.

I. Ist durch die KiGa-Satzung das Grundrecht des R aus Art. 2 Abs. 1 GG in seinem Schutzbereich betroffen?

1.) Gemäß Art. 2 Abs. 1 GG hat jeder das Recht auf die freie Entfaltung seiner Persönlichkeit, soweit er nicht die Rechte anderer verletzt und nicht gegen die verfassungsmäßige Ordnung oder das Sittengesetz verstößt. Im vorliegenden Fall könnte unser R durch die Inanspruchnahme seitens des Staates in seiner Handlungsfreiheit unzulässig beeinträchtigt sein.

> **Definition**: Die *allgemeine Handlungsfreiheit* des Art. 2 Abs. 1 GG schützt jegliches menschliche Verhalten im allumfassenden Sinne, insbesondere unabhängig von wertender Betrachtung (BVerfGE **6**, 32; BVerfGE **80**, 137; BVerfGE **103**, 29; *von Mangold/Klein/Starck* Art. 2 GG Rz. 8; *Dreier/Dreier* Art. 2 GG Rz. 8).

Zum Fall: Der Art. 2 Abs. 1 GG gewährleistet – wie gerade gesehen – die allgemeine Handlungsfreiheit in einem umfassenden Sinne. Geschützt ist dadurch insbesondere auch der Anspruch, durch die Staatsgewalt nicht mit einem finanziellen Nachteil belastet zu werden, der nicht in der verfassungsmäßigen Ordnung begründet ist (BVerfGE **97**, 332; BVerfGE **19**, 206; *Jarass/Pieroth* Art. 2 GG Rz. 5). Die angegriffene kommunale Kindergartensatzung belastet die Familie des R, die einen städtischen Kindergarten für ihren Sohn in Anspruch nimmt, mit einer Gebührenforderung und beeinträchtigt sie damit in ihrer allgemeinen Handlungsfreiheit (BVerfGE **97**, 332).

<u>ZE.</u>: Der Schutzbereich des Art. 2 Abs. 1 GG ist betroffen.

II. Es muss des Weiteren ein »Eingriff« in diesen Schutzbereich vorliegen.

> **Definition**: Unter *Eingriff* versteht man jedes staatliche Handeln, das dem Einzelnen ein Verhalten, das in den Schutzbereich eines Grundrechts fällt, ganz oder teilweise unmöglich macht; hierbei ist gleichgültig, ob diese Wirkung final oder unbeabsichtigt eintritt (BVerfGE **105**, 279; BVerfGE **81**, 310; BVerfG NVwZ **2007**, 1049; *von Münch/Kunig* vor Art. 1 GG Rz. 34; *Jarass/Pieroth* vor Art. 1 GG Rz. 27/28; *Kingreen/Poscher* StaatsR II Rz. 253).

Zum Fall: Die Stadt *Idstein* fordert aufgrund der Kindergartengebührensatzung von R die Zahlung von 350 Euro monatlich und beeinträchtigt damit die finanzielle und folglich die allgemeine Handlungsfreiheit des R.

<u>ZE.</u>: Ein Eingriff liegt vor.

III. Der Eingriff dürfte verfassungsrechtlich nicht gerechtfertigt sein.

> **Obersatz**: Der staatliche Eingriff in den Schutzbereich eines Grundrechts ist dann verfassungsrechtlich gerechtfertigt, wenn das betroffene Grundrecht *einschränkbar* ist, eine entsprechende *Schranke* (z.B. ein Gesetz) auch besteht und diese Schranke selbst wiederum *verfassungsgemäß* ist (sogenannte »Schranken-Schranke«).

Achtung: Und hier wird es jetzt noch ein letztes Mal spannend, aber auch ziemlich kurz, **denn**: Das Grundrecht aus Art. 2 Abs. 1 GG ist – wie wir schon in Fall Nr. 1 ganz oben gelernt haben – einschränkbar, und zwar durch sämtliche Normen, die der »verfassungsmäßigen Ordnung« entsprechen (bitte lies: Art. 2 Abs. 1 GG). Als einschränkende Norm kommt in unserem Fall nun selbstverständlich nur die KiGa-Satzung der Stadt *Idstein* in Betracht, um die dreht sich ja der ganze Fall.

Aber: Dass diese Satzung der verfassungsmäßigen Ordnung entspricht und insbesondere nicht gegen Grundrechte verstößt, haben wir auf den letzten 17 Seiten (!) lang und breit geprüft – und festgestellt: Die KiGa-Satzung verstößt nicht gegen die Grundsätze des Gebührenrechts, sie verstößt nicht gegen den Gleichheitssatz des Art. 3 Abs. 1 GG, sie verstößt auch nicht gegen das Grundrecht aus Art. 6 Abs. 1 GG und schließlich auch nicht gegen das Grundrecht aus Art. 14 Abs. 1 GG. Und da die KiGa-Satzung ausweislich des Sachverhaltes auch *formal verfassungsgemäß* ist, ist sie insgesamt rechtmäßig und damit logischerweise ein Bestandteil der »verfassungsmäßigen Ordnung« im Sinne des Art. 2 Abs. 1 GG. **Folge**: In das Grundrecht des R aus Art. 2 Abs. 1 GG wird durch die KiGa-Satzung zwar eingegriffen, dieser Eingriff ist aber *gerechtfertigt*, weil die KiGa-Satzung nämlich der verfassungsmäßigen Ordnung entspricht. Und so heißt es dann auch in der Entscheidung des Bundesverfassungsgerichts (BVerfGE **97**, 332):

> »… *Der Eingriff in die allgemeine Handlungsfreiheit nach Art. 2 Abs. 1 GG ist im vorliegenden Fall gerechtfertigt. Die gesetzlichen Grundlagen für die Gebührenforderung in Form der Kindergartensatzung der Stadt Idstein halten sich im Rahmen der* **verfassungsmäßigen Ordnung** *im Sinne des Art. 2 Abs. 1 GG. Die Kindergartensatzung der Stadt Idstein ist* **formal verfassungsgemäß***, sie verletzt nicht die Kompetenzregelung des Grundgesetzes. Zudem widerspricht sie auch nicht den Grundsätzen der Gebührengerechtigkeit, da zwar unterschiedlich hohe Gebühren gefordert werden, diese Differenzierung aber verfassungsrechtlich unbedenklich bleibt, solange mit den Gebühren die Kosten des Staates nicht gedeckt werden können. Des Weiteren liegt in der Kindergartensatzung auch kein Verstoß gegen den allgemeinen Gleichheitssatz aus Art. 3 Abs. 1 GG vor, die Rechte aus Art. 6 Abs. 1 GG und aus Art. 14 Abs. 1 GG sind gewahrt … Die Kindergartensatzung der Stadt Idstein gehört folglich zur* **verfassungsmäßigen Ordnung** *im Sinne des Art. 2 Abs. 1 GG und rechtfertigt den Eingriff in das Grundrecht des Beschwerdeführers aus Art. 2 Abs. 1 GG. Eine Grundrechtsverletzung liegt damit insgesamt nicht vor …*«.

Ergebnis: Auch das Grundrecht des R aus Art. 2 Abs. 1 GG ist nicht verletzt. Zwar ist der Schutzbereich des Grundrechts betroffen. Die Grundrechtsverletzung scheitert aber daran, dass die Kindergartensatzung der Stadt *Idstein* zur verfassungsmäßigen Ordnung gehört und folglich den Eingriff rechtfertigt.

Gesamtergebnis: Die Kindergartensatzung der Stadt *Idstein* ist verfassungsgemäß und verletzt R nicht in seinen Grundrechten.

Prüfungsschema 13

Die Grundrechtskonkurrenzen: Gleichheit / Freiheit

Regel: Beide Grundrechtsarten stehen sich gleichwertig gegenüber. Es gibt daher auch *keine* zwingende Vorschrift, wonach Freiheitsrechte immer vor Gleichheitsrechten zu prüfen wären (BVerfGE **64**, 229; *Stern* StaatsR III/2 Seite 1365; *Dreier/Heun* Art. 3 GG Rz. 139; *von Münch/Kunig/Boysen* Art. 3 GG Rz. 203; *Jarass/Pieroth* Art. 3 GG Rz. 3; a.A.: *Ipsen* StaatsR II Rz. 135; *von Mangoldt/Klein/Starck* Art. 3 GG Rz. 300). Beide Grundrechtsarten können und sollten daher auch unabhängig voneinander und in einer für den konkreten Fall jeweils *zweckmäßigen* Reihenfolge untersucht werden (BVerfGE **97**, 322; *von Münch/Kunig/Boysen* Art. 3 GG Rz. 203).

Konsequenzen:

1.) Liegt der Schwerpunkt eines Falles erkennbar auf der Verletzung eines Gleichheitssatzes, etwa desjenigen aus Art. 3 Abs. 1 GG, kann und sollte folglich auch mit diesem Grundrecht begonnen werden (BVerfGE **97**, 322; *Jarass/Pieroth* Art. 3 GG Rz. 3; *von Münch/Kunig/Boysen* Art. 3 GG Rz. 203; *Dreier/Heun* Art. 3 GG Rz. 139). Ebenso ist es umgekehrt: Wenn der Schwerpunkt auf der Verletzung eines Freiheitsgrundrechtes liegt, beginnt man mit diesem Grundrecht.

2.) *Innerhalb* der beiden Grundrechtsarten muss dann zudem aber beachtet werden, dass immer das *Spezielle* vor dem *Allgemeinen* erörtert wird:

→ Bei den *Freiheitsrechten* bedeutet dies, dass das allgemeine Freiheitsrecht des Art. 2 Abs. 1 GG (→ die allgemeine Handlungsfreiheit) immer erst dann eingreifen kann, wenn kein Schutzbereich eines speziellen Freiheitsrechts betroffen ist. Die allgemeine Handlungsfreiheit aus Art. 2 Abs. 1 GG ist gegenüber den anderen Freiheitsrechten namentlich *subsidiär* (**unstreitig**: BVerfG NJW **2012**, 1062; BVerfGE **109**, 96; *von Münch/Kunig* Art. 2 GG Rz. 12; *Kingreen/Poscher* StaatsR II Rz. 387).

→ Im Hinblick auf die *Gleichheitsgrundrechte* gilt: Spezielle Gleichheitssätze, wie etwa Art. 3 Abs. 2 GG, Art. 3 Abs. 3 GG, Art. 33 Abs. 2 GG oder Art. 6 Abs. 5 GG, müssen – soweit Anhaltspunkte für deren Einschlägigkeit vorliegen – immer *vor* dem allgemeinen Gleichheitssatz des Art. 3 Abs. 1 GG geprüft werden: Sofern die speziellen Gleichheitsgebote des Grundgesetzes verletzt sind, tritt der allgemeine Gleichheitssatz des Art. 3 Abs. 1 GG hinter dieser Verletzung zurück. Der allgemeine Gleichheitssatz wäre in diesem Falle immer auch einschlägig und müsste dann immer auch mit benannt werden, was aber keinen Sinn macht (BVerfGE **85**, 191; *von Münch/Kunig/Boysen* Art. 3 GG Rz. 202; *Jarass/Pieroth* Art. 3 GG Rz. 2; *Sachs/Osterloh/ Nußberger* Art. 3 GG Rz. 78). So heißt es beim Bundesverfassungsgericht: »… *Für eine Prüfung des allgemeinen Gleichheitssatzes ist* **kein** *Raum mehr, wenn die zu prüfende Norm einem speziellen Gleichheitssatz zuwiderläuft* …« (BVerfGE **59**, 128; BVerfGE **13**, 290).

Gutachten

Die »KiGa-Satzung« der Stadt Idstein verstößt dann gegen den allgemeinen Gleichheitssatz aus Art. 3 Abs. 1 GG, wenn mit dieser Regelung wesentlich Gleiches ungleich behandelt wird, ohne dass es dafür einen tragfähigen sachlichen Grund gibt.

1.) Zunächst müssen im vorliegenden Fall wesentlich gleiche Sachverhalte vorliegen. Hierfür erforderlich sind bestimmte, im konkreten Fall gemeinsame Bezugspunkte/Oberbegriffe, aus denen eine Verpflichtung zur Gleichbehandlung seitens des Staates erwächst und wodurch sich diese Personengruppen oder Sachverhalte von anderen Personengruppen oder Sachverhalten unterscheiden. Die KiGa-Satzung der Stadt *Idstein* differenziert bei der Höhe der zu entrichtenden Kindergartengebühren nach dem Einkommen der Eltern. Vermögende Eltern mit entsprechend hohem Einkommen zahlen demnach höhere Gebühren als weniger vermögende Eltern. Die beiden Personengruppen können im Hinblick auf die Entrichtung von Kindergartengebühren insoweit zusammengefasst werden, als ihre Kinder die Einrichtungen der Stadt *Idstein* besuchen und dort – unabhängig vom Einkommen der Eltern – die gleichen Betreuungsleistungen entgegennehmen. Diesbezüglich sind die Eltern als wesentlich gleich zu bezeichnen. Die Eltern können namentlich unter dem Oberbegriff »Eltern, deren Kinder die Einrichtungen der Stadt Idstein besuchen« zusammengefasst werden.

Zwischenergebnis Die beiden sich hier gegenüberstehenden Personengruppen sind folglich anhand dieser gemeinsamen Bezugspunkte in einer vergleichbaren Lage bezüglich der Entrichtung von Kindergartengebühren. Sie sind unter dem Oberbegriff »Eltern, deren Kinder die Einrichtungen der Stadt Idstein besuchen« vergleichbar. Die vorliegenden Sachverhalte sind damit wesentlich gleich im Sinne des Gleichheitssatzes aus Art. 3 Abs. 1 GG.

2.) Es müsste des Weiteren eine unterschiedliche Behandlung der beiden Personengruppen vorliegen. Die »reichen« Eltern müssen mehr Kindergartengebühren zahlen als die »weniger reichen« Eltern.

Zwischenergebnis: Eine Ungleichbehandlung liegt vor.

3.) Um den Gleichheitsgrundsatz zu wahren, muss es für diese Ungleichbehandlung einen tragfähigen sachlichen Grund geben, die Ungleichbehandlung darf nicht willkürlich erfolgen. Insoweit ist zu beachten, dass die verfassungsrechtlichen Anforderungen an die Überprüfung des tragfähigen sachlichen Grundes steigen, je intensiver die Ungleichbehandlung die Betroffenen in ihren Rechten einschränkt.

a) Im Hinblick auf den konkreten Prüfungsmaßstab muss vorliegend zunächst beachtet werden, dass die KiGa-Satzung den betroffenen »reichen« Eltern einen spürbaren finanziellen Nachteil dadurch zufügt, dass sie monatlich deutlich mehr Geld zahlen sollen (350 Euro) als die weniger reichen Eltern (50 Euro). Zudem handelt es sich bei der Anknüpfung an das Familieneinkommen um ein personenbezogenes Kriterium, was einen besonders intensiven Eingriff im eben benannten Sinne indiziert und in Bezug auf die Prüfung eines tragfähigen sachlichen Grundes eine strenge Bindung des Normgebers an den Verhältnismäßigkeitsgrundsatz fordert. Die staatliche Maßnahme in Form der KiGa-Satzung der Stadt *Idstein* muss namentlich einen legitimen Zweck verfolgen, zur Erreichung des Zwecks geeignet, erforderlich und angemessen sein.

b) Es stellt sich angesichts dessen als nächstes die Frage, welche tragfähigen Sachgründe die Ungleichbehandlung der reichen Eltern gegenüber den weniger reichen Eltern zu rechtfertigen vermögen. Nach Auskunft des Sachverhaltes soll mit der KiGa-Satzung und der unterschiedlichen Gebührenerhebung den einkommensschwachen Eltern bzw. deren Kindern der Zugang zum Kindergarten und damit eine Chancengleichheit ermöglicht werden.

aa) Hierbei müsste es sich somit um die Verfolgung eines legitimen Zwecks im eben benannten Sinne handeln. Vor der Bewertung der gesetzgeberischen Absicht, stellt sich indes zunächst die Frage, inwieweit der Staat bei der Erhebung von Gebühren für die Inanspruchnahme staatlicher Leistungen – und zwar unabhängig von der konkreten Art der Leistung – überhaupt nach dem Einkommen der Leistungsempfänger differenzieren und unterschiedlich hohe Gebühren erheben darf, insbesondere dann, wenn alle Nutzer die gleichen Kosten verursachen. Die Verfassungswidrigkeit der Gebührenstaffelung nach Einkommenshöhe könnte sich nämlich bereits daraus ergeben, dass der Staat bei der Erhebung von Gebühren allein an das Prinzip der Kostendeckung gebunden ist, sich die Höhe der Gebühren demnach logischerweise auch nur an den dem Staat entstehenden Kosten orientieren darf und demnach logischerweise unabhängig vom Einkommen der Betroffenen zu erheben ist. Im vorliegenden Fall orientiert sich die Höhe der Gebühren indes gerade nicht an den tatsächlich entstandenen Kosten der Kinderbetreuung, die mit den eingenommenen Gebühren ausweislich des Sachverhaltes ja nur zu 35 % gedeckt werden können, sondern vielmehr allein am Familieneinkommen. Die KiGa-Satzung könnte daher bereits deshalb ein Verstoß gegen den Gleichheitsgrundsatz und demnach verfassungswidrig sein, weil der Staat – jedenfalls bei identischen Kosten pro Leistungsempfänger – wegen des Kostendeckungsprinzips gar nicht berechtigt ist, unterschiedlich hohe Gebühren zu fordern. Auf den eigentlichen Zweck der Regelung, hier also auf die Schaffung von Chancengleichheit aller Familien beim Kindergartenzugang, käme es dann überhaupt nicht mehr an, die KiGa-Satzung wäre schon aus diesen Erwägungen heraus verfassungswidrig.

bb) Dieser Sichtweise kann jedoch nicht gefolgt werden. Als Unterschied, der eine Ungleichbehandlung rechtfertigen kann, kommen auch unterschiedliche Einkommensverhältnisse in Betracht. Das ist in vielen Bereichen des staatlichen Lebens anerkannt. So richtet sich zum Beispiel der Steuersatz nach der Höhe des Einkommens. Sozialleistungen werden einkommens- oder vermögensabhängig gewährt. Aus Art. 3 Abs. 1 GG lässt sich daher nicht ableiten, dass die Gebühren für die Inanspruchnahme staatlicher Leistungen ausnahmslos einkommensunabhängig ausgestaltet sein müssen.

Aus der Zweckbindung einer Gebühr ergibt sich keine verfassungsrechtlich begründete Begrenzung der Gebührenhöhe durch die tatsächlichen Kosten einer staatlichen Leistung. Das Kostendeckungsprinzip ist kein Grundsatz mit verfassungsrechtlichem Rang. Mit einer Gebührenregelung dürfen neben der Kostendeckung daher auch andere Zwecke verfolgt werden; auch der Wert einer staatlichen Leistung für deren Empfänger darf sich in Gebührenmaßstäben niederschlagen. Innerhalb seiner jeweiligen Regelungskompetenzen verfügt der Gebührengesetzgeber über einen weiten Entscheidungs- und Gestaltungsspielraum, welche individuell zurechenbaren öffentlichen Leistungen er einer Gebührenpflicht unterwerfen, welche Gebührenmaßstäbe und Gebührensätze er hierfür aufstellen und welche über die Kostendeckung hinausgehenden Zwecke er mit einer Gebührenregelung anstreben will. Eine einkommensbezogene Staffelung der Kindergartenbeiträge verstößt auch nicht gegen Grundsätze der Abgabengerechtigkeit. Diese Grundsätze haben zum Beispiel im Steuerrecht eine spezifische Ausprägung gefunden. Steuergerechtigkeit im Sinne von Art. 3 Abs. 1 GG verlangt Gleichmäßigkeit der Besteuerung. Das Einkommensteuerrecht trägt diesem Gleichbehandlungsgrundsatz unter anderem durch progressive Steuersätze Rechnung, wonach mehr Verdienende höhere Steuern zu zahlen haben als geringer Verdienende. Hierdurch wird der einkommensteuerpflichtige Bürger an der Finanzierung der die Gemeinschaft treffenden Lasten nach Maßgabe seiner individuellen und damit relativ gleichen Leistungsfähigkeit beteiligt. Es wird damit vermieden, dass einzelne Bürger bestimmte Allgemeinlasten alleine zu tragen haben. Jeder Bürger ist – seinen finanziellen Möglichkeiten entsprechend – am Allgemeinwohl durch seine individuelle Steuerlast beteiligt.

Trotz des gesetzgeberischen Spielraums bei der Gebührenerhebung sind dem Staat aus verfassungsrechtlicher Sicht freilich Grenzen gesetzt. Einkommensbezogene Gebührenstaffeln sind unter dem Blickwinkel der Abgabengerechtigkeit nur dann unbedenklich, solange selbst die Höchstgebühr die tatsächlichen Kosten der Einrichtung nicht deckt. Nur unter dieser Voraussetzung wird nämlich allen Benutzern im Ergebnis ein vermögenswerter Vorteil zugewendet. Auch die Nutzer, die die Höchstgebühr zahlen, werden dann nicht zusätzlich und voraussetzungslos zur Finanzierung allgemeiner Lasten und vor allem nicht zur Entlastung sozial schwächerer Nutzer herangezogen. Im Vordergrund steht auch für den »Höchstzahler« unter diesen Umständen immer noch die finanzielle Zuwendung seitens des Staates. Im vorliegenden Fall decken die in der Satzung der Stadt *Idstein* festgelegten Gebührensätze die tatsächlichen Kosten nur zu etwas mehr als einem Drittel ab. Auch diejenigen Kindergartenbenutzer, die die volle Gebühr zahlen, kommen folglich in den Genuss einer öffentlichen Leistung in Form der Betreuungsleistung für das Kind, deren Wert die Gebührenhöhe erheblich übersteigt.

Zwischenergebnis: Es ist verfassungsrechtlich unbedenklich und verstößt namentlich nicht gegen Art. 3 Abs. 1 GG, die Erhebung von staatlichen Gebühren und deren Höhe vom Einkommen der betroffenen Bürger abhängig zu machen, solange mit den Gebühren die dem Staat entstandenen Kosten *nicht* gedeckt werden können. Da im vorliegenden Fall die Stadt *Idstein* lediglich 35% der anfallenden Kosten mit den Gebühren der Eltern decken kann, ist aus diesem Gesichtspunkt ein Verstoß gegen Art. 3 Abs. 1 GG nicht zu erkennen.

b) Die Schaffung von Kindergartenplätzen, zu denen alle Bevölkerungsschichten Zugang haben sollen, müsste ein legitimer Zweck sein, der vom Staat verfolgt werden darf. Ein Zweck ist dann legitim und darf vom Staat verfolgt werden, wenn er auf ein der Allgemeinheit dienendes Wohl gerichtet ist oder sonstigen Gütern von Verfassungsrang zugutekommt. Dem Gesetzgeber ist insoweit ein breiter Beurteilungsspielraum zuzubilligen. Die Schaffung und Unterhaltung von Kindergartenplätzen stellt ein wichtiges Gemeinschaftsgut dar. Mit der Schaffung von Kindergärten stellt der Staat zum einen Chancengleichheit in Bezug auf die Lebens- und Bildungsmöglichkeiten von

Kindern her und trägt damit sozialstaatlichen Belangen Rechnung (Art. 20 Abs. 1 GG). Kindergartenerziehung vermittelt und fördert elementare Kenntnisse und Fähigkeiten wie den Gebrauch der Sprache und den Umgang mit anderen. Die Eltern sollen bei der Erziehung durch den Kindergarten unterstützt werden. Kindergärten sind insofern auch wesentliche Bestandteile des Bildungssystems. Sie sollen und müssen allen Eltern mit kleinen Kindern zur Verfügung stehen. Dies ist eines der wichtigsten Ziele der staatlichen Jugendhilfe. Mit der Einrichtung von Kindergärten werden zugleich grundrechtliche Schutz- und Förderpflichten erfüllt. Die Verfügbarkeit eines Kindergartenplatzes kann Frauen darin bestärken, eine ungewollte Schwangerschaft nicht abzubrechen. Kindergärten dienen so dem Schutz auch des ungeborenen Lebens, der dem Staat durch Art. 2 Abs. 2 Satz 1 GG zur Pflicht gemacht wird. Indem sie den Familien bei der Kinderbetreuung und -erziehung helfen, tragen Kindergärten zudem zur Erfüllung der in Art. 6 Abs. 1 GG verankerten Förderpflicht bei. Schließlich unterstützt der Staat mit der Schaffung von Kindergärten auch die Gleichstellung der Frau im Arbeitsleben. Müttern wird häufig erst durch die Betreuung ihrer Kinder in einem Kindergarten der Freiraum verschafft, der ihre Teilhabe am Arbeitsleben ermöglicht und sie einer Gleichstellung im Beruf näherbringt. Auch insofern befolgt der Staat ein grundrechtliches Schutzgebot. Gemäß Art. 3 Abs. 2 Satz 2 GG muss er dafür sorgen, dass Familientätigkeit und Erwerbstätigkeit aufeinander abgestimmt werden können und die Wahrnehmung der familiären Erziehungsaufgabe nicht zu beruflichen Nachteilen führt.

Zwischenergebnis: Die Schaffung von Kindergartenplätzen für alle Bevölkerungsschichten und eine damit einhergehende Chancengleichheit stellt einen legitimen Zweck dar, der vom Staat verfolgt werden darf.

c) Die Staffelung der Gebühren müsste des Weiteren geeignet sein, diese Schaffung von gleichen Chancen für die einkommensschwachen Familien beim Kindergartenzugang herzustellen. Die Geeignetheit einer Maßnahme liegt dann vor, wenn mit ihrer Hilfe das angestrebte Ziel voraussichtlich erreicht oder zumindest gefördert werden kann. Die Schaffung von Kindergartenplätzen für einkommensschwache Familien kann durch die Erhebung von höheren Gebühren der einkommensstärkeren Familien gefördert werden. Kindergartenplätze dürfen auch Kindern einkommensschwächerer Eltern nicht vorenthalten werden. Dieser Anforderung kann durch sozial gestaffelte Tarife genügt werden. Angesichts der wichtigen Gemeinschaftsgüter, denen die Schaffung von Kindergartenplätzen dient, und in Anbetracht der Notwendigkeit, diese flächendeckend und allgemein zugänglich vorzuhalten, kann eine auf gesetzlicher Grundlage beruhende, nach Einkommen gestaffelte Heranziehung der Benutzer zu den Kosten unter Gleichbehandlungsgesichtspunkten nicht beanstandet werden. Dafür spricht vor allem, dass eine gleichmäßige Absenkung der Kindergartengebühren auf das Niveau der Mindestgebühr bei angespannter Haushaltslage den Spielraum zur Schaffung und Unterhaltung von Kindergärten praktisch weiter einschränken würde. Der Staat schafft sich daher mit der Erhebung von gestaffelten Gebühren überhaupt erst die Möglichkeit, auch geringer verdienenden Eltern Kindergartenplätze anzubieten.

Zwischenergebnis: Die Staffelung der Kindergartengebühr ist somit auch geeignet, den einkommensschwachen Familien den Zugang zum Kindergarten zu ermöglichen.

d) Die Staffelung der Gebühren müsste zudem auch erforderlich sein. Gesetzliche Normen sind erforderlich, wenn es kein gleich wirksames, aber den Grundrechtsträger weniger belastendes Mittel zur Erreichung des Zwecks gibt. Es stellt sich die Frage, ob dem Staat unter Umständen noch andere Mittel zur Verfügung stehen, um die einkommensschwächeren Familien zu fördern und die einkommensstärkeren Familien zu entlasten. Eine Entlastung der einkommensstärkeren Familien könnte logischerweise aber nur dadurch erfolgen, dass alle Nutzer des Kindergartens auf das niedrigste Niveau gesetzt werden. Damit aber gingen dem Staat – bei gleichem finanziellem Aufkommen – die entscheidenden finanziellen Mittel verloren, um überhaupt Kindergartenplätze für einkommensschwache Familien zu erschaffen. Eine Entlastung der einkommensschwachen Familien kann demnach nur dadurch erfolgen, dass von den einkommensstärkeren Familien mehr Geld eingefordert wird. Die Nutzer der Kindergärten können nicht verlangen, eine gleichmäßige Absenkung der Kindergartengebühren auf das Niveau der Mindestgebühr vorzunehmen, da dies – insbesondere bei angespannter Haushaltslage – den Spielraum des Staates zur Schaffung und Unterhaltung weiterer Kindergartenplätze drastisch einengen würde. Soweit die öffentliche Hand zu einer Bezuschussung gesetzlich nicht verpflichtet ist, kann sie aus haushaltspolitischen Gründen davon absehen und die einkommensstärkeren Nutzer entsprechend höher belasten. Eine Staffelung kommt insbesondere dann in Betracht, wenn auch die Höchstgebühr die anteilsmäßigen rechnerischen Kosten der Einrichtung nicht übersteigt und eine Leistung betrifft, mit der der Staat sowohl dem Sozialstaatsgrundsatz als auch gewichtigen grundrechtlichen Schutzgeboten Rechnung trägt und die aus verfassungsrechtlichen Gründen jedem zugänglich sein muss, der auf die Leistung angewiesen ist. In einem solchen Fall ist der Staat nicht darauf beschränkt, zunächst eine für alle gleiche Gebühr zu fordern und anschließend bedürftigen Nutzern finanzielle Beihilfen zu gewähren. Vielmehr ist es grundsätzlich gerechtfertigt, schon bei der Bemessung des Entgelts auf soziale Gesichtspunkte Rücksicht zu nehmen und die Gebührenbelastung nach der Leistungsfähigkeit abzustufen, sofern nicht andere verfassungsrechtliche Gründe entgegenstehen.

Zwischenergebnis: Die Gebührenstaffelung ist auch erforderlich.

e) Die Gebührenstaffelung müsste letztlich auch angemessen sein. Eine Regelung ist dann angemessen, wenn sie beim Grundrechtsträger keinen Nachteil herbeiführt, der erkennbar außer Verhältnis zum verfolgten Zweck steht. Die Angemessenheit der Belastung der »Höchstzahler« folgt im vorliegenden Fall daraus, dass auch diese Nutzer letztlich vom Staat noch eine Zuwendung bzw. Förderung erhalten, da der Staat die tatsächlich anfallenden Kosten für jedes Kind ja auch mit dieser (Höchst-)Gebühr nicht decken kann. Die Zuwendung des Staates fällt zwar für die einkommensstärkeren Familien geringer aus als die Zuwendung, die die einkommensschwächeren Eltern vom Staat erhalten. Indessen bleibt es gleichwohl eine staatliche Zuwendung, da der Staat dem Bürger auch im Falle der Höchstgebühr eine Gegenleistung bietet, die über dem Wert der gezahlten Gebühr liegt.

Zwischenergebnis: Die Gebührenstaffelung ist angemessen im eben benannten Sinn.

Ergebnis: Die Gebührenstaffelung der KiGa-Satzung der Stadt *Idstein* ist auf der Grundlage eines tragfähigen Sachgrundes, nämlich der Schaffung von Chancengleichheit auch für einkommensschwache Familien, erlassen worden und verstößt somit nicht gegen den Gleichheitsgrundsatz aus Art. 3 Abs. 1 GG.

II. Mögliche Verletzung des Art. 6 GG

Die Kindergartengebührenstaffelung könnte eine Verletzung des Grundrechts des R aus Art. 6 Abs. 1 GG darstellen. Der R ist durch die KiGa-Satzung in seinem Grundrecht aus Art. 6 Abs. 1 GG verletzt, wenn damit durch einen Akt der öffentlichen Gewalt in den Schutzbereich des Grundrechts eingegriffen wird und dieser Eingriff verfassungsrechtlich nicht gerechtfertigt ist.

I. Durch die KiGa-Satzung müsste das Grundrecht des R aus Art. 6 Abs. 1 GG in seinem Schutzbereich betroffen sein. Die aus Art. 6 Abs. 1 GG folgende Pflicht des Staates zur Förderung der Familie umfasst insbesondere deren wirtschaftlichen Zusammenhalt, wozu namentlich die Kinderbetreuung einschließlich der Vereinbarkeit von Familien- und Erwerbstätigkeit gehört. Die staatliche Familienförderung durch finanzielle Förderung steht aber stets unter dem Vorbehalt des »Möglichen« im Sinne dessen, was der Einzelnen vernünftigerweise von der Gesellschaft beanspruchen kann; der Staat ist aus Art. 6 Abs. 1 GG daher nicht verpflichtet, jegliche, die Familie belastenden Maßnahme auszugleichen. Zwar obliegt dem Staat somit eine grundsätzliche Pflicht zur Förderung der Familien, wozu auch die Kinderbereuung gehört. Allerdings steht diese Pflicht immer und logischerweise unter dem Vorbehalt dessen, was der Staat zu leisten imstande ist. Im vorliegenden Fall kann die Stadt *Idstein* mit den eingenommenen Gebühren nur 35 % der tatsächlich anfallenden Kosten decken und muss die noch fehlenden 65 % der Kosten aus anderen Mitteln aufbringen. Eine weitere Bezuschussung, um die einkommensstärkeren Familien wieder zu entlasten, kommt folglich nicht oder nur zulasten der einkommensschwächeren Familien in Betracht. Das aber kann vom Staat nicht verlangt werden. Mit ihren Kindergartengebühren unterschreitet die Gemeinde auch nicht die ihr gemäß Art. 6 Abs. 1 GG obliegende Förderpflicht. Der Staat ist durch das Schutzgebot des Art. 6 Abs. 1 GG nicht gehalten, jegliche die Familie treffende Belastung auszugleichen oder die Familie ohne Rücksicht auf andere öffentliche Belange zu fördern. Eine Pflicht zur gleichmäßigen Förderung aller Familien ohne Rücksicht auf ihre Bedürftigkeit lässt sich Art. 6 Abs. 1 GG nicht entnehmen.

Zwischenergebnis: Durch die KiGa-Satzung wird der Schutzbereich des Art. 6 Abs. 1 GG nicht betroffen.

Ergebnis: Eine Grundrechtsverletzung aus Art. 6 Abs. 1 GG scheitert an der Betroffenheit des Schutzbereichs.

III. Mögliche Verletzung des Art. 14 Abs. 1 GG

In Betracht kommt des Weiteren eine Verletzung des Eigentumsrechts aus Art. 14 Abs. 1 GG durch die KiGa-Satzung. Der R ist durch die KiGa-Satzung in seinem Grundrecht aus Art. 14 Abs. 1 GG verletzt, wenn damit durch einen Akt der öffentlichen Gewalt in den Schutzbereich des Grundrechts eingegriffen wird und dieser Eingriff verfassungsrechtlich nicht gerechtfertigt ist.

I. Durch die KiGa-Satzung müsste das Grundrecht des R aus Art. 14 Abs. 1 GG in seinem Schutzbereich betroffen sein. Gemäß Art. 14 Abs. 1 Satz 1 GG werden das Eigentum und das Erbrecht gewährleistet. Eine Verletzung dieses Grundrechts könnte aus der Erwägung in Betracht kommen, dass der Staat vorliegend für die Benutzung einer staatlichen Leistung von den Nutzern Geld verlangt. Dann müsste Art. 14 Abs. 1 GG vor einer solchen Forderung des Staates Schutz bieten. Der Eigentumsbegriff im Sinne des Art. 14 Abs. 1 GG umfasst alles, was die jeweils gültige Rechtsordnung zum aktuellen Zeitpunkt als Eigentum definiert und schützt. R soll für seinen Sohn 350 Euro monatlich an Gebühren entrichten, erhält dafür aber als Gegenleistung einen Kindergartenplatz, dessen Kosten durch die Gebühr nur zu 35 % gedeckt werden können, die restlichen 65 % bringt der Staat mit anderen Mitteln auf. Bei genauer Betrachtung erhält R für den von ihm gegebenen Vermögenswert mithin ein in jeder Hinsicht gleichwertiges Äquivalent, das sogar noch einen höheren Wert in sich trägt, als die von R gezahlte Gebühr. Zudem schützt der Art. 14 Abs. 1 GG nach allgemeinen Meinung nicht gegen die Auferlegung von Geldleistungspflichten seitens des Staates, da damit nicht in bestehende Eigentumspositionen im Sinne des Art. 14 Abs. 1 GG eingegriffen wird, sondern diese nur das Vermögen als solches betreffen. Nur dann, wenn eine solche Zahlungspflicht den Betroffenen übermäßig belasten und seine Vermögensverhältnisse grundlegend beeinträchtigten würden, käme eine andere Bewertung in Betracht. Davon kann vorliegend aber keine Rede sein.

Ergebnis: Auch eine Verletzung des Art. 14 Abs. 1 GG scheitert bereits an der Betroffenheit des Schutzbereichs.

IV. Möglicher Verstoß gegen Art. 2 Abs. 1 GG

R ist durch die KiGa-Satzung in seinem Grundrecht aus Art. 2 Abs. 1 GG verletzt, wenn damit durch einen Akt der öffentlichen Gewalt in den Schutzbereich des Grundrechts eingegriffen wird und dieser Eingriff verfassungsrechtlich nicht gerechtfertigt ist.

I. Durch die KiGa-Satzung müsste das Grundrecht des R aus Art. 2 Abs. 1 GG in seinem Schutzbereich betroffen sein. Gemäß Art. 2 Abs. 1 GG hat jeder das Recht auf die freie Entfaltung seiner Persönlichkeit, soweit er nicht die Rechte anderer verletzt und nicht gegen die verfassungsmäßige Ordnung oder das Sittengesetz verstößt. Im vorliegenden Fall könnte R durch die Inanspruchnahme seitens des Staates in seiner Handlungsfreiheit unzulässig beeinträchtigt sein. Die allgemeine Handlungsfreiheit des Art. 2 Abs. 1 GG schützt jegliches menschliches Verhalten im allumfassenden Sinne, insbesondere unabhängig von wertender Betrachtung. Geschützt ist dadurch insbesondere auch der Anspruch, durch die Staatsgewalt nicht mit einem finanziellen Nachteil belastet zu werden, der nicht in der verfassungsmäßigen Ordnung begründet ist. Die angegriffene kommunale Kindergartensatzung belastet die Familie des R, die einen städtischen Kindergarten für ihren Sohn in Anspruch nimmt, mit einer Gebührenforderung und beeinträchtigt sie damit in ihrer allgemeinen Handlungsfreiheit.

Zwischenergebnis: Der Schutzbereich des Art. 2 Abs. 1 GG ist betroffen.

II. Es muss des Weiteren ein Eingriff in diesen Schutzbereich vorliegen. Unter Eingriff versteht man jedes staatliche Handeln, das dem Einzelnen ein Verhalten, das in den Schutzbereich eines Grundrechts fällt, ganz oder teilweise unmöglich macht; hierbei ist gleichgültig, ob diese Wirkung final oder unbeabsichtigt eintritt. Die Stadt *Idstein* fordert aufgrund der Kindergartengebührensatzung von R die Zahlung von 350 Euro monatlich und beeinträchtigt damit die finanzielle und folglich die allgemeine Handlungsfreiheit des R.

Zwischenergebnis: Ein Eingriff liegt vor.

III. Der Eingriff dürfte verfassungsrechtlich nicht gerechtfertigt sein. Der staatliche Eingriff in den Schutzbereich eines Grundrechts ist dann verfassungsrechtlich gerechtfertigt, wenn das betroffene Grundrecht einschränkbar ist, eine entsprechende Schranke auch besteht und diese Schranke selbst wiederum verfassungsgemäß ist. Das Grundrecht aus Art. 2 Abs. 1 GG ist einschränkbar, und zwar durch sämtliche Normen, die der »verfassungsmäßigen Ordnung« entsprechen. Als einschränkende Norm kommt die KiGa-Satzung der Stadt *Idstein* in Betracht. Dass diese Satzung der verfassungsmäßigen Ordnung entspricht und insbesondere nicht gegen Grundrechte verstößt, ist indes zuvor festgestellt worden: Die KiGa-Satzung verstößt nicht gegen die Grundsätze des Gebührenrechts, sie verstößt nicht gegen den Gleichheitssatz des Art. 3 Abs. 1 GG, sie verstößt auch nicht gegen das Grundrecht aus Art. 6 Abs. 1 GG und schließlich auch nicht gegen das Grundrecht aus Art. 14 Abs. 1 GG. Da die KiGa-Satzung ausweislich des Sachverhaltes auch formal verfassungsgemäß ist, ist sie insgesamt rechtmäßig und damit ein Bestandteil der verfassungsmäßigen Ordnung im Sinne des Art. 2 Abs. 1 GG. In das Grundrecht des R aus Art. 2 Abs. 1 GG wird durch die KiGa-Satzung zwar eingegriffen, dieser Eingriff ist aber gerechtfertigt, weil die KiGa-Satzung nämlich der verfassungsmäßigen Ordnung entspricht.

Ergebnis: Auch das Grundrecht des R aus Art. 2 Abs. 1 GG ist nicht verletzt. Zwar ist der Schutzbereich des Grundrechts betroffen. Die Grundrechtsverletzung scheitert aber daran, dass die Kindergartensatzung der Stadt *Idstein* zur verfassungsmäßigen Ordnung gehört und folglich den Eingriff rechtfertigt.

Gesamtergebnis: Die Kindergartensatzung der Stadt *Idstein* ist verfassungsgemäß und verletzt R nicht in seinen Grundrechten.

Fall 14

Frau und Beruf

Die Bundesregierung hat beschlossen, das Handwerk zu fördern und dabei auch der Unterrepräsentanz von Frauen entgegen zu wirken. Nach aktuellem Stand werden nur etwa 15 % der Handwerksbetriebe in Deutschland von selbstständigen Handwerksmeisterinnen geführt. Der Bundestag beschließt daher eine Änderung der *Handwerksordnung* (HWO): Gemäß dem neuen § 1a HWO erhalten alle Handwerksmeister und Handwerksmeisterinnen, die einen selbstständigen Handwerksbetrieb eröffnen, ab sofort eine sogenannte »Meistergründungsprämie« in Höhe von 20.000 Euro als staatliche Subvention. Männer erhalten diese Prämie aber nur dann, wenn sie ihren Betrieb innerhalb eines Jahres nach Ablegung der Meisterprüfung eröffnen, Frauen hingegen innerhalb einer Frist von fünf Jahren nach bestandener Meisterprüfung. Der Gesetzgeber will hiermit dem statistisch und wissenschaftlich erwiesenen Umstand Rechnung tragen, dass Frauen – auch aufgrund der familiären Belastung – länger brauchen, um sich für die Eröffnung eines eigenen Betriebes zu entscheiden.

Der M steht unmittelbar von seiner Meisterprüfung als Kraftfahrzeugmechaniker, will anschließend eine lang geplante Weltreise antreten und dann in eineinhalb Jahren als selbstständiger Kfz-Meister eine Autoreparaturwerkstatt eröffnen. M hält die neue Regelung für einen offenkundigen Verstoß gegen das im Grundgesetz verankerte Gleichheitsgebot, zumal ihm hierdurch wegen der geplanten Weltreise die ausgeschriebene Meistergründungsprämie verloren ginge.

Frage: Verletzt der (formal rechtmäßige) § 1a HWO den M in seinen Grundrechten?

Schwerpunkte: Die besonderen Gleichheitssätze aus Art. 3 Abs. 2 GG, Art. 3 Abs. 3 GG und Art. 33 Abs. 2 GG; die Gleichstellung von Mann und Frau nach dem Grundgesetz; der Art. 3 Abs. 2 Satz 2 GG als »Staatszielbestimmung« und echter Verfassungsauftrag. Im Anhang: die Frauenquote im öffentlichen Dienst → Vereinbarkeit mit Art. 33 Abs. 2 GG und Art. 3 Abs. 2 GG.

Einstieg: Einen solchen Fall kann man sich natürlich nicht ausdenken, die Geschichte stammt vielmehr aus dem richtigen Leben und hat – leicht abgewandelt – im Januar 1993 im schönen *Aachen* in Nordrhein-Westfalen ihren Anfang genommen. Die damalige nordrhein-westfälische Landesregierung hatte zur Unterstützung und Förderung von Frauen im Wirtschaftleben ein »Aktionsprogramm« mit dem extrem innovativen

Titel »**Frau und Beruf**« ins Leben gerufen und im Zuge dessen in ihrer Haushaltsplanung eine entsprechende Richtlinie zur Gewährung der sogenannten »Meistergründungsprämie« erlassen. Damit sollten Frauen unter anderem motiviert werden, als selbstständige Handwerksmeisterinnen in die berufliche Eigenständigkeit einzusteigen. Unser Kfz-Mechaniker aus *Aachen* fand das aus den oben geschilderten Gründen nun allerdings überhaupt nicht lustig, da ihm wegen dieser Regelung entweder seine geplante Weltreise oder aber eben die Meistergründungsprämie verloren gehen würde. Er trat im Originalfall dann gleichwohl die Weltreise an, forderte zwei Jahre später die 20.000 Euro (damals natürlich noch DM) und erhielt einen ablehnenden Bescheid der Behörde. Die Behörde verwies dabei auf die Frist, die im Falle des Kfz-Mechanikers ja nach einem Jahr abgelaufen war. Gegen diesen ablehnenden Bescheid erhob der Mann schließlich Klage vor dem Verwaltungsgericht in *Aachen*, berief sich auf das Gleichbehandlungsgebot des Art. 3 Abs. 2 GG sowie Art. 3 Abs. 3 GG und forderte die Auszahlung der Prämie. Herausgekommen ist dabei nach Durchlauf sämtlicher Instanzen und entspannte neuneinhalb Jahre später (!) dann eine Leitentscheidung des Bundesverwaltungsgerichts vom **18. Juli 2002**, die sich erstklassig als Prüfungsaufgabe der besonderen Gleichheitssätze unserer Verfassung eignet, seitdem vielfach in universitären Übungsarbeiten und auch im Staatsexamen aufgetaucht ist – und die wir uns deshalb jetzt mal in Ruhe und zum Abschluss der Gleichheitsproblematiken des Grundgesetzes anschauen wollen (→ BVerwG NVwZ **2003**, 92 = DÖV **2003**, 288; vgl. ebenfalls BVerwG vom 18.07.2002 – Aktz.: 3 C 53/01 mit nahezu identischem Sachverhalt in: *Zeitschrift für Städte- und Gemeinderat* 2002 Nr. 12, 32).

Beachte noch: In unserem Fall resultiert die »Meistergründungsprämie« wie gesehen aus einer Änderung der *Handwerksordnung* (= zentrales Gesetz zur Regelung des deutschen Handwerks), also einem klassischen Gesetz im förmlichen Sinne. Das war im Originalfall etwas anders, da hatte die Landesregierung, wie oben schon mal kurz angesprochen, lediglich eine »Richtlinie« im Rahmen der Haushaltsplanung erlassen, der freilich keinerlei Gesetzeskraft zukam. »Richtlinien« sind nämlich nur sogenannte *Verwaltungsvorschriften*, die von Verwaltungsbehörden – im Zweifel übrigens von Ministern – erlassen werden und die der einheitlichen Durchführung von Gesetzen dienen, zum Beispiel der einheitlichen und geordneten Vergabe von öffentlichen Fördermitteln, die im Haushaltsplan zumeist nur der Höhe nach – also in ihrem Gesamtumfang – bestimmt sind. Diese Richtlinien binden die Verwaltungen allerdings nur *intern* und haben in der Außenwirkung *keine* Gesetzeskraft (BVerwGE **58**, 45; *Schmidt-Bleibtreu/Hofmann/Hopfauf/Sannwald* Art. 80 GG Rz. 31). Inwieweit man eine nach Frauen und Männern differenzierte Subvention nun überhaupt gemäß einer solchen (untergesetzlichen) Richtlinie vergeben darf oder hierfür doch eine gesetzliche Grundlage benötigt, war damals ziemlich streitig und wurde vom Bundesverwaltungsgericht im Ergebnis zwar bejaht, ist aber bis heute in Wissenschaft und Rechtsprechung umstritten (vgl. nur etwa *Jarass/Pieroth* Art. 3 GG Rz. 94 mwN). Um uns diesen ziemlich komplizierten und vor allem ins Staatsorganisationsrecht reichenden Streit zu ersparen, haben wir die Meistergründungsprämie in unserem Fall in ein klassisches Gesetz (→ § 1a Handwerksordnung) gefasst und zudem vom Bundestag formell rechtmäßig beschließen lassen, dann können wir uns auf das für unsere Zwecke Wesentliche, und zwar die reine Grundrechtsprüfung konzentrieren, und die geht so:

Obersatz: Die in § 1a HWO normierte und für Männer und Frauen unterschiedliche Frist für die Vergabe der »Meistergründungsprämie« könnte den M in seinen Grundrechten aus Art. 3 Abs. 2 Satz 1 GG und Art. 3 Abs. 3 Satz 1 GG verletzen.

Durchblick: Auf den ersten Blick schon gut erkennbar, erfassen beide gerade genannten Vorschriften (aufschlagen!) die Ungleichbehandlung von Männern und Frauen – in Art. 3 Abs. 2 Satz 1 GG stehen die Worte ausdrücklich drin, in Art. 3 Abs. 3 Satz 1 GG ist von »Geschlecht« die Rede, was logischerweise nichts anderes heißt. Beide Normen haben daher bei der Prüfung einer Ungleichbehandlung von Männern und Frauen nach allgemeiner Ansicht auch tatsächlich die *gleiche Bedeutung*, nämlich das Verbot, das Geschlecht eines Menschen als Differenzierungskriterium für staatliches Handeln zu wählen (BVerfGE **6**, 389; BVerfGE **74**, 163; BVerfGE **85**, 191; *von Münch/Kunig/Boysen* Art. 3 GG Rz. 161; *Jarass/Pieroth* Art. 3 GG 121; AK-*Eckertz-Höfer* Art. 3 GG Rz. 74; *von Mangoldt/Klein/Starck* Art. 3 GG Rz. 305; *Maunz/Dürig/Scholz* Art. 3 GG Rz. 3). Sowohl Art. 3 Abs. 2 GG als auch Art. 3 Abs. 3 Satz 1 GG können und sollten aus diesem Grund in der Fallprüfung auch immer zusammen benannt und im Obersatz verwendet werden; so machen das übrigens sowohl das Bundesverfassungsgericht als auch das Bundesverwaltungsgericht (vgl. etwa BVerwG NVwZ **2003**, 92 und BVerfGE **85**, 191; BVerfGE **74**, 163). Merken.

Rechtsdogmatisch betrachtet, existiert natürlich gleichwohl ein Unterschied bzw. ein unterschiedlicher Regelungsgehalt, den das Bundesverfassungsgericht schon seit ewigen Zeiten anerkennt (vgl. etwa BVerfGE **15**, 337; BVerfGE **48**, 327; BVerfGE **52**, 369) und den der Grundgesetzgeber schließlich durch die erst im Jahre **1994** erfolgte Ergänzung des Art. 3 Abs. 2 GG mit dem dort jetzt zu findenden **Satz 2** (bitte lesen) in Gesetzesform gebracht hat, **nämlich**: Während der Art. 3 Abs. 3 Satz 1 GG ein klares und absolutes Diskriminierungs-»*verbot*« enthält (BVerfGE **74**, 163; *Ipsen* StaatsR II Rz. 832), normiert der Art. 3 Abs. 2 GG demgegenüber ein echtes Gleichbehandlungs-»*gebot*«, nach dem der Staat insbesondere auch zur Förderung der Gleichberechtigung in der Form einer echten »Staatszielbestimmung« und eines echten »Verfassungsauftrages« ausdrücklich verpflichtet ist (BT-Drs. 12/6000 Seite 12; BVerfGE **85**, 191; *von Münch/Kunig/Boysen* Art. 3 GG Rz. 162; *von Mangoldt/Klein/Starck* Art. 3 GG Rz. 305). Der Staat ist namentlich verpflichtet, die tatsächliche Durchsetzung der Gleichberechtigung von Mann und Frau in der gesellschaftlichen Wirklichkeit zu fördern und die bestehenden Nachteile zu beseitigen (*von Münch/Kunig/Boysen* Art. 3 GG Rz. 162). Hieraus folgt zum Beispiel, dass die überkommenen Rollenverteilungen, die in heutiger Zeit immer noch zu Nachteilen für Frauen führen, durch staatliche Maßnahmen *nicht* verfestigt werden dürfen. Zudem dürfen aus dem Gedanken des Art. 3 Abs. 2 Satz 2 GG heraus die bestehenden Nachteile für Frauen durch entsprechende Begünstigungen seitens des Staates sogar ausgeglichen werden (BVerfGE **85**, 191; *Jarass/Pieroth* Art. 3 GG Rz. 91).

Zum Fall: Vorliegend werden die beiden genannten Normen offenkundig dadurch verletzt, dass der Staat durch die Einführung unterschiedlicher Fristen für den Erhalt der Meistergründungsprämie die Männer gegenüber den Frauen benachteiligt. Männer müssen sich innerhalb einer Frist von *einem* Jahr zur Eröffnung eines Betriebes

entschließen, um an die Meistergründungsprämie zu gelangen, Frauen haben demgegenüber eine Frist von *fünf* Jahren. Dies stellt sowohl einen Verstoß gegen das absolute Diskriminierungsverbot des Art. 3 Abs. 3 Satz 1 GG als auch einen Verstoß
gegen die Pflicht des Staates zur Gleichberechtigung aus Art. 3 Abs. 2 GG dar. Es
handelt sich namentlich um eine »direkte« Ungleichbehandlung von Männern und
Frauen (BVerwG NVwZ **2003**, 92).

Mögliche Rechtfertigung?

Nächster Schritt: Es fragt sich jetzt natürlich, ob solche direkten Benachteiligungen
wegen des Geschlechts einer Person – so wie in unserem Fall – überhaupt einer verfassungsrechtlichen Rechtfertigung zugänglich sind. Und das ist deshalb ein Problem,
weil das Gleichbehandlungsgebot bzw. das Benachteiligungsverbot des Grundgesetzes ausweislich des Verfassungstextes offensichtlich *vorbehaltlos* gelten sollen und
damit »absoluten« Charakter haben (*Ipsen* StaatsR II Rz. 841); es findet sich insbesondere keine Formulierung, wonach das Grundrecht etwa »aufgrund eines Gesetzes«
oder »durch Gesetz« beschränkt werden dürfen, so wie das bei diversen Freiheitsrechten der Fall ist (vgl. etwa Art. 12 Abs. 1 Satz 2 GG oder Art. 10 Abs. 2 Satz 1 GG).

> **Aber**: Wie bei allen (scheinbar) vorbehaltlosen Grundrechten gilt auch für Art. 3
> Abs. 2 GG und Art. 3 Abs. 3 GG die Regel, dass »kollidierendes Verfassungsrecht«
> dem jeweiligen Grundrecht Grenzen setzen und vorliegend eine Ungleichbehand-
> lung von Männern und Frauen ausnahmsweise rechtfertigen kann (BVerfGE
> **114**, 357; BVerfGE **92**, 91; *Sachs/Osterloh/Nußberger* Art. 3 GG Rz. 254; *Jarass/Pieroth*
> Art. 3 GG Rz. 134; *von Münch/Kunig/Boysen* Art. 3 GG Rz. 165).

Nach ständiger Rechtsprechung des Bundesverfassungsgerichts kann dies namentlich
in folgenden Fällen angenommen werden:

1.) Eine Differenzierung nach dem Geschlecht ist zum einen dann möglich und folglich ein sogenanntes »zulässiges Differenzierungskriterium«, soweit sie zur Lösung
von Problemen zwingend erforderlich ist, die »ihrer Natur nach« nur entweder bei
Frauen oder bei Männern auftreten können (BVerfGE **114**, 357; BVerfGE **92**, 91; BVerfGE
85, 191; BVerfGE **74**, 163; BVerwG NVwZ **2003**, 92). Die Differenzierung muss sich
somit auf *rein biologische* Unterschiede zwischen Mann und Frau beziehen (*Jarass/
Pieroth* Art. 3 GG Rz. 95; *Ipsen* StaatsR II Rz. 841).

> **Beispiele**: Gesetzliche Regelungen, die Rücksicht auf eine Schwangerschaft, eine Ge-
> burt oder eine Stillzeit nehmen, dürfen logischerweise zwischen Männern und Frau-
> en differenzieren (*von Mangoldt/Klein/Starck* Art. 3 GG Rz. 322; *Maunz/Dürig/Scholz*
> Art. 3 Abs. 2 GG Rz. 131). Hier ergibt sich die Zulässigkeit einer Differenzierung für
> jedermann erkennbar aus rein biologischen Umständen, was sich in diesen Fällen
> zudem übrigens auch in **Art. 6 Abs. 4 GG** niederschlägt. Aber, **Vorsicht**: Die in aller
> Regel schwächere körperliche Konstitution von Frauen kann demgegenüber im
> Zweifel *nicht* als zulässiges Differenzierungskriterium angesehen werden. So hat das

Bundesverfassungsgericht im Januar 1992 das bis dahin in Deutschland geltende Nachtarbeitsverbot für Frauen wegen Verstoßes gegen Art. 3 Abs. 3 GG in Verbindung mit Art. 3 Abs. 2 GG für verfassungswidrig erklärt, da nach den Ergebnissen mehrerer wissenschaftlicher Untersuchungen nicht festgestellt werden konnte, dass Frauen wegen ihrer anderen, im Zweifel schwächeren körperlichen Konstitution unter Nachtarbeit gesundheitlich mehr litten als Männer (BVerfGE **85**, 191). Dass Frauen wegen ihrer familiären Belastung und namentlich der Kinderbetreuung durch Nachtarbeit angeblich stärker belastet würden, ließ das Bundesverfassungsgericht ebenfalls nicht gelten, verwies insoweit auf ein fehlerhaftes Rollenverständnis innerhalb der Familie und erklärte erstaunlich aufgeklärt und fortschrittlich: »… *Es existiert zwar ein* **althergebrachtes Rollenverständnis**, *wonach Frauen traditionell für den Haushalt und die Kinder zuständig sind. Diese Doppelbelastung trifft aber in ihrer ganzen Schwere nur Frauen mit betreuungspflichtigen Kindern, soweit sie alleinstehen oder der männliche Partner ihnen trotz ihrer Nachtarbeit die Kinderbetreuung und die Haushaltsführung überlässt. Aufgrund dieses möglichen Umstandes den Frauen nun aber gänzlich die Möglichkeit der Nachtarbeit zu versagen, widerspricht den inzwischen geänderten Rollenbildern der Gesellschaft und erscheint daher nicht mehr zeitgemäß. Es ist namentlich* **nicht** *auf biologische Umstände zurückzuführen, sondern alleine auf die infrage zu stellenden* **Rollenverteilungen** *innerhalb der Familie …*« (BVerfGE **85**, 191). Mit ähnlichen Argumenten erklärte das Bundesverfassungsgericht schon im November 1979 auch eine Regelung im Land Nordrhein-Westfalen wegen Verstoßes gegen das Gleichbehandlungsgebot für verfassungswidrig, wonach Frauen mit einem eigenen Hausstand ein sogenannter bezahlter »**Hausarbeitstag**« gewährt werden musste. Eine solche Vorschrift habe keinerlei biologische Ursache, sondern »… *beruht alleine auf der herkömmlichen, aber nicht mehr zeitgemäßen Vorstellung, dass lediglich den Frauen die Aufgabe zufällt, den Haushalt zu besorgen …*« (BVerfGE **52**, 369). Und schließlich erklärte das Bundesverfassungsgericht im Januar 1995 auch mehrere landesrechtliche Regelungen (unter anderem in *Bayern*) für verfassungswidrig, wonach Frauen vom Dienst bei der *Feuerwehr* ausgeschlossen waren. Auch insoweit sei wissenschaftlich nicht erwiesen, dass Frauen wegen ihrer körperlichen Konstitution zu einem solchen Dienst nicht fähig wären; es fehle daher an einem rein biologischen Umstand, der eine Differenzierung zwischen Frau und Mann hätte rechtfertigen können. Frauen dürfen deshalb seit dem Januar 1995 überall in Deutschland der Feuerwehr beitreten (BVerfGE **92**, 91; vgl. hierzu auch *Ipsen* StaatsR II Rz. 843).

Zum Fall: Dass bei der Vergabe der Meistergründungsprämie rein biologische Erwägungen im eben benannten Sinne eine Rolle spielten, kann ausgeschlossen werden. Wenn schon bei der Nachtarbeit, beim Hausarbeitstag oder beim Zugang zur Feuerwehr eine Differenzierung nach dem Geschlecht unzulässig ist, gilt dies selbstverständlich auch für den Zugang zum Handwerksberuf bzw. der Schwierigkeit einer Existenzgründung für einen Handwerksbetrieb. Insoweit spielt der biologische Unterschied zwischen Mann und Frau ganz offensichtlich keine Rolle. Und so sieht dies auch das hier entscheidende Bundesverwaltungsgericht, und zwar mit folgenden Erwägungen (NVwZ **2003**, 92 = DÖV **2003**, 288):

»… *Nicht jede Ungleichbehandlung, die an das Geschlecht anknüpft, verstößt bekanntlich gegen Art. 3 Abs. 3 GG. Nach der Rechtsprechung des Bundesverfassungsgerichts können differenzierende Regelungen vielmehr zulässig sein, soweit sie zur Lösung von Problemen, die* **ihrer Natur nach** *nur entweder bei Männern oder bei Frauen auftreten können, zwingend erforderlich sind, also sofern sie rein* **biologische Ursachen** *haben. Diese Voraussetzungen* *liegen hier jedoch offenkundig nicht vor. Die Schwierigkeiten einer Existenzgründung im Handwerk, die durch die Gewährung der Meistergründungsprämie abgemildert werden sollen, treten bei **Männern** und **Frauen** auf. Das zeigt schon allein die Tatsache, dass beide Gruppen gleichermaßen als Zuwendungsbegünstigte für die Meistergründungsprämie in Betracht kommen. Frauen mögen dabei aus vielfältigen Gründen größere Probleme haben als Männer. Es handelt sich aber keinesfalls um Probleme, die ihrer Natur nach nur bei Frauen oder bei Männern auftreten könnten … Eine Differenzierung nach dem Geschlecht kann daher jedenfalls aus diesen Erwägungen nicht erfolgen …«.*

<u>ZE.:</u> Eine Rechtfertigung der vorliegenden Ungleichbehandlung aus rein biologischen Erwägungen, also »*aus der Natur der Sache heraus*«, kommt vorliegend nicht in Betracht.

2.) Eine Differenzierung nach dem Geschlecht kann des Weiteren durch vorrangiges Verfassungsrecht, insbesondere den Verfassungsauftrag des **Art. 3 Abs. 2 Satz 2 GG** zur Förderung der Gleichberechtigung gerechtfertigt sein. Gemäß Art. 3 Abs. 2 Satz 2 GG fördert der Staat die tatsächliche Durchsetzung der Gleichberechtigung von Frauen und Männern und wirkt auf die Beseitigung bestehender Nachteile hin. Das Bundesverfassungsgericht verwendet in diesem Zusammenhang gerne die Formulierung, dass eine solche Rechtfertigung »**sozialstaatlich motiviert**« sei und »**der Kompensation von Nachteilen dient, die ihrerseits auf biologische Unterschiede zurückgehen**« (BVerfGE **74**, 163, 180; BVerfGE **85**, 191, 206; BVerwGE **149**, 1 = JuS **2015**, 90).

Konsequenz: Nach Meinung des Bundesverfassungsgerichts kann wegen des Verfassungsauftrages aus Art. 3 Abs. 2 Satz 2 GG eine Ungleichbehandlung von Männern und Frauen auch dann zulässig sein, wenn sie zur Verwirklichung des Gleichbehandlungsauftrages faktische Nachteile, die typischerweise Frauen treffen, durch begünstigende Maßnahmen ausgleicht. Der Verfassungsauftrag aus Art. 3 Abs. 2 Satz 2 GG wäre unter diesen Umständen ein zulässiges Differenzierungsziel, das der Gesetzgeber mit einer Ungleichbehandlung verfolgen darf (BVerfGE **114**, 357; BVerfGE **92**, 91; BVerwG NVwZ **2003**, 92; BVerwGE **149**, 1 = JuS **2015**, 90; *Jarass/Pieroth* Art. 3 GG Rz. 97; *von Münch/Kunig/Boysen* Art. 3 GG Rz. 168; vgl. zur alten Gesetzeslage: BVerfGE **85**, 191; BverfGE **74**, 163). Insbesondere in Bereichen des Berufslebens, in denen Frauen (oder Männer) deutlich unterrepräsentiert sind, darf der Gesetzgeber demzufolge Maßnahmen ergreifen, um diese Unterrepräsentanz zu beheben. Gesetzliche Regelungen, die einen höheren Frauenanteil in einem bestimmten Berufszweig beabsichtigen, können aus den genannten Gründen somit verfassungsrechtlich zulässig und namentlich von Art. 3 Abs. 2 Satz 2 GG gedeckt oder sogar geboten sein, soweit sie sozialstaatlich motiviert sind und – siehe oben – der Kompensation von Nachteilen dienen, die ihrerseits auf biologische Ursachen zurückgehen (vgl. aktuell etwa BVerwGE **149**, 1 = JuS **2015**, 90 zur sogenannten »Haartrachtregelung« bei der Bundeswehr und der Frage, warum eigentlich Frauen in der Bundeswehr lange Haare tragen dürfen, Männer aber nicht). Notwendig für eine solche Regelung ist zusätzlich allerdings immer auch die strenge Beachtung des *Verhältnismäßigkeitsgrundsatzes,* die Maßnahme muss somit auch geeignet, erforderlich und angemessen sein (BVerwGE **149**, 1 = JuS **2015**, 90; BVerfGE **74**, 163; BVerfGE **85**, 191; BVerwG NVwZ **2003**, 92; *Dreier/Heun* Art. 3 GG Rz. 112; *Jarass/Pieroth* Art. 3 GG Rz. 97).

Zum Fall: Voraussetzung für eine verfassungsrechtlich zulässige Rechtfertigung der vorliegenden Ungleichbehandlung wäre also zum einen, dass eine Förderung der Selbstständigkeit von Frauen im Handwerksberuf als zulässiges *Differenzierungsziel* angesehen werden kann und dass zum anderen der Verhältnismäßigkeitsgrundsatz gewahrt bleibt. Beides hat das Bundesverwaltungsgericht im vorliegenden Fall bejaht, und zwar mit ziemlich überzeugenden Argumenten. Wörtlich heißt es (NVwZ **2003**, 92 = DÖV **2003**, 288):

»… *Die Ungleichbehandlung von Männern und Frauen ist in Bezug auf die Meistergründungsprämie durch das einen* Verfassungsauftrag darstellende *Gleichberechtigungsgebot des Art. 3 Abs. 2 GG gerechtfertigt. Nach Art. 3 Abs. 2 Satz 1 GG sind Männer und Frauen gleichberechtigt. Seit 1994 ist dieses Gebot durch die Anfügung des Art. 3 Abs. 2 Satz 2 GG ausdrücklich normiert und konkretisiert. Danach fördert der Staat die tatsächliche Durchsetzung der Gleichberechtigung von Frauen und Männern und wirkt auf die Beseitigung bestehender Nachteile hin … Dieses Ziel verfolgt die in Rede stehende gesetzliche Regelung in sachgerechter und verhältnismäßiger Weise …*

1.) … Die Begünstigung der Frauen bei den Vergabebedingungen soll dazu beitragen, die Unterrepräsentanz der Frauen in gehobenen Positionen der Wirtschaft insgesamt und konkret im Bereich des Handwerks zu reduzieren. Unter Berücksichtigung des Verfassungsauftrages aus Art. 3 Abs. 2 Satz 2 GG ist es als ein zulässiges Ziel zu betrachten, die Chancen der **Frauen** *zur Erlangung einer ihren Fähigkeiten entsprechenden Position im Wirtschaftsleben durch Fördermaßnahmen zu verbessern. Hintergrund ist die Feststellung, dass die gehobenen Positionen tatsächlich nach wie vor weitgehend den* **Männern** *vorbehalten sind … Im konkreten Fall machen die Frauen in Deutschland zwar über 50 % der Wohnbevölkerung, aber nur 15 % der Selbstständigen im Handwerk aus … Die Gründe hierfür sind vielfältig: Zum einen spielt eine Rolle, dass Männer wie Frauen die Meisterprüfung regelmäßig um das 30. Lebensjahr ablegen. Traditionell sind die Frauen gerade in dieser Lebensphase stärker durch Familienpflichten belastet als die Männer. Zum anderen sind die psychologischen und die* **finanziellen Hemmnisse** *für eine Selbstständigkeit bei Frauen größer als bei Männern. So fehlt es weitgehend an selbstständigen Frauen, die durch ihre* **Vorbildfunktion** *die Anregung zur Selbstständigkeit geben. Die finanzielle Ausstattung der Frauen ist, nicht zuletzt wegen ihres geringeren durchschnittlichen Einkommens, schlechter als bei Männern …*

… Das jeweilige Gewicht derartiger Hemmnisse zu ermitteln, dürfte kaum möglich, aber auch nicht nötig sein. Es ist nicht zu bezweifeln, dass die Unterrepräsentanz der Frauen ein Ausdruck dieser gerade genannten, vielfältigen objektiven und subjektiven Hemmnisse für Frauen ist, den Schritt in die selbstständige Berufstätigkeit als Handwerksmeisterin zu tun. Es kann auch keinem Zweifel unterliegen, dass die **Staatszielbestimmung** *des* **Art. 3 Abs. 2 Satz 2 GG** *eben genau darauf zielt, derartige Hemmnisse nach Möglichkeit zu beseitigen …*«

Also: Die Staatszielbestimmung bzw. der Verfassungsauftrag des Art. 3 Abs. 2 Satz 2 GG zur Förderung der Gleichberechtigung hat (auch) die Funktion, in Berufszweigen, in denen traditionell eine Unterrepräsentanz von Frauen besteht, entsprechende Abhilfe zu schaffen, und zwar selbst und vor allem dann, wenn diese Unterrepräsentanz auf *psychologischen* und/oder *finanziellen Hemmnisse* beruht, die unter Umständen alten Rollenbildern in der Gesellschaft geschuldet sind.

Das Mittel hierzu – im vorliegenden Fall durch die Gewährung einer staatlichen Subvention – hält das Bundesverwaltungsgericht ebenfalls für tauglich und sachgerecht angewandt, denn:

»*... Die Aussetzung einer Subvention ist ein typisches Mittel, ein vom Staat gewünschtes Verhalten des Bürgers anzuregen. Dieses Mittel eignet sich besonders zur Überwindung psychologischer Hemmnisse, aber auch zur Behebung wirtschaftlicher Widerstände. Dass beide Elemente bei der auffälligen Zurückhaltung von Frauen gegenüber der selbstständigen Handwerkstätigkeit eine Rolle spielen, liegt zumindest sehr nahe. Der Gesetzgeber hat vorliegend nicht den Weg gewählt, allein eine Existenzgründungsprämie für Frauen auszusetzen. Sie hat vielmehr eine solche Prämie gleichermaßen für Männer* **und** *Frauen in Aussicht gestellt, den Zugang für Frauen aber dadurch erleichtert, dass er ihnen eine* **längere Frist** *für die Aufnahme einer selbstständigen Tätigkeit eingeräumt hat. Dies erscheint sachgerecht:* **Grundlegendes Element** *jeder Subvention ist die sogenannte »Anstoßfunktion«, deren* **Gegenstück** *der sogenannte »Mitnahmeeffekt« ist, den es zu vermeiden gilt. Angesichts der wesentlich größeren Bereitschaft der Männer, sich als Handwerker selbstständig zu machen, ist die Wahrscheinlichkeit, dass ein in jedem Fall zur Selbstständigkeit entschlossener Handwerksmeister die Meistergründungsprämie »*mitnimmt*«, mit zunehmendem Abstand von der Meisterprüfung relativ groß. Ziel des Gesetzes ist es daher, einen* **Anreiz** *für eine möglichst* **schnelle Selbstständigkeit** *nach Ablegung der Meisterprüfung zu geben. Dies rechtfertigt die Vorgabe einer zeitlichen Befristung für die Selbstständigkeit. Die deutlich geringere Neigung von* **Frauen**, *sich im Handwerk selbstständig zu machen, rechtfertigt es hingegen, für sie die Anreizfunktion zeitlich auf fünf Jahre auszudehnen... .*«

Und das Ganze entspricht nach Meinung des Bundesverwaltungsgerichts schließlich auch dem Verhältnismäßigkeitsgrundsatz:

»*... 2.) Die Rechtfertigung der streitigen Differenzierung durch das Gleichberechtigungsgebot des Art. 3 Abs. 2 GG setzt des Weiteren voraus, dass sie in jeder Hinsicht verhältnismäßig ist. Auch diese Voraussetzung ist vorliegend erfüllt:*

a) ... Die **Eignung** *der Maßnahme ist gegeben, weil die Maßnahme mit ihrer Anreizwirkung gerade auf die Überwindung der oben beschriebenen wirtschaftlichen und psychologischen Hemmnisse zielt ... b) Sie erscheint zudem auch* **erforderlich**, *weil durch die Verlängerung der Niederlassungsfrist der Anteil der Frauen an den Zuwendungsempfängern gesteigert werden kann. Ein anderes gleich wirksames und das Diskriminierungsverbot des Art. 3 Abs. 3 Satz 1 GG weniger tangierendes Mittel ist vorliegend nicht ersichtlich ... c) Im Hinblick auf die* **Angemessenheit** *der Regelung ist schließlich entscheidend, dass sich die Beeinträchtigung der Männer durch die Frauenförderung allein auf die Tatsache der Ungleichbehandlung beschränkt. Sie erleiden im Übrigen keinen Eingriff in ihre Rechtssphäre. Sie sind vom Zuwendungsprogramm auch nicht völlig ausgeschlossen, sondern werden nur bei einer Zugangsvoraussetzung* **strengeren Anforderungen** *unterworfen. Vor allem ist der ihnen gegebenenfalls entgehende Vorteil nicht von existenzieller Bedeutung. Angesichts der üblichen Kosten für die Einrichtung eines Handwerksbetriebes hängt die Möglichkeit, sich selbstständig zu machen, regelmäßig nicht entscheidend vom Erhalt einer Zuwendung von 20 000 Eu-*

*ro ab ... Die Regelung zur Gewährung der Meistergründungsprämie stellt damit zwar einen Verstoß gegen das absolute Gleichbehandlungsgebot der Verfassung dar; dieser Verstoß ist allerdings wegen des Verfassungsauftrages aus Art. 3 Abs. 2 Satz 2 GG **gerechtfertigt** und damit verfassungsgemäß ...«*

Wir merken uns: Grundsätzlich enthält die Verfassung in Art. 3 Abs. 2 GG und Art. 3 Abs. 3 GG ein absolutes, also vorbehaltlos geltendes Verbot der Ungleichbehandlung von Männern und Frauen. Eine Rechtfertigung kann sich daher nur aus *kollidierendem Verfassungsrecht* ergeben, und zwar in den folgenden beiden Konstellationen: Sofern zum einen keine rein biologischen Gründe vorliegen, kann eine Ungleichbehandlung zum anderen »sozialstaatlich motiviert« durch den Verfassungsauftrag des Art. 3 Abs. 2 Satz GG gerechtfertigt sein, da der Staat durch die dort verankerte »Staatszielbestimmung« verpflichtet ist, die tatsächliche Durchsetzung der Gleichberechtigung von Mann und Frau zu fördern. Sofern dieser Verfassungsauftrag vollzogen werden soll, kann der Gesetzgeber Frauen und Männer ausnahmsweise ungleich behandeln. Hierfür erforderlich ist zunächst ein zulässiges Differenzierungsziel (**hier**: Ausgleich von deutlicher Unterrepräsentanz in einem Berufszweig) sowie des Weiteren die Einhaltung des *Verhältnismäßigkeitsgrundsatzes*. Wird beides beachtet, handelt es sich zwar weiterhin um einen Verstoß gegen das absolute Verbot der Ungleichbehandlung, dieser ist aber gerechtfertigt und damit verfassungsgemäß, weil die Ungleichbehandlung sozialstaatlich motiviert ist und zudem der Kompensation von Nachteilen dient, die ihrerseits auf biologische Unterschiede zurückgehen (→ BVerfGE **74**, 163, 180; BVerfGE **85**, 191, 206; BVerwGE **149**, 1 = JuS **2015**, 90; BVerwG NVwZ **2003**, 92).

Ergebnis: Der neu eingeführte § 1a HWO verstößt zwar gegen das Gleichheitsgebot, ist aber aus den genannten Gründen gerechtfertigt und damit verfassungsgemäß (BVerwG NVwZ **2003**, 92). Der M ist in seinen Grundrechten demzufolge nicht verletzt.

Nachtrag: Die Frauenquote

Im Nachgang zu unserem Fall mit der Meistergründungsprämie wollen wir zum Schluss noch kurz einen Blick auf einen Problembereich werfen, der – weil ständig aktuell – ebenfalls sehr gerne in Prüfungsarbeiten abgefragt wird. Es geht um die knifflige Frage, ob der Staat bei der Einstellung oder Beförderung von Staatsbediensteten auf der Einhaltung einer Frauenquote bestehen oder hinwirken darf. So findet sich etwa im *Landesbeamtengesetz* des Bundeslandes Nordrhein-Westfalen im **§ 20 Abs. 6 LBG NRW** die folgende Regelung:

*... **Beförderungen** sind nach den Grundsätzen des § 9 Beamtenstatusgesetzes vorzunehmen. Soweit im Bereich der für die Beförderung zuständigen Behörde im jeweiligen Beförderungsamt weniger Frauen als Männer sind, sind **Frauen** bei gleicher Eignung, Befähi-*

> *gung und fachlicher Leistung* **bevorzugt** *zu befördern, sofern nicht in der Person eines Mitbewerbers liegende Gründe überwiegen …*

Und in dem benannten § 9 des *Beamtenstatusgesetzes* (BeamtStG) heißt es:

> **»Kriterien der Ernennung«**
>
> *Ernennungen sind nach Eignung, Befähigung und fachlicher Leistung* **ohne Rücksicht** *auf* **Geschlecht**, *Abstammung, Rasse oder ethnische Herkunft, Behinderung, Religion oder Weltanschauung, politische Anschauungen, Herkunft, Beziehungen oder sexuelle Identität vorzunehmen.*

Also: Grundsätzlich soll bei der Beförderung nach Eignung, Befähigung und fachlicher Leistung ausgewählt werden, und zwar vor allem »ohne Rücksicht auf das Geschlecht« (→ § 9 Beamtenstatusgesetz). **Aber**: Soweit in dem Bereich, in den die betreffende Person befördert werden soll, aktuell mehr Männer als Frauen beschäftigt sind, sind Frauen bei gleicher Eignung, Befähigung und fachlicher Leistung bevorzugt zu befördern, sofern nicht in der Person eines Mitbewerbers liegende Gründe überwiegen … (→ § 20 Abs. 6 LBG NRW).

Frage: Verträgt sich diese Regelung mit Art. 3 Abs. 2 GG und Art. 3 Abs. 3 GG sowie mit **Art. 33 Abs. 2 GG** (aufschlagen!)?

Antwort: Umstritten.

Durchblick: Grundsätzlich gilt bei der Einstellung oder Beförderung von Staatsbediensteten das Prinzip der sogenannten »Bestenauslese« (auch »Leistungsprinzip«), wonach nur diejenigen Bewerber in die engere Auswahl bzw. für eine Beförderung in Betracht kommen, die über die gleiche fachliche Qualifikationen verfügen (BVerwGE **56**, 146). Dieses Prinzip folgt *direkt* aus der Regelung des Art. 33 Abs. 2 GG, der somit an sich auch die pauschale Bevorzugung von Frauen – bei gleicher Eignung der männlichen Bewerber – grundsätzlich verbietet und der insoweit auch *nicht* vom Verfassungsauftrag des Art. 3 Abs. 2 Satz 2 GG aufgeweicht werden darf (*Sachs/Osterloh/Nußberger* Art. 3 GG Rz. 287; *Jarass/Pieroth* Art. 33 GG Rz. 12; *von Münch/Kunig* Art. 33 GG Rz. 34; *von Münch/Kunig/Boysen* Art. 3 GG Rz. 173). Betrachtet man allein dies, wäre die oben dargestellte gesetzliche Regelung über die Beförderung von Beamten in Nordrhein-Westfalen dem ersten Anschein nach *verfassungswidrig*, jedenfalls dann, wenn – wie im Gesetzestext allerdings auch vorgesehen – die Bewerber alle über eine gleiche fachliche Qualifikation verfügen. Eine pauschale Bevorzugung von Frauen wäre in diesem Fall ein klarer Verstoß sowohl gegen das absolute Gleichbehandlungsgebot des Art. 3 Abs. 2 GG und Art. 3 Abs. 3 GG als auch gegen das Gleichbehandlungsgebot des Art. 33 Abs. 2 GG – was dann auch die deutschen Gerichte, unter anderem das Oberverwaltungsgericht in Münster, über viele Jahre hinweg so bewerteten und die entsprechenden Normen daher für unwirksam hielten

(→ OVG Münster NVwZ **1996**, 495 sowie NWVBl **1992**, 321; OVG Schleswig NVwZ **1995**, 724; OVG Berlin DVBl **1992**, 919; zustimmend: *Sachs* in ZBR 1994, 133; *Laubinger* in VerwArch 1996, 473).

> Am **11. November 1997** passierte dann aber Erstaunliches: Der Europäische Ge-
> richtshof in Luxemburg erklärte zur allgemeinen Überraschung die oben dargestellte
> nordrhein-westfälische Regelung für europarechtskonform, da sie *nicht* gegen die
> europäischen Gleichheitsnormen verstoße (EuGH ZBR **1998**, 132 = NJW **1997**, 3429).
> Zur Begründung führte der EuGH aus, es genüge zur Wahrung des Gleichheitssatzes
> bzw. der entsprechenden europäischen Richtlinie, dass die Vorschriften über die Be-
> förderung von Beamten eine sogenannte »Öffnungsklausel« (auch »Härteklausel«)
> zum Schutz der männlichen Bewerber enthalte. Die in der streitigen Norm verwen-
> dete Formulierung »..., *sofern nicht in der Person eines Mitbewerbers liegende Gründe
> überwiegen ...*« erfülle diese Voraussetzung, denn diese Formel garantiere den männ-
> lichen Bewerbern, dass in jedem Falle eine *objektive* Beurteilung ihrer Person und
> Bewerbung, gemessen am konkreten Einzelfall, erfolge (EuGH ZBR **1998**, 132 = NJW
> **1997**, 3429). Grundsätzlich gelten nach Meinung des EuGH nämlich die folgenden
> **Regeln**: Voraussetzung für die Wirksamkeit einer nur auf das Geschlecht bezogenen
> Bevorzugung einer Frau sei, dass die entsprechende gesetzliche Regelung zum einen
> von gleicher Eignung, Befähigung sowie fachlicher Qualifikation ausgehe und zum
> anderen den männlichen Bewerbern aufgrund einer Öffnungsklausel gleichwohl ei-
> ne am Einzelfall beschränkte objektive Beurteilung unter strenger Beachtung des
> Verhältnismäßigkeitsgrundsatzes gewährleiste. *Verboten* sei daher eine komplett
> starre Regelung, die quasi *automatisch* eine Bevorzugung der Frauen anordne, wenn
> es die Quote im konkreten Fall erfordere – ohne auf die Besonderheiten des Einzel-
> falls einzugehen. Notwendig sei vielmehr, dass der Dienstherr nur dann den weibli-
> chen Bewerber bevorzugen dürfe, wenn nach Auswertung *sämtlicher Auswahlkrite-
> rien* nur noch das Geschlecht als sogenanntes »Hilfskriterium« eine Entscheidung für
> die eine oder die andere Person ermögliche. Falle nur ein einziges Kriterium zuguns-
> ten des männlichen Bewerbers aus, komme eine Bevorzugung der Frau allein wegen
> des Geschlechts schon nicht mehr in Betracht (EuGH ZBR **1998**, 132 = NJW **1997**,
> 3429).

Die deutschen Gerichte sind diesem Urteil – entweder notgedrungen oder aber gerne –
gefolgt und haben seit dem November 1997 in Umkehrung ihrer bisherigen Rechtsprechung (siehe oben) die entsprechenden landesrechtlichen Regelungen auch nach
deutschem Recht und insbesondere nach den Vorschriften des Grundgesetzes für
wirksam erklärt (vgl. dazu etwa OVG Münster NZA-RR **1998**, 376; OLG Schleswig
NVwZ-RR **1999**, 261; OVG Rheinland-Pfalz DVBl **1999**, 1445; OVG Saarland NVwZ-
RR **2000**, 31; VG Berlin NVwZ-RR **2006**, 348; VG Gelsenkirchen NVwZ **2009**, 174) und
erhielten dafür weitestgehend Zustimmung in der wissenschaftlichen Literatur. Zutreffend wird insoweit darauf verwiesen, dass der Art. 33 Abs. 2 GG zwar nicht vom
Verfassungsauftrag des Art. 3 Abs. 2 GG aufgeweicht werden dürfe, gleichwohl in
Art. 33 Abs. 2 GG nicht genannte »Hilfskriterien« bei der Auswahl von Bewerbern
auch nicht verbietet, sofern das von Art. 33 Abs. 2 GG normierte Prinzip der *Bestenauslese* gewahrt bleibe. Daher verbiete Art. 33 Abs. 2 GG grundsätzlich auch keine
Bevorzugung von Frauen, wenn bei den bevorzugten Frauen jedenfalls die gleiche
Leistungsfähigkeit und Eignung wie bei den männlichen Bewerbern bestehe (*von*

Münch/Kunig/Boysen Art. 3 GG Rz. 173; *Maunz/Dürig/Scholz* Art. 3 Abs. 2 GG Rz. 50; *Dreier/Heun* Art. 3 GG Rz. 112; *Sachs/Osterloh/Nußberger* Art. 3 GG Rz. 286; *Jarass/Pieroth* Art. 3 GG Rz. 106).

Nicht einverstanden mit dieser Rechtsprechung sind demgegenüber unter anderem die Herren *Kingreen/Poscher* in ihrem StaatsR II bei Rz. 486 sowie Herr *Ipsen* in seinem StaatsR II bei Rz. 866. Die genannten Autoren stellen die Verfassungsmäßigkeit der oben benannten Vorschriften infrage oder verneinen sie sogar – mit durchaus lesbarer **Begründung**: *Einzelne Personen*, also die von der Regelung jeweils benachteiligten Männer, seien nämlich nicht verantwortlich für das Unrecht, das Frauen »im Allgemeinen« in der Vergangenheit widerfahren sei und das sich in den Frauenquoten heutiger Zeit immer noch niederschlage. Das Grundgesetz normiere insbesondere keine Pflicht dahingehend, dass einzelne Personen allgemeines Unrecht kompensieren müssten (so auch *Holznagel/Schlünder* in Jura 1996, 519). Hiervon könne man nur ausgehen, wenn man den Verfassungsauftrag des Art. 3 Abs. 2 Satz 2 GG zu einer Art »Gruppengrundrecht« zugunsten *aller* Frauen verstehe, das auch auf Kosten *einzelner* Personen/*Männer* verwirklicht werden dürfe; dies sei aber abzulehnen (*Kingreen/Poscher* StaatsR II Rz. 486; *Laubinger* in VerwArch 1996, 305; *Rüfner* FS für *Stern* 1997, 1011). Im Übrigen sei der einzelne (männliche) Bewerber persönlich natürlich auch nicht verantwortlich dafür, dass sich aktuell weniger Frauen als Männer in dem Bereich befinden, um den sich konkret beworben wird (*Hofmann* in NVwZ 1995, 662). Schließlich könne man die Bevorzugung der Frauen auch deshalb nicht auf den Gedanken der »**Kompensation**« stützen, da die jetzt in der konkreten Situation bevorzugten Frauen in ihrer eigenen Person selbst vorher *keinen* kompensationsfähigen *Nachteil* erlitten haben (vgl. dazu ausführlich *Ipsen* StaatsR II Rz. 867).

Merke: Nach ziemlich überwiegender Ansicht verstoßen gesetzliche Regelungen, die Frauen bei gleicher Eignung und Befähigung bevorzugen, dann nicht gegen die Gleichheitsgebote der Art. 3 Abs. 2 und Abs. 3 GG sowie Art. 33 Abs. 2 GG, wenn es für die männlichen Bewerber sogenannte »Öffnungsklauseln« (auch »Härteklauseln«) gibt, die garantieren, dass in jedem Falle eine einzelfallbezogene Beurteilung erfolgt. Es muss namentlich gesichert sein, dass nur dann Frauen bevorzugt werden, wenn nach Auswertung *sämtlicher* Auswahlkriterien nur noch das Geschlecht als letztes »Hilfskriterium« eine Unterscheidung der Bewerber ermöglicht. Unter diesen Umständen dürfen Frauen bevorzugt werden, wenn in dem Bereich, um den sich beworben wird, zudem eine Unterrepräsentanz von Frauen besteht (EuGH ZBR **1998**, 132 = NJW **1997**, 3429; OVG Münster NZA-RR **1998**, 376; OLG Schleswig NVwZ-RR **1999**, 261; OVG Rheinland-Pfalz DVBl **1999**, 1445; OVG Saarland NVwZ-RR **2000**, 31; *Dreier/Heun* Art. 3 GG Rz. 112; *Maunz/Dürig/Scholz* Art. 3 Abs. 2 GG Rz. 50; *Jarass/Pieroth* Art. 3 GG Rz. 106; *von Münch/Kunig/Boysen* Art. 3 GG Rz. 173; *Sachs/Osterloh/Nußberger* Art. 3 GG Rz. 286).

Ein **Letztes** noch: Der deutsche Gesetzgeber hat sich im Februar 2009 auch zu der gerade dargestellten Meinung »bekannt« und das *Bundesbeamtengesetz* entsprechend geändert. In den § 9 des Bundesbeamtengesetzes, der die Auswahlkriterien für die Einstellung bzw. Ernennung von Beamten auf Bundesebene regelt, fügte der Gesetzgeber einen weiteren Satz (Satz 2) ein. Dort heißt es jetzt:

---

§ 9 »Auswahlkriterien«

*¹Die Auswahl der Bewerberinnen und Bewerber richtet sich nach Eignung, Befähigung und fachlicher Leistung ohne Rücksicht auf Geschlecht, Abstammung, Rasse oder ethnische Herkunft, Behinderung, Religion oder Weltanschauung, politische Anschauungen, Herkunft, Beziehungen oder sexuelle Identität. ²**Dem stehen gesetzliche Maßnahmen zur Durchsetzung der tatsächlichen Gleichstellung im Erwerbsleben, insbesondere Quotenregelungen mit Einzelfallprüfung sowie zur Förderung schwerbehinderter Menschen nicht entgegen.***

Also, grundsätzlich gilt zwar nach wie vor das Prinzip der »**Bestenauslese**«, das, wie wir inzwischen wissen, direkt aus Art. 33 Abs. 2 GG folgt. Allerdings sollen nach dem im Jahre 2009 geäußerten Willen des Gesetzgebers gleichwohl gesetzliche Regelungen möglich sein, die der Durchsetzung der tatsächlichen Gleichstellung der Frauen im Erwerbsleben, insbesondere den Quotenregelungen (»... mit Einzelfallprüfung ...«) dienen. Wie diese Regelungen dann auszusehen haben, wissen wir seit eben ja: Um nicht gegen die Gleichheitsgebote des Grundgesetzes oder gegen die europarechtliche Gleichberechtigungsrichtlinie (→ Art. 157 Abs. 4 AEUV) zu verstoßen, bedarf es immer einer Klausel, die den männlichen Bewerbern eine einzelfallbezogene und objektive Beurteilung ihrer Fähigkeiten bzw. der Bewerbung gewährleistet – eine sogenannte »Öffnungsklausel«, auch »Härteklausel« genannt. Diese muss sicherstellen, dass der Dienstherr nur dann den weiblichen Bewerber bevorzugen darf, wenn nach Auswertung *sämtlicher* Auswahlkriterien nur noch das Geschlecht als sogenanntes »Hilfskriterium« eine Entscheidung für die eine oder die andere Person ermöglicht. Fällt nur ein einziges Kriterium zugunsten des männlichen Bewerbers aus, kommt eine Bevorzugung der Frau allein wegen des Geschlechts schon nicht mehr in Betracht. Verboten ist in jedem Falle eine komplett starre Regelung, die quasi *automatisch* eine Bevorzugung der Frauen anordnet, ohne dabei auf die Besonderheiten des Einzelfalls einzugehen und nur dem Ausgleich der Quote dient. Alles klar!?

Prüfungsschema 14

Besondere Gleichheitssätze → Art. 3 Abs. 2 und 3, Art. 33 Abs. 2 GG

Die Gleichbehandlung von Männern und Frauen nach dem GG

Merke: Art. 3 Abs. 2 GG und Art. 3 Abs. 3 Satz 1 GG haben insoweit identische Bedeutung und können zusammen genannt und auch geprüft werden.

→ **Art. 3 Abs. 2 Satz 2 GG** normiert einen »Verfassungsauftrag« und eine »Staatszielbestimmung« = absolutes Gleichbehandlungs*gebot* des Staates

→ **Art. 3 Abs. 3 Satz 1 GG** normiert zudem ein *absolutes* Benachteiligungs*verbot*.

Eine Rechtfertigung ist alternativ unter zwei Voraussetzungen möglich:

1.) Rein biologische Gründe = Gesetzliche Regelung nimmt zum Beispiel Rücksicht auf Schwangerschaft, Geburt oder Stillzeit → jeweils: *zulässig*.

Vorsicht: Dieses Merkmal liegt im Zweifel aber *nicht* vor, wenn nur auf die angeblich schwächere körperliche Konstitution der Frau oder althergebrachte Rollenverteilungen Bezug genommen und damit die Ungleichbehandlung gerechtfertigt wird. **Beispiele**: Hausarbeitstag nur für Frauen (BVerfGE **52**, 369); Nachtarbeitsverbot nur für Frauen (BVerfGE **85**, 191) oder Verbot des Beitritts zur Feuerwehr nur für Frauen (BVerfGE **92**, 91) → jeweils: **unzulässig**.

2.) Kollidierendes Verfassungsrecht = Unterscheidung ist sozialstaatlich motiviert, dient dem Verfassungsauftrag des Art. 3 Abs. 2 Satz 2 GG und ist verhältnismäßig.

→ Ziel der Differenzierung von Mann und Frau muss dabei immer die **Kompensation** von Nachteilen sein, die ihrerseits auf biologische Unterschiede zurückgehen und ihre Wurzeln in der Vergangenheit haben.

Sonderproblem: Die Frauenquote im öffentlichen Dienst

Merke: Pauschale Bevorzugung von Frauen allein zur Heilung der Quote ist bei gleicher Qualifikation grundsätzlich unzulässig, weil ein Verstoß gegen absolutes Benachteiligungsverbot von Art. 3 Abs. 3 GG und ein Verstoß gegen Art. 33 Abs. 2 GG.

Aber: *Kein* Verstoß, wenn für männlichen Bewerber sogenannte »**Öffnungsklauseln**« (»Härteklauseln«) bestehen, die eine einzelfallbezogene Beurteilung garantieren. Es muss gesichert sein, dass nur dann Frauen bevorzugt werden, wenn nach Auswertung *sämtlicher* Auswahlkriterien nur noch das Geschlecht als letztes »Hilfskriterium« eine Unterscheidung der Bewerber ermöglicht. Unter diesen Umständen dürfen Frauen bevorzugt werden, wenn in dem Bereich, um den sich beworben wird, zudem eine Unterrepräsentanz von Frauen besteht (EuGH ZBR **1998**, 132 = NJW **1997**, 3429).

Gutachten

Die in § 1a HWO normierte und für Männer und Frauen unterschiedliche Frist für die Vergabe der Meistergründungsprämie könnte den M in seinen Grundrechten aus Art. 3 Abs. 2 Satz 1 GG und Art. 3 Abs. 3 Satz 1 GG verletzen.

1.) Aufgrund der Tatsache, dass der Staat durch die Einführung unterschiedlicher Fristen für den Erhalt der Meistergründungsprämie die Männer gegenüber den Frauen benachteiligt, kommt ein Verstoß gegen die oben genannten Normen in Betracht. Männer müssen sich innerhalb einer Frist von einem Jahr zur Eröffnung eines Betriebes entschließen, um an die Meistergründungsprämie zu gelangen, Frauen haben demgegenüber eine Frist von fünf Jahren. Dies stellt sowohl einen Verstoß gegen das absolute Diskriminierungsverbot des Art. 3 Abs. 3 Satz 1 GG als auch einen Verstoß gegen die Pflicht des Staates zur Gleichberechtigung aus Art. 3 Abs. 2 GG dar. Es handelt sich namentlich um eine direkte Ungleichbehandlung von Männern und Frauen.

2.) Im Hinblick auf eine mögliche Rechtfertigung fragt man sich zunächst, ob solche direkten Benachteiligungen wegen des Geschlechts einer Person überhaupt einer verfassungsrechtlichen Rechtfertigung zugänglich sind. Ausweislich des Grundgesetzes gelten das Gleichbehandlungsgebot bzw. das Benachteiligungsverbot vorbehaltlos und haben damit absoluten Charakter. Wie bei allen vorbehaltlosen Grundrechten gilt aber auch für Art. 3 Abs. 2 GG und Art. 3 Abs. 3 GG die Regel, dass kollidierendes Verfassungsrecht dem jeweiligen Grundrecht Grenzen setzen und somit eine Ungleichbehandlung von Männern und Frauen rechtfertigen kann. Nach der Rechtsprechung des Bundesverfassungsgerichts kann dies namentlich in folgenden Fällen angenommen werden:

a) Eine Differenzierung nach dem Geschlecht ist möglich und folglich ein sogenanntes zulässiges Differenzierungskriterium, soweit sie zur Lösung von Problemen zwingend erforderlich ist, die ihrer Natur nach nur entweder bei Frauen oder bei Männern auftreten können. Die Differenzierung muss sich somit auf rein biologische Unterschiede zwischen Mann und Frau beziehen. Dass bei der Vergabe der Meistergründungsprämie rein biologische Erwägungen im eben benannten Sinne eine Rolle spielten, kann indes ausgeschlossen werden. Die Schwierigkeiten einer Existenzgründung im Handwerk, die durch die Gewährung der Meistergründungsprämie abgemildert werden sollen, treten bei Männern und Frauen gleichermaßen auf. Das zeigt allein die Tatsache, dass beide Gruppen als Zuwendungsbegünstigte für die Meistergründungsprämie in Betracht kommen. Frauen mögen dabei aus vielfältigen Gründen größere Probleme haben als Männer. Es handelt sich aber keinesfalls um Probleme, die ihrer Natur nach nur bei Frauen oder bei Männern auftreten könnten. Eine Differenzierung nach dem Geschlecht kann daher jedenfalls aus diesen Erwägungen nicht erfolgen.

Zwischenergebnis: Eine Rechtfertigung der vorliegenden Ungleichbehandlung aus rein biologischen Erwägungen kommt nicht in Betracht.

b) Eine Differenzierung nach dem Geschlecht kann des Weiteren durch vorrangiges Verfassungsrecht, insbesondere den Verfassungsauftrag des Art. 3 Abs. 2 Satz 2 GG zur Förderung der Gleichberechtigung gerechtfertigt sein. Gemäß Art. 3 Abs. 2 Satz 2 GG fördert der Staat die tatsächliche Durchsetzung der Gleichberechtigung von Frauen und Männern und wirkt auf die Beseitigung bestehender Nachteile hin. Eine solche Rechtfertigung kann sozialstaatlich motiviert sein und der Kompensation von Nachteilen dienen, die ihrerseits auf biologische Unterschiede zurückgehen. Wegen des Verfassungsauftrages aus Art. 3 Abs. 2 Satz 2 GG kann eine Ungleichbehandlung von Männern und Frauen dann zulässig sein, wenn sie zur Verwirklichung des Gleichbehandlungsauftrages faktische Nachteile, die typischerweise Frauen treffen, durch begünstigende Maßnahmen ausgleicht. Insbesondere in Bereichen des Berufslebens, in denen Frauen (oder Männer) deutlich unterrepräsentiert sind, darf der Gesetzgeber daher Maßnahmen ergreifen, um diese Unterrepräsentanz zu beheben. Gesetzliche Regelungen, die einen höheren Frauenanteil in einem bestimmten Berufszweig beabsichtigen, können aus den genannten Gründen somit verfassungsrechtlich zulässig und namentlich von Art. 3 Abs. 2 Satz 2 GG gedeckt oder sogar geboten sein. Notwendig ist dafür zusätzlich aber immer die strenge Beachtung des Verhältnismäßigkeitsgrundsatzes, die Maßnahme muss somit auch geeignet, erforderlich und angemessen sein. Voraussetzung für eine verfassungsrechtlich zulässige Rechtfertigung der vorliegenden Ungleichbehandlung wäre demnach, dass eine Förderung der Selbstständigkeit von Frauen im Handwerksberuf als zulässiges Differenzierungsziel angesehen werden kann und dass der Verhältnismäßigkeitsgrundsatz gewahrt bleibt.

aa) Die Ungleichbehandlung von Männern und Frauen könnte in Bezug auf die Meistergründungsprämie durch das einen Verfassungsauftrag darstellende Gleichberechtigungsgebot des Art. 3 Abs. 2 GG gerechtfertigt sein. Nach Art. 3 Abs. 2 Satz 1 GG sind Männer und Frauen gleichberechtigt. Seit 1994 ist dieses Gebot durch die Anfügung des Art. 3 Abs. 2 Satz 2 GG ausdrücklich normiert und konkretisiert. Danach fördert der Staat die tatsächliche Durchsetzung der Gleichberechtigung von Frauen und Männern und wirkt auf die Beseitigung bestehender Nachteile hin. Dieses Ziel verfolgt die in Rede stehende gesetzliche Regelung in sachgerechter und verhältnismäßiger Weise. Die Begünstigung der Frauen bei den Vergabebedingungen soll dazu beitragen, die Unterrepräsentanz der Frauen in gehobenen Positionen der Wirtschaft insgesamt und konkret im Bereich des Handwerks zu reduzieren. Unter Berücksichtigung des Verfassungsauftrages aus Art. 3 Abs. 2 Satz 2 GG ist es als ein zulässiges Ziel zu betrachten, die Chancen der Frauen zur Erlangung einer ihren Fähigkeiten entsprechenden Position im Wirtschaftsleben durch Fördermaßnahmen zu verbessern. Hintergrund ist die Feststellung, dass die gehobenen Positionen tatsächlich nach wie vor weitgehend den Männern vorbehalten sind. In Deutschland machen Frauen zwar über 50 % der Wohnbevölkerung, aber nur 15 % der Selbstständigen im Handwerk aus. Die Gründe hierfür sind vielfältig: Zum einen spielt eine Rolle, dass Männer wie Frauen die Meisterprüfung regelmäßig um das 30. Lebensjahr ablegen. Traditionell sind die Frauen gerade in dieser Lebensphase stärker durch Familienpflichten belastet als die Männer. Zum anderen sind die psychologischen und die finanziellen Hemmnisse für eine Selbstständigkeit bei Frauen größer als bei Männern. So fehlt es weitgehend an selbstständigen Frauen, die durch ihre Vorbildfunktion die Anregung zur Selbstständigkeit geben. Die finanzielle Ausstattung der Frauen ist, nicht zuletzt wegen ihres geringeren durchschnittlichen Einkommens, schlechter als bei Männern. Das jeweilige Gewicht derartiger Hemmnisse zu ermitteln, dürfte kaum möglich, aber auch nicht nötig sein. Es ist nicht zu bezweifeln, dass die Unterrepräsentanz der Frauen ein Ausdruck dieser gerade genannten, vielfältigen objektiven und subjektiven Hemmnisse für Frauen ist, den Schritt in die selbstständige Berufstätigkeit als Handwerksmeisterin zu tun. Es kann auch keinem

Zweifel unterliegen, dass die Staatszielbestimmung des Art. 3 Abs. 2 Satz 2 GG eben genau darauf zielt, derartige Hemmnisse nach Möglichkeit zu beseitigen.

bb) Das Mittel der Subvention eignet sich besonders zur Überwindung psychologischer Hemmnisse aber auch zur Behebung wirtschaftlicher Widerstände. Dass beide Elemente bei der auffälligen Zurückhaltung von Frauen gegenüber der selbstständigen Handwerkstätigkeit eine Rolle spielen, liegt zumindest sehr nahe. Der Gesetzgeber hat vorliegend nicht den Weg gewählt, allein eine Existenzgründungsprämie für Frauen auszusetzen. Er hat vielmehr eine solche Prämie gleichermaßen für Männer und Frauen in Aussicht gestellt, den Zugang für Frauen aber dadurch erleichtert, dass er ihnen eine längere Frist für die Aufnahme einer selbstständigen Tätigkeit eingeräumt hat. Dies erscheint sachgerecht: Grundlegendes Element jeder Subvention ist die sogenannte »Anstoßfunktion«, deren Gegenstück der sogenannte »Mitnahmeeffekt« ist, den es zu vermeiden gilt. Angesichts der größeren Bereitschaft der Männer, sich als Handwerker selbstständig zu machen, ist die Wahrscheinlichkeit, dass ein in jedem Fall zur Selbstständigkeit entschlossener Handwerksmeister die Prämie »mitnimmt«, mit zunehmendem Abstand von der Meisterprüfung relativ groß. Ziel des Gesetzes ist es daher, einen Anreiz für eine möglichst schnelle Selbstständigkeit nach Ablegung der Meisterprüfung zu geben. Dies rechtfertigt die Vorgabe einer zeitlichen Befristung für die Selbstständigkeit. Die geringere Neigung von Frauen, sich im Handwerk selbstständig zu machen, rechtfertigt es hingegen, für sie die Anreizfunktion zeitlich auf fünf Jahre auszudehnen.

cc) Die Rechtfertigung der streitigen Differenzierung durch das Gleichberechtigungsgebot des Art. 3 Abs. 2 GG setzt des Weiteren voraus, dass sie verhältnismäßig ist. Die Eignung der Maßnahme ist gegeben, die Maßnahme zielt mit ihrer Anreizwirkung gerade auf die Überwindung der oben beschriebenen wirtschaftlichen und psychologischen Hemmnisse. Sie erscheint zudem auch erforderlich, weil durch die Verlängerung der Niederlassungsfrist der Anteil der Frauen an den Zuwendungsempfängern gesteigert werden kann. Ein anderes gleich wirksames und das Diskriminierungsverbot des Art. 3 Abs. 3 Satz 1 GG weniger tangierendes Mittel ist vorliegend nicht ersichtlich. Im Hinblick auf die Angemessenheit der Regelung ist schließlich entscheidend, dass sich die Beeinträchtigung der Männer durch die Frauenförderung allein auf die Tatsache der Ungleichbehandlung beschränkt. Sie erleiden im Übrigen keinen Eingriff in ihre Rechtssphäre. Sie sind vom Zuwendungsprogramm nicht völlig ausgeschlossen, sondern werden nur bei einer Zugangsvoraussetzung strengeren Anforderungen unterworfen. Vor allem ist der ihnen gegebenenfalls entgehende Vorteil nicht von existenzieller Bedeutung. Angesichts der üblichen Kosten für die Einrichtung eines Betriebes hängt die Möglichkeit, sich selbstständig zu machen, regelmäßig nicht entscheidend vom Erhalt einer Zuwendung von 20 000 Euro ab. Die Regelung zur Gewährung der Meistergründungsprämie stellt damit zwar einen Verstoß gegen das absolute Gleichbehandlungsgebot der Verfassung dar; dieser Verstoß ist allerdings wegen des Verfassungsauftrages aus Art. 3 Abs. 2 Satz 2 GG gerechtfertigt und damit verfassungsgemäß.

Ergebnis: Der neu eingeführte § 1a HWO verstößt zwar gegen das Gleichheitsgebot, ist aber aus den genannten Gründen gerechtfertigt und damit verfassungsgemäß. M ist in seinen Grundrechten nicht verletzt.

Fall 15

Justizminister Gnadenlos

Rechtsstudent R aus Münster ist in ein Elektrogeschäft eingebrochen und hat die erbeuteten 100 Mobiltelefone anschließend in seiner Garage versteckt. Nachdem die Staatsanwaltschaft Verdacht geschöpft und beim Amtsgericht einen entsprechenden Antrag gestellt hat, ordnet der zuständige Richter – ohne R vorher zu informieren oder anzuhören – die Durchsuchung der Garage und die Beschlagnahme der gestohlenen Mobiltelefone an. Beim Zugriff der Behörden erhält der verdutzte R den Durchsuchungsbeschluss des Richters ausgehändigt. Ein halbes Jahr später wird R dann wegen Diebstahls der Telefone rechtskräftig zu einer Freiheitsstrafe von 15 Monaten ohne Bewährung verurteilt.

R findet das Ganze ziemlich ungerecht und stellt nach reiflicher Überlegung beim Justizminister des Landes Nordrhein-Westfalen einen Antrag auf Begnadigung: Er habe inzwischen aus seinen Fehlern gelernt und sehe für sich eine günstige Sozialprognose. Als der Antrag vom Justizminister ohne Begründung abgelehnt wird, wendet R sich an das Verwaltungsgericht (VG) in Münster und klagt unter Berufung auf sein Grundrecht aus Art. 19 Abs. 4 Satz 1 GG gegen die Ablehnung seines Gnadengesuchs. R meint, seine Strafe müsse zur Bewährung ausgesetzt werden. Das VG weist die Klage allerdings schon als unzulässig ab, ohne auf das Vorbringen des R überhaupt einzugehen. Gegen ein abgelehntes Begnadigungsgesuch stehe gar kein Rechtsweg offen, da niemand ein »Recht auf Gnade« habe.

R will das nicht akzeptieren: Er meint, zum einen hätte ihn das Amtsgericht vor der Durchsuchung seiner Garage informieren und anhören müssen. Im Übrigen verletze die Entscheidung des VG Münster sein Grundrecht aus Art. 19 Abs. 4 GG, da ihm die Beschreitung des vom Grundgesetz garantierten Rechtsweges verweigert werde.

Frage: Verletzen die beiden Urteile den R in seinen Grundrechten?

Schwerpunkte: Die sogenannten »Justizgrundrechte«: Der Anspruch auf rechtliches Gehör aus Art. 103 Abs. 1 GG; die »Rechtsweggarantie« des Art. 19 Abs. 4 GG.

Einstieg: So, zum Ende des materiellen Teils unseres Buches wollen und müssen wir noch einen kurzen Blick auf die sogenannten »Justizgrundrechte« der Verfassung werfen, die übrigens auch »Rechtsschutz- und Verfahrensrechte« genannt werden und die die Rechte der Bürger beim Umgang mit und insbesondere vor der rechtsprechenden Gewalt des Staates betreffen (*Sachs/Degenhart* Art. 101 GG Rz. 3; *Stern* in FS *Ule* 1987, 359). Niedergeschrieben stehen diese Justizgrundrechte ziemlich übersichtlich in den **Art. 101–104 GG** sowie in **Art. 19 Abs. 4 GG**. Anhand der oben geschilderten Geschichte werden wir uns gleich mit den beiden in Prüfungsarbeiten und im Übrigen auch im richtigen Leben mit Abstand am häufigsten anzutreffenden (Justiz-)Grundrechten beschäftigen, und zwar mit dem Anspruch auf rechtliches Gehör aus Art. 103 Abs. 1 GG sowie mit der sogenannten »Rechtsweggarantie« aus Art. 19 Abs. 4 Satz 1 GG. Während der Anspruch auf rechtliches Gehör – ebenso wie die anderen Rechte aus den Art. 101–104 GG – als sogenanntes »grundrechtsgleiches Recht« im Sinne des 93 Abs. 1 Nr. 4a GG bezeichnet wird (*Maunz/Dürig* Art. 101 GG Rz. 6; *Jarass/Pieroth* Art. 103 GG Rz. 1), stellt die Rechtsweggarantie des Art. 19 Abs. 4 Satz 1 GG ein klassisches (Haupt-)Grundrecht mit »zentraler Bedeutung für einen effektiven Rechtsschutz« dar (BVerfGE **60**, 253, 297; *Sachs/Degenhart* Art. 19 GG Rz. 113; OVG Hamburg NVwZ **2014**, 1386; *von Münch/Kunig/Krebs* Art. 19 GG Rz. 53). Unabhängig von der Terminologie gehören auch die Justizgrundrechte nach Meinung des Bundesverfassungsgerichts in jedem Falle zu den Grundpfeilern des Rechtsstaates, deren Durchsetzung die Bürger mit Hilfe der Verfassungsbeschwerde innerhalb des Art. 93 Abs. 1 Nr. 4a GG geltend machen können (BVerfGE **14**, 156; BVerfGE **28**, 314; BVerfGE **96**, 231).

Aufbau: Wir können unsere Prüfung im vorliegenden Fall ohne Probleme *chronologisch* aufbauen und auch durchführen, denn der gute R ist ja zunächst mal zu einer fünfzehnmonatigen Freiheitsstrafe wegen Diebstahls verurteilt worden (= 1. Teil) und anschließend dann mit seinem Gnadengesuch beim Justizminister und danach auch beim Verwaltungsgericht gescheitert (= 2. Teil). Damit haben wir zwei unterschiedliche und voneinander unabhängige Gerichtsurteile, mit denen der R nicht einverstanden ist und die wir in genau dieser Reihenfolge im Hinblick auf mögliche Grundrechtsverletzungen dann auch untersuchen wollen, und zwar so:

A. Verletzung eines Rechts des R durch die Verurteilung zur Freiheitsstrafe?

Obersatz: Der R ist durch die Verurteilung in seinem Grundrecht aus Art. 103 Abs. 1 GG verletzt, wenn insoweit durch einen Akt der öffentlichen Gewalt in den Schutzbereich eines Grundrechts eingegriffen wurde und dieser Eingriff verfassungsrechtlich nicht gerechtfertigt ist.

I. Ist durch die Entscheidung das Recht des R aus Art. 103 Abs. 1 GG in seinem Schutzbereich betroffen?

Gemäß Art. 103 Abs. 1 GG hat jedermann vor Gericht einen Anspruch auf rechtliches Gehör. Hinter diesem vergleichsweise unspektakulär klingenden Satz steckt folgendes fundamentales **Prinzip**: Der Grundgesetzgeber wollte mit Art. 103 Abs. 1 GG garantieren, dass jeder Mensch, der sich in einem gerichtlichen Verfahren und damit

– namentlich in **Strafverfahren** – immer auch in der Auseinandersetzung mit dem Staat und seinen Behörden befindet, *jederzeit* die Gelegenheit hat, sich gegenüber den staatlichen Behörden zu äußern und so Einfluss auf das Verfahren zu nehmen (BVerfGE **84**, 188). Der Anspruch auf rechtliches Gehör wird deshalb auch als »prozessuales Urrecht« des Menschen bezeichnet (BVerfGE **55**, 1, 6). Das Recht aus Art. 103 Abs. 1 GG soll zwischen den Bürgern und dem Staat einen Zustand der »Waffengleichheit« herstellen, der in einem Rechtsstaat nur bei Gewährung umfassenden rechtlichen Gehörs aller am Verfahren beteiligten Personen gesichert ist und das unbedingt notwendige »faire Verfahren« garantiert (**unstreitig**: BVerfGE **9**, 124; BVerfGE **38**, 105; *Jarass/Pieroth* Art. 103 GG Rz. 1; *von Münch/Kunig* Art. 103 GG Rz. 3). Der Einzelne würde ohne rechtliches Gehör in einem Gerichtsverfahren ansonsten nur als *bloßes Objekt* behandelt, was zudem die Menschenwürde und damit das fundamentalste Grundrecht überhaupt verletzen würde (BVerfGE **118**, 312; BVerfGE **84**, 188; BVerfGE **55**, 1). Das Bundesverfassungsgericht beschreibt die Bedeutung des Anspruchs auf rechtliches Gehör wie folgt: »... *Der einzelne Bürger soll nicht nur das Objekt richterlicher Entscheidung sein, sondern im Vorfeld einer Entscheidung, die seine Rechte betrifft, zu Wort kommen, um auf diesem Weg als Subjekt des Verfahrens auch jederzeit Einfluss auf dieses Verfahren und die spätere Entscheidung nehmen zu können; andernfalls stünde der Bürger der staatlichen Rechtspflege ohnmächtig gegenüber, was die Menschenwürde verletzen würde und insbesondere im Strafprozess von Verfassungs wegen mithilfe der Gewährung rechtlichen Gehörs in jedem Falle zu vermeiden ist ...*« (BVerfGE **107**, 395).

Konsequenz: Es gilt daher im Hinblick auf die Gewährung rechtlichen Gehörs die folgende, ebenfalls vom Bundesverfassungsgericht entwickelte **Regel**:

> »... *Einer gerichtlichen Entscheidung dürfen unter Berücksichtigung des Rechts aus Art. 103 Abs. 1 GG immer nur solche Tatsachen und Beweisergebnisse zugrunde gelegt werden, zu denen Stellung zu nehmen, den Beteiligten Gelegenheit gegeben war ... andernfalls ist die Entscheidung wegen Verstoßes gegen Art. 103 Abs. 1 GG verfassungswidrig und aufzuheben ...*« (BVerfGE **18**, 399, 404).

Da es nun bekanntermaßen unterschiedliche Stadien in gerichtlichen, vor allem in strafrechtlichen Verfahren gibt – Ermittlungsverfahren, Zwischenverfahren, Hauptverfahren bzw. Urteilsfindung –, kann sich die Gewährung rechtlichen Gehörs seitens des Staates durchaus auch unterschiedlich manifestieren. Prima zusammengefasst, und zwar in drei Kategorien bzw. *Pflichtenkreise*, ist der Umfang und die Tragweite rechtlichen Gehörs bei *Kingreen/Poscher* in ihrem StaatsR II bei Rz. 1178 (vgl. aber auch: *von Münch/Kunig* Art. 103 GG Rz. 8 ff.), wo der **Schutzbereich** des Art. 103 Abs. 1 GG so beschrieben wird:

→ Zunächst folgt für alle Verfahrensbeteiligten aus Art. 103 Abs. 1 GG ein Recht auf umfassende *Information* durch die staatlichen Behörden: Das Gericht muss den Beteiligten namentlich alle Äußerungen der Gegenseite zur Kenntnis bringen und über die von Amts wegen in das Verfahren eingeführten *Tatsachen* und *Be-*

weismittel informieren. Hierzu gehören auch die Auffassungen der zur Rate gezogenen Sachverständigen wie auch die (vorläufigen) Rechtsansichten des Gerichts selbst, sofern die Beteiligten diesbezüglich Informationsbedarf haben – etwa
weil sie mit diesen Ansichten und entsprechenden Rechtsfolgen redlicherweise
nicht rechnen mussten und ansonsten die Gefahr der »Überrumpelung« seitens
des Gerichts bestehen würde (BVerfGE **18**, 399; BVerfGE **55**, 95; BVerfGE **101**, 106;
BVerfG NJW **2006**, 2248). Der Staat in Gestalt der Gerichte hat insbesondere darauf
zu achten, dass der Bürger *im Vorfeld* einer jeden ihn betreffenden gerichtlichen
Entscheidung zu den wesentlichen Punkten angehört worden ist (BVerfGE **36**, 85;
BVerfGE **72**, 84).

→ Des Weiteren folgt aus Art. 103 Abs. 1 GG ein Recht zur *Äußerung* sowohl gegenüber den staatlichen Behörden als auch gegenüber der Gegenseite, wobei dieses Recht in jedem Falle und unstreitig die *schriftliche* Äußerungsmöglichkeit des
Betroffenen umfasst (BVerfGE **15**, 214; BVerfGE **101**, 106). Unter das Recht zur
Äußerung fällt übrigens auch das berühmte »letzte Wort« des Angeklagten vor
der Urteilsfindung (BVerfGE **54**, 140).

→ Schließlich umfasst der Anspruch auf rechtliches Gehör aus Art. 103 Abs. 1 GG
interessanterweise auch ein Recht auf *Berücksichtigung* der getätigten Äußerung
durch den Staat. Hieraus folgt zwar logischerweise nicht, dass das Gericht der
Rechtsauffassung des Bürgers entsprechen muss; allerdings kann der betroffene
Bürger verlangen, dass die staatlichen Behörden (Gerichte) im Hinblick auf die
Äußerungen zum Verfahren sowohl *aufnahmebereit* als auch *aufnahmewillig* sind
und ihre Entscheidung *umfassend begründen* und sich insbesondere mit dem Par-
tei- bzw. Beschuldigtenvorbringen auseinandersetzen müssen. Tun sie dies nicht,
wäre der Bürger nämlich wieder nur ein reines *Objekt* des Verfahrens, was aber
– siehe oben – tunlichst zu vermeiden ist. Der Bürger hat daher einen Anspruch
darauf, dass das Gericht seine Äußerungen zum Verfahren aufnimmt und sich
damit auch inhaltlich auseinandersetzt (BVerfGE **63**, 80; BVerfGE **115**, 166).

Sonderproblem: Ziemlich umstritten ist in diesem Zusammenhang die Frage, ob aus
dem gerade dargestellten, umfassenden Anspruch auf rechtliches Gehör auch ein
(einklagbarer) Anspruch des Bürgers folgt, in *jedem* Stadium eines Verfahrens einen
Rechtsanwalt hinzuzuziehen, um so das rechtliche Gehör aus Art. 103 Abs. 1 GG zu
realisieren und auszuüben. Zumindest für das **strafrechtliche** Verfahren wird diese
Frage vom Bundesverfassungsgericht mit folgender Begründung bejaht (BVerfGE **65**,
171; BVerfGE **68**, 237; BVerfGE **110**, 226): Im Strafverfahren stehe dem Beschuldigten
nicht nur ein einfacher Anspruch auf rechtliches Gehör zu, das Recht aus Art. 103
Abs. 1 GG umfasse hier auch die *Vermittlung* des rechtlichen Gehörs durch einen
Rechtsanwalt; insbesondere bei strafrechtlichen Verfahren sei nämlich die Gefahr
besonders groß, dass der Staat durch strafrechtliche Verurteilung massiv in die Rechte des Bürgers eingreift (BVerfGE **65**, 171; BVerfGE **68**, 237; BVerfGE **110**, 226). Im
Übrigen, also für alle anderen gerichtlichen Verfahren, lehnt das Bundesverfassungs-

gericht eine solche, aus Art. 103 Abs. 1 GG folgende Garantie und einen Anspruch auf anwaltliche Vertretung indessen ab. Der Bürger könne sich zwar jederzeit selbstständig anwaltlicher Hilfe bedienen, einen Anspruch gegen den Staat oder gar eine Garantie auf Gewährung anwaltlichen Beistandes in jedem Stadium eines Verfahrens begründe der Art. 103 Abs. 1 GG allerdings nicht (BVerfGE **9**, 124; BVerfGE **39**, 156; BVerwGE **51**, 111).

> Eine beachtliche Meinung in der Wissenschaft hält dem allerdings entgegen, dass angesichts der oft komplizierten rechtlichen Zusammenhänge die Wahrung rechtlicher Interessen sowie namentlich auch die Geltendmachung des Anspruchs auf rechtliches Gehör vielen (rechtsunkundigen) Bürgern oft nur mithilfe eines Anwalts möglich seien. Aus diesem Grund müsse aus Art. 103 Abs. 1 GG auch ein *Anspruch* des Bürgers gegen den Staat folgen, sich auch in anderen Verfahren jederzeit anwaltlicher Hilfe zu bedienen; der Art. 103 Abs. 1 GG umfasse auch eine solche *Garantie*, die der Staat in einem rechtsstaatlichen Gefüge zu erfüllen habe (*Dreier/Schulze-Fielitz* Art. 103 GG Rz. 52; *Jarass/Pieroth* Art. 103 GG Rz. 34; *von Münch/Kunig* Art. 103 GG Rz. 15; *von Mangoldt/Klein/Starck/Nolte* Art. 103 GG Rz. 66; *Maunz/Dürig/Schmidt-Aßmann* Art. 103 GG Rz. 103; *Kingreen/Poscher* StaatsR II Rz. 1179).

Zu unserem Fall: Probleme um anwaltlichen Beistand haben wir bei uns zum Glück nicht, R meint ja nur, er habe vor der Durchsuchung seiner Garage und der Beschlagnahme der Mobiltelefone vom Gericht informiert und angehört werden müssen. Und wenn wir uns die weiter oben aufgezählten drei Pflichtenkreise jetzt noch mal anschauen, hat R zumindest auf den ersten Blick durchaus Recht: R ist *vor* der hier infrage stehenden staatlichen Maßnahme weder informiert noch angehört worden und konnte sich folglich auch zu dem ganzen Vorgang *im Vorfeld* nicht mehr äußern und damit Einfluss auf das Verfahren bzw. die gerichtliche Entscheidung nehmen. R hat lediglich unmittelbar vor dem Zugriff der Behörden den Durchsuchungsbeschluss ausgehändigt bekommen.

<u>ZE.:</u> Dadurch, dass das Amtsgericht die Durchsuchung der Garage und die Beschlagnahme der Mobiltelefone anordnete, ohne den R vorher zu informieren oder anzuhören, ist der Schutzbereich des Art. 103 Abs. 1 GG betroffen.

II. Es muss des Weiteren ein »Eingriff« in diesen Schutzbereich vorliegen.

Das ist hier kein Problem, **denn**:

> **Definition**: Unter *Eingriff* versteht man jedes staatliche Handeln, das dem Einzelnen ein Verhalten, das in den Schutzbereich eines Grundrechts fällt, ganz oder teilweise unmöglich macht; hierbei ist gleichgültig, ob diese Wirkung final oder unbeabsichtigt eintritt (BVerfGE **105**, 279; BVerfGE **81**, 310; BVerfG NVwZ **2007**, 1049; *von Münch/Kunig* vor Art. 1 GG Rz. 34; *Jarass/Pieroth* vor Art. 1 GG Rz. 27/28; *Kingreen/Poscher* StaatsR II Rz. 253).

Hier: Die Durchsuchung der Garage und die Beschlagnahme der Mobiltelefone stellen Akte der öffentlichen Gewalt dar, die den R, da er vorher nicht angehört wurde, in seinem Grundrecht aus Art. 103 Abs. 1 GG beschränken. Das daraufhin ergangene Urteil stellt ebenfalls einen Akt der öffentlichen Gewalt dar.

<u>ZE.</u>: Ein Eingriff liegt vor.

III. Der Eingriff darf verfassungsrechtlich nicht gerechtfertigt sein.

Obersatz: Der Eingriff in den Schutzbereich eines Grundrechts durch ein Urteil ist dann verfassungsrechtlich gerechtfertigt, wenn das betroffene Grundrecht einschränkbar ist, eine entsprechende **Schranke/ein Gesetz** besteht, diese Schranke selbst wiederum *verfassungsgemäß* ist (Schranken-Schranke) und auch die *konkrete Anwendung* und Auslegung der Schranke/des Gesetzes im Urteil der Verfassung bzw. den Grundrechten entspricht.

Beachte: In unserem Fall geht es augenscheinlich nur um die Frage, ob dem R das rechtliche Gehör aus Art. 103 Abs. 1 GG rechtmäßig entzogen wurde. Dass das Urteil im Übrigen verfassungsgemäß ist, steht angesichts des hier zu entscheidenden Sachverhaltes, dem ein entsprechender Hinweis fehlt, außer Frage. Wir müssen uns folglich hier nur mit dem Problem des fehlenden rechtlichen Gehörs beschäftigen. Stellen wir fest, dass durch die vorherige Anordnung des Gerichts ein Verstoß gegen Art. 103 Abs. 1 GG vorliegt, wäre das spätere Urteil auf jeden Fall *insgesamt verfassungswidrig*. Eine weitere Prüfung dahingehend, ob die Anwendung der möglichen Schranken des Art. 103 Abs. 1 GG im Urteil selbst rechtsfehlerhaft ist, könnten wir uns sparen, **denn** – wir erinnern uns bitte:

»... Einer gerichtlichen Entscheidung dürfen unter Berücksichtigung des Rechts aus Art. 103 Abs. 1 GG immer nur solche Tatsachen und Beweisergebnisse zugrunde gelegt werden, zu denen Stellung zu nehmen, den Beteiligten Gelegenheit gegeben war ... andernfalls ist die Entscheidung wegen Verstoßes gegen Art. 103 Abs. 1 GG verfassungswidrig und aufzuheben ...« (BVerfGE **18**, 399, 404).

Prüfen wir mal:

1.) Das infrage stehende Recht aus Art. 103 Abs. 1 GG muss zunächst überhaupt *einschränkbar* sein.

Problem: Im Grundgesetz findet sich insoweit keinerlei Hinweis, der Art. 103 Abs. 1 GG enthält namentlich *keinen* Gesetzesvorbehalt. **Aber**: Auch bei vorbehaltlosen Grundrechten gilt natürlich das Prinzip, dass jedenfalls kollidierendes Verfassungsrecht den in den Grundrechten garantierten Freiheiten entsprechende Grenzen setzen kann (*Jarass/Pieroth* Art. 103 GG Rz. 16).

<u>ZE.</u>: Der in Art. 103 Abs. 1 GG garantierte Anspruch auf rechtliches Gehör ist einschränkbar, und zwar durch kollidierendes Verfassungsrecht.

2.) Es muss eine entsprechende *Schranke*, also kollidierendes Verfassungsrecht existieren. Da es vorliegend um die Sicherung von Beweisen zwecks Verfolgung einer Straftat geht, kommen als kollidierendes Verfassungsrecht die Sicherung und Durchsetzung des staatlichen Strafanspruchs sowie die Funktionsfähigkeit der staatlichen Rechtspflege in Betracht. Die Vorschriften der **Strafprozessordnung** zur Durchsuchung von Räumlichkeiten und zur Beschlagnahme von Beweismitteln (→ § 33 Abs. 4 und §§ 102 ff. StPO) – ohne vorherige Anhörung – könnten Ausfluss des kollidierenden Verfassungsrechts im gerade benannten Sinne sein.

Durchblick: Die Strafprozessordnung sieht neben den sonstigen Maßnahmen zu Ermittlungen in Strafverfahren auch Handlungen staatlicher Organe (→ Polizei oder Staatsanwaltschaft) vor, bei denen eine vorherige Anhörung der Betroffenen *nicht* vorgesehen ist. So kann etwa auf Anordnung des zuständigen Gerichts gemäß den **§§ 105 und 102** der Strafprozessordnung bei einem Verdächtigen die Durchsuchung der Wohnung oder anderer Räume stattfinden, wenn aufgrund von *hinreichenden tatsächlichen Anhaltspunkten* zu vermuten steht, dass dort Beweismittel gefunden werden (BVerfG NJW **2016**, 1645). **Und**: Sofern – was regelmäßig der Fall sein dürfte – die Gefahr besteht, dass der Betroffene die gesuchten Beweismittel bei Kenntnis der bevorstehenden Durchsuchung vorher noch wegschaffen würde, darf gemäß § 33 Abs. 4 der Strafprozessordnung die richterliche Anordnung der Durchsuchung auch ohne vorherige Anhörung des Betroffenen durchgeführt werden – was natürlich auch einleuchtet, **denn**: Wenn zur Sicherung von Beweisen Durchsuchungen oder sogar Beschlagnahmen stattfinden sollen, würde man die Beschuldigten mit einer vorherigen Anhörung logischerweise »warnen« und damit den Ermittlungszweck bzw. das Ermittlungsergebnis gefährden, wenn nicht sogar vereiteln. Und das geht – selbst in einem Rechtsstaat – natürlich nicht. Die entsprechenden Normen der Strafprozessordnung sind aus diesem Grund nach allgemeiner Meinung auch verfassungsgemäß, was das Bundesverfassungsgerichts selbst dann so begründet (BVerfGE **18**, 399; BVerfGE **49**, 329):

> *»… Nach der ständigen Rechtsprechung des Bundesverfassungsgerichts verlangt das Recht auf Gehör aus Art. 103 Abs. 1 GG, dass einer gerichtlichen Entscheidung nur solche Tatsachen und Beweisergebnisse zugrunde gelegt werden, zu denen Stellung zu nehmen den Beteiligten Gelegenheit gegeben war … Die Gründe, die die Gewährung des rechtlichen Gehörs vor dem Erlass einer gerichtlichen Entscheidung notwendig machen, sind grundsätzlich auch im **Beschlagnahmeverfahren** und bei **Durchsuchungen** maßgebend … Die **Sicherung gefährdeter Interessen** des Staates kann es aber erforderlich machen, die Betroffenen vor Anordnung der Beschlagnahme nicht anzuhören, um sie nicht zu warnen und einen direkten und erfolgversprechenden Zugriff zu ermöglichen. Die vorherige Einschaltung eines **Richters** macht es verfassungsrechtlich tragbar und damit zulässig, derartige Maßnahmen ohne vorgängiges Gehör des Gegners zu treffen … Der Rechtsstaatsgedanke gebietet jedoch, dass der Betroffene in solchen Fällen Gelegenheit erhält, sich in jedem Falle **nachträglich** gegen die angeordnete Maßnahme zu wehren, durch die in einschneidender Weise in seine Rechts-*

stellung eingegriffen oder ihm ein bleibender rechtlicher Nachteil zugefügt wird ... Die Beschlagnahme zur Beweissicherung fügt dem Betroffenen unter Umständen einen rechtlichen Nachteil zu. Sie schränkt die Dispositionsbefugnis über die beschlagnahmten Gegenstände ein; schon zu diesem ersten Eingriff und nicht erst zur Einziehung muss dem Berechtigten wenigstens **nachträglich** *im Beschwerdeverfahren ohne Einschränkung rechtliches Gehör gewährt werden ... Der Art. 103 Abs. 1 GG geht davon aus, dass die nähere Ausgestaltung des rechtlichen Gehörs den einzelnen Verfahrensordnungen überlassen bleiben muss (BVerfGE 9, 89), was im Strafprozess etwa durch* **§ 33 Abs. 4** *der Strafprozessordnung geschehen ist, der eine Beschlagnahme auch ohne* **vorherige Anhörung** *ermöglicht ...«*

Also: Wenn es der »Sicherung gefährdeter Interessen« dient, namentlich der Beweissicherung im Strafverfahren, darf auch *ohne* vorherige Anhörung eine richterliche Anordnung ergehen (→ § 105 StPO), aufgrund derer dann die Beschlagnahme und Durchsuchung erfolgt (→ § 102 StPO). Allerdings muss dem Betroffenen der entsprechende Beschluss des Gerichts umgehend – im Zweifel unmittelbar vor oder bei dem Zugriff – bekanntgemacht werden (vgl. **§ 107 StPO**), um ihm jedenfalls **nachträglich** die Möglichkeit zu geben, sich zu dem Vorfall zu äußern (BGH NStZ **2003**, 273). Unter diesen Voraussetzungen kann das Grundrecht aus Art. 103 Abs. 1 GG aufgrund kollidierenden Verfassungsrechts – namentlich der Sicherung und Durchsetzung des staatlichen Strafanspruchs und damit der staatlichen Rechtspflege – eingeschränkt werden (BVerfGE **18**, 399; BVerfGE **49**, 329). Eine entsprechende Maßnahme der staatlichen Behörden wäre dann verfassungsgemäß und stellt insbesondere keinen Verstoß gegen Art. 103 Abs. 1 GG dar (im Hinblick auf das bei Durchsuchungen in der Regel auch betroffene Grundrecht aus Art. 13 Abs. 1 GG lies **Art. 13 Abs. 2 GG**).

Zum Fall: Wie dem Sachverhalt zu entnehmen, ist dem R während der Durchsuchung und Beschlagnahme, wie in solchen Fällen üblich, der Durchsuchungsbeschluss übergeben worden. R hatte in jedem Falle die Möglichkeit, sich nachträglich zu dem Durchsuchungsbeschluss zu äußern.

Ergebnis: Der aus Art. 103 Abs. 1 GG folgende Anspruch des R auf Gewährung rechtlichen Gehörs ist vorliegend nicht verletzt. Seine Verurteilung zu einer fünfzehnmonatigen Freiheitsstrafe basiert damit nicht auf einer Verletzung des Anspruchs auf rechtliches Gehör.

B. Verletzung eines Rechts des R durch die Entscheidung des VG Münster, die Klage gegen das abgelehnte Gnadengesuch als unzulässig zu verwerfen?

> **Obersatz:** Der R ist durch die Entscheidung des Verwaltungsgerichts *Münster* in einem Grundrecht verletzt, wenn insoweit durch einen Akt der öffentlichen Gewalt in den Schutzbereich eines Grundrechts eingegriffen wurde und dieser Eingriff verfassungsrechtlich nicht gerechtfertigt ist.

I. Ist durch die Entscheidung des VG Münster ein Grundrecht des R in seinem Schutzbereich betroffen?

In Betracht kommt das Grundrecht des R aus **Art. 19 Abs. 4 Satz 1 GG**, die sogenannte »Rechtsweggarantie«. Gemäß Art. 19 Abs. 4 Satz 1 GG steht jedem, der durch die öffentliche Gewalt in seinen Rechten verletzt wird, der Rechtsweg offen. Unser R möchte sich gegen die Ablehnung seines Gnadengesuchs seitens des Justizministers zur Wehr setzen, was das Verwaltungsgericht indes ablehnt mit der Begründung, gegen ein abgelehntes Gnadengesuch gebe es gar keinen Rechtsweg. Es fragt sich somit, ob die gerichtliche Anfechtung eines abgelehnten Gnadengesuchs in den *Schutzbereich* der Rechtsweggarantie des Art. 19 Abs. 4 Satz 1 GG fällt. Der konkrete Schutzbereich des Art. 19 Abs. 4 Satz 1 GG kann – wie immer – zunächst nur aus dem Wortlaut der Norm und dessen Entstehungsgeschichte hergeleitet werden: Wir müssen somit als Erstes prüfen, was eigentlich der Begriff »öffentliche Gewalt« zu bedeuten hat, denn nur gegen Maßnahmen der »öffentlichen Gewalt« steht nach dem Wortlaut des Art. 19 Abs. 4 Satz 1 GG der Rechtsweg offen:

Achtung: Die erste Finte, auf die man bei Art. 19 Abs. 4 Satz 1 GG gut hereinfallen kann, liegt bereits darin, dass der Begriff der »öffentlichen Gewalt« hier ausnahmsweise anders definiert wird, als im Grundgesetz eigentlich üblich. Während nämlich **Art. 20 Abs. 2 GG** und **Art. 1 Abs. 3 GG** (beide aufschlagen!) die Staatsgewalt noch ausdrücklich den drei herkömmlichen Gewalten zuordnet, also der Gesetzgebung, der Rechtsprechung und der vollziehenden Gewalt (= Verwaltung/Exekutive), gilt dies für die in Art. 19 Abs. 4 Satz 1 GG normierte Rechtsweggarantie nach herrschenden Meinung nicht (BVerfGE **107**, 395; BVerfGE **103**, 142; *von Münch/Kunig/Krebs* Art. 19 GG Rz. 55; *Jarass/Pieroth* Art. 19 GG Rz. 42), **denn**:

→ Zum einen umfasst die Rechtsweggarantie *nicht* die Rechtsprechung selbst: Der Art. 19 Abs. 4 Satz 1 GG soll nämlich nicht den Schutz *vor* den Richtern, sondern vielmehr *durch* die Richter bzw. die Gerichte garantieren (BVerfGE **11**, 263; *Jarass/Pieroth* Art. 19 GG Rz. 45). Würde man sich gegen jede richterliche Entscheidung unter Berufung auf Art. 19 Abs. 4 Satz 1 GG wieder an ein anderes Gericht wenden dürfen, entstünde eine nie endende Rechtsweggarantie und eine nie endende Rechtsunsicherheit, die aber vom Grundgesetz nicht gewollt sind (BVerfGE **107**, 395; BVerfGE **65**, 76; AK-*Ramsauer* Art. 19 GG Rz. 55; *Sachs/Sachs* Art. 19 GG Rz. 120; *von Mangoldt/Klein/Starck/Huber* Art. 19 Abs. 4 GG Rz. 438; *Ipsen* StaatsR II Rz 880; **andere Ansicht**: *von Münch/Kunig/Krebs* Art. 19 GG Rz. 63 und *Dreier/Schultze-Fielitz* Art. 19 GG Rz. 49). Der Art. 19 Abs. 4 Satz 1 GG garantiert daher nur, dass man *überhaupt* ein Gericht gegen staatliche Maßnahmen anrufen kann. Die Vorschrift des Art. 19 Abs. 4 Satz 1 GG garantiert demgegenüber *keinen*, unter Umständen sogar endlosen Instanzenzug. Die genaue Ausgestaltung des gerichtlichen Instanzenzuges bleibt vielmehr dem einfachen Gesetzgeber vorbehalten, der individuell und je nach Art des

Verfahrens die verschiedenen Instanzen bestimmen kann. Daher folgt aus Art. 19 Abs. 4 Satz 1 GG auch *kein* verfassungsrechtlicher Anspruch auf mehrere gerichtliche Instanzen (**unstreitig**: BVerfGE **87**, 48; BVerfGE **92**, 365; BVerwGE **120**, 87; BK/*Schenke* Art. 19 GG Rz. 102; *Maunz/Dürig/Schmidt-Aßmann* Art. 19 Abs. 4 GG Rz. 179; *Jarass/ Pieroth* Art. 19 GG Rz. 56).

> **Feinkost**: Das Bundesverfassungsgericht hat für den Fall, dass aufgrund von gesetz-
> lichen Regelungen einer bestimmten (Gerichts-)Verfahrensordnung der Betroffene
> keine Möglichkeit mehr hat, sich vor einem Fachgericht gegen die Verletzung rechtli-
> chen Gehörs (Art. 103 Abs. 1 GG) zu wehren, einen aus dem Rechtsstaatsprinzip und
> Art. 103 Abs. 1 GG erwachsenen »**allgemeinen Justizgewährungsanspruch**« kon-
> struiert, mithilfe dessen ausnahmsweise auch gegen gerichtliche Akte der Rechtsweg
> garantiert sein muss (BVerfGE **107**, 395; BVerfGE **108**, 341). Im konkreten Fall hatte
> der BGH eine Revision gegen ein OLG-Urteil als unzulässig abgewiesen, weil nach
> der Zivilprozessordnung die Voraussetzungen für die Revision (→ ausdrücklich Zu-
> lassung durch das OLG oder Erreichen einer bestimmten Revisionssumme) nicht
> vorlagen. Da dem Betroffenen damit die Möglichkeit genommen war, vor einem
> Fachgericht – der BGH ist ein, genau genommen das höchste *Fachgericht* – die von
> ihm vorgebrachte Verletzung rechtlichen Gehörs zu rügen, erhob er gegen die abge-
> lehnte Revisionsentscheidung des BGH Verfassungsbeschwerde wegen Verletzung
> der Rechtsweggarantie. Das Bundesverfassungsgericht stellte dann fest, dass das
> Ganze zwar kein Fall des Art. 19 Abs. 4 GG sei, da dieser nach wie vor *nicht* für ge-
> richtliche Entscheidungen gelte. Allerdings gebe es – siehe oben – einen daneben
> existierenden und aus dem Rechtsstaatsprinzip folgenden »allgemeinen Justizbe-
> währungsanspruch«, der vorliegend einschlägig sei. Der BGH hätte die Revision da-
> her, obwohl die Voraussetzungen nach der ZPO nicht vorlagen, wegen des allgemei-
> nen Justizgewährungsanspruchs gleichwohl annehmen müssen (BVerfGE **107**, 395;
> zustimmend: *Jarass/Pieroth* Art. 19 GG Rz. 45; *von Mangoldt/Klein/Starck/Huber* Art. 19
> GG Rz. 441; BK/*Schenke* Art. 19 GG Rz. 384; *Maunz/Dürig/Schmidt-Aßmann* Art. 19
> Abs. 4 GG 96; *Voßkuhle* in NJW 2003, 2193; *von Münch/Kunig/Krebs* Art. 19 GG Rz. 63;
> *Kingreen/Poscher* StaatsR II Rz. 1099).

→ Des Weiteren unterliegt auch die Kontrolle der Gesetzgebung nach herrschender Meinung *nicht* der Garantie des Art. 19 Abs. 4 Satz 1 GG. Der Bürger kann sich also nicht unter Berufung auf die Rechtsweggarantie gegen die Gesetzgebung des Bundes oder eines einzelnen Landes vor Gericht wehren und behaupten, er sei durch die »öffentliche Gewalt« im Sinne des Art. 19 Abs. 4 Satz 1 GG in seinen Rechten verletzt (BVerfGE **24**, 367; BVerfGE **45**, 297; BVerfGE **112**, 185; *Jarass/Pieroth* Art. 19 GG Rz. 44; *Ipsen* StaatsR II Rz. 881; *Kingreen/Poscher* StaatsR II Rz. 1100; a.A. BK/*Schenke* Art. 19 GG Rz. 338 m.w.N.). Die Begründung dafür ist hauptsächlich systematischer Natur, **und zwar**: Innerhalb des Grundgesetzes gibt es insgesamt drei Wege, um die Verfas- sungsmäßigkeit von Gesetzen gerichtlich kontrollieren bzw. überprüfen zu lassen: die Verfassungsbeschwerde gemäß Art. 93 Abs. 1 Nr. 4a GG, die abstrakte und die kon- krete Normenkontrolle gemäß den Art. 93 Abs. 1 Nr. 2 GG und Art. 100 GG. In allen drei Fällen entscheidet alleine das Bundesverfassungsgericht abschließend und nur unter den dort genannten Voraussetzungen über die Verfassungsmäßigkeit von Bun- des- oder Landesrecht. Daneben noch eine Möglichkeit über Art. 19 Abs. 4 Satz 1 GG zu konstruieren, nach der der Bürger ohne weitere Voraussetzungen gegen die Gesetzgebung des Bundes oder eines Landes klagen könnte, widerspricht nach allgemeiner Ansicht der Systematik und dem erkennbaren Willen des Grundgesetzgebers. Insbesondere dürfte – ließe man eine Klage gegen ein Gesetz vor einem Fachgericht unter Berufung auf Art. 19 Abs. 4 Satz 1 GG zu – dieses Fachgericht selbst nie über die Unwirksamkeit bzw. Verfassungswidrigkeit einer Norm endgültig entscheiden, sondern müsste das Gesetz immer und zwingend gemäß **Art. 100 GG** dem Bundesverfassungsgericht vorlegen (BVerfGE **10**, 264; BVerfGE **24**, 33; BVerfGE **112**, 185; *Kingreen/Poscher* StaatsR II Rz. 1100; *Ipsen* StaatsR II Rz. 881; *Jarass/Pieroth* Art. 19 GG Rz. 44).

ZE.: Weder die Rechtsprechung noch die Gesetzgebung sind nach herrschender Meinung und insbesondere nach Auffassung des Bundesverfassungsgerichts vom Terminus »öffentlicher Gewalt« im Sinne des Art. 19 Abs. 4 Satz 1 GG erfasst. Als Inhalt des Begriffes der »öffentlichen Gewalt« bleiben somit nur noch die Akte der die Gesetze vollziehenden Gewalt, also der *Verwaltung/Exekutive* übrig, was das Bundesverfassungsgericht mit einer zeitlos schönen Formulierung schon in einer Entscheidung vom 12. Januar 1960 plakativ und sehr merkbar so beschrieb (BVerfGE **10**, 264, 267):

> »... *Das Ziel des Art. 19 Abs. 4 Satz 1 GG liegt vornehmlich darin, die immer wieder anzutreffende* **Selbstherrlichkeit** *der vollziehenden Gewalt gegenüber den Bürgern zu beseitigen. Kein Akt der Exekutive, der in Rechte des Bürgers eingreift, kann und soll richterlicher Nachprüfung entzogen werden ... Durch Art. 19 Abs. 4 Satz 1 GG soll insbesondere gesichert werden, dass gegenüber* **allen Akten** *der Exekutive stets ein* **unabhängiges Gericht** *zur Prüfung einer geltend gemachten Rechtsverletzung angerufen werden kann ...*«

Also: Die Rechtsweggarantie des Art. 19 Abs. 4 Satz 1 GG gilt nach herrschender Meinung nur für Akte der die Gesetze des Staates *vollziehenden Gewalt*, also der Verwaltung/Exekutive.

Durchblick: Unser Staat ist bekanntlich ein Rechtsstaat und zudem nach dem Prinzip der Gewaltenteilung organisiert, was verfassungsrechtlich unter anderem in Art. 20 Abs. 2 Satz 2 GG nachzulesen ist, wonach die vom Volke ausgehende Staatsgewalt durch Organe der *Gesetzgebung* (→ Legislative), der *Rechtsprechung* (→ Judikative) und der *vollziehenden Gewalt* (→ Exekutive) ausgeübt wird. Diese drei »Gewalten« dominieren unseren Staat und sollen sich, um Machtmissbrauch zu vermeiden, jederzeit gegenseitig kontrollieren können, und das geht so: Die Legislative – auf Bundesebene in Gestalt des *Bundestages* und des *Bundesrates*, auf Landesebene in Gestalt des jeweiligen *Landtages* – beschließt die Gesetze. Die *Exekutive* – also die Verwaltungsbehörden – wendet die von der Legislative beschlossenen Gesetze *an*, führt also die in den Gesetzen niedergeschriebenen Regeln aus. Die *Judikative* – also die Gerichte – überprüft schließlich, ob die von der Legislative gemachten Gesetze mit dem Grundgesetz übereinstimmen und ob die Exekutive sie bei einer konkreten Maßnahme auch rechtmäßig angewandt hat. Insbesondere aufgrund dieses letzten gerade geschilderten Aktes kann der Bürger demnach immer sicher sein, dass der Staat in Gestalt der vollziehenden Gewalt nicht unrechtmäßig in seine Rechte eingreift: Er kann den Eingriff der vollziehenden Gewalt jederzeit von einem Gericht überprüfen lassen. Und *genau das* ist der Sinn und Zweck der Rechtsweggarantie des Art. 19 Abs. 4 Satz 1 GG. Verstanden?!

Prima. Zu dieser vollziehenden Gewalt/Exekutive gehören nun sämtliche staatlichen Bundes-, Landes- und Kommunalbehörden, die Verwaltungs- oder sonstige Aufgaben des Staates wahrnehmen: Dazu zählen also zum Beispiel das Finanzamt, das Ordnungsamt, das Schulamt, das Jugendamt, die Denkmalbehörde, die Polizeibehörden, der Bundesgrenzschutz, die Staatsanwaltschaften, das Bauamt, die Ausländerbehörde usw. usw. **Und**: Diese vollziehende Gewalt teilt man zudem auf in die »Verwaltung im engeren Sinne«, nämlich die eben benannten Behörden und ihre Mitarbeiter als die für den klassischen Vollzug der Gesetze zuständigen Organe. Die *Spitze* der staatlichen Verwaltung, also die klassischen »Dienstherren«, stellt in einem demokratischen Rechtsstaat – übrigens durchaus zur Überraschung vieler Studenten – interessanterweise die *Bundesregierung* dar. Die Bundesregierung in Person des Kanzlers und der jeweiligen Minister ist die Spitze des jeweiligen staatlichen Verwaltungsapparates, also sämtlicher Behörden, die auf Bundesebene staatliche Verwaltungsaufgaben wahrnehmen (AK-*Schneider* Art. 62 GG Rz. 2; *Jarass/Pieroth* Art. 62 GG Rz. 1; *Maunz/Dürig/Herzog* Art. 62 GG Rz. 1; *von Münch/Kunig/Mager* Art. 62 GG Rz. 10). Entsprechendes gilt dann selbstverständlich auch auf **Landesebene**: Die jeweilige Landesregierung mit ihren Ministern ist die oberste Instanz (der »Dienstherr«) der gesamten vollziehenden Gewalt/Verwaltung des jeweiligen Landes. *Bundes-* und *Landesregierungen* sind folglich im Staatsgefüge und namentlich innerhalb der Gewaltenteilung immer der *Exekutive* zuzuordnen und *nicht* etwa der gesetzgebenden Gewalt (*Maunz/Dürig/Herzog* Art. 62 GG Rz. 1; *von Münch/Kunig/Mager* Art. 62 GG Rz. 10; *Jarass/Pieroth* Art. 62 GG Rz. 1). Merken.

Zum Fall: Unser R möchte vor dem Verwaltungsgericht in *Münster* erreichen, dass sein vom **Justizminister** des Bundeslandes Nordrhein-Westfalen abgelehntes Begnadigungsgesuch aufgehoben und seine Haftstrafe in eine Bewährungsstrafe umgewandelt wird. So, und da wir seit eben wissen, dass der Justizminister überraschenderweise auch zur *vollziehenden Gewalt/Exekutive* gehört und sogar die Spitze der Justizverwaltung des Landes darstellt, müsste es sich bei der Ablehnung des Gnadengesuchs auf den ersten Blick problemlos um eine Maßnahme der vollziehenden Gewalt handeln, gegen die ausweislich des Art. 19 Abs. 4 Satz 1 GG der Rechtsweg offen steht. Die Entscheidung des Verwaltungsgerichts wäre unter diesen Umständen ein offensichtlicher Verstoß gegen die Rechtsweggarantie des Grundgesetzes.

Aber: Ganz so einfach ist das Ganze natürlich nicht. Genau genommen verbirgt sich hinter dieser Frage ein ziemlich kniffliges Problem, das dem Bundesverfassungsgericht schon vor einer halben juristischen Ewigkeit, nämlich am **23. April 1969** (!) zur Entscheidung vorlag, tatsächlich bis zum heutigen Tage höchst umstritten geblieben ist und aus diesem Grund nach wie vor sehr gerne in juristischen Prüfungsaufgaben auftaucht. Das macht übrigens auch Sinn, denn zum einen brauchen wir zur Lösung des Problems gleich durchaus tieferes Verständnis des allgemeinen Verfassungsrechts und zum anderen war sich das Bundesverfassungsgericht im April 1969 selbst nicht so wirklich einig; die Entscheidung erging damals – was ziemlich selten vorkommt – bei Stimmengleichheit innerhalb des achtköpfigen Senats, also mit 4:4 – und die Verfassungsbeschwerde des damaligen Klägers wurde nur wegen der Regelung des § 15 Abs. 4 Satz 3 BVerfGG (**aufschlagen!**) abgewiesen. Tragisch. Aber, schön der Reihe nach:

> **Noch mal Durchblick**: Bevor wir uns die Entscheidung des Bundesverfassungsgerichts und die dagegen erhobenen Einwände der Wissenschaft im Einzelnen anschauen, müssen wir uns zunächst mal einen kurzen Überblick darüber verschaffen, wie das mit der »**Gnade**« bzw. dem Begnadigungsrecht in Deutschland eigentlich so funktioniert. Dazu schlagen wir als Erstes bitte mal den Art. 60 Abs. 2 GG auf und stellen fest, dass das Begnadigungsrecht im Zweifel vom *Bundespräsidenten* ausgeübt wird. Gemäß Art. 60 Abs. 3 GG kann der Bundespräsident dieses Begnadigungsrecht allerdings auch auf andere Behörden übertragen, was er tatsächlich seit Jahrzehnten – mit Ausnahme der öffentlichkeitswirksamen Verfahren, etwa gegen Terroristen – auch macht; und zwar überträgt er sein Begnadigungsrecht gemäß einer Anordnung aus dem Oktober 1965 (→ vgl. BGBl I Seite 1573) auf die einzelnen *Bundesländer* bzw. die dortigen Ministerpräsidenten. Aus diesem Grund finden sich dann in fast allen deutschen Landesverfassungen entsprechende Regelungen, so etwa in Art. 59 der Verfassung des Bundeslandes Nordrhein-Westfalen, wonach der *Ministerpräsident* das Begnadigungsrecht ausübt. Dem Ministerpräsidenten ist das Ganze aber auch zu aufwendig, und deshalb überträgt der Ministerpräsident dieses Begnadigungsrecht schließlich per weiterer Anordnung in der Regel auf seinen Justizminister (→ vgl. für Nordrhein-Westfalen etwa GVBl NW 2000, 674). Alle Bundesländer bzw. deren Justizminister haben zur näheren Ausgestaltung des Gnadenrechts dann entsprechende *Verordnungen* erlassen, die sogenannten »Gnadenordnungen« (GnO) als untergesetzliche Verwaltungsvorschriften. Und in diesen Gnadenordnungen steht drin, dass der Justizminister die ganze Kleinarbeit auch nicht persönlich erledigen soll und muss – jährlich gehen etwa in Nordrhein-Westfalen stolze **3.000** Gnadengesuche ein –, sondern hierfür sogenannte »Gnadenbehörden« eingerichtet werden (vgl. § 3 GnO NRW), die an den jeweiligen Landgerichten installiert sind, von *Juristen* besetzt sind und die die Entscheidungen des Justizministers vorbereiten (vgl. instruktiv *Freuding* in Strafo 2009, 491). **Merke**: Die einzelnen Bundesländer verfügen über Verordnungen, die sogenannten »Gnadenordnungen«, in denen der gesetzliche Ablauf und die Zuständigkeit innerhalb des Gnadenrechts fixiert sind: Grundsätzlich ist der *Justizminister* zuständig, er wird aber von den bei den einzelnen Landgerichten angesiedelten *Gnadenbehörden* unterstützt. Die endgültige Entscheidung fällt in der Regel aber der Justizminister des jeweiligen Bundeslandes.

Inhaltlich läuft das Ganze dann so ab: Rechtskräftig verurteilte Personen können bei den jeweiligen Gnadenbehörden ein sogenanntes »Gnadenersuchen« stellen. Die Gnadenbehörde prüft den Antrag anschließend daraufhin durch, ob trotz der rechtskräftigen Verurteilung gleichwohl eine Begnadigung erfolgen und dem Verurteilten damit die *Folgen* seines strafbaren Handelns ausnahmsweise erspart werden können. Hierbei werden logischerweise nur Gründe berücksichtigt, die *nach* der Verurteilung sichtbar werden und demzufolge im eigentlichen Verfahren nicht in die strafrechtliche Bewertung vor Gericht einfließen konnten. Bestimmte »**Gnadengründe**«, die eine Begnadigung zwingend nach sich ziehen, gibt es allerdings nicht. So findet sich in den meisten Gnadenordnungen in Deutschland auch entweder gar keine Aufzählung von Gnadengründen oder aber – wie etwa in der niedersächsischen Gnadenordnung – nur eine allgemein gehaltene Formulierung, wonach für eine Begnadigung »… *erhebliche Gnadengründe vorliegen müssen, gegenüber denen die Schuld des Täters sowie die Verteidigung der Rechtsordnung zurücktreten können*« (vgl. § 14 GnO NS). Erfahrungsgemäß versprechen allerdings nur *zwei* Gesichtspunkte bzw. Umstände Aussicht auf eine Begnadigung (*Freuding* in Strafo 2009, 491, 497): Zum einen besteht die Chance auf eine Begnadigung, wenn nach der Inhaftierung des Verurteilten schwere familiäre Belastungen, namentlich für kleine Kinder sichtbar werden. Zum anderen kann eine tätige Reue in Gestalt einer vom Opfer akzeptierten Entschuldigung sowie eine freiwillige Zahlung von Schmerzensgeld oder Schadensersatz zu einer Begnadigung führen. Ein gegenüber den Gnadenbehörden durchsetzbarer »**Anspruch**« auf Begnadigung steht indessen niemandem zu, und zwar unabhängig davon, welche Gründe im Einzelnen vorgebracht werden. Die Begnadigung ist vielmehr ein *freiwilliger* (Gnaden-)Akt der *Exekutive* – quasi außerhalb des geschriebenen und bereits gesprochenen Rechts, der im *freien Ermessen* der Behörden steht und an keinerlei verbindliche Richtlinien gebunden ist (*Pflieger* in ZRP 2008, 84), weshalb in Deutschland – wie erwähnt – auch kein durchsetzbarer Anspruch oder ein Recht auf Gnade existiert. Die Gnade wird herkömmlich als »*von jeglichen Bedingungen unabhängiges Geschenk des Staates*« verstanden (*Pflieger* in ZRP 2008, 84; *Freuding* in Strafo 2009, 491). Statistisch sind übrigens nur etwa 10 % aller Gnadensuchen in Deutschland erfolgreich, die übrigen 90 % werden abgewiesen. Die entsprechenden Entscheidungen des Justizministers bzw. der Gnadenbehörden müssen, da es keinerlei inhaltliche Vorgaben für die Bewertung seitens der Gnadenbehörden gibt, schließlich auch *nicht* begründet werden, es genügt die kurze Erklärung gegenüber dem Betroffenen, ob eine Begnadigung erfolgt oder eben nicht (*Freuding* in Strafo 2009, 491, 494). Unser Justizminister aus Nordrhein-Westfalen durfte daher das Gesuch des R also tatsächlich ohne Begründung zurückweisen. Das gesamte Gnadenverfahren ist letztlich *streng vertraulich*, das heißt, es besteht kein Recht auf Akteneinsicht, weder für einen Verteidiger noch für den Betroffenen selbst; die Vorgänge bleiben alleine der Gnadenbehörde bekannt und werden *nicht* veröffentlicht (vgl. § 7 Abs. 4 GnO NRW).

So, und mit diesen Erkenntnissen gucken wir jetzt mal, warum das Bundesverfassungsgericht (BVerfGE 25, 352; BVerfGE 45, 187, 243; BVerfG NJW **2001**, 3771) und ihm folgend auch das Bundesverwaltungsgericht (NJW **1983**, 187; BVerwGE. **14**, 73; vgl. auch OLG Hamburg JR **1997**, 255) den Rechtsweg gegen ablehnende Gnadenersuchen und damit den Schutzbereich des Art. 19 Abs. 4 Satz 1 GG insoweit bis heute *verneint*, nämlich so:

> »… *Der Art. 60 Abs. 2 GG sowie die entsprechenden landesrechtlichen Vorschriften begründen eine eigene Befugnis zu einem Eingriff der Exekutive in die rechtsprechende Gewalt wie er sonst dem Grundsatz der Gewaltenteilung **gänzlich fremd** ist. Das Grundgesetz hat jedoch dadurch, dass es das Begnadigungsrecht auf ein Organ der Exekutive übertragen hat, die sonst angeordnete Gewaltenteilung modifiziert und dem Träger des Gnadenrechts eine Gestaltungsmacht besonderer Art verliehen. Das Gnadeninstitut kann daher nicht den Sicherungen, den Gewaltenverschränkungen und -balancierungen unterliegen, die gewährleisten*

*sollen, dass Übergriffe der Exekutive durch Anrufung der Gerichte abgewehrt werden können. Aus dem **System** und dem Gesamtgefüge des Grundgesetzes ergibt sich, dass Art. 19 Abs. 4 GG für Gnadenentscheidungen im Sinne des Art. 60 GG und diesem entsprechenden Landesrecht nicht gilt, und dass ebenso wie positive Gnadenakte auch ablehnende Gnadenentscheidungen einer gerichtlichen Nachprüfung **nicht** unterliegen; etwaige Missbräuche bei der Handhabung des Gnadenrechts sind allein der **politischen Verantwortlichkeit** der Verfassungsorgane überantwortet ...«*

Und weiter:

*»... Dieses Ergebnis entspricht der Eigenart des Gnadenrechts, als es hinsichtlich des Inhalts der Gnadenentscheidung an Rechten des Betroffenen, die durch eine Ablehnung verletzt werden könnten, und überhaupt an inhaltlichen Maßstäben für eine sinnvolle gerichtliche Nachprüfung **fehlt** ... Es gibt keine Voraussetzungen, unter denen der Gnadenträger einen Betroffenen begnadigen **muss** und zudem auch keine verbindlichen Zwecke oder Gesichtspunkte, an denen er seine Entscheidung zu orientieren hat. Auch der **Gnadenträger** selbst würde der Besonderheit des Rechtsinstitutes nicht gerecht, wenn er Voraussetzungen, Zwecke oder Gesichtspunkte der genannten Art aufstellen und sich daran binden würde ...*

*... Eine sinnvolle gerichtliche Nachprüfung wäre auch nicht damit zu vereinbaren, dass die Gewährung oder Nichtgewährung von Gnade **keiner Begründung** bedarf und im freien Ermessen des Begnadigenden steht. Dies steht im Einklang mit der dargelegten inhaltlichen Eigenart des Gnadenrechts. Das Bewenden bei dem rechtskräftigen Urteil und seinen gesetzlichen Folgen ist die Regel – an allgemein gültigen, gesetzlich festgelegten Gesichtspunkten für die Gewährung von Gnade **fehlt** es aber gerade. Daher wäre die Nichtgewährung regelmäßig keiner weitergehenden Begründung zugänglich als dem pauschalen Hinweis, der Gnadenträger sehe keinen Anlass für einen Gnadenerweis ...«*

Fazit: Sowohl das Bundesverfassungsgericht als auch das Bundesverwaltungsgericht verneinen den Rechtsweg gegen Gnadengesuche und damit den Schutzbereich des Art. 19 Abs. 4 Satz 1 GG. Unstreitig gebe es keinen Anspruch oder ein »Recht« auf Gnade und der jeweilige Gnadenträger (→ Justizminister des jeweiligen Bundeslandes) sei auch an keinerlei gesetzlich fixierte Richtlinien bei seiner Entscheidung gebunden, sondern könne und müsse aus freier Überzeugung und ohne Begründung über ein Gnadengesuch befinden. Daher könne eine solche Entscheidung logischerweise auch nicht *inhaltlich* von einem Gericht nachgeprüft werden, obwohl es sich – ebenfalls unstreitig – hierbei durchaus um eine Entscheidung der *Exekutive* handelt, die in den Bereich der Judikative hineinwirkt und für bzw. gegen solche Akte eigentlich der Rechtsweg gemäß Art. 19 Abs. 4 Satz 1 GG offen stehen soll. Die Besonderheit und die Eigenart des Gnadenrechts würden freilich hier eine Beschreitung des Rechtsweges ausschließen, da das Grundgesetz diese Überschneidung der beiden Gewalten bewusst so angelegt habe (BVerfGE **25**, 352; BVerwG NJW **1983**, 187).

So, und das klingt ja auch erst mal gut begründet und ziemlich nachvollziehbar. Wenn die Gnade ein freiwilliger Akt des Staates ist, durch den der Betroffene von einer eigentlich verwirkten Strafe – quasi als »**Geschenk**« – doch noch befreit wird, soll ihm hiergegen auch kein Rechtsweg offenstehen, insbesondere deshalb, weil ihm ja auch gar kein Anspruch auf diese Gnade erwachsen war und diese Gnade oder deren Ablehnung nach freiem Ermessen und ohne einen Begründungszwang ausgesprochen wird (BVerfGE **25**, 352; BVerwG NJW **1983**, 187).

Aber: Man kann das Ganze auch anders sehen. Die weit überwiegende Meinung in der Literatur (vgl. BK/*Schenke* Art. 19 GG Rz. 316; *Maunz/Dürig/Schmidt-Aßmann* Art. 19 Abs. 4 GG Rz. 80; AK-*Ramsauer* Art. 19 GG Rz. 52; *Ipsen* StaatsR II Rz. 884; *von Münch/Kunig/Krebs* Art. 19 GG Rz. 61; *Jarass/Pieroth* Art. 19 GG Rz. 43; *Pieroth/Schlink/ Kingreen/Poscher* StaatsR II Rz. 1101; *von Mangoldt/Klein/Starck/Huber* Art. 19 GG Rz. 427; *Dreier/Schultze-Fielitz* Art. 19 GG Rz. 39) hält diese Sichtweise des Bundesverfassungsgerichts und des Bundesverwaltungsgerichts für *falsch* und bringt dafür ebenfalls erstaunlich gute Argumente vor, die zudem auch noch von *vier* der acht Richter, die damals beim Bundesverfassungsgericht entscheiden mussten, geteilt werden (vgl. das Sondervotum der abweichenden Richter in BVerfGE **25**, 352, 363 ff.). Die vier abweichenden Richter und die überwiegende Auffassung in der Literatur (vgl. umfassend: BK/*Schenke* Art. 19 Abs. 4 GG Rz. 316 ff) halten den Schutzbereich des Art. 19 Abs. 4 Satz 1 GG auch bei abgelehnten Gnadenersuchen für betroffen, und zwar deshalb:

→ Zunächst erscheint die vom Bundesverfassungsgericht vorgebrachte Berufung auf Art. 60 Abs. 2 GG unzutreffend; insbesondere biete der Art. 60 Abs. 2 GG keinen Anhaltspunkt dafür, warum die Begnadigung von der Rechtsschutzgarantie des Art. 19 Abs. 4 Satz 1 GG auszunehmen sei (BK/*Schenke* Art. 19 Abs. 4 GG Rz. 316). Dass der Grundgesetzgeber den Akt der Begnadigung außerhalb des Rechts, also quasi in einem »**rechtsfreien Raum**« platzieren wollte, ließe sich weder vom Wortlaut noch von der historischen Entwicklung des Art. 60 GG her begründen. Insbesondere habe der Grundgesetzgeber die aus früheren Rechtsordnungen übernommene Funktion der Gnade als eines gänzlich außerhalb des Rechts stehenden Instituts absichtlich nicht übernehmen wollen (AK-*Ramsauer* Art. 19 GG Rz. 52). Der Art. 19 Abs. 4 Satz 1 GG spreche zudem ausdrücklich und ausnahmslos von »öffentlicher Gewalt«, und hierunter falle logischerweise auch ein von der *Exekutive* ausgeführter (Gnaden-)Akt. Hätte der Grundgesetzgeber den Gnadenakt ausnehmen wollen, hätte er dies erwähnen können und müssen.

→ Ebenfalls unzutreffend sei die vom Verfassungsgericht angesprochene Unvereinbarkeit von Gnadenakten mit dem Gewaltenteilungsprinzip, weswegen die Gnade auch keiner gerichtlichen Kontrolle unterliegen könne. In einem Rechtsstaat moderner Prägung sei nach heutigem Verständnis vielmehr kein Raum mehr für außerhalb der Gewaltenteilung stehende Rechtsakte. Die zwingende und unseren Staat konstituierende Regel des **Art. 20 Abs. 2 GG**, nach der alle staatliche Gewalt durch die drei Pfeiler *Rechtsprechung*, *Gesetzgebung* und *Verwaltung* ausgeübt werde, dulde keine Akte »**sui generis**«, also solche, die in einem rechtlich unkontrollierten Bereich stattfinden (BK/*Schenke* Art. 19 Abs. 4 GG Rz. 319; *Ipsen* StaatsR II Rz. 884).

→ Dass die Begnadigung, wie es das Bundesverfassungsgericht weiter annimmt, einen Akt der Exekutive darstellt, der *systemwidrig* in den Bereich der Judikative hineinwirkt und diesen modifiziert, sei ebenfalls nicht zutreffend. Die Begnadigung lässt das vorherige strafrechtliche Urteil als Akt der Judikative bei genauer Betrachtung vollkommen unberührt. Innerhalb einer Begnadigung wird lediglich die eindeutig der Exekutive zuzuordnende Vollstreckung des Urteils beeinflusst (BK/*Schenke*

Art. 19 Abs. 4 GG Rz. 319). Sofern man die Begnadigung bzw. deren Ablehnung einer gerichtlichen Kontrolle unterwirft, prüft das Gericht demnach *nicht* die »Richtigkeit« des zuvor entscheidenden Strafgerichts als eine Art Superrevisionsinstanz. Es nimmt lediglich Einfluss auf die Vollstreckung des Urteils, tastet das Urteil selbst aber nicht an.

→ Des Weiteren gehe auch der Hinweis fehl, da die Begnadigung oder deren Ablehnung an keine Richtlinien gebunden und insbesondere begründungsfrei und nach *freiem Ermessen* erfolgen könne, sei sie nicht als »Rechtsakt« im klassischen Sinne zu sehen und daher auch nicht justiziabel. Hiergegen spreche zunächst der eindeutige Wortlaut des Art. 60 Abs. 2 GG, der nämlich von einem »Begnadigungs*recht*« ausgeht und damit den Charakter des Vorgangs als *Rechtsakt* dokumentiere (*von Mangoldt/Klein/Starck/Huber* Art. 19 GG Rz. 427; *Dreier/Schultze-Fielitz* Art. 19 GG Rz. 39). Insoweit sei zudem beachtlich, dass wegen der Verpflichtung aller Staatsgewalten aus **Art. 1 Abs. 3 GG** jeder Akt der drei Staatsgewalten ausdrücklich an die *Grundrechte* gebunden ist, somit auch die von der Exekutive vollzogene Begnadigung. Und hieraus folge logisch zwingend weiter, dass eine Begnadigung – entgegen der Meinung des Verfassungsgerichts – bereits wegen Art. 3 Abs. 1 GG keinesfalls *willkürlich* erfolgen könne. Dem Betroffenen müsse daher in jedem Falle der Weg freistehen, eine abgelehnte Begnadigung auf *Willkürfreiheit* von einem unabhängigen Gericht untersuchen zu lassen (vgl. so ausdrücklich auch das Sondervotum in BVerfGE **25**, 352, 363; BK/*Schenke* Art. 19 Abs. 4 GG Rz. 321; *Ipsen* StaatsR II Rz. 884).

→ Schließlich gehöre das Gnadenrecht rein faktisch zu einem von vielen Verfahren innerhalb des *Strafvollzuges*, sofern man die Auswirkung eines Gnadenaktes auf die Betroffenen betrachte. Aus diesem Grund seien Maßnahmen innerhalb der Gewährung oder Versagung von Gnade auch als entsprechende Rechtsakte des Vollzuges zu sehen, die demnach – wie alle anderen Maßnahmen im Strafvollzug – auch der gerichtlichen Kontrolle unterliegen müssten (*Maunz/Dürig/Schmidt-Aßmann* Art. 19 Abs. 4 GG Rz. 80; *Bachof* in JZ 1983, 469).

Also: Das sind durchaus gewichtige Argumente, denen man in einer Klausur oder Hausarbeit problemlos folgen kann. Insbesondere auch deshalb, weil sich das Bundesverfassungsgericht – wie weiter oben schon mal erwähnt – selbst nicht so ganz sicher war und die Verfassungsbeschwerde im vorliegenden Fall nur deshalb abgewiesen wurde, weil der Antragsteller bei einem Stimmenverhältnis von 4:4 keine Mehrheit der Richter auf seiner Seite hatte, was aber gemäß **§ 15 Abs. 4 Satz 3 BVerfGG** für eine erfolgreiche Verfassungsbeschwerde erforderlich ist.

In diesem Zusammenhang und der Vollständigkeit halber wollen wir zum Schluss bitte noch **Folgendes** beachten: Das Bundesverfassungsgericht will zwar gegen ein abgelehntes Gnadengesuch wie oben gesehen *keinen* Rechtsweg eröffnen, sieht dies aber *anders*, wenn eine einmal gewährte Gnade später von der Gnadenbehörde wieder zurückgenommen bzw. widerrufen wird (→ BVerfGE **30**, 108; dem logischerweise zustimmend: BK/*Schenke* Art. 19 GG Rz. 316; *Maunz/Dürig/Schmidt-Aßmann* Art. 19 Abs. 4 GG Rz. 80; AK-*Ramsauer* Art. 19 GG Rz. 52; *Ipsen* StaatsR II Rz. 884; *von Münch/Kunig/Krebs* Art. 19 GG Rz. 61; *Jarass/Pieroth* Art. 19 GG Rz. 43; *Pieroth/Schlink/Kingreen/Poscher* StaatsR II Rz. 1101; *von Mangoldt/Klein/Starck/Huber* Art. 19 GG Rz. 427; *Dreier/Schultze-Fielitz* Art. 19 GG Rz. 39). Im konkreten Fall hatte ein zu einer Freiheitsstrafe verurteilter Dieb aus *Stuttgart* vom Justizminister des Landes *Baden-Württemberg* im Gnadenwege die letzten 61 Tage seiner Haft erlassen bzw. in eine Bewährungsstrafe umgewandelt bekommen. Als er innerhalb der Bewährungsfrist wieder Unsinn anstellte, hob die zuständige Behörde die Begnadigung wieder auf und unser Dieb musste für die restlichen 61 Tage doch wieder ins Gefängnis. Als die von dem Dieb hiergegen erhobene Klage von den Gerichten als unzulässig verworfen wurde, hob das Bundesverfassungsgericht zur allgemeinen Überraschung diese Entscheidungen auf und stellte am **12. Januar 1971,** also nicht mal zwei Jahre nach der ersten Entscheidung zum Gnadenrecht, das Folgende fest (→ BVerfGE **30,** 108):

»*... Anders als die Ablehnung eines Gnadenerweises, auf den ein Anspruch nicht besteht und der daher nach der Rechtsprechung des Bundesverfassungsgerichts auch nicht justiziabel im Sinne des Art. 19 Abs. 4 Satz 1 GG ist, ist demgegenüber jede, den Verurteilten **belastende Entscheidung** der Gnadenbehörden dann ein rechtlich gebundener Akt, wenn sie eine dem Verurteilten vorher im Gnadenwege eingeräumte Rechtsstellung verschlechtert. Die gilt für den **Widerruf** des Gnadenerweises ebenso wie für die Ablehnung des Straferlasses nach Ablauf der Bewährungszeit. Gegen solche Akte steht den Betroffenen wegen der Grundrechtsgarantie des **Art. 19 Abs. 4 Satz 1 GG** jederzeit der **Rechtsweg** offen ... Diese Entscheidung ist im Ergebnis einstimmig ergangen ...*«

Wir merken uns: Nach Meinung des Bundesverfassungsgerichts gibt es gegen ein abgelehntes Gnadengesuch zwar keinen Rechtsweg (BVerfGE **25,** 352; BVerfGE **45,** 187, 243; BVerfG NJW **2001,** 3771). Wird hingegen zunächst Gnade gewährt, diese aber anschließend widerrufen, steht den Betroffenen *hiergegen* sehr wohl der Rechtsweg offen, da der Staat mit dem Widerruf der Begnadigung eine zunächst geschaffene günstige Rechtsposition wieder verschlechtert (BVerfGE **30,** 108).

Zurück zu unserem Fall: Wir wollen hier – ohne Wertung – mal der Auffassung des Bundesverfassungsgerichts folgen (zur Streitdarstellung vgl. weiter unten das *Gutachten*) und daher festhalten, dass die Entscheidung des Verwaltungsgerichts in Münster, das die Klage des R gegen das abgelehnte Gnadengesuch als *unzulässig* abgewiesen hat, den R *nicht* in seinem Grundrecht aus Art. 19 Abs. 4 Satz 1 GG verletzt, da bereits der Schutzbereich des Art. 19 Abs. 4 Satz 1 GG nicht betroffen ist. Dem R stand gegen das abgelehnte Gnadengesuch ein Rechtsweg nicht zur Verfügung.

Ergebnis: Das Urteil des VG Münster verletzt den R nicht in seinen Grundrechten.

Prüfungsschema 15

Justizgrundrechte → Art. 103 Abs. 1 GG und Art. 19 Abs. 4 Satz 1 GG
I. Der Anspruch auf rechtliches Gehör aus Art. 103 Abs. 1 GG

Regel: Einer gerichtlichen Entscheidung dürfen unter Berücksichtigung des Anspruchs aus Art. 103 Abs. 1 GG immer nur solche Tatsachen und Beweisergebnisse zugrunde gelegt werden, zu denen Stellung zu nehmen, den Beteiligten Gelegenheit gegeben war. Andernfalls ist die Entscheidung wegen Verletzung des rechtlichen Gehörs verfassungswidrig und aufzuheben (→ BVerfGE **18**, 399, 404).

1. Allen Verfahrensbeteiligten steht aus Art. 103 Abs. 1 GG ein Recht auf umfassende *Information* seitens der staatlichen Behörden zu.

2. Aus Art. 103 Abs. 1 GG folgt zudem ein Recht zur *Äußerung* sowohl gegenüber den staatlichen Behörden als auch gegenüber der Gegenseite.

3. Anspruch auf rechtliches Gehör umfasst zudem auch ein Recht auf *Berücksichtigung* der getätigten Äußerung durch den Staat.

Beachte: Zur Sicherung gefährdeter Interessen des Staates, insbesondere der effektiven Rechtsverfolgung und der Durchsetzung des staatlichen Strafanspruchs gilt: Die Durchsuchung von Räumlichkeiten und die Beschlagnahme von Beweismitteln ist auch ohne Anhörung zulässig (§ 33 Abs. 4 StPO).

→ **Sonderproblem**: Gibt es ein Recht auf anwaltlichen Beistand? **Bundesverfassungsgericht**: Nur bei Strafverfahren. **Literatur**: Bei allen Verfahren.

II. Die Rechtsweggarantie aus Art. 19 Abs. 4 Satz 1 GG

Regel: Mit dem Begriff »öffentliche Gewalt« sind nach herrschender Meinung nur Akte der *vollziehenden Gewalt*, also der Verwaltung/Exekutive gemeint. Der Art. 19 Abs. 4 Satz 1 GG garantiert dabei zwar *keinen* Instanzenzug, aber die Anrufung überhaupt eines unabhängigen Gerichts gegen Maßnahmen der Exekutive.

→ **Problem**: Gibt es einen Rechtsschutz gegen Gnadenakte (Art. 60 Abs. 2 GG)?

Bundesverfassungsgericht: Keine Rechtsweggarantie gegen Gnadenakte aus Art. 19 Abs. 4 Satz 1 GG! **Ausnahme**: Bei Widerruf einer gewährten Gnade steht der Rechtsweg offen, weil für den Betroffenen dann eine Verschlechterung eintritt (BVerfGE **25**, 352; BVerfGE **30**, 108; BVerwG NJW **1983**, 187).

Gegenmeinung: Es besteht Rechtsschutzgarantie aus Art. 19 Abs. 4 Satz 1 GG gegen alle Gnadenakte, also vor allem auch gegen *ablehnende* Gandenersuchen (Sondervotum in BVerfGE **25**, 352, 363 ff.; BK/*Schenke* Art. 19 Abs. 4 GG Rz. 316 ff.).

Gutachten

A. Der R ist durch die Verurteilung zu einer Freiheitsstrafe in seinem Grundrecht aus Art. 103 Abs. 1 GG verletzt, wenn insoweit durch einen Akt der öffentlichen Gewalt in den Schutzbereich eines Grundrechts eingegriffen wurde und dieser Eingriff verfassungsrechtlich nicht gerechtfertigt ist.

I. Durch die Entscheidung müsste das Recht des R aus Art. 103 Abs. 1 GG in seinem Schutzbereich betroffen sein. Gemäß Art. 103 Abs. 1 GG hat jedermann vor Gericht einen Anspruch auf rechtliches Gehör. Einer gerichtlichen Entscheidung dürfen unter Berücksichtigung des Art. 103 Abs. 1 GG immer nur solche Tatsachen und Beweisergebnisse zugrunde gelegt werden, zu denen Stellung zu nehmen, den Beteiligten Gelegenheit gegeben war. Andernfalls ist die Entscheidung wegen Verstoßes gegen Art. 103 Abs. 1 GG verfassungswidrig und aufzuheben. R ist vor der hier infrage stehenden Durchsuchung der Garage und Beschlagnahme der Telefone weder informiert noch angehört worden und konnte sich folglich auch zu dem ganzen Vorgang im Vorfeld nicht mehr äußern und damit Einfluss auf das Verfahren bzw. die gerichtliche Entscheidung nehmen. R hat lediglich unmittelbar vor dem Zugriff der Behörden den Durchsuchungsbeschluss ausgehändigt bekommen.

Zwischenergebnis: Dadurch, dass das Amtsgericht die Durchsuchung der Garage und die Beschlagnahme der Mobiltelefone anordnete, ohne den R vorher zu informieren oder anzuhören, ist der Schutzbereich des Art. 103 Abs. 1 GG betroffen.

II. Es muss des Weiteren ein Eingriff in diesen Schutzbereich vorliegen. Unter Eingriff versteht man jedes staatliche Handeln, das dem Einzelnen ein Verhalten, das in den Schutzbereich eines Grundrechts fällt, ganz oder teilweise unmöglich macht; hierbei ist gleichgültig, ob diese Wirkung final oder unbeabsichtigt eintritt. Die Durchsuchung der Garage und die Beschlagnahme der Mobiltelefone stellen Akte der öffentlichen Gewalt dar, die den R, da er vorher nicht angehört wurde, in seinem Grundrecht aus Art. 103 Abs. 1 GG beschränken. Das daraufhin ergangene Urteil stellt ebenfalls einen Akt der öffentlichen Gewalt dar.

Zwischenergebnis: Ein Eingriff liegt vor.

III. Der Eingriff darf verfassungsrechtlich nicht gerechtfertigt sein. Der Eingriff in den Schutzbereich eines Grundrechts durch ein Urteil ist dann verfassungsrechtlich gerechtfertigt, wenn das betroffene Grundrecht einschränkbar ist, eine entsprechende Schranke besteht, diese Schranke selbst wiederum verfassungsgemäß ist (Schranken-Schranke) und auch die konkrete Anwendung und Auslegung der Schranke im Urteil der Verfassung bzw. den Grundrechten entspricht.

1.) Das infrage stehende Recht aus Art. 103 Abs. 1 GG muss zunächst überhaupt einschränkbar sein. Im Grundgesetz findet sich insoweit kein Hinweis, der Art. 103 Abs. 1 GG enthält namentlich keinen Gesetzesvorbehalt. Auch bei vorbehaltlosen Grundrechten gilt aber das Prinzip, dass jedenfalls kollidierendes Verfassungsrecht den in den Grundrechten garantierten Freiheiten entsprechende Grenzen setzen kann.

Zwischenergebnis: Der in Art. 103 Abs. 1 GG garantierte Anspruch auf rechtliches Gehör ist einschränkbar, und zwar durch kollidierendes Verfassungsrecht.

2.) Es muss eine entsprechende Schranke, also kollidierendes Verfassungsrecht, existieren. Da es vorliegend um die Sicherung von Beweisen zwecks Verfolgung einer Straftat geht, kommen als kollidierendes Verfassungsrecht nur die Sicherung und Durchsetzung des staatlichen Strafanspruchs sowie die Funktionsfähigkeit der staatlichen Rechtspflege in Betracht. Die Vorschriften der Strafprozessordnung zur Durchsuchung von Räumlichkeiten und zur Beschlagnahme von Beweismitteln in § 33 Abs. 4 und den §§ 102 ff. StPO, die keine vorherige Anhörung voraussetzen, könnten Ausfluss des kollidierenden Verfassungsrechts im gerade benannten Sinne sein. Die entsprechenden Normen der Strafprozessordnung sind nach allgemeiner Meinung verfassungsgemäß. Die Sicherung gefährdeter Interessen des Staates kann es nämlich erforderlich machen, die Betroffenen vor Anordnung der Beschlagnahme nicht anzuhören, um sie nicht zu warnen und so einen direkten und erfolgversprechenden Zugriff des Staates zu ermöglichen. Die vorherige Einschaltung eines Richters macht es verfassungsrechtlich tragbar, derartige Maßnahmen ohne vorgängiges Gehör des Gegners zu treffen. Der Rechtsstaatsgedanke gebietet jedoch, dass der Betroffene in solchen Fällen Gelegenheit erhält, sich in jedem Falle nachträglich gegen die angeordnete Maßnahme zu wehren, durch die in einschneidender Weise in seine Rechtsstellung eingegriffen oder ihm ein bleibender rechtlicher Nachteil zugefügt wird.

Die Beschlagnahme zur Beweissicherung fügt dem Betroffenen unter Umständen einen rechtlichen Nachteil zu. Sie schränkt die Dispositionsbefugnis über die beschlagnahmten Gegenstände ein. Schon zu diesem ersten Eingriff und nicht erst zur Einziehung muss dem Berechtigten wenigstens nachträglich im Beschwerdeverfahren ohne Einschränkung rechtliches Gehör gewährt werden. Der Art. 103 Abs. 1 GG geht davon aus, das die nähere Ausgestaltung des rechtlichen Gehörs den einzelnen Verfahrensordnungen überlassen bleiben muss, was im Strafprozess etwa durch § 33 Abs. 4 der Strafprozessordnung geschehen ist, der eine Beschlagnahme auch ohne vorherige Anhörung ermöglicht. R ist während der Durchsuchung und Beschlagnahme, wie in solchen Fällen üblich, der Durchsuchungsbeschluss übergeben worden. R hatte in jedem Falle die Möglichkeit, sich nachträglich zu dem Durchsuchungsbeschluss zu äußern.

Ergebnis: Der aus Art. 103 Abs. 1 GG folgende Anspruch des R auf Gewährung rechtlichen Gehörs ist vorliegend nicht verletzt. Die Verurteilung zu einer fünfzehnmonatigen Freiheitsstrafe basiert damit nicht auf einer Verletzung des Anspruchs auf rechtliches Gehör.

B. Der R ist durch die Entscheidung des Verwaltungsgerichts *Münster* in einem Grundrecht verletzt, wenn insoweit durch einen Akt der öffentlichen Gewalt in den Schutzbereich eines Grundrechts eingegriffen wurde und dieser Eingriff verfassungsrechtlich nicht gerechtfertigt ist.

I. Durch die Entscheidung des VG *Münster* müsste ein Grundrecht des R in seinem Schutzbereich betroffen sein. In Betracht kommt das Grundrecht des R aus Art. 19 Abs. 4 Satz 1 GG, die sogenannte Rechtsweggarantie. Gemäß Art. 19 Abs. 4 Satz 1 GG steht jedem, der durch die öffentliche Gewalt in seinen Rechten verletzt wird, der Rechtsweg offen. R möchte sich gegen die Ablehnung seines Gnadengesuchs seitens des Justizministers zur Wehr setzen, was das Gericht indes ablehnt mit der Begründung, gegen ein abgelehntes Gnadengesuch gebe es gar keinen Rechtsweg. Es fragt sich somit, ob die gerichtliche Anfechtung eines abgelehnten Gnadengesuchs in den Schutzbereich der Rechtsweggarantie des Art. 19 Abs. 4 Satz 1 GG fällt. Diesbezüglich werden unterschiedliche Meinungen vertreten:

a) Nach einer Ansicht soll gegen Gnadengesuche des Justizministers kein Rechtsweg offenstehen mit der Folge, dass R vorliegend durch die Entscheidung des VG *Münster* in seinem Grundrecht aus Art. 19 Abs. 4 nicht verletzt wäre. Zur Begründung wird insoweit angeführt, der Art. 60 Abs. 2 GG sowie die entsprechenden landesrechtlichen Vorschriften begründeten eine eigene Befugnis zu einem Eingriff der Exekutive in die rechtsprechende Gewalt wie er sonst dem Grundsatz der Gewaltenteilung gänzlich fremd ist. Das Grundgesetz habe jedoch dadurch, dass es das Begnadigungsrecht auf ein Organ der Exekutive übertragen hat, die sonst angeordnete Gewaltenteilung modifiziert und dem Träger des Gnadenrechts eine Gestaltungsmacht besonderer Art verliehen. Das Gnadeninstitut könne daher nicht den Sicherungen, den Gewaltenverschränkungen und -balancierungen unterliegen, die gewährleisten sollen, dass Übergriffe der Exekutive durch Anrufung der Gerichte abgewehrt werden können. Aus dem System und dem Gesamtgefüge des Grundgesetzes ergebe sich, dass Art. 19 Abs. 4 GG für Gnadenentscheidungen im Sinne des Art. 60 GG und diesem entsprechenden Landesrecht nicht gelte, und dass ebenso wie positive Gnadenakte auch ablehnende Gnadenentscheidungen einer gerichtlichen Nachprüfung nicht unterlägen.

Etwaige Missbräuche bei der Handhabung des Gnadenrechts seien der politischen Verantwortlichkeit der Verfassungsorgane überantwortet. Dieses Ergebnis entspräche zudem der Eigenart des Gnadenrechts, als es hinsichtlich des Inhalts der Gnadenentscheidung an Rechten des Betroffenen, die durch eine Ablehnung verletzt werden könnten, und überhaupt an inhaltlichen Maßstäben für eine sinnvolle gerichtliche Nachprüfung fehlt. Es gäbe keine Voraussetzungen, unter denen der Gnadenträger einen Betroffenen begnadigen muss und zudem auch keine verbindlichen Zwecke oder Gesichtspunkte, an denen er seine Entscheidung zu orientieren hat. Auch der Gnadenträger selbst würde der Besonderheit des Rechtsinstitutes nicht gerecht, wenn er Voraussetzungen, Zwecke oder Gesichtspunkte der genannten Art aufstellen und sich daran binden würde. Eine sinnvolle gerichtliche Nachprüfung wäre schließlich auch nicht damit zu vereinbaren, dass die Gewährung oder Nichtgewährung von Gnade keiner Begründung bedarf und im freien Ermessen des zu Begnadigenden steht. Dies stehe im Einklang mit der dargelegten inhaltlichen Eigenart des Gnadenrechts. Das Bewenden bei dem rechtskräftigen Urteil und seinen gesetzlichen Folgen sei die Regel – an allgemein gültigen, gesetzlich festgelegten Gesichtspunkten für die Gewährung von Gnade fehle es aber gerade. Daher wäre die Nichtgewährung regelmäßig keiner weitergehenden Begründung zugänglich als dem pauschalen Hinweis, der Gnadenträger sehe keinen Anlass für einen Gnadenerweis.

b) Dieser Bewertung kann indes nicht gefolgt werden. Zunächst erscheint die Berufung auf Art. 60 Abs. 2 GG unzutreffend. Insbesondere bietet der Art. 60 Abs. 2 GG keinen Anhaltspunkt dafür, warum die Begnadigung von der Rechtsschutzgarantie des Art. 19 Abs. 4 Satz 1 GG auszunehmen sein soll.

Dass der Grundgesetzgeber den Akt der Begnadigung außerhalb des Rechts, also quasi in einem »rechtsfreien Raum« platzieren wollte, lässt sich weder vom Wortlaut noch von der historischen Entwicklung des Art. 60 GG her begründen. Insbesondere hat der Grundgesetzgeber die aus früheren Rechtsordnungen übernommene Funktion der Gnade als eines gänzlich außerhalb des Rechts stehenden Instituts absichtlich nicht übernehmen wollen. Der Art. 19 Abs. 4 Satz 1 GG spricht zudem ausdrücklich und ausnahmslos von »öffentlicher Gewalt«, und hierunter fällt logischerweise auch ein von der Exekutive ausgeführter (Gnaden-)Akt. Hätte der Grundgesetzgeber den Gnadenakt ausnehmen wollen, hätte er dies erwähnen können und müssen. Ebenfalls unzutreffend ist die angesprochene Unvereinbarkeit von Gnadenakten mit dem Gewaltenteilungsprinzip des Grundgesetzes, weswegen die Gnade auch keiner gerichtlichen Kontrolle unterliegen könne.

In einem Rechtsstaat moderner Prägung ist nach heutigem Verständnis kein Raum mehr für außerhalb der Gewaltenteilung stehende Rechtsakte. Die zwingende und den Staat konstituierende Regel des Art. 20 Abs. 2 GG, nach der alle staatliche Gewalt durch die Rechtsprechung, Gesetzgebung und Verwaltung ausgeübt wird, duldet keine Akte sui generis, also solche, die in einem rechtlich unkontrollierten Bereich stattfinden. Dass die Begnadigung einen Akt der Exekutive darstellt, der systemwidrig in den Bereich der Judikative hineinwirkt und diesen modifiziert, ist ebenfalls unzutreffend. Die Begnadigung lässt das vorherige strafrechtliche Urteil als Akt der Judikative vollkommen unberührt. Innerhalb einer Begnadigung wird lediglich die eindeutig der Exekutive zuzuordnende Vollstreckung des Urteils beeinflusst. Sofern man die Begnadigung bzw. deren Ablehnung einer gerichtlichen Kontrolle unterwirft, prüft das Gericht demnach nicht die »Richtigkeit« des zuvor entscheidenden Strafgerichts als eine Art Superrevisionsinstanz. Es nimmt lediglich Einfluss auf die Vollstreckung des Urteils, tastet das Urteil aber nicht an.

Des Weiteren geht auch der Hinweis fehl, da die Begnadigung oder deren Ablehnung an keine Richtlinien gebunden und insbesondere begründungsfrei und nach freiem Ermessen erfolgen könne, sei sie nicht als »Rechtsakt« im klassischen Sinne zu sehen und daher auch nicht justiziabel. Hiergegen spricht zunächst der eindeutige Wortlaut des Art. 60 Abs. 2 GG, der von einem »Begnadigungsrecht« ausgeht und damit den Charakter des Vorgangs als Rechtsakt dokumentiert. Insoweit ist zudem beachtlich, dass wegen der Verpflichtung aller Staatsgewalten aus Art. 1 Abs. 3 GG jeder Akt der drei Staatsgewalten ausdrücklich an die Grundrechte gebunden ist, somit auch die von der Exekutive vollzogene Begnadigung.

Und hieraus folgt, dass eine Begnadigung bereits wegen Art. 3 Abs. 1 GG keinesfalls willkürlich erfolgen kann. Dem Betroffenen muss daher in jedem Falle der Weg freistehen, eine abgelehnte Begnadigung auf Willkürfreiheit von einem unabhängigen Gericht untersuchen zu lassen. Schließlich gehört das Gnadenrecht rein faktisch zu einem von vielen Verfahren innerhalb des Strafvollzuges, sofern man die Auswirkung eines Gnadenaktes auf die Betroffenen betrachtet. Aus diesem Grund sind Maßnahmen innerhalb der Gewährung oder Versagung von Gnade auch als entsprechende Rechtsakte des Vollzuges zu sehen, die demnach – wie alle anderen Maßnahmen im Strafvollzug – auch der gerichtlichen Kontrolle unterliegen müssten.

Zwischenergebnis: Nach alledem muss auch gegen ein abgelehntes Gnadengesuch zumindest die Möglichkeit bestehen, eine willkürfreie Entscheidung gerichtlich prüfen bzw. feststellen zu lassen.

Ergebnis: Das Urteil des VG *Münster* verletzt den R daher in seinem Grundrecht aus Art. 19 Abs. 4 Satz 1 GG.

3. Abschnitt

Die Verfassungsbeschwerde und ihre Zulässigkeitsvoraussetzungen

Die Verfassungsbeschwerde

A. Allgemeines

Spätestens im fortgeschrittenen Studium und auf jeden Fall im Staatsexamen werden Grundrechtsprüfungen innerhalb einer Verfassungsbeschwerde abgefragt. Die Prüfer wollen dann zum einen sehen, ob der Kandidat das materielle Recht, also die klassische Grundrechtsprüfung beherrscht (siehe dazu die Fälle 1-15 vorne). Zum anderen muss diese materielle Grundrechtsprüfung dann aber auch *prozessual* eingebettet werden, und zwar in aller Regel in eine Verfassungsbeschwerde. Die Fallfragen in den Klausuren oder Hausarbeiten lauten dann nicht mehr wie bei den Anfängern üblich: »*Verletzt das Gesetz den X in seinen Grundrechten?*« oder »*Wäre eine Verfassungsbeschwerde des X begründet?*« oder »*X bittet um eine gutachterliche Stellungnahme, ob er durch das Urteil des Verwaltungsgerichts in seinen Grundrechten verletzt ist!*«. Die Prüfer fordern im fortgeschrittenen Stadium/Studium vielmehr eine allumfassende, also auch prozessuale Erörterung zu der Frage, ob eine Klage oder ein Antrag – in aller Regel vor dem Bundesverfassungsgericht – »**Aussicht auf Erfolg**« hätte. Eine solche Klage vor dem Bundesverfassungsgericht, wie übrigens vor jedem Gericht, hat allerdings nur dann Aussicht auf Erfolg, wenn sie *zulässig* und *begründet* ist. Man erkennt die entsprechenden Fragestellungen in den Übungs- oder Examensarbeiten dann an Formulierungen wie: »*Wie wird das Bundesverfassungsgericht entscheiden?*« oder »*Hat die Verfassungsbeschwerde des X Aussicht auf Erfolg?*« oder »*Wäre ein Antrag des X vor dem Bundesverfassungsgericht zulässig und begründet?*« oder auch schlicht: »*Wie entscheidet das Bundesverfassungsgericht?*«

> Diese Fragestellungen zeigen an, dass man nun nicht mehr nur zu prüfen hat, ob das materielle Verfassungsrecht, also die Normen des Grundgesetzes und insbesondere die Grundrechte verletzt sind, sondern (vorher) auch, ob diese mögliche Verletzung des Verfassungsrechts von der betroffenen Person auch vor dem Bundesverfassungsgericht erfolgreich geltend gemacht werden könnte (= *Zulässigkeit*). Diese Zulässigkeit einer Verfassungsbeschwerde ist deshalb wichtig und von praktisch ganz erheblicher Bedeutung, weil natürlich nicht jeder mit jeder Kleinigkeit das Bundesverfassungsgericht behelligen darf. Wie sich aus **Art. 93 GG** (aufschlagen!) ergibt, ist das Bundesverfassungsgericht nur unter ganz bestimmten Voraussetzungen und für ganz bestimmte Verfahrensarten zuständig. Wenn man etwa mit seinem Autohändler darüber streitet, ob der gekaufte Wagen aufgrund des defekten Radios zurückgegeben werden kann, soll das selbstverständlich nicht vor dem Bundesverfassungsgericht verhandelt werden; damit geht man bitte zum nächsten Amtsgericht – und nicht nach Karlsruhe, wo bekanntlich das Bundesverfassungsgericht seinen Sitz hat (vgl. § 1 Abs. 2 des *Bundesverfassungsgerichtsgesetzes*).

So, und in dem eben genannten Art. 93 GG findet sich dann in Abs. 1 unter der **Nr. 4a** der für uns hier entscheidende Hinweis auf die Zuständigkeit des Bundesverfassungsgerichts für die Verfassungsbeschwerden. Neben Art. 93 Abs. 1 Nr. 4a GG verdient des Weiteren der **Art. 94 Abs. 2 GG** besondere Beachtung, denn in dieser Norm steht die Verweisung auf das für Verfassungsbeschwerden ebenfalls extrem wichtige

»**Bundesverfassungsgerichtsgesetz**«: Gemäß Art. 94 Abs. 2 Satz 1 GG soll nämlich *»… ein Bundesgesetz die Verfassung und das Verfahren bestimmen, in welchen die Entscheidungen des Bundesverfassungsgerichts Gesetzeskraft haben«.* Diese Aufforderung des Grundgesetzes hat der Bundesgesetzgeber ziemlich schnell in die Tat umgesetzt und das Bundesverfassungsgerichtsgesetz (BVerfGG) erfunden, das am **17. April 1951** in Kraft getreten ist und in dem sich die weiteren Regeln und vor allem Zulässigkeitsvoraussetzungen für die Verfassungsbeschwerde finden: So wiederholt § 13 Nr. 8a BVerfGG die Zuständigkeitsregelung des Art. 93 Abs. 1 Nr. 4a GG und zudem konkretisieren die §§ 90-95 BVerfGG sowie der § 23 BVerfGG das Verfahren zur Erhebung einer Verfassungsbeschwerde.

> **Merke**: Gemäß **Art. 93 Abs. 1 Nr. 4a GG** in Verbindung mit **§ 13 Nr. 8a BVerfGG** ist das Bundesverfassungsgericht zuständig für die Prüfung von Verfassungsbeschwerden, deren weitere Zulässigkeitsvoraussetzungen in den §§ 90–95 BVerfGG sowie in § 23 BVerfGG gesetzlich geregelt sind.

Das Verfassungsbeschwerdeverfahren ergänzt und vervollständigt damit den von Art. 19 Abs. 4 Satz 1 GG garantierten sogenannten »Individualrechtsschutz« des Bürgers gegen staatliche Maßnahmen und schafft ein subjektives Verfahrensrecht des Einzelnen auf Zugang zum Bundesverfassungsgericht (vgl. *von Münch/Kunig/Meyer* Art. 93 GG Rz. 51). Alle anderen in Art. 93 GG genannten Verfahren vor dem Bundesverfassungsgericht können demgegenüber nur von staatlichen Organen eingeleitet werden. Gleichwohl stellt die Verfassungsbeschwerde die mit weitem Abstand häufigste Klageart vor dem Bundesverfassungsgericht dar: Jedes Jahr gehen in Karlsruhe ziemlich beachtliche 6.000 (!) Verfassungsbeschwerden ein (= 95 % aller Verfahren vor dem Bundesverfassungsgericht), von denen freilich nur verschwindend geringen zwei Prozent, also etwa 120 Beschwerden, am Ende dann auch stattgegeben wird (vgl. *Lechner/Zuck* vor § 93a ff BVerfGG Rz. 3).

Durchblick: Bei 6.000 Verfassungsbeschwerden pro Jahr und nur zwei Senaten mit je acht Richtern (bitte lies: **§ 2 Abs. 1 und 2 BVerfGG**) musste der Gesetzgeber logischerweise irgendwann einschreiten und hat daher zur Entlastung und zur Sicherung der Funktionsfähigkeit des Verfassungsgerichts sowie in Ausführung des Art. 94 Abs. 2 Satz 2 GG (aufschlagen!) in den §§ 93a–93d BVerfGG das sogenannte »Annahmeverfahren« für Verfassungsbeschwerden geschaffen, bei dem – leicht vereinfacht – **Folgendes** passiert: Jede nicht offensichtlich unzulässige Verfassungsbeschwerde wandert zunächst zu einer mit drei Verfassungsrichtern besetzten »Kammer« (→ § 15a Abs. 1 Satz 2 BVerfGG), die eine Art Vorprüfung im Hinblick auf die möglichen Erfolgsaussichten der eingelegten Verfassungsbeschwerde durchführt. Innerhalb dieser Vorprüfung wird dann von der Kammer – genau genommen von einer Vielzahl extra hierfür eingestellter wissenschaftlicher Mitarbeiter – untersucht und festgestellt, ob die jeweilige Verfassungsbeschwerde überhaupt *»zur Entscheidung angenommen«* und später dann einem der beiden Senate zur Entscheidung vorgelegt wird. Diese Annahme der Verfassungsbeschwerde ist gemäß § 93a Abs. 2 BVerfGG dann verpflichtend, wenn der Verfassungsbeschwerde entweder »grundsätzliche verfassungsrechtliche Bedeutung« zukommt (BVerfGE **90**, 22) oder wenn sie zur Durchsetzung der Grundrechte des Betroffenen angezeigt ist (BVerfG WM **2017**, 900), was insbesondere dann der Fall sein kann, wenn dem Beschwerdeführer ansonsten ein »besonders schwerer Nachteil« entsteht (lies: § 93a Abs. 2 BVerfGG). In allen anderen Fällen ist die Annahme der Verfassungsbeschwerde von der Kammer abzulehnen; sofern die Verfassungsbeschwerde offensichtlich begründet ist, kann die Kammer der Verfassungsbeschwerde zudem ausnahmsweise auch selbst stattgeben (§ 93c Abs. 1 Satz 1 BVerfGG; vgl. etwa BVerfG WM **2017**, 900). Diesem Annahmeverfahren kommt in der Praxis eine überragende Bedeutung zu, da hierbei die weit überwiegende Zahl der jährlich eingehenden 6.000 Verfassungsbeschwerden schon im Vorfeld quasi »aussortiert« werden, ohne dass einer der beiden Senate des Bundesverfassungsgerichts darüber entscheiden muss (*Lechner/Zuck* vor § 93a BVerfGG Rz. 3; *Maunz/Schmidt-Bleibtreu/Klein/Bethge/Graßhof* § 93a BVerfGG Rz. 1).

Und jetzt aufgepasst: Trotz dieser überragenden praktischen Bedeutung des gerade geschilderten Verfahrens gehört die Annahme der Verfassungsbeschwerde – entgegen weitverbreiteter Studentenmeinung – nicht zur Zulässigkeitsprüfung und hat daher in einer juristischen Übungs- oder Examensarbeit auch *nichts* zu suchen, es sei denn, es gibt, was aber nur höchstselten vorkommt, einen Hinweis oder eine entsprechende Fragestellung im Sachverhalt. Ansonsten enthält man sich bitte tunlichst jeden Kommentars zum Annahmeverfahren. Der Autor dieser Zeilen hat schon Examensklausuren korrigiert, in denen gleich zu Anfang auf tragischen neun (!) Seiten darüber diskutiert wurde, ob die Verfassungsbeschwerde vom Bundesverfassungsgericht wohl überhaupt angenommen wird, weil sie angeblich erst dann auch zulässig sei, da (O-Ton) »... *das Annahmeverfahren gemäß den §§ 93a ff. BVerfGG als erste Zulässigkeitsvoraussetzung einer jeden Verfassungsbeschwerde zwingend vorgeschaltet ist* ...«.

Das ist zwar gut gemeint, aber in der geschilderten Formulierung leider ziemlicher Unsinn und in einer Examensarbeit daher auch ein echtes Drama, **denn**: Das Annahmeverfahren ist kein eigener Bestandteil der Zulässigkeit oder Begründetheit der Verfassungsbeschwerde. Es handelt sich lediglich um ein gesetzlich normiertes (Vor-) Verfahren, innerhalb dessen die oben geschilderten Annahmevoraussetzungen und im Zuge dessen die (kompletten!) Erfolgsaussichten der Verfassungsbeschwerde von einem eigenen Spruchkörper, nämlich einer der mit nur drei (Verfassungs-)Richtern besetzten *Kammern*, geprüft werden (BVerfGE **19**, 88). Auch diese Kammern – die übrigens gelegentlich auch als »**3. Senat**« bezeichnet werden – repräsentieren dabei das Bundesverfassungsgericht und untersuchen jede eingelegte Verfassungsbeschwerde auf ihre Zulässigkeit und Begründetheit hin. Sie können deshalb logischerweise kein eigner Bestandteil einer Zulässigkeitsprüfung sein. Der Gesetzgeber hat dem Bundesverfassungsgericht mit den Vorprüfungskammern lediglich einen (weiteren) Spruchkörper erschaffen, der zwar über besondere Entscheidungsbefugnisse verfügt, aber grundsätzlich nach den gleichen Regeln prüft und arbeitet wie die beiden Senate (*Lechner/Zuck* vor § 93a BVerfGG Rz. 11). Wird man in einer Klausur oder Hausarbeit nach den Erfolgsaussichten einer Verfassungsbeschwerde gefragt, muss und darf man daher auch nichts zur Arbeit der Kammern und das Annahmeverfahren sagen (vgl. *Kingreen/Poscher* StaatsR II Rz. 1226 oder *Maunz/Schmidt-Bleibtreu/Klein/Bethge/Graßhof* § 93a BVerfGG Rz. 37). Merken.

B. Die Zulässigkeitsvoraussetzungen der Verfassungsbeschwerde

So, und mit diesem Wissen steigen wir jetzt in die Zulässigkeitprüfung der Verfassungsbeschwerde ein, und zwar so, wie sie in einer Klausur oder Hausarbeit gefordert ist. Hierbei werden wir uns gleich an einem sechsstufigen Prüfungsmuster bzw. Aufbau orientieren und die dort aufgelisteten Zulässigkeitsmerkmale nacheinander durchprüfen bzw. abarbeiten, um sie dann später am konkreten Fall auch anwenden zu können.

> **Beachte**: Im Hinblick auf die Frage, welche Prüfungspunkte in welcher Reihenfolge in die Zulässigkeit einer Verfassungsbeschwerde gehören, gibt es leider weder beim Bundesverfassungsgericht noch in den gängigen Lehrbüchern eine auch nur irgendwie erkennbare einheitliche Linie. So bieten beispielsweise das Standardlehrbuch zum Verfassungsprozessrecht von *Hillgruber/Goos* (→ Rz. 263) und auch das *Alpmann*-Skript (→ Rz. 458) ihren Lesern *acht* Prüfungspunkte an, während die Herren *Kingreen/Poscher* in ihrem Lehrbuch – ebenso wie wir hier – nur *sechs* Zulässigkeitsvoraussetzungen prüfen (→ StaatsR II Rzn. 1227–1270); Herr *Manssen* wiederum favorisiert in seinem Lehrbuch den **siebenstufigen** Aufbau (→ StaatsR II Rz. 864–887) und Herr *Ipsen* rät schließlich sogar dazu, nur *fünf* Prüfungspunkte im Klausurtext zu erwähnen (→ StaatsR I Rzn. 951–958).

Tipp: Für die Bearbeitung in der Klausur oder Hausarbeit ist allein und entscheidend wichtig, dass der Student *eines* der angebotenen Aufbauschemata auswählt und dieses dann konsequent in seiner Lösung durchhält. Hierbei spielt tatsächlich keine Rolle, welchem der zur Verfügung stehenden Muster der Bearbeiter folgt. Die zentralen Prüfungspunkte kommen nämlich in allen Schemata vor, werden nur gelegentlich anders benannt oder in anderer Reihenfolge aufgelistet – inhaltlich tun sie sich aber nichts. Alle angebotenen Muster sind daher auch »richtig« und können vom Bearbeiter ohne Bedenken verwendet werden. In sämtlichen Schemata tauchen insbesondere die in Übungsarbeiten entscheidenden Fragen nach der **Beschwerdefähigkeit**, dem **Beschwerdegegenstand**, der **Beschwerdebefugnis**, nach **Frist** und **Form** sowie nach dem **Rechtsschutzbedürfnis** auf. Der Rest ist Beiwerk.

Wir haben hier in unserem Buch den gleich folgenden sechsstufigen Aufbau (mit diversen Unterpunkten) ausgewählt, weil er sich nach Erfahrung des Autors für die Klausur- oder Hausarbeitsbearbeitung als am sinnvollsten gezeigt hat. Er verhindert insbesondere das Übersehen einzelner zentraler Merkmale, garantiert eine klar strukturierte sowie logisch sinnvolle Prüfung und schützt schließlich vor tunlichst zu vermeidenden, aufgeblähten Erörterungen zu Fragen, die in aller Regel gar nicht gestellt sind.

Mit dem folgenden Muster werden wir daher in unserem Buch arbeiten:

Die Verfassungsbeschwerde

I. Zulässigkeit

1.) Zuständigkeit des Bundesverfassungsgerichts → Art. 93 Abs. 1 Nr. 4a GG, §§ 13 Nr. 8a, 90 ff. BVerfGG

2.) Beschwerdefähigkeit → Art. 93 Abs. 1 Nr. 4a GG, § 90 Abs. 1 BVerfGG

(Unterpunkt: Prozessfähigkeit → Minderjährige und Geschäftsunfähige?)

3.) Tauglicher Beschwerdegegenstand → Akt der öffentlichen Gewalt

4.) Beschwerdebefugnis: Liegt vor, wenn zumindest die …

a) *Möglichkeit* der Grundrechtsverletzung besteht *und* der Beschwerdeführer

b) selbst,

c) gegenwärtig und

d) unmittelbar betroffen ist.

5.) Ordnungsgemäße Beschwer: Form und Frist → §§ 23, 92 und 93 BVerfGG

6.) Rechtsschutzbedürfnis

→ Rechtswegerschöpfung: § 90 Abs. 2 BVerfGG

→ Grundsatz der Subsidiarität der Verfassungsbeschwerde

II. Begründetheit

Materiell-rechtliche Prüfung der Verletzung von Verfassungsrecht bzw. der Grundrechte des Beschwerdeführers.

1. Die Zuständigkeit des Bundesverfassungsgerichts

Diesen ersten Prüfungspunkt haben wir oben schon mal kurz angesprochen: Gemäß Art. 93 Abs. 1 Nr. 4a GG in Verbindung mit § 13 Nr. 8a und § 90 Abs. 1 BVerfGG ist das Bundesverfassungsgericht zuständig für die Entscheidung über Verfassungsbeschwerden. In einer Klausur oder Hausarbeit tauchen an dieser Stelle in aller Regel *keine* Probleme auf – sonst wäre der Fall ja hier auch schon zu Ende! Deshalb genügt für eine perfekte Einleitung der Prüfung und ein entsprechendes Häkchen des Korrektors am Seitenrand die folgende Formulierung:

»*Gemäß Art. 93 Abs. 1 Nr. 4a GG in Verbindung mit § 13 Nr. 8a und § 90 Abs. 1 BVerfGG entscheidet das Bundesverfassungsgericht über Verfassungsbeschwerden. Es ist daher im vorliegenden Fall das zuständige Gericht für die Verfassungsbeschwerde des X.*«

Damit ist alles gesagt.

> **Feinkost**: Inwieweit diese Einleitung tatsächlich zur »Zulässigkeit« im klassischen Sinne gehört oder dieser Zulässigkeit unter Umständen, insbesondere streng dogmatisch betrachtet, noch vorgeschaltet ist, wird in der Wissenschaft durchaus kontrovers diskutiert (vgl. etwa *Manssen* Rz. 829; *Kingreen/Poscher* StaatsR II Rz. 1228; *Schoch/Ehlers* § 13; *Epping* Rz. 149). Diesen »Streit« sollte man indes keinesfalls überschätzen und schon gar nicht in der Übungsarbeit austragen und seine eigene (Aufbau-)Entscheidung wohlmöglich noch begründen. Die Diskussion ist – wie gesagt – lediglich dogmatischer Natur und beeinflusst den weiteren Fortgang der Lösung nicht. Man kann daher problemlos *beide* Aufbauvarianten wählen, es kommt allein darauf an, dass der Prüfer die oben genannten Normen und den Hinweis auf die Zuständigkeit des Bundesverfassungsgerichts am Anfang des Lösungstextes findet. Das reicht.

2. Die Beschwerdefähigkeit → Art. 93 Abs. 1 Nr. 4a GG, § 90 Abs. 1 BVerfGG

Dieser Prüfungspunkt, der auch unter dem Stichwort »Beschwerdeführer« oder »Beteiligtenfähigkeit« in den Lehrbüchern auftaucht, behandelt die Frage, *wer* überhaupt eine Verfassungsbeschwerde vor dem Bundesverfassungsgericht erheben darf. Das Grundgesetz und auch das Bundesverfassungsgerichtsgesetz sind insoweit eher sparsam in ihren Formulierungen und teilen in Art. 93 Abs. 1 Nr. 4a GG und in § 90 Abs. 1 BVerfGG lediglich mit, dass diese Befugnis *jedermann* zustehen soll.

> **Definition**: Der Begriff »jedermann« beschreibt die Grundrechtsfähigkeit und bezieht sich auf alle Personen, die *Träger* eines der in Art. 93 Abs. 1 Nr. 4a GG und § 90 Abs. 1 BVerfGG genannten Rechte sein können (BVerfG NJW **2013**, 1468; BVerfGE **3**, 383; BVerfGE **12**, 6; BVerfGE **63**, 197). Wer Träger eines der von ihm als verletzt benannten (Grund-)Rechte sein kann, ist demnach auch beschwerdefähig (*Jarass/Pieroth* Art. 93 GG Rz. 48; *Lechner/Zuck* § 90 BVerfGG Rz. 32).

Konsequenz: Grundsätzlich können sich alle lebenden natürlichen Personen auf die Grundrechte und die grundrechtsgleichen Rechte berufen, denn diese Personen sind Träger von Grundrechten und folglich auch uneingeschränkt grundrechtsfähig (BVerfG NJW **2013**, 1468; *Ipsen* StaatsR I Rz. 951; *Sachs/Detterbeck* Art. 93 GG Rz. 82; *Jarass/Pieroth* Art. 93 GG Rz. 48).

Mögliche Problemfelder in Klausuren:

a) Wenn sich *Ausländer* auf die Grundrechte berufen, hat man als Klausurbearbeiter darauf zu achten, ob es sich bei dem infrage stehenden Grundrecht um ein sogenanntes »Jedermann-Grundrecht« (→ Art. 2 bis 7, 10, 13, 14, 17 und 19 Abs. 4 GG) oder um ein »**Deutschen-Grundrecht**« handelt (→ Art. 8, 9, 11, 12, 16 Abs. 1 und 2, 33 Abs. 1 und 2 sowie 38 Abs. 1 Satz 1 GG). Nach zutreffender Ansicht können sich Ausländer *nicht* auf Deutschen-Grundrechte berufen; ihnen fehlt insoweit die Beschwerdefähigkeit, eine entsprechende Verfassungsbeschwerde wäre daher schon an dieser Stelle als unzulässig abzuweisen (BVerfGE **78**, 179; *Jarass/Pieroth* Art. 19 GG Rz. 11; *Maunz/Schmidt-Bleibtreu/Klein/Bethge* § 90 BVerfGG Rz. 131; *Sachs/Detterbeck* Art. 93 GG Rz. 82; *Lechner/Zuck* § 90 BVerfGG Rz. 35; *Kingreen/Poscher* StaatsR II Rz. 1238, die das Problem freilich bei der *Beschwerdebefugnis* ansiedeln). **Aber**: In solchen Fällen kann und sollte man immer noch überprüfen, ob nicht eine Berufung auf das Auffanggrundrecht des **Art. 2 Abs. 1 GG** oder auf den allgemeinen Gleichheitssatz des **Art. 3 Abs. 1 GG** möglich ist. Diesbezüglich sind nämlich auch Ausländer jederzeit grundrechtsfähig und demzufolge beschwerdefähig im oben benannten Sinne (*Sachs/Detterbeck* Art. 93 GG Rz. 82; *Lechner/Zuck* § 90 BVerfGG Rz. 35). Im Hinblick auf die Zulässigkeit einer entsprechenden Verfassungsbeschwerde müsste man dann wie folgt argumentieren bzw. formulieren:

»Soweit der ausländische Beschwerdeführer die Verletzung der Berufsfreiheit aus Art. 12 Abs. 1 GG rügt, ist seine Verfassungsbeschwerde mangels Beschwerdefähigkeit bereits unzulässig und demnach vom Bundesverfassungsgericht inhaltlich auch nicht weiter zu verfolgen. Grundrechtsfähig in Bezug auf Art. 12 Abs. 1 GG sind nur Deutsche im Sinne des Art. 116 GG. Eine Überprüfung dahingehend, ob die angegriffene Maßnahme unter Umständen das auch für Ausländer wirksame Grundrecht aus Art. 2 Abs. 1 GG betrifft, bleibt hiervon indes unberührt. Insoweit ist die Beschwerdefähigkeit zu bejahen.«

b) Sofern *Minderjährige* (→ 0–17 Jahre) Grundrechte geltend machen wollen, gilt die Regel, dass dann die Beschwerdefähigkeit zu bejahen ist, wenn dem Minderjährigen das in Anspruch genommene Grundrecht oder grundrechtsgleiche Recht (schon) zustehen kann, was im Zweifel auf nahezu alle Grundrechte zutrifft (BVerfGE **57**, 361; *Jarass/Pieroth* Art. 19 GG Rz. 10; *Lechner/Zuck* § 90 BVerfGG Rz. 37). Auch Kinder und sogar Geschäftsunfähige können sich unstreitig auf die Grundrechte berufen (BVerfGE **10**, 302; *Ipsen* StaatsR II Rz. 80). Einschränkungen ergeben sich insoweit nur aus logischen Erwägungen bzw. aus der Natur des Grundrechts selbst: So kann sich etwa ein Fünfjähriger weder auf Art. 12 Abs. 1 GG noch auf Art. 38 Abs. 2 GG (aufschlagen!) berufen. Diesbezüglich würde die Beschwerdefähigkeit fehlen, da diese Grundrechte einem Fünfjährigen logischerweise (noch) nicht zustehen können. Im Übrigen sind – wie gerade erwähnt – grundsätzlich auch Minderjährige und sogar Geschäftsunfähige grundrechtsfähig und damit auch beschwerdefähig.

Achtung: Diese Beschwerdefähigkeit darf nicht verwechselt werden mit der sogenannten »Prozessfähigkeit« (auch »Verfahrensfähigkeit« genannt), also der Fähigkeit und Befugnis, im eigenen Namen vor Gericht einen Prozess zu führen und dort die erforderlichen Prozesshandlungen selbst vorzunehmen. Diese Fähigkeit haben Minderjährige nämlich in der Regel nicht, sondern benötigen dafür einen gesetzlichen Vertreter (BVerfGE **28**, 243; *Sachs/Detterbeck* Art. 93 GG Rz. 83). Das Bundesverfassungsgerichtsgesetz verfügt zur Prozessfähigkeit nun leider über gar keine Regelung (*Jarass/Pieroth* Art. 93 GG Rz. 49) – mit folgenden **Konsequenzen**: Nur dort, wo die jeweilige Verfahrensordnung dem Minderjährigen die Befugnis zu eigenen Prozesshandlungen überlässt (zum Beispiel im Jugendstrafverfahren, vgl. § 55 JGG), darf er dies auch im anschließenden Verfassungsgerichtsverfahren, ansonsten ist die gesetzliche Vertretung, zumeist durch die Eltern, notwendig (*Manssen* StaatsR II Rz. 867; *Benda/Klein* Rz. 459). In Ermangelung gesetzlicher Regeln zur Prozessfähigkeit im Verfassungsbeschwerdeverfahren wird vom Bundesverfassungsgericht zuweilen auch auf die »geistige Reife und Einsichtsfähigkeit im Hinblick auf das vom Minderjährigen geltend gemachte Grundrecht« abgestellt und dementsprechend das Vorliegen der Grundrechtsmündigkeit bewertet. So kann etwa ein Fünfzehnjähriger seine Rechte aus Art. 4 Abs. 1 und 2 GG (→ Religionsfreiheit) selbstständig vor dem Bundesverfassungsgericht geltend machen, da man davon ausgeht, dass Minderjährige in diesem Alter über das Grundrecht selbstständig verfügen können und sollen (BVerfGE **1**, 87; BVerfGE **28**, 243; *Manssen* StaatsR II Rz. 867); der Minderjährige ist insoweit prozessfähig. Die Faustregel lautet: Je älter und einsichtsfähiger der Minderjährige ist, desto eher ist ihm die *eigene* Prozessfähigkeit im Verfassungsbeschwerdeverfahren zuzubilligen (*Jarass/Pieroth* Art. 93 GG Rz. 49; *Manssen* StaatsR II Rz. 867).

Tipp: Zur Prozessfähigkeit nimmt man in der Regel in einer Übungsarbeit entweder gar nicht oder aber mit maximal *einem* Satz Stellung (»*Von der Prozessfähigkeit des X ist auszugehen*«). Nur dann, wenn es um die Grundrechte von Minderjährigen geht und diesem Minderjährigen nach Auskunft des Falles die »geistige Reife« fehlt, ist der zusätzliche Hinweis gestattet, dass der Minderjährige zur Durchsetzung seiner Rechte im Verfahren vor dem Bundesverfassungsgericht der Hilfe seiner gesetzlichen Vertreter bedarf. Merken.

c) Dem *Nasziturus* kommt ebenfalls Grundsrechtsfähigkeit und damit die Beschwerdefähigkeit im Verfassungsgerichtsverfahren zu, jedenfalls im Hinblick auf die Grundrechte aus Art. 1 Abs. 1, Art. 2 Abs. 2 und das Erbrecht aus 14 Abs. 1 GG (BVerfGE **39**, 1; BVerfGE **88**, 203; *von Münch/Kunig* Art. 1 GG Rz. 14; *Jarass/Pieroth* Art. 1 GG Rz. 8). *Nicht* berufen kann sich das ungeborene Leben allerdings auf ein Grundrecht aus Art. 6 Abs. 1 GG in Gestalt der »werdenden Familie« (*Lechner/Zuck* § 90 BVerfGG Rz. 36). Die Grundrechtsfähigkeit und damit auch die Beschwerdefähigkeit endet schließlich – durchaus logisch und zudem unstreitig – mit dem Tod (*Dreier/Dreier* Art. 1 GG Rz. 72; *Benda/Klein* VerfassungsprozessR Rz. 433; *Jarass/Pieroth* Art. 1 GG Rz. 10). Nach Meinung des Bundesverfassungsgerichts gibt es freilich selbst nach dem Tod den sogenannten »postmortalen Schutz« der Menschenwürde, der unter Umständen die üble Nachrede, etwa im politischen Bereich, betreffen kann (BVerfG NJW **2001**, 2957). *Nicht* verletzt ist der postmortale Schutz eines Menschen freilich bereits durch die bloße Öffnung der Leiche (BVerfG NJW **1994**, 783).

d) Inwiefern *juristische Personen* auch Grundrechte wahrnehmen können und entsprechend beschwerdefähig sind, muss differenziert betrachtet werden:

→ Soweit es sich um eine inländische juristische Person des *Privatrechts* handelt (z.B. GmbH, AG oder eingetragener Verein), gilt die Regel des **Art. 19 Abs. 3 GG** (aufschlagen!). Demnach besteht Grundrechtsschutz, »*soweit die Grundrechte ihrem Wesen nach auf die juristische Person anwendbar sind*« (BVerfG NJW **2017**, 217; BVerfG NVwZ **2016**, 1804). **Beispiele**: Die Presse- und Meinungsfreiheit, die Berufsfreiheit und etwa auch die Kunstfreiheit oder das Eigentumsrecht können nicht nur einzelne natürliche Personen in Anspruch nehmen, sondern unstreitig auch Vereinigungen wie zum Beispiel als GmbH oder AG geführte Verlage oder Pressehäuser. Die entsprechenden Grundrechte wären dann »ihrem Wesen nach« auf diese Personenvereinigungen anwendbar im Sinne des Art. 19 Abs. 3 GG (BVerfG NJW **2017**, 217; BVerfG NVwZ **2016**, 1804; BVerwG NVwZ **2016**, 53; BVerfGE **75**, 192). Andererseits können sich juristische Personen des Privatrechts selbstverständlich nicht auf das allgemeine Persönlichkeitsrecht (→ Art. 2 Abs. 1, Art. 1 Abs. 1 GG) oder auf die körperliche Unversehrtheit (→ Art. 2 Abs. 2 Satz 1 GG) berufen (*von Münch/Kunig* Art. 1 GG Rz. 17; *Sachs/Höfling* Art. 1 GG Rz. 64). **Beachte**: Neben den inländischen juristischen Personen können nach der Rechtsprechung des Bundesverfassungsgerichts auch juristische Personen mit Sitz in anderen Mitgliedsstaaten der Europäischen Union Träger von Grundrechten des GG sein (BVerfG NJW **2017**, 217; BVerwG NVwZ **2016**, 53). Die Anwendbarkeit von Grundrechten setzt indes stets voraus, dass die (ausländische) juristische Person im Anwendungsbereich des Unionsrechts tätig wird und ein hinreichender Inlandsbezug vorhanden ist (vgl. BVerwG NVwZ **2016**, 53, wo es um eine britische TV-Gesellschaft geht, die in Deutschland eine Sendeerlaubnis für ein bestimmtes TV-Format einklagen will). Nach BVerfG NJW **2017**, 217 können sich zudem inländische juristische Personen des Privatrechts selbst dann auf die Grundrechte berufen, wenn ihre Anteile alleine von einem fremden Staat (hier: Schweden) gehalten werden.

→ Juristische Personen des **öffentlichen Rechts** (→ Städte, Landkreise, Gemeinden, Landschaftsverbände, allgemeine Ortskrankenkassen, Kassenärztliche Vereinigungen usw.) genießen nach ständiger Rechtsprechung des Bundesverfassungsgerichts in der Regel *keinen* Grundrechtsschutz und sind demzufolge auch nicht beteiligtenfähig (BVerfG NJW **2017**, 217; BVerfGE **21**, 362; BVerfGE **45**, 63; BVerfGE **75**, 192; BVerfGE **107**, 299). Nachvollziehbare **Begründung**: »… *Juristische Personen des öffentlichen Rechts nehmen klassischerweise Aufgaben des Staates wahr und handeln innerhalb ihrer jeweiligen, vom Staat zugewiesenen Kompetenzen. Sie sind somit logischerweise nicht auch dazu berufen, selbst Grundrechte gegen den Staat, für den sie ja handeln sollen, durchzusetzen … Der Staat kann nicht einerseits Verpflichteter aus den Grundrechten sein und andererseits dann auch Berechtigter …*« (→ BVerfGE **21**, 362, 369f; BVerfGE **61**, 82).

e) Ob auch **Abgeordnete** – etwa des Bundestages oder eines Landtages – sich auf die Grundrechte berufen können und entsprechend beschwerdefähig in Bezug auf eine Verfassungsbeschwerde sind, beurteilt das Bundesverfassungsgericht in einer Entscheidung aus dem **September 2013** ebenfalls differenziert (→ BVerfG NVwZ **2013**, 1468), und zwar so:

→ Sofern sich Abgeordnete als Teil des Staates (des Bundes- oder eines Landtages) gegen andere Staatsorgane, wie zum Beispiel den Bundestag oder einen Landtag wehren wollen, sind sie im Verfassungsbeschwerdeverfahren *nicht* beteiligtenfähig und müssen sich vielmehr im Organstreitverfahren gemäß Art. 93 Abs. 1 Nr. 1 GG zur Wehr setzen oder des Verfahrens nach Art. 93 Abs. 1 Nr. 4 GG bedienen, denn: »... *Die Verfassungsbeschwerde ist kein Mittel zur Austragung von Streitigkeiten zwischen Staatsorganen ...*« (so wörtlich: BVerfG NVwZ **2013**, 1468; vgl. auch BVerfG NVwZ **2016**, 1701; BVerfGE **64**, 301; BVerfGE **4**, 144).

→ Anders soll dies aber zu beurteilen sein, wenn der Abgeordnete gegen eine Bundesbehörde klagt, zum Beispiel den Verfassungsschutz, und in diesem Verfahren seine Rechte als Abgeordneter aus Art. 38 Abs. 1 Satz 2 GG verteidigen möchte. In diesem Falle spricht das Bundesverfassungsgericht dem Abgeordneten die Beteiligtenfähigkeit zu, und zwar mit folgenden Argumenten (NVwZ **2013**, 1468):

»... *Nach der ständigen Rechtsprechung des Bundesverfassungsgerichts kann ein Abgeordneter zwar nicht im Wege der Verfassungsbeschwerde um seine Abgeordnetenrechte mit einem Staatsorgan streiten ... Der Art. 38 Abs. 1 GG ist jedoch von § 90 Abs. 1 BVerfGG und der darin geregelten Verfassungsbeschwerde insoweit **mit umfasst**, als diese Norm in ähnlicher Weise wie die übrigen Vorschriften des Grundgesetzes, in die sie eingereiht ist, **Individualrechte** garantiert. Dies geschieht nicht nur durch Art. 38 Abs. 1 Satz 1 GG, sondern unter Umständen auch durch Art. 38 Abs. 1 Satz 2 GG (vgl. BVerfGE **108**, 251). Schon der Wortlaut des Art. 93 Abs. 1 Nr. 4a GG spricht **nicht** dafür, dass das Grundgesetz die Bedeutung der Rechte des Abgeordneten aus Art. 38 Abs. 1 Satz 2 GG durch die Herausnahme dieser Vorschrift dadurch schmälern wollte, dass es die verfassungsrechtliche Kontrolle auf deren Wahrung nicht erstreckt. Der Abgeordnete ist daher im Verfassungsbeschwerdeverfahren beteiligtenfähig, sofern er seine Rechte aus Art. 38 Abs. 1 GG gegen eine Bundesbehörde verteidigen möchte (BVerfGE **108**, 251) ...*«

Klausurtipp: In einer Übungsarbeit nimmt man nur dann umfassend zur Beschwerdefähigkeit Stellung, wenn einer der gerade genannten Punkte als problematisch im Raum steht. Andernfalls reichen zwei oder maximal drei Sätze, die dann etwa so aussehen könnten: »*Im Hinblick auf die Beschwerdefähigkeit gilt die Regel des Art. 93 Abs. 1 Nr. 4a GG in Verbindung mit § 90 Abs. 1 BVerfGG, wonach jedermann eine Verfassungsbeschwerde erheben und sich auf die Verletzung von Grundrechten oder grundrechtsgleichen Rechten berufen kann. Es bestehen vorliegend keine Zweifel daran, dass X als volljährige natürliche Person Träger von Grundrechten sein kann. X ist damit beschwerdefähig im benannten Sinne.*«

3. Der Beschwerdegegenstand

Gemäß Art. 93 Abs. 1 Nr. 4a GG und § 90 Abs. 1 BVerfGG richten sich die Verfassungsbeschwerden stets gegen Akte »der öffentlichen Gewalt«, was auch logisch ist, denn die Grundrechte wirken, wie wir inzwischen wissen, zum Schutz der Bürger gegen belastende Maßnahmen des Staates. Mit diesen »Akten der öffentlichen Gewalt« sind daher grundsätzlich alle rechtlich relevanten und den Bürger belastenden Handlungen sowie pflichtwidriges Unterlassen der drei (deutschen) Staatsgewalten gemeint, also der Rechtsprechung, der vollziehenden Gewalt und der Gesetzgebung (BVerfG DÖV **2016**, 124; *Sachs/Detterbeck* Art. 93 GG Rz. 87; *Jarass/Pieroth* Art. 93 GG Rz. 50). Maßnahmen von Organen, Einrichtungen und sonstigen Stellen der Europäischen Union sind übrigens *keine* Akte öffentlicher Gewalt im Sinne von Art. 93 Abs. 1 Nr. 4a GG, § 90 Abs. 1 BVerfGG und damit auch kein tauglicher Beschwerdegegenstand im Verfahren der Verfassungsbeschwerde (BVerfG FA **2016**, 268).

Beachte: Wegen der in § 90 Abs. 2 BVerfGG (aufschlagen!) verankerten Verpflichtung zur vorherigen Ausschöpfung des Rechtsweges wenden sich nahezu sämtliche Verfassungsbeschwerden in Deutschland entweder gegen Urteile (= Akt der Rechtsprechung) oder gegen Rechtssätze (= Akt der Gesetzgebung). Eine Verfassungsbeschwerde gegen einen Akt der vollziehenden Gewalt, etwa in der Form eines Verwaltungsaktes, wäre nur unter den sehr engen Voraussetzungen des **§ 90 Abs. 2 Satz 2 BVerfGG** zulässig (vgl. dazu instruktiv BVerfG DÖV **2016**, 124). Normalerweise muss der Betroffene, wenn er gegen einen Verwaltungsakt oder eine andere Maßnahme der vollziehenden Gewalt vorgehen möchte, zunächst den kompletten (Verwaltungs-)Rechtsweg durchlaufen (Verwaltungsgericht → Oberverwaltungsgericht → Bundesverwaltungsgericht), bis er schließlich nach Ausschöpfung dieses Rechtsweges eine Verfassungsbeschwerde erheben könnte. Die Verfassungsbeschwerde würde sich im Zweifel dann aber wieder gegen das *letztinstanzliche* Urteil und damit doch wieder gegen einen Akt der Rechtsprechung richten. Eine Verfassungsbeschwerde gegen einen Akt der vollziehenden Gewalt ist daher zwar unter den Voraussetzungen des § 90 Abs. 2 Satz 2 BVerfGG möglich, statistisch betrachtet aber der absolute Ausnahmefall (vgl. *Gusy* FS 50 Jahre Bundesverfassungsgericht, Seite 642). Der Gesetzgeber hat diese Entwicklung selbstverständlich vorausgesehen und mit Ausnahme des gerade genannten § 90 Abs. 2 Satz 2 BVerfGG diverse verfahrensrechtliche Normen lediglich für die Verfassungsbeschwerden gegen Urteile (→ §§ 94 Abs. 3 und 95 Abs. 2 BVerfGG) und gegen Rechtssätze erlassen (§§ 93 Abs. 3, 94 Abs. 4, 95 Abs. 3 BVerfGG). Verfassungsbeschwerden gegen Entscheidungen des Bundesverfassungsgerichts selbst, einschließlich seiner Vorprüfungskammern, sind übrigens interessanterweise *nicht* zulässig (BVerfGE **1**, 89; BVerfGE **7**, 17). Eine Ausnahme gilt freilich in Fällen »groben prozessualen Unrechts«, namentlich dann, wenn das Bundesverfassungsgericht einen ordnungsgemäß eingereichten Schriftsatz schuldhaft übersehen und daher auch entscheidungserheblich nicht berücksichtigt hat. In solchen Fällen gibt es für den Betroffenen die Möglichkeit einer sogenannten »**Gegenvorstellung**«, innerhalb derer die entsprechende Rüge vom Bundesverfassungsgericht überprüft wird (→ BVerfGE **72**, 84). Gegen eine Nichtannahmeentscheidung einer (Vorprüfungs-)Kammer des BVerfG ist eine Gegenvorstellung indes *nicht* möglich (BVerfG vom 1. Februar **2017** – 2148/17, zitiert nach *juris*).

Mögliche Problemfelder in Klausuren:

Wie eben erwähnt, hat der Betroffene bei Verfassungsbeschwerden wegen der Regelung des § 90 Abs. 2 Satz 1 BVerfGG in aller Regel vorher den Rechtsweg ausgeschöpft und ein letztinstanzliches, ihn benachteiligendes Urteil erhalten. Bei genauer Betrachtung existieren dann aber gleich *mehrere* Akte der öffentlichen Gewalt, die den Beschwerdeführer in seinen Grundrechten betreffen und/oder verletzen: Zum einen sind das natürlich alle bisherigen Urteile (also nicht nur das letztinstanzliche, sondern auch die Urteile aus den vorherigen Instanzen) sowie zum anderen der *allererste* Akt der öffentlichen Gewalt, also der dem ganzen gerichtlichen Instanzenzug zugrundeliegende Verwaltungsakt oder die sonstige Maßnahme der vollziehenden Gewalt. Bei der Frage, *wogegen*, also gegen *welchen* dieser Akte sich in solchen Fällen die Verfassungsbeschwerde richtet, lässt das Bundesverfassungsgericht dem Beschwerdeführer zum Glück freie Hand: Er kann sich nur gegen das letztinstanzliche Urteil wehren, er kann auch *nur* und ausschließlich gegen den ursprünglichen Akt der (Verwaltungs-)Behörde vorgehen oder aber er kann auch gegen *alle* vorherigen Urteile und Akte, einschließlich des ursprünglichen Verwaltungsaktes klagen (BVerfGE **19**, 377; BVerfGE **54**, 53). **Achtung**: Es liegt in sämtlichen gerade geschilderten Fällen, also auch bei der Klage gegen *alle* vorherigen Urteile und (Verwaltungs-) Akte, gleichwohl immer nur *eine* Verfassungsbeschwerde vor, innerhalb derer die Verfassungsmäßigkeit des oder der angegriffenen Akte untersucht und abschließend beurteilt werden. Das Bundesverfassungsgericht prüft umfassend und hebt mit seiner Entscheidung am Ende stets sämtliche Urteile und sonstigen Akte der öffentlichen Gewalt auf, die die Grundrechte des Betroffenen verletzen und deswegen verfassungswidrig sind, was unmittelbar aus der Regelung des § 95 Abs. 2 BVerfGG folgt. Ein ausdrücklicher Antrag des Beschwerdeführers auf Aufhebung der Urteile oder Verwaltungsakte ist übrigens nicht erforderlich, da das Bundesverfassungsgericht per Definition dazu berufen ist, *jeden* Verfassungsverstoß, der Gegenstand der entsprechenden Entscheidung ist, vollumfänglich aufzuheben (BVerfGE **7**, 111; BVerfGE **19**, 377; BVerfGE **54**, 53; BVerfG EuGRZ **1991**, 116; *Lechner/Zuck* § 95 BVerfGG Rz. 14; *Sachs/Detterbeck* Art. 93 GG Rz. 87; *Kingreen/Poscher* StaatsR II Rz. 1233).

> **Tipp**: Normalerweise gibt der Sachverhalt einen Hinweis, worauf sich die Prüfung im konkreten Klausur- oder Hausarbeitsfall beziehen soll. Da heißt es dann etwa »*X fühlt sich durch das letztinstanzliche Urteil in seinen Grundrechten verletzt und wendet sich an das Bundesverfassungsgericht*« **oder** »*X hält den ablehnenden Bescheid der Behörde sowie die diesen Bescheid bestätigenden Urteile für verfassungswidrig und erhebt Klage vor dem Bundesverfassungsgericht*« **oder auch** »*X hält den ablehnenden Bescheid der Behörde für verfassungswidrig und erhebt nach erfolglosem Durchlauf sämtlicher Instanzen hiergegen Klage vor dem Bundesverfassungsgericht.*« In solchen Fällen ist der Prüfungsumfang jeweils vorgegeben und sollte vom Bearbeiter auch eingehalten werden. Gibt der Sachverhalt hingegen keinen eindeutigen Hinweis (→ »*X erhebt Klage vor dem Bundesverfassungsgericht.*«), empfiehlt es sich, die letztinstanzliche

Entscheidung als Grundlage der Prüfung heranzuziehen. Innerhalb dieser Entscheidung werden dann alle vorherigen Akte und Urteile, einschließlich des ursprünglichen und den ganzen Rechtsstreit auslösenden Verwaltungsaktes inzident mitgeprüft. Merken.

4. Die Beschwerdebefugnis

a) Gemäß Art. 93 Abs. 1 Nr. 4a GG und § 90 Abs. 1 BVerfGG kann man eine Verfassungsbeschwerde nur erheben »mit der Behauptung, durch die öffentliche Gewalt in einem seiner Grundrechte oder grundrechtsgleichen Rechte verletzt zu sein«. Hinter dieser Formulierung verbirgt sich die sogenannte »Beschwerdebefugnis«, innerhalb derer zunächst zu klären ist, ob aus dem geschilderten Sachverhalt und dem Vortrag des Betroffenen zumindest die »Möglichkeit einer Grundrechtsverletzung« hervorgeht (sogenannte »Möglichkeitstheorie« vgl. BVerfGE **6**, 445; BVerfGE **52**, 303; BVerfGE **125**, 39). Die Klagebefugnis und damit die Berechtigung zur Durchführung des Verfassungsbeschwerdeverfahrens ist nach der Rechtsprechung des Bundesverfassungsgerichts zu verneinen und die Verfassungsbeschwerde folglich als unzulässig abzuweisen, wenn schon eine solche (theoretische) Möglichkeit der Grundrechtsverletzung von vorneherein ausgeschlossen werden kann (BVerfGE **110**, 274; BVerfGE **74**, 358; *Lechner/Zuck* § 90 BVerfGG Rz. 63).

> **Merksatz**: Sofern eine Grundrechtsverletzung nicht von vorneherein ausgeschlossen werden kann, ist sie auch *möglich* im Sinne der Beschwerdebefugnis (BVerfG EuGRZ **2016**, 149; BVerfGE **6**, 445; BVerfGE **125**, 39; *Hartmann* in JuS 2003, 897).

Beachte: Nur wenn von vorneherein und für jedermann offenkundig erkennbar die gerügte Grundrechtsverletzung ausgeschlossen ist, etwa weil der Schutzbereich des Grundrechts offensichtlich nicht betroffen ist, kann und sollte an dieser Stelle die Prüfung beendet werden. **Beispiel**: Jemand will sein angebliches Recht, sich *mit Waffen* zu versammeln auf Art. 8 Abs. 1 GG stützen – im Grundgesetz steht bei Art. 8 Abs. 1 aber »ohne Waffen«. Eine solche »Verletzung« des Grundrechts ist nicht mal theoretisch möglich und damit die Verfassungsbeschwerde mangels Beschwerdebefugnis unzulässig (vgl. *Kingreen/Poscher* StaatsR II Rz. 1238). In Klausuren oder Hausarbeiten sind nähere Ausführungen zur Möglichkeit der Grundrechtsverletzung nur notwendig, wenn der Sachverhalt tatsächliche oder rechtliche Anhaltspunkte dafür gibt, dass eine Grundrechtsverletzung tatsächlich und offenkundig von vorneherein ausgeschlossen ist (vgl. *Manssen* StaatsR II Rz. 871 oder *Erichsen* in Jura 1991, 638). Andernfalls stellt man mit *einem* Satz fest, dass die Möglichkeit der Grundrechtsverletzung gerade *nicht* von vorneherein ausgeschlossen werden kann. Merken.

Die herrschende Meinung und vor allem das Bundesverfassungsgericht prüfen das Vorliegen der Beschwerdebefugnis zudem seit jeher in drei weiteren Stufen und fragen namentlich, ob der Beschwerdeführer durch die angegriffene Maßnahme **selbst** (auch: **eigen**), **gegenwärtig** und **unmittelbar** betroffen ist (vgl. erstmalig BVerfG vom **19. Dezember 1951** = BVerfGE **1**, 97, 101 sowie etwa BVerfG EuGRZ **2016**, 149; BVerfGE **79**, 1; BVerfGE **97**, 67; BVerfGE **102**, 97; BVerfGE **106**, 28; *Jarass/Pieroth* Art. 93 GG Rz. 52; *Schlaich/Korioth* BVerfG Rz. 231; *Sachs/Detterbeck* Art. 93 GG Rz. 91; *Kingreen/Poscher* StaatsR II Rz. 1241; *Ipsen* StaatsR I Rz. 955).

b) Die eigene Beschwer (→ **Selbstbetroffenheit**)

Das Vorliegen der Selbstbetroffenheit soll sicherstellen, dass der Beschwerdeführer vor dem Bundesverfassungsgericht nur *eigene* Grundrechte geltend macht – mit folgenden, für die Klausurbearbeitung relevanten Konsequenzen:

→ Anders als etwa im Zivilprozess, ist es im Verfassungsgerichtsverfahren grundsätzlich nicht gestattet, fremde Rechte im eigenen Namen geltend machen. Der Beschwerdeführer muss sich somit bei einer Verfassungsbeschwerde immer auf die Verletzung *eigener* Grundrechte berufen und kann nicht Rechte anderer Personen geltend machen, selbst wenn diese andere Person hierzu ausdrücklich eingewilligt hat (BVerfGE **97**, 157; BVerfGE **108**, 370). Vor allem *Popularklagen* sollen mit diesem Erfordernis der Selbstbetroffenheit ausgeschlossen werden, was insbesondere dann relevant wird, wenn sogenannte »Verwertungsgesellschaften« oder andere private Personenvereinigungen die (Urheber-)Rechte ihrer Mitglieder geltend machen wollen (BVerfGE **31**, 275; BVerfGE **77**, 263; BVerfGE **79**, 1). Das Bundesverfassungsgericht weist diese Klagen regelmäßig als unzulässig ab und verweist darauf, dass die Mitglieder hier die unter Umständen verletzten *eigenen* Grundrechte *selbst* geltend machen müssen, da die Verfassungsbeschwerde kein dem Art. 93 Abs. 1 Nr. 2 GG nachgebildeter Rechtsbehelf sein soll, mit dem dann die privaten Verbände die Vereinbarkeit von Bundesrecht mit dem Grundgesetz überprüfen lassen könnten. Die Verfassungsbeschwerde diene alleine dem *Individualrechtsschutz* und nicht der Geltendmachung fremder Rechte (vgl. BVerfGE **31**, 275; BVerfGE **40**, 141; BVerfGE **72**, 122; BVerfGE **77**, 263; BVerfGE **79**, 1; *Lechner/Zuck* § 90 BVerfGG Rz. 65; *Jarass/Pieroth* Art. 93 GG Rz. 54; *Pieroth/Schlink/Kingreen/Poscher* StaatsR II Rz. 1243; *Sachs/Detterbeck* Art. 93 GG Rz. 92).

→ Grundsätzlich ist der *Adressat* einer staatlichen Maßnahme, also zum Beispiel der Adressat eines Verwaltungsaktes, der Adressat eines Urteils oder auch der Adressat einer gesetzlichen Regelung, auch *selbst* betroffen im Sinne der Beschwerdebefugnis. Wer einen ihn belastenden Verwaltungsakt erhält, von einem Gericht verurteilt wird oder als Adressat einer gesetzlichen Regelung einen Nachteil erleidet, kann hiergegen gerichtlich vorgehen, nach Ausschöpfung des Rechtsweges auch im Wege der Verfassungsbeschwerde (BVerfGE **97**, 157; BVerfGE **108**, 370). Von dieser »**Adressaten-Regel**« gibt es aber auch Ausnahmen, **nämlich:** Es kann sein, dass staatliche Maßnahmen, die an eine bestimmte Person oder an eine bestimmte Personengruppe gerichtet sind, auch andere Personen betreffen und diesen Personen hieraus die Klagebefugnis für die Erhebung einer Verfassungsbeschwerde erwächst. Erforderlich dafür ist nach Meinung des Bundesverfassungsgerichts, dass eine »hinreichend enge Beziehung« zwischen dem Adressaten der staatlichen Maßnahme und dem Dritten besteht und daher auch die Grundrechte des Dritten betroffen sein können. **Beispiele**: Gesetzliche Regelungen zu den Ladenschlusszeiten sind zwar an sich nur gerichtet und bezogen auf die Inhaber von Geschäftslokalen, denn nur ihnen wird ja vorgeschrieben, zu welchen Zeiten sie ihren Laden öffnen dürfen. Gleichwohl können auch **Verbraucher** und die betroffenen **Arbeitnehmer** gegen die Ladenöffnungszeiten klagen, da durch diese Regelungen die Verbraucher in ihrer allgemeinen Handlungsfreiheit aus Art. 2 Abs. 1 GG und die Arbeitnehmer in ihrer Berufsfreiheit aus Art. 12 GG betroffen sein könnten (BVerfGE **13**, 230). Gleiches gilt für die Religionsgemeinschaften, die aufgrund der gesetzlich angeordneten Ladenöffnungszeiten in ihrem Recht aus Art. 4 GG betroffen sein könnten (BVerfGE **125**, 39). Wenn ein Minderjähriger von einem Gericht rechtskräftig zu einer Jugendstrafe verurteilt wird, kann diese Verurteilung auch die **Eltern** des Minderjährigen in ihrem Grundrecht aus Art. 6 Abs. 2 Satz 1 GG beschweren und sie im Hinblick auf eine Verfassungsbeschwerde klagebefugt gegen das nur den Minderjährigen betreffende Urteil machen (BVerfGE **107**, 104). Wenn ein Ausländer aus Deutschland ausgewiesen wird, können sich hiergegen auch die bleibeberechtigten Familienangehörigen wegen einer möglichen Verletzung des Grundrechts aus Art. 6 Abs. 1 GG mit der Verfassungsbeschwerde zur Wehr setzen (BVerfGE **76**, 1). Rechtsanwälte können von gesetzlichen Regelungen betroffen sein, die eigentlich zur Bekämpfung des internationalen Terrorismus erlassen werden (BVerfG EuGRZ **2016**, 149).

Merke: Grundsätzlich ist nur derjenige selbst betroffen und somit beschwerdebefugt, der ein *eigenes* (Grund-)Recht geltend machen kann. Sogenannte »Popularklagen« gestattet das Bundesverfassungsgericht nicht. Sofern von einer staatlichen Maßnahme nicht nur der eigentliche **Adressat**, sondern auch andere Personen in ihren Grundrechten betroffen sein können und zwischen Adressat und dritter Person eine »hinreichend enge Verbindung« besteht, kann in Ausnahmefällen auch diesen dritten Personen eine Klagebefugnis zustehen (BVerfGE **13**, 230; BVerfGE **76**, 1; BVerfGE **107**, 104; BVerfGE **125**, 39; BVerfG EuGRZ **2016**, 149).

---

c) Die **gegenwärtige** Beschwer/Betroffenheit

Das Erfordernis der gegenwärtigen Beschwer/Betroffenheit soll sicherstellen, dass der Beschwerdeführer keine zukünftigen und damit aktuell »rein virtuellen« sowie keine bereits erledigten Beeinträchtigungen seiner Grundrechte im Rahmen der Verfassungsbeschwerde geltend macht (BVerfGE **60**, 360; BVerfGE **91**, 125; BVerfGE **104**, 220; *Sachs/Detterbeck* Art. 93 GG Rz- 93). Die allgemeingültige Definition der Gegenwärtigkeit einer Beschwer lautet daher auch:

> **Definition**: Eine **gegenwärtige** Betroffenheit innerhalb der Beschwerdebefugnis setzt voraus, dass der Beschwerdeführer von der angegriffenen staatlichen Maßnahme zum Zeitpunkt der Entscheidung des Bundesverfassungsgerichts *schon* oder *noch* betroffen ist (BVerfGE **50**, 290; BVerfGE **60**, 360; BVerfGE **72**, 1; BVerfGE **75**, 246; BVerfGE **117**, 126; BVerfG NJW **2000**, 1471; *Jarass/Pieroth* Art. 93 GG Rz. 55; *von Mangoldt/Klein/Starck/Voßkuhle* Art. 93 GG Rz. 184; *Sachs/Detterbeck* Art. 93 GG Rz. 93; *von Münch/Kunig/Meyer* Art. 93 GG Rz. 57).

In den Klausuren tauchen insoweit hauptsächlich *zwei* Problembereiche auf, die sich an den in der Definition enthaltenen Worten »**schon**« und »**noch**« (betroffen) aufhängen lassen, und zwar:

→ Sehr gerne abgefragt werden in Übungsarbeiten die Konstellationen, bei denen bestimmte Gesetze oder andere Rechtsvorschriften ihre Wirkungen für die Betroffenen erst in der *Zukunft* entfalten. **Beispiel**: Der Gesetzgeber erlässt eine Norm, wonach Notare im Alter von 70 Jahren ihre Berufszulassung verlieren. Notar X ist aktuell 62 Jahre alt und will sich jetzt vor dem Bundesverfassungsgericht gegen das Gesetz wehren, in dem er nämlich einen Verstoß gegen den Gleichheitsgrundsatz und seine Berufsfreiheit sieht. **Problem**: Unser Notar X wäre frühestens in acht Jahren von diesem Gesetz betroffen, er ist jetzt ja erst 62 Jahre alt. **Lösung**: Selbst wenn Gesetze ihre Rechtswirkungen für die Betroffenen erst in der Zukunft vorsehen, ist eine gegenwärtige Betroffenheit gleichwohl anzunehmen, wenn »... *die betreffende gesetzliche Regelung die Adressaten bereits jetzt zu einer später nicht mehr korrigierbaren Entscheidung zwingt oder schon jetzt zu Dispositionen veranlasst, die nach dem späteren Gesetzesvollzug nicht mehr nachgeholt werden können* ...« (BVerfGE **117**, 126; BVerfG NJW **1993**, 1575). **Hier**: Notar X müsste ohne Frage jetzt bereits Dispositionen über seine Altersvorsorge und seine weitere berufliche Tätigkeit anstellen, die – insbesondere was die Altersvorsorge angeht – in acht Jahren möglicherweise zu spät kämen. X ist daher auch jetzt »**schon**« betroffen und kann Verfassungsbeschwerde erheben (BVerfG NJW **1993**, 1575). **Anderes Beispiel**: Im April 2006 erließ der Gesetzgeber ein neues »Hufbeschlagsgesetz«, in dem unter anderem die Voraussetzungen neu formuliert und festgelegt wurden, unter denen Hufbeschlagsschulen für Pferde (so was gibts!) in Zukunft betrieben werden dürfen. Der Gesetzgeber wollte damit die seit 1940 gültige Rechtslage reformieren und die Hufbeschlagskunst an die aktuellen technischen und vor allem auch die tatsächlichen Verhältnisse anpassen. Hierzu normierte der Gesetzgeber im Jahre 2006 unter anderem die Verpflichtung, dass ab sofort die Arbeiten an Tierhufen nur noch von staatlich geprüften und anerkannten *Hufbeschlagschmieden* ausgeführt werden sollten. Obwohl dieses Gesetz erst zum **1. Januar 2007** in Kraft treten sollte, wandten sich noch im **April 2006** mehrere Hufbeschlagsschulen und deren Auszubildende an das Bundesverfassungsgericht, da das Gesetz jetzt deutlich erhöhte Anforderungen an die Betreiber der Schulen stellte und diesen somit mit dem Inkrafttreten die Schließung der Schule und den Auszubildenden das Ende ihrer Ausbildung drohten. **Lösung**: Das Bundesverfassungsgericht bejahte die gegenwärtige Betroffenheit und argumentierte wie folgt (BVerfGE **117**, 126, 135): »… *Zwar treten die am 24. April 2006 verkündeten Rechtsnormen erst zum 1. Januar 2007 in Kraft und erzeugen ihre materiellen Rechtswirkungen auch erst dann. Von einem verkündeten, wenn gleich auch noch nicht in Kraft getretenen Gesetz kann aber auch dann eine* **gegenwärtige Beschwer** *ausgehen, wenn bereits* **aktuell klar abzusehen** *ist, dass und auf welche Weise die Beschwerdeführer von dem Gesetz betroffen sein werden … . Die Hufpflegschulen der Beschwerdeführer dürften ab dem 1. Januar 2007 mit den bisherigen Ausbildungszielen nicht weiter betrieben werden und müssten gegebenenfalls sowohl die Lerninhalte als auch das Ausbildungspersonal den neuen gesetzlichen Vorschriften anpassen. Die dort arbeitenden Huftechniker wären ab Beginn des Jahres 2007 gehindert, ihre bisherige hufversorgende Tätigkeit zu erbringen. Die Auszubildenden wären durch diese Maßnahmen in ihrer Berufsausbildung und damit unter Umständen in ihrer Berufswahl beeinträchtigt … Aus diesen Erwägungen folgt im vorliegenden Fall die* **gegenwärtige** *Betroffenheit und somit auch die notwendige Klagebefugnis* …«.

Merke: Gegenwärtige Beschwer liegt auch dann vor, wenn die Rechtswirkungen eines Gesetzes zwar erst später eintreten, die Betroffenen aufgrund des Gesetzes aber bereits jetzt entweder unaufschiebbare (wirtschaftliche oder sonstige) Dispositionen treffen müssen oder aktuell erkennbar und sicher ist, dass und wie das später wirksam werdende Gesetz in die Rechtspositionen der Betroffenen eingreifen wird. In diesen Fällen sind die Betroffenen »schon« betroffen im Sinne der Beschwerdebefugnis (BVerfGE **117**, 126; BVerfG NJW **1993**, 1575).

→ Das Gegenstück zu dieser »Schon«-Betroffenheit ist die in der Definition oben ebenfalls erwähnte »**Noch**«-Betroffenheit, also ein Zustand, in dem die staatliche Maßnahme sich zum Zeitpunkt der Entscheidung des Bundesverfassungsgerichts eigentlich bereits erledigt hat oder schon abgeschlossen ist, dem Beschwerdeführer aber gleichwohl das Recht zustehen soll, sich hiergegen »**noch**« zu wehren. Voraussetzung dafür ist nach allgemeiner Ansicht, dass die bereits abgeschlossene Maßnahme entweder *noch fortwirkt*, eine *Wiederholung* der Beeinträchtigung droht oder der Grundrechtseingriff eine *grundsätzliche verfassungsrechtliche Klärung erfordert*. In den genannten Fällen steht dem Betroffenen das Recht zu, die Verfassungswidrigkeit der bereits abgeschlossenen Maßnahme feststellen zu lassen (BVerfG NJW **2013**, 1943; BVerfGE **69**, 315; BVerfGE **104**, 220; BVerfGE **119**, 309; *Sachs/Detterbeck* Art. 93 GG Rz. 93; *von Münch/Kunig/Meyer* Art. 93 GG Rz. 57). **Beispiel**: Am **14. Mai 1985** musste das Bundesverfassungsgericht im berühmten »**Brokdorf-Fall**« darüber entscheiden, ob ein von der zuständigen Behörde ausgesprochenes Demonstrationsverbot vom **23. Februar 1981** (!) gegen eine Mega-Demonstration mit 50.000 Teilnehmern verfassungsgemäß gewesen ist. Die Behörde hatte damals moniert, dass es an einer angeblich zwingend notwendigen behördlichen Anmeldung einer Demonstration fehlte. **Der Clou**: Die Demonstration gegen das Atomkraftwerk in der schleswig-holsteinischen Gemeinde *Brokdorf* fand trotz des Verbotes am **28. Februar 1981** gleichwohl statt, da die Demonstranten das Verbot einfach ignorierten und die Polizei bei 50.000 Menschen lieber doch nicht einschreiten wollte. Gut vier Jahre später sollte nun das Bundesverfassungsgericht darüber entscheiden, ob das (ignorierte!) Verbot die Demonstranten in ihrem Grundrecht aus Art. 8 Abs. 1 GG verletzt hatte. **Problem**: ist die Klagebefugnis noch gegeben? **Lösung**: Das Bundesverfassungsgericht bejahte die Zulässigkeit der Klage und erklärte **Folgendes** (BVerfGE **69**, 315): »... *Die Verfassungsbeschwerde ist zulässig. Die Zulässigkeit ist insbesondere nicht dadurch entfallen, dass der Demonstrationstermin längst verstrichen und damit der Sofortvollzug des Verbotes tatsächlich gegenstandslos geworden ist. Nach gefestigter Rechtsprechung kann selbst nach Erledigung des verfolgten Begehrens noch Verfassungsbeschwerde eingelegt werden, jedenfalls dann, wenn anderenfalls die Klärung einer verfassungsrechtlichen Frage von grundsätzlicher Bedeutung unterbleiben würde und der Eingriff ein besonders bedeutsames Grundrecht betraf* (BVerfGE **33**, 247; BVerfGE **50**, 244) ... *Im vorliegenden Fall ging es zum einen um die Frage, inwieweit Demonstrationen immer und zwingend einer vorherigen Anmeldung bedürfen und zum anderen war mit Art. 8 GG ein bedeutsames Grundrecht betroffen ... Daher war die Zulässigkeit der Verfassungsbeschwerde hier trotz der zeitlichen Erledigung der staatlichen Maßnahme zu bejahen ...*«.

Anderes Beispiel: Am **14. Juli 1994** musste das Bundesverfassungsgericht über einen spektakulären Vorfall aus dem November 1992 entscheiden: Am 12. November 1992 begann nämlich vor dem Landgericht in Berlin das Strafverfahren gegen den ehemaligen DDR-Staatsratsvorsitzenden *Erich Honecker*. Um die Armee von Journalisten im Gerichtssaal zu bändigen, erließ der damalige Vorsitzende des Gerichts eine Anordnung, wonach sämtliche Filmaufnahmen im Verhandlungssaal, also vor allem auch außerhalb der eigentlichen Verhandlung, verboten waren. Obwohl das Bundesverfassungsgericht diese Anordnung einen Tag vor Prozessbeginn im Eilverfahren teilweise aufhob (→ BVerfGE **87**, 334), kam es knapp zwei Jahre später (das Verfahren vor dem Landgericht war längst abgeschlossen) doch noch zur Hauptverhandlung über diese Anordnung. **Problem**: War die Verfassungsbeschwerde der Journalisten im Jahre 1994 »**noch**« zulässig? **Antwort**: Ja! **Begründung**: »... *Die Frage, ob und in welchem Umfang Fernsehaufnahmen in Gerichtssälen verfassungsrechtlich zulässig und von Art. 5 GG gerechtfertigt sind, ist ein Problem von grundsätzlicher verfassungsrechtlicher Bedeutung. Im Übrigen haben die klagenden Fernsehstationen auch unter dem Gesichtspunkt der Wiederholungsgefahr ein anerkennenswertes Interesse an der Feststellung, ob die angegriffene Maßnahme des Vorsitzenden der Strafkammer verfassungsgemäß war ... Daher war die Verfassungsbeschwerde auch zwei Jahre nach Erledigung des streitgegenständlichen Vorgangs noch als zulässig zu betrachten ...*« (BVerfGE **91**, 125, 133; vgl. auch BVerfG StV **2015**, 201).

Wir merken uns: Voraussetzung für das Vorliegen der Klagebefugnis trotz eines inzwischen zeitlich abgeschlossenen oder erledigten staatlichen Eingriffs ist, dass die Maßnahme entweder noch fortwirkt, dass eine Wiederholung der Beeinträchti-

gung droht oder dass der Grundrechtseingriff eine grundsätzliche verfassungsrechtliche Klärung erfordert. In den genannten Fällen steht dem Betroffenen weiterhin das Recht zu, die Verfassungswidrigkeit der bereits abgeschlossenen Maßnahme feststellen zu lassen.

Beachte noch: Das Bundesverfassungsgericht verortet die gerade dargestellte Prü-
fung der »**Noch-Betroffenheit**« zuweilen gerne in das im Rahmen der Zulässigkeit
erst später zu erörternde Rechtsschutzbedürfnis und übergeht ohne dogmatische
Erklärung die Frage der Gegenwärtigkeit der staatlichen Maßnahme (vgl. etwa BVerf-
GE **9**, 89; BVerfGE **94**, 166; BVerfGE **104**, 220; BVerfGE **115**, 66; BVerfGE **116**, 69;
BVerfG NJW **2013**, 1941). Diesem Beispiel muss und sollte man nicht folgen, da das
Merkmal der Gegenwärtigkeit nach allgemeiner Lehrmeinung auch die Frage um-
fasst, ob der Beschwerdeführer *noch* betroffen ist; zu Recht wird insoweit darauf
hingewiesen, dass das vom Bundesverfassungsgericht selbst entwickelte Prüfungs-
merkmal der *gegenwärtigen Betroffenheit* andernfalls nahezu inhaltsleer wäre
(*Sachs/Detterbeck* Art. 93 GG Rz. 93; *von Mangoldt/Klein/Starck/Voßkuhle* Art. 93 GG
Rz. 184; *Jarass/Pieroth* Art. 93 GG Rz. 55; *von Münch/Kunig/Meyer* Art. 93 GG Rz. 57;
Kingreen/Poscher StaatsR II Rz. 1250). Nach zutreffender Auffassung gehört die
»Noch-Betroffenheit« daher zur Beschwerdebefugnis und sollte, so wie wir das oben
auch gemacht haben, innerhalb der Gegenwärtigkeit der Maßnahme erörtert werden,
worauf übrigens sogar der Präsident des Bundesverfassungsgerichts, Herr *Voßkuhle*,
überraschenderweise ausdrücklich hinweist – und der sollte wissen, wovon er spricht
(vgl. *von Mangoldt/Klein/Starck/Voßkuhle* Art. 93 GG Rz. 184, Fn. 433).

d) Die **unmittelbare** Beschwer

Das Erfordernis der unmittelbaren Beschwer soll sicherstellen, dass der Betroffene
nur eine Verfassungsbeschwerde erheben kann, wenn die angegriffene Maßnahme
für seine persönliche Stellung »*bereits jetzt spürbare Rechtsfolgen mit sich bringt*« und
dafür nicht erst ein weiterer (Vollzugs-)Akt des Staates notwendig ist (BVerfG NJW
2013, 1499; BVerfGE **122**, 63; BVerfGE **110**, 141; BVerfGE **70**, 35; *Sachs/Detterbeck*
Art. 93 GG Rz. 94). Im letztgenannten Fall kann und müsste sich der Beschwerdeführer nämlich zunächst gegen den Vollzugsakt selbst wenden, da die Verfassungsbeschwerde bekanntlich nur *subsidiären* Charakter hat und fachgerichtlicher Rechtsschutz einer Beschwerde beim Bundesverfassungsgericht immer vorgeht (§ 90 Abs. 2
BVerfGG).

Durchblick: Die Frage nach der unmittelbaren Beschwer stellt sich immer nur bei
sogenannten »Rechtssatzbeschwerden«, also bei Verfassungsbeschwerden gegen
Gesetze oder untergesetzliche Normen (*von Mangoldt/Klein/Starck/Voßkuhle* Art. 93
GG Rz. 185). Wer hingegen Adressat eines gegen ihn ergangenen **Gerichtsurteils**
ist, ist immer unmittelbar betroffen, da Urteile die Rechtsfolgen mit direkter Wirkung gegen den Adressaten aussprechen (BK/*Stern* Art. 93 GG Rz. 574). Das

> Merkmal der unmittelbaren Beschwer ist daher bei Urteilsverfassungsbeschwerden nicht fraglich und kann und sollte mit *einem* Satz abgehandelt werden.

Geht es indes, wie meistens in den Übungsarbeiten, um Verfassungsbeschwerden gegen Gesetze oder untergesetzliche Normen (Verordnungen oder Satzungen), muss geprüft werden, ob diese Rechtssätze bereits jetzt unmittelbare Wirkungen herbeiführen oder ob diese Wirkungen von weiteren Vollzugsakten der Verwaltung abhängen. Der Beschwerdeführer muss namentlich geltend machen, *»gerade durch die angegriffene Rechtsnorm und nicht erst durch ihren Vollzug in seinen Rechten verletzt zu sein«* (BVerfGE **16**, 147; BVerfGE **68**, 287; BVerfGE **115**, 118), anderenfalls ist die Verfassungsbeschwerde unzulässig.

> **Beispiel**: Gemäß § 14 Abs. 1 *Ordnungsbehördengesetz NRW* können »die Ordnungsbehörden die notwendigen Maßnahmen treffen, um eine im einzelnen Fall bestehende Gefahr für die öffentliche Sicherheit und Ordnung abzuwenden«. Der X wohnt in *Köln* und hält den § 14 Abs. 1 OBG NRW für verfassungswidrig, da er hierin die Befugnis für möglicherweise unzulässige Eingriffe der Ordnungsbehörden in seine Privatsphäre und damit eine Verletzung von Art. 2 Abs. 1 GG sieht. **Frage**: Kann er Verfassungsbeschwerde gegen das Gesetz erheben? **Antwort**: Nein – ihm fehlt die Beschwerdebefugnis! X ist aktuell nämlich *nicht unmittelbar* betroffen, da das Gesetz ihm gegenüber zurzeit keine Rechtswirkungen entfaltet, es spricht nur Ermächtigungen aus, unter denen die Verwaltung in die Sphären/Grundrechte der Bürger bei Gefahr für die öffentliche Sicherheit und Ordnung eingreifen darf. Da X aktuell keine Gefahr für die öffentliche Sicherheit und Ordnung darstellt und es auch keinen entsprechenden Akt der Verwaltung gegen ihn gibt, ist X auch nicht unmittelbar betroffen. **Abwandlung**: Der X wird von der Polizei mehrfach dabei angetroffen, wie er mit seinem Kampfhund besoffen durch die *Kölner* Innenstadt läuft und Passanten bedroht. Drei Wochen später erhält er einen Bescheid des Ordnungsamtes, in dem ihm unter Berufung auf § 14 Abs. 1 OBG NRW das Halten des Kampfhundes für den Fall untersagt wird, dass er nochmals angetrunken mit dem Hund in der Öffentlichkeit angetroffen wird. **Frage**: Kann X *jetzt* Verfassungsbeschwerde gegen das Gesetz erheben? **Antwort**: Immer noch Nein! Der X muss wegen der Regelung des **§ 90 Abs. 2 Satz 1 BVerfGG** (aufschlagen!) zunächst gegen den **Bescheid** des Ordnungsamtes vor dem Verwaltungsgericht *Köln* klagen und kann nach Durchlauf aller Instanzen erst gegen das letztinstanzliche Urteil (→ Bundesverwaltungsgericht) eine Verfassungsbeschwerde erheben. Innerhalb *dieser* Verfassungsbeschwerde wird *dann* die Verfassungsmäßigkeit des § 14 Abs. 1 OBG NRW geprüft. Prinzip verstanden?!

> **Prima – dann merken wir uns**: Verfassungsbeschwerden gegen Rechtsnormen setzen voraus, dass der Beschwerdeführer von der angegriffenen Norm unmittelbar betroffen ist. Das ist zum einen aber noch nicht der Fall, wenn die Vorschrift nur eine **Ermächtigung** oder **Befugnis** der Behörde für weitere staatliche (Verwaltungs-)Akte normiert, da es insoweit noch an jeglicher Beeinträchtigung des Beschwerdeführers fehlt. Zum anderen ergibt sich die Beschwerdebefugnis aber auch noch nicht aus einem weiteren Vollzugsakt, solange gegen diesen Akt der Rechtsweg offensteht. Dann muss der Beschwerdeführer wegen der Regelung des § 90

Abs. 2 Satz 1 BVerfGG den Vollzugsakt zunächst vor den ordentlichen Gerichten angreifen. Erst gegen das letztinstanzliche (belastende) Urteil ist dann die (**Urteils**-!) Verfassungsbeschwerde möglich, innerhalb deren die Verfassungsmäßigkeit der eigentlich angegriffenen Rechtsnorm untersucht wird.

So, und angesichts des gerade Gesagten stellt sich schließlich die Frage, ob und unter welchen Umständen man nun überhaupt »unmittelbar« von einer Rechtsnorm betroffen und damit *beschwerdebefugt* sein kann. Nach Meinung des Bundesverfassungsgerichts gibt es insoweit mehrere Möglichkeiten, die für die Klausur oder Hausarbeit wichtigsten Varianten davon schauen wir uns mal etwas genauer an, und zwar:

aa) Ein Gesetz wirkt dann »**unmittelbar**« und begründet eine Beschwerdebefugnis, wenn es seine Adressaten zu Dispositionen oder Entscheidungen veranlasst oder zwingt, die *nach* dem Gesetzesvollzug und einer später möglicherweise festgestellten Verfassungswidrigkeit des Gesetzes nicht mehr korrigierbar oder nachholbar sind.

1. Beispiel: Im **März 1982** beschloss der damalige Bundestag das sogenannte »Volkszählungsgesetz 1983«, nach dem die Bürger im Anschluss an eine entsprechende behördliche Aufforderung, die für den **April 1983** geplant war, dem Staat eine Vielzahl persönlicher Daten (z.B. den Hausstand, das Einkommen, den Beruf, die Größe der eigenen Wohnung, das hauptsächlich benutzte Verkehrsmittel usw.) preisgeben sollten. Die im April 1983 ausgeteilten »Erhebungsbögen« sollten zwei Wochen später im **Mai 1983** wieder eingesammelt und anschließend ausgewertet werden. Die gegen das Volkszählungsgesetz noch im **Jahre 1982** erhobenen Verfassungsbeschwerden erklärte das Bundesverfassungsgericht zur allgemeinen Überraschung für *zulässig*, obwohl der eigentliche *Vollzugsakt*, nämlich die Aufforderung des Staates zur Abgabe der Erklärungen sowie die anschließende Auswertung der »Erhebungsbögen«, erst im **April/Mai 1983** erfolgen sollte. **Begründung** (BVerfGE **65**, 1, 36): »*... Das Volkszählungsgesetz war für alle Bürger in einem extrem kurzen Zeitraum zu vollziehen, nämlich von Mitte April 1983 bis Anfang Mai 1983. Wenn die Bürger erst nach der Aufforderung im April 1983 den Rechtsweg gegen diese Aufforderung beschreiten müssten, wäre ein fachgerichtlicher Rechtsschutz, selbst im Eilverfahren, kaum zu erreichen. Eine spätere Feststellung der Verfassungswidrigkeit des Volkszählungsgesetzes durch das Bundesverfassungsgericht käme unter diesen Umständen zu spät. Die Betroffenen hätten dem Staat dann ihre persönlichen Daten bereits preisgegeben und wären so in ihren Grundrechten **unwiderruflich** verletzt. Entsprechende Dispositionen wären nicht mehr korrigierbar ... Die Verfassungsbeschwerden gegen das Gesetz waren daher auch schon vor dem geplanten Vollzugsakt als zulässig zu behandeln ...*«.

2. Beispiel: Im Jahre 1981 beschloss der Bundestag ein Gesetz, wonach es Leiharbeitsfirmen ab Januar 1982 verboten und bei Zuwiderhandlung mit einem Bußgeld zu ahnden war, Leiharbeitnehmer in Betriebe des Baugewerbes zu vermitteln. Die von einer Leiharbeitsfirma Anfang 1982 gegen das Gesetz erhobene Verfassungsbeschwerde erklärte das Bundesverfassungsgericht ohne weiteren Vollzugsakt gleichwohl für zulässig, weil (BVerfGE **77**, 84): »*... Die Beschwerdeführer können **nicht** in zumutbarer Weise einen wirkungsvollen Rechtsschutz durch Anrufung der Fachgerichte erlangen. Gegen die Zumutbarkeit der Verweisung auf etwa gegebene Möglichkeiten fachgerichtlichen Rechtsschutzes spricht hier vor allem, dass das Gesetz die Normadressaten bereits mit seinem Inkrafttreten zu später **nicht mehr korrigierbaren Entscheidungen** und **Dis-***

positionen veranlasst, welche gewichtige unternehmerische Entscheidungen einschließen, die nach dem späteren Gesetzesvollzug nicht mehr korrigiert werden können. Die durch das Ver- und Entleihverbot beschränkten Verdienstmöglichkeiten und Erwerbschancen der Verleihunternehmen und der Bauunternehmen sind **unwiderruflich** für die Dauer der Geltung und Beachtung des Verbotes entgangen ... Die Verfassungsbeschwerde war daher auch ohne einen konkreten Vollzugsakt, etwa einen Bußgeldbescheid wegen Zuwiderhandlung, als zulässig anzusehen ...«

> **Fazit**: Gesetze wirken dann »**unmittelbar**« im Sinne einer Beschwerdebefugnis, wenn sie die Adressaten zu wirtschaftlichen oder sonstigen Dispositionen oder Entscheidungen veranlassen, die auch nach der möglichen späteren Feststellung einer Verfassungswidrigkeit des Gesetzes nicht mehr korrigiert oder rückgängig gemacht werden können (BVerfG NJW **2013**, 1499; BVerfGE **65**, 1; BVerfGE **77**, 84; *Sachs/Detterbeck* Art. 93 GG Rz. 94; *von Mangoldt/Klein/Starck/Voßkuhle* Art. 93 GG Rz. 185; *Jarass/Pieroth* Art. 93 GG Rz. 56; *von Münch/Kunig/Meyer* Art. 93 GG Rz. 57).

bb) Ein Gesetz wirkt auch dann »unmittelbar«, wenn dem Bürger das Abwarten auf den Vollzugsakt aus denklogischen oder rechtsstaatlichen Gründen nicht zugemutet werden kann und er deshalb auch nicht auf den fachgerichtlichen Weg verwiesen werden darf. Folgende Varianten kommen insoweit in Betracht:

→ Der Prüfungsklassiker sind insoweit Vorschriften des Strafrechts und vor allem des Ordnungswidrigkeitenrechts, die dem Bürger ein bestimmtes Verhalten verbieten bzw. vorschreiben und bei einer Zuwiderhandlung ein *Bußgeld* oder sogar eine »Strafe« im eigentlichen Sinne androhen. Diesbezüglich stellt sich dann die interessante Frage, ob man gegen ein solches Gesetz *direkt* eine Verfassungsbeschwerde erheben darf oder aber darauf verwiesen werden kann, sich zunächst gegen einen erhaltenen Bußgeldbescheid oder eine ausgesprochene Strafe vor einem ordentlichen Gericht zu wehren.

> **Beispiel**: In unserem Fall Nr. 1 ganz vorne im Buch erlässt der bayrische Landtag ein Gesetz, wonach *Mountainbiker* nur noch bis zu einer Höhe von 800 Metern mit ihren Fahrrädern in die Berge fahren dürfen. Bei Zuwiderhandlungen droht ein Bußgeld. **Frage**: Wäre eine Verfassungsbeschwerde direkt gegen dieses Gesetz zulässig? **Problem**: Eigentlich wirkt das Gesetz ohne Frage »unmittelbar«, da es für alle Mountainbiker neue und auch klare Verhaltensregeln aufstellt und somit die (Grund-)Rechtsstellung der Bürger unmittelbar betrifft bzw. verändert (**Regel**: Ab sofort kein Mountainbiking mehr über 800 Höhenmetern!). **Aber**: Die Verfassungsbeschwerde ist gegenüber dem fachgerichtlichen Rechtsschutz immer und grundsätzlich *subsidiär*. Wenn der Bürger einen Rechtsschutz bei einem Fachgericht erlangen kann, muss er wegen der Regelung des § 90 Abs. 2 BVerfGG zunächst diesen fachgerichtlichen Rechtsschutz ausschöpfen und kann erst *danach* Verfassungsbeschwerde erheben – mit folgender (theoretischer) **Konsequenz**: Zwar stellt das Gesetz unmittelbar wirkende Verhaltensregeln für die Mountainbiker auf und wirkt damit auch direkt und unmittelbar auf ihre Rechtsstellung ein. Eine Verfassungsbeschwerde wäre gleichwohl nicht zulässig, da die Bürger vorher durchaus fachgerichtlichen Rechtsschutz einholen könnten. Sie müssten einfach nur gegen das im Gesetz ausge-

sprochene Verbot verstoßen, sich einen entsprechenden Bußgeldbescheid abholen und dann gegen *diesen* Bescheid vor dem zuständigen Verwaltungsgericht klagen. Und wenn der Rechtsweg gegen den Bescheid irgendwann ausgeschöpft ist, kommt ganz am Schluss gegen das letztinstanzliche Urteil dann die Verfassungsbeschwerde, innerhalb derer *dann* die Verfassungsmäßigkeit des ursprünglichen Gesetzes geprüft wird. Oder?!

Nein, so geht es natürlich nicht. Das Bundesverfassungsgericht und ihm folgend die ganz herrschende Meinung in der Wissenschaft bejahen in diesen Fällen die Beschwerdebefugnis für eine Verfassungsbeschwerde direkt gegen das Gesetz. **Begründung**: Es ist dem Bürger aus rechtsstaatlichen Erwägungen betrachtet nicht zumutbar, sich zunächst ordnungswidrig zu verhalten und gegen das gesetzliche Verbot zu verstoßen, um anschließend dann erst mal gegen den daraufhin ergangenen Bußgeldbescheid oder gegen die ausgesprochene Strafe vorgehen zu können (BVerfGE **46**, 246; BVerfGE **81**, 70; BVerfGE **97**, 157; BVerfGE **122**, 342; *Jarass/Pieroth* Art. 93 GG Rz. 56; *Sachs/Detterbeck* Art. 93 GG Rz. 94; *von Mangoldt/Klein/Starck/Voßkuhle* Art. 93 GG Rz. 185; *Maurer* StaatsR II § 20 Rz. 128; *von Münch/Kunig/Meyer* Art. 93 GG Rz. 57; *Kingreen/Poscher* StaatsR II Rz. 1252). Entsprechend heißt es dann auch formelhaft beim Bundesverfassungsgericht (BVerfGE **81**, 70): »*… Die vom Beschwerdeführer angegriffenen gesetzlichen Gebote wirken* **unmittelbar** *auf dessen Rechtsstellung ein,* **ohne** *dass es dazu noch eines gesonderten (Vollziehungs-)Akts der öffentlichen Gewalt bedarf. Bei Zuwiderhandlungen würden sich die Beschwerdeführer dem Risiko aussetzen, dass diese als Ordnungswidrigkeiten geahndet werden. Das kann ihnen aber* **nicht** *zugemutet werden. Auch unter dem Gesichtspunkt der* **Subsidiarität** *der Verfassungsbeschwerde kann* **nicht** *verlangt werden, dass ein Betroffener vor der Erhebung der Verfassungsbeschwerde gegen eine straf- oder bußgeldbewehrte Rechtsnorm zunächst eine Zuwiderhandlung begeht, um dann im Straf- oder Bußgeldverfahren die Verfassungswidrigkeit der Norm geltend zu machen … Hier ist vielmehr die sofortige Verfassungsbeschwerde als zulässiger Rechtsbehelf anzusehen und ein Verweis auf die fachgerichtliche Klärung* **nicht** *angezeigt und dem Bürger nicht zumutbar …*«.

→ Ebenfalls unzumutbar – und wie! – war der Verweis auf das Abwarten eines Vollzugsaktes und die anschließende fachgerichtliche Klärung im Hinblick auf den vom Bundesverfassungsgericht am **15. Februar 2006** für verfassungswidrig erklärten § 14 **Abs. 3** des *Luftsicherheitsgesetzes*. Nach dieser Norm sollte die Bundeswehr Passagierflugzeuge vom Himmel schießen dürfen, wenn diese von Terroristen gekapert und als Bomben eingesetzt zu werden drohten. Die hiergegen von diversen Bundesbürgern erhobenen Verfassungsbeschwerden waren überraschenderweise auch ohne Vollzugsakt zulässig, da »*… den Beschwerdeführern selbstverständlich* **nicht** *zugemutet werden kann, darauf zu warten, bis sie selbst Opfer einer solchen Maßnahme werden …*« (BVerfGE **115**, 118, 139). Das leuchtet ein, wobei man zusätzlich anmerken darf, dass sich nach einem Abwarten einer solchen »Maßnahme« die Verfassungsbeschwerde vermutlich durch Tod sowieso »erledigt« hätte (→ BVerfGE **109**, 279, 280). Grundsätzlich dient die Verfassungsbeschwerde nur der Durchsetzung höchstpersönlicher Rechte, sodass mit dem Tode des Beschwerdeführers die Zulässigkeit der Verfassungsbeschwerde entfällt, da eine Rechtsnachfolge nicht stattfindet (BVerfGE **124**, 300). Etwas anderes gilt nur dann, wenn außergewöhnliche Umstände vorliegen, wie etwa die grundsätzliche Bedeutung einer Sache oder wenn der Rechtsnachfolger ein eigenes berechtigtes Interesse an der Fortführung des Verfahrens nachweisen kann (BVerfG FamRZ **2016**, 114; BVerfGE **109**, 279).

→ Denklogisch unzumutbar ist der Verweis auf den fachgerichtlichen Rechtsweg des Weiteren in den Fällen, in denen der Betroffene von dem staatlichen Vollzugsakt eines Gesetzes gar keine oder erst nachträgliche Kenntnis erlangt. So musste das Bundesverfassungsgericht am **3. März 2004** über den sogenannten »Großen Lauschangriff« entscheiden, im Zuge dessen der Staat sich bzw. den Strafverfolgungsbehörden umfangreiche Überwachungsmaßnahmen zubilligen wollte, unter anderem durch die akustische und heimliche Wohnraumüberwachung von vermeintlichen Straftätern (BVerfGE **109**, 279; vgl. auch BVerfG NJW **2013**, 1499). Zu der Frage, ob die entsprechenden gesetzlichen Änderungen *direkt* und vor allem ohne Vollzugsakt mit einer Verfassungsbeschwerde angegriffen werden könnten, erklärte das Gericht (BVerfGE **109**, 279: »… *Die Verfassungsbeschwerde kann sich unmittelbar auch gegen ein erst* **noch ausführungsbedürftiges Gesetz** *richten, wenn der Rechtsweg nicht beschritten werden kann, weil der Betroffene* **keine Kenntnis** *von der Maßnahme erhält. Beim Abhören des nichtöffentlichen Wortes in privaten Wohnungen handelt es sich um Maßnahmen, von denen der Betroffene weder vor noch während der Maßnahme Kenntnis erhält, sodass fachgerichtlicher Rechtsschutz schon denklogisch von ihm* **nicht** *in Anspruch genommen werden kann … Dass der Betroffene unter bestimmten Umständen nachträglich über die Maßnahme informiert wird, steht dem nicht entgegen. Da diese Information je nach Sachlage über einen langen Zeitraum hinweg zunächst noch unterbleiben darf, ist* **effektiver Rechtsschutz** *nur möglich, wenn sich die Bürger direkt gegen das die Maßnahme legitimierende Gesetz mit der Verfassungsbeschwerde zur Wehr setzen können …*«

Ebenso entschied das BVerfG am **20. April 2016** und stellte fest, dass das »Gesetz zur Bekämpfung des internationalen Terrorismus« einen Rechtsanwalt deshalb unmittelbar betrifft und er daher auch keinen weiteren Vollzugsakt abwarten müsse, weil »… *der Beschwerdeführer von den Maßnahmen der Behörde zunächst keinerlei Kenntnis erlangen würde …*« (BVerfG EuGRZ **2016**, 149).

→ Denklogisch unzumutbar ist schließlich der Verweis auf den fachgerichtlichen Rechtsweg, wenn ein solcher Rechtsweg gar nicht (mehr) existiert. Das Bundesverfassungsgericht hat dies zum einen in einem Zivilrechtsverfahren angenommen, in dem aus verfahrensrechtlichen Gründen die Revision ausgeschlossen war und der Beschwerdeführer sich gleichwohl gegen einen Grundrechtsverstoß noch hatte wehren wollen (zulässig! → BVerfGE **107**, 395). In einem anderen Fall gab es in einem *anwaltsgerichtlichen Verfahren* gegen ein Urteil des Anwaltsgerichts keinen Rechtsweg mehr. Das Bundesverfassungsgericht ließ die Verfassungsbeschwerde zu, da anderenfalls grundgesetzlich garantierter Rechtsschutz nicht zu erlangen wäre (BVerfGE **122**, 190).

> **Merke**: **Unmittelbar** von einer gesetzlichen Regelung betroffen und damit beschwerdebefugt im Verfassungsbeschwerdeverfahren ist man auch dann, wenn der Verweis auf den fachgerichtlichen Rechtsweg dem Betroffenen aus rechtsstaatlichen oder denklogischen Gründen nicht zumutbar ist. Das kann etwa der Fall sein bei *straf- oder bußgeldbewehrten* Rechtsnormen, wenn der Betroffene von den Vollzugsakten eines Gesetzes gar keine oder erst nachher Kenntnis erlangt – oder wenn ein Rechtsweg gegen die staatliche Maßnahme im konkreten Fall gar nicht (mehr) gegeben ist.

5.) Ordnungsgemäße Beschwer: Form und Frist → §§ 23, 92 und 93 BVerfGG

a) Die Form

Gemäß § 23 Abs. 1 BVerfGG sind Anträge, die das Verfahren vor dem Bundesverfassungsgericht einleiten, *schriftlich* einzureichen und auch zu **begründen**. In die Begründung gehören ausweislich der Vorschrift des § 92 BVerfGG das Recht, das verletzt sein soll sowie die Handlung oder Unterlassung des Staates, durch die der Beschwerdeführer sich verletzt fühlt. Im Hinblick auf das zu benennende Grundrecht genügt die *inhaltliche* Beschreibung, das Nennen eines speziellen Grundgesetzartikels ist nach allgemeiner Ansicht nicht notwendig (BVerfGE **59**, 98; BVerfGE **79**, 203; BVerfGE **115**, 166; BVerfG NVwZ **1998**, 1287; *Jarass/Pieroth* Art. 93 GG Rz. 67a; *Kingreen/Poscher* StaatsR II Rz. 1268). Schließlich muss die staatliche Handlung oder das Unterlassen unter Mitteilung des wesentlichen Inhalts erfolgen (BVerfGE **93**, 266). Will jemand ein Urteil mit der Verfassungsbeschwerde angreifen, muss er dem Bundesverfassungsgericht dieses Urteil als Schriftstück vorlegen (BVerfG NJW **1995**, 3003).

> **Achtung**: Normalerweise taucht im Hinblick auf die gerade beschriebene Form der Verfassungsbeschwerde in Klausuren oder Hausarbeiten *kein* Problem auf, man kann das Einhalten der Form daher in aller Regel auch mit *einem* Satz abhandeln bzw. feststellen. Vorsicht ist jedoch geboten, wenn der Beschwerdeführer seine Verfassungsbeschwerde per **E-Mail** eingereicht hat: Während unter den Begriff der »Schriftlichkeit« im Sinne des § 23 Abs. 1 BVerfGG unstreitig sowohl das **Telegramm** (BVerfGE **32**, 365) als auch das **Telefax** (BVerfG NJW **2007**, 2838) fallen, ist die Wirksamkeit der Übermittlung einer Verfassungsbeschwerde per E-Mail bis heute ziemlich umstritten: Nach einer Meinung soll diese Form der Übermittlung *nicht* den Anforderungen des § 23 Abs. 1 BVerfGG genügen, und zwar unter anderem deshalb, weil das Bundesverfassungsgericht auf seiner *Homepage* zwar eine aktuelle und benutzbare E-Mailadresse nennt (bverfg@bundesverfassungsgericht.de), diese Adresse aber laut ausdrücklichem Hinweis im Impressum nur für »Verwaltungsangelegenheiten« zur Verfügung steht. Verfahrensanträge und andere Schriftsätze können und sollen *nicht* per Mail übermittelt werden, was mit dem folgenden zusätzlichen Hinweis nochmals bestätigt wird: »*Es wird darauf hingewiesen, dass mit diesem Kommunikationsmittel Verfahrensanträge oder Schriftsätze **nicht** rechtswirksam eingereicht werden können. Sollte Ihre Nachricht einen entsprechenden Schriftsatz beinhalten, ist eine Wiederholung*

der Übermittlung mittels Telefax (Nr.: 0721-9101-382) oder auf dem Postweg (Bundesverfassungsgericht, Postfach 1771, 76006 Karlsruhe) unbedingt erforderlich«.

Aus diesen Umständen folgert die oben benannte (überwiegende) Meinung in der Literatur, dass damit natürlich auch das Einlegen einer Verfassungsbeschwerde per Mail ausgeschlossen sein soll (vgl. *Kleine/Sennekamp* NJW 2007, 954; *Schlaich/Korioth* Rz. 58; ; *Hillgruber/Goos* Rz. 88a; *Maunz/Schmidt-Bleibtreu/Klein/Bethge/von Coelln* § 23 BVerfGG Rz. 49; *Umbach/Clemens/Dollinger/Puttler* § 23 BVerfGG Rz. 7; *Schmidt-Bleibtreu/Hofmann/Hopfauf* Art. 93 GG Rz. 157; *Lechner/Zuck* § 23 BVerfGG Rz. 3; *Zuck* in DÖV 2008, 322). Im Übrigen fehle es bei einer E-Mail, anders als bei einem Fax oder einem Telegramm, auch an einer **körperlichen Urkunde** als »unabdingbarem Mindesterfordernis« einer zulässigen Verfassungsbeschwerde (*Maunz/Schmidt-Bleibtreu/Klein/Bethge/von Coelln* § 23 BVerfGG Rz. 49). Eine **andere Auffassung** hält die Einlegung einer Verfassungsbeschwerde per E-Mail demgegenüber und trotz des Hinweises auf der Homepage des Bundesverfassungsgerichts für zulässig. Die Zulässigkeit elektronischer Kommunikation hänge grundsätzlich davon ab, ob die Behörde einen entsprechenden Zugang eingerichtet habe; dies sei hier der Fall. Das Ausgrenzen der Verfassungsbeschwerde durch den einfachen Hinweis auf der Homepage (von dem man nicht mal weiß, wer ihn dort platziert hat) sei nicht statthaft und widerspreche zudem der technischen Entwicklung der Gesellschaft, in der inzwischen hauptsächlich per E-Mail kommuniziert werde (*Hartmann* in NJW 2006, 1390). Im Übrigen erforderten die Parallelen zum Telefax und zum Telegramm eine solche Auslegung: Schließlich läge weder bei einem Telegramm noch beim Fax, die beide unstreitig als zulässiges Kommunikationsmittel für eine Verfassungsbeschwerde gelten, dem Gericht das Original der Urkunde vor; daher könne auch der **Ausdruck** der E-Mail als statthaftes Schriftstück für die Erhebung einer Verfassungsbeschwerde herhalten (*Hartmann* in NJW 2006, 1390; *Weigel* in DStR 2002, 1843; auch dafür, freilich ohne Begründung *Jarass/Pieroth* Art. 93 GG Rz. 67; *Pieroth/Schlink/Kingreen/Poscher* StaatsR II Rz. 1268). **Beachte**: Wie man sich in diesem Streit entschließt, erscheint wie immer im besten Sinne des Wortes »gleichgültig«; nur übersehen darf man das Problem nicht, sollte der Sachverhalt von einer Verfassungsbeschwerde per E-Mail sprechen. Wer sich zu diesem Thema umfassend informieren will, etwa weil er eine Hausarbeit darüber zu schreiben hat, sollte sich die geradezu herausragenden Ausführungen im Kommentar von *Maunz/Schmidt-Bleibtreu/Klein/Bethge* zum BVerfGG ansehen. Dort löst *von Coelln* bei § 23 BVerfGG ab Rz. 46 diesen Streit argumentativ überzeugend und vor allem sehr ausführlich auf.

b) Die Frist

Nach der Regel des § 93 Abs. 1 Satz 1 BVerfGG muss die Verfassungsbeschwerde »binnen eines Monats« erhoben und begründet (!) werden. Diese Regel betrifft im Normalfall nur **letztinstanzliche** Gerichtsentscheidungen, da ansonsten ja noch der Rechtsweg offensteht und auszuschöpfen ist. Verfassungsbeschwerden gegen **Gesetze/Rechtsverordnungen** sind demgegenüber »binnen eines Jahres« zu erheben, was in § 93 Abs. 3 BVerfGG steht, ebenso wie der Umstand, dass diese Jahresfrist mit dem Tag beginnt, an dem das jeweilige Gesetz oder die Rechtsverordnung in Kraft tritt (BVerfGE **110**, 370). Schließlich eröffnet § 93 Abs. 2 BVerfGG noch die Möglichkeit, bei einer Fristversäumnis eine sogenannte »Wiedereinsetzung in den vorherigen Stand« zu erreichen, was indes nur für die **Urteilsverfassungsbeschwerden** aus § 93 Abs. 1 BVerfGG gilt und zudem voraussetzt, dass die Fristversäumung unverschuldet war (BVerfG NJW **2001**, 3534). In diesen Fällen hat man nochmals *zwei Wochen* nach Wegfall des Hindernisses Zeit, den Antrag beim Bundesverfassungsgericht einzureichen. Im Hinblick auf das fehlende Verschulden gilt dann zum einen, dass man sich als Beschwerdeführer das Verschulden seines Prozessbevollmächtigten wie eigenes Verschulden zurechnen lassen muss; zum anderen muss der beauftragte Rechtsanwalt bei Verfassungsbeschwerden aber auch besonders sorgfältig und mit »gesteigerter Aufmerksamkeit« auf die Einhaltung der Fristen achten (BVerfG NJW **2001**, 3534). Kann der Rechtsanwalt keine ordnungsgemäße Kontrolle der Fristen durch seine Kanzleimitarbeiter nachweisen, haben er und damit auch sein Auftraggeber die Fristversäumnis zu vertreten und eine Wiedereinsetzung ist ausgeschlossen (BVerfG NJW **2001**, 3534; BVerfG NJW **2001**, 1203). Ein außergewöhnlich langer Versand mittels der Post kann demgegenüber eine Wiedereinsetzung rechtfertigen; hierbei kann der Beschwerdeführer etwa darauf vertrauen, dass ein freitags vor der letzten Leerung des Postkastens eingeworfener Brief von der Post am darauffolgenden Montag in Karlsruhe bei Gericht zugestellt wird (BVerfG NJW **2001**, 744).

6.) Das Rechtsschutzbedürfnis

Innerhalb des letzten Prüfungspunktes »Rechtsschutzbedürfnis« unterteilt man die Erörterungen nach allgemeiner Auffassung in die Fragen nach der »Rechtswegerschöpfung« sowie dem stets zu wahrenden Grundsatz der »Subsidiarität«.

Durchblick: Die beiden gerade genannten Zulässigkeitsvoraussetzungen begreift man, wenn man ihre Funktion und vor allem ihren Anwendungsbereich auseinanderhalten kann, nämlich so: Die zunächst genannte Rechtswegerschöpfung ist in **§ 90 Abs. 2 BVerfGG** ausdrücklich erwähnt und betrifft die Verfassungsbeschwerden gegen klassisches *Verwaltungshandeln* und gegen daraufhin ergangene *Gerichtsurteile*, sofern sich der Betroffene gegen das Handeln der Verwaltung schon vor einem ordentlichen Gericht zur Wehr gesetzt hat. In diesen Fällen ist ein Rechtsschutzbedürfnis nur dann gegeben, wenn der Beschwerdeführer *sämtliche* zur Verfügung stehenden gerichtlichen Instanzen ausgeschöpft hat (BVerfGE **1**, 12; BVerfGE **83**, 216; BVerfGE **110**, 1; *Jarass/Pieroth* Art. 93 GG Rz. 57). Demgegenüber behandelt die durch Richterrecht entwickelte Subsidiarität die Fälle, in denen sich der Beschwerdeführer gegen Rechtssätze – also vor allem gegen Gesetze oder Rechtsverordnungen – wendet, denn gegen ein Gesetz oder eine Rechtsverordnung steht einem Bürger (außerhalb der Verfassungsbeschwerde) üblichenweise gar kein Rechtsweg offen. Innerhalb der *Subsidiarität* fragt man daher danach, ob dem Bürger vor Einlegung der Verfassungsbeschwerde gegen den Rechtssatz nicht noch ein anderer, etwa ein mittelbarer oder sogar außergerichtlicher Weg offensteht, um sich gegen die Grundrechtsbeeinträchtigung wirksam zu wehren (BVerfGE **69**, 122; BVerfGE **102**, 97; *Sachs/Detterbeck* Art. 94 GG Rz. 20).

In den Klausuren tauchen regelmäßig folgende Probleme auf:

a) In Bezug auf die Erschöpfung des *Rechtsweges* gegenüber staatlichem Verhalten sollte man darauf achten, dass der Beschwerdeführer sich gegen ein letztinstanzliches *Urteil* wehrt, was in aller Regel im Klausur-Sachverhalt dann aber so auch vermerkt ist. Unter diesen Umständen handelt man die Rechtswegerschöpfung mit einem oder maximal zwei Sätzen ab:

»*X wendet sich mit der Verfassungsbeschwerde gegen seine letztinstanzliche Verurteilung zu einer Freiheitsstrafe. Das aus § 90 Abs. 2 BVerfGG folgenden Erfordernis der Rechtwegerschöpfung ist damit erfüllt.*«

Vorsicht ist hingegen zum einen geboten, wenn dem Beschwerdeführer zwar objektiv kein Rechtsweg mehr offensteht, dies aber nur daran liegt, dass er die Einlegung eines Rechtsmittels verantwortlich versäumt hat. So wäre eine Verfassungsbeschwerde etwa unzulässig, wenn der Betroffene im vorherigen Verfahren ein noch mögliches Rechtsmittel (→ Berufung oder Revision, auch die Nichtzulassungsbeschwerde zur Revision zählt dazu, vgl. BVerfG – 1 BvR 439/14) nicht eingelegt oder gar zurückgenommen hat (BVerfGE **1**, 12; *Jarass/Pieroth* Art. 93 GG Rz. 58). In diesen Fällen kann er anschließend nicht das Bundesverfassungsgericht anrufen und seinen Fehler bzw. sein Versäumnis damit quasi noch höchstrichterlich korrigieren lassen (BVerfGE **107**, 257; BVerfGE **83**, 216; BVerfGE **110**, 1; *Kingreen/Poscher* StaatsR II Rz. 1259). Zum anderen sollte man in einer Prüfungsarbeit aufpassen, wenn es um einen *vorläufigen Rechtsschutz* geht. Folgende Fallgestaltung ist möglich: Der Beschwerdeführer hat sämtliche Möglichkeiten des vorläufigen Rechtsschutzes vor den ordentlichen Gerichten ausgeschöpft, dort aber in letzter Instanz verloren. **Problem**: Ist ihm zuzumuten, jetzt erst noch die Urteile im Hauptsacheverfahren abzuwarten, bevor er Verfassungsbeschwerde gegen *diese* Urteile erheben kann? **Lösung**: Nach Ansicht des Bundesverfassungsgerichts ist die Verfassungsbeschwerde auch gegen die letzte *vorläufige* Entscheidung zulässig, wenn die Grundrechtsverletzung im späteren Hauptsacheverfahren aller Wahrscheinlichkeit nach nicht mehr ausgeräumt werden könnte und der Beschwerdeführer sich gerade deshalb gegen die Versagung vorläufigen Rechtsschutzes wehrt (BVerfGE **79**, 275; BVerfGE **86**, 15; BVerfGE **104**, 65). Könnte die Grundrechtsverletzung hingegen auch später noch ausgeräumt werden, ist der Rechtsweg erst mit Abschluss des Verfahrens in der Hauptsache erschöpft (BVerfGE **95**, 220; *Jarass/Pieroth* Art. 93 GG Rz. 62)

b) Der Grundsatz der **Subsidiarität** erfordert, dass dem Beschwerdeführer keine andere Möglichkeit eröffnet sein darf, sich etwa mittelbar oder auch außergerichtlich gegen den angegriffenen Rechtssatz zu wehren (BVerfGE **112**, 50; BVerfGE **88**, 384; BVerfGE **79**, 1). Insbesondere *ein* Problem taucht an dieser Stelle in Klausuren oder Hausarbeiten auf, und zwar das der vorher unter Umständen möglichen »Inzidentkontrolle« eines Gesetzes:

Durchblick: Wir haben weiter vorne innerhalb der Beschwerdebefugnis schon mal folgendes **Problem** kurz angesprochen: Ein neues Gesetz schreibt den Bürgern ein bestimmtes Verhalten vor, im konkreten Fall war das das Verbot, ab einer Höhe von

800 Metern mit Mountainbikes auf Berge zu fahren (vgl. insoweit auch Fall Nr. 1 ganz vorne im Buch). In unserem Fall kam dann noch hinzu, dass bei Zuwiderhandlungen den Betroffenen ein *Bußgeld* drohte. **Frage**: Kann man sich direkt gegen dieses Gesetz mit einer Verfassungsbeschwerde wenden? **Antwort**: Man kann! Es ist nämlich – auch unter dem Blickwinkel der Subsidiarität! – *nicht* zumutbar, sich erst gesetzeswidrig zu verhalten, dann einen entsprechenden Bußgeldbescheid zu kassieren, um sich anschließend gegen diesen Bußgeldbescheid zunächst vor einem ordentlichen Gericht und schließlich gegen das letztinstanzliche Urteil dann beim Bundesverfassungsgericht anzutreten, das dann (endlich!) das neue Gesetz *inzident* prüfen würde. Hier darf man vielmehr *sofort* Verfassungsbeschwerde erheben (siehe oben).

So, und jetzt fragen wir uns mal, wie das Ganze denn eigentlich wäre, wenn das oben beschriebene Gesetz *kein* Bußgeld androhen, sondern lediglich die Regel aufstellen würde, dass man ab einer Höhe von 800 Metern nur noch mit einem bestimmten, den Waldboden schonenden Profil fahren darf und bei trockenen Witterungslagen und für ausgewählte Tage von der Ordnungsbehörde auf Antrag auch Ausnahmegenehmigungen erteilt werden können. **Frage**: Wäre unter diesen Umständen eine Verfassungsbeschwerde direkt gegen das Gesetz zulässig?

> **Grundsatz**: Das Prinzip der Subsidiarität der Verfassungsbeschwerde erfordert, dass ein Beschwerdeführer auch dann, wenn kein fachgerichtlicher Rechtsschutz unmittelbar gegen eine Norm selbst eröffnet ist, zunächst auf allen denkbaren und zulässigen Wegen versuchen muss, Rechtsschutz durch Anrufung der Fachgerichte zu erlangen (BVerfG NVwZ **2005**, 79; BVerfGE **97**, 157; BVerfGE **74**, 69).

Hier: Eine Verfassungsbeschwerde gegen dieses Gesetz wäre wegen Verletzung des Prinzips der Subsidiarität *unzulässig*. Denn bei einem solchen Gesetz ist dem Beschwerdeführer zuzumuten, zunächst eine der benannten Genehmigungen zu beantragen und im Falle der Verweigerung anschließend vor dem Verwaltungsgericht gegen *diese* Ablehnung zu klagen. Hier muss man also, um Klage erheben zu können, nicht erst gegen das Gesetz verstoßen und/oder sich ordnungswidrig verhalten (BVerfG NVwZ **2000**, 1408). Wörtlich heißt es daher beim Bundesverfassungsgericht: »*... Beruht ein Eingriffsakt auf einer grundrechtsverletzenden Regelung, die **Ausnahmen** vorsieht, so muss der Beschwerdeführer vor der Erhebung der Verfassungsbeschwerde versuchen, die Beseitigung seiner Grundrechtsverletzung mittels einer entsprechenden Genehmigung zu erwirken ... und gegen eine mögliche Ablehnung anschließend den Klageweg beschreiten ...*« (BVerfGE **78**, 58, 69). Und ganz zum Schluss wollen wir uns in diesem Zusammenhang bitte noch merken, dass eine Verfassungsbeschwerde gegen einen Rechtssatz auch dann wegen Missachtung der Subsidiarität unzulässig ist, wenn der Betroffene zunächst eine **Feststellungsklage** nach § 43 VwGO mit der Rüge der Grundrechtsverletzung durch die entsprechende Norm erheben könnte (→ BVerfG NJW **1999**, 2031). Das hat das Bundesverfassungsgericht für den durch Verordnung vorgeschriebenen Leinen- und Maulkorbzwang für Kampfhunde ebenso ausgesprochen (BVerfG NVwZ **2000**, 1407) wie für die Klage einer Ferienfahrschule gegen eine

Verordnung, die den Standort für die Fahrprüfung an den ständigen Wohnort des Prüflings knüpfte (BVerfG NJW **1999**, 2031). Gegen beide Maßnahmen mussten sich die Betroffenen erst mit der Feststellungsklage vor dem Verwaltungsgericht wehren.

Das Allerletzte: Eine Durchbrechung der eben erläuterten Rechtswegverpflichtung sowie der Subsidiaritätsregel findet sich schließlich in § 90 Abs. 2 Satz 2 BVerfGG (sogenannte »**Vorabentscheidung**«), wonach beide genannten Voraussetzungen entbehrlich sind, wenn die Verfassungsbeschwerde entweder von »allgemeiner Bedeutung« ist oder aber, wenn dem Beschwerdeführer ein »schwerer unabwendbarer Nachteil« durch den Verweis auf den Rechtsweg entstehen würde. Diese, für die Praxis durchaus wichtige Regel (vgl. etwa BVerfGE **7**, 99; BVerfGE **14**, 121; BVerfGE **79**, 1; BVerfGE **86**, 382; BVerfGE **91**, 294) spielt in Klausuren und Hausarbeiten nur dann eine diskussionswürdige Rolle und darf auch nur dann thematisiert werden, wenn der Sachverhalt, was höchstselten vorkommt, einen entsprechenden Hinweis gibt (vgl. dazu dann *Kingreen/Poscher* StaatsR II Rz. 1262 ff.). Andernfalls, also im Normalfall, nimmt man dazu *nicht* Stellung. Merken.

So, das war es dann auch schon mit den einzelnen Zulässigkeitsvoraussetzungen einer Verfassungsbeschwerde. Und auf der nächsten Seite kommt, bevor wir das erarbeitete Wissen dann gleich in die konkrete Fall-Lösung im klassischen Gutachtenstil einsetzen, zur raschen Wiederholung des Ganzen, etwa vor einer anstehenden Klausur, das *erweiterte* Prüfungsschema, in dem die oben angesprochenen Problemfelder in Stichworten nochmals enthalten und komprimiert dargestellt sind. Der Leser kann sich damit die einzelnen Punkte und Problembereiche, die selbstverständlich niemand alle und immer im Kopf abrufbereit hat, nochmals oder auch wieder ins Gedächtnis rufen.

C. Das erweiterte Prüfungsschema

I. Zulässigkeit

1.) Zuständigkeit des Bundesverfassungsgerichts

→ Art. 93 Abs. 1 Nr. 4a GG, §§ 13 Nr. 8a, 90 ff. BVerfGG

2.) Beschwerdefähigkeit

→ Art. 93 Abs. 1 Nr. 4a GG, § 90 Abs. 1 BVerfGG

Grundsatz: Jedermann = Jede lebende natürliche Person.

Problematisch bei ...

a) Ausländern → Keine Deutschengrundrechte, aber Art. 2 und 3 GG.

b) Minderjährigen → Grundrechtsfähig, es sei denn, Grundrecht noch nicht anwendbar, z.B. Art. 12 GG nicht für Fünfjährige.

c) Nasziturus → Ja, zumindest Art. 2 und 14 GG.

d) Juristischen Personen des Privatrechts → Ja, wegen Art. 19 Abs. 3 GG. Juristische Personen des *öffentlichen* Rechts → Nein.

e) Abgeordneten: Ja, wenn sie sich mit *Bundesbehörden* streiten. Nein, wenn sie sich mit anderen Verfassungsorganen streiten → dann Organstreitverfahren.

3.) Beschwerdegegenstand

→ Akt der öffentlichen Gewalt

Problem: Alle drei Gewalten möglich, aber bei Verfassungsbeschwerde gegen exekutiven Akt auf § 90 Abs. 2 BVerfGG achten. Bei Urteilen muss der Rechtsweg ausgeschöpft sein.

4.) Beschwerdebefugnis

a) *Möglichkeit* der Grundrechtsverletzung (im Zweifel *kein* Problem)

b) Selbstbetroffenheit

Grundsatz: Man muss ein *eigenes* (Grund-)Recht geltend machen. Popularklagen sind ausgeschlossen. Sofern zwischen Adressat des Akts der öffentlichen Gewalt und dritter Person eine »**hinreichend enge Verbindung**« besteht, kann in Ausnahmefällen auch diesen dritten Personen eine Klagebefugnis zustehen.

c) Gegenwärtige Betroffenheit

Grundsatz: Man muss »**schon**« oder »**noch**« betroffen sein.

→ »**Schon**« betroffen ist gegeben, wenn Rechtswirkungen eines Gesetzes zwar erst später eintreten, die Betroffenen aber bereits jetzt entweder unaufschiebbare (wirtschaftliche oder sonstige) Dispositionen treffen müssen oder aktuell erkennbar und sicher ist, dass und wie das später wirksam werdende Gesetz in die Rechtspositionen der Betroffenen eingreifen wird.

→ »**Noch**« betroffen kann vorliegen, obwohl der staatliche Akt inzwischen zeitlich abgeschlossenen oder erledigt ist. **Voraussetzung**: Die Maßnahme wirkt entweder *noch fort*, eine *Wiederholung* der Beeinträchtigung droht oder der Grundrechtseingriff erfordert eine grundsätzliche verfassungsrechtliche Klärung.

d) Unmittelbare Betroffenheit

Grundsatz: Das Erfordernis der unmittelbaren Beschwer soll sicherstellen, dass der Betroffene nur dann eine Verfassungsbeschwerde erheben kann, wenn die angegriffene Maßnahme für seine persönliche Stellung *bereits jetzt spürbare Rechtsfolgen mit sich bringt* und dafür nicht erst ein weiterer (Vollzugs-)Akt des Staates notwendig ist. Dieses Merkmal wird nur wichtig bei *Rechtssatzbeschwerden*, und zwar:

→ *Keine* unmittelbare Beschwer liegt vor, wenn das Gesetz nur eine *Ermächtigung* oder *Befugnis* der Behörde für weitere staatliche (Verwaltungs-)Akte normiert. Die Beschwerdebefugnis folgt auch noch nicht aus einem weiteren Vollzugsakt, solange gegen diesen Akt der Rechtsweg offensteht. Der Beschwerdeführer muss wegen der Regelung des **§ 90 Abs. 2 Satz 1 BVerfGG** den Vollzugsakt zunächst vor den ordentlichen Gerichten angreifen. Erst gegen das letztinstanzliche (belastende) Urteil ist dann die (**Urteils**-!)Verfassungsbeschwerde möglich.

→ Gesetze wirken »**unmittelbar**«, wenn Adressaten zu wirtschaftlichen oder sonstigen Dispositionen oder Entscheidungen veranlasst werden, die auch nach der möglichen späteren Feststellung einer Verfassungswidrigkeit des Gesetzes nicht mehr korrigiert oder rückgängig gemacht werden können.

→ Gesetze wirken auch »**unmittelbar**«, wenn der Verweis auf den fachgerichtlichen Rechtsweg dem Betroffenen aus rechtsstaatlichen oder denklogischen Gründen *nicht zumutbar* ist. So etwa bei straf- oder bußgeldbewehrten Rechtsnormen, wenn der Betroffene von den Vollzugsakten eines Gesetzes *gar keine* oder erst *nachher Kenntnis* erlangt oder wenn ein *Rechtsweg* gegen die staatliche Maßnahme gar *nicht* gegeben ist.

5.) Ordnungsgemäße Beschwer

Form und Frist → §§ 23, 92 und 93 BVerfGG

Beachte: Gegen Urteile beträgt die Frist einen Monat, gegen Gesetze/Verordnungen ein Jahr seit ihrem Inkrafttreten. Innerhalb dieser Frist muss auch *begründet* werden! Bei unverschuldeter Fristversäumnis ist gemäß § 93 Abs. 2 BVerfGG die Wiedereinsetzung möglich. Ob eine **E-Mail** ausreicht, um eine Verfassungsbeschwerde »**schriftlich**« einzulegen, ist umstritten: Herrschende Meinung sagt → **Nein!**

6.) Rechtsschutzbedürfnis

a) Rechtswegerschöpfung: § 90 Abs. 2 BVerfGG

Beachte: Nur relevant bei Beschwerden gegen *Urteile* und *Verwaltungshandeln*.

Problematisch, wenn ...

→ der Beschwerdeführer das Ausschöpfen des Rechtsweges *eigenverantwortlich versäumt* hat, dann: Verfassungsbeschwerde unzulässig.

→ Bei *vorläufigem Rechtsschutz* muss dann das Hauptverfahren nicht abgewartet werden, wenn die Grundrechtsverletzung im späteren Verfahren aller Wahrscheinlichkeit nach nicht mehr ausgeräumt werden könnte und der Beschwerdeführer sich gerade deshalb gegen die Versagung vorläufigen Rechtsschutzes wehrt.

b) Subsidiarität der Verfassungsbeschwerde

Grundsatz: Die Subsidiarität der Verfassungsbeschwerde erfordert, dass ein Beschwerdeführer, auch wenn kein fachgerichtlicher Rechtsschutz unmittelbar gegen eine Norm selbst eröffnet ist, zunächst auf allen denkbaren und zulässigen Wegen versuchen muss, Rechtsschutz durch Anrufung der Fachgerichte zu erlangen. Das kann der Fall sein, wenn der Beschwerdeführer auf *mittelbarem* Weg, etwa durch Beantragung einer Genehmigung, einen staatlichen Akt erwirkt, gegen den er sich anschließend vor einem Fachgericht wehren kann. Eine Verfassungsbeschwerde gegen einen Rechtssatz ist auch dann wegen Missachtung der Subsidiarität unzulässig ist, wenn der Betroffene zunächst eine *Feststellungsklage* nach § 43 VwGO mit der Rüge der Grundrechtsverletzung durch die entsprechende Norm erheben könnte.

→ Durchbrechung der Subsidiarität möglich gemäß **§ 90 Abs. 2 Satz 2 BVerfGG**

II. Begründetheit

Materiell-rechtliche Prüfung der Verletzung von Verfassungsrecht bzw. der Grundrechte des Beschwerdeführers.

D. Praktische Umsetzung → Übungsfälle zur Zulässigkeit

So, wie versprochen kommt ganz zum Schluss die praktische Umsetzung des auf den vergangenen Seiten erarbeiteten Stoffes: die Klausurlösung im klassischen *Gutachtenstil*. Und hierfür wollen wir uns nun ausgewählte Fälle unseres Buches vornehmen (vgl. vorne Fälle 1-15) und deren Fragestellungen so abwandeln, dass (auch) die Zulässigkeit mit zu prüfen ist. Damit werden die Fälle und somit auch das Buch quasi »vollständig«. Zum Einstieg haben wir dabei gleich zunächst einen Fall ausgewählt, der *kein* Problem innerhalb der Zulässigkeit hat und nur die einzelnen Prüfungspunkte benennt und durchsubsumiert – so kann der Leser im ersten Schritt sehen, wie die Zulässigkeit im Gutachten grundsätzlich auszusehen hat und niedergeschrieben werden sollte.

Der Gewichtung in den universitären Übungen und auch im Examen entsprechend, kommen anschließend anhand von sechs weiteren Fällen die klassischen drei Problemfelder der Zulässigkeit einer Verfassungsbeschwerde, nämlich die *Beschwerdefähigkeit*, die *Beschwerdebefugnis* und den *ordnungsgemäßen Antrag* dran. Danach haben wir das Gröbste, also sowohl die inhaltlichen als auch die Fragen der gutachterlichen Darstellung der Zulässigkeit, hinter uns und (hoffentlich) verstanden.

Beachte noch: In dieser gutachterlichen Bearbeitung der Zulässigkeit einer Verfassungsbeschwerde muss man unbedingt auf die richtige Schwerpunktsetzung achten: Auch (und gerade!) bei der Zulässigkeitsprüfung dürfen immer nur diejenigen Punkte problematisiert werden, die auch tatsächlich fraglich sind. Die unproblematischen Merkmale, wie etwa in aller Regel die *Zuständigkeit* des Bundesverfassungsgerichts, dürfen und sollten daher auch nur kurz, am besten im Urteilsstil, abgehandelt werden. Viele Studenten (selbst im Examen!) neigen leider dazu, den Prüfern möglichst viel Wissen »zu verkaufen« und blähen, im Glauben, damit Pluspunkte zu sammeln, die Zulässigkeitserörterungen bis über die Schmerzgrenze hinaus auf. Davor aber sollte man sich unbedingt hüten; der Leser/Prüfer will bei der Zulässigkeit einer Verfassungsbeschwerde im Zweifel nur zwei Dinge wissen bzw. sehen, und zwar:

1.) Kennt der Kandidat die gängigen Prüfungspunkte und kann sie unfallfrei und in vernünftiger Reihenfolge auflisten?

2.) Findet der Kandidat das in der Regel in die Zulässigkeit eingebaute (kleine) Problem und kann dieses Problem adäquat lösen?

Alles darüber Hinausgehende ärgert den Prüfer, denn der will nach zügiger Abhandlung der Zulässigkeit (siehe soeben!) den Schwerpunkt der Klausur oder Hausarbeit vor allem bei der materiellen Prüfung des Grundrechts, also in der **Begründetheit**, gesetzt wissen, denn darum geht es ja eigentlich.

1. Übungsfall: Die »einfache« Zulässigkeitsprüfung

Verbrecher V ist vom Landgericht in einem Indizienprozess wegen Mordes an einer Frau zu lebenslanger Haft verurteilt worden. Vor Gericht wurden dabei – gegen den ausdrücklichen Willen des V – Passagen des von der Polizei rechtmäßig sichergestellten Tagebuchs des V verlesen. Darin hatte V allgemein über seine labile Gefühlswelt und seinen gelegentlichen Hang zu Aggressionen gegenüber Frauen geschrieben. Das Landgericht wertete diese Aufzeichnungen, die V mehr als ein halbes Jahr vor seiner angeblichen Tat gemacht hatte, als Indiz für die instabile und gewaltbereite Gesinnung des V gegenüber Frauen – und stützte unter anderem darauf die Verurteilung. Die von V eingelegte Revision weist der Bundesgerichtshof (BGH) anschließend mit der Begründung ab, wegen der Schwere des Tatvorwurfs dürfe das Tagebuch verwertet werden. Rechtsfehler seien dem Urteil des Landgerichts daher nicht zu entnehmen. V hatte die Tat bis zum Schluss bestritten.

V erhebt gegen die Verurteilung schließlich Verfassungsbeschwerde beim Bundesverfassungsgericht. Er meint, die Verwertung des Tagebuchs und die darauf gestützten Urteile verletzten ihn in seinem absolut geschützten Persönlichkeitsrecht.

Hat die Verfassungsbeschwerde des V Aussicht auf Erfolg?

Gutachten

Die Verfassungsbeschwerde des V hat Aussicht auf Erfolg, wenn sie zulässig und begründet ist.

I. Zulässigkeit

1. Gemäß Art. 93 Abs. 1 Nr. 4a GG in Verbindung mit § 13 Nr. 8a und § 90 Abs. 1 BVerfGG entscheidet das Bundesverfassungsgericht über Verfassungsbeschwerden. Es ist daher das zuständige Gericht für die Verfassungsbeschwerde des V.

2. Des Weiteren müsste V beschwerdefähig sein. Gemäß Art. 93 Abs. 1 Nr. 4a GG und § 90 Abs. 1 BVerfGG kann jedermann eine Verfassungsbeschwerde erheben. Unter den Begriff »jedermann« fallen grundsätzlich alle lebenden natürlichen Personen. V ist folglich beschwerdefähig im Sinne der genannten Normen. Von der Prozessfähigkeit des V ist auszugehen.

3. Tauglicher Beschwerdegegenstand ist ausweislich des Art. 93 Abs. 1 Nr. 4a GG und des § 90 Abs. 1 BVerfGG jeder Akt der öffentlichen Gewalt. Die vorliegend von V angegriffenen Urteile sind Akte der Judikative und damit tauglicher Beschwerdegegenstand.

4. V muss zudem auch beschwerdebefugt sein. V muss dafür gemäß Art. 93 Abs. 1 Nr. 4a GG und § 90 Abs. 1 BVerfGG behaupten, durch einen Akt der öffentlichen Gewalt in einem seiner Grundrechte oder grundrechtsgleichen Rechte verletzt zu sein. Hierfür erforderlich sind die bestehende Möglichkeit einer Rechtsverletzung sowie die eigene, gegenwärtige und unmittelbare Beschwer des V durch die angegriffene Verurteilung.

a. Die Verletzung von Grundrechten ist möglich, sofern sie nicht von vorneherein ausgeschlossen werden kann. V erklärt, die Verwertung des Tagesbuchs und die daraufhin ergangenen Urteile verletzten ihn in seinem allgemeinen Persönlichkeitsrecht. Es kann nicht von vorneherein ausgeschlossen werden, dass V durch die Verwertung des Tagebuchs und die daraufhin ergangenen Urteile in seinem Grundrecht aus Art. 2 Abs. 1 GG beeinträchtigt ist.

b. V macht kein fremdes, sondern ein eigenes Recht geltend und ist folglich selbst betroffen.

c. V ist von den Urteilen auch gegenwärtig betroffen.

d. V ist schließlich auch unmittelbar betroffen, Strafurteile sprechen stets direkt wirkende, nachteilige Rechtsfolgen für die Betroffenen aus, die keines weiteren staatlichen Aktes mehr bedürfen.

5. Die Verfassungsbeschwerde des R gegen die Verurteilung ist zudem nur dann zulässig, wenn V die von § 23 Abs. 1 BVerfGG geforderte Schriftform einhält und seine Beschwerde und deren Begründung gemäß § 93 Abs. 1 BVerfGG innerhalb eines Monats nach Zustellung des Urteils einlegt.

6. Anhaltspunkte, die das Fehlen des Rechtsschutzbedürfnisses begründen könnten, sind nicht erkennbar, insbesondere hat V, wie von § 90 Abs. 2 BVerfGG gefordert, den Rechtsweg ausgeschöpft.

Die Verfassungsbeschwerde des V ist damit insgesamt zulässig.

II. Begründetheit → siehe vorne im Buch die Lösung bzw. das Gutachten zu Fall Nr. 2!

---

2. Übungsfall: Ein Minderjähriger als Grundrechtsträger?

Der politisch sehr interessierte und engagierte 16-jährige Gymnasiast G aus Berlin ist überzeugter Pazifist, findet Krieg, die Bundeswehr und überhaupt alle Soldaten irgendwie überflüssig – und will deshalb ein Zeichen für den Frieden setzen. Er schreibt auf ein Plakat in großen Buchstaben die Worte »*Alle Soldaten sind Mörder – weltweit und auch bei der Bundeswehr!*« und stellt sich damit an einem sonnigen Sonntagvormittag vor das Brandenburger Tor. Dabei verteilt G selbsthergestellte Flugblätter, in denen er »*alle kriegerischen Akte der Welt*« anprangert sowie »*Frieden der Völker*« fordert. Zudem diskutiert G mit Passanten, um sie von seinem Anliegen, dem weltweiten Frieden, zu überzeugen. Der zufällig vorbeikommende Bundeswehrsoldat S sieht das Plakat, fühlt sich sofort beleidigt und stellt am nächsten Tag Strafantrag gegen G. Drei Monate später verurteilt das Jugendgericht den G wegen Beleidigung des S zur Ableistung von 100 Sozialstunden (§ 15 Abs. 1 Nr. 3 JGG). Die von G eingelegten Rechtsmittel bleiben erfolglos. Alle Gerichte halten die Aktion des G für einen unzulässigen Angriff auf die deutsche Bundeswehr und die Ehre ihrer Soldaten.

G erhebt schließlich – gegen den ausdrücklichen Willen seiner Eltern – Verfassungsbeschwerde und beruft sich auf die Meinungsfreiheit. Er habe niemanden beleidigen, sondern nur einen Beitrag zur öffentlichen Diskussion des Themas »Soldaten und Krieg« liefern wollen. Die Urteile gegen ihn seien daher verfassungswidrig.

Hat die Verfassungsbeschwerde des G Aussicht auf Erfolg?

Gutachten

Die Verfassungsbeschwerde des G hat Aussicht auf Erfolg, wenn sie zulässig und begründet ist.

I. Zulässigkeit

1. Gemäß Art. 93 Abs. 1 Nr. 4a GG in Verbindung mit § 13 Nr. 8a und § 90 Abs. 1 BVerfGG entscheidet das Bundesverfassungsgericht über Verfassungsbeschwerden. Es ist daher das zuständige Gericht für die Verfassungsbeschwerde des G.

2. Des Weiteren müsste G beschwerdefähig sein. Gemäß Art. 93 Abs. 1 Nr. 4a GG und § 90 Abs. 1 BVerfGG kann jedermann eine Verfassungsbeschwerde erheben. Unter den Begriff »jedermann« fallen grundsätzlich alle lebenden natürlichen Personen. Fraglich ist, wie sich die Minderjährigkeit des G auf dessen Beschwerdefähigkeit auswirkt. Die Beschwerdefähigkeit steht grundsätzlich allen lebenden natürlichen Personen zu, die Träger von Grundrechten sein können. Hierzu zählen auch Minderjährige. Nur dann, wenn die Grundrechte aus der Natur der Sache heraus nicht von Minderjährigen in Anspruch genommen werden können, entfällt die Beschwerdebefugnis. So kann sich etwa ein Fünfjähriger nicht auf die Berufsfreiheit aus Art. 12 Abs. 1 GG oder etwa auf das Wahlrecht aus Art. 38 Abs. 2 GG berufen. Im vorliegenden Fall beruft sich der 16-jährige G auf die Meinungsfreiheit; es bestehen keine Bedenken dagegen, dass ein 16-jähriger Träger des Grundrechts aus Art. 5 Abs. 1 GG sein kann. G ist folglich beschwerdebefugt.

Es fragt sich des Weiteren, ob G auch prozessfähig ist, insbesondere vor dem Hintergrund, dass seine gesetzlichen Vertreter keine Zustimmung zum vorliegenden Verfahren erteilt haben, sondern ausdrücklich dagegen sind. In Ermangelung einer gesetzlichen Vorschrift beurteilt sich die Prozessfähigkeit für das Verfahren vor dem Bundesverfassungsgericht bei Minderjährigen nach dessen geistiger Reife und der rechtlichen Stellung innerhalb des im konkreten Fall infrage stehenden Rechtsgebietes. Nur eine daraus zu folgernde Grundrechtsmündigkeit führt zur Prozessfähigkeit. Im vorliegenden Fall will der politisch sehr interessierte und engagierte 16-jährige Gymnasiast G Verfassungsbeschwerde einlegen. Es kann bereits aus der konkret sichtbaren Fähigkeit des G, sich mit politischen Inhalten in der dargelegten Form auseinander zu setzen, geschlossen werden, dass G über ausreichende geistige Reife verfügt, um sein Grundrecht aus Art. 5 Abs. 1 GG vor Gericht einzufordern. Des Weiteren ist beachtlich, dass das Jugendstrafrecht, um das es hier in der Sache geht, die Jugendlichen gemäß § 1

Abs. 2 des Jugendgerichtsgesetzes ab Vollendung des 14. Lebensjahres für strafmündig erklärt und folglich eine entsprechende Reife voraussetzt. Des Weiteren kann der Jugendliche nach den Vorschriften des Jugendgerichtsgesetzes (§ 55 JGG) auch eigene Prozesshandlungen vornehmen. Aus alledem folgt, dass der 16-jährige Gymnasiast im vorliegenden Verfahren grundrechtsmündig und prozessfähig sowie der entgegenstehende Wille seiner Erziehungsberechtigten diesbezüglich unbeachtlich ist. G kann vor dem Bundesverfassungsgericht eigene Prozesshandlungen vornehmen oder nach eigenem Willen einen Prozessbevollmächtigten bestimmen.

3. Tauglicher Beschwerdegegenstand ist ausweislich des Art. 93 Abs. 1 Nr. 4a GG und des § 90 Abs. 1 BVerfGG jeder Akt der öffentlichen Gewalt. Die vorliegend von G angegriffenen Urteile sind als Akte der Judikative tauglicher Beschwerdegegenstand.

4. Der G muss zudem auch beschwerdebefugt sein. Er muss dafür gemäß Art. 93 Abs. 1 Nr. 4a GG und § 90 Abs. 1 BVerfGG behaupten, durch einen Akt der öffentlichen Gewalt in einem seiner Grundrechte oder grundrechtsgleichen Rechte verletzt zu sein. Hierfür erforderlich sind die bestehende Möglichkeit einer Rechtsverletzung sowie die eigene, gegenwärtige und unmittelbare Beschwer des R durch die angegriffenen Urteile.

a. Die Verletzung von Grundrechten ist möglich, sofern sie nicht von vorneherein ausgeschlossen werden kann. Der G erklärt, er halte die Urteile für einen Eingriff in die Meinungsfreiheit. Es kann angesichts dessen nicht von vorneherein ausgeschlossen werden, dass G durch die Urteile in seinem Grundrecht aus Art. 5 Abs. 1 GG beeinträchtigt ist.

b–d. Der G macht kein fremdes, sondern ein eigenes Recht geltend und ist folglich selbst, zudem auch gegenwärtig und auch unmittelbar betroffen; Strafurteile sprechen stets direkt wirkende, nachteilige Folgen für die Betroffenen aus.

5. Die Verfassungsbeschwerde des G gegen seine Verurteilung ist im Übrigen nur dann zulässig, wenn G die von § 23 Abs. 1 BVerfGG geforderte Schriftform einhält und seine Beschwerde und deren Begründung gemäß § 93 Abs. 1 BVerfGG innerhalb eines Monats nach Zustellung des letztinstanzlichen Urteils einlegt.

6. Anhaltspunkte, die das Fehlen des Rechtsschutzbedürfnisses begründen könnten, sind nicht erkennbar, insbesondere hat G, wie von § 90 Abs. 2 BVerfGG gefordert, den Rechtsweg ausgeschöpft.

Die Verfassungsbeschwerde des G ist damit insgesamt zulässig.

II. Begründetheit → siehe vorne im Buch die Lösung bzw. das Gutachten zu Fall Nr. 4!

3. Übungsfall: Eine GmbH als Grundrechtsträger?

Der Verlag V-GmbH (V) hat den im Jahre 1906 erstmals erschienenen Roman »*Josefine Mutzenbacher – Die Geschichte einer wienerischen Hure, von ihr selbst erzählt!*« als Taschenbuch neu herausgebracht. Der Roman, dessen Autor bis heute unbekannt ist, wurde in Deutschland im Jahre 1968 von der Bundesprüfstelle für jugendgefährdende Medien (BPjM) wegen seines kinderpornografischen Inhalts in die Liste der »jugendgefährdenden Medien« im Sinne des § 18 Abs. 2 Jugendschutzgesetz (JuSchG) aufgenommen. In dem Roman werden die ersten 14 Lebensjahre der späteren Prostituierten *Josefine Mutzenbacher* aus Wien erzählt. Hierbei geht es ausnahmslos um Sexualkontakte der Protagonistin als Kind und Jugendliche, unter anderem mit Geschwistern und erwachsenen Familienangehörigen. Die Sexualkontakte werden aus Sicht der *Josefine Mutzenbacher* in wienerischer Vulgärsprache erzählt, teilweise verherrlicht und für das Leben junger Menschen als erstrebenswert angepriesen.

Die V-GmbH beantragt bei der BPjM jetzt die Streichung des Romans aus der Liste und meint, die gesellschaftlichen Moralvorstellungen hätten sich inzwischen geändert und zudem diene der Roman eindeutig der Kunst. Als die BPjM die Streichung verweigert, erhebt die V-GmbH hiergegen verwaltungsgerichtliche Klage, unterliegt aber in allen Instanzen. Die Gerichte halten den Inhalt nach wie vor für jugendgefährdend im Sinne des JuSchG. Die V-GmbH legt schließlich Verfassungsbeschwerde beim Bundesverfassungsgericht ein und behauptet, schon wegen der im Grundgesetz vorbehaltlos gewährleisteten Kunstfreiheit seien die Urteile verfassungswidrig und aufzuheben.

Hat die Verfassungsbeschwerde der V-GmbH Aussicht auf Erfolg?

Gutachten

Die Verfassungsbeschwerde der V-GmbH hat Aussicht auf Erfolg, wenn sie zulässig und begründet ist.

I. Zulässigkeit

1. Gemäß Art. 93 Abs. 1 Nr. 4a GG in Verbindung mit § 13 Nr. 8a und § 90 Abs. 1 BVerfGG entscheidet das Bundesverfassungsgericht über Verfassungsbeschwerden. Es ist daher das zuständige Gericht für die Verfassungsbeschwerde der V-GmbH.

2. Des Weiteren müsste die V-GmbH beschwerdefähig sein. Gemäß Art. 93 Abs. 1 Nr. 4a GG und § 90 Abs. 1 BVerfGG kann jedermann eine Verfassungsbeschwerde erheben. Unter den Begriff »jedermann« fallen grundsätzlich alle lebenden natürlichen Personen. Die V-GmbH ist indes eine juristische Person des Privatrechts. Gemäß Art. 19 Abs. 3 GG gelten die Grundrechte aber auch für inländische juristische Personen, soweit sie ihrem Wesen nach auf sie anwendbar sind. Im vorliegenden Fall beruft sich die V-GmbH als Verlag auf das Grundrecht der Kunstfreiheit aus Art. 5 Abs. 3 GG. Verlage tragen dazu bei, dass Künstler ihre Werke auch der Öffentlichkeit zugänglich machen können und sind daher unstreitig Grundrechtsträger der Kunstfreiheit. Ihnen ist daher auch die Fähigkeit zuzubilligen, ihre Rechte im Wege der Verfassungsbeschwerde geltend zu machen. Das Grundrecht aus Art. 5 Abs. 3 GG kann unter diesen Umständen auch von einer juristischen Person des Privatrechts, im konkreten Fall von der V-GmbH, im Wege des Verfassungsbeschwerdeverfahrens eingefordert werden, da es seinem Wesen nach auf die GmbH anwendbar ist. Die V-GmbH ist folglich beschwerdefähig im Sinne der genannten Normen.

Im Hinblick auf die Prozessfähigkeit der V-GmbH ist festzustellen, dass die GmbH als juristische Person des Privatrechts nicht selbst vor Gericht handeln kann, sondern gemäß § 35 Abs. 1 GmbH-Gesetz von einem Geschäftsführer vertreten werden muss.

3. Tauglicher Beschwerdegegenstand ist ausweislich des Art. 93 Abs. 1 Nr. 4a GG und des § 90 Abs. 1 BVerfGG jeder Akt der öffentlichen Gewalt. Das vorliegend von der V-GmbH angegriffene Urteil ist als Akt der Judikative tauglicher Beschwerdegegenstand.

4. Die V-GmbH muss zudem auch beschwerdebefugt sein. Sie muss dafür gemäß Art. 93 Abs. 1 Nr. 4a GG und § 90 Abs. 1 BVerfGG behaupten, durch einen Akt der öffentlichen Gewalt in einem ihrer Grundrechte oder grundrechtsgleichen Rechte verletzt zu sein. Hierfür erforderlich sind die bestehende Möglichkeit einer Rechtsverletzung sowie die eigene, gegenwärtige und unmittelbare Beschwer des R durch das angegriffene Urteil.

a. Die Verletzung von Grundrechten ist möglich, sofern sie nicht von vornherein ausgeschlossen werden kann. Die V-GmbH erklärt, sie halte das letztinstanzliche Urteil für einen Eingriff in die Kunstfreiheit. Es kann angesichts dessen nicht von vornherein ausgeschlossen werden, dass die V-GmbH durch das Urteil in ihrem Grundrecht aus Art. 5 Abs. 3 GG beeinträchtigt ist.

b–d. Die V-GmbH macht kein fremdes, sondern ein eigenes Recht geltend und ist folglich selbst, zudem auch gegenwärtig und unmittelbar betroffen; Urteile entfalten stets direkte Wirkungen für die Betroffenen.

5. Die Verfassungsbeschwerde der V-GmbH gegen das Urteil ist im Übrigen nur dann zulässig, wenn die V-GmbH die von § 23 Abs. 1 BVerfGG geforderte Schriftform einhält und ihre Beschwerde und deren Begründung gemäß § 93 Abs. 1 BVerfGG innerhalb eines Monats nach Zustellung des letztinstanzlichen Urteils einlegt.

6. Anhaltspunkte, die das Fehlen des Rechtsschutzbedürfnisses begründen könnten, sind nicht erkennbar, insbesondere hat die V-GmbH, wie von § 90 Abs. 2 BVerfGG gefordert, den Rechtsweg ausgeschöpft.

Die Verfassungsbeschwerde der V-GmbH ist damit insgesamt zulässig.

II. Begründetheit → siehe vorne im Buch die Lösung bzw. das Gutachten zu Fall Nr. 5!

---

4. Übungsfall: »Betroffenheit« bei Bußgeldandrohung?

Einer neuen wissenschaftlichen Studie zufolge setzt die enorm gestiegene Zahl der Mountainbiker dem deutschen Wald massiv zu und gefährdet zunehmend die Tier- und Pflanzenwelt. Insbesondere in höheren Lagen bilden sich nach Regenfällen wegen der durch Mountainbiker verursachten Furchen zahllose Wasserstraßen, die rasant zu Tal gehen und eine natürliche Bewässerung des Waldes verhindern. Der bayrische Landtag möchte dieser Entwicklung nicht mehr tatenlos zusehen und beschließt daher (formal ordnungsgemäß) das »Mountainbikebeschränkungsgesetz« (MountBBG), wonach in Bayern die Berge nur noch bis zu einer Höhe von 800 Metern mit dem Mountainbike befahren werden dürfen. Bei Verstößen droht ein Bußgeld.

Rechtsstudent R aus München ist leidenschaftlicher Mountainbiker und sieht sich durch das MountBBG praktisch um sein Hobby gebracht. Er meint, Mountainbiking mache erst Spaß, wenn man die Berge richtig hochfahren könne und nicht bei albernen 800 Metern aufhören müsse. Die Stadt München liege ja schon auf 500 Metern Höhe. R fühlt sich durch das MountBBG in seinen Grundrechten als Mountainbiker verletzt und erhebt Verfassungsbeschwerde beim Bundesverfassungsgericht.

Mit Aussicht auf Erfolg?

Gutachten

Die Verfassungsbeschwerde des R hat Aussicht auf Erfolg, wenn sie zulässig und begründet ist.

I. Zulässigkeit

1. Gemäß Art. 93 Abs. 1 Nr. 4a GG in Verbindung mit § 13 Nr. 8a und § 90 Abs. 1 BVerfGG entscheidet das Bundesverfassungsgericht über Verfassungsbeschwerden. Es ist daher das zuständige Gericht für die Verfassungsbeschwerde des R.

2. Des Weiteren müsste R beschwerdefähig sein. Gemäß Art. 93 Abs. 1 Nr. 4a GG und § 90 Abs. 1 BVerfGG kann jedermann eine Verfassungsbeschwerde erheben. Unter den Begriff »jedermann« fallen grundsätzlich alle lebenden natürlichen Personen. R ist folglich beschwerdefähig im Sinne der genannten Normen. Von der Prozessfähigkeit des R ist auszugehen.

3. Tauglicher Beschwerdegegenstand ist ausweislich des Art. 93 Abs. 1 Nr. 4a GG und des § 90 Abs. 1 BVerfGG jeder Akt der öffentlichen Gewalt. Das vorliegend von R angegriffene Mountainbikebeschränkungsgesetz ist ein Akt der gesetzgebenden Gewalt des Bundeslandes Bayern und damit tauglicher Beschwerdegegenstand.

4. R muss zudem auch beschwerdebefugt sein. R muss dafür gemäß Art. 93 Abs. 1 Nr. 4a GG und § 90 Abs. 1 BVerfGG behaupten, durch einen Akt der öffentlichen Gewalt in einem seiner Grundrechte oder grundrechtsgleichen Rechte verletzt zu sein. Hierfür erforderlich sind die bestehende Möglichkeit einer Rechtsverletzung sowie die eigene, gegenwärtige und unmittelbare Beschwer des R durch das angegriffene Gesetz.

a. Die Verletzung dieses Grundrechts ist möglich, sofern sie nicht von vorneherein ausgeschlossen werden kann. R erklärt, er fühle sich in seinem Recht als Mountainbiker beeinträchtigt. Insoweit ist zum einen unbeachtlich, dass R kein Grundrecht explizit benennt, es genügt die inhaltliche Umschreibung des verletzten Rechts. Durch die vorgetragene Beschränkung beruft R sich inzident auf die allgemeine Handlungsfreiheit und damit auf Art. 2 Abs. 1 GG. Zum anderen kann nicht ausgeschlossen werden, dass

R durch die Beschränkung im Hinblick auf das Befahren der Berge in seinem Grundrecht aus Art. 2 Abs. 1 GG beeinträchtigt ist.

b. R macht kein fremdes, sondern ein eigenes Recht geltend und ist folglich selbst betroffen.

c. R darf ab sofort nicht mehr auf Höhen über 800 Metern mit seinem Mountainbike fahren, er ist daher auch gegenwärtig betroffen.

d. Fraglich ist indes die unmittelbare Betroffenheit. Unmittelbar von einem Rechtssatz betroffen ist der Beschwerdeführer nur dann, wenn die Rechtswirkungen des Gesetzes ohne weiteren staatlichen Akt eintreten. Im vorliegenden Fall wirkt das Mountainbikebeschränkungsgesetz zwar sofort und verbietet dem R das Fahren ab einer Höhe von 800 Metern. Es stellt sich allerdings die Frage, ob R nicht zuzumuten ist, zunächst fachgerichtlichen Rechtsschutz in Anspruch zu nehmen, was insbesondere wegen der Regel des § 90 Abs. 2 BVerfGG und des subsidiären Charakters der Verfassungsbeschwerde erforderlich sein könnte. Konkret ergäbe sich für R die Möglichkeit, zunächst gegen das im Gesetz ausgesprochene Verbot zu verstoßen und gegen den dann von der Behörde erteilten Bußgeldbescheid vor dem zuständigen Verwaltungsgericht zu klagen. Innerhalb dieses Klageverfahrens könnte und müsste R dann zuerst fachgerichtlichen Rechtsschutz in Anspruch nehmen.

Dieses Vorgehen widerspricht allerdings rechtsstaatlichen Grundsätzen. Es ist dem Bürger nicht zumutbar, sich vor dem Einlegen einer Verfassungsbeschwerde zunächst ordnungswidrig zu verhalten und gegen ein gesetzliches Verbot zu verstoßen, um anschließend erst gegen den daraufhin ergangenen Bußgeldbescheid vorzugehen. Auch unter dem Gesichtspunkt der Subsidiarität der Verfassungsbeschwerde kann nicht verlangt werden, dass ein Betroffener gegen eine straf- oder bußgeldbewehrte Rechtsnorm zunächst eine Zuwiderhandlung begeht, um dann im Straf- oder Bußgeldverfahren die Verfassungswidrigkeit der Norm geltend zu machen. Hier ist vielmehr die sofortige Verfassungsbeschwerde als zulässiger Rechtsbehelf anzusehen und ein Verweis auf die fachgerichtliche Klärung nicht angezeigt. R ist folglich unmittelbar betroffen und somit insgesamt beschwerdebefugt.

5. Die Verfassungsbeschwerde des R gegen das Gesetz ist zudem nur dann zulässig, wenn R die von § 23 Abs. 1 BVerfGG geforderte Schriftform einhält und seine Beschwerde und deren Begründung gemäß § 93 Abs. 3 BVerfGG innerhalb eines Jahres seit dem Inkrafttreten des Mountainbikebeschränkungsgesetzes einlegt.

6. Anhaltspunkte, die das Fehlen des Rechtsschutzbedürfnisses begründen könnten, sind nicht erkennbar.

Die Verfassungsbeschwerde des R ist damit insgesamt zulässig.

II. Begründetheit → siehe vorne im Buch die Lösung bzw. das Gutachten zu Fall Nr. 1!

5. Übungsfall: »Betroffenheit« bei Erledigung der Maßnahme?

Die Bundesregierung hat angekündigt, die Ausbildungsförderung in Deutschland (das sogenannte »Bafög«) massiv zu kürzen. Als Rechtsstudent R aus Köln während einer Vorlesung per Zufall erfährt, dass der Bundesbildungsminister in einer knappen Stunde einen Vortrag zu diesem Thema an der Kölner Universität halten will, ruft R seine Kommilitonen spontan zu einer Demonstration auf. Etwa 250 Studenten verlassen daraufhin den Hörsaal und versammeln sich vor dem Universitätsgebäude, um gegen die geplante Kürzung des Bafög zu demonstrieren. Die vom Rektor eilig herbeigerufene Polizei löst die Versammlung indes nur wenige Minuten später wieder auf und erklärt den Demonstranten, gemäß § 14 Abs. 1 des *Versammlungsgesetzes* (VersG) hätte die Versammlung mindestens 48 Stunden vorher angemeldet werden müssen. Da überhaupt keine Anmeldung vorliege, sei die Versammlung gemäß § 15 Abs. 3 VersG aufzulösen, zumal sie dem Ansehen der Universität schade und die übrigen Studenten unter Umständen zur Teilnahme animieren könnte. Der R hält das Vorgehen der Polizei sowie die Vorschriften des VersG für verfassungswidrig und erhebt nachträglich Klage vor dem Verwaltungsgericht. Nach erfolglosem Durchlauf aller Instanzen legt R schließlich gegen das letztinstanzliche Urteil Verfassungsbeschwerde beim Bundesverfassungsgericht ein und trägt vor, durch die Urteile und die Auflösung der Demonstration in seinen Grundrechten verletzt zu sein.

Mit Aussicht auf Erfolg?

Gutachten

Die Verfassungsbeschwerde des R hat Aussicht auf Erfolg, wenn sie zulässig und begründet ist.

I. Zulässigkeit

1. Gemäß Art. 93 Abs. 1 Nr. 4a GG in Verbindung mit § 13 Nr. 8a und § 90 Abs. 1 BVerfGG entscheidet das Bundesverfassungsgericht über Verfassungsbeschwerden. Es ist daher das zuständige Gericht für die Verfassungsbeschwerde des R.

2. Des Weiteren müsste R beschwerdefähig sein. Gemäß Art. 93 Abs. 1 Nr. 4a GG und § 90 Abs. 1 BVerfGG kann jedermann« eine Verfassungsbeschwerde erheben. Unter den Begriff »jedermann« fallen grundsätzlich alle lebenden natürlichen Personen. R ist folglich beschwerdefähig im Sinne der genannten Normen. Von der Prozessfähigkeit des R ist auszugehen.

3. Tauglicher Beschwerdegegenstand ist ausweislich des Art. 93 Abs. 1 Nr. 4a GG und des § 90 Abs. 1 BVerfGG jeder Akt der öffentlichen Gewalt. Die vorliegend von R angegriffene Maßnahme der Polizei ist als Akt der Exekutive ebenso tauglicher Beschwerdegegenstand wie das letztinstanzliche Urteil als Akt der Judikative.

4. R muss zudem auch beschwerdebefugt sein. R muss dafür gemäß Art. 93 Abs. 1 Nr. 4a GG und § 90 Abs. 1 BVerfGG behaupten, durch einen Akt der öffentlichen Gewalt in einem seiner Grundrechte oder grundrechtsgleichen Rechte verletzt zu sein.

Hierfür erforderlich sind die bestehende Möglichkeit einer Rechtsverletzung sowie die eigene, gegenwärtige und unmittelbare Beschwer des R durch die angegriffene Rechtsverordnung.

a. Die Verletzung von Grundrechten ist möglich, sofern sie nicht von vorneherein ausgeschlossen werden kann. R erklärt, er halte das letztinstanzliche Urteil sowie die Auflösung der Demonstration für einen Eingriff in die Versammlungsfreiheit. Es kann nicht von vorneherein ausgeschlossen werden, dass R sowohl durch das Urteil, das aufgrund des Versammlungsgesetzes erging, als auch durch die Auflösung der Demonstration in seinem Grundrecht aus Art. 8 Abs. 1 GG beeinträchtigt ist.

b. R macht kein fremdes, sondern ein eigenes Recht geltend und ist folglich selbst betroffen.

c. Es fragt sich indessen, ob R auch gegenwärtig betroffen ist, insbesondere deshalb, weil die von R angegriffene Maßnahme der Polizei bereits abgeschlossen ist. Gegenwärtig betroffen ist der Beschwerdeführer dann, wenn er entweder schon oder noch von der angegriffenen Maßnahme beeinträchtigt ist. In Betracht kommt hier eine »Noch-Betroffenheit«. Voraussetzung dafür ist nach allgemeiner Ansicht, dass die bereits abgeschlossene Maßnahme entweder noch fortwirkt, eine Wiederholung der Beeinträchtigung droht oder der Grundrechtseingriff eine grundsätzliche verfassungsrechtliche Klärung erfordert. In den genannten Fällen steht dem Betroffenen das Recht zu, die Verfassungswidrigkeit der bereits abgeschlossenen Maßnahme feststellen zu lassen. Insoweit ist vorliegend Folgendes zu beachten: Die Beschwerdebefugnis entfällt nicht bereits dadurch, dass der Demonstrationstermin verstrichen und damit auch die Auflösung der Demonstration durch die Polizei erledigt ist. Selbst nach Erledigung der angegriffenen Maßnahme kann noch Verfassungsbeschwerde eingelegt werden, jedenfalls dann, wenn anderenfalls die Klärung einer verfassungsrechtlichen Frage von grundsätzlicher Bedeutung unterbleiben würde und der Eingriff ein besonders bedeutsames Grundrecht betrifft. Im hier zu entscheidenden Fall ging es zum einen um die Frage, inwieweit Demonstrationen immer und zwingend einer vorherigen Anmeldung nach dem Versammlungsgesetz bedürfen und zum anderen war mit Art. 8 Abs. 1 GG ein bedeutsames Grundrecht betroffen. Daher ist die Beschwerdebefugnis der Verfassungsbeschwerde hier trotz der zeitlichen und tatsächlichen Erledigung der staatlichen Maßnahme zu bejahen. R ist daher »noch« und damit gegenwärtig betroffen.

d. R war als Adressat der staatlichen Maßnahme und der Urteile unmittelbar betroffen.

5. Die Verfassungsbeschwerde des R gegen das Urteil ist zudem nur dann zulässig, wenn R die von § 23 Abs. 1 BVerfGG geforderte Schriftform einhält und seine Beschwerde und deren Begründung gemäß § 93 Abs. 1 BVerfGG innerhalb eines Monats nach Zustellung des letztinstanzlichen Urteils einlegt.

6. Anhaltspunkte, die das Fehlen des Rechtsschutzbedürfnisses begründen könnten, sind nicht erkennbar, insbesondere hat R, wie von § 90 Abs. 2 BVerfGG gefordert, den Rechtsweg ausgeschöpft.

Die Verfassungsbeschwerde des R ist damit insgesamt zulässig.

II. Begründetheit → siehe vorne im Buch die Lösung bzw. das Gutachten zu Fall Nr. 6!

6. Übungsfall: »Betroffenheit« bei erst zukünftiger Wirkung?

Rechtsanwalt R beschließt an seinem 50. Geburtstag, dem langweiligen Juristendasein ein Ende zu setzen: R hat eine Pilotenausbildung begonnen und will danach Passagierflugzeuge um die Welt steuern. Als er erfährt, dass Verkehrspiloten nach der kürzlich geänderten *Luftverkehrszulassungsordnung* (LuftVZO) mit dem Erreichen des 65. Lebensjahres die Flugberechtigung für Passagier- und Frachtflugzeuge wieder verlieren und schon ab dem 60. Lebensjahr nur noch gemeinsam mit einem unter 60 Jahre alten Kollegen fliegen dürfen, traut er seinen Ohren nicht. R meint, dies sei eine unzulässige Beschränkung der Berufsfreiheit. Für andere Berufe, etwa für Rechtsanwälte, gäbe es, was der Wahrheit entspricht, auch keine gesetzlich vorgeschriebenen Altershöchstgrenzen. Der besonderen Verantwortung von Piloten könne man auch durch regelmäßige, vom Staat überwachte Gesundheitskontrollen gerecht werden. Eine pauschale Altershöchstgrenze für Piloten hält R daher für verfassungswidrig. R erhebt daher Verfassungsbeschwerde gegen die Luftverkehrszulassungsordnung.

Mit Aussicht auf Erfolg?

Gutachten

Die Verfassungsbeschwerde des R hat Aussicht auf Erfolg, wenn sie zulässig und begründet ist.

I. Zulässigkeit

1. Gemäß Art. 93 Abs. 1 Nr. 4a GG in Verbindung mit § 13 Nr. 8a und § 90 Abs. 1 BVerfGG entscheidet das Bundesverfassungsgericht über Verfassungsbeschwerden. Es ist daher das zuständige Gericht für die Verfassungsbeschwerde des R.

2. Des Weiteren müsste R beschwerdefähig sein. Gemäß Art. 93 Abs. 1 Nr. 4a GG und § 90 Abs. 1 BVerfGG kann jedermann eine Verfassungsbeschwerde erheben. Unter den Begriff »jedermann« fallen grundsätzlich alle lebenden natürlichen Personen. R ist folglich beschwerdefähig im Sinne der genannten Normen. Von der Prozessfähigkeit des R ist auszugehen.

3. Tauglicher Beschwerdegegenstand ist ausweislich des Art. 93 Abs. 1 Nr. 4a GG und des § 90 Abs. 1 BVerfGG jeder Akt der öffentlichen Gewalt. Die vorliegend von R angegriffene Luftverkehrszulassungsordnung ist eine Rechtsverordnung im Sinne des Art. 80 GG und somit ein gesetzlich legitimierter Akt der Exekutive. Die Luftverkehrszulassungsordnung ist damit tauglicher Beschwerdegegenstand.

4. R muss zudem auch beschwerdebefugt sein. R muss gemäß Art. 93 Abs. 1 Nr. 4a GG und § 90 Abs. 1 BVerfGG behaupten, durch einen Akt der öffentlichen Gewalt in einem seiner Grundrechte oder grundrechtsgleichen Rechte verletzt zu sein. Hierfür erforderlich sind die bestehende Möglichkeit einer Rechtsverletzung sowie die eigene, gegenwärtige und unmittelbare Beschwer des R durch die angegriffene Rechtsverordnung.

a. Die Verletzung von Grundrechten ist möglich, sofern sie nicht von vorneherein ausgeschlossen werden kann. R erklärt, er halte die Regelung der Luftverkehrszulassungsordnung für einen Eingriff in die Berufsfreiheit und die Verletzung des Gleichheitsgrundsatzes. Es kann nicht von vorneherein ausgeschlossen werden, dass R durch die Beschränkung im Hinblick auf seinen angestrebten Beruf in seinem Grundrecht aus Art. 12 Abs. 1 GG und zudem in Art. 3 Abs. 1 GG beeinträchtigt ist.

b. R macht kein fremdes, sondern ein eigenes Recht geltend und ist folglich selbst betroffen.

c. Es fragt sich indessen, ob R auch gegenwärtig betroffen ist, da die Altersbeschränkung für R frühestens in 15 Jahren, nämlich ab seinem 65sten Geburtstag, Rechtswirkungen entfaltet. Gegenwärtig betroffen ist der Beschwerdeführer dann, wenn er entweder schon oder noch von der angegriffenen Regelung betroffen ist. In Betracht kommt hier eine »Schon-Betroffenheit«. Zu beachten ist insoweit Folgendes: Selbst wenn Gesetze ihre Rechtswirkungen für die Betroffenen erst in der Zukunft vorsehen, ist eine gegenwärtige Betroffenheit gleichwohl anzunehmen, wenn die betreffende gesetzliche Regelung die Adressaten bereits jetzt zu einer später nicht mehr korrigierbaren Entscheidung zwingt oder schon jetzt zu Dispositionen veranlasst, die nach dem späteren Gesetzesvollzug nicht mehr nachgeholt werden können. R müsste ohne Frage jetzt bereits Dispositionen über seine Altersvorsorge und seine weitere berufliche Tätigkeit bzw. den Fortgang seiner gerade erst begonnenen Ausbildung anstellen, die – insbesondere was die Altersvorsorge angeht – in 15 Jahren möglicherweise zu spät kämen. R ist daher auch jetzt »schon« und damit gegenwärtig betroffen.

d. R müsste des Weiteren unmittelbar betroffen sein. Unmittelbar von einem Rechtssatz betroffen ist der Beschwerdeführer nur dann, wenn die Rechtswirkungen des Gesetzes ohne weiteren staatlichen Akt eintreten. Im vorliegenden Fall wirkt die Luftverkehrszulassungsordnung ohne weiteren staatlichen Akt auf die Rechte der Adressaten ein. Der R ist folglich unmittelbar betroffen und somit insgesamt beschwerdebefugt.

5. Die Verfassungsbeschwerde des R gegen die Verordnung ist zudem nur dann zulässig, wenn R die von § 23 Abs. 1 BVerfGG geforderte Schriftform einhält und seine Beschwerde und deren Begründung gemäß § 93 Abs. 3 BVerfGG innerhalb eines Jahres seit dem Inkrafttreten der Rechtsverordnung einlegt.

6. Anhaltspunkte, die das Fehlen des Rechtsschutzbedürfnisses begründen könnten, sind nicht erkennbar.

Die Verfassungsbeschwerde des R ist damit insgesamt zulässig.

II. Begründetheit → siehe vorne im Buch die Lösung bzw. das Gutachten zu Fall Nr. 9!

7. Übungsfall: Verfassungsbeschwerde per E-Mail?

Philosophiestudent P aus Berlin ist überzeugter Pazifist, findet Krieg, die Bundeswehr und überhaupt alle Soldaten irgendwie überflüssig – und will deshalb ein Zeichen für den Frieden setzen. Er schreibt auf ein Plakat in großen Buchstaben die Worte »*Alle Soldaten sind Mörder – weltweit und auch bei der Bundeswehr!*« und stellt sich damit an einem sonnigen Sonntagvormittag vor das Brandenburger Tor. Dabei verteilt P selbsthergestellte Flugblätter, in denen er »*alle kriegerischen Akte der Welt*« anprangert sowie »*Frieden der Völker*« fordert. Zudem diskutiert P mit Passanten, um sie von seinem Anliegen, dem weltweiten Frieden, zu überzeugen.

Der zufällig vorbeikommende Bundeswehrsoldat S sieht das Plakat, fühlt sich sofort beleidigt und stellt am nächsten Tag Strafantrag gegen P. Drei Monate später verurteilt das Amtsgericht *Berlin-Mitte* den P wegen Beleidigung des S zu einer Geldstrafe. Berufung und Revision des P bleiben erfolglos: Alle Gerichte halten die Aktion des P für einen unzulässigen Angriff auf die deutsche Bundeswehr und die Ehre ihrer Soldaten. P erhebt schließlich Verfassungsbeschwerde gegen die Verurteilung beim Bundesverfassungsgericht und beruft sich auf die Meinungsfreiheit. Er habe niemanden beleidigen, sondern nur einen Beitrag zur öffentlichen Diskussion des Themas »Soldaten und Krieg« liefern wollen.

Hat die von P per E-Mail eingelegte Verfassungsbeschwerde Aussicht auf Erfolg?
Bearbeiterhinweis: Wer die Verfassungsbeschwerde für unzulässig hält, hat die materiellen Erfolgsaussichten in einem Hilfsgutachten zu erörtern.

Gutachten

Die Verfassungsbeschwerde des P hat Aussicht auf Erfolg, wenn sie zulässig und begründet ist.

I. Zulässigkeit

1. Gemäß Art. 93 Abs. 1 Nr. 4a GG in Verbindung mit § 13 Nr. 8a und § 90 Abs. 1 BVerfGG entscheidet das Bundesverfassungsgericht über Verfassungsbeschwerden. Es ist daher das zuständige Gericht für die Verfassungsbeschwerde des P.

2. Des Weiteren müsste P beschwerdefähig sein. Gemäß Art. 93 Abs. 1 Nr. 4a GG und § 90 Abs. 1 BVerfGG kann jedermann eine Verfassungsbeschwerde erheben. Unter den Begriff »jedermann« fallen grundsätzlich alle lebenden natürlichen Personen. P ist folglich beschwerdefähig im Sinne der genannten Normen. Von der Prozessfähigkeit des P ist auszugehen.

3. Tauglicher Beschwerdegegenstand ist ausweislich des Art. 93 Abs. 1 Nr. 4a GG und des § 90 Abs. 1 BVerfGG jeder Akt der öffentlichen Gewalt. Die vorliegend von P angegriffenen Urteile sind Akte der Judikative und damit tauglicher Beschwerdegegenstand.

4. P muss zudem auch beschwerdebefugt sein. P muss dafür gemäß Art. 93 Abs. 1 Nr. 4a GG und § 90 Abs. 1 BVerfGG behaupten, durch einen Akt der öffentlichen Gewalt in einem seiner Grundrechte oder grundrechtsgleichen Rechte verletzt zu sein. Hierfür erforderlich sind die bestehende Möglichkeit einer Rechtsverletzung sowie die eigene, gegenwärtige und unmittelbare Beschwer des P durch die angegriffene Verurteilung.

a. P erklärt, die Verurteilung wegen Beleidigung verletze ihn in seinem Grundrecht auf Meinungsäußerung. Die Verletzung von Grundrechten ist möglich, sofern sie nicht von vorneherein ausgeschlossen werden kann. Das ist vorliegend nicht der Fall, P könnte durch die Verurteilung in seinem Grundrecht aus Art. 5 Abs. 1 GG beeinträchtigt sein.

b. P macht kein fremdes, sondern ein eigenes Recht geltend und ist folglich selbst betroffen.

c. P ist von den Urteilen auch gegenwärtig betroffen.

d. P ist schließlich auch unmittelbar betroffen, da Urteile immer nachteilige Rechtsfolgen für die Betroffenen aussprechen, die keines weiteren staatlichen Aktes mehr bedürfen.

5. Die Verfassungsbeschwerde des P gegen die Verurteilung ist zudem nur dann zulässig, wenn P die von § 23 Abs. 1 BVerfGG geforderte Schriftform einhält und seine Beschwerde und deren Begründung gemäß § 93 Abs. 1 BVerfGG innerhalb eines Monats einlegt. P hat seine Verfassungsbeschwerde vorliegend per E-Mail eingelegt. Es fragt sich zunächst, ob diese Form überhaupt dem Schriftformerfordernis des § 23 Abs. 1 BVerfGG genügt.

a. Nach einer Meinung soll die Einlegung einer Verfassungsbeschwerde per E-Mail möglich sein. Die Zulässigkeit elektronischer Kommunikation hänge grundsätzlich davon ab, ob die Behörde einen entsprechenden Zugang eingerichtet habe; dies sei hier der Fall, da das Bundesverfassungsgericht auf seiner Homepage eine solche Möglichkeit eröffnet. Das Ausgrenzen der Verfassungsbeschwerde durch einen einfachen Hinweis auf der Homepage sei nicht statthaft und widerspreche zudem der technischen Entwicklung der Gesellschaft, in der inzwischen hauptsächlich per E-Mail kommuniziert werde. Im Übrigen erforderten die Parallelen zum Telefax und zum Telegramm eine solche Auslegung: Schließlich läge weder bei einem Telegramm noch beim Fax, die beide unstreitig als zulässiges Kommunikationsmittel für eine Verfassungsbeschwerde gelten, dem Gericht das Original der Urkunde vor; daher könne auch der Ausdruck der E-Mail als statthaftes Schriftstück für die Erhebung einer Verfassungsbeschwerde herhalten.

b. Dem kann jedoch nicht gefolgt werden. Das Einlegen einer Verfassungsbeschwerde per E-Mail genügt nicht den Anforderungen des § 23 Abs. 1 BVerfGG. Zwar hat das Bundesverfassungsgericht auf seiner Homepage tatsächlich eine aktuelle und benutzbare E-Mailadresse benannt. Diese Adresse wird aber laut ausdrücklichen Hinweises im Impressum nur für »Verwaltungsangelegenheiten« zur Verfügung gestellt. Verfahrensanträge und andere Schriftsätze können und sollen ausdrücklich nicht per Mail übermittelt werden. Im Übrigen fehlt es bei einer E-Mail, anders als bei einem Fax oder einem Telegramm, auch an einer körperlichen Urkunde als Mindesterfordernis einer zulässigen Verfassungsbeschwerde.

Die Verfassungsbeschwerde des P ist daher nicht den Erfordernissen des § 23 Abs. 1 BVerfGG entsprechend eingelegt worden und mithin unzulässig.

II. Begründetheit für das jetzt anzufertigende **Hilfsgutachten** → siehe vorne im Buch die Lösung bzw. das Gutachten zu Fall Nr. 4!

Sachverzeichnis